厚德博學
經濟匡時

国家社会科学基金重大项目
"负利率时代金融系统性风险的识别和防范研究"（20&ZD102）结项成果

金融学文库

负利率、低利率与金融系统性风险研究

朱小能 著

Financial Risk Management
with Negative and Low Interest Rates

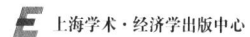

上海财经大学出版社
SHANGHAI UNIVERSITY OF FINANCE & ECONOMICS PRESS

上海学术·经济学出版中心

图书在版编目(CIP)数据

负利率、低利率与金融系统性风险研究 / 朱小能著.
-- 上海：上海财经大学出版社，2024.11
（匡时·金融学文库）
ISBN 978-7-5642-4371-5/F.4371

Ⅰ.①负… Ⅱ.①朱… Ⅲ.①利率管理-金融风险-风险管理-研究-中国 Ⅳ.①F832.22

中国国家版本馆 CIP 数据核字(2024)第 089122 号

本书由上海财经大学"中央高校建设世界一流大学学科和特色发展引导专项资金"与"中央高校基本科研业务费"资助出版。

□责任编辑　邱　仿　廖沛昕
□封面设计　张克瑶

负利率、低利率与金融系统性风险研究

朱小能　著

上海财经大学出版社出版发行
（上海市中山北一路 369 号　邮编 200083）
网　　址:http://www.sufep.com
电子邮箱:webmaster @ sufep.com
全国新华书店经销
上海华业装璜印刷厂有限公司印刷装订
2024 年 11 月第 1 版　2025 年 5 月第 2 次印刷

710mm×1000mm　1/16　28.25 印张（插页:2）　477 千字
定价:98.00 元

前言
FOREWORD

本书为朱小能教授主持的国家社会科学基金重大项目"负利率时代金融系统性风险的识别和防范研究"(20&ZD102)的最终研究成果。项目子课题负责人为丁剑平教授、黄卓教授、张延群教授、陆瑶教授、马文杰教授，主要研究人员有杨子晖教授、赵森杨博士、应诚炜博士等。

在项目申请与开展的过程中，课题组得到了许多资深人士的支持和帮助，在此向他们表示最诚挚的感谢。感谢上海财经大学金融学院的同事以及其他老师对课题的顺利开展提供的诸多帮助。感谢国家社会科学基金重大项目"负利率时代金融系统性风险的识别和防范研究"(20&ZD102)的资助。

项目成立之后，课题组成员积极参加国内外学术研讨会，结识了一批来自不同领域和地区的学者，并有机会了解到与项目相关的最新研究成果。这些学术研讨会对课题组的研究工作起到了很大的帮助作用，使我们能够及时了解学界和行业的动态，不断更新研究思路和研究方法。在项目当中，课题组在国内外知名的学术期刊上发表了多篇高质量的论文，这些论文涉及金融系统性风险的多个方面，反映了课题组的学术观点和创新之处，现将主要研究成果呈现于本书之中。

金融系统性风险一直是我们团队持续关注的焦点问题，这是当今全球金融市场面临的最大挑战之一，金融系统性风险可以由多个变量和事件引发，并通过连锁反应在广泛的范围内传播，造成重大的经济和社会影响，而负利率的全球经济背景又为这一问题赋予了全新的时代意义。我们深入研究了负利率时代下金融市场、金融机构和宏观经济等方面的因素对金融系统性风险的影响，探索优化了金融系统性风险识别、预测和防范的相关方法。

本书围绕"负利率时代金融系统性风险的识别与防范"的主题，沿着"问题的背景—问题的分析—问题的解决"这一基本逻辑展开。

本书的第 1 章和第 2 章是问题的背景与已有研究的梳理。分析负利率现象的形成背景，充分认识负利率背后所隐含的深层原因，是在负利率时代做好金融系统性风险识别与防范的重要基础与必要前提。负利率既是持续宽松的货币政策下金融市场中产生的现象，也是实体经济中人口结构老龄化、技术进步乏力、供给结构失衡等诸多问题交织的反映。一方面，负利率压缩了宏观政策的实施空间，使得降低基准利率、下调准备金率等常规货币政策的操作余地收窄，且负利率并非没有下限，一旦触及负利率下限，货币政策将可能面临失效的窘境；另一方面，负利率环境下的经济下行预期可能引发资产价格不断攀升、居民消费与企业生产不断削减的经济负向螺旋，在吹大资产泡沫的同时大量积累风险。本部分基于长周期的全球视角，从宏观经济中决定利率的长期因素、中期因素和短期因素出发，分析近年来全球负利率与低利率的形成原因，并以负利率的现实条件对传统货币理论进行拓展，研究负利率政策在不同国家、不同市场之间的传导机制。

本书的第 3 章至第 7 章是问题的分析。其中，第 3 章研究了负利率时代金融体系内部的风险演化。负利率环境在导致金融体系中原有风险发生变化的同时，也可能催生新的潜在风险，成为滋生新型金融危机的温床。本部分从负利率时代金融市场流动性过剩、银行净利差收窄、投资者风险偏好提高、汇率波动增大等特征出发，讨论负利率环境对资产价格、银行系统、信用环境、外汇市场等方面的影响，分析负利率时代下金融系统性风险的演化路径及传染渠道。与此同时，由于负利率导致的货币政策空间收窄对宏观调控政策的效果造成限制，本部分还研究了应当如何调整和完善"双支柱"调控框架以应对负利率时代所带来的金融风险演化、政策空间收窄等挑战。

第 4 章分析了负利率时代的实体经济与金融系统性风险。负利率时代下流动性过剩导致的资产价格高企不仅会对金融市场造成影响，也会作用于实体经济部门的行为决策。一旦资产价格的高涨使得企业减少生产并将资金投入资本市场，则会引发生产与消费的下降、资产价格进一步上升的负向螺旋，不断积累风险。本部分从负利率时代下企业部门的行为决策出发，讨论负利率时代给实体经济部门带来了哪些变化，这些变化又如何传导到金融体系，进而对金融系统性风险造成影响。通过在企业生产函数中引入产出不确定性，本部分在微观层面分析了低利率对企业产出水平及企业风险的影响机制，在宏观层面讨论了低利率对经济增长以及金融系统性风险的影响机制。

第 5 章研究了负利率时代金融系统性风险的识别与测度。由于负利率时代下金融系统性风险发生演化,原有的宏观调控政策空间收窄、效果受限,必须有针对性地拓展与修正现有的金融系统性风险识别模型,构建和完善负利率时代金融系统性风险的测度体系。本部分从金融系统性风险的发展阶段出发,建立不同情景下的金融系统性风险识别与测度模型,通过综合指标法、网络分析法、或有权益分析法对风险累积情景下的金融系统性风险进行测度,通过宏观压力测试模型、历史模拟法、条件风险价值法对风险爆发情景下的金融系统性风险进行测度,提高风险识别的精度和效率。

第 6 章分析了金融系统性风险的传染性特征。金融系统性风险的防范重心除及时对金融市场主体进行风险监控和预警外,也应当注重对风险传染的抑制,防止局部风险扩散成为全局性风险,其中关键的环节在于对风险放大机制和传染渠道的识别,只有准确识别风险传染渠道,监管当局才能够在极端风险发生时控制风险传播的连锁反应,降低各部门之间风险反馈机制的负面影响。从世界市场来看,在某一市场中发生的极端风险可能通过持有金融资产或国际贸易传导至其他国家市场,而在单一市场中,金融系统性风险的传染也可能发生在不同部门之间。本部分分别从国际视角、区域视角和行业视角分析了金融系统性风险的传染渠道、机制和特性。

第 7 章探讨了金融科技等信息技术与金融系统性风险的关系。信息技术的进步和金融变革推动了金融科技发展,特别是近十年大数据、云计算、区块链、人工智能等不断涌现,催生出一系列新技术、新模式和新业态,渗透到银行、证券、保险等金融各个细分领域。但是,随着信息技术不断演进,在金融和信息技术相互融合过程中也会增加新的风险,金融体系在有力创新金融服务功能的同时,也面临着新的风险防范难点。第 7 章分别从金融科技、互联网信息搜索和会计信息可比性三个信息技术的视角分析其对金融系统性风险的影响及其背后机制。

本书的第 8 章是问题的解决,阐述了负利率时代下如何防范金融系统性风险。基于负利率时代金融系统性风险的识别与测度模型,本部分构建我国负利率时代金融系统性风险的监控体系,首先,针对金融系统性风险的不同类型和不同阶段建立预警机制。其次,对不同类型金融系统性风险抑制工具在不同阶段的有效性进行检验。然后,结合信息技术手段完善系统重要性金融机构的识别机制,讨论负利率时代系统重要性金融机构的监管模式。最后,研究全球金融监管的合作与跨国风险传染的防范,从国际的角度考虑如何抑制金融系统性风险的传染,从国内的角度考虑如何应对外部冲击的影响。

本书的主要研究结果如下:

一是全面认识了负利率时代金融市场中的系统性风险。首先,本书的研究发现,有别于传统银行的个体风险,金融系统性风险不仅会在低利率环境中受到估值效应与收入效应的影响而迅速积累,还通过其他渠道受到来自宏观经济政策以及国际环境的影响,而"双支柱"调控框架有助于抑制降息政策对金融系统性风险的加剧效应。而收紧货币供给与宏观审慎政策不仅能削弱金融系统性风险随降息政策而增加的幅度,甚至还压低了风险激增的利率阈值,从而增加了政府降息的空间。其次,从利率水平与存贷利差相结合的视角出发,本书对货币宽松政策影响商业银行风险承担的机制和效果进行了分析。在验证了货币宽松会提高银行风险承担水平的基础之上,本书进一步发现,当使得利率下行的货币宽松发生时,商业银行较高的自有资本水平,并非一般认为的必然会降低银行的风险承担,而是有可能加剧其风险承担。虽然在不考虑货币政策冲击的情况下,自有资本水平的上升确实可以降低银行的风险承担,但当利率下调时,自有资本水平越高的银行受到存款利率降低的风险转移效应越弱,其贷款监督努力降低的程度越高,风险承担水平提高的越多。最后,本书基于家庭微观调查数据,针对低利率环境对家庭风险承担行为的影响效应和作用机制的研究发现了宽松货币政策家庭风险承担渠道的存在性,即低利率环境会使家庭的风险资产配置显著增加,提高家庭投资的风险承担水平。这是由于家庭在投资决策时会受到锚定效应、比例思维和羊群效应的影响,即历史收益率越高、风险资产与无风险资产的收益率比值越大、所在社区风险偏好越高,则低利率时家庭风险承担行为越明显。

二是全面认识了负利率时代实体经济与金融系统性风险的关系。本书发现利率水平与企业经营绩效间存在倒 U 形关系,当利率水平较高时,降低利率可以有效降低企业生产成本,刺激企业进行投资;然而当利率水平较低时,降低利率提高了企业的风险承担水平,从而对企业经营绩效产生不利影响。降低利率对企业生产造成不利影响的原因主要在于增加企业的风险偏好,并加剧企业的金融化,降低利率的不利影响主要体现在非国企、中小企业以及经济发展欠发达地区。通过对银行的经营数据进行分析,本书发现利率的下降主要通过增加银行不良贷款率的方式传导至金融市场,增加了银行的金融系统性风险。通过跨国比较发现,利率下降增加金融系统性风险主要在利率水平较低的国家中显著。这意味着,在低利率的背景下存在着利率下降—风险承担/脱实向虚—不良贷款率—金融系统性风险的微观传导机制。利率水平产生结构效应的根本原因在于投资项目的异质性，优质项目的稀缺性导致企业家会在低利率政策下过度承担风险，最终在银行体系形成不良贷款，增加金融系统性风险。

三是重新认识了负利率时代金融系统性风险的传染性特征。着眼于国际股市之间的风险传染和风险联动，本书提出了"涟漪效应"，即中心市场特有波动对其他市场间联动性产生影响的现象，并以此解释国际股市风险联动性的大幅波动。在2007年之后，国际股市之间存在着明显的涟漪效应，其中美国股票市场处在涟漪的中心位置。美国市场的特有波动升高将会导致亚洲和欧洲各市场之间的联动性提高，相比之下其他市场则不能发挥类似作用。对于中国股票市场而言，A股开始受美股影响是中国股市与其他各市场联动性增加的主要原因，而在2007年之后中国上证指数的影响力有所提升也印证了涟漪效应这一机制的合理性。本书还从行业关联角度研究股票市场内部的风险传染关系。在经济结构转型升级的背景下，转型对某一行业带来的冲击可能沿着产业链在上下游部门之间进行传导扩散，导致"级联效应"；另一方面，新冠疫情的冲击使得供应链面临中断风险，该风险可能沿着产业链进行传递引发实体经济的问题并反映至金融市场中，导致金融系统性风险。

四是探究了金融科技等信息技术对金融系统性风险的影响。首先，本书发现银行金融科技发展与资产质量层面的系统性风险之间存在倒U形非单调关系，即银行金融科技发展初期，会增加银行系统性风险，而随着银行金融科技进步与发展，系统性风险水平会逐步下降。银行运用金融科技时会产生自信效应，增加自身的风险承担水平，进而提高系统性风险；银行运用金融科技时也会产生信息改善效应，缓解信息不对称程度，从而降低系统性风险。此外，中小银行、非上市银行以及地方性国有银行受金融科技的影响更为显著。其次，本书构造了股价崩盘系统性风险指标，发现投资者利用互联网进行信息搜索能够明显抑制市场崩盘情况下的个股股价崩盘风险，这一结果对于国有企业更为显著。互联网信息搜索强度越大，公司的信息披露质量越高，投资者的网络搜索行为也能够降低公司代理成本。最后，本书的研究发现会计信息可比性与银行系统性风险之间呈显著的负相关关系，意味着提高银行的会计信息可比性能够降低银行系统性风险水平，会计信息可比性提高主要通过减少道德风险、弱化管理者的自由裁量权以及增强内部风险控制来降低银行系统性风险。

五是提出了负利率时代金融系统性风险的防范对策。在金融监管方面，紧缩性宏观审慎监管政策有助于降低一国的金融系统性风险，在抑制银行系统性风险方面也能发挥良好效果，但在政策实施过程中需关注以下几个方面：宏观审慎政策的有效性可能受其他调控政策的干扰，应当关注宏观审慎政策与货币政策等调控政策的协调性；合理评估宏观审慎监管政策发挥效果可能存在的时滞，准确把握宏观审慎监管政策实施的时间节点；境外宏观审慎政策可能跨国溢出并对国内宏观审慎政策产生影响，积极参与宏观审慎监管的国际协调合作，维护全球金融稳定。在风险传染方面，我国在推进对外开放、增进国际合作的同时，需防范由贸易自由化与全球一体化带来的输入性金融风险。加强同贸易伙伴在金融领域的深化合作、沟通协调，强化金融风险监管协调处置机制，推动各国积极主动落实具体方案，维护金融市场稳定。此外，应积极扩大对外贸易市场范围，降低我国对个别国家或地区的外贸依存度。应对跨市场风险传染时，重点关注国内外股票市场的异常波动对我国外汇市场的冲击，及时调整政策的力度与方向，防范股票与外汇市场之间的联动共振而产生的金融系统性风险。应对境外政策不确定性溢出时，应构建有效测度各国经济政策不确定性的指标，重点监控美国、日本、欧元区等境外重要国家或地区的经济政策不确定性水平，防范其对我国造成不利冲击。最后，密切监控跨境资本异常流动，在积极推进金融市场对外开放的同时防控输入性金融风险。

本书撰写过程中得到课题组成员的大力支持。我统筹协调、组织了课题和书稿的多次讨论，确定了本书的编写大纲，并对全书进行了文字修改和定稿，应诚炜和赵森杨协助我做了大量的联络和组织工作。本书各章节编写如下：第一章应诚炜，第二章许帆，第三章季彦哲，第四章赵森杨，第五章陈宓舟，第六章赵天瑀，第七章李雄一、赵天瑀，第八章白楠楠，第九章应诚炜。应诚炜提供各章节变量计算支持。

希望通过我们的研究工作，能够促进对负利率时代下金融系统性风险的深入认识和有效管理，为我国的金融稳定和可持续发展作出贡献。本书的内容难免存在一些偏颇和不足，恳请各位同行和专家不吝赐教。

朱小能

2024 年 6 月

目录 CONTENTS

第1章 导论 / 1
  1.1 选题背景 / 1
  1.2 研究思路 / 2
  1.3 创新之处 / 4

第2章 国内外研究评述 / 6
  2.1 负利率的形成与影响 / 6
  2.2 金融系统性风险的特征与成因 / 24
  2.3 现有文献评价 / 34

第3章 负利率时代金融市场中的系统性风险 / 37
  3.1 负利率与金融系统性风险——国际视野 / 37
  3.2 低利率与银行风险承担——中国视域 / 73
  3.3 低利率与投资者风险偏好——家庭视角 / 87
  本章小结 / 104

第4章 负利率时代的实体经济与金融系统性风险 / 106
  4.1 负利率与经济增长 / 106
  4.2 负利率与企业投资 / 119
  4.3 负利率、实体经济与金融系统性风险 / 132
  本章小结 / 137

第5章 系统性风险的测度 / 139
  5.1 系统性风险测度概述 / 139

5.2 系统性风险的度量方法 / 142
5.3 系统性风险的实证分析 / 164
本章小结 / 171

第6章 金融系统性风险的传染性特征 / 173
6.1 基于国际视角的金融系统性风险传染特性 / 173
6.2 基于区域视角的金融系统性风险传染特性 / 197
6.3 基于行业视角的金融系统性风险传染特性 / 211
本章小结 / 243

第7章 信息技术与金融系统性风险 / 245
7.1 金融科技与金融系统性风险 / 245
7.2 互联网信息搜索与金融系统性风险 / 276
7.3 会计信息可比性与金融系统性风险 / 304
本章小结 / 338

第8章 负利率时代金融系统性风险的防范 / 339
8.1 宏观审慎政策的运用 / 340
8.2 系统重要性金融机构的监管 / 366
8.3 风险传染的防范 / 383
本章小结 / 391

第9章 结论与建议 / 394
9.1 负利率时代金融市场中的系统性风险 / 394
9.2 负利率时代的实体经济与金融系统性风险 / 396
9.3 金融系统性风险的传染性特征 / 398
9.4 信息技术与金融系统性风险 / 400
9.5 负利率时代金融系统性风险的防范 / 401

参考文献 / 404

第1章 导　论

1.1　选题背景

2008年全球金融危机爆发后，世界经济面临巨大的下行压力，以日本和欧元区为代表的多个国家为提振经济而实施的宽松货币政策使得本国的政策利率、市场利率乃至存贷利率均出现了负值，突破了传统货币理论所认为的零利率下限，全球开始进入负利率时代。负利率既是持续宽松的货币政策下金融市场中产生的现象，也是实体经济中人口结构老龄化、技术进步乏力、供给结构失衡、债务型增长难以为继等深层问题相互交织的反映。2020年以来，新冠疫情的冲击令世界经济进一步陷入深度衰退，各国量化宽松政策持续加码，负利率由最初的"非常之策"呈现出常态化的趋势。2022年以来部分国家连续多次加息，但全球利率水平在过去40年来显著降低的总体趋势并未发生根本性改变。

当负利率政策无法有效达到刺激经济、抑制通货紧缩的目标时，经济下行预期和流动性过剩导致的资产价格上涨将驱使企业部门和居民部门在修复资产负债表的同时增加对资本品的投入，当企业减少生产、居民降低消费和资产价格上涨开始交替作用，经济将陷入危险的负向螺旋，并不断累积风险，加之负利率环境下银行利差收窄、投资者行为变异等诸多因素叠加，金融体系的脆弱性大幅提升，发生金融系统性风险的可能性远超过往。另一方面，由于凯恩斯陷阱的存在，负利率环境下的流动性过剩使得传统货币政策工具的调控效果减弱，况且负利率并非没有下限，一旦负利率引致的成本超过持币成本，持有货币以替代金融资产极有可能成为经济生活中的普遍现象，此时降低利率、下调准备金率等基于银行信贷渠道的货币政策将面临失效的窘境。以上两方面意味着，负利率时代在导致金融系统性风险更易发生的同时，还使得原有宏观政策工具的实施空间大幅压缩、调控效果大打折扣，此时一旦危机爆发，将造成比以往更为严重、更为广泛、更为深远的影响。

尽管目前中国的货币政策始终保持在正常区间,工具手段充足,利率水平与国家发展阶段和经济形势动态适配,但中国的利率水平业已处在近30年来的较低区间。因此,在负利率时代的全球经济背景下,必须更为全面和深入地做好金融系统性风险的识别与防范工作。构建和完善金融系统性风险的测度、监控和防范体系,既是应对国内外经济金融新挑战的重要措施,也是坚守不发生金融系统性风险底线的必然要求,更是推动我国实体经济高质量发展的重要保障。本书从负利率的形成原因及其传导渠道出发,分析负利率时代下可能引起金融系统性风险的潜在因素及其作用机制,针对负利率时代的金融系统性风险演化特征,拓展和修正原有的金融系统性风险测度模型,构建和完善新形势下金融系统性风险的预警机制与防范体系。

1.2 研究思路

1.2.1 总体思路

本书围绕"负利率时代金融系统性风险的识别与防范"这一主题,沿着"问题的背景—问题的分析—问题的解决"这一思路展开。本书的第2章介绍问题的背景,第3章至第6章展开问题的分析,第7章和第8章研究问题的解决,总体思路如下:

1.2.1.1 问题的背景

负利率既是持续宽松的货币政策下金融市场中产生的现象,也是实体经济中人口结构老龄化、技术进步乏力、供给结构失衡等诸多问题交织的反映。一方面,负利率压缩了宏观政策的实施空间,使得降低基准利率、下调准备金率等常规货币政策的操作余地收窄,且负利率并非没有下限,一旦触及负利率下限,货币政策将面临失效的窘境;另一方面,负利率下的经济下行预期可能引发资产价格不断攀升、居民消费与企业生产不断削减的经济负向螺旋,在吹大资产泡沫的同时大量积累风险。分析负利率现象的形成背景,充分认识负利率背后所隐含的深层原因,是在负利率时代做好金融系统性风险识别与防范的重要基础与必要前提。本部分基于长周期的全球视角,从宏观经济中决定利率的长期因素、中期因素和短期因素出发,分析近年来全球负利率与低利率的形成原因,并以负利率的现实条件对传统货币理论进行拓展,研究负利率政策在不同国家、不同市场之间的传导机制。

1.2.1.2 问题的分析

(1) 负利率时代金融体系内部的风险演化

负利率环境在导致金融体系中原有风险发生变化的同时,也可能催生新的潜在风险,成为滋生新型金融危机的温床。本书从负利率时代金融市场流动性过剩、银行净利差收窄、投资者风险偏好提高、汇率波动增大等特征出发,讨论负利率环境对资产价格、银行系统、信用环境、外汇市场等方面的影响,分析负利率时代下金融系统性风险的演化路径及传染渠道。与此同时,由于负利率导致的货币政策空间收窄对宏观调控政策的效果造成限制,本书还研究了应当如何调整和完善"双支柱"调控框架以应对负利率时代所带来的金融系统性风险演化、政策空间收窄等挑战。

(2) 负利率时代的实体经济与金融系统性风险

负利率时代下流动性过剩导致的资产价格高企不仅会对金融市场造成影响,也会作用于实体经济部门的行为决策。一旦资产价格的高涨使得企业减少生产并将资金投入资本市场,将会引发生产与消费进一步下降、资产价格进一步上升的负向螺旋,不断积累风险。本部分从负利率时代下企业部门的行为决策出发,讨论负利率时代给实体经济部门带来了哪些变化,这些变化又如何传导到金融体系,进而对金融系统性风险造成影响。通过在企业生产函数中引入产出不确定性,本书在微观层面分析了低利率对企业产出水平及企业风险的影响机制,在宏观层面讨论了低利率对经济增长以及金融系统性风险的影响机制。

(3) 负利率时代金融系统性风险的识别与测度

由于负利率时代下金融系统性风险发生演化并产生了新的风险,原有的宏观调控政策空间收窄、效果受限,必须针对性地拓展与修正现有的金融系统性风险识别模型,构建和完善负利率时代我国金融系统性风险的测度体系。本部分从金融系统性风险的发展阶段出发,建立不同情景下的金融系统性风险识别与测度模型,通过综合指标法、网络分析法、或有权益分析法对风险累积情景下的金融系统性风险进行测度,通过宏观压力测试模型、历史模拟法、条件风险价值法对风险爆发情景下的金融系统性风险进行测度,并借助金融科技手段将非结构化数据纳入现有以结构化数据为主的指标体系,扩展测度数据的来源和深度,提高风险识别的精度和效率。

1.2.1.3 问题的解决

基于负利率时代金融系统性风险的识别与测度模型,本书构建我国负利率时代金融系统性风险的监控体系,首先,针对金融系统性风险的不同类型和不同阶段建立预警机制。其次,对不同类型金融系统性风险抑制工具在不同阶段的有效性进行检验。然后,结合信息技术手段完善系统重要性金融机构的识别机制,讨论负利率时代系统重要性金融机构的监管模式。最后,研究全球金融监管的合作与跨国风险传染的防范,从国际的角度考虑如何抑制金融系统性风险的传染,从国内的角度考虑如何应对外部冲击的影响。

1.2.2 研究路径

在负利率时代的背景环境下研究金融系统性风险的识别和防范,既要联系宏观经济理论、货币金融理论与系统性风险,又要将这些理论与负利率时代出现的新特征紧密结合。本书采用"问题的背景—问题的分析—问题的解决"这一研究路径,首先梳理问题的背景和相关理论的进展,以原有理论中未纳入考虑的现实条件对理论模型进行拓展,再以此为基础分析和解释实践中遇到的问题,最终得出解决问题的方案。总体如下:

第一,历史视角与现实环境相结合梳理问题的背景。基于长周期的历史视角,梳理全球利率变化的总体趋势,根据决定利率的长期因素、中期因素和短期因素,从金融市场和生产要素两个层面探究负利率时代的形成原因;从现实视角出发,依据负利率时代金融市场的结构和特点,厘清负利率在不同国家、不同市场之间的传导机制及效果。基于以上两个视角的分析,明确本书所研究的核心问题的时代背景和特征。

第二,宏观层面与微观层面相结合进行问题的分析。从金融体系中原有风险的变化、出现的新型风险,以及实体经济面临的问题对金融体系的传导,研究负利率时代下金融系统性风险的演化过程及其传染路径,宏观层面与微观层面相结合分析负利率对金融系统性风险造成的影响,为金融系统性风险的识别与防范建立分析框架。

第三,理论方法与技术手段相结合研究问题的解决。基于宏微观层面对负利率时代下金融系统风险演化的理论分析,从覆盖范围、识别对象、风险权重等方面对原有的金融系统性风险识别与测度体系进行拓展与修正,强化对负利率时代金融风险特征的针对性。利用金融科技手段,将非结构化信息纳入原有的已结构化数据为主体的指标体系,提升金融系统性风险测度的准确性。

1.3 创新之处

第一,将金融系统性风险的识别与防范置于当前负利率时代的国际经济背景和全球金融环境之中，从长周期视角出发分析负利率现象的形成原因，以负利率这一特征事实对传统的货币理论与经济模型进行拓展，将利率政策、银行收益变化、银行内在规模差异和外部宏观政策环境调整等因素纳入统一分析框架中，考察利率政策对银行金融系统性风险的影响机制。

第二，基于我国"双循环"的发展格局及"双支柱"的调控框架，从实体经济和金融市场两个层面识别影响金融系统性风险的潜在因素并分析其作用机制。一方面分析负利率时代下实体经济面临的问题可能通过哪些路径对金融体系的稳定造成影响，另一方面分析金融体系自身在负利率时代产生了哪些新的风险、其原有的风险又发生了怎样的演化，全面阐释负利率时代金融系统性风险的形成原因及演化路径。

第三，通过构建尾部事件驱动网络，研究了风险事件冲击下各行业之间的风险传染和风险分散效应，从实体经济行业风险关联的视角为分析金融风险传染效应提供了新的依据。通过将网络风险传染因子和网络风险分散因子引入面板分位数回归中，分析了产业链中不同位置的行业对风险传染的影响，并从产业结构的角度对风险联动进行了解释，为阐明风险事件冲击下实体经济行业之间的风险传染机制提供了依据。

第四，现有关于家庭资产配置影响因素的实证研究大多集中于人口学特征和家庭特征方面，并未考虑利率环境改变时家庭资产配置行为的变化，本书首次利用大型家庭微观数据考察了货币政策的家庭风险承担渠道和作用机制，填补了已有关于家庭风险承担方面实证研究的空白，并丰富了家庭金融资产配置的实证研究。本书还验证了家庭投资者在投资决策时会受到锚定效应、比例思维和羊群效应的影响。

第2章
国内外研究评述

2.1 负利率的形成与影响

2.1.1 负利率的发展历程

金融危机爆发后,全球各国为了挽救金融机构,提振资本市场信心,纷纷采取一系列量化宽松政策向市场注入大量流动性。然而,在宏观经济不景气的前提下,这些流动性并未能充分发挥刺激经济的作用,反而造成了资金空转的结果。基于此,瑞典、欧元区和日本等国家纷纷启动了非常规货币政策——负利率,以期进一步刺激经济的复苏。

瑞典是世界范围内第一个实施负利率政策的国家,其实施负利率政策的主要目标是应对经济下行和通缩压力。金融危机后,瑞典经济增长率大幅下跌,通胀水平不足2%,经济发展陷入深度衰退。在此背景下,瑞典央行以七天回购利率作为基准确定利率走廊,下调七天回购利率至0.25%,从而使得隔夜存款利率下限突破零利率至-0.25%。2010年随着经济增长有所起色,瑞典央行逐步退出了负利率时代。但是在2014至2016年期间,瑞典央行再次开启利率下行通道,先后5次下调了七天回购利率。而在负利率政策的刺激之下,2015年瑞典经济增速飙升至4.4%,并在随后几年增速保持在欧元区之上,失业率也有所下降。2019年12月19日,瑞典央行宣布将该国主要利率上调25个基点,这也标志着瑞典成为首个退出负利率政策的国家。

在金融危机和欧债危机的接连打击之后,欧元区经济持续走弱,叠加通胀的低迷。2014年欧元区宣布推行负利率政策,弥补现行量化宽松政策的不足,这也使得欧元区成为继瑞典、丹麦之后第三个实施负利率政策的地区。欧元区利率走廊调控是以主要再融资利率为目标利率,以边际贷款利率为利率走廊上限,隔夜存款利率为利率走廊下限。此次,欧洲央行实施的负利率政策包括将主要再融资利率由0.25%下调至0.15%,隔夜存款利率由零利率降至-0.1%,边际贷款利率由0.75%降至0.4%。

20世纪90年代末,日本经历了史上最严重的经济危机,造成了严重的经济衰退。在此背景下,日本频繁使用利率政策,最终落入了流动性陷阱。利率触碰零下限,利率工具丧失了政策空间。因此,日本成为第一个实施"量化宽松"政策的国家。2016年,面临经济增长乏力和通胀低迷的压力,日本央行宣布开始实施负利率政策。日本央行将超额准备金划分为基础余额、宏观附加余额和政策利率余额三个部分,而仅对政策利率余额部分实施-0.1%的利率。虽然政策利率余额部分占比较小,但是对其实施负利率却对银行盈利能力造成了巨大的冲击。

表2-1 部分国家(地区)负利率政策实施状况汇总表

国家(地区)	目标	时间	政策内容
瑞典	稳定物价和锚定通货膨胀预期	2009年7月	下调七天回购利率至0.25%,导致隔夜存款利率下降至-0.25%
		2010年9月	上调回购利率至0.5%,存款利率回升至0%,退出负利率政策
		2014年10月	下调七天回购利率至0%,导致隔夜存款利率下降至-0.75%
		2015年2月	下调七天回购利率至-0.1%
		2015年3月	下调七天回购利率至-0.25%
		2015年7月	下调七天回购利率至-0.35%
		2016年2月	下调七天回购利率至-0.5%
		2018年3月	上调七天回购利率至-0.25%
		2019年12月	上调七天回购利率至0%以上,结束负利率政策
丹麦	应对汇率升值压力	2012年7月	下调七天大额定期存单利率至-0.2%
		2013年2月	下调七天大额定期存单利率至-0.25%
		2014年4月	上调七天大额定期存单利率至0.05%
		2014年9月	下调七天大额定期存单利率至-0.05%

续 表

国家（地区）	目 标	时 间	政 策 内 容
丹麦	应对汇率升值压力	2015年1月	下调七天大额定期存单利率至-0.5%
		2015年2月	下调七天大额定期存单利率至-0.65%
		2016年8月	下调七天大额定期存单利率至-0.68%
		2019年9月	下调七天大额定期存单利率至-0.75%
欧元区	稳定物价和锚定通货膨胀预期	2014年6月	下调隔夜存款便利利率10个基点至-0.1%
		2014年9月	下调隔夜存款便利利率10个基点至-0.2%
		2015年12月	下调隔夜存款便利利率10个基点至-0.3%
		2016年3月	下调隔夜存款便利利率10个基点至-0.4%，再融资业务利率下调
		2019年9月	下调隔夜存款便利利率10个基点至-0.5%
瑞典	应对汇率升值压力	2014年12月	隔夜存款利率下调至-0.25%
		2015年1月	将隔夜存款利率下调至-0.75%
		2020年9月	瑞士央行的政策利率为-0.75%，十年期国债现券收益率为-0.422%
日本	稳定物价和锚定通货膨胀预期	2016年2月	下调超额存款准备金利率10个基点，至-0.1%
匈牙利	稳定物价和应对汇率升值压力	2016年3月	下调隔夜存款利率至-0.05%
		2017年9月	下调隔夜存款利率至-0.15%
		2019年3月	下调隔夜存款利率至-0.05%，保持至今
挪威	稳定物价	2015年9月	储备利率下调至-0.25%
		2016年3月	储备利率下调至-0.5%
保加利亚	稳定物价	2016年1月	LEONIARate降至-0.3%

2.1.2 关于负利率形成原因的相关研究

从瑞典央行 2009 年 7 月对银行存款实施负利率政策开始,负利率引起了学术界的广泛关注,并对此现象形成的原因进行了分析。从短期角度来看,经济体量较小的国家实施负利率政策是为了防止外资快速涌入,缓解本国货币升值风险;而经济体量较大的国家则主要是为了刺激经济增长,降低通缩风险。从长期角度来看,负利率政策是在全球经济衰退的背景下产生的,但并不会随着经济复苏而退出历史舞台。由于在较长一段时期内,全球的生产率增速和潜在经济增速将处于低位(Gordon,2016)。通过对比过去 20 多年全球主要经济体的自然利率可以看到,以美国为首的各大发达经济体的自然利率一直处于下降趋势,尤其是 2008 年金融危机后,出现了断层式下跌(Holston et al.,2016)。基于此,各国央行都有可能面临不得不实施负利率政策的困境。

学术界关于实施负利率政策的原因尚未形成一致的结论。一部分学者认为,负利率政策的起源是实体经济的衰退。Hall(2013)在研究通货膨胀时指出,央行实施负利率政策的起因是低通货膨胀率。也就是说,实际产出不足压制实体经济发展,低经济增长导致了低通货膨胀率,因此,实施负利率政策最初的目标是刺激产出。Coeure(2016)认为,各国央行往往从实际均衡利率的角度思考如何制定货币政策。其中,实际均衡利率是指在潜在经济增长水平下,保持稳定的通货膨胀率的利率。自金融危机以来,全球通货膨胀率一直很低,经济增长持续放缓。各国央行通过实施宽松政策来应对这种低通胀和低产出的现象。由于经济周期和实际均衡利率长期下降使得发达经济体必须将政策利率设定在较低水平,从而产生了负利率政策。Goodfriend(2000)认为,当中央银行对于维持物价稳定很有信心时,通胀预期会非常稳定,央行可以通过管理短期名义利率实现利率目标。当缺乏通胀预期时,名义利率可以为零,但预期实际利率不能为负。其原因有二:一是负实际利率很有可能在过去已经使经济从衰退中复苏;二是经济衰退时通缩预期会提高预期实际利率。

另一部分学者认为负利率政策是由于安全资产短缺造成的。所谓"安全资产"是指不存在任何信息不对称问题的资产。Constancio(2016)认为市场利率长期下滑主要是由于过去几十年名义期限溢价一直处于下降趋势。名义期限溢价包含了通货膨胀溢价和实际期限溢价。实际期限溢价下行的主要原因就来自全球安全资产供应减少与需求增加之间的不平衡。根据

Caballero and Farhi (2014)的测算,2007—2011年,全球安全资产供应量从200万亿美元下降至120万亿美元。

当政策利率低于零,银行提供的存款利率接近零下限时,传统的货币政策传导机制将被扭曲(Eggertsson et al., 2019)。在负利率环境下,从政策利率到存款利率的传递是不完整的,即银行不能降低存款低于零,因为存款人可以选择以现金代替存款。因此,在负利率政策环境下,货币政策通过经典利率渠道的传导较弱(Bernoth and Haas, 2018)。此外,负利率也与各种金融风险有关。例如,银行无法将负利率完全传递给储户,从而降低了银行的盈利能力(Eggertsson et al., 2019)。这不仅对银行系统的可持续性至关重要,而且还会影响银行向整个经济体提供充足和有效的信贷。此外,低效的信贷供给也可能降低债务成本,从而推迟了劣质公司的退出。最终,降低了资本和劳动力的有效配置,并可能导致经济刺激的失效(Kwon et al., 2015)。Czudaj(2020)认为负利率政策虽然削弱了传统的货币政策传导,但是也提供了一个新的传输渠道,也就是信号渠道。因为家庭的支出和储蓄决策不仅取决于当前利率,而且取决于他们对未来实际利率的预期。政策利率为负向投资者发出了一个信号,即存款利率将在更长的一段时间内为零,这可以刺激投资和总需求。负利率政策可以认为是未来政策的有形信号,补充了中央银行在前瞻性指导政策中发布的公告。此外,Bhattarai et al.(2015)还证明了量化宽松对抗通缩和一般均衡粘性价格封闭经济模型内的负产出缺口的有效性,这也是关于未来政策的另一个有形信号。这基本上表明,量化宽松政策通过降低对实际短期利率的预期来降低实际长期利率。

随着负利率政策在全球蔓延,国内学者对于负利率的研究也日益深入。周莉萍(2017)研究了全球负利率政策实施的背景,指出央行负利率政策的基本操作逻辑是,将超额存款准备金率作为基准利率的下限,提高自身对金融周期的调控能力,降低持币成本。巴曙松等(2018)在研究非传统货币政策的理论和效果时指出,负利率政策可以被理解为一种"货币携带税",可以抑制人们囤积货币的冲动,提升货币流动速度。他认为欧洲、日本、瑞典和匈牙利央行实施负利率政策是为了稳定通胀预期,刺激经济增长。而瑞士和丹麦央行实施负利率政策是由于货币的升值压力。王国刚(2019)在分析目前实施负利率政策的情况的基础上,对负利率的实践逻辑和理论进行了思考,认为经济金融运行的状况归根结底取决于实体经济的发展质量和国际竞争力。殷书炉(2019)认为中央银行实施负利率通常出于三大目标,分别是对抗通缩、刺激经济和稳定汇率。但是往往单一的负利率政策都无法实现这些目标,例如日本的通缩压力并没有通过实施负利率政策而得到改善,CPI依旧远低于预期目标值,瑞士、匈牙利的负利率政策也没有达到稳定汇率效果。王文和芦哲(2020)认为继2008年国际金融危机和2010年欧债危机之后,2019年再次广泛实施负利率政策的原因有利率安全垫狭窄、经济内生增长动力的下降、资产泡沫和金融风险倒逼,以及民粹主义浪潮的推波助澜等。孙国峰(2020)认为在经济下行的时期,所有风险资产的投资回报率都处于较低水平。而安全程度较高的政府债等资产受到投资者的追捧,甚至愿意为此付出一定的管理费。这也就使得安全资产的利率出现负值。

2.1.3 关于负利率影响的相关研究

关于负利率政策的影响和效果,国外学者的观点并不一致。Bech and Malkhozov(2016)通过观察欧洲四家央行的负利率政策传导过程,发现负利率政策会以与正利率大致相同的方式传导至货币市场利率。它们似乎还会传导至期限更长的利率和风险更高的利率。Carlos et al.(2016)认为在长期低增长、低通胀预期和实际均衡利率下降的背景下,央行实施的负利率政策在货币传导渠道上与传统货币政策类似,但负利率政策存在更多限制。随着负利率政策的不断蔓延,许多关键金融指标已经按照标准货币传导渠道的变动发生了演变。其次,负利率政策还可能会给金融稳定带来风险,特别是如果负利率政策被长期使用,商业银行和其他金融中介机构的盈利能力将会下降。而另一种观点认为,负利率政策不仅仅是政策利率的进一步降低,其传导机制和效果与传统货币政策有很大差异。Grisse(2015)研究了在零利率下限下短期和长期利率变动之间的关系,研究表明在考虑零利率下限的情况下,期限结构的预期假设意味着短期利率和长期利率变化之间存在非线性关系。当短期利率趋近于零时,长期利率对短期利率变化的敏感性下降,这种反应变得越来越不对称。

还有学者认为尽管各国央行实施负利率政策都是出于各种积极的宏观目标,但是长期实施负利率政策将会带来一定的负面影响。Pally(2016)研究认为如果基于有缺陷的理论和政策评估,那么实施负利率政策是危险的错误。负利率政策将会降低总需求、增加金融脆弱性、导致破坏国际经济的货币战争。同时,长期实施负利率政策将会造成有缺陷的经济增长模式。Ferrero(2015)研究房价升值、经常账户赤字和低利率时发现,由于央行实施负利率政策，房地产市场的贴现率也随之下降，带动房价快速上涨，形成了资产泡沫，对整个资本市场的稳定带来风险。Claessens et al.(2016)探讨了不同利率环境下利率变化和商业银行净利差之间的关系，实证结果表明低利率会导致银行净利差缩小，并且对商业银行造成潜在的不利影响。欧洲各国和日本央行推出负利率政策旨在鼓励商业银行增加信贷供应，以支持经济活动。然而，政策的有效性取决于贷款和存款利率的传递(Brunnermeier and Koby, 2018)。由于负利率存在向下刚性，负利率向存款利率的传递并不完美(Hannoun, 2015)。同时，银行不愿引入负存款利率有两大原因：一是存在法律限制；二是对"现金流"的担忧(Scheiber et al., 2016)。因此，负利率政策可能会通过压缩净利差对银行的盈利能力产生负面影响。Swanson and Williams(2014)提出，负利率偏离自然均衡利率将使市场预期远期政策利率的溢价，并降低长期利率的下降向短期利率传导的敏感性。长期来看，各期限收益率都会受到零利率下限的约束，影响货币政策的有效性和积极性。

关于负利率对银行的影响，Boungou and Hubert(2021)研究了在存款利率可能为零的背景下，银行如何转嫁负利率导致净利息收入下降。通过对59个国家3 637家银行损益账户的详细分析，研究发现负利率导致的利息收入减少可以通过非利息收入的增加得以部分缓解；银行会通过减少非客户存款负债的利息及其人员开支来应对这种冲击。此外，银行的反应不是即时的，会随着负利率的持续时间而调整。最后，存款和杠杆率较高的大型银行受负利率的冲击最大。Bats et al.(2023)研究了在正利率和负利率时期，不同货币政策行为下的银行股票表现。一旦利率环境为负，货币政策公告会导致收益率曲线整体下降，短端变平，从而持续降低银行股价。与货币政策的存款渠道一致，对相对依赖存款资金的银行来说，影响更大。在负利率时期，收益率曲线较长端斜率的变化不会影响银行股价。Arseneau(2017)发现，负利率对银行的影响取决于银行业务类型。在欧洲的高存款银行对负利率的反应是发放更多贷款，并增加对风险较高借款人的贷款，影响了货币传导机制的质量。从宏观层面来看，Arteta et al.(2016)认为，银行盈利能力取决于经济的总体健康状况，而不仅仅是货币政策。只有当重要的宏观经济变量变化时，收益率曲线的斜率降低才会导致银行利润下降。从这个角度来看，Altavilla et al.(2019)认为在负利率政策期间货币政策对欧元区银行资产回报率的总体效果是中性的。然而，在评估负利率政策的总体影响时，也必须考虑降低银行贷款渠道以外的利率对经济的影响，例如,信号对利率期限结构的影响。Lopez et al.(2022)利用 29 个欧洲国家的 2 596 家银行数据,使用静态建模方法,研究发现:负利率政策将代表性银行的净息差和资产回报率分别降低 14.5 和 18.5 个基点。当利率已经为负时,降低短期利率会导致净利差降低。在负利率环境下,欧洲银行并没有承担更多风险。实施负利率政策对银行盈利能力和承担风险的影响取决于其所采用的商业模式。Borio et al.(2017)表明利率水平和收益率曲线斜率的变化会影响银行盈利能力的各个项目,即净利差、非利息收入和贷款损失准备金。收益率曲线的斜率也会影响净利差。具体而言,平坦的收益率曲线对银行净息差有负面影响。通常情况下,银行在其到期日转换中以短期负债融资投资期限较长的资产。如果期限溢价接近于零甚至为负,净利差将被压缩。收益率曲线斜率的变化也会产生数量效应,特别是影响银行固定利率抵押贷款的交易量。低利率或负利率也会影响非利息收入和贷款损失准备金。利率和非利息收入之间的关系有两种效应:对证券的估值效应以及费用和佣金。随着利率上升,银行从贷款和存款之间的净息差中产生利润的能力增加,而随着利率下降,银行从非利息收入中获得利润的需求增加。利率和贷款损失准备金两者之间的关系呈凹形:较高的利率导致可变利率贷款,增加股票和债务负担;然而,这种关系随着利率的增加而减弱。正如 Boungou(2019)所指出的,目前负利率对银行盈利能力的影响尚无共识。一方面,低利率对银行的净利润率和整体盈利能力有负面影响。Claessens et al.(2018)利用 2005 年至 2013 年间 47 个国家的 3 385 家银行的样本,发现低利率对银行净息差的影响大于高利率,对利息收入的影响大于对利息的影响,短期资产负债表的银行比长期资产负债表更受影响,对银行盈利能力并不那么明显,因为银行通过费用、佣金和估值收益降低成本并产生更多非利息收入,减轻了低利率对净息差的负面影响。另一方面,一些学者发现低(负)利率对银行盈利能力的影响相反。Scheiber et al.(2016)在对三个欧洲国家(丹麦、瑞典和瑞士)的银行盈利能力研究得出的结论,负利率到目前为止尚未导致银行盈利能力大幅下降,尤其是净息差。Madaschi and Pablos Nuevo(2017)也发现了类似的结果。Altavilla et al.(2017)分析了 2000 年至 2016 年期间的欧元区银行,得出了宽松货币政策下,短期利率下降或收益率曲线趋平与银行利润下降无关。这表明银行盈利能力受到宽松货币政策的不对称影响。对贷款损失准备金和非利息收入的影响很大程度上抵消了对净利息收入的负面影响。最后,Lopez et al.(2020)研究了 27 个欧洲和亚洲发达国家的 5 200 家银行的数据,研究表明,银行以较低的存款费用和收益抵销了负利率下的利息收入损失。然而，不能保证非利息银行收入长期可持续。还有一些学者认为，低（负）利率对盈利能力的影响取决于银行的特点。Molyneux et al.(2020)强调了负利率和银行利润率的特定特征之间存在显著关系，包括银行规模、银行融资结构和商业模式。银行规模可以解释净利差对利率的弹性降低。当政策利率转为负值时，依赖存款融资的银行不愿降低存款利率，试图保持其资金基础，避免将负利率转嫁给储户。商业模式可以对利率风险提供不同程度的敏感性。与大多数持有浮动利率贷款的银行相比，这种风险对于房地产抵押贷款专业银行来说是不同的。

部分学者在分析银行衡量风险的方式时发现，低利率会增加资产和抵押品价值，通过降低资产价格波动来降低风险感知。Adrian and Shin(2009)强调在低利率时期，杠杆头寸可能已经建立，货币政策立场的微小变化将对风险重新定价和流动性状况的影响扩大。在低利率甚至负利率环境下，无法确保政府债券的名义回报率水平。Rajan(2005)用三个理由证明了资产管理者愿意承担更多风险的合理性：合同、行为和机构投资者。当利率较低时，无风险资产的收益率也较低，银行倾向于投资风险资产，提供更高的收益率。同行的投资决策复制强化了这种行为，这是一种羊群行为。这种现象被所谓的货币幻觉所补充，根据这种幻觉，投资者可能会忽视名义利率可以下降以补偿较低的通货膨胀。Andries et al.(2015)强调货币政策对银行信贷供应的双重影响：一是借款人的抵押物和现金流通过资产负债表渠道增加供应贷款；二是银行根据低利率下的存款支取威胁。与这些其他融资来源相关的较高成本意味着额外成本导致信贷供应减少。此外，Altunbas et al.(2014)指出，银行风险也会受到沟通政策的影响，存在道德风险问题。货币政策放松可以降低对巨大下行风险的预期和鼓励流动性风险承担。这导致了Maddaloni and Peydro(2011)提出的低利率悖论，当利率较低时，信贷风险和流动性风险会增加，金融危机的可能性也会增加。货币政策风险承担渠道相关的金融学、行为金融学和宏观经济学反映了风险的测量和管理，以及货币政策对银行风险感知和激励的影响，并且因为过度的银行风险承担分别对一般均衡产生了影响(Andries et al., 2015)。考虑到削弱银行筛选和监控贷款申请人的动机(Dell et al., 2014)，作为道德风险问题的补充，货币政策将对逆向选择问题产生影响。在实证研究方面，Jimenez et al.(2014)检验了西班牙银行是否存在风险承担渠道，研究发现低利率对西班牙银行贷款组合的影响如下：一是短期内，低利率降低了风险;二是在中期,银行倾向于承担更多风险,放松贷款标准,贷款给有不良信用记录的借款人。Ioannidou et al.(2009)在调查玻利维亚贷款定价的货币政策利率变化的影响时得出了相同的结论,银行增加了新的风险贷款数量,并降低了向风险较高的借款人收取的利率。还有一些学者研究解释了利率结构如何鼓励银行过度承担风险。利率对风险承担的影响取决于银行的盈利水平(Repello,2004)以及其他银行资本化水平(Jimenez et al.,2014)。目前研究表明负利率政策对银行风险承担的影响仍然有限,结果相互矛盾。Heider et al.(2018)使用2013年1月至2015年12月期间欧洲的贷款水平信息得出结论:欧洲央行在2014年年中引入负政策利率,导致更多的风险承担和欧元贷款减少。高存款银行的贷款可能对金融稳定构成风险。Basten and Mariathasan(2018)分析负货币政策利率对银行的影响,使用瑞士的详细监管信息,即央行不同部分准备金免于负利率的银行行为的变化。他们得出结论,更多受影响的银行减少了昂贵的准备金和债券融资,同时保持非负存款利率和更大的存款比率。随着手续费和利息收入的增加,银行可以弥补被挤压的负债利润,但增加了信贷和利率风险。Boungou(2020)首次分析了负利率对在欧盟28个成员国开展业务的银行风险承担影响得出结论,负利率导致了银行风险承担减少。在负利率实施期间,银行承担的风险较小,特别是通过降低不良贷款份额。Boungou(2019)发现,尽管利差有所降低,但没有鼓励银行承担更多风险。

在对金融机构的影响方面,Fukuda(2018)指出,负利率政策可以弥补量化宽松政策的不足,解决流动性剩余的问题,扩大商业银行的信贷规模,刺激投资以促进经济增长。Altavilla et al.(2022)发现,负利率会导致企业普遍增加流动性,而相较于不面临负利率的公司,前期流动性越高的公司投资更多。然而,也有一些学者提出了相反的观点。Heider et al.(2019)认为,负利率政策导致了欧元区银行风险偏好上升。在对金融市场的影响方面,Honda and Inoue(2019)指出,负利率政策显著提高了金融市场上相关公司的股价。然而,Kay(2018)认为负利率政策抑制了公司持有现金的需求,限制了证券借贷业务的发展,增加了市场波动性,减少了市场流动性。Baars et al.(2020)还发现,考虑风险溢价后,负利率政策显著增加了金融机构的风险偏好。

关于数字货币与负利率政策的关系,Xin and Jiang(2023)在传统的法定货币体系中引入了数字货币,并构建了一个动态随机一般均衡模型,研究表明:数字货币可以消除零利率下限约束,稳定负利率政策造成的经济波动;中央银行可以通过直接调整数字货币利率以刺激消费、投资和产出,加速宏观经济复苏。关于负利率政策对个人和金融中介借贷和风险承受度的影响,David et al.(2020)研究发现零利率比负利率对个人借贷和冒险意愿的影响更直接。其次,正利率和负利率对于投资组合中风险资产配置的影响没有统计上的差异。

在经济全球化的背景下,负利率政策的溢出效应受到了学者们的重视。当一国央行实施负利率政策,而其他国家在保持利率不变时,且允许资本在国家间自由流动,那么就有可能出现短期内全球资本涌入本国,对本国的资产负债表造成冲击。而对于一些小型开放国家,这种冲击甚至是毁灭性的。Carlos et al.(2016)认为负利率政策对新兴市场和发展中国家的溢出影响与其他非常规货币政策措施的溢出影响基本相似。Fukuda(2017)从定性和定量的角度分析了日本负利率政策对亚洲股票市场的影响,研究发现日本负利率政策会刺激亚洲股票市场,这是由于日本国内缺少优质资产,资本外流至亚洲其他国家,从而刺激亚洲经济增长。Bernhard and Ebner(2017)研究了美国、欧洲、英国和日本实施的非常规货币政策对瑞士央行的溢出效应,实证结果表明瑞士央行实施负利率政策能够显著抑制外国非常规货币政策对本国金融资产价格的影响。

负利率时代下,负利率与低利率货币政策能够促进实体经济的发展。传统理论认为,低利率可以降低资金成本,促进企业投资,提振经济,缓解经济危机和衰退。即使利率在负利率区间仍能起到刺激经济的效果(Krugman,1998;Ireland,2009;Rognlie,2015)。Sachs(2011)认为低利率和宽松的监管可以刺激居民购房需求,有效刺激房地产市场,同时还能扩大出口规模,拉动经济增长,降低国内失业率。然而也有学者持反对意见,认为长期的负利率和低利率反而会导致进一步的经济衰退和金融危机,因为长期低利率说明货币政策已经不能解决经济衰退问题,投资回报率过低,市场缺少投资机会,居民更愿意持有货币而非进行投资,货币进入流动性陷阱。例如日本与欧洲的负利率已经持续很长时间,但经济增长并没有得到明显改善。Caballero et al.(2008)认为低利率货币政策导致了物价上涨、通货膨胀,不利于全球经济持续增长,甚至引发经济危机。两派学者看法各有长短,但是利率对经济增长的影响不能简单地判定为积极的或消极的,Bassetto(2004)认为名义负利率在一定情况下可以拉动内需刺激经济增长,但从长期来看,它可能会产生新的均衡,经济会走上随之而来的货币体系灾难性不稳定的道路。Morten et al.(2015)利用欧洲国家负利率政策的实施效果分析认为，温和的负利率与正利率对于货币市场的影响基本一致，但是负利率水平越低，会导致的不确定性越高。郑宝银(2008)认为从货币政策的角度出发，负利率的确能刺激我国经济增长，但同时也会导致居民财富缩水、存款贬值等不利影响。

也有学者从各个国家经济体的异质性出发，研究负利率政策所带来的影响。张慧莲(2016)研究了全球主要发达国家的利率和通胀水平，认为负利率的政策有利有弊，资金是否真正进入实体经济是判断负利率的政策是否有效的标准，而中央银行的正确做法是正确利用负利率而不是过度依赖负利率。郭杨(2016)运用欧元区、瑞士、丹麦、瑞典和日本五个实施负利率政策经济体的数据，分析负利率对汇率和通胀率的影响，认为不同经济体的名义负利率政策实施效果存在差异，目前只有部分经济体达到稳定汇率、抑制通缩的目标，负利率政策的实施不一定能达成预期的目标，应审慎对待，要与其他宏观经济政策统筹协调，发挥财政政策和货币政策的协调作用所带来的乘数放大效应。谭小芬和李昆(2017)分析了实施负利率的国家经济规模与实施负利率的目标之间的关系，发现经济规模越大的国家实施负利率主要是为了提升信贷规模、缓解通缩、维持物价稳定；而经济规模越小的国家是为了防止海外资本的快速流入，稳定本币币值。

在其他环境不变的情况下，负利率与低利率政策可能会导致企业非效率投资。在经济上行的阶段，负利率与低利率会导致企业过度投资，一旦企业受到外生冲击，很可能资金链断裂引发债务危机；在经济下行阶段，由于企业本身实体投资需求不足，负利率与低利率会导致企业"脱实向虚"。关于利率政策与债务违约风险的研究，不少学者只研究了政策收紧时期违约风险的相关情况，如Qing(2014)研究发现市场融资流动性会随着货币政策的收缩而降低，从而放大债券市场的系统性风险，进一步推高企业融资成本。Jang and Kim(2009)对韩国债券市场与货币政策的关系进行分析，发现融资流动性会随着货币政策的变化影响企业债务成本，同时还会影响银行的信贷期限。具体而言，在货币政策相对宽松的时期，公司愿意将债务结构拉长而获得较低的利率水平，也就是说，在货币宽松时期，公司更容易也更愿意进行长期贷款，改善企业经营状况。而当货币政策相对紧缩时期，银行不愿意向企业提供长期贷款，导致企业只能进行大量短期的借款，这不仅损害了公司的债务状况，而且使得企业的破产风险大大提升。与此同时，银行与企业的长期债务会受到货币政策变化的影响。货币政策的收缩会降低信贷规模，拉高信贷利率，从而导致债务市场流动性下降，进一步推高企业的融资成本。然而以上学者过度重视货币政策收紧时违约风险爆发阶段，却忽略了在货币政策宽松时，企业大肆举债过度投资而导致的违约风险积累阶段。事实上，在负利率与低利率背景下，由于大量的投资在短期内提升公司的发展速度，但对公司的基本发展状况并没有改变，不力求对公司所面临的根本问题进行处理，当前的繁荣只是荣华的泡沫，一旦遇到货币政策收紧，泡沫破裂，企业面临的是股价崩盘、债务违约、声誉下降等一系列系统性风险。这种过度投资的方法就如同竭泽而渔，显然不符合企业的长期价值投资理论，无法长久地发展下去。

低利率政策影响金融市场稳定的另一条渠道是通过实体企业"脱实向虚"投资金融市场，引发资产价格上升，甚至产生泡沫。根据"投资替代"效应(Demir, 2009)，金融资产的回报率大于实体投资收益率时，企业追求未来利润最大化会倾向于持有更多金融资产，因此，两者间的"利差"引起了企业金融化。尤其是在现今中国市场，实业投资需求减弱，导致资金流向金融投资，实体企业金融化"脱实向虚"现象严重。针对企业"脱实向虚"的影响因素研究，现有文献主要从企业经营绩效（宋军和陆旸，2015）、经济周期（胡奕明等，2017）、企业治理水平和管理层过度自信（闫海洲和陈百助，2018）等角度进行分析和研究。针对企业"脱实向虚"所造成的经济后果的研究，现有文献大多着重分析企业金融化对实体经济的负面影响，例如提高中小企业融资成本（刘珺等，2014）、降低企业实体投资率（张成思和张步昙，2016）、抑制企业创新等（王红建等，2017），但也有学者持反对意见，Kliman and Williams(2015)从实证角度证明了企业金融化后美国实体企业的投资率并未下降。关于利率对"脱实向虚"的影响机制，任羽菲(2017)研究货币供给量与资产价格关系时发现，货币供给量增加虽然会推高价格，但是无法确定能否进入实体经济。一方面，增加的货币供给只是进入了股票市场、房地产市场等，进行空转，并没有真正进入实体经济。不仅不能推动经济增长，而且会造成资产泡沫，引发"脱实向虚"的问题。傅代国和杨昌安(2019)研究货币政策对企业金融资产投资的影响效果及作用机制时发现：存款准备金率、银行间同业拆借率与金融资产投资倾向、投资数量和增长率均显著负相关。关于"脱实向虚"影响金融市场稳定的研究并不多，主要有两个方面的观点：一方面，企业金融化导致资金不断从实体部门流入虚拟部门，诱发房地产价格和资本市场价格泡沫的形成，造成虚拟经济的过度膨胀，进而引起金融系统的不稳定，诱导金融危机的发生。另一方面，企业将从银行获得的资金投向金融活动，会提高金融系统性风险。如果部分企业持有的金融资产发生大幅减值,则可能会引起连锁反应,导致金融化的企业陷入财务困境,进而影响银行体系的稳定性(王永钦等,2015)。还有学者从金融资产内在价值的角度进行分析,上市公司金融化行为也可能会对该公司本身的股票价格产生影响,在金融体系交错复杂的情况下,单只股票的价格暴跌可能通过一系列的交叉传染,导致整个股票市场的崩盘(Hong and Stein,2003)。彭俞超等(2018)通过构建一个包含市场、公司和经理人的三期博弈模型,发现上市公司为了隐藏负面信息而持有金融资产会提升企业股价崩盘的概率,企业金融投资平均每增加一个标准差,未来一期的股价崩盘风险约增加5.5%个标准差。

关于负利率与低利率对企业融资政策的影响已有不少学者做过研究,Solomon(2002)认为良好的金融体系能够向技术创新体系提供技术创新所需要的大规模资金投入,缓解企业的融资约束。Gorodnichenko et al. (2010)在研究发展中国家的转型中发现,较低的金融发展水平会对企业融资的创新活动起到制约作用,最终使得企业的产出和利润水平下降。靳庆鲁等(2012)的研究已经发现,宽松货币政策能够普遍地降低融资成本和减少融资约束。然而也有学者发现在宽松的货币政策下,并非所有企业都能享受到低利率所带来的投资便利。由于国有企业的政策负担,政府会通过信贷扶持的手段对国有企业进行补贴(Brandt and Zhu,2000;林毅夫和李志赟,2004),但是对于民营企业来说,则存在基于所有制性质的融资歧视。对于国有企业来说,能以更低的成本获得融资支持(罗长远和陈琳,2012)。李广子和刘力(2009)研究了债务融资与企业性质的不同影响,发现相较于非国有企业,国有企业享受着更低的债务融资成本,而且这一现象长期存在。Bailey et al.(2011)刻画了我国信贷市场的特征。他们假设模型中存在两种贷款方式:政策驱动型和商业型贷款,国有银行往往会出于政策考虑贷款给国有企业,从而国有企业更容易获得信贷支持。因此,其他条件相同的情况下,民营企业面临的融资约束可能更加严重。Cong et al.(2019)研究了2009至2010年中国经济刺激计划下的企业信贷配给情况,发现银行的信贷会不成比例地投向国有企业和资本产出率低的企业,由于政府对国有企业的隐性担保,使得资本从私营企业转向流入国有企业。由于国有企业的经营效率往往十分低下,即使得到信贷资金也无法善加利用,而真正需要融资的非国有企业却被"挤出"了融资渠道导致经营不善,长此以往,只会不断累积系统性风险。刘瑞明和石磊(2010)指出政府对于国有企业的各种补贴包括信贷支持,不仅会造成国有企业的道德风险和逆向选择问题,同时也会因占用民营企业资源,挤出公共服务等原因而拖累民营企业的效率,从而形成双重效率损失。在这种情况下,容易得到融资的企业投资效率低下,经营不善,一旦资金链断裂很容易造成债务违约,从而引发银行端不良贷款率上升,甚至会影响金融系统的稳定;而不易得到融资的企业无法进行生产,实体行业得不到发展,导致产业结构失调。此外也有学者从银行体系考虑,在低利率情况下,银行利润将进一步收缩,Alessandri and Nelson(2014)、Busch and Memmel(2017)从资产负债期限错配以及利率敏感性角度分析发现,政策利率调整和净息差变化具有同向变动的特征,即在政策利率下降时,净息差会降低,在政策利率升高时,净息差会上升。熊启跃和王书朦(2020)也发现政策利率降低(提高)会带动银行净息差下降(上升),并且在负利率环境下,银行净息差对政策利率调整,尤其是利率下调的敏感性明显增强。

其次,负利率与低利率政策可能会导致通货膨胀。传统的货币数量论认为宽松的货币政策会导致通货膨胀,居民在"收入效应"作用下会增加消费支出,在消费需求的拉动下,商品通胀水平会进一步"螺旋式"提高。有不少学者认为,在负利率与低利率环境下居民的风险偏好会发生显著改变(Altunbas et al.,2014;Ioannidou et al.,2015),资产配置行为发生"扭曲"(Hesna and Rich,2014;Claudio and Leonardo,2017)。在此情况下居民对货币的持有动机会减弱,进而进行消费和投资。Oppers(1997)认为消费冲击是中国通货膨胀周期性变化的重要来源,Brandt and Zhu(2000)则将中国通货膨胀的主要原因归结为国有企业投资的软预算约束。但也有学者认为负利率与低利率对经济增长和通货膨胀的拉动效应有限(Peshev and Beev,2016;马理和娄田田,2015;马理和黎妮,2017)。谢平(2000)认为我国利率水平低的原因是资本市场发展还不够完善,负利率不能疏通居民储蓄转移到资本市场的路径,并且可能会出现我国居民高储蓄率与负利率并存的态势。孙丽和王世龙(2017)基于日本的负利率实践,运用VAR模型得出利率是消费者信心和汇率的格兰杰原因,日本央行负利率政策仍很难产生明显的积极影响,消费者信心和投资对于负利率政策的刺激并不敏感,反而会使国内消费总需求进一步减少和国内投资环境进一步恶化。在利率传导至通货膨胀的研究中心,有不少学者通过建模从实际利率中预测出通货膨胀的信息,如Harvey(1988)通过从名义利率分离出来的实际利率实证发现,实际利率对消费增长具有预测作用。Mishkin(1990)发现名义收益率曲线的长短利差对未来的通货膨胀具有较强的预测能力,Rudebusch and Wu

(2008)发现收益率曲线水平因子的波动能够很好地拟合通胀预期的波动。Christensen et al.(2009)通过无套利 Nelson-Siegel 模型从 TIPS(美国通胀保护债券)收益率曲线和名义收益率曲线提取出通胀预期的信息。

最后,利率还会通过进出口与对外直接投资活动对金融系统性风险产生影响。不少学者认为由于低利率乃至负利率环境会缓解企业融资约束,降低企业资本成本从而对企业出口与对外直接投资产生影响。Chaney(2005)将流动性约束引入理论模型中,通过对企业异质性研究发现流动性约束使得出口企业固定投资成本过高从而无法进入国外市场。Manova(2013)对比了金融市场发达国家与不发达国家,发现金融市场不发达地区的金融摩擦较大,从而导致融资约束强的企业出口规模和数量都比较小。Minetti and Zhu(2011)根据意大利制造业企业数据发现,信贷配给会严重影响企业出口规模和销售规模,这种现象在高科技行业尤为严重。Caggese and Cunat(2013)也发现融资约束会影响企业资本成本、生产率和工厂在国内的分布,进而影响企业出口规模。Chor and Manova(2012)则从金融危机期间市场流动性缺失出发,使用美国月度进口数据发现在危机高峰期,银行同业拆借利率较高、信贷市场因此收紧的国家对美国的出口减少,这种影响在需要大量外部融资、获得贸易信贷机会有限或可抵押资产很少的部门尤为明显。刘莉亚等(2015)从微观视角的理论和实证分析,发现融资约束限制了我国企业的对外直接投资能力;这种约束作用对外源融资依赖度较高行业的影响更为严重。还有不少学者从汇率角度出发,发现低利率政策通过利率平价影响到汇率,从而促进出口贸易与对外投资。Cushman(1985,1988)从相对劳动力成本角度研究汇率与对外直接投资的关系,发现在其他因素不变时,本币贬值会降低母国相对于东道国的生产成本,从而提升外商投资的回报率。Froot and Stein(1991)提出"相对财富假说",认为财富变化会影响直接投资需求,当本国货币贬值时国外企业财富相对较富有,从而使得国外企业更容易并购国内资产。Mann(1993)通过研究日本对美国直接投资的数据发现汇率波动只对个别行业的直接投资活动有显著影响,但是总体而言并不能得出汇率波动对对外直接投资有显著影响的结论。然而以上研究均未从实体经济部门考虑金融市场可能受到的风险。利率政策较容易对市场利率和汇率等金融市场变量产生影响,负利率首先引起市场利率下降,然后引起资产价格的上升和本币的贬值(范志勇等,2017)。在经济下行背景下各国为提振本国经济会加大商品出口力度进一步抢夺国际市场份额,从而导致相互攀比不断使本国货币进一步贬值形成竞争性贬值。

国内学者也开始对负利率政策的影响展开了初步分析。陈炳才(2020)认为负利率政策会造成收入分配不均衡,对市场经济中的私有经济形成挤压,而对于以美国为首的发达国家,会进一步刺激实体经济的发展。范志勇等(2017)在后凯恩斯主义信贷供给的基本框架下分析了负利率政策的有效性,还指出了负利率政策的有效性取决于商业银行对实体经济的贷款供给。长期实施负利率政策将会压降金融机构的利润,造成资产泡沫和金融系统脆弱性,还有可能改变投资者风险偏好,提升金融市场的风险系数。庄毓敏和景麟德(2017)研究了非常规货币政策退出造成的溢出效应,认为负利率政策作为非常规政策在较短的期间内退出,将会对小型经济体的金融体系造成不可挽回的冲击,同时还会对跨境融资规模造成损害,提高跨境融资的违约率。

由于传统货币政策的溢出效应有助于理解国外负利率政策对我国利率的溢出效应的影响,因此接下来对传统货币政策的国际间溢出效应的相关研究进行讨论。国外对于全球经济互相依赖下货币政策的溢出效应研究早在20世纪50年代便开始了研究。Glick and Hutchison(1990)利用环太平洋地区的利率数据进行实证研究发现,在全球经济一体化不断增强的背景下,各地区的实际利率水平受到美国利率政策变动的影响愈加严重。Cushman and Zha(1997)对加拿大与美国货币政策进行研究,通过构建改进的SVAR模型,发现小型经济体容易受到货币政策的溢出效应影响。也就是说,加拿大会受到美国货币政策明显的溢出效应影响,并且主要是通过汇率渠道进行传导。Jang and Ogaki(2004)利用日元对美元汇率变化实证研究美国货币政策对日元币值的溢出效应,研究发现在短期内日元汇率会随着美国货币政策的变化而发生波动趋势。Bluwstein and Canova(2016)引入了贝叶斯混合频率结构向量自回归模型,并研究了2008—2014年欧洲央行非常规货币政策对几个非欧元区欧盟国家的国际溢出效应。对产出和通货膨胀的国际溢出效应的大小会随着金融市场的规模而变化,但对汇率制度并不存在影响。Bluwstein and Canova(2016)使用了一系列长期再融资运营计划和债券购买计划,作为欧洲央行非常规货币政策的衡量标准。Babecka et al.(2016)构建了欧洲央行政策的货币条件指数,该指数由两部分组成:常规和非常规货币政策。利用这一货币条件指数,他们研究了对通货膨胀的影响以及欧元区以外几个国家(三个中欧国家和三个非欧元区国家)的产出。结果表明,欧洲央行政策的国际溢出效应对不同国家具有异质性。尽管传统政策对所有国家的溢出效应很重要,非常规政策产生的国际溢出效应通常很弱,而且各国的溢出效应大小不同。Horvath and Voslarova(2017)使用面板 VAR 模型来检验欧洲央行非常规货币政策对捷克、匈牙利和波兰的经济活动和资产价格的影响,并使用了影子利率(WuandXia,2016)和欧元体系的央行资产作为欧洲央行非常规货币政策的衡量标准。研究发现,经济活动对欧洲央行非常规政策的反应比资产价格更为强烈。进一步研究发现,欧洲央行的非常规政策能够解释 10% 以上的经济活动波动,但仅解释了约 2% 的价格波动,同时,产出的反应强于价格的证据与总供给的凸形一致。因此,在经济衰退期间,货币冲击导致的是产出波动,而不是价格波动。

国内关于国外货币政策对我国的溢出效应研究也由来已久。邢天才和唐国华(2011)从利率、货币量以及货币政策独立性三个角度对我国与美国的货币政策的联动性进行研究,发现美国货币政策对中国存在显著溢出效应,即美国利率政策的变动会引起中国利率和货币供应量同向变动,进一步限制了我国央行制定货币政策的独立性。庄佳(2009)利用 SVAR 模型对我国经济活动受到美国货币政策冲击的影响进行研究,发现美国货币政策对我国 GDP 存在正向溢出效应,并且这一影响呈现不断增强的趋势。此外,美国实施扩张性货币政策往往伴随着我国利率水平下降、货币供应增加、股市低迷、货币政策独立性降低,且溢出效应对不同地区的影响存在显著差异。何国华和彭意(2014)基于蒙代尔-弗莱明-多恩布什模型(MFD)证明了美日货币政策的变动对中国产出的影响及传导渠道,经过 SVAR 模型实证检验后证实了美国扩张性货币政策主要作用于中国的通货膨胀和汇率水平,而日本货币政策则对中国的对外贸易影响程度更大,并指出在防范外国货币政策变动对中国产出水平的冲击时,应更多关注输入型通货膨胀和美元贬值对中国的不利影响,对日本则应关注中日双边贸易关系。王艳和张鹏(2012)利用了向量自回归误差修正模型研究了美国货币政策对我国信贷市场的溢出效应,发现我国信贷市场是美国货币政策影响我国货币供给量的一个渠道,美国货币政策的扩张会增加我国信贷供给。美元的流动性通过信贷市场和货币数量渠道对人民币流动性产生溢出效应。近几年,国内学术界对金融危机后欧美等发达经济体的一系列非常规货币政策溢出效应进行了研究和梳理。廖国民和黄飞飞(2019)运用 2008—2016 年欧元区资产负债表总额以及中国宏观经济数据,通过构建两个 SVAR 模型,首次分别从贸易传导渠道和货币政策传导渠道两方面实证研究欧元区非常规货币政策对中国产出的溢出效应,最终发现欧元区政策通过贸易渠道和货币渠道均对中国产出产生了较强的负向冲击，贸易渠道更加明显。马理和余慧娟(2015)利用金砖五国及其他10个发达国家的经济数据，采用PVAR模型研究了美国量化宽松货币政策的溢出效应，研究结果表明美国的量化宽松货币政策对以上国家产生稳定的溢出效应。短期来看，会导致金砖国家的经济增长，货币升值，并造成虚拟经济的繁荣；使其他发达国家的贸易差额扩大、物价上涨、产出增加，对资本市场、汇率、货币供应量等经济变量也产生了一系列冲击。

2.2 金融系统性风险的特征与成因

2.2.1 金融系统性风险的特征

2007—2009年由美国房地产次级抵押债券市场危机引发了全球性金融危机，全球经济受其影响并且经济复苏缓慢。此次金融危机造成的金融系统性风险，其传播速度之快、牵连范围之广、破坏力度之大前所未有，金融系统性风险的负面影响远超单个机构的个体性风险。因此，业界、学界以及监管机构对金融体系的稳定以及金融系统性风险尤为关注。

关于金融系统性风险的研究最早可以追溯到20世纪70年代，而目前金融系统性风险已经受到国际清算银行的重视，他们在制定金融稳定政策的过程中逐渐纳入了金融系统性风险的识别和测度(Borio，2003)。在2008年金融危机之前，有学者把金融系统性风险与危机传染源视为同一个概念，Rochet and Tirole(1996)将金融系统性风险定义为一家金融机构破产的影响通过金融交易扩散到与其相关的其他机构。由于金融网络联系愈加紧密，金融机构受到外部风险的可能性就越大。当发生较小的负面冲击时，这种紧密的网络关系能够降低金融机构受到的影响。但是，当负面冲击超过一定阈值时，这种网络关系反而会加剧金融风险的传播，使得金融体系更加脆弱。金融危机后，学术界对于金融系统性风险有了更深刻的认识。金融系统性风险有别于传统的单一金融机构产生的风险冲击，其特征包括影响力更加宏观、传染性更加广泛以及负外部性更强等(Hanson et al.，2011)。当发生金融系统性风险时，金融系统中流动性瞬间枯竭，资产价格快速下跌，导致投资者信心崩溃。实体经济与金融系统之间互相冲击，发生剧烈的负面螺旋影响，从而进一步加剧经济衰退的步伐。2021年中国人民银行发布了《宏观审慎政策指引(试行)》，其中指出金融系统性风险是可能对正常开展金融服务产生重大影响，进而对实体经济造成巨大负面冲击的金融风险。这也是我国官方首次给出金融系统性风险的定义。

概括来说,金融系统性风险具有突发性、顺周期性、传染性和严重负外部性的特征(昌忠泽,2022)。其中,突发性主要表现为,金融系统性风险一般是在受到某个冲击事件后突然爆发,而在爆发之前往往不会对金融市场和宏观经济产生巨大负面影响,甚至没有明显的征兆。金融系统性风险的顺周期性是指其风险程度伴随着宏观经济的周期运行而形成演进,当宏观经济上行时,风险点压力整体减小,系统性风险随之降低;而当宏观经济下行时,多个关联风险点相互作用,导致系统性风险急剧上升。传染性则体现在两个方面:一是传染的范围广,一个风险点的爆发可能扩散至整个金融市场,甚至影响到实体经济运行;二是传染速度快,由于金融市场中信息的快速传递性,单个风险爆发会迅速跨市场、跨地域传播开来(刘立新和李鹏涛,2019),很难及时采取反应措施。最后,与一般风险最大的差别在于,金融系统性风险具有巨大的负外部性影响,一旦金融系统性风险爆发可能会同时导致金融市场瘫痪、金融体系崩溃、实体经济空心化、经济增长停滞。

关于金融系统性风险的文献主要重点关注三个方面。其一,风险外溢的渠道,即从单个金融机构转移到其他金融机构和整体金融系统,例如,银行对银行间市场和欧洲市场是一个渠道(Allen and Gale,2000)。自从银行利用这两个市场来管理其流动性风险,单一银行的风险事件可能会对其他银行产生负面影响(Furfine,2003)。对于保险公司,大型保险公司的违约可能会对整个金融系统产生溢出效应,特别是当保险公司主要依赖非核心和非保险活动时。Bernal et al.(2014)认为,保险公司可能通过违约它们的违约互换协议影响整个金融系统。Weib and Muhlnickel(2014)研究表明,基金会通过市场渠道影响其他金融机构和整个行业。基金通过其借款、交易对手衍生品合同中的角色和证券交易,为其他金融机构创造风险战略(Dixon et al.,2012)。其二,金融系统风险度量及其应用。Lehar(2005)计算了基于金融机构资产或有索赔的风险。Huang et al.(2009)提出了一种通过保险价格衡量系统风险的方法,防止财务困境。Acharya et al.(2012)开发了预期资本短缺(ECS)和系统预期短缺(SES)。ECS 描述了潜在金融机构的资本要求。SES 表明了当整个系统资本不足时,金融机构资本不足的趋势。一般而言,全球金融危机期间美国银行的系统风险增加。Acharya et al.(2016)证明了在四类金融机构中,保险公司是系统风险最小的。然而,证券交易商和经纪人是最具系统性风险的。Adrian and Brunnermeier(2016)提出了风险价值的 delta 条件,其区别在于以第 i 家机构陷入困境为条件的 VaR 还是第 i 家机构处于中间水平状态为条件的 VaR。其三，制度特定特征是金融系统风险的决定因素。一般而言，银行规模和杠杆作用显著增加银行对系统风险的贡献。Brunnermeier et al.(2016)研究表明非存款融资的银行、资本比率较高的银行会导致系统性风险。然而，Laeven et al.(2016)提供了证据表明，系统性风险与银行资本水平相关。Varotto and Zhao(2018)发现了银行盈利能力和系统风险之间显著的反向关系。Karimalis and Nomikos(2018)表明，融资流动性和市场波动对系统风险产生负面影响，特别是在季度范围内。相反，对于这些研究，Weib et al.(2014)认为监管制度的特点，而不是银行的特点（如银行信贷组合的规模、杠杆率和质量）是系统性风险的驱动因素。关于非银行金融机构的系统重要性，Weib and Mühlnickel(2014)认为保险公司的规模和对非投保人负债的依赖程度都会导致系统性风险。Bierth et al.(2015)没有发现任何证据表明保险公司的规模导致金融系统性风险提升，研究表明，相互联系、杠杆率和资金脆弱性是保险业系统风险贡献的最重要的驱动因素。尽管大量文献集中于美国和欧洲银行业，少数学者还研究了澳大利亚金融业的系统性风险。Pais and Stork(2011)报告称，澳大利亚银行股票表现出极端溢出和相互依赖的高风险。自全球金融危机出现以来，这一现象显著增加。Akhter and Daly(2017)表明，澳大利亚银行会被源自全球系统重要性银行的极端冲击所传染。Anufriev and Panchenko(2015)提供了澳大利亚四大银行之间的紧密联系及与实体经济的联系。Bollen et al.(2015)报告称澳大利亚主要银行的系统性风险最初有所增加，以应对全球金融危机和随后的股市低迷，但在引入存款和批发融资担保计划后有所下降。

货币政策对金融系统性风险的影响以及如何调控货币政策以应对金融系统性风险受到学术界和监管政策的广泛关注，尤其是在美国次贷危机引发的全球金融危机之后，货币政策与金融稳定的相关性成为学者和监管当局关注的重点。

首先，关于货币政策与金融稳定目标之间关联的讨论并无定论。虽然对是否要将金融稳定纳入货币政策目标或应在多大程度上考虑金融稳定目标等问题仍有争议，但实现宏观经济和金融双重稳定目标需要货币政策和宏观审慎政策协同配合逐渐成为共识（周莉萍，2018；Filardo et al.，2016）。强调简化货币政策目标的观点指出，货币政策承担金融稳定职责有局限性，仅依靠货币政策难以同时实现金融稳定和经济稳定目标，甚至可能产生目标冲突。因此，只要资产价格泡沫等金融不稳定性因素没有对当前或未来的通货膨胀造成严重冲击,央行都应该"善意忽视"金融稳定目标。反对观点则认为,由于物价稳定不代表金融稳定,且金融稳定会影响宏观经济稳定,所以即使在短期通胀已经得到有效控制的情况下,中央银行依然需要对金融不稳定性冲击做出反应,实施"逆风调节"策略。实践中,不同机构的选择策略也有所差异。例如,日本央行倾向"善意忽视"策略(Sato,2014),国际清算银行、挪威央行、瑞士央行则更支持"逆风调节"策略(Svensson,2018)。尽管有关货币政策与金融稳定目标之间关联的讨论并无定论,但越来越多研究表明,货币政策与宏观审慎政策的合理搭配能够有效缓解依赖单一工具完成多种目标的政策困境,更好地维护宏观经济和金融稳定(Svensson,2018;Galati and Moessner,2018;马勇和陈雨露,2013;王爱俭和王璟怡,2014)。

其次,部分学者研究了货币政策对金融系统性风险的溢出影响。货币政策的最终作用对象是实体经济部门,但是传导的直接作用对象是金融部门,因此货币政策不可避免地在实现经济稳定目标时会对金融稳定造成溢出。一方面,从金融部门与实体经济之间的纵向关联性切入,讨论货币政策冲击是如何通过金融机构资产负债表的变化影响系统性风险在上行金融周期的累积和下行金融周期的实现。在上行金融周期,宽松型货币政策会扩大金融机构净息差,推升金融资产价格,金融机构自有资本金的上升与监管资本金的下降形成了资本正缺口,扩张了金融机构资产负债表。在金融机构采用盯市计价的条件下,这进一步导致金融机构自有资本金的上升和监管资本金的下降,形成了"资本正缺口—资产负债表扩张"的正反馈循环(Adrian and Shin,2010b)。金融机构的风险承担水平在这种顺周期性的循环中逐步上升,最终形成信贷和资产价格的泡沫。而资本正缺口的形成可以看作是金融机构主动风险承担意愿的增加,并通过三种风险承担行为进行资产负债表的扩张:(1)资产结构激进型风险承担:高风险资产比例提高(Borio and Zhu,2012;Matsuyama,2007;Rajan,2006)。(2)资产总量膨胀型风险承担:信贷资产总量的扩张(Kiyotaki and Moore,1997;Bernanke et al.,1999)。(3)负债结构激进型风险承担:吸纳更多的非核心负债(Shin and Shin,2011)。在下行周期,紧缩型货币政策会缩窄利率期限价差,进而导致金融机构净息差下降,使金融机构面临流动性缺口问题;可能恶化经济环境,对金融机构的信贷资产造成损失;也会带来资产价格的普遍下跌,形成资本负缺口。面临流动性压力时,金融机构会选择抛售非流动性资产以偿还负债;面临资本负缺口约束时,金融机构会选择抛售高风险资产以满足监管要求。而资产的集体抛售导致其价格进一步下跌,对资本负缺口再一次形成负向冲击。因此,与上行周期机制类似,最终形成"资产价格↓→资本金↓→资本缺口↓→资产抛售↑→资产价格↓"的负向恶性循环(Adrian and Shin,2010b),即对应下行周期系统性风险实现。

另一方面,从金融机构之间网络结构的变化切入,讨论货币政策对金融系统性风险的溢出。这类研究主要通过建立内生网络模型,刻画异质性金融机构面临冲击时的资产负债表行为,寻找网络结构的动态均衡。但是,目前关于货币政策如何影响金融网络结构内在变化的研究较少。其中比较有代表性的是 Wolski and vandeLear(2016)利用异质代理人模型(ABM模型)通过对金融机构在同业市场上借贷行为的最优化进行建模,模拟研究在面临内生货币政策冲击时,金融机构同业业务网络结构的动态变化特征,并隐约给出了两种潜在机制。以宽松型货币政策为例进行说明。(1)通过供求匹配影响网络结构。在宽松型货币政策下,同业市场利率水平较低。此时,金融机构对同业资金的总需求旺盛,而单家机构对同业资产的供给意愿不足。因此,需求方为了充分满足资产端扩张的要求,会向更多的同业信贷供给机构进行拆借业务。金融机构更加广泛的业务关联会导致同业网络结构的中心度降低、连通度上升。(2)通过风险偏好影响网络结构。该文进一步将同业市场分为抵押同业市场和无抵押同业市场。货币政策宽松的环境下,金融机构会更偏向于从事风险和收益更高的无抵押同业业务。

最后,还有部分学者讨论货币政策与金融体系稳定的相关性,主要是从银行资本充足率和流动性等方面对银行风险承担行为带来影响展开。众多研究在理论和实证上探讨和检验了货币政策的风险承担渠道,认为宽松的货币政策易引起金融机构过度承担风险的行为,从而影响金融稳定(Dell'Ariccia and Marquez,2006;Adrian and Shin,2010;Borio and Zhu,2012;Angeloni and Faia,2013)。Brissimis and Delis(2010)发现,货币政策对于银行风险承担的影响取决于银行自身的流动性和资本充足率。Bolton and Freixas(2006)认为紧缩的货币政策减少了银行的收益和未来的银行资本,进而降低了银行贷款和为发放贷款而进行融资的动力,并且银行资本通道对于资本充足率较低的效果更明显。国内学者的相关研究认为,货币政策与银行风险承担之间的正负关系取决于资本充足率的高低(方意等,2012)。部分研究表明,两者之间呈现出一种负向的相关关系(徐明东和陈学彬,2012;江曙霞和陈玉蝉,2012),具有明显的异质性特征,并且数量型货币政策对这种负相关关系较为敏感,建议在构建宏观审慎管理框架时将金融稳定目标纳入货币政策反应函数之中(刘生福和李成,2014)。因此,适宜的货币政策应对银行风险承担行为的影响进行充分的考虑(马勇,2013)。综上所述,货币政策单一政策难以维护宏观经济和金融稳定,货币政策的实施会对金融系统性风险的演变在不同部门和不同时期存在异质性影响。宽松的货币政策会通过影响金融机构资产负债表使得系统性风险在上行周期累积,而在下行周期紧缩性的货币政策则可能使得金融系统性风险实现。但在负利率时代下,负利率政策的实施对中央银行货币政策理论和实践操作带来了挑战,压缩了货币政策的操作空间,此时如何兼顾实体经济的发展和金融系统性风险的防范,是货币当局亟待思考的问题。

2.2.2 金融系统性风险的成因

通常而言,金融系统性风险的成因可以分成两类:一类为产生系统性风险的直接原因,另一类则为产生金融系统性风险的间接原因。在直接风险方面,Kaufman and George(1999)在研究全球银行业危机时发现,潜在金融风险会随着金融业的发展不断积聚,导致金融脆弱性不断增加。当单一金融机构发生风险事件时,将有可能直接引爆金融系统性风险。中国人民银行西安分行课题组(2023)认为气候变化对于金融系统性风险具有重要影响。从实证分析结论来看,气温偏离度越高,证券市场风险和保险市场风险会随之推高;而降水量偏离度越高,银行市场风险则会随之升高。另一方面是有关风险产生的间接原因,李守伟等(2019)基于16家上市银行数据,验证了银行业多层网络结构对系统性风险的溢出效应。Helmut(2010)认为不当的监管政策、欠缺的监管力度是金融系统性风险发生的重要原因。Billio et al.(2012)把金融系统性风险的发生归因于金融机构间的强关联性。Acharya(2007)认为金融机构资产端趋同性也是引发金融系统性风险的一个重要原因。方蕾和粟芳(2017)认为金融系统性风险产生的间接原因在于行业中各金融机构金融行为的同质性、金融风险的雷同性。

此外,金融系统性风险的成因还可以分为金融体系内部和实体经济领域两大方面(昌忠泽,2022),但是通常这两方面因素不是相互孤立的,而是具有相互关联和相互作用的"螺旋上升"关系。

从金融体系内部来看,金融监管缺失、资源配置扭曲和金融体系脆弱性,是导致金融系统性风险上升的重要因素。首先,在金融监管缺失的情况下,诸如违规举债、非法筹资、非法"网贷"等金融乱象会对金融系统形成巨大风险冲击,严重影响金融资源配置效率,降低金融体系的风险承受能力,阻碍金融市场的健康运行发展。具体来说，合理的发债流程要求债务评级机构和金融监管部门依据企业的真实风险，对其发行债务的规模、期限结构和风险等级进行切实的审核评定。由于监管缺失，部分企业通过虚报企业财务信息和勾结评级机构，获得过高的风险评级等级和较低的债券发行价格，当这类债券流入金融市场后无疑会将企业风险转嫁到投资者，造成风险的大范围扩散。同样地，金融监管缺失下的非法筹资和非法"网贷"问题也会导致系统性风险上升。正如以往大量新闻报道的形如"庞氏骗局""裸贷"等非法借贷现象，这一方面是由于普通民众对非法借贷的认识不足，容易因高回报承诺和无需担保而上当受骗，另一方面基层金融监管的缺失也给了非法借贷活动以可乘之机。非法借贷不仅对金融体系稳定性形成冲击，而且对民主法治和社会福利产生严重损害。

其次，金融资源在地区间、行业间、期限上长期存在的配置扭曲，可能导致非利率因素下的金融风险在某些特定机构或市场上持续积累，当风险累积超过某一阈值时就会引起金融系统性风险。在导致金融资源配置扭曲的多方面因素中，金融机构投资偏好一致性、非市场性干预和金融资源期限错配是较为重要原因。其中，金融机构投资偏好一致性是指，金融机构出于收益率的考虑，会将资金投向收益率更高且风险更低的领域，而当大量资金同时投向同一领域时，该领域的杠杆率将被迫提高，导致系统性风险上升。非市场性干预则是金融机构受到外部非市场性因素影响而将资金投向高风险或低收益领域，例如地方商业银行出于地区经济发展承接了较大比例的城投债，当还本付息无法保障时，债务风险将通过银行体系扩散至实体经济领域。此外，如果短期资金配置到长期用途，这种金融资源的期限错配将导致金融流动性风险上升，从而对金融体系和实体经济造成冲击。

最后，金融体系自身的脆弱性也是金融系统性风险形成的一大重要因素。当金融机构的不良资产占比上升、高风险投资过快增加、资金期限配置失衡时，金融体系对外部冲击的承受能力将降低，金融系统性风险发生的概率也会显著上升。

从实体经济领域来看，企业高杠杆率和产能过剩也会导致金融系统性风险上升。具体而言，当实体经济中杠杆率过高的企业或行业出现经营不善或受到市场冲击时，风险将通过杠杆效应成倍放大。一方面，个体风险将迅速波及同行业和上下游产业，造成产业链上的相关企业出现集体性经营风险；另一方面，实体经济风险也会通过债务杠杆对金融机构资产负债表形成风险冲击，进而减少实体经济融资来源，造成更大的实体经济风险。实体经济风险和金融市场风险相互作用递进攀升，将提高金融系统性风险爆发的可能。

结合上述提到金融系统性风险的顺周期性特征，宏观经济波动下的企业产能过剩也可能引发金融系统性风险。经典的经济学理论表明，在宏观经济上行阶段，企业会扩大规模加大投资生产，而当经济下行时会减少投资。但是在实际经济周期中，由于信息不对称和时滞效应的客观存在，企业无法根据宏观经济运行情况及时调整其投资产出规模，由此产生的产能过剩会直接影响企业的生产经营和还贷能力，进而将风险扩散至金融市场。当宏观经济大幅波动时，大量企业的产能过剩将集聚形成金融系统性风险。

随着金融市场的不断发展，各种机构之间的关系变得越来越复杂。许多金融机构通过持有资产、所有权和信贷债务而相互联系，这些关系构成了一个庞大的金融网络。金融机构可以是政府、中央银行、投资银行、公司等。这些机构之间的相互依赖促进了经济危机的发生，如1930年的大萧条、1997年的亚洲金融危机和国际金融危机，2008年美国次贷危机等。金融危机的一个主要因素是系统风险，其已被广泛定义为网络中发生全局故障的概率。此外，金融网络结构在产生系统风险中起着重要作用（Acemoglu et al.，2015）。网络理论在金融系统性风险分析中的应用并不少见。大多数研究都关注基于机构间贷款、份额等产生的连锁失败传染机制。机构间贷款导致交易对手和展期风险问题已被广泛研究，并制定了股份交叉持股的基本框架（Gai and Kapadia，2010）。Allen and Gale（2000）首次提出了传染渠道并介绍了网络结构的重要性。Gai and Kapadia（2010）开发了一个流行病的标准模型，其中网络以其程度分布为特征，并观察到连接可以是连通性的非单调性（Gai and Kapadia，2010）。Elliott et al.（2014）开发了一个通用交叉持股模型，以表明每个组织对其交易对手的依赖性增加和多样化对级联程度具有不同的非单调影响（Elliott et al.，2014）。Huang et al.（2023）研究检验了机构持有的资产组合的同质性（投资组合同质性）对金融网络中的系统风险影响，认为可以从两个不同的角度来理解系统性风险，不同金融机构持有的资产组合的同质性及其传染机制。现有的研究只强调传染是金融危机的基本机制。投资组合同质性增加了机构之间的正相关性，相当于一部分网络同时崩溃的概率。如果投资组合同质化程度较高，则系统性风险较高。但是，如果传染力相当强，系统风险和投资组合同质性很可能是负相关的。

大多数学者主要从泡沫识别、泡沫形成和泡沫对经济的影响三个方面研究泡沫和金融系统性风险机制。然而,很少有学者考虑到资产价格泡沫对系统性风险的影响,并对有效预防系统性危机非常重要。就资产价格泡沫而言,首先要确定泡沫。Phillips et al.(2011)提出了 SADF 方法,不仅可以检测周期性爆炸性泡沫,还可以识别泡沫的起始点。Joyeux and Milunovich (2015)检验了基于广义 SADF 模型的房地产投资信托基金市场泡沫。Dong et al.(2020)构建了一个动态的凯恩斯模型,分析了货币政策对泡沫的影响,并指出泡沫的初始规模部分是由货币政策决定。Wang et al.(2019)认为杠杆率、监管强度和信贷利差为银行提供了条件。Zhao et al.(2021)表明,较高的储蓄率和加大房地产投资会导致更大的房地产泡沫。Narayan et al.(2016)认为价格泡沫可以正面和负面预测经济福利,但后者的程度更强。Fausch and Sigonius(2020)持相反意见,认为如果经济处于新泡沫和不太有利泡沫的稳定状态,投资将恶化。Hashimoto et al.(2020)认为,泡沫破裂引发的金融危机很可能导致失业率上升,这将对经济产生负面影响。

2008 年次贷危机后,大量关于金融系统性风险度量的研究开始涌现。Adrian and Brunnermeier(2008)研究了金融机构收益的尾部相关性,并构建了 CoVaR 模型。基于 MES 模型,Acharya et al.(2017)提出了系统预期损失的 SES 模型,以衡量单个金融机构的系统风险。Brownlees and Engle (2017)建立了 SRISK 指数,定义为金融实体的预期资本缺口,前提是市场下跌了很长一段时间。除了 CoVaR、MES、SRISK 和其他传统的系统风险度量模型外,Zedda and Cannes(2020)通过 LOO(leave one out)模型测量独立风险和传染风险。Davydov et al.(2021)研究测量了银行流动性创造与系统性风险之间的关系。Poledna et al.(2021)同样研究了金融机构之间的相关性。Kasman and Carvallo(2014)分析了收入效率得分和财务稳定性得分,结果表明,竞争更有利于金融稳定。Lafuente et al.(2020)使用基差互换利差的信息内容检验了银行间风险。Markose et al.(2021)基于网络用谱特征方法来衡量全球银行业的系统风险。Mainik and Schaning(2014)认为,GARCH 模型可以确保相关参数的连续性和单调性。因此,CoVaR 可以更好地衡量金融机构的系统风险。Trabelsi and Naifar(2017)基于 DCC GARCH CoVaR 模型,评估了伊斯兰股票指数的系统风险敞口。Jarrow and Lamichane(2021)构建了一个具有异质主体和交易约束的均衡模型,以研究资产价格泡沫、市场流动性和系统风险之间的关系。Brunnermeier et al.(2020)基于 BSADF 模型的 17 个国家确定了股市和房地产市场泡沫,并基于 CoVaR 测量了银行层面的系统性风险,实证结果表明,泡沫破裂显著增加了系统风险。对于中国的资本市场来说,中国股市泡沫的破灭不仅对银行、证券等金融机构造成影响,而且对其他行业也有更广泛的影响。

  从影响扩散和敏感性角度来看,识别金融系统性风险相关的金融机构至关重要。《新巴塞尔协议》要求系统重要性银行计提附加资本。因此,正确检测系统重要性机构及其决定因素是确保金融安全的关键问题。识别金融系统性风险的驱动因素取决于如何测量金融系统性风险。通常有两种方法计算金融系统性风险:基于市场的方法和基于网络的方法。基于市场的方法以银行受到市场严格约束为前提。因此,金融系统性风险和市场价值之间有一种强烈的关系。这种方法的主要缺陷是忽略了金融机构之间的相互联系。在基于网络的方法中,互相连接被证明是金融系统性风险的重要驱动因素。基于网络的方法是评估初始冲击通过某种脆弱性链接(债务义务、普通资产风险敞口等),导致某种总体脆弱性(如信用风险和流动性风险)。在基于市场的方法中,触发事件的影响是根据市场价值评估,例如,股价、信用违约互换利差和边际预期亏损。基于市场的其他方法还包括CoVaR、DIP、Lehar 和 SRISK。基于市场的研究经常将银行的资产规模视为与金融系统性风险呈正相关关系。银行的股权(或股权与资产比率)被视为系统相关性的缓解因素。其他银行对金融系统性风险影响因素包括参与非传统银行业务活动、较高的杠杆率、较低的流动性、较高的不良贷款比率,以及更多的政府支持。然而,基于网络的方法已成为一个重要的方法。对于金融系统性风险的分析,它允许将给定分量中的初始冲击通过互联的网络传播。最初的冲击通常是代理人的经济价值(例如股权)的损耗。在网络模型中,有两种冲击传播方法:一是 E–N 方法,其中传染由代理人资源的完全耗尽触发;二是困境方法,其中传染是由经济价值的部分损失触发。E–N 方法在灾难性的建模中很有用,例如大型银行破产等事件。这种方法的关键限制是,在这种传染触发下,只有当与其他条件相结合时,冲击才会产生显著的金融系统性风险。E–N 方法无法再现由高度互联的金融机构之间传递的小冲击,如 2007—2008 年金融危机。困境方法克服了这个问题。它与以前的方法有两个不同之处:第一,它考虑的是潜在的而不是实际的损失;第二,传染触发可能是代理资源的部分(不一定是完全)耗尽。当这两种机制被激活,互联性得到了很大的提高。在整个金融体系中传播冲击的作用更加突出。在金融网络模型中,连接可以表示为债务、普通资产风险、所有权关系、衍生品合约、流动性风险等。大量文献已将网络方法应用于银行间市场的系统性风险评估。然而,它也成功地应用于其他环境,如支付系统、生产网络、多层金融网络和银行信贷网络。网络方法的主要优点是它允许了解基础金融网络的拓扑特征，以及如何放大或减弱系统性风险。它反映了以下普遍共识：最具系统重要性的金融机构不一定是最大的。复杂网络文献中有大量研究致力于设计捕获网络内局部到全局拓扑模式的度量。通过中心性的概念，至少有三种经典的中心性度量：度（给定节点的直接邻居的数量）、中间性中心性（经过的最短路径的分数给定节点）和接近中心性（从给定节点到其他节点的最短路径长度网络）。其他中心性指标包括特征向量中心性、子图中心性、PageRank 中心性和可通信性中心性。

2.3 现有文献评价

虽然从 2009 年瑞典首先开始实施负利率已经有十余年历史，但是目前关于负利率的研究仍然不够深入，有很大的研究空间。具体而言，在负利率的形成原因方面，目前研究总结出负利率出现的原因主要有以下几个方面：一是刺激经济增长。通常而言，当利率下行时，获取资金的成本不断降低，有助于刺激消费和投资，从而促进经济增长。自 2008 年金融危机以来，全球都面临着经济复苏的压力，各货币当局都实施了不同程度的利率政策，努力将经济拉回正轨。另一方面，实施负利率政策既是刺激经济增长的动因，也是经济失速的体现。负利率现象的本质在于经济发展严重缺乏增长动力。一般而言，货币政策相比于财政政策，受到的约束相对少一些，因此，货币当局都会优先实施货币政策来实现经济目标。而负利率政策属于极端的货币政策，一旦启用负利率政策，也就意味着常规的货币政策已经失去效力。二是稳定本币币值。瑞士、丹麦等一些欧洲国家央行采取负利率政策的原因是避免本币升值。在全球金融治理缺乏协调的大背景下，许多国家采取"以邻为壑"的货币政策。对于经济体量比较小的国家而言，当利率接近于零利率下限、传统货币政策近乎失效时，不得不实施负利率政策，防止国外资本大量流入导致本币快速升值，从而抑制本国出口产业发展，最终导致经济出现下行风险。三是防止通货紧缩。实施负利率的阶段基本对应着低经济增速、低通货膨胀的经济状态。在对未来经济增长担忧的背景下，人们总是会减少消费的需求，进一步强化低通胀的预期。在传统货币政策效力丧失的情况下，只能进一步采取负利率手段来刺激消费和对抗通货紧缩。欧洲中央银行和日本中央银行基于上述原因施行负利率政策。此外，还有部分学者提出了一些其他原因，包括财政政策绑架货币政策、安全资产短缺和人口老龄化等。

然而,在长周期视域下,从近500年全球利率走势可以看出利率一直有下行趋势,导致利率下行趋势的原因有金融市场发展等,目前关于负利率形成原因的研究缺少对利率趋势性原因的分析。另外,近年来收入分配差距扩大、国际金融危机和新冠疫情的经济冲击也是导致负利率政策的原因之一。在对利率未来变化趋势讨论上,缺少对负利率下限的讨论,负利率持续下调的空间是有限的,当负利率突破某一水平时,企业和居民会选择持有现金,进入流动性陷阱,负利率无法进一步下行。在负利率的影响方面,目前国内外研究结论尚未达成一致。大部分学者认为在长期低增长、低通胀预期和实际均衡利率下降的背景下,央行实施的负利率政策在货币传导渠道上与传统货币政策类似,但负利率政策存在更多限制。随着负利率政策的不断蔓延,许多关键金融指标已经按照标准货币传导渠道的变动发生了演变。还有学者认为尽管各国央行实施负利率政策都是出于各种积极的宏观目标,但是长期实施负利率政策将会带来一定的负面影响。负利率政策将会降低总需求,增加金融脆弱性,导致破坏国际经济的货币战争。同时,长期实施负利率政策将会造成有缺陷的经济增长模式。

关于金融系统性风险的研究最早可以追溯到20世纪70年代,而目前金融系统性风险已经受到全球各国学者的重视。在2008年金融危机之前,有学者把金融系统性风险与危机传染源视为同一个概念。金融危机后,学术界对于金融系统性风险有了更深刻的认识。金融系统性风险有别于传统的单一金融机构产生的风险冲击,其特征包括影响力更加宏观、传染性更加广泛以及负外部性更强等。2021年中国人民银行发布了《宏观审慎政策指引(试行)》,其中对金融系统性风险给出了官方的定义,即金融系统性风险是可能对正常开展金融服务产生重大影响,进而对实体经济造成巨大负面冲击的金融风险。已有文献对于金融系统性风险的特征研究主要集中于风险传染扩散方面。但是,金融系统性风险中的"系统性"不仅表现为其影响范围会扩散至整个金融系统甚至实体经济领域,还隐含着其形成的过程也是经济运行中多个风险点多点并联、共同累积的结果。而现有研究中对前一点的关注占据主导地位,关于金融系统性风险的"系统性"还缺乏较为详细深层的讨论。从事前防范的角度来看,后一点可能更为重要。

金融系统性风险是多方面因素共同作用的结果,其成因也十分复杂。一部分学者将成因分为直接原因和间接原因两类,还有学者将其分为金融系统内部和实体经济领域。总结来看,成因主要可以分为以下几个方面:

一是金融市场自生脆弱性。由于金融市场是一个非完全信息市场,而信息不对称会导致道德风险和逆向选择问题。根据金融脆弱性理论(Minsky,1982),企业为了不断追逐利益,会加大经营杠杆,从抵补性企业转变为庞氏企业。而由于代际遗忘和竞争压力的问题,这一行为将不断滚动加强,导致金融风险日积月累。二是经济金融周期因素。在经济活动中,过度负债和通货紧缩会互相作用,带动经济周期从繁荣走向衰退。金融危机后,学术界开始重视金融和实体经济之间的关系,并形成了金融加速器理论和银行融资机制。金融周期比传统经济周期长,风险大,而在金融周期的顶点极易发生金融系统性风险。三是政策和监管因素。不适当的货币政策会误导市场主体对经济产生错误预判,产生资产错配、期限错配等。另一方面,当监管改革落后于金融市场产生新事物的速度,从而形成灰色地带,对金融市场造成潜在风险。四是非理性因素。从行为经济学的角度,市场中存在非理性行为,导致金融资产价格与实际价值出现偏差。当风险累积到一定程度,最终会引发金融系统性风险。

第3章

负利率时代金融市场中的系统性风险

风险防范是金融业永恒的主题。世界历史上发生的金融危机都是由不同的风险源爆发导致的,例如资产泡沫引起的郁金香事件,货币大幅贬值导致的东南亚金融危机,金融衍生品连锁违约造成的次贷危机等。如果能在金融风险累积到爆发之前及时预判并进行有效的防范和调控,就能大幅削弱危机爆发的影响力乃至可能性。近 20 年来,多个发达经济体先后实行了或仍在实行负利率政策,其他不少国家的利率水平也进入较低区间,全球迈入负利率时代。一方面,负利率政策的出现压缩了货币政策的操作空间,给"双支柱"调控框架的理论和实践带来挑战;另一方面,长期的负利率环境还可能导致金融体系中原有风险传递机制和路径发生变化,催生新的潜在风险。随着金融全球化进程的不断加快,世界各国金融市场间的联动效应越发显著,负利率经济体的风险可能通过外汇市场、股票市场、投资者风险偏好等渠道外溢和扩散,即使未实施负利率政策的国家也难以独善其身。有鉴于此,本章从国际和国内的宏观视角以及家庭投资者的微观视角出发,围绕负利率时代金融市场中的风险进行研究和分析。

3.1 负利率与金融系统性风险——国际视野

2008 年金融危机后,世界经济进入长达十余年的降息通道,部分国家甚至突破零下限来到负利率区间。在此背景下,欧美银行长期面临利差收窄的局面,投资业务比重普遍上升,潜在经营风险也随之增加。例如,瑞士信贷银行巨大的金融衍生品风险敞口,早已为 2022 年的"连环爆雷"埋下隐患。随着金融体系内在联系不断增强,即便单一银行的个体风险也会通过连锁反应导致银行体系陷入系统性风险,从而严重冲击整个金融系统。

金融系统性风险的核心在于风险传染,在近零利率与负利率环境下,系统重要性银行与存款依赖型银行对金融系统存在放大风险传染的可能性。一方面,随着银行同业规模的持续扩张,银行之间通过共同资产持有与拆借等方式紧密联系在一起,潜在风险能通过银行间市场迅速传播(Caccioli et al.,2015;姚鸿等,2019),系统重要性银行在风险防范中的地位日益显著。即便它们抵御风险的能力普遍较强,个体的边际风险贡献较小也不等于对整个系统的总风险贡献小,并且这类银行因其关联性、复杂性等特点"大而不倒",因此伴生的道德风险在负利率时代可能对整个银行系统产生更为深远的影响。另一方面,存款利率零下限使银行难以将政策利率的变化传递至负债端(孙国峰和何晓贝,2017),与更多通过股权或衍生工具进行融资的银行相比,存款依赖型银行在这一环境下受政策利率下降的影响更大。与此同时,资产收益降低与信贷成本增加使其利润大幅下降,并难以增加资本缓冲以保证自身安全运营,这类银行在宽松货币政策下滋生的利率风险可能对银行业产生较大冲击。总的来看,关于不同利率环境下货币政策与银行系统性风险之间的关系,以及两者在近零利率与负利率环境下存在何种传导渠道,还需要更为深入的研究。

本节选取了包括实施负利率政策在内的 14 个开放国家作为研究对象,这些国家不仅具有较为完备的银行间市场,而且其近十年来的利率水平也覆盖了不同区间,为研究银行金融系统性风险在不同利率区间的演化机制提供了充足的样本。本节的研究发现,银行金融系统性风险随政策利率的降低而增加,且以 0.5% 为拐点。当利率水平低于 0.5% 时,降息导致银行金融系统性风险的增加约为利率高于 0.5% 时的 5 倍。利率政策对银行金融系统性风险的影响在不同利率区间存在显著差异。当利率水平较高时,降息主要通过资产收益率影响银行金融系统性风险,而当利率降至 0.5% 附近时,存款利率零下限的存在使存贷利差快速缩窄,银行盈利能力大幅削弱,风险偏好的转变在银行间市场扩散,金融系统性风险急剧升高。此外,本节通过异质性分析发现,该影响机制还受到来自宏观政策与银行自身规模的影响。宏观审慎政策可以通过逆周期调节,削弱利率下调带来的银行风险偏好转变,抑制金融系统性风险的上升,不过此时大型银行在风险防控方面的规模优势不再显著。

相较于以往研究,本节的贡献主要体现在以下三个方面:第一,基于跨国视角,将利率政策、银行收益变化、银行内在规模差异和外部宏观政策环境调整纳入统一分析框架中,考察利率政策对银行金融系统性风险的影响机制,以及该机制在不同利率环境下的演化过程。第二,在研究方法上,本节使用门限模型进行分析,不仅发现货币政策与银行系统性风险之间存在非线性关系,还通过门限值校准为风险机制的转变提供实证依据,弥补了已有研究在实证模型构建与机制分析上的不足。第三,为如何在低利率时代下统筹经济发展与风险防范之间的关系,更好实现"稳发展"和"稳金融"的政策目标,提供了重要的实证参考。

3.1.1 理论模型

本节基于 Ulate(2021)构建常数替代弹性系数(Constant Elasticity of Substitution,CES)形式的静态银行模型,假设每个消费者在所有银行内均有不同比例的存款与贷款,以此来决定每家银行所需的存贷款数额。虽然这种假设在现实生活中似乎并不常见,但微观市场中存在的转换成本、信息不对称、菜单成本和监管等限制使得 CES 约束方程在现实中具有合理性(Anderson et al.,1988),且消费者选择从一家银行借款并受制于从每家银行借款的随机效用与 CES 方法产生的贷款需求相同。在此基础之上,本节从理论上推导得出政策利率影响银行最优化决策的门限值用于后续的实证分析,并在 3.1.5 中给出了门限值的校准结果。

3.1.1.1 存贷款市场 CES 模型

在贷款市场中,假设消费者 s 在 t 期所需总贷款额为 $l_t(s)$,其中在 j 银行中贷款额为 $l_t(s,j)$,则其面临的贷款 CES 约束为:

$$\left[\int_0^1 l_t(s,j)^{(\epsilon_t^l-1)/\epsilon_t^l} dj\right]^{\epsilon_t^l/(\epsilon_t^l-1)} \geq l_t(s) \tag{3.1}$$

其中,ϵ_t^l 为银行间的贷款替代弹性,且 j 银行在 t 期的贷款利率为 $i_t^l(j)$,因此消费者 s 在 t 期面临的 CES 贷款成本为:

$$\int_0^1 [1+i_t^l(j)] l_t(s,j) dj \tag{3.2}$$

根据拉格朗日方法可得到消费者 s 在 t 期从 j 银行中的最优贷款为:

$$l_t(s,j) = \left[\int_0^1 (1+i_t^l(j))^{1-\epsilon_t^l} dj\right]^{\frac{1}{1-\epsilon_t^l}} l_t(s) \tag{3.3}$$

$$1+i_t^l = \left[\int_0^1 (1+i_t^l(j))^{1-\epsilon_t^l} dj\right]^{\frac{1}{1-\epsilon_t^l}} \tag{3.4}$$

同理,在存款市场中,假设消费者 s 在 t 期所面临的 CES 存款需求和存款 CES 约束分别为:

$$\int_0^1 [1+i_t^d(j)] d_t(s,j) dj \tag{3.5}$$

$$\left[\int_0^1 d_t(s,j)^{(\epsilon_t^d-1)/\epsilon_t^d} dj\right]^{\epsilon_t^d/(\epsilon_t^d-1)} \geqslant d_t(s) \tag{3.6}$$

其中,ϵ_t^d 为银行间的存款替代弹性,消费者 s 在 t 期从 j 银行中的最优存款为：

$$d_t(s,j) = \left(\frac{1+i_t^d(j)}{1+i_t^d}\right)^{-\epsilon_t^d} d_t(s) \tag{3.7}$$

$$\left[\int_0^1 (1+i_t^d(j))^{1-\epsilon_t^d} dj\right]^{\frac{1}{1-\epsilon_t^d}} \tag{3.8}$$

3.1.1.2 静态银行模型

接下来本节在上一节基础上,对银行的最优存贷款进行理论模型分析。首先,在延续传统 CES 模型的基础上假设银行具备一定的垄断权,因此无须对银行添加杠杆约束。其次,假设每家银行的存贷款金额是内生的,但所有银行总金额外生。最后,假设每家银行的资金需求量与利率均由向下倾斜的贷款需求曲线和向上倾斜的存款供给曲线共同决定。具体而言,市场存在一组连续的银行 $j(j\in[0,1])$,每家银行在期初获得一定水平的股权作为初始禀赋。银行的负债包括权益(F_j)和存款(D_j),资产包括发放的贷款(L_j)、银行间同业经拆借净存量(H_j)以及以存款准备金率(Δ)保存在央行的准备金额(P_j)。贷款需求和存款供给总量恒定,但每家银行仍面临向下的贷款需求和向上的存款供给。每家银行都可以选择自身的贷款利率(i_j^l)与贷款额(L_j)、存款利率(i_j^d)、存款额(D_j)以及拆借款项(H_j),其中拆借款项带来的收益与政策利率(i)息息相关,存款准备金利率(i^r)外生给定。因此,单个银行 j 面临的最优化问题为：

$$\max_{i_j^l, L_j, i_j^d, H_j, D_j} (1+i_j^l)L_j + (1+i)H_j + (1+i^r)P_j - (1+i_j^d)D_j \tag{3.9}$$

$$L_j = \left(\frac{1+i_j^l}{1+i_t^l}\right)^{-\epsilon_t^l} L \tag{3.10}$$

$$D_j = \begin{cases} \left(\frac{1+i_j^d}{1+i_t^d}\right)^{-\epsilon_t^d} D, & \text{if } i_j^d \geqslant 0 \\ 0, & \text{if } i_j^d < 0 \end{cases} \tag{3.11}$$

$$P_j = \Delta D_j \tag{3.12}$$

$$L_j + H_j + P_j = F_j + D_j \tag{3.13}$$

$$H_j \geqslant 0 \tag{3.14}$$

其中，ε^l 和 ε^d 为银行间的贷款替代弹性和存款替代弹性，且满足 $\varepsilon^l > 1$、$\varepsilon^d < -1$，L 和 D 代表市场上总的贷款额和存款额，式(3.10)和式(3.11)来自式(3.3)和式(3.7)。式(3.11)表明当银行把存款利率设置为负时，将无法吸收到消费者的存款。所有银行的初始股本均相同($F_j = F$)，同时下一期银行股本与银行净资产收益率(ROE)的公式如下所示：

$$F'_j = (1+i^l_j)L_j + (1+i)H_j + (1+i^r)P_j - (1+i^d_j)D_j \tag{3.15}$$

$$ROE_j = \frac{F'_j}{F_j} \tag{3.16}$$

假设式(3.11)中负利率情况尚未达到，即利率水平整体较高时，上式关于存款利率、贷款利率和净资产收益率(ROE)的最优解为：

$$1 + i^l_j = \frac{\varepsilon^l}{\varepsilon^l - 1}(1+i) \tag{3.17}$$

$$1 + i^d_j = \frac{\varepsilon^d}{\varepsilon^d - 1}[1 + (1-\Delta)i + \Delta i^r] \tag{3.18}$$

$$ROE_j = \frac{F'_j}{F_j} = (1+i)\left(1 + \frac{1}{\varepsilon^l - 1}\frac{L_j}{F_j} + \frac{1-\Delta}{1-\varepsilon^d}\frac{D_j}{F_j}\right) - \frac{\Delta \varepsilon^d (1+i^r)}{\varepsilon^d - 1}\frac{D_j}{F_j} \tag{3.19}$$

为方便讨论，这里假设当利率 i 降低到 0 时，银行间同业拆借利率 i 与央行的存款准备金利率 i^r 也会非常小，因此认为 Δi^r 约等于 0。此时根据式(3.16)以及 $\varepsilon^d < -1$ 可知，存款利率 $i^d_j < 0$，与式(3.11)矛盾；因此，当利率 i 降低到门限值 $\tilde{\imath}$ 时，存款利率降至零，为保证银行仍能继续吸收存款，因此存款利率将维持在零水平不变，此时上述结果分别为：

$$1 + i^l_j = \frac{\varepsilon^l}{\varepsilon^l - 1}(1+i) \tag{3.17}$$

$$i^d_j = 0 \tag{3.20}$$

$$ROE_j = \frac{F'_j}{F_j} = 1 + \frac{1}{\varepsilon^l - 1}\frac{L_j}{F_j} + i\left(1 + \frac{1}{\varepsilon^l - 1}\frac{L_j}{F_j} + (1-\Delta)\frac{D_j}{F_j}\right) - \Delta D_j \tag{3.21}$$

由于 $\varepsilon^d < -1$，观察公式（3.20）和（3.21）可以明显看出，ROE 与利率 i 的斜率在 $i < \tilde{\tau}$ 时要明显大于 $i \geqslant \tilde{\tau}$ 时的结果。因此本模型证明了在存款利率存在下限的情况下，负利率政策会削弱银行的盈利能力。令式（3.18）中存款利率等于零可得，门限值 $\tilde{\tau}$ 为：

$$\tilde{\tau} = i_{|i_j^d = 0} = -(\varepsilon^d)^{-1} \times \frac{1 + \Delta \varepsilon^d i^r}{1 - \Delta} \approx -(\varepsilon^d)^{-1} \quad (3.22)$$

根据 Ulate(2021) 文中所使用的方法以及收集的数据可以计算所有银行的平均存款准备金率与存款准备金利率，通过新凯恩斯模型对 ε^d 进行校准得到的数值约为 -200，将其代入公式（3.22）可以得到门限值约为 0.5%。

3.1.2 研究假说

货币政策对银行风险的传导主要通过风险承担渠道。当央行选择下调利率，低融资成本加上良好现金流和资金状态使得银行倾向于采取激进的投资经营策略。同时，以市场利率为定价基础的资产投资组合的收益率降低，银行为了达到目标收益率水平，会增加对高风险资产的偏好，最终增加了自身的风险承担水平（Jiménez-Martin et al., 2009; Delis and Kouretas, 2011）。单个银行风险的不断累积，会通过共同高风险资产持有或同业拆借等方式在银行业市场产生连锁反应，并最终导致银行金融系统性风险的增加。因此，本节从风险承担渠道入手研究不同利率环境下金融系统性风险传导的特殊性。

当央行在常规利率区间内选择降低政策利率，各商业银行普遍下调其存款与贷款利率，此时存贷利率随政策利率同向变化，存贷利差并无明显收窄趋势，降息主要通过降低各银行的资产收益率以影响其盈利能力。基于此，本节提出**假设 1**。

假设 1：利率较高环境下，降息使银行的资产收益减少，受追逐收益效应与估值效应的影响，银行风险承担增加，并通过银行间市场传播使得银行金融系统性风险增加。

当利率降低至零下限附近，甚至来到负利率区间时，银行为吸收存款难以下调其存款利率，但贷款利率依旧会随政策利率的降低而下调，因此存贷利差在政策利率低于某一门限值时将大幅度下降。此时在低利率环境下银行同时面临收益降低与存贷利差收窄，盈利大幅受损，如果贷款需求并未如预期般增加，银行为追求正的收益率会改变其风险偏好，转而倾向于高收益、高风险资产，从而增加银行金融系统性风险（Gaggl and Valderrama,

2010；Dell'Ariccia et al.，2017）。基于上述逻辑，本节提出**假设 2**。

假设 2：超低利率环境下，降息在减少银行资产收益的同时，还通过信贷端存贷利差的大幅缩窄进一步削弱银行盈利能力，此时银行金融系统性风险随利率降低而迅速增加。

货币政策与宏观审慎政策直接作用于银行部门，是政府重要的风险防控手段，不同利率环境下其政策效应的差异是本节另一主要研究方向。对于银行而言，"双支柱"调控框架可以从估值与收入效应、杠杆效应和监管等多方面影响银行风险承担行为（Dell'Ariccia et al.，2010；金鹏辉等，2014；Tayler and Zilberman，2016；马勇和姚驰，2017），从而防范银行金融系统性风险。在过低利率的环境下，存贷利差收窄使货币政策对银行的调控空间受限，此时宏观审慎政策可以通过逆周期监管等方式进行更为有效的风险调控。综上所述，本节提出**假设 3**。

假设 3：不同利率环境下，收紧货币政策、实施宏观审慎政策工具均可以抑制银行金融系统性风险，其中宏观审慎政策工具在超低利率环境下效果更好。

资产规模作为衡量银行整体实力的重要指标之一，关于其对风险承担的影响研究也较为成熟。已有研究从金融监管、风险管理能力、规模效益等多个角度分析了该影响，但尚未有文献从利率差异的角度进行研究。以往分析认为，大型银行拥有规模效益，且风险管理能力较强，因此在面对降息时通常不会大幅转变其风险偏好。当利率过低时，收益的大幅缩减使大型银行也面临巨大压力，此时"大而不倒"问题的存在意味着大型银行为追求收益也会投资高风险资产，并最终可能对市场带来巨大的破产冲击。一个典型的案例就是雷曼兄弟破产事件，当政府与其他大型企业无人施以援手，在次级抵押贷款市场危机加剧的形势下，雷曼兄弟破产加速了金融危机的恶化。基于已有银行规模对其风险承担的相关研究，本节提出**假设 4**。

假设 4：规模较大的银行能一定程度上控制降息带来的负面影响，但该效果在超低利率环境下被削弱。

3.1.3 数据描述

3.1.3.1 数据来源与处理

为保证选取样本所在国的利率区间覆盖不同利率水平，本节以 14 个重要开放国家（美国、中国、日本、英国、法国、德国、意大利、丹麦、瑞典、瑞士、挪威、加拿大、澳大利亚和韩国）的银行作为主要研究对象，并辅以券商、保险等其他金融机构作为补充。研究样本主要来自Wind数据库、BankFocus数据库、CEIC数据库、CSMAR数据库以及IMF官网等,并以各大银行年报和各国央行数据库作为补充,时间跨度为2008年11月至2021年12月。为了减少异常值的干扰,本节排除任何一年银行净资产收益率高于150%或净息差高于15%的银行,总样本囊括了14个国家的575家银行。同时在不同实证分析中,剔除银行数据缺失的样本,并对部分变量进行首尾1%缩尾处理。央行发布的政策利率直接作用于银行主体,因此本节从银行的角度研究不同利率水平对银行金融系统性风险影响的异同。同时,考虑样本指标数据频率、维度不同的问题,本节选择使用多种实证模型对研究假设进行分析。

3.1.3.2 变量选取与定义

(1) 被解释变量

银行金融系统性风险作为本节最主要的被解释变量,其计算参考了Adrian and Brunnermeier(2016)、Brownlees and Engle(2016)、Acharya(2017)文中构造金融系统性风险指标 $CoVaR$、$\Delta CoVaR$ 与 MES 的方法。首先收集银行收益率指标作为银行金融系统性风险的计算基础,其次考虑到数据的可得性,选取市场收益率、期限利差和居民价格消费指数三个指标作为状态变量。尽管以往文献提到以上测度指标需要保证市场价格能有效反映其内在价值,而中国证券市场与西方发达国家不同,并不具备较强的有效性(Luo et al.,2015;Beltratti et al.,2016)。但银行作为国内金融市场的核心,其市场价格有效性较强,同时考虑到数据的频率与本节研究的主体,因此依然选择市场价格数据来进行金融系统性风险研究。

根据前文研究假设,银行资产端收益与存贷利差是利率影响银行金融系统性风险的重要中介因素。因此本节还收集了银行净资产收益率(ROE)、银行净息差等指标衡量银行资产端收益,并选择存款利率与贷款利率作为银行信贷端存贷利差的衡量指标。其中在收益指标方面,本节银行金融系统性风险指标是根据市场股指收益率计算得来,因此在研究传导机制时银行净资产收益率是更好的衡量指标。存贷利差指标以短期存贷款利率为主,部分银行由于数据缺失问题分别选择存款利息支出占存款额比重与贷款利息收入占贷款额比重作为替代进行分析。

(2) 主要解释变量

本节主要的解释变量是各国央行发布的政策利率,包括美国联邦基金利率、日本央行无抵押隔夜拆借目标利率、瑞典央行基准利率等。考虑到当前中国的利率市场定价机制尚未完善,而中期借贷便利(MLF)与贷款市场报价利率(LPR)的可得数据无法覆盖到样本选择的全部时间区间,因此参考其他 13 个国家的政策利率对银行间市场的传导路径,选择银行间同业拆借利率作为中国政策利率的指标。本节其他解释变量为银行净资产收益率(ROE)、风险资产占比(RWA)、汇率指数(ExRate)、利率期限结构指数(YieldT)、货币供应(MS)与宏观审慎政策工具指数(MPI),这些变量主要用于机制检验与异质性分析。其中汇率选择名义有效汇率指标,因为本节主要分析名义利率在不同利率水平对金融系统性风险的影响,为保证一致性而不使用实际汇率指标。利率期限结构指数使用利率期限结构斜率来衡量,通过 1 年期到 10 年期国债收益率数据计算得来。货币供应选择 M2 同比增长率来衡量,因为 M2 相较于 M1 可以反映出经济的现实与市场潜在购买力,是衡量投资和资本市场活跃程度的重要指标。宏观审慎政策指数(MPI)基于 Alam et al.(2019)建立的 IMF 综合宏观审慎政策数据库来构建,并选择其中与银行联系更为紧密的 13 个变量用于指标构建。

(3) 控制变量

本节从微观因素与宏观因素两方面选取控制变量。宏观因素基于 B.S. Paye(2012)的研究,将从经济增长、通货膨胀和对外贸易三个方面选择。其中经济增长选择 GDP 增长率、工业增加值、工业生产指数等,通货膨胀选择消费物价指数,对外贸易选择外商直接投资净流入、出口额增长率、名义有效汇率等。微观因素选择不良贷款率、银行规模、杠杆率等作为控制变量。综上,表 3-1 汇总了研究所需变量的描述性统计及相关解释,包括部分处理后的变量。

表 3-1 主要变量定义和描述性统计

变量	定义	样本量	均值	标准差
CoVaR	参照 Adrian and Brunnermeier(2016)	90 275	15.456 1	9.430 3
ΔCoVaR	参照 Adrian and Brunnermeier(2016)	90 275	7.171 8	4.447 2
MES	参照 Acharya et al.(2017)	90 275	15.035 7	10.845 8
ROE	银行净资产收益率	11 232	10.199 4	17.422 5
DR	短期存款利率/存款利息支出占存款额比重	4 032	1.239 5	0.993 6

续 表

变量	定 义	样本量	均 值	标准差
LR	短期贷款利率/贷款利息收入占贷款额比重	4 004	4.697 8	1.700 7
NTM	银行净息差	8 136	2.584 1	2.248 5
RWA	风险资产占比	14 184	44.314 5	28.058 5
NPL	不良贷款率	9 108	1.087 5	0.538 5
ExRate	名义有效汇率	2 207	113.552 7	9.840 8
TSIR	利率期限结构斜率：由1到10年期国债收益率计算得来	2 207	0.765 1	0.401 9
Size	银行总资产额取对数	7 475	7.145 1	2.816 3
MS	M2同比增长率	2 207	6.653 1	4.849 2
MPI	宏观审慎政策指数	2 044	13.512 7	15.221 1

3.1.4 实证分析

3.1.4.1 基准回归结果

根据本节**假设1**可知,银行金融系统性风险与政策利率之间是非线性关系,且存在一个明显拐点。以往文献在考虑这种非线性效应时有以下两种方法：一种方法是以双向固定效应回归结果的残差为权重,在银行层面以政策利率为因变量进行局部加权回归。此方法可以预测模型,但无法识别门限值。另一种方法是使用以下门限模型进行回归：

$$SYSRISK_{b,t} = \alpha_b + \delta_{t-1} + \beta_1 i_{c(b),t-1} + \beta_2 (i_{c(b),t-1} - \tilde{\tau}) D_{c(b),t-1} + \varepsilon_{b,t-1} \tag{3.23}$$

其中,$SYSRISK_{b,t}$ 为银行金融系统性风险度量变量,包括 $CoVaR$、$\Delta CoVaR$ 与 MES。所有变量下角标 b 为银行、t 为时间、$c(b)$ 为银行所在国家,$i_{c(b),t}$ 为当期该银行所在国家的政策利率,$\tilde{\tau}$ 为设定的门限值。该模型还包括银行固定效应 α_b 和时间固定效应 δ_{t-1}。$D_{c(b),t-1}$ 为虚拟变量,当政策利率大于 $\tilde{\tau}$ 时取值为1。样本的时间跨度从2008年12月到2021年12月,考虑到数据量以及数据来源问题,以月度数据进行回归。根据**假设1**分析可知,门限值 $\tilde{\tau}$ 为银行存款利率不再随政策利率降低而下调时的政策利率水平。结合 Ulate(2021)静态银行模型，$\tilde{\tau}$约等于政策利率和存款利率在存款利率接近零下限时的平均之差，因此本节根据已有数据预先设置门限值$\tilde{\tau}=0.5\%$，并在3.1.5的内容中对门限值进行校准。

表3-2为利率与银行金融系统性风险回归结果系数，β_1衡量的是政策利率低于门限值时与金融系统性风险间的斜率，β_2衡量的是政策利率在低于和高于门限值时的斜率之差，因此两系数之和$\beta_1+\beta_2$为政策利率高于门限值时的斜率。表中(1)到(3)列为14个国家575家银行数据的回归结果，其中(1)为回归方程，(2)去掉$\beta_2(i_{c(b),t}-\tilde{\tau})D_{c(b),t-1}$项的回归结果，其目的是研究在模型为非门限模型的假设下 CoVaR 与政策利率之间的关系。从第(1)列的结果可以看出，CoVaR 与政策利率之间整体上呈现为显著负向相关关系，与 Borio and Zhu(2012)结论一致。而第(2)列结果表示 CoVaR 与低于门限值和高于门限值的政策利率都显著负相关，但是低于门限值部分斜率的绝对值约为高于门限值部分的5倍，即当政策利率低于门限值时，银行 CoVaR 随着政策利率的降低将增加得更快，风险累积速度迅速增加。图3-1展示了政策利率与银行金融系统性风险的关系，可以明显看出，不同利率区间下银行金融系统性风险随政策利率变动存在明显的差异。

表3-2 利率与银行金融系统性风险回归结果

	(1) CoVaR	(2) CoVaR	(3) ΔCoVaR	(4) CoVaR
β_1	−0.06*** (0.02)	−0.21*** (0.08)	−0.20*** (0.08)	−0.16*** (0.08)
β_2		0.17*** (0.09)	0.15* (0.09)	0.05 (0.09)
$\beta_1+\beta_2$		−0.04*** (0.00)	−0.05*** (0.02)	−0.12*** (0.00)
固定效应	控制	控制	控制	控制
样本数	90 275	90 275	90 275	109 272
R^2	0.21	0.21	0.21	0.21

注：*、** 及 *** 分别是10%、5%及1%的显著水平；括号内的值为标准误；固定效应包括银行个体固定效应和时间固定效应。表3-3同。

为方便将其他金融部门与银行业进行对比,本节以该 14 个国家 696 家非银行部门的金融机构(包括券商、保险行业等)进行同样的回归,结果于表 3-2 中(4)列所示。实证结果说明,非银行金融机构的金融系统性风险与政策利率也为显著负相关的,但系数 β_2 不显著,即在不同利率区间,非银行金融机构的金融系统性风险与政策利率之间的关系并无显著差异,因此非银行金融机构中并无明显的门限效应。

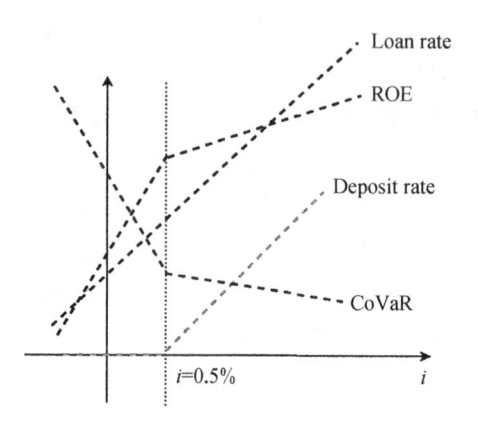

图 3-1 重要变量与政策利率 i 的关系

3.1.4.2 传导机制检验

为进一步验证**假设 1** 中利率对银行金融系统性风险的传导途径,本节接下来分别以银行净资产收益率(ROE)、存款利率和贷款利率作为被解释变量进行分析。本节使用公式(3.24)作为机制检验的回归模型,其中 ROE 由于数据来源于季度报告而采用季度数据回归,但存贷利率由于数据库限制只能使用年度数据进行回归,因此仅对 ROE 作为被解释变量时进行滞后处理。回归结果如表 3-3 所示,其中第(4)列来自表 3-2 第(2)列结果。从第(1)列结果可知,存款利率在高于门限值的部分($\beta_1+\beta_2$)与政策利率之间存在显著的正向关系,而在低于门限值的部分(β_1)不再显著,即当政策利率下降至门限值时,存款利率下降至零下限,此时银行为保证正常吸收存款不会再选择下调存款利率。从第(2)列结果可以看出,贷款利率对低于门限值与高于门限值时均有显著的正向相关性,且在低于门限值时受利率影响较大。但相对于存款利率来说,贷款利率在不同利率区间受政策利率影响的变动幅度无显著区别,因此在低于门限值的利率水平区间,存贷利差会随着政策利率的降低而大幅缩窄。上述结论与 Eggersson et al.(2017)的研究相悖,在他们的分析模型中一旦存款利率到达零下限,贷款利率便不会再下降。而本节基于市场利率水平较低国家贷款利率波动幅度显著高于存款利率这一事实,认为现实市场中银行具有一定的垄断能力,因此贷款利率依旧会继续随着政策利率的下降而下降。

$$y_{b,t} = \alpha_b + \delta_{t-1} + \beta_1 i_{c(b),t-1} + \beta_2 (i_{c(b),t-1} - \tilde{\tau}) D_{c(b),t-1} + \varepsilon_{b,t-1} \tag{3.24}$$

表3-3第(3)列展示了银行净资产收益率 ROE 的门限模型分析结果,其中 ROE 在低于和高于门限值的区间与政策利率均有显著的正向关系,当政策利率低于门限值时系数明显较大。即当政策利率下降至低于门限值时,银行净资产收益率 ROE 随着政策利率的降低将大幅减少,银行的盈利能力在此区间将遭受到极大程度的侵蚀。综合上述分析可知,当政策利率下降时,存款利率、贷款利率与银行净资产收益率均随之下降。此时存贷利差无明显变化,银行主要受到来自资产收益降低的影响,个体收益的损失通过银行间市场传播使银行金融系统性风险随之上升。当政策利率下降至门限值0.5%时,存款利率由于达到零下限附近便不再随政策利率而变化,贷款利率因银行垄断能力的存在仍随政策利率而降低,因此银行存贷利差在此利率区间随着政策利率的降低迅速收窄,银行盈利空间被大幅挤压。在银行资产收益降低与存货利差收窄的双重作用下,银行金融系统性风险也在此区间内随着政策利率的降低而大幅度上升,本节**假设1**成立。

表3-3 机制检验回归结果

	(1) i^d	(2) i^l	(3) ROE	(4) CoVaR
β_1	−0.14 (−0.11)	0.77*** (0.22)	11.15*** (3.69)	−0.21*** (0.08)
β_2	0.80*** (0.13)	−0.31 (0.09)	−9.96** (4.14)	0.17*** (0.09)
$\beta_1 + \beta_2$	0.67*** (0.09)	0.46*** (0.05)	1.19** (0.60)	−0.04*** (0.00)
固定效应	控制	控制	控制	控制
样本数	4 032	4 004	11 232	90 275
R^2	0.32	0.26	0.04	0.21

3.1.4.3 异质性分析

(1) 经济政策异质性

根据前两节分析,**假设1**与**假设2**成立,接下来本节将从政策异质性角度分析其对不同利率环境下银行系统性金融演化机制的影响。本节首先在门限模型的基础上添加宏观政策变量(MP)构建公式(3.25)分析经济政策的影响。基于已有文献可知,货币供给与宏观审慎政策工具是政府防控银行风险的重要手段,因此本节接下来选择上述两种经济政策,研究在不同利率环境下其风险防控效果是否存在差异。公式(3.25)中被解释变量分别为银行金融系统性风险与净资产收益率,宏观政策变量选择货币供给(MS)与宏观审慎政策(MPI)。

$$y_{b,t} = \alpha_b + \delta_{t-1} + \beta_1 i_{c(b),t-1} + \beta_2 (i_{c(b),t-1} - \tilde{\tau}) D_{c(b),t-1} + \beta_3 MP_{c(b),t-1} \times i_{c(b),t-1} + \beta_4 MP_{c(b),t-1} + \varepsilon_{b,t} \quad (3.25)$$

结果如表3-4所示。货币供给以M2同比增长率来衡量,而宏观审慎政策指数具体构建方法如下:为所有13个宏观审慎政策工具均设置一个虚拟变量,政府实施该工具时虚拟变量值为1,该工具不变时虚拟变量值为0,该工具失效或者放松时虚拟变量值为-1,当期所有政策工具虚拟变量累计值即最终构建的宏观审慎政策指数。从第(1)(2)列结果可以看出,宏观审慎政策指数增加会抑制银行金融系统性风险,货币供应增速的上涨则会增加银行金融系统性风险。宏观审慎政策交乘项(β_3)显著为正,说明实施宏观审慎政策工具可以有效抑制利率走低带来银行金融系统性风险增加的效果;而货币供应交乘项并不显著,说明数量型货币政策与价格型货币政策通过不同渠道影响金融系统性风险,其间相互作用并不显著。从第(3)(4)列结果可以看出,当被解释变量为银行净资产收益率时,宏观审慎政策与货币供给水平的交乘项系数均不显著,宏观审慎政策系数也仅在10%水平下显著为正,说明两项政策都无法影响利率对银行净资产收益率的传导渠道。

表3-4 经济政策调节机制检验回归结果

	(1) CoVaR	(2) CoVaR	(3) ROE	(4) ROE
β_1	-0.53*** (0.08)	-0.17** (0.08)	12.35*** (4.10)	10.91*** (3.70)

续表

	(1) CoVaR	(2) CoVaR	(3) ROE	(4) ROE
β_2	0.42*** (0.09)	0.15* (0.09)	−10.76** (4.38)	−9.23** (4.18)
$\beta_3(MPI \times i)$	0.01*** (0.00)		−0.99 (1.11)	
$\beta_4(MPI)$	−0.03*** (0.00)		2.65* (1.45)	
$\beta_3(MS \times i)$		0.00 (0.02)		−1.05 (0.92)
$\beta_4(MS)$		0.14*** (0.02)		0.43 (1.53)
$\beta_1+\beta_2$	−0.11*** (0.02)	−0.03* (0.02)	1.59** (0.78)	1.67** (0.80)
固定效应	控制	控制	控制	控制
样本数	90 275	90 275	11 232	11 232
R^2	0.21	0.21	0.04	0.04

为了进一步验证**假设3**,本节按照货币供给指数与宏观审慎政策指数分类,将货币供给与宏观审慎政策分别划分为三个时期,具体方法如下:货币供给周期通过对各国M2增长率进行HP滤波处理,提取其中周期项得来,按从大到小顺序分别分成宽松、稳健和收紧三个时期。宏观审慎政策周期判断相对复杂,本节首先参考刘泽琴等(2022)政策周期划分方法,对各国相邻两期MPI指数做差,将结果1、0、−1对应的时期划分为紧缩、中性和宽松三个时期;其次,对MPI指数进行滤波处理,将中性宏观审慎政策时期的周期项数据按从大到小顺序分成紧缩、稳健和宽松三个时期;最后,对上述结果进行整体划分,将所有宏观审慎政策分为紧缩、稳健和宽松三个时期。对样本进行分类后,分别以公式(3.24)进行回归,结果如表3−5所示。表3−5第(1)(3)(5)(7)列为紧缩经济政策结果,其中第(1)(5)列为紧缩宏观审慎政策,第(3)(7)列为紧缩货币供给政策;第(2)(4)(6)(8)列为宽松经济政策时期的结果,其中第(2)(6)列为宏观审慎政策宽松时期,第(4)(8)列

为货币供给宽松时期。从第(1)至第(4)列可以看出,当宏观审慎政策与货币政策宽松时,银行金融系统性风险随着利率降低明显增加得更快,当两经济政策紧缩时,风险随利率降低而增加得明显更慢。在利率低于门限值时,收紧货币供应与实施宏观审慎政策工具依然是有效的经济政策,两者分别能在33.3%与23.8%的程度上抑制银行金融系统性风险的增加,宏观审慎政策风险防范效果明显较强;在利率水平较高区间两项政策的效果分别为19.1%与14.7%,政策效果差异与过低利率环境下相比较小。宽松政策环境下,当利率低于门限值时宽松宏观审慎政策对银行金融系统性风险的促进作用更强,当利率高于门限值时宽松货币政策对金融系统性风险的积累影响更大。从第(5)至第(8)列结果可知,对于银行净资产收益率(ROE)来说,受到来自宏观审慎政策与货币供应的影响不大。综上,结合表3-4与表3-5结论可知,收紧宏观审慎政策与货币供给政策均能有效抑制银行金融系统性风险的增加,其中宏观审慎政策可以通过增强银行承担利率降低带来收益损失的能力,进而抑制了银行金融系统性风险的增加。同时,不同利率环境下宏观审慎政策在风险防范方面的效果始终优于货币供给政策,且利率低于门限值时优势更加明显,因此**假设3**成立。

表3-5　经济政策异质性分组回归结果

	(1) CoVaR	(2) CoVaR	(3) CoVaR	(4) CoVaR	(5) ROE	(6) ROE	(7) ROE	(8) ROE
β_1	−0.14*** (0.03)	−1.49*** (0.19)	−0.16*** (0.06)	−0.84*** (0.21)	10.96*** (3.78)	11.24*** (3.88)	10.89*** (4.06)	11.06*** (3.87)
β_2	0.11*** (0.04)	1.39*** (0.24)	0.13* (0.07)	0.67*** (0.23)	−9.61*** (4.30)	−10.21** (4.46)	−9.63** (4.79)	−9.77** (4.44)
$\beta_1+\beta_2$	−0.03*** (0.01)	−0.10*** (0.04)	−0.03* (0.02)	−0.17*** (0.06)	1.36** (0.68)	1.02** (0.50)	1.26** (0.61)	1.29* (0.66)
固定效应	控制	控制	控制	控制	控制	控制	控制	控制
样本数	29 325	30 092	30 475	27 792	3 783	3 744	3 783	3 744
R^2	0.23	0.27	0.17	0.23	0.04	0.04	0.03	0.03

(2) 银行规模异质性

在政策异质性的基础上,本节进一步探究银行个体层面异质性对不同利率环境下银行金融系统性风险演化机制的影响。其中,资产规模作为衡量银行整体实力的重要指标之一,与其风险承担能力息息相关。作为监管部门的重点关注对象,大型银行具有规模效益,普遍风险管理能力较强,因此不会轻易放大风险偏好,投资策略稳健,在金融系统性风险防控方面比较优势明显。不同利率环境下,大型银行在风险防控上的优势是否会存在差异,这是本节接下来研究的重点。为尽可能保证分组后的样本数据符合平衡面板,本节对每家银行样本时间内的银行规模数据取平均值,并按照从小到大的顺序分为五组,使用公式(3.23)进行回归。

表3-6展示了规模异质性回归的结果,第(1)至第(5)列为银行规模从小到大的分析结果。从中可以看出,当利率大于门限值时,规模越大的银行其系数 $\beta_1+\beta_2$ 的绝对值越小,说明此利率环境下银行规模效益的作用明显,大型银行在面对利率降低时其金融系统性风险增加的幅度明显小于小规模银行,且规模最大组的银行在金融系统性风险防控方面比较优势最为明显。当利率小于门限值时,系数 β_1 不再符合之前利率区间的规律。尽管规模最大组的银行的系数绝对值仍是最小的,但在风险防控方面的优势较之前利率区间相比明显降低,与本节**假设4**推断一致。这说明当利率过低时,盈利能力的大幅削弱使大型银行也面临巨大压力,此时这些银行在金融系统性风险防控方面的比较优势被削弱。部分银行在过低利率环境下面临收益大幅下降时,可能会选择进一步增加风险资产的持有比例,因为它们考虑到了自身体量与政府兜底的存在选择铤而走险,这既是"大而不倒"问题之所在,也是超低利率下大型银行金融系统性风险迅速积累的关键。

表3-6 银行规模异质性分组回归结果

	(1) Quintile1 CoVaR	(2) Quintile2 CoVaR	(3) Quintile3 CoVaR	(4) Quintile4 CoVaR	(5) Quintile5 CoVaR
β_1	−19.81*** (7.58)	−19.78*** (7.56)	−20.09*** (7.56)	−19.84*** (7.52)	−19.14** (7.54)
β_2	15.50** (7.56)	15.61** (7.68)	16.34* (8.57)	16.29* (8.54)	15.88* (8.56)

续 表

	(1) Quintile1 CoVaR	(2) Quintile2 CoVaR	(3) Quintile3 CoVaR	(4) Quintile4 CoVaR	(5) Quintile5 CoVaR
$\beta_1+\beta_2$	−4.31*** (0.02)	−4.17*** (0.03)	−3.75*** (0.02)	−3.55*** (0.02)	−3.26*** (0.02)
固定效应	控制	控制	控制	控制	控制
样本数	18 997	19 154	18 055	17 584	16 485
R^2	0.21	0.21	0.21	0.22	0.22

注：为防止系数太小难以观测并分析,本表所有回归将被解释变量扩大100倍,因此实际系数应为表中数据缩小100倍。本节表3-7采用同样的处理方式。

3.1.4.4 基于内生性问题的进一步检验

尽管双向固定效应模型可以有效地控制时间效应与个体效应,但仍可能因遗漏一些不可观察的变量带来内生性问题,导致估计结果是有偏的。此外,银行的收益与风险具有一定的连续性,当期行为可能会受前期收益效应与风险水平的影响,表现出较强的惯性特征。基于此,本节在公式(3.23)和公式(3.24)的基础上,分别引入银行金融系统性风险和净资产收益率滞后一期项作为解释变量,将其扩展为一个动态面板模型,以检验基准估计结果和主要机制的内生性问题。

以往文献中通常采用差分GMM和系统GMM两种方法估计动态面板模型,然而两种估计方法均有一定的局限性。差分GMM会因损失部分样本信息而造成有限样本偏误问题,且当工具变量序列存在很强的持续性时,会出现弱工具变量问题；系统GMM的估计系数不容易受弱工具变量的影响,但存在过度识别问题。为克服上述两种估计方法的弊端,本节采用两步系统GMM方法进行估计,同时与利用两步差分GMM方法的估计结果进行对照,以保证估计结果的准确性。

表3-7汇报了动态面板模型的估计结果,第(1)(2)列为差分GMM方法估计结果,第(3)(4)列为系统GMM方法估计结果。在表3-7中,序列相关检验显示,AR(1)统计量检验结果均小于0.1,显著拒绝原假设；AR(2)统计量检验结果均大于0.1,接受原假设,说明模型不存在二阶序列相关问题。Hansen检验的P值均大于0.1,意味着不能拒绝工具变量有效的原假设,表明工具变量的选取也是合理的。综上,系统GMM估计

方法和差分 GMM 估计方法都是有效的,模型估计结果是可信的。从被解释变量滞后项的估计系数来看,银行金融系统性风险与净资产收益率的估计系数均在 1% 的水平上通过显著性检验,这表明风险与收益表现出明显的惯性特征。β_1 与 $\beta_1+\beta_2$ 的系数与前文基准估计和机制检验结果一致,在被解释变量为银行金融系统性风险时显著为负,在被解释变量为银行净资产收益率时显著为正,且 β_1 的绝对值远大于 $\beta_1+\beta_2$ 的绝对值。以上结果表明,采用动态面板模型并没有改变相关实证结论,本节基准估计结果是稳健的。

表 3-7 内生性问题:动态面板模型估计

	差分 GMM		系统 GMM	
	(1) CoVaR	(2) ROE	(3) CoVaR	(4) ROE
β_1	−1.73*** (0.03)	8.56*** (0.15)	−1.67*** (0.22)	8.91*** (0.42)
β_2	1.69*** (0.04)	−7.28*** (0.15)	1.41*** (0.25)	−7.97*** (0.43)
L1.y	1.20*** (0.01)	−0.03*** (0.00)	0.91*** (0.01)	−0.07*** (0.00)
$\beta_1+\beta_2$	−0.04*** (0.02)	1.28*** (0.00)	−0.26*** (0.07)	0.94*** (0.00)
固定效应	控制	控制	控制	控制
样本数	7 260	10 335	7 986	10 600
AR(1)-P 值	0.01	0.00	0.00	0.00
AR(2)-P 值	0.12	0.26	0.18	0.31
Hansen-P 值	0.40	0.40	0.52	0.51

3.1.4.5 影响因素分析

前文的门限模型详尽地分析了不同利率环境对银行金融系统性风险的

影响,接下来将通过固定效应模型尝试分析可能影响金融系统性风险的因素及其影响机制。现有国内外文献重点关注的影响因素主要包括银行规模、薪酬、流动性、信贷波动等,如 Pais and Stork(2013)探讨了银行规模的影响,Anginer et al.(2014)证明了银行业竞争与系统性风险之间存在显著的负相关关系,毛泽盛和王元(2015)分析了信贷波动对金融系统性风险的影响,而从宏观和微观多视角全面分析银行金融系统性风险影响因素的文章却并不多见。有鉴于此,本节基于通过微观与宏观层面的影响因素共同分析,并选择其他实证模型进一步研究银行金融系统性风险不同利率区间的演变路径。

$$\begin{aligned}SYSRISK_{b,t} =& \alpha_b + \delta_{t-1} + \beta_0 + \beta_1 ROE_{b,t-1} + \beta_2 NPL_{b,t-1} \\&+ \beta_3 ExRate_{c(b),t-1} + \beta_4 TSIR_{c(b),t-1} \\&+ \beta_5 PolicyRate_{c(b),t-1} \times I\,(i \leqslant 0.5) \\&+ \beta_6 PolicyRate_{c(b),t-1} \times I\,(i > 0.5) \\&+ \gamma_1 X_{b,t-1} + \gamma_2 X_{c(b),t-1} + \varepsilon_{b,t-1}\end{aligned} \quad (3.26)$$

在变量选择上,基于上文实证分析,在银行(微观)层面选择银行净资产收益率(ROE)和银行不良贷款率作为解释变量,从盈利和风险两个角度分析对金融系统性风险的影响;在宏观层面除 Bansal and Yaron(2004)等文提到的宏观因素之外,重点选择汇率和利率期限结构斜率作为解释变量,分析外汇与债券市场的稳定对金融系统性风险的影响。首先选择双重固定效应模型进行分析,回归模型如公式(3.26)所示。由于样本数据缺失问题的存在,本节回归模型使用季度数据回归,对解释变量进行滞后一期处理,并将样本区间定为 2012 年到 2020 年。其中下角标依旧 b 为银行、t 为时间、$c(b)$ 为银行所在国家,$SYSRISK_{b,t}$ 为 t 期 b 银行的 CoVaR 值,$ROE_{b,t-1}$ 与 $NPL_{b,t-1}$ 分别为 $t-1$ 期的银行 ROE 与不良贷款率,$ExRate_{c(b),t-1}$ 与 $TSIR_{c(b),t-1}$ 为 $t-1$ 期所在国的有效名义汇率和利率期限结构斜率。$X_{c(b),t-1}$ 为其他控制变量,包括宏观经济增长因素和微观银行个体影响因素两部分。其中宏观控制变量的选择基于文献 B. S. Paye(2012)和 Bansal and Yaron(2004),选择国内生产总值、工业增加值、通货膨胀和 TED 利差加以控制。银行(微观)控制变量的选择基于文献 Brownless and Engle(2011)与 Brunnermeier et al.(2012),选择市账比、规模、杠杆率以及非利息收入加以控制。回归结果如表 3-8 所示。

表 3-8 影响因素回归结果

变量	(1) CoVaR	(2) CoVaR	(3) CoVaR	(4) CoVaR	(5) CoVaR
ROE	−0.98*** (0.31)	−0.72** (0.32)	−0.79** (0.33)	−0.67** (0.31)	−0.68** (0.31)
NPL		2.72*** (0.73)	1.68*** (0.78)	1.36*** (0.76)	1.91** (0.77)
ExRate			14.17*** (3.63)	17.22*** (3.72)	15.53*** (3.84)
TSIR				−1.64*** (0.54)	−1.26** (0.52)
$PolicyRate \times I$ ($i \leqslant 0.5$)					−0.63*** (0.28)
$PolicyRate \times I$ ($i > 0.5$)					−0.20** (0.03)
_cons	33.64*** (3.37)	33.20*** (3.32)	17.51*** (5.08)	21.87*** (4.43)	19.68*** (5.15)
固定效应	控制	控制	控制	控制	控制
控制变量	控制	控制	控制	控制	控制
样本数	6 612	6 612	6 612	6 612	6 612
R^2	0.05	0.06	0.09	0.11	0.11

表 3-8 中第(5)列为公式(3.26)所有因素的回归结果,其余列为部分因素回归结果。从第一、二行可知在控制变量后,无论是单因素回归还是多因素回归,银行净资产收益率(ROE)与金融系统性风险均有显著负相关关系,银行不良贷款率与金融系统性风险有显著正相关关系。即随着银行资产收益率降低、不良贷款率增加,都会通过个体风险传导至整个银行业系统,从而使银行金融系统性风险增加。该结果与 Jiménez-Martin et al.(2009)和熊启跃等(2020)的结论一致。同时第(3)(4)(5)列有效汇率的回归系数显著为正,与杨子晖等(2020)文中外汇市场在风险传染中的研究结论相符,危机之后四年(2014 年至 2018 年)外汇市场在风险传导中作为风险输出方的地位明显上升。就经济运行而言,当本币升值时,外资流入将对国内金融市

场产生冲击,金融系统性风险增加,与实证结果相符。利率期限结构斜率与金融系统性风险之间显著的负相关关系也与现实中经济运行相吻合,当利率期限结构斜率减小时,长短期利差收窄,投资者的短期风险投资行为将增加金融系统性风险。最后,在第(5)列的结果中可知,利率对银行金融系统性风险之间存在显著负相关关系,且不同利率环境下系数不同,与前文假设基本一致。本节对银行金融系统性风险影响因素的分析从宏微观两个角度入手,对本节假设的相关实证检验进行了补充。

3.1.5 门限值校准

3.1.5.1 门限模型门限值校准

(1) 单一门限检验

根据 Ulate(2021)文中所使用的方法以及收集的数据可以计算所有银行的平均存款准备金率与存款准备金利率,通过新凯恩斯模型对 ϵ^d 进行校准约为-200,将其代入式(3.22)可以得到门限值结果约为 0.5%。尽管如此,为保证实证结果的稳健性,本节接下来还从实证方面对门限值进行检验。

首先根据 Hansen(1999)提出的一种基于 Bootstrap(自抽样)方法进行单门限模型检验,设置自抽样次数为 500 次进行检验。由于 Hansen(1999)方法理论上仅适用于非动态面板,因此在抽样之前需要将所有数据集转换为一个不包括因变量滞后的平衡面板。基于回归模型(3.25),以政策利率为门限变量,银行的 $CoVaR$、净资产收益率(ROE)、存款利率和贷款利率分别为被解释变量进行检验,其中在存款利率上应用了 Chay and Munshi(2015)使用的检测方法,检验结果如表 3-9 所示。结果发现,以上四个被解释变量以政策利率为门限变量进行固定效应回归时均有显著的门限效应,且门限估计值分别为 0.45、0.512、0.457 和 0.412,均在理论基础部分所得门限值 0.5%附近。

表 3-9 门限模型门限值检验

	(1) $CoVaR$	(2) ROE	(3) $deposit$	(4) $loan$
门限估计值	0.450	0.512	0.457	0.412
置信区间	[0.003,0.998]	[0.509,0.514]	[0.222,0.996]	[0.410,0.414]
F 值	3.48***	9.96*	13.83**	13.04*
P 值	0.03	0.07	0.04	0.08

为了进一步保证结果的说服力,本节继续使用Ulate(2021)文中所用的最小均方根误差(RMSE)的方法进一步检验门限的具体数值。公式(3.23)选取不同的门限值进行回归,统计每次回归结果中的均方根误差(RMSE)以及系数β_2的t值,其中RMSE最小且t值最大的门限值即为最优门限值。图3-2即为上述方法的检验结果,可以明确看到银行金融系统性风险(CoVaR)、净资产收益率、存款利率和贷款利率的最优门限值分别为0.51、0.43、0.62、0.45。尽管四个变量之间估计的门限值不尽相同,但它们的最小均方根误差在0.5%附近。同时在对应门限水平下,相互作用系数β_2的t值均在1.96以上,即拒绝门限前后斜率相同的原假设。以上两种方法检验得到的门限值水平均比较接近0.5%,加上前文理论证据,因此选择0.5%作为门限值$\tilde{\tau}$的首要估计值。

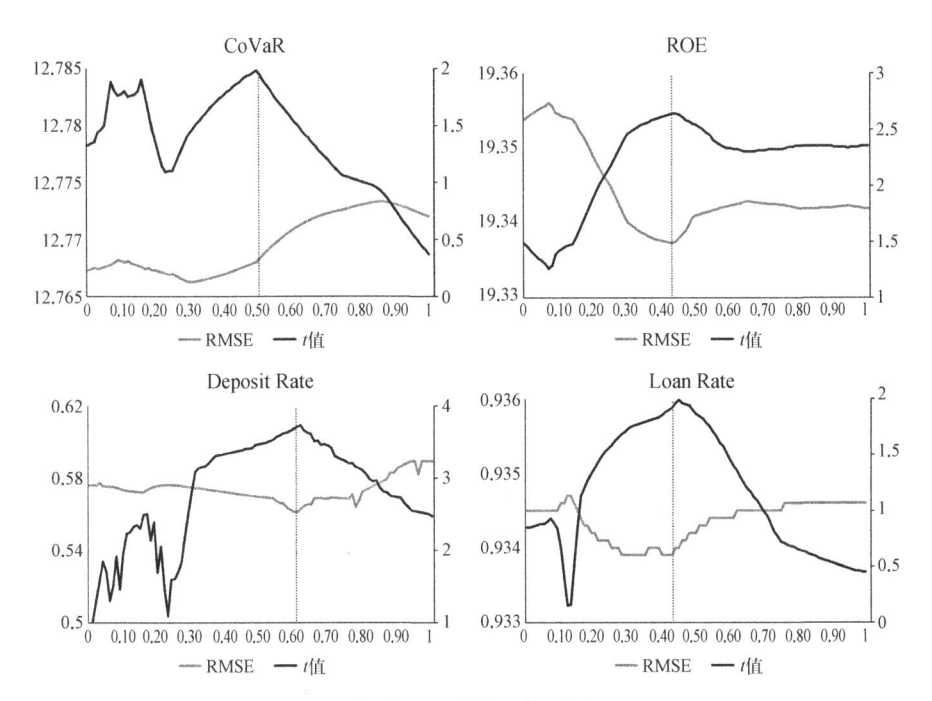

图3-2 RMSE门限值检验

(2) 多阶门限检验

在得到单阶门限模型门限值的基础上,为了保证模型建立的正确性,还需要对原回归模型进行多阶门限模型的检验。本节在结合Hansen(1999)自抽样方法的基础上,以Qunyong Wang(2015)提出的固定效应面板门限模型为基准进行多阶门限检验,检验结果如表3-10所示。其中,可以看到以净资产收益率(ROE)和贷款利率为被解释变量进行检验时,在10%显著水平下仅通过了单一门限检验。而银行金融系统性风险 CoVaR 和存款利率在10%显著水平下通过了单一门限和二阶门限检验,在5%显著水平下仅能通过单一门限检验。这里为了进一步分析,本节分别以银行金融系统性风险 CoVaR 和存款利率为被解释变量进行二阶门限模型分析,面板模型如公式(3.27)所示,回归结果于表3-11中展示。经分析可知,CoVaR 门限模型的两个门限值分别为0.441%和0.458%,二者非常接近且在0.5%附近,且区间[0.441,0.458]之间的系数并不显著,因此该二阶门限模型显著归为计量偏差,选择单一门限模型更为准确。而存款利率门限模型的两个门限值分别为0.418%和0.526%,虽然二者不太接近但都在0.5%附近;而且可以看到当政策利率在区间[0,0.418]和[0.418,0.526]的斜率分别为0.0191和0.0092,均十分接近于0,即当政策利率降低至0.5%附近时存款利率几乎不再随政策利率的降低而降低。综上,本节所选单一门限模型为该问题的最优回归模型,且门限值为0.5%。

$$y_{b,t} = \alpha_b + \delta_{t-1} + \beta_0 + \beta_1 \times i_{c(b),t-1} \times I(i \leqslant \theta_1) + \beta_2 \times i_{c(b),t-1} \times I(\theta_1 \leqslant i \leqslant \theta_2) + \beta_3 \times i_{c(b),t-1} \times I(i > \theta_2) + \varepsilon_{b,t-1} \quad (3.27)$$

表3-10 门限模型多阶门限值检验

	门限检验类型	F 统计量	P 值	临界值 1%	临界值 5%	临界值 10%
(1) CoVaR	单一门限	3.48**	0.03	4.96	2.38	1.80
	二阶门限	2.48*	0.07	6.90	3.57	1.65
	三阶门限	1.10	0.23	11.58	5.91	3.65
(2) ROE	单一门限	9.96*	0.07	10.45	8.56	7.07
	二阶门限	6.67	0.32	49.96	13.41	11.89
	三阶门限	1.34	0.86	127.97	115.09	65.04
(3) deposit	单一门限	13.83**	0.04	6.78	4.86	2.02
	二阶门限	7.23*	0.09	10.12	7.89	6.75
	三阶门限	1.10	0.52	23.80	21.92	20.04

续表

	门限检验类型	F 统计量	P 值	临界值 1%	临界值 5%	临界值 10%
(4) loan	单一门限	13.04*	0.08	17.65	4.608	2.94
	二阶门限	12.15	0.220	36.624	25.497	22.28
	三阶门限	4.40	0.840	57.716	32.872	26.76

表 3-11 通过检验的二阶门限模型回归结果

	(1) CoVaR	(2) deposit		(1) CoVaR	(2) deposit
rate_1	−1.41*** (0.28)	1.91*** (0.22)	Th_1	0.44	0.42
			Interval	[0.003,0.998]	[0.243,0.497]
rate_2	0.06 (0.07)	0.92*** (0.23)	Th_2	0.46	0.52
rate_3	−0.51*** (0.12)	56.41*** (2.63)	Interval	[0.003,0.998]	[0.008,0.991]
			t 值	2.48*	7.23*
cons	192.72*** (0.25)	69.50*** (2.28)	P 值	0.07	0.08

3.1.5.2 异质性分析门限值校准

本节接下来对异质性分析的结果分别进行门限值校准。考虑到样本数据分组后存在非平衡面板的问题，本节使用最小均方根误差(RMSE)的方法对每种经济政策环境下的门限值进行进一步检验，结果如图 3-3 和图 3-4 所示。从图 3-3 的第(1)(2)(3)列中可以看出，尽管最小均方根误差对应的门限值均在 0.5% 附近，但银行金融系统性风险在宏观审慎政策宽松的情况下利率门限值明显高于稳健的宏观审慎政策，收紧宏观审慎政策后利率门限值明显低于稳健时的宏观审慎政策，说明实施宏观审慎政策工具在抑制银行金融系统性风险的同时，还能增加一定的降息空间，为政府调节政策利率增加可调控的缓冲空间。同理，从图 3-3 的第(4)(5)(6)列可以看出宽松货币政策环境下金融系统性风险的利率门限值明显高于其他货币环境，说明货币供给量增加的宽松环境不利于控制银行金融系统性风险。与之相对，图 3-4 中银行净资产收益率回归的利率门限值并无上述关系。

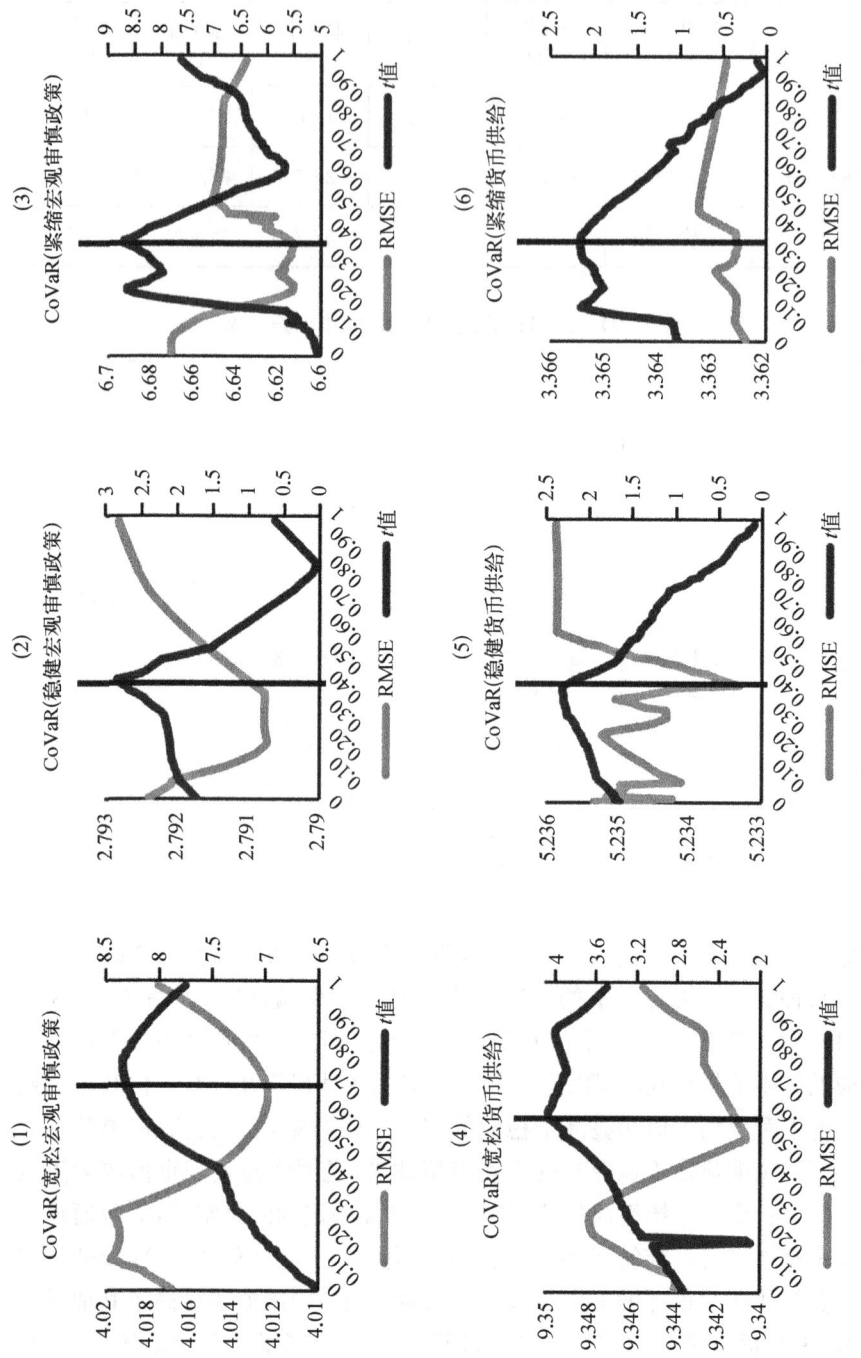

图 3-3 银行金融系统性风险不同经济政策下 RMSE 门限检验

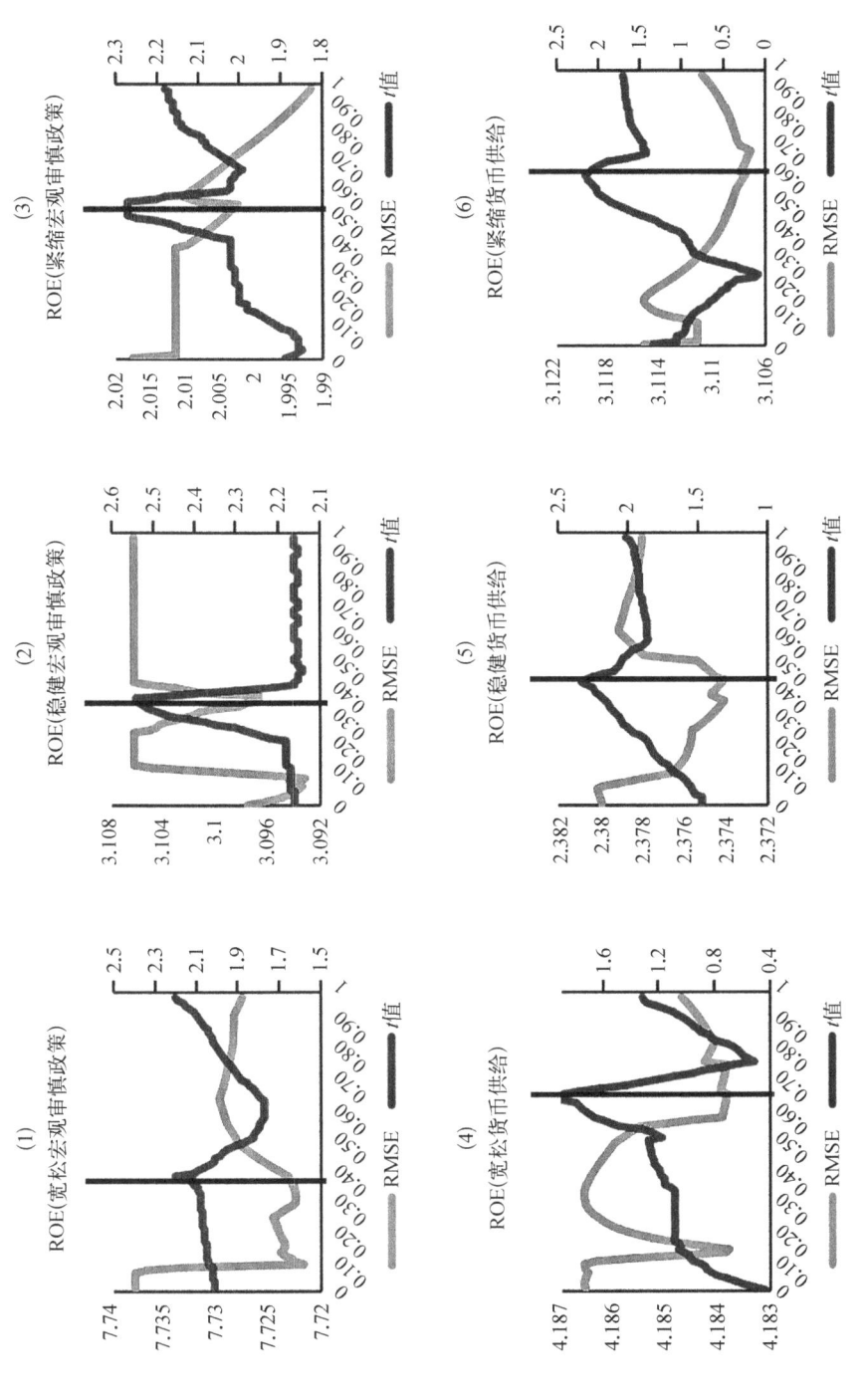

图 3-4 银行净资产收益率不同经济政策下 RMSE 门限检验

3.1.6 稳健性检验

3.1.6.1 基于样本选择的稳健性检验

在本节所选银行样本中，美国银行占比较大，存在样本选择偏误导致结果不稳健的可能，因此本节以样本中两个分别处于不同利率区间的国家为研究对象，使用门限模型以外的其他实证模型对本节假设进行稳健性检验。本节以 2016 年初施行负利率政策的日本作为研究对象，以同时期中国作为对照组，选择中日两国银行 2013 至 2020 年度数据构建双重差分模型来分析银行金融系统性风险的影响因素。

正如 Angrist and Krueger(1999) 所指出的，DID 模型非常适合评估经济环境急剧变化或政府政策变化的影响。但该模型背后有一关键前提假设，即在政策实施之前，处置组与控制组的双重差分估计值为 0，这一假设通常被称为"平行趋势"假设，即保证两组在货币政策实施前后的差异确实来自此政策。需要明确的一点是，平行趋势假设并不要求两个银行的金融系统性风险水平相同，仅需保证两组银行在政策实施前金融系统性风险变化趋势相同。

图 3-5 展示的是中日两国银行在 2013 到 2020 年样本期间内的平均金融系统性风险 CoVaR 值，其中可以粗略看出在日本实施负利率货币政策（2016 年）之前，两国银行的平均 CoVaR 值变化相对稳定，从图示可以初步判定 DID 模型符合平行趋势假设。

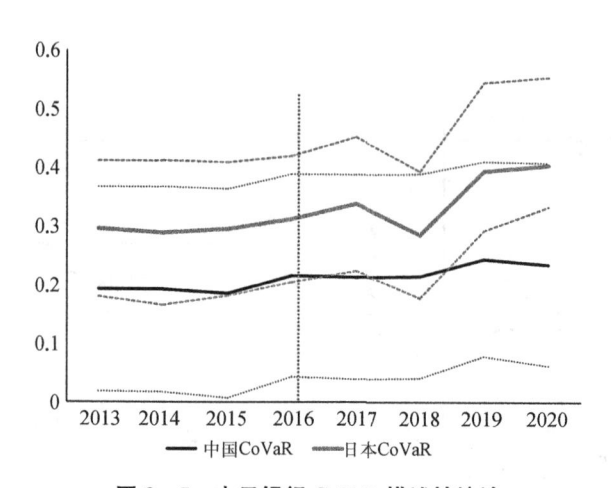

图 3-5　中日银行 CoVaR 描述性统计

进一步的，设置从 2013 到 2020 年 8 个时间虚拟变量，具体方法以 2016 年为分界线设置为 Current，将前三年（2013 至 2015 年）设置为 Before、后四年（2017 至 2020 年）设置为 After，分别交乘个体虚拟变量 dP 并放入 DID 回归中，如公式（3.28）所示。

$$\begin{aligned}CoVaR_{b,t}=&\alpha_b+\delta_t+\beta_0 dP\times dt+\beta_1 dP\times Before_3+\beta_2 dP\times\\&Before_2+\beta_3 dP\times Before_1+\beta_4 dP\times Current\\&+\beta_5 dP\times After_1+\beta_6 dP\times After_2+\beta_7 dP\times After_3\\&+\beta_8 dP\times After_4+\beta_9 dP+\beta_{10} dt+\varepsilon_{b,t}\end{aligned} \quad (3.28)$$

新增解释变量的 t 值如图 3-6 所示，可以看到发生在 2016 年政策实施之前的三个 Before 项的 t 值均较小，但 Current 项与四个 After 项的 t 值均较大。中日两国银行的金融系统性风险在 2016 年日本负利率政策实施前差异变化在 10% 置信水平下并不显著，而在政策实行后变得显著，因此满足平行趋势假设。

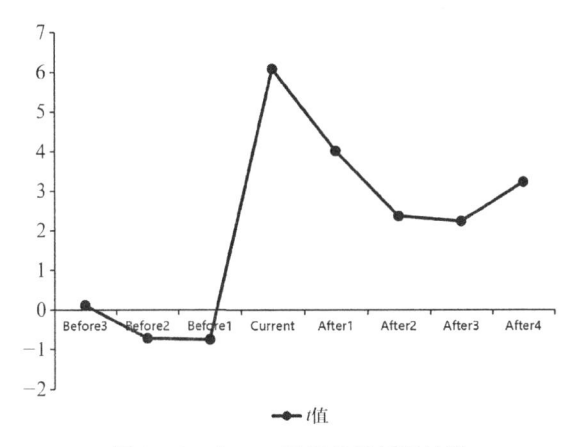

图 3-6 CoVaR 平行趋势假设检验

回归模型如公式（3.29）所示，被解释变量为银行金融系统性风险，解释变量与控制变量在公式（3.25）基础上添加双重差分项（$dP\times dt$）和风险资产占比（RWA）以便后续分析。公式中 dP 和 dt 分别为个体与时间的虚拟变量，若银行属于处置组（即日本银行）则 dP 等于 1，若时间处于 2016 年及之后则 dt 等于 1。表 3-12 为该双重差分估计的结果，其中第(2)(4)列不含宏观和银行的控制变量。

$$\begin{aligned}SYSRISK_{b,t}=&\alpha_b+\delta_t+\beta_0+\beta_1 dP\times dt+\beta_2 RWA_{b,t}+\beta_3 PolicyRate_{b,t}\\&+\beta_4 ROE_{b,t}+\beta_5 NPL_{b,t}+\beta_6 ER_{b,t}+\beta_7 TSIR_{b,t}\\&+\gamma_1 X_{b,t}+\gamma_2 X_{c(b),t}+\varepsilon_{b,t}\end{aligned} \quad (3.29)$$

表 3-12 基于负利率政策的双重差分估计

变量	(1) CoVaR	(2) CoVaR	(3) CoVaR	(4) CoVaR	(5) CoVaR
DID	1.29*** (0.33)	1.24*** (0.32)	0.96*** (0.42)	1.05*** (0.27)	0.81** (0.35)
RWA				0.13*** (0.04)	0.10** (0.05)
PolicyRate		−0.14*** (0.04)	−0.09* (0.05)	−0.38*** (0.11)	−0.28* (0.14)
ROE	−0.69** (0.33)	−2.82** (0.73)	−2.18** (0.95)	−1.98*** (0.51)	−1.52** (0.65)
NPL	0.31** (0.13)	1.30*** (0.33)	1.01** (0.44)	1.28*** (0.33)	1.00** (0.43)
ExRate	1.92** (0.94)	7.99*** (2.08)	6.20** (2.72)	6.74*** (1.72)	5.20** (2.26)
TSIR	−0.26** (0.13)	−1.53*** (0.41)	−1.13** (0.54)	−2.24*** (0.61)	−1.70** (0.80)
cons	−0.34 (0.27)	−1.69*** (0.49)	−1.32** (0.64)	−0.53*** (0.18)	−0.40* (0.23)
固定效应	控制	控制	控制	控制	控制
控制变量	控制	未控制	控制	未控制	控制
样本数	568	568	568	568	568
R^2	0.32	0.30	0.35	0.30	0.36

从表 3-12 中五列结果可知,银行净资产收益率、不良贷款率、利率期限结构斜率和汇率与上节结论相同,即银行盈利能力风险偏好变化、一国的汇率和利率期限结构变化均对金融系统性风险的增加存在显著作用。从第(2)至第(5)列的结果可知,无论是否放入控制变量,政策利率的回归系数在10%的统计水平上显著为负,即政策利率的下降会显著增加银行金融系统性风险。从第(4)(5)列的回归结果可见,风险资产占比的回归系数显著为

正,即风险资产占比的增长将增加银行金融系统性风险。双重差分项系数展示了不同利率区间下银行金融系统性风险演化的区别,以第(5)列结果为例,双重差分项系数约为0.8,根据日本银行平均$CoVaR$值可知,相对于中国银行金融系统性风险,日本银行金融系统性风险增加了约27.8%。即由于日本政策利率已低于0.5%,负利率政策相对于利率水平较高国家的降息政策对银行盈利能力的侵蚀更大,因此负利率政策下日本银行金融系统性风险攀升得更快。

(1) 中介机制检验

本节接下来进行中介机制检验,其中银行盈利能力的研究选择银行净资产收益率(ROE)作为指标,银行风险偏好的指标选择来源于Borio and Zhu(2012),选择银行风险资产占比(RWA)作为研究银行风险偏好变化的指标。中介机制检验模型为公式(3.30)与公式(3.31)。

$$ROE_{b,t} = \alpha_b + \delta_t + \beta_0 + \beta_1 dP \times dt + \varepsilon_{b,t} \qquad (3.30)$$

$$RWA_{b,t} = \alpha_b + \delta_t + \beta_0 + \beta_1 dP \times dt + \varepsilon_{b,t} \qquad (3.31)$$

结果如表3-13所示。表3-13的第(1)至第(3)列为以ROE为中介变量的检验结果,根据列(2)中的结果可以发现,负利率政策的实施导致了日本银行的净资产收益率相对于中国银行显著下降,这与前文理论及门限模型分析结果相符,即负利率政策相对于利率水平较高国家的减息政策对银行盈利能力的侵蚀更为严重。而列(3)的结果清楚地表明,双重差分变量DID依然显著为正,且系数与列(1)相比大幅下降,同时银行净资产收益率(ROE)的系数显著为负,这说明负利率政策的实施使得银行净资产收益率大幅度地下降,显著增加了银行金融系统性风险。

表3-13的第(3)到第(5)列为以风险资产占比为中介变量的检验结果,从第(4)列可以看出,负利率政策的实施导致日本银行的风险资产占比相对于中国地区的银行显著增加,这与Jiménez-Martin(2009)、Borio and Zhu(2012)等文献结论相符,即负利率政策会改变银行风险偏好,且更容易诱使银行投资风险资产。而列(5)的结果清楚地表明,双重差分变量依然显著为正,且系数与列(3)相比有所下降,同时银行资产占比(RWA)的系数显著为正,这说明负利率政策的实施使得银行风险投资大量增加,显著增加了银行金融系统性风险$CoVaR$。综上,政策利率降低会影响减少银行资产端的收益,银行风险偏好会受到收益减少的影响,通过银行间市场传递最后导致银行金融系统性风险增加。

表 3-13 中介机制检验回归结果

	(1) CoVaR	(2) ROE	(3) CoVaR	(4) RWA	(5) CoVaR
DID	1.20*** (0.32)	−0.81*** (0.20)	0.96*** (0.42)	0.67*** (0.11)	0.81** (0.35)
RWA					0.10** (0.05)
PolicyRate	−1.38*** (0.06)	−0.14*** (0.04)	−0.09* (0.05)		−0.28* (0.14)
ROE			−2.82** (0.73)	−2.18** (0.95)		−1.52** (0.65)
cons	−1.62*** (0.64)	4.20*** (0.22)	−1.32** (0.64)	−0.07 (0.20)	−0.40* (0.23)
固定效应	控制	控制	控制	控制	控制
控制变量	控制	未控制	控制	未控制	控制
样本数	568	568	568	568	568
R^2	0.36	0.46	0.36	0.44	0.36

(2) 安慰剂检验

为保证 DID 模型回归结果的稳健性、排除其他外在宏观因素的影响，同时为保证控制组与处置组差异来源于外生政策事件，本节采取以下两种方法进行安慰剂检验：一是通过随机替换实验组样本来进行实验样本的反事实检验(Li et al., 2016; Cantoni et al., 2017)；二是通过随机政策时间点来进行政策时间的反事实检验(范子英和田彬彬，2013)。在随机实验样本的反事实检验中，本节基于中日两国 155 家银行的 CoVaR 值随机生成处理组并对公式(3.29)进行 500 次回归，图 3-7 的横纵坐标轴分别展示了每次回归双重差分项的系数及对应 P 值。从图中可以看出绝大部分结果的 P 值均大于 0.1，即绝大部分回归结果并不显著，这说明低利率甚至负利率对银行金融系统性风险的作用比较稳健。

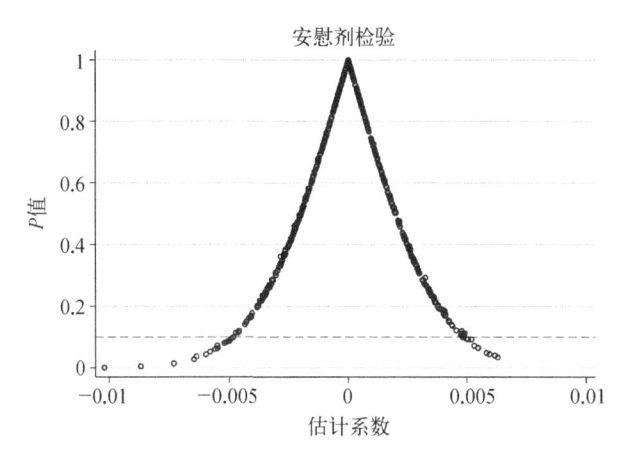

图 3-7 随机实验样本的反事实检验

表 3-14 的第(2)至第(4)列展示了政策时间的反事实的内生性检验的结果,其中第(2)(3)(4)列设置 2015 年、2016 年和 2017 年作为负利率政策的实施时点,发现双重差分项的系数均不再显著,表明中日两国系统性风险变化的差异确实来自日本负利率政策的实施,过低的利率水平使日本银行面临降息时将承担更多系统性风险提高的压力。

表 3-14 双重差分模型内生性检验

	(1) CoVaR	(2) CoVaR	(3) CoVaR	(4) CoVaR	(5) CoVaR
DID	0.81** (0.35)	0.05 (0.03)	−0.05 (0.04)	−0.03 (0.02)	0.01* (0.01)
cons	−0.40* (0.23)	−0.14 (0.27)	0.22*** (0.02)	0.37*** (0.09)	0.20*** (0.01)
固定效应	控制	控制	控制	控制	控制
控制变量	控制	控制	控制	控制	控制
样本数	561	561	561	561	170
R^2	0.36	0.33	0.32	0.34	0.07

(3) 倾向性匹配样本

为了解决一般经验研究中可能存在的选择性偏差和混合性偏差,本节使用由 Rosenbaum and Rubin(1983)开发的倾向得分匹配法(PSM),对上文的银行层面控制变量进行匹配。根据 Logit 模型参数估计得出处置组和对照组中每家银行的 PS 值,将 PS 值最接近的进行匹配,以从对照组中找出与处置组样本最相似的银行,结果于表 3-15 和 3-16 中展示。表 3-15 中匹配前处置组与对照组的差异除贷款额增长率(Loan)、存款额增长率(Deposit)、市值与账面比率(PB)和杠杆率(LR)外均显著,即在匹配前处置组与对照组之间并不满足平行趋势假设。且可以明显看出日本银行与中国银行相比长期债务增长率(LT_debt)明显更低,股东权益增长率(Equity)与股价增长率(Price)也更高。经匹配后可以看出所有数据均无显著差异,且偏差大多明显减小,说明匹配后显著性降低并不单单是自由度下降的结果。

表 3-15　匹配前后变量分析

变量	匹配前 处置组	匹配前 控制组	匹配前 偏差(%)	匹配前 T 检验	匹配后 处置组	匹配后 控制组	匹配后 偏差(%)	匹配后 T 检验
LT_debt	−0.19 (1.13)	−0.39 (1.06)	18.6	2.38**	−0.22 (0.77)	−0.20 (0.49)	−1.4	−0.21
LA	52.09 (26.88)	34.70 (16.01)	17.4	2.12**	42.88 (19.50)	43.25 (10.57)	−0.4	−0.05
$Price$	0.03 (0.16)	−0.03 (0.15)	35.9	4.59***	0.04 (0.12)	0.03 (0.15)	1.4	0.21
$Equity$	−0.01 (0.08)	−0.13 (0.08)	146.7	18.87***	−0.04 (0.06)	−0.04 (0.07)	4.7	0.80
$Loan$	0.05 (1.07)	0.02 (0.33)	4.6	0.54	0.05 (0.30)	0.02 (1.03)	3.4	0.44
$Deposit$	−0.01 (1.69)	−0.12 (0.29)	8.4	0.97	0.03 (0.36)	0.14 (1.66)	−8.6	−0.97
TA	0.07 (0.90)	0.13 (0.08)	−21.3	−2.67***	0.06 (0.73)	0.12 (0.65)	−11.5	−1.35
PB	0.42 (0.31)	0.48 (0.42)	1.4	0.27	0.37 (0.41)	0.55 (0.54)	10.7	1.63
LR	5.00 (2.68)	6.67 (0.93)	−8.6	−1.14	5.30 (2.38)	4.30 (0.88)	4.5	0.50

表 3-16 展示了 PSM 匹配前后 Logit 模型分析下各变量的系数及其显著性,从中可以明显看出匹配前股东权益增长率($Equity$)、总资产增长率(TA)和杠杆率(LR)等变量在 5% 水平上存在显著差异。而匹配后的 Logit 模型中所有变量在统计学意义上均不显著,且伪 R^2(Pseudo R^2)从 0.375 下降至 0.094。综上,匹配过程消除了两国银行在观察值方面的差异,并在此过程中确保满足平行趋势假设。且观察处置组和对照组在匹配前后相应的中值可知,两者大小几乎相等,因此可以说明匹配前后变量近乎相同。经匹配后,DID 模型回归结果在表 3-14 的第(5)列中展示,可以看到仍显著为正,因此综合上文安慰剂检验,本节 DID 模型回归结果基本稳健。

表 3-16 倾向得分匹配分析

变量	匹配前	匹配后	变量	匹配前	匹配后
LT_debt	0.16 (0.11)	−0.14 (0.36)	TA	−1.28** (0.55)	−1.14 (1.45)
LA	4.91 (8.17)	5.06 (15.59)	PB	−0.50*** (0.19)	−0.30 (0.57)
$Price$	−1.21 (0.83)	−0.90 (1.00)	LR	0.69** (0.32)	0.17 (0.57)
$Equity$	30.09** (12.01)	−9.90 (24.08)	$cons$	2.07*** (0.20)	1.55* (0.90)
$Loan$	0.53* (0.28)	−0.41 (0.36)	固定效应	控制	控制
$Deposit$	0.20*** (0.08)	0.04 (0.20)	样本数	2 788	712
			R^2	0.38	0.09

3.1.6.2 进一步稳健性检验

本节在研究低利率甚至负利率情况下银行系统性风险与政策利率关系的分析中使用 $CoVaR$ 作为银行系统性风险的指标,同时为保证数据量充足而使用 2008 年 11 月到 2021 年 11 月的月度数据进行回归分析,因此在稳健性检验上,需要在被解释变量选择、时间窗口选择和数据选择等方面进行充分检验以保证结论的可信度。表 3-17 展示了其余所有进一步稳健性检验的结果。

表 3-17 门限模型稳健性检验

变量	(1) MES	(2) CoVaR	(3) ΔCoVaR	(4) MES	(5) CoVaR	(6) CoVaR
β_1	−0.51*** (0.21)	−1.72*** (1.03)	−0.20*** (0.12)	−0.51*** (0.22)	−1.92*** (0.33)	−2.06*** (0.41)
β_2	0.47* (0.31)	1.52* (1.08)	0.14* (0.09)	0.50* (0.28)	1.51*** (0.49)	1.76*** (0.51)
$\beta_1+\beta_2$	−0.04** (0.02)	−0.20*** (0.01)	−0.05*** (0.02)	−0.01* (0.01)	−0.41*** (0.15)	−0.30*** (0.02)
固定效应	控制	控制	控制	控制	控制	控制
样本数	90 275	41 400	41 400	41 400	8 050	75 988
R^2	0.13	0.21	0.21	0.13	0.09	0.20

(1) 替换被解释变量

表 3-17 的第(1)列中展示了选择 MES 作为公式(3.23)中被解释变量的回归结果。从结果可以看出，无论政策利率是高于还是低于门限值，利率与 MES 之间仍具有显著的负相关关系，且低于门限值时系数绝对值明显更大。综合三种金融系统性风险衡量指标，当政策利率高于门限值时，$\Delta CoVaR$ 和 MES 的回归系数相对于 $CoVaR$ 的回归系数均明显较小，但并不影响其门限回归结果依然稳健。

(2) 缩短时间窗口

考虑到金融危机与新冠疫情的冲击对各国利率及银行系统性风险的影响，本节选择 2013 至 2018 年的数据，以 $CoVaR$、$\Delta CoVaR$ 和 MES 为被解释变量进行回归分析，结果于表 3-17 的第(2)(3)(4)列中展示。在新的时间窗口下，可以看到三者的回归系数相较之前时间窗口下的结果变化不大，且降息在低于门限值区间时对增加银行系统性风险的效果更强，由此可知特殊事件的发生并没有严重扭曲门限回归的主要结果。

(3) 年度数据回归分析

基于式(3.23)，选择月度数据进行分析需要将解释变量滞后一期以排除时滞的影响。为保证结论的稳健性，本节以 $CoVaR$ 为被解释变量，选择 2008 至 2021 年的年度数据进行稳健性检验，表 3-17 的第(5)列展示了该回归的结果。从中可以看出,当利率低于0.5%时,降息对增加银行系统性风险的影响相当于高于0.5%时的5倍,与表3-2结论基本一致。

(4) 样本选择

最后,本节更改样本数据选择进行稳健性检验。基于前文分析,利率对银行金融系统性风险的影响以0.5%为拐点,在不同区间有不同的演化路径,当银行所在国样本在所选时间内覆盖两个利率区间时回归结果更具有说服力。因此本节将中、日、韩三国的样本数据剔除,用其余国家的银行数据进行回归,结果于表3-17的第(6)列中展示,从中可以看出结论依然成立,因此本节门限模型回归结果基本稳健。

3.2 低利率与银行风险承担——中国视域

低利率环境会显著降低商业银行的存贷利差。一种较为简单的解释是,名义存款利率难以降低至负值,否则公众将通过持有现金的方式"用脚投票",对以银行为核心的现代金融体系而言是一个巨大的挑战,这也是"零利率下限"观点的主要内容之一(Fisher, 1930; Meltzer, 1963)。与此同时,由于贷款利率的降低减轻了借款人的还款负担,货币当局降低贷款利率时面临的公众压力则会小得多。虽然以孙国峰和何晓贝(2017)为代表的研究在贷款创造存款机制(LCD)的理论框架下认为负存款利率不会损害银行业的存款和信贷供给,但其并未讨论负存款利率是否会对银行的风险承担造成影响。同时,对于一国的货币当局而言,实施负存款利率还需要在理论上可行之外考虑一些现实因素,正如中国人民银行副行长刘国强所言,负存款利率要"考虑老百姓的感受……用这个工具要进行更加充分的评估"[①]。因此,从政策实践的角度来看,在较低的利率水平下通过货币政策引导利率下行以刺激经济的过程中,贷款利率有着比存款利率更大的下行余地和更小的下行阻力,从而使得存贷利差收窄,压缩了商业银行核心业务的利润空间,增大了商业银行的经营压力。

那么,由于存贷利差收窄而带来的冲击会如何影响商业银行的行为决策?是否会导致商业银行增加对高风险资产的配置,进而提高其风险承担的水平?如果会,又是通过何种机制产生作用?上述问题的回答,对更为全面的理解低利率环境下商业银行的微观行为及其对金融风险的影响,有着

---

① 2020年4月3日国务院新闻办公室举行的国务院联防联控机制新闻发布会上中国人民银行副行长刘国强对记者问题的回答(http://www.gov.cn/xinwen/gwylflkjz79/index.htm)。

积极的现实意义。基于上述认识,本节从存贷利差的视角出发,分析了低利率环境对商业银行风险承担的作用机制。

本节研究的创新主要体现在三个方面:第一,基于对 DLM 模型(Dell'Ariccia et al.,2010)的重新认识,从存贷款利率水平与存贷利差相结合的视角出发,剖析宽松型货币政策对商业银行风险承担的影响,弥补了现有关于银行风险承担的研究主要关注贷款利率或存款利率等单一因素作用效果的不足。第二,重新认识了货币宽松时银行自有资本水平对其风险承担的作用。在利率下调时,银行较高的自有资本水平,并非一般认为的会削弱其风险承担,而是加剧了其风险承担。第三,尽管本节关注于低利率环境下的银行风险承担,不过本节的结果也为常规利率环境下货币宽松政策和银行风险承担之间的权衡提供了一种可能的思路,即通过存贷利差扩大的非对称降息,可以在放松银根的同时从一定程度上削弱银行风险承担水平的提高。

3.2.1 理论模型与研究假说

本节的理论模型主要基于以下设定:① 商业银行的贷款资金来源于储户的存款和银行的自有资本,存款利率和自有资本的收益率要求均受到政策利率影响;② 银行与借款者之间存在信息不对称,银行贷款存在风险,不过银行可以通过监督努力提高贷款偿还的可能性,监督努力越强,银行的风险承担水平越低;③ 商业银行为有限责任制,储户的存款在银行贷款成功收回时才能被偿还;④ 储户无法得知银行的贷款风险,而是根据银行的自有资本水平判断其风险承担情况。

假设商业银行面临斜率为负的贷款需求函数 $L(r_L) = a - br_L$,其中 r_L 为商业银行收取的贷款利率。商业银行可以通过监督努力提高贷款的偿还可能性,单位贷款的监督努力程度记为 q,$q \in [0, 1]$。商业银行的监督努力 q 越高,则贷款偿还的可能性就越大,银行所承担的风险也就越低。所以,q 也可以理解为贷款的偿还概率,记商业银行对单位贷款所付出监督努力的成本为 $0.5cq^2$。商业银行通过存款和自有资本为贷款提供资金,令单位贷款中自有资本所占比例为 k,则 $1-k$ 表示单位贷款中存款所占比例。记自有资本要求的收益率 $r_E = r_f + \xi$,其中 r_f 为无风险利率($\xi \geqslant 0$),r_E 也可以理解为股东投资于商业银行的机会成本。

在上述设定之下,商业银行的预期利润函数可以表达为:

$$\Pi = \left[q[r_L - (1-k)r_D] - r_E k - \frac{1}{2}q^2\right] \times L(r_L) \tag{3.32}$$

根据式(3.32)的一阶条件 $\frac{\partial \Pi}{\partial q}=0$，可以得出商业银行的最优监督努力程度为：

$$q^* = \frac{r_L - (1-k)r_D}{c} \tag{3.33}$$

结合式(3.33)可以发现，给定自有资本水平 $k(0<k<1)$，商业银行的贷款监督努力程度分别受到贷款利率 r_L 和存款利率 r_D 的影响。贷款利率 r_L 的降低将导致商业银行监督努力的下降，存款利率 r_D 的降低则会导致商业银行监督努力的上升。形成这一结果的原因是直观的：由于贷款利率的下降降低了商业银行贷款的预期回报，限制了商业银行对于贷款监督努力的投入，导致其监督努力的强度下降；与此相对，由于存款利率的下降降低了商业银行的贷款成本，增加了贷款的预期回报，商业银行可以加大对贷款监督努力的投入，以提高贷款的偿还概率。

DLM模型将贷款利率降低导致商业银行贷款监督努力下降的效应称为"传递效应"，将存款利率降低导致商业银行贷款监督努力提高的效应称为"风险转移效应"，宽松货币政策对商业银行风险承担的最终作用方向即取决于这两种效应的净效应。不过，Dell'Ariccia et al.(2010)的研究没有针对存贷款利率的下降幅度与上述两种效应的净效应之间的联系展开更为深入的讨论。本节通过对DLM模型中银行贷款监督努力程度的进一步研究后发现，当货币宽松使得存款利率和贷款利率下降时，传递效应与风险转移效应的净效应方向在某些情形下是可以确定的。接下来，本节将就存贷款利率调整的不同情形与银行贷款监督努力的对应变化进行阐述。

根据存款利率降低数额和贷款利率降低数额之间的关系，可以将存贷款利率的下调分为对称式降息和非对称式降息。对称式降息是指存款利率和贷款利率的下调数额相同，因此存贷利差保持不变。例如，存款利率和贷款利率均下调0.5个百分点，此时存贷利差与降息前一致。非对称式降息是指存款利率和贷款利率的下调数额不同，因此存贷利差会收窄或者扩大。例如，存款利率下调0.5个百分点，贷款利率下调1个百分点，则存贷利差收窄0.5个百分点；相反，若存款利率下调1个百分点，贷款利率下调0.5个百分点，则存贷利差扩大0.5个百分点。明确了存贷款利率下调的三种情形后，本节分别就三种情形下商业银行贷款监督努力程度的变化进行分析。

情形1：存贷款利率对称式下降，存贷利差保持不变。在式(3.33)的基础之上，设存款利率和贷款利率均降低了 Δ，则降息后商业银行的监督努力程度为：

$$q_1 = \frac{(r_L - \Delta) - (1-k)(r_D - \Delta)}{c} = \frac{r_L - (1-k)r_D - k\Delta}{c} = q^* - \frac{k\Delta}{c} \tag{3.34}$$

$k\Delta > 0$，故 $q_1 < q^*$，商业银行的贷款监督努力较降息前减弱。由于自有资本的存在使得存款利率降低的风险转移效应弱于贷款利率等额降低的传递效应，因此当存贷款利率对称式下降时，商业银行的贷款监督努力程度降低，其风险承担水平增加。同时，自有资本比例 k 越高的商业银行，受到存款利率降低的风险转移效应越弱，其贷款监督努力降低的程度越多。据此，本节提出**假设 1**。

假设 1：存贷款利率对称式下降时，银行的风险承担水平提高，且自有资本比例越高的银行，其风险承担水平提高的越多。

情形 2：存贷利率非对称式下降且利差收窄。在式(3.33)的基础上，设存款利率降低了 $\Delta - \xi$，贷款利率降低了 Δ，则存贷利差减少了 ξ，降息后商业银行的贷款监督努力程度为：

$$\begin{aligned} q_2 &= \frac{(r_L - \Delta) - (1-k)[r_D - (\Delta - \xi)]}{c} \\ &= \frac{(r_L - \Delta) - (1-k)r_D + (1-k)(\Delta - \xi)}{c} \\ &= \frac{r_L - (1-k)r_D - k\Delta - (1-k)\xi}{c} \\ &= q^* - \frac{\xi}{c} - \frac{(\Delta - \xi)k}{c} \end{aligned} \tag{3.35}$$

由于 $\Delta - \xi$ 是存款利率的降低数值，因而 $\Delta - \xi > 0$，故有 $q_2 < q^*$，商业银行的贷款监督努力较降息前减弱。同时，类似于情形 1，自有资本比例 k 越高的商业银行，其贷款监督努力程度降低得越多。据此，本节提出**假设 2**。

假设 2：存贷利率非对称式下降且存贷利差收窄时，商业银行的风险承担水平提高，且自有资本比例越高的银行，其风险承担水平提高的越多。

实际上，q_2 还可以整理成如下表达形式：

$$\begin{aligned} q_2 &= \frac{(r_L - \Delta) - (1-k)[r_D - (\Delta - \xi)]}{c} \\ &= \frac{r_L - (1-k)r_D - k\Delta - (1-k)\xi}{c} \\ &= q_1 - \frac{(1-k)\xi}{c} \end{aligned} \tag{3.36}$$

$1-k>0$,故 $q_2<q_1$,情形2下银行贷款监督努力降低的程度高于情形1。这一结果是符合经济直觉的：存贷利差收窄可以理解为在对称式降息（即情形1）的基础上，存款利率的降幅不足，由于自有资本比例较高的银行受到存款利率降低的风险转移效应本就较弱，因而存款利率降幅不足将在对称式降息的基础上进一步削弱此类银行的贷款监督努力，亦即存贷利差收窄的非对称式降息相较于贷款利率同等水平降低的对称式降息，更深的加剧了银行风险承担。

情形3：存贷利率非对称式下降且利差扩大。在式(3.33)的基础之上，设存款利率降低了 Δ,贷款利率降低了 $\Delta-\xi$,则存贷利差增加了 ξ,降息后商业银行的监督努力程度为：

$$\begin{aligned}q_3 &= \frac{[r_L-(\Delta-\xi)]-(1-k)(r_D-\Delta)}{c} \\ &= \frac{r_L-\Delta+\xi-(1-k)r_D+(1-k)\Delta}{c} \\ &= \frac{r_L-(1-k)r_D-k\Delta+\xi}{c} \\ &= q^* + \frac{\xi-k\Delta}{c}\end{aligned} \quad (3.37)$$

由于 $\xi-k\Delta$ 的正负号无法直接判断，因而降息后商业银行贷款监督努力的变化方向同时取决于 Δ、ξ 和 k,即存款利率降低值、存贷利差增加值与银行自有资本比例三者之间的数量关系。当 $\xi>k\Delta$,即 $k<\xi/\Delta$ 时,存款利率降低 Δ 给银行带来的风险转移效应大于贷款利率降低 $\Delta-\xi$ 的传递效应，此时银行的贷款监督努力加强，而银行的自有资本比例越高，其贷款监督努力加强的程度越小；反之，存款利率降低的风险转移效应小于贷款利率降低的传递效应，银行的贷款监督努力减少，且银行的自有资本比例越高，其贷款监督努力减少的程度越大。

假设3：存贷利率非对称式下降且存贷利差扩大时，商业银行的风险承担变化取决于利率变化和自有资本水平之间的数量关系。同时，自有资本水平 k 越高的商业银行，风险承担水平降低得越少（或提高得越多）。

3.2.2 实证设计

3.2.2.1 计量模型设定

为了验证货币宽松下不同的利率调整政策对商业银行风险承担的效

应,本节构建如下计量模型:

$$RISK_{it} = \alpha_0 + \alpha_1 RISK_{it-1} + \alpha_2 DMP_{nt} + \alpha_3 DMP_{nt} \times k_{it} + \alpha_4 B_{it} + \alpha_5 M_t + \mu_i + \varepsilon_{it} \tag{3.38}$$

其中,$RISK_{it}$ 是 i 银行在 t 期的风险承担水平,$RISK_{it}$ 的数值越大则银行的风险承担水平越高;$DMP_{nt}(n=1,2,3)$ 是货币政策虚拟变量,当 t 年的利率调整政策满足情形 1 时,DMP_{1t} 取 1,否则取 0,DMP_{2t} 和 DMP_{3t} 以此类推;k_{it} 是 i 银行在 t 期的自有资本比例;B_{it} 表示银行层面的控制变量;M_t 表示宏观层面的控制变量;μ_i 为截面效应,ε_{it} 为误差项。若模型(3.38)中 DMP_{1t} 的系数显著为正,则满足情形 1 的利率调整政策提高了商业银行的风险承担水平,反之降低;DMP_{2t} 和 DMP_{3t} 同理。

3.2.2.2 变量说明

(1) 银行风险承担($RISK_{it}$)

衡量银行风险承担的指标有 Z 值、不良贷款率、风险加权资产占比、预期违约概率等。Laeven and Levine(2009)、汪莉(2017)选用的是 Z 值,张雪兰和何德旭(2012)、项后军等(2018)采用的是不良贷款率,李双建和田国强(2020)、张嘉明(2022)则使用了风险加权资产占比。Z 值和不良贷款率均为衡量银行被动风险承担的事后指标,其中 Z 值度量的是银行的破产风险,较不良贷款率更为全面地反映了银行的总体风险;风险加权资产占比则侧重于银行的主动风险承担水平;预期违约概率具有较强的前瞻性,是揭示银行潜在风险程度较为理想的指标,然而现阶段囿于数据可得性难以精确计算。本节选用 Z 值作为银行风险承担的指标进行实证分析,并以风险加权资产占比进行稳健性检验。为了保持风险承担水平高低与变量数值大小在方向上的一致,本节采用蒋海等(2021)的处理方法,以 Z 值的倒数表示银行风险承担水平,$RISK_{it}$ 的数值越大,银行的风险承担水平越高。

(2) 利率调整政策变量(DMP_{nt})

由于本文对利率调整政策的分析同时涉及了存款利率、贷款利率以及存贷利差的变化,且三者变化程度的差异会导致不同的利率调整情形,无法直接以利率指标的数值变化进行刻画。因此,本文参照战明华和应诚炜(2015)的思路,设置一组虚拟变量 $DMP_{nt}(n=1,2,3)$ 作为利率调整政策的代理指标,DMP_{1t}、DMP_{2t}、DMP_{3t} 分别对应理论分析中所述的三种情形。具体而言,当 t 年的存贷款利率保持对称式下降,存贷利差不变时(即情形 1),DMP_{1t} 的取值为 1,否则取 0;当 t 年发生了存贷款利率非对称式下降且存贷利差收窄时(即情形 2),DMP_{2t}的取值为 1,否则取 0;当 t 年发生了存贷款利率非对称式下降且存贷利差扩大时(即情形 3),DMP_{3t}的取值为 1,否则取 0。由于货币政策对银行风险承担的影响主要通过短期利率发挥作用,因此本文分别选取 6 个月和 1 年期的存贷利率作为利率调整政策变量的设置基准。

(3) 控制变量

银行层面的控制变量包括资产规模($SIZE_{it}$)、资本资产比(K_{it})、资产回报率(ROA_{it})、成本收入比(CI_{it})、非利息收入占比(NI_{it})、流动性水平(LIQ_{it})、净息差(NIM_{it})和不良贷款率(NPL_{it}),宏观层面的控制变量包括经济增长率(GDP_t)、通货膨胀率(CPI_t)和房地产指数(REC_t)。

表 3-18 变量定义

变量	变量定义
$RISK_{it}$	银行风险承担水平,以银行破产风险 Z 值的倒数表示
DMP_{nt}	利率调整政策变量,当 t 年的利率调整符合本节理论分析所述的第 n 种情形时,DMP_{nt}取 1,否则取 0
K_{it}	资本资产比,以所有者权益占总资产的比例表示
NIM_{it}	净息差,以净利息收入占生息资产的比例表示
ROA_{it}	资产回报率,以净利润占总资产的比例表示
$SIZE_{it}$	资产规模,以取对数后的总资产额表示
LIQ_{it}	流动性水平,以流动资产占流动负债的比例表示
CI_{it}	成本收入比,以营业费用加折旧占营业收入的比例表示
NI_{it}	非利息收入占比,以非利息收入占营业收入的比例表示
NPL_{it}	不良贷款率,以不良贷款占总贷款余额的比例表示
CPI_t	通货膨胀率,以消费者物价指数表示
GDP_t	经济增长率,以国民生产总值的增长率表示
REC_t	房地产指数,以房地产业的企业景气指数表示

3.2.2.3 数据来源

本节选取了2009至2019年间在中国境内经营的商业银行的数据,在剔除数据缺失较多的银行后,共获得121家银行的非平衡面板数据用于实证分析,其中包括5家国有控股银行、11家全国性股份制商业银行、100家城市商业银行和农村商业银行、5家外资银行。本节还将样本扩大至数据缺失不超过两年的银行作为稳健性检验。本节所用的数据来源于各商业银行的年报、Wind数据库、BankFocus数据库和《中国统计年鉴》。月度或季度频率的宏观数据以算术平均法转换为年度数据。表3-19给出了原始数据的描述性统计结果。

表3-19 变量描述性统计

变量	平均数	中位数	最大值	最小值	标准差	观测值
$RISK_{it}$	2.003	1.430	88.200	0.010	2.987	1 331
K_{it}	7.488	7.110	43.450	3.330	2.652	1 331
NIM_{it}	2.819	2.650	18.190	0.030	1.167	1 311
ROA_{it}	0.945	0.920	5.640	−0.870	0.416	1 331
$SIZE_{it}$	7.395	7.128	12.615	2.917	1.697	1 331
LIQ_{it}	55.029	51.790	160.200	26.040	16.006	1 200
CI_{it}	34.880	33.290	152.890	14.830	9.653	1 330
NI_{it}	19.999	15.810	98.490	−23.800	16.669	1 328
NPL_{it}	1.416	1.300	16.690	0.010	1.058	1 290
CPI_t	102.296	102.100	105.400	99.300	1.402	1 331
GDP_t	7.835	7.430	10.640	5.950	1.367	1 331
REC_t	116.209	113.800	133.600	103.800	9.407	1 331

3.2.2.4 估计方法讨论

模型(3.38)在估计与推断中面临的主要问题:一是银行风险承担行为惯性所导致的风险承担水平滞后项与随机扰动项之间的相关性;二是单个

银行风险承担水平时序相关所造成的随机扰动项在截面时序上的相关性；三是不同银行风险承担行为差异性所引起的随机扰动项的异方差。针对上述问题，本节在回归过程中运用动态 GMM 估计和 white period 方法，并对一些与银行特征相关的因素加以控制，克服随机扰动项截面异方差与时序相关所引致的系数协方差非稳健的问题。在动态 GMM 估计的基础上，本节还进行了过度识别与序列相关检验，保证参数估计的精度和统计推断的有效性。

3.2.3 实证结果分析

3.2.3.1 存贷款利率对称式下降

表 3-20 展示了 6 个月和 1 年期存贷利率对称式下降时（即理论分析中的情形 1，对应的利率调整政策变量为 DMP_1）银行风险承担的实证结果。结果显示，不论是以 6 个月还是 1 年的存贷利率为准，利率调整政策变量 DMP_1 的回归系数均显著为正，说明存贷利率对称式下降的利率调整政策对银行的风险承担水平有明显的提高作用。与此同时，银行自有资本比例与利率调整政策变量的交乘项 $k \times DMP_1$ 的回归系数也均显著为正，表明银行自有资本比例的提高强化了对称式降息对银行风险承担的边际效应。具体而言，当面临 6 个月和 1 年期存贷利率对称式下降时，银行的自有资本水平每提高 1 个单位，其风险承担的边际倾向分别增加了 0.324 和 0.240 个单位。进一步地，通过将 $k \times DMP_1$ 的系数与 k 的系数进行相加可以发现，三种利率期限下两项系数之和均大于 0，意味着当发生存贷利率对称式下降时，银行的自有资本比例对其风险承担的总效应为正，即此时自有资本比例的上升加剧了银行的风险承担。上述结果表明，存贷利率对称式下降的利率调整政策提高了银行的风险承担水平，且此时自有资本比例的上升加剧了银行的风险承担，为**假设 1** 的成立提供了证据支持。

不过，表 3-20 的实证结果让人产生了这样一个疑问：一般认为，自有资本水平越高的银行，其抗风险能力越强，发生破产的可能性越低，而本节的实证结果却表明，银行自有资本水平的提高反而加剧了其风险承担。应该如何解释这一问题的产生呢？关键就在于表 3-20 实证结果中自有资本比例 k 的回归系数——该系数显著为负，说明在不考虑利率调整政策的情况下，自有资本比例的上升确实降低了银行的风险承担水平。这一点从银行贷款监督努力的表达式(3.33)中也可以得出，当存贷利率保持不变时，k值越大，银行的贷款监督努力越强，风险承担水平越低。但是，当发生存贷利率对称式下降的利率调整时，较高的自有资本比例将会削弱存款利率降低带来的风险转移效应，进而提高银行风险承担的边际水平。上述实证结果对应了商业银行经营中的这样一种事实：一方面，在日常经营当中，银行可以通过提升自有资本比例来降低其风险承担的总体水平；另一方面，当发生降息时，自有资本比例更高的银行因其具有较低的风险承担水平而有更强的意愿通过适当提高自身的风险承担以获得更高的利润。

表 3-20 情形 1 下银行风险承担的实证结果

变量	(1) 6个月	(2) 1年	变量	(1) 6个月	(2) 1年
$RISK(-1)$	0.114*** (0.014)	0.105*** (0.015)	CI	−0.101 (0.063)	−0.039 (0.065)
DMP_1	2.051*** (0.786)	0.681** (0.339)	NI	0.005 (0.014)	0.012 (0.015)
$DMP_1 \times k$	0.324*** (0.105)	0.240*** (0.041)	NPL	−0.156 (0.243)	0.174 (0.265)
k	−0.191*** (0.057)	−0.217*** (0.056)	CPI	0.072 (0.073)	0.103 (0.073)
NIM	−0.872*** (0.276)	−0.787*** (0.270)	GDP	−0.047 (0.134)	−0.240* (0.125)
ROA	−4.237*** (0.663)	−3.552*** (0.790)	REC	−0.020** (0.008)	−0.017** (0.008)
$SIZE$	−3.114*** (0.488)	−3.608*** (0.464)	$P(\text{Hansen J})$	0.260	0.184
			$AR(1)\text{-}P$	0.000	0.009
LIQ	−0.018** (0.007)	−0.012* (0.007)	$AR(2)\text{-}P$	0.159	0.128

3.2.3.2 存贷款利率非对称下降且利差收窄

表 3-21 展示了存贷利率非对称式下降且利差收窄时（即理论分析中

的情形 2,对应的利率调整政策变量为 DMP_2)银行风险承担的实证结果。6 个月存贷利率在样本期间未发生满足情形 2 的下调,因此仅有 1 年期的回归结果。与情形 1 类似,表 3-21 中不同期限的利率调整政策变量 DMP_2 的回归系数显著为正,说明使得存贷利差收窄的非对称降息政策加剧了银行的风险承担。同时,交乘项 $k \times DMP_2$ 的回归系数也显著为正,表明银行自有资本比例的提高强化了情形 2 中的降息政策对银行风险承担的边际效应。进一步地,$k \times DMP_1$ 的系数与 k 的系数相加后大于 0,说明当发生存贷利率对称式下降时,银行自有资本比例的上升加剧了其风险承担。上述结果为**假设 2** 的成立提供了证据支持。

表 3-21 情形 2 下银行风险承担的实证结果

变 量	1 年	变 量	1 年
$RISK(-1)$	0.104*** (0.020)	CI	0.011 (0.059)
DMP_2	3.483** (1.556)	NI	0.015 (0.014)
$DMP_2 \times k$	0.537*** (0.205)	NPL	0.099 (0.238)
k	−0.351*** (0.104)	CPI	−0.078 (0.067)
NIM	−0.637*** (0.234)	GDP	−0.244* (0.137)
ROA	−4.484*** (0.541)	REC	−0.031*** (0.009)
$SIZE$	−3.580*** (0.422)	P(Hansen J)	0.398
LIQ	0.010 (0.007)	$AR(1)-P$	0.032
		$AR(2)-P$	0.890

3.2.3.3 存贷款利率非对称下降且利差扩大

针对情形 3 的理论分析已经证明,导致存贷利差扩大的利率下调政策对银行风险承担水平的作用方向取决于存款利率降低值 Δ、存贷利差增加值 ξ 和银行自有资本水平 k 之间的数量关系：当 $\xi > k\Delta$ 时，即 $k < \xi/\Delta$ 时，银行的风险承担水平降低；反之提高。因此，在确定某一年份的存贷利率调整数值（即确定了 Δ 和 ξ）之后，即可计算出使政策效应方向发生变化的 k 临界值，进而基于 k 值大小对样本中的银行进行分组。若银行的 k 值小于临界值，当利差扩大的降息发生时，其风险承担水平应当降低；反之，风险承担水平应当提高。表 3-22 给出了样本期间符合情形 3 的存贷利率调整，并计算出了对应的 k 临界值，1 年期利率未发生符合条件的利率调整。由于样本内银行在对应年份的 k 值均低于临界水平，因此本部分的实证分析仍以全部样本进行回归。

表 3-22 符合情形 3 的存贷利率调整及对应 k 临界值

6 个月存贷利率							
年份	贷款利率	$\Delta - \xi$	存款利率	Δ	利差	ξ	k 临界值
2013	5.60		2.80		2.80		
2014	5.60	0	2.55	0.25	3.05	0.25	100%

表 3-23 展示了利率非对称式下降且利差扩大时（对应的利率调整政策变量为 DMP_3），银行风险承担的实证结果。由于 1 年期利率在样本期间未发生满足情形 3 的下调，表 3-23 中只有 6 个月期的回归结果。回归结果显示，DMP_3 的回归系数显著为负，说明样本区间内使得存贷利差扩大的非对称降息政策降低了银行的风险承担水平。由于样本中银行的自有资本比例全部低于临界值，这一实证结果与前文的分析相吻合，即对于 k 值低于临界水平的银行而言，当发生存贷利差扩大的非对称降息时，存款利率降低带来的风险转移效应大于贷款利率降低的传递效应，因而银行的风险承担水平下降。此外，交乘项 $k \times DMP_3$ 的回归系数显著为正，表明银行自有资本比例的提高加剧了降息政策下银行风险承担的边际倾向。同时，$k \times DMP_3$ 的系数与 k 的系数相加后大于 0，说明当发生存贷利率对称式下降时，银行自有资本比例的上升对其风险承担的总效应是正向的。上述结果为**假设 3** 的成立提供了证据支持。

表 3-23　情形 3 下银行风险承担的实证结果

变量	(1) 6 个月	变量	(1) 6 个月
$RISK(-1)$	0.104*** (0.027)	CI	−0.028 (0.061)
DMP_3	−1.325** (0.556)	NI	0.019 (0.014)
$DMP_3 \times k$	0.267*** (0.072)	NPL	0.045 (0.261)
k	−0.207*** (0.074)	CPI	−0.036 (0.055)
NIM	−0.416** (0.203)	GDP	−0.130 (0.130)
ROA	−4.494*** (0.595)	REC	−0.029*** (0.008)
$SIZE$	−3.415*** (0.432)	$P(\text{Hansen J})$	0.106
		$AR(1)\text{-}P$	0.008
LIQ	0.003 (0.007)	$AR(2)\text{-}P$	0.179

3.2.3.4　稳健性检验

(1) 替换核心变量指标

除了本节主回归结果中采用的 Z 值，风险加权资产也常被作为银行风险承担的衡量指标，因此本节还以风险加权资产作为被解释变量进行回归，通过更换核心变量指标的方式检验结论的稳健性。回归结果如表 3-24 所示。其中，各个利率调整政策变量 DMP_1 和 DMP_2 的回归系数基本显著为正，DMP_3 的回归系数显著为负，银行自有资本比例与利率调整政策变量的交乘项 $k \times DMP$ 的回归系数也基本显著为正，且各组 $k \times DMP$ 的系数与 k 的系数之和均大于 0，与主回归结果保持一致。

表 3-24 稳健性检验:替换被解释变量指标

变 量	(1) 6 个月	(2) 1 年	(3) 1 年	(4) 6 个月
DMP_1	8.953* (4.847)	8.336** (3.689)		
$DMP_1 \times k$	2.434*** (0.630)	2.127*** (0.762)		
DMP_2			4.956*** (1.305)	
$DMP_2 \times k$			1.967*** (0.685)	
DMP_3				−6.196** (2.684)
$DMP_3 \times k$				1.536** (0.722)
k	−1.574** (0.686)	−2.196*** (0.705)	−1.744*** (0.636)	−1.354** (0.601)
控制变量	控制	控制	控制	控制
P(Hansen J)	0.290	0.114	0.135	0.124
$AR(1)-P$	0.001	0.002	0.000	0.001
$AR(2)-P$	0.178	0.126	0.118	0.295

(2) 扩大样本容量

主回归所用样本剔除了时间区间内任一年度中有多项数据缺失的银行,为了避免可能导致的样本选择偏差,现将样本扩大到多项数据缺失不超过 3 年的银行。扩大样本容量后共获得 167 家银行,包括 6 家国有控股银行、12 家全国性股份制商业银行、127 家城市商业银行和农村商业银行、22 家外资银行。由表 3-25 的回归结果可得,扩大样本容量后主要解释变量均显著且与主回归的结论一致。

表 3-25 稳健性检验：扩大样本容量

变 量	(1) 6个月	(2) 1年	(3) 1年	(4) 6个月
DMP_1	12.295*** (1.042)	5.925*** (0.976)		
$DMP_1 \times k$	1.715*** (0.111)	−1.066*** (0.189)		
DMP_2			17.446*** (3.806)	
$DMP_2 \times k$			2.242*** (0.462)	
DMP_3				−7.681*** (1.335)
$DMP_3 \times k$				1.040*** (0.152)
k	−0.792*** (0.133)	0.743*** (0.121)	−0.917*** (0.121)	−1.092*** (0.177)
控制变量	控制	控制	控制	控制
P(Hansen J)	0.415	0.108	0.311	0.236
$AR(1)\text{-}P$	0.000	0.021	0.000	0.012
$AR(2)\text{-}P$	0.171	0.225	0.257	0.344

3.3 低利率与投资者风险偏好——家庭视角

理论上，长期低利率环境会激励投资者的风险承担行为，并对金融市场的风险承担水平产生影响。已有研究也表明，长期宽松的货币政策会激励投资者的风险承担行为，但文献侧重于机构投资者，较少关注家庭或个人投资者。囿于数据，目前国外学者主要考察银行、共同基金、养老基金、保险公司等金融中介机构，发现这些机构在利率较低时期会显著增加风险资产配置（Hanson and Stein，2015；Di Maggio and Kacperczyk，2017；Choi and

Kronlund，2018)。国内的大部分研究则聚焦于货币政策的银行风险承担渠道(李双建和田国强，2020；蒋海等，2021)。Lian et al.(2019)与 Ma and Zijlstra(2018)是目前为数不多的试图对个人投资者进行分析的研究，文章基于随机实验的方法，发现个人投资者在低利率环境下会显著增加风险资产的配置。但实验研究存在样本有限、覆盖人群有偏向等问题，可能难以揭示个人投资者普遍的投资行为。本节将不再赘述低利率环境对机构投资者的作用，着重阐述个人投资者在低利率环境下的投资行为。基于 2011 至 2019 年中国家庭金融调查(CHFS)，本节探讨了低利率环境对家庭风险承担行为的影响效应和作用机制。研究发现宽松的货币政策存在着家庭风险承担渠道，即低利率会激励家庭投资者的风险承担行为，显著提高家庭的风险资产配置。这是由于家庭在投资决策时受到锚定效应、比例思维和羊群效应的影响，当历史收益率越高、风险资产与无风险资产的收益率比值越大、社区整体风险偏好越高时，低利率环境下家庭风险承担行为越明显。

与以往的文献相比，本节研究的贡献和创新在于：第一，首次利用大型家庭微观数据考察了货币政策的家庭风险承担渠道和作用机制，填补了已有关于家庭风险承担方面实证研究的空白。第二，丰富了家庭金融资产配置的实证研究。关于家庭资产配置影响因素的实证研究大多集中于人口学特征和家庭特征方面，并未考虑利率环境改变时家庭资产配置行为的变化；本节还验证了家庭投资者在投资决策时会受到锚定效应、比例思维和羊群效应的影响。第三，首次结合长期低利率的形成原因，将人口老龄化的指标作为工具变量，更好地克服遗漏变量等带来的内生性问题，提高了实证结论的可靠性。

3.3.1 研究假说

3.3.1.1 低利率与家庭风险承担

Stein(2013)和 Rajan(2013)都指出长时间的低利率会激励投资者承担更大的久期风险，从而促使只需要最低名义回报的固定收益投资者转向风险更高的投资工具，风险承担水平显著提高。已有研究表明，共同基金、养老基金、保险公司等机构投资者在长期低利率环境下会显著增加风险资产配置(Hanson and Stein，2015；Di Maggio and Kacperczyk，2017；Choi and Kronlund，2018)。此外，在个人投资者方面，Lian et al.(2019)采用实验的方法，发现美国的个人投资者在低利率环境下会显著增加风险资产的配置。荷兰金融监管机构也采用类似的方法在荷兰和美国调查投资者的行为，得到一致的结论(Ma and Zijlstra,2018)。

由此提出假设 1：利率降低会显著提高家庭的风险承担水平。

3.3.1.2 家庭风险承担机制

为解释低利率环境下家庭风险承担行为存在的原因,本节将基于行为金融理论,说明该现象可能源于,个人投资者在不同利率环境中感知、评估投资的收益和风险的方式存在差异。具体而言,本节将从锚定效应、基于凸显理论的比例思维和羊群效应三方面进行机制分析。

(1) 锚定效应

锚定效应最早是由 Kahneman and Tversky (1979)提出的,是指人们在不确定的环境下做出判断和决策时,会根据之前的信息设定"锚值",并以此作为参照来调整估计。在金融投资中,人们的效应来自相较于参考点的盈利或亏损,盈利后厌恶风险而亏损后偏好风险。因此当利率低于参考水平时,人们会感到不适,认为投资处于"亏损"状态从而偏好风险,更愿意投资风险更高的资产以寻求更高的回报。此外,众多研究表明人们会根据过去的经验形成参考点(Simonsohn and Loewenstein, 2006; Bordalo et al., 2020; DellaVigna et al., 2017)。改革开放以来,中国经济经历了四十多年的高速增长,人们在这期间的投资普遍也获得了较高的收益率。但当经济增速换挡回落时,人们依然习惯于过去投资所获得的高收益率,并根据过去的经验设定"锚值",于是投资收益率低于参考水平时会更加偏好风险。具体而言,在低利率环境下,人们感知和评估投资收益的方式会受到锚定效应的影响,于是风险偏好增加从而更愿意投资风险更高的资产以寻求更高的回报。

由此提出假设 2：当金融资产历史收益率越高,家庭在低利率环境下对该资产的风险承担行为更明显。

(2) 基于凸显理论的比例思维

凸显理论(Salience Theory)认为人们的注意力有限,倾向于关注显著信息,并且在决策中赋予其更高的权重(Bordalo et al., 2013)。首先,在低利率环境下,风险资产的较高收益天然更具显著性,会吸引投资者的关注,使得投资者更愿意投资风险资产。其次,根据韦伯定律,人们倾向于按照比例而不是差异来评估刺激。具体而言,当利率环境显著变化时,人们在评估投资收益时会受到比例思维的影响(Tversky and Kahneman, 1981)。举例说明,如图 3-8 所示,假如在低利率环境下,风险资产与无风险资产的平均回报率为 6% 和 1%,在高利率环境下分别为 10% 和 5%,那么按照比例来评估投资收益,风险资产的回报率相较于无风险回报率在低利率环境下更显著(6∶1远远大于10∶5),使得风险资产在低利率环境下会更吸引人们的关注。而且,凸显理论也会进一步强化比例思维的影响,使得风险资产的较高收益率在低利率环境下更具吸引力。因此,在低利率环境下,当风险资产回报率与无风险资产回报率比值越大时,风险资产会更具吸引力,使得投资者更愿意投资风险资产,提高其风险承担水平。

由此提出**假设 3**：当风险资产回报率与无风险资产回报率比值越大时,家庭在低利率环境下对该资产的风险承担行为更明显。

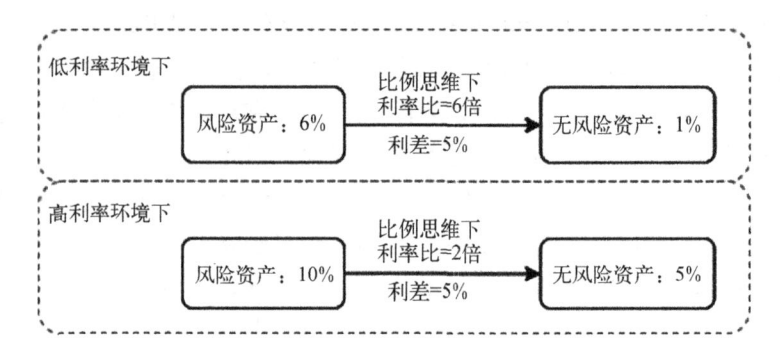

图 3-8 基于凸显理论的比例思维

(3) 羊群效应

众多研究表明,由于中国金融市场具有信息相对不透明、信息收集成本较高和监管环境较宽松等特征,投资者在金融交易中存在明显的羊群行为(许年行等,2013)。投资者会通过观察别人的投资行为学习新的信息,进而做出自己的投资决策——在行为上就会表现为自身决策受到其他投资者决策的影响。郭士祺和梁平汉(2014)和 Brown et al. (2008)进一步发现投资者会在邻里、朋友的交谈中获取金融市场相关信息,学习投资技巧,参与金融投资,因此投资者所在社区的金融投资情况会显著影响该投资者的投资决策,即在社区范围内也存在明显的羊群效应。那么,当社区内大多数投资者的风险承担水平较高时,投资者可能会受到周围投资者风险偏好的影响,更愿意投资风险资产。

由此提出**假设 4**：家庭所在社区的投资者风险偏好越高,该家庭在低利率环境下风险承担行为更明显。

3.3.2　指标选取

本节数据来自西南财经大学 2011 年、2013 年、2015 年、2017 年和 2019

年在全国范围内开展的中国家庭金融调查（China Household Finance Survey，CHFS）。该调查涵盖了除新疆、西藏以及港澳台地区以外的29个省（自治区、直辖市），按照人均GDP分层排序后，采用三阶段、分层与人口规模成比例的抽样方法（PPS）进行抽样。不仅样本拒访率低，数据也具有代表性和随机性，数据质量高；从数据对比来看，CHFS调查数据在各方面都与国家统计局公布的数据非常一致（甘犁等，2013），每期调查覆盖样本如表3-26所示。调查主要收集了有关家庭金融微观层次的信息，包括：人口特征与就业、资产与负债、收入与消费、社会保障与保险及主观态度等相关信息，能对中国家庭经济、金融行为进行较为全面细致地刻画，调查中详细询问的家庭银行理财、股票、债券、基金、期货等各类金融资产的持有情况，也为本节的研究提供了良好的数据支撑。

表3-26 中国家庭金融调查样本

年份	省/自治区/直辖市	区/县	村/居委会	样本数量
2011	25	80	320	8 438
2013	29	267	1 048	28 143
2015	29	351	1 396	37 289
2017	29	355	1 428	40 011
2019	29	340	1 364	34 643

为研究低利率环境下中国家庭的金融资产配置，本节构建了家庭风险资产（RFA）变量，即对除现金与定期存款外的金融资产进行加总，包括：银行理财、股票、债券、基金、期货、外币资产、黄金、借出款和其他金融资产；家庭风险资产投资增量（Netbuy）为每期每户家庭所拥有的每种风险金融资产（除去借出款和其他金融资产）的增量。参考尹志超等（2014）的做法，本节选取了家庭特征等作为控制变量。家庭风险偏好（SRA）来源于CHFS对家庭投资意愿的提问，若投资者喜欢投资高风险高回报项目则选取1，若喜欢略高风险略高回报的项目则选取2，以此类推，若投资者不愿承担任何风险则选取5；社交变量（Social）源于CHFS统计的各家庭每年的礼金支出，由于红白喜事的支出能够反映中国家庭居民特有的社会互动情况，不少相关研究以礼金支出作为中国家庭社会互动测度（杨汝岱等，2011；马荣光等，

2011),因此,本节以礼金支出的对数值作为社交变量。其余家庭层面控制变量包括家庭总资产、总收入、平均年龄、最高学历等均来源于每期 CHFS 问卷。

为了更贴近中国家庭所面临的无风险利率水平,本节基于 Wind 数据库中 2011 至 2019 年 122 家国内银行(包括国有控股大型商业银行、股份制商业银行和城市商业银行)每年存款利率,以每年该银行在每个省份拥有的分行数量为权重进行加权平均,得到该省在当年的平均存款利率,以此构建地区存款利率指标。此外,本节将 2011 至 2019 年间央行颁布的存款基准利率作为另一种利率指标对研究进行稳健性检验。其余股市层面、基金层面和宏观经济层面变量均来源于 Wind 数据库。

表 3-27 展示了主要变量的描述性统计,其中存款利率变化 Δi 平均为 -0.081%,说明中国家庭面临的存款利率整体处于下行趋势;风险资产占总资产比重平均变化 ΔRFA 为 -0.615%,表明在低利率环境下中国家庭风险资产的平均比重在下降;细分至每一类金融资产可以发现,家庭风险资产投资增量 Netbuy 均值为 -0.003,说明在 2011 至 2019 年间中国每户家庭对每一类风险资产平均减少 0.3% 的比重;虚拟变量 HY 均值为 0.5,说明将近有 50% 的资产属于高收益资产;此外,平均每年每户家庭总资产 TA 的均值为 72.6 万元,家庭金融资产收益 IC^{FA} 的均值为 0.015,说明从总资产层面来看家庭平均财富积累状况比较良好,但家庭每年在金融市场中的平均收益却只有 150 元;最后,金融收益 ΔIC^{FA} 的均值为 0.001,标准差为 0.195,表明在低利率环境下家庭投资者并没有从金融投资中显著扩大盈利。

此外,为了更好地观察家庭投资者的行为,本节的被解释变量均为变化值,因此实证分析中实际所采用的样本是连续追踪样本,即连续两年都被访问的家庭。虽然 2011—2019 年调查的样本有 14 万,剔除变量缺失样本后,基础回归中样本量只有 55 928 个,其中农村人口 20 283 户;在家庭细分金融资产的样本中,有效样本为 447 424 户。

表 3-27 描述性统计

变 量	观测值	均 值	标准差	最小值	最大值
Δi	55 928	-0.081	0.289	-0.387	0.773
ΔRFA	55 928	-0.615	9.006	-99.200	96.774

续　表

变　量	观测值	均　值	标准差	最小值	最大值
SRA	55 928	4.065	1.185	1	5
TA	55 928	0.726	1.491	0	30
Social	55 928	2.588	1.472	0	5.699
Age	55 928	43.496	15.109	10.6	96
Edu	55 928	4.410	1.821	1	9
Income	55 928	0.064	0.143	−1	5
Netbuy	447 424	−0.003	0.081	−1	1
HY	447 424	0.500	0.500	0	1
ΔIC	163 640	0.001	0.195	−15	50
Prop	391 496	1.876	7.093	−11.188	17.824
Diff	391 496	7.141	21.213	−29.958	60.578
Block	447 424	4.826	0.405	1	5
IC^{FA}	447 424	0.015	1.284	−200	300
GINI	447 424	0.597	0.066	0.372	1.031
Theil	447 424	0.733	0.181	0.239	1.282
Poor	447 424	0.192	0.394	0	1
Rural	447 424	0.363	0.481	0	1
East	447 424	0.405	0.491	0	1

3.3.3　模型设定

3.3.3.1　低利率下家庭的风险承担行为

为检验本节研究**假设1**，本节首先使用固定效应模型，初步检验低利率下家庭投资者风险资产配置比例的变化。模型设定如下：

$$\Delta RFA_{j,p,t} = \beta\Delta i_{p,t-1} + \gamma'X_{j,t-1} + Family_j + Year_t + \varepsilon_{j,p,t} \tag{3.39}$$

其中,$\Delta RFA_{j,p,t}$表示 p 省市的家庭 j 在 t 期的风险资产总量的变化;$\Delta i_{p,t-1}$ 表示 $t-1$ 期的 p 省利率变化;$X_{j,t-1}$为控制变量,表示 $t-1$ 期家庭层面与如风险偏好(SRA)、家庭平均年龄(Age)、最高学历(Edu)、社交变量(Social)、家庭总资产(TA)和家庭收入(Income);$Family_j$ 表示家庭固定效应,其目的是捕捉一系列不随时间变化且不可观测的家庭层面的特征;$Year_t$表示年度固定效应;$\varepsilon_{j,p,t}$表示模型的残差项。在上述回归中,β 反映了利率环境变化对家庭风险资产配置的影响。如果低利率环境会激励家庭的风险承担行为,那么 β 应该显著为负,即利率降低会使家庭投资者额外增加风险资产的配置。

此外,本节进一步细化到家庭的每个风险资产层面,探讨对于每一类风险资产而言,前文所阐述的低利率下家庭的风险承担行为是否还存在。考虑到资产收益率的可得性,本节只讨论包括银行理财、股票、债券、基金、期货、外币资产和黄金 7 种风险金融资产,构建了家庭风险资产投资变量 $Netbuy$,衡量每个家庭持有的每种风险金融资产的增量。由于缺乏家庭各种资产的交易量和收益情况,对于家庭风险金融资产的收益计算,本节参考已有研究中对股票、债券等资产收益率的计算方法(吴卫星等,2016),采用平均化的方式计算资产收益率。同时,本节以所有资产平均收益率为基准区分高(低)收益资产,构建了是否为高收益资产的哑变量 HY。具体而言,本节运用以下模型进行检验:

$$Netbuy_{i,j,p,t} = \beta\Delta i_{p,t-1} \times HY_{i,t-1} + \gamma'X_{j,t-1} \\ + Family_j \times FAtype_i + Year_t + \varepsilon_{i,j,p,t} \tag{3.40}$$

其中,$Netbuy_{i,j,p,t}$表示 t 期 p 省中家庭 j 所拥有的资产 i 较上一期的增量;$HY_{i,t-1}$是高收益资产的虚拟变量,若上一期资产 i 的收益率超过当年所有资产平均收益率则取 1,否则取 0;$FAtype_i$表示资产类别的固定效应,用于固定风险资产层面不随时间变化的特征,其他控制变量与模型(3.39)保持一致。在上述模型中,若交乘项 $\Delta i_{p,t-1} \times HY_{i,t-1}$ 前的系数 β,衡量了在存款利率变动 1% 后,高收益资产相对于低收益资产被家庭额外多购买的数额。如果在低利率环境下,家庭投资者愿意承担风险额外购买更多的高收益金融资产,那么 β 应该显著为负,则从家庭细分资产层面进一步验证了**假设 1**。

3.3.3.2 风险承担行为机制分析

为解释低利率环境下家庭风险承担行为存在的原因,本节从锚定效应、凸显理论与比例思维和羊群效应三方面进行机制分析,在模型(3.40)的基础上加入核心自变量 $\Delta i_{p,t-1} \times HY_{i,t-1}$ 与调节变量的交乘项。具体而言,模型设定如下:

$$Netbuy_{i,j,p,t} = \beta \Delta i_{p,t-1} \times HY_{i,t-1} \times Moderator + \gamma' X_{j,t-1}^{Moderator} \\ + Family_j \times FAtype_i + Year_t + \varepsilon_{i,j,p,t} \quad (3.41)$$

其中,$Moderator$ 表示调节变量,控制变量 $X_{j,t-1}^{Moderator}$ 除了模型(3.40)中的家庭层面变量,还包括交乘项 $\Delta i_{p,t-1} \times HY_{i,t-1} \times Moderator$ 内的各个单一变量和各变量间的两两交乘项。

(1) 锚定效应

由于人们往往会根据历史信息设定"锚值"并以此作为投资决策的根据(Kahneman and Tversky, 1979),在金融市场中,投资者通常会根据自身的历史收益作为"锚值"对未来进行投资判断。因此,本节试图通过家庭投资者过去一年的历史收益数据,来识别在低利率环境下家庭投资者对高收益风险资产的偏爱是否源于锚定效应。本节选取投资收益变化 $\Delta IC_{i,j,t-1}$ 为调节变量,即 $t-1$ 期家庭 i 资产 j 的收益占所有资产收入的比重变化,若该数值越大说明该风险资产的历史收益率越高。在回归中,若交乘项 $\Delta i_{p,t-1} \times HY_{i,t-1} \times \Delta IC_{i,j,t-1}$ 的系数 β 显著为负,则说明相比于过去收益较低的资产,过去获得高收益的资产在低利率下更受家庭投资者的欢迎,即家庭投资者在做投资决策时会锚定历史收益率,使得家庭投资者在低利率环境下的风险承担行为更加明显。

(2) 基于凸显理论的比例思维

为了检验低利率环境下家庭投资者进行投资决策时是否会受到比例思维的影响,本节构建了衡量比例思维的变量 $Prop_{i,t-1}$,它表示 $t-1$ 期风险金融资产 i 与无风险资产回报率之比。为了提高回归结果的稳健性,本节分别采用 6 个月、1 年、2 年和 3 年国债到期收益率衡量无风险利率。若交乘项 $\Delta i_{p,t-1} \times HY_{i,t-1} \times Prop_{i,t-1}$ 前系数 β 显著为负,则说明低利率下家庭投资者会受到比例思维的影响。当风险资产与无风险资产的收益率之比越大,该风险资产在家庭投资者眼中会更具吸引力,使得家庭投资者在低利率环境下的风险承担行为在该风险资产上更加明显。此外,利率降低时风险资产与无风险资产的收益率差值也可能发生改变。为了排除风险资产与无风险资产的收益率差值对结果的影响,本节也在模型(3.41)的基础上加入核心自变量与利差变量($Diff$)的交乘项,以及各变量间的两两交乘项和各个单一变量。若交乘项 $\Delta i_{p,t-1} \times HY_{i,t-1} \times Prop_{i,t-1}$ 前系数 β 仍然显著为负,则排除前文实证结果是风险资产与无风险资产的收益率差值变化驱动的可能性。

(3) 羊群效应

为了验证家庭投资者进行投资决策时是否会受到社区投资者风险偏好的影响,本节构建了"社区"变量 $Block_{m,t-1}$,其为 $t-1$ 期 m 县所有家庭风险态度的中位数,其值高说明该地区风险厌恶型投资者居多,即社区整体为风险厌恶型,若该数值越低则说明社区整体的风险偏好越高。为使实证结果更加稳健,本节也将每年县级层面所有家庭风险态度均值作为替代变量进行回归。在回归中,若模型(3.41)中的交乘项 $\Delta i_{p,t-1} \times HY_{i,t-1} \times Block_{m,t-1}$ 前系数 β 显著为正,则说明当家庭处于高风险偏好社区时,该家庭受到周围人的影响会更愿意配置高收益金融资产,即证明了"羊群效应"会放大低利率环境下家庭投资者的风险承担行为。

3.3.4　实证结果与分析

3.3.4.1　基准回归

首先,基于模型(3.39)检验利率降低是否会提高家庭投资者的风险承担水平。具体而言,本节采用家庭的风险资产配置比例来衡量家庭投资者的风险承担水平。回归结果如表 3-28 的第(1)列和第(2)列所示。[①] 第(1)列 Δi 前系数为 -2.455,且在 1% 的水平下显著,表明在低利率环境下,家庭投资者的风险承担水平会提高,即配置更多的风险资产。平均而言,存款利率每下降 1%,每个家庭的风险资产配置会平均增加 2.455%。在固定时间效应后,结果依然负向显著,支持了**假设 1**。

此外,为了更细致地观察家庭投资者的风险承担行为,基于模型(3.40)进一步在家庭的资产层面检验**假设 1**,即相对于低收益资产,利率降低是否使得高收益资产的净购买量增加。回归结果如表 3-28 的第(3)列和第(4)列所示,交乘项 $\Delta i_{p,t-1} \times HY_{i,t-1}$ 前的系数都显著为负,在不同的模型设定中结果依然是稳健的。在控制家庭层面和资产层面交互固定效应、时间层面固定效应后,系数为 -0.055 且在 1% 的水平下显著,即相较于低收益

[①] 已有研究指出在固定效应回归中每个维度的单个观测值(Singletons)的存在会使估计的标准差有偏(DeHaan,2021),因此本节在正文的固定效应回归前删除了所有单个观测值,描述性统计中的观测值是包含了单个观测值的样本数量。

资产,利率下降时高收益资产的净购买增加更多,说明在低利率环境下高收益资产比低收益资产更受家庭投资者欢迎,家庭投资者的风险承担水平明显提高,进一步支持了**假设1**。

表3-28 低利率与家庭风险资产配置

变 量	ΔRFA		$Netbuy$	
	(1)	(2)	(3)	(4)
Δi	-2.455***	-16.654***	-0.002**	-0.020***
	(-10.05)	(-7.27)	(-2.13)	(-2.97)
$\Delta i \times HY$			-0.054***	-0.055***
			(-31.87)	(-31.93)
HY			-0.011***	-0.011***
			(-19.43)	(-19.42)
SRA	0.367***	0.334***	0.000	0.000
	(4.63)	(4.28)	(1.38)	(0.74)
Age	0.031*	0.057***	-0.000***	-0.000
	(1.69)	(3.12)	(-2.62)	(-0.82)
Edu	-0.039	0.036	-0.000	-0.000
	(-0.26)	(0.24)	(-0.85)	(-0.47)
$Social$	-0.211***	-0.230***	-0.000*	-0.001**
	(-3.81)	(-4.20)	(-1.74)	(-2.28)
TA	0.918***	0.748***	0.004***	-0.004***
	(5.74)	(4.86)	(13.75)	(11.92)
$Income$	-4.698***	-4.222***	-0.012***	-0.010***
	(-3.58)	(-3.25)	(-5.11)	(-1.73)
$Constant$	-3.253**	-5.292***	0.006	0.001
	(-2.49)	(-4.03)	(1.45)	(0.12)
$Family \times FAtype$ FE	控制	控制	控制	控制
$Time$ FE	不控制	控制	不控制	控制
$Observations$	36 833	36 833	294 664	294 644
R^2	0.278	0.298	0.297	0.301

注:***、**、*分别代表1%、5%、10%的显著性水平,括号中的数值为 t 值。下同。

3.3.4.2 机制分析

(1) 锚定效应

基于模型(3.41),检验低利率环境下家庭投资者的风险承担行为是否源于"锚定"较高的历史收益率。本节采用每种资产的历史收益率变化 ΔIC 来衡量"锚定"历史收益率的改变。回归结果如表 3-29 所示,交乘项系数都在 1% 的水平下显著为负,说明在低利率环境下,相较于历史收益较低的资产,家庭投资者对过去投资收益增加越多的资产,风险承担行为更明显,支持了**假设 2**。梳理中国经济发展历程,我们对此可以得到更深的理解。改革开放以来,中国经济经历了四十多年的高速增长,人们在这期间的投资普遍也获得了较高的收益率。但当经济增速换挡回落时,人们依然习惯于过去投资所获得的高收益率,并根据过去的经验设定"锚值",于是投资收益率低于参考水平时会更加偏好风险。具体而言,在低利率环境下,人们感知和评估投资收益的方式会受到锚定效应的影响,于是风险偏好增加从而更愿意投资风险更高的资产以寻求更高的回报,而且历史投资收益增加更多的资产更受欢迎,实证结果也与**假设 2**一致。

表 3-29 锚定效应

变　量	Netbuy (1)	Netbuy (2)
$\Delta i \times HY \times \Delta IC$	−2.511** (−2.49)	−2.511** (−2.50)
Control	控制	控制
Family × FAtype FE	控制	控制
Time FE	不控制	控制
Observations	68 800	68 800
R^2	0.303	0.303

(2) 基于凸显理论的比例思维

基于模型(3.41),检验低利率环境下家庭的投资决策是否源于受到比例思维的影响,改变了感知或评估投资收益和风险的方式。本节构建了衡量比例思维的变量 $Prop$,即风险金融资产与无风险资产回报率之比。为了保证无风险收益率数据的丰富性,本节采用国债到期收益率衡量无风险利率。结果如表 3-30 所示,无论采用 6 个月、1 年、2 年和 3 年国债到期收益率衡量无风险利率,在控制了家庭层面和资产层面交互固定效应、时间层面固定效应,交乘项 $\Delta i_{p,t-1} \times HY_{i,t-1} \times Prop_{i,t-1}$ 前的系数都显著为负,说明家庭投资者会受到凸显理论与比例思维的影响,即当风险资产与无风险资产的收益率之比越大,该风险资产在家庭投资者眼中会更具吸引力,使得家庭投资者在低利率环境下的风险承担行为在该风险资产上更加明显,支持了**假设 3**。

表 3-30 基于凸显理论的比例思维

变量	Netbuy			
	6 个月利率	1 年利率	2 年利率	3 年利率
	(1)	(2)	(3)	(4)
$\Delta i \times HY \times Prop$	−0.050***	−0.047***	−0.046***	−0.055*
	(−7.27)	(−6.69)	(−5.98)	(−5.95)
$\Delta i \times HY \times Diff$	0.020***	0.018***	0.017***	0.20***
	(7.42)	(6.85)	(6.15)	(6.08)
Control	控制	控制	控制	控制
$Family \times FAtype\ FE$	控制	控制	控制	控制
$Time\ FE$	控制	控制	控制	控制
Observations	257 831	257 831	257 831	257 831
R^2	0.284	0.284	0.284	0.284

此外,利率降低时风险资产与无风险资产的收益率差值也可能发生改变。为了排除风险资产与无风险资产的收益率差值对结果的影响,本节加入核心自变量与利差变量($Diff$)的交乘项,以及各变量间的两两交乘项和各个单一变量。表 3-30 的回归结果是在控制风险资产与无风险资产的收益率利差后,交乘项 $\Delta i_{p,t-1} \times HY_{i,t-1} \times Prop_{i,t-1}$ 前的系数依然显著为负,充分说明低利率环境下家庭投资者的风险承担行为并不是由风险资产与无风险资产的收益率差值的变化驱动的,而是受到了比例思维的影响。

(3) 羊群效应

基于模型(3.41),检验家庭投资者进行投资决策时是否会受到社区投资者风险偏好的影响。结果如表 3-31 所示,在控制了家庭层面和资产层面交互固定效应、时间层面固定效应后,无论以县级层面所有家庭风险态度中位数还是均值来衡量该社区整体的风险偏好,交乘项系数都显著为正,说明家庭所在社区的投资者风险偏好越高,该家庭在低利率环境下风险承担行为更明显。结果表明当家庭处于高风险偏好地区时,该家庭由于受到周边邻里的影响会更愿意配置高收益金融资产,证明了"羊群效应"会放大低利率环境下家庭投资者的风险承担行为,支持了**假设 4**。

表 3-31 羊群效应

变　量	Netbuy			
	区域风险态度中位数		区域风险态度均值	
	(1)	(2)	(3)	(4)
$\Delta i \times HY \times Block$	0.116** (37.68)	0.135*** (5.81)	0.489*** (39.81)	0.646*** (13.81)
Control	控制	控制	控制	控制
$Family \times FAtype\ FE$	不控制	控制	不控制	控制
Time FE	控制	控制	控制	控制
Observations	447 424	294 664	447 424	294 664
R^2	0.034	0.306	0.033	0.306

3.3.5 稳健性检验

3.3.5.1 基金市场

本节进一步在基金市场验证低利率环境下家庭投资者的风险承担行为。本节选取 2011 至 2019 年股票基金、债券基金和混合基金的年度数据作为研究样本,同样为了能使模型更加贴近家庭投资者行为,剔除机构投资者的影响,本节选取由散户投资者 100% 持有的基金作为研究样本,以此识别家庭投资者在基金市场层面的风险承担行为,模型具体设定

如下:

$$FundFlow_{i,t} = \beta \Delta i_{t-1} \times HY^f_{i,t-1} + \gamma' X_{i,t-1} + Fund_i + Year_t + \varepsilon_{i,t} \tag{3.42}$$

其中,$FundFlow_{i,t}$ 表示 t 期基金 i 净资产规模的增量;Δi_{t-1} 表示投资者所面临的平均存款利率,由各个省市的存款利率加权平均得出;$HY^f_{i,t-1}$ 为判定基金 i 是否为高收益资产的虚拟变量,若该基金在 $t-1$ 期的收益率处于基金池中所有基金的前 1/5,则取 1,否则取 0;$X^f_{i,t-1}$ 是各种基金特征控制变量,包括基金排名($Rank$)、管理费(Fee)、基金波动率(Vol^f)、规模(TNA);$Fund_i$ 和 $Year_t$ 分别为基金和年份固定效应。若交乘项前系数 β 显著为负,则说明在基金层面上,低利率环境下的高收益率资产更受家庭投资者欢迎。

回归结果如表 3-32 所示,在分别控制基金层面固定效应和时间层面固定效应时,交乘项系数显著为负,表明在利率降低时高收益基金更受家庭投资者欢迎;而在同时控制基金层面和时间层面固定效应后,交乘项系数为 -0.154,尽管统计上不显著,但在一定程度上说明了在低利率环境下高收益基金更受家庭投资者欢迎。

表 3-32 低利率与投资者风险资产配置:基金层面

变量	Flow		
	(1)	(2)	(3)
$\Delta i \times HY^f$	-0.237^* (-1.81)	-0.606^{***} (-2.66)	-0.154 (-1.12)
$Control$	控制	控制	控制
$Fund\ FE$	控制	不控制	控制
$Time\ FE$	不控制	控制	控制
$Observations$	2 403	3 208	2 403
R^2	0.802	0.293	0.811

3.3.5.2 央行基准利率

为进一步检验实证结果的稳健性,本节对核心变量存款利率 Δi 进行变量替换。由于家庭存款利率变量统计口径为每年省级层面122家国内主要商业银行存款利率的加权平均,而中国共有4 600多家银行业金融机构,相比之下数据覆盖面较少,可能难以体现中国家庭居民面临的总体利率水平。为此,本节使用中国人民银行存款基准利率变化Δi_{t-1}^c作为替代变量进行稳健性检验。由于中国境内商业银行于2011至2019年存款利率主要基于央行基准利率设定,因此以央行存款基准利率作为替代变量更能体现中国家庭居民面临的平均利率水平。

表3-33展示了以央行基准利率作为替代变量的实证结果。其中,第(1)列对应模型(3.39),由于央行基准利率是时序数据,因此无法固定时间效应,Δi_{t-1}^c前系数为-1.009统计显著,说明在央行基准利率下降的情况下,家庭居民投资者的风险承担水平提高,配置更多的风险资产;第(2)列为家庭资产层面回归结果对应模型(3.40),说明在低利率环境下高收益资产比低收益资产更受家庭投资者欢迎,家庭投资者的风险承担水平明显提高。在第(3)列至第(5)列对应模型(3.41),分别代表机制分析中的锚定效应、比例思维和羊群效应,回归结果也与前文基本一致,表明家庭在低利率环境下会受到锚定效应、基于凸显理论的比例思维和羊群效应的影响,显著增加风险资产配置,提高风险承担水平。

表3-33 低利率与家庭风险资产配置:央行基准利率

变量	基准回归		机制分析		
	(1)	(2)	(3)	(4)	(5)
Δi^c	-1.009** (-9.08)				
$\Delta i^c \times HY$		-0.025*** (-32.40)	0.001* (1.91)	0.001* (1.77)	-0.297*** (-4.59)
$\Delta i^c \times HY \times IC^{FA}$			-1.138*** (-4.71)		
$\Delta i^c \times HY \times Prop$				-0.041*** (-6.73)	
$\Delta i^c \times HY \times Diff$					0.015*** (6.89)

续 表

变 量	基准回归		机制分析		
	(1)	(2)	(3)	(4)	(5)
$\Delta i^c \times HY \times Block$					0.064*** (4.91)
Control	控制	控制	控制	控制	控制
$Family \times FAtype\ FE$	控制	控制	控制	控制	控制
$Times\ FE$	不控制	控制	控制	控制	控制
Observations	36 833	294 644	68 800	257 831	294 664
R^2	0.277	0.301	0.303	0.283	0.305

3.3.5.3 工具变量回归

虽然本节使用一阶滞后项解释变量进行回归分析，可以部分解决模型中存在的内生性问题，但仍有可能遗漏变量导致参数估计有所偏误。为此，本节使用工具变量，利用两阶段最小二乘法对基准回归进行稳健性检验。已有研究指出，近年来自然利率保持在低位是由于全球主要经济体普遍面临人口老龄化、实体投资需求不足等挑战，使得生产率增速和潜在经济增速不断下滑，与长期经济增速相匹配的自然利率也逐步走低（Holston et al.，2017；张卫峰等，2020）。因此，有理由认为人口老龄化是造成现阶段低利率环境长期存在的主要因素之一。同时，各省的老年人口占比难以直接影响每个家庭的投资决策。因此，城市老年化水平满足工具变量的外生性条件，可以作为家庭存款利率的工具变量进行稳健性检验。本节根据国家统计局公布的 2011 年至 2019 年各省市全国 65 岁及以上人口占比构建老龄化指标 Old，该指标数值越大表明该省老年人口占比增量越多。

表 3-34 展示了两阶段最小二乘回归结果，其中，第(1)(2)列为模型(3.39)回归结果，第(3)(4)(5)列为模型(3.40)回归结果。第(2)列 Δi 系数为 -9.898，第(5)列 $\Delta i \times HY$ 前系数为 -0.126，且均在 1% 的置信度下显著，说明在使用工具变量情况下实证结果依旧稳健，即在低利率环境下，家庭居民投资者的风险承担水平会显著提高。

表 3-34　工具变量回归

	(1) 第1阶段 Δi	(2) 第2阶段 ΔRFA	(3) 第1阶段 Δi	(4) 第1阶段 $\Delta i \times HY$	(5) 第2阶段 $Netbuy$
ΔOld	−0.042*** (−84.22)		−0.042*** (−135.95)	−0.007*** (−26.21)	
$\Delta Old \times HY$			−0.000 (−0.00)	−0.029*** (−76.30)	
Δi		−9.898*** (−10.94)			0.014*** (3.51)
$\Delta i \times HY$					−0.126*** (−18.74)
$Control$	控制	控制	控制	控制	控制
$Family\ FE$	控制	控制	控制	控制	控制
$Time\ FE$	控制	控制	控制	控制	控制
$Observations$	36 833	36 833	294 664	294 664	294 664
R^2	0.645	0.044	0.645	0.411	0.018

本章小结

本章从国际视野、中国视域和家庭视角三方面，对负利率时代下金融市场中的系统性风险及其演化进行了分析。通过对不同国家数据的分析，本章发现银行金融系统性风险不仅会在低利率环境受风险承担渠道中估值与收入效应的影响而迅速积累，还通过其他渠道受到来自宏观经济政策的调控以及国际环境的影响，其中银行的不良贷款率、本国的汇率水平与利率期限结构均为影响其系统性风险的重要因素。而"双支柱"调控框架有助于抑制降息政策带来银行金融系统性风险增加的影响，即收紧货币供给与宏观审慎政策不仅能削弱银行金融系统性风险随降息而增加的幅度，甚至还压低了风险激增的利率门限值，从而增加了政府降息的空间。

结合中国的历史数据，在验证了货币宽松会提高银行风险承担水平的基础上，本章的研究进一步发现，当使得利率下行的货币宽松发生时，商业银行较高的自有资本水平，并非一般认为的必然会降低银行的风险承担，而是有可能加剧其风险承担。虽然在不考虑货币政策冲击的情况下，自有资本水平的上升确实可以降低银行的风险承担，但当利率下调时，自有资本水平越高的银行受到存款利率降低的风险转移效应越弱，其贷款监督努力降低的程度越高，风险承担水平提高得越多。

最后，通过对家庭微观调查数据的分析，本章还发现了宽松货币政策家庭风险承担渠道的存在性，即低利率会使家庭的风险资产配置显著增加，显著提高风险承担水平。这是由于家庭在投资决策时会受到锚定效应、比例思维和羊群效应的影响，即历史收益率越高、风险资产与无风险资产的收益率比值越大、社区风险偏好越高，低利率时家庭风险承担行为越明显。家庭投资者在低利率时期的风险承担行为，可能会使高风险资产的价格被过度抬高，特别是当实体经济进入复苏阶段后，低利率导致的风险偏好提高隐含着引发系统性风险的可能。

第4章
负利率时代的实体经济与金融系统性风险

4.1 负利率与经济增长

利率政策是各国央行货币政策的重要组成部分。一方面,中央银行通过调整基准利率对金融机构的经营行为产生实质影响,进而通过银行对企业的借贷成本产生影响;另一方面,利率政策通过对居民收入的调节作用对消费选择产生影响。由此,利率政策同时作用于产出端和需求端,并最终影响均衡产出水平。

2008年金融危机以来,为促进经济复苏,欧美等全球主要经济体将货币政策利率保持较低水平,也即通常所说的低利率政策,并辅以量化宽松,希望通过降低利率的方法促进经济增长,甚至日本、瑞典、瑞士以及丹麦央行更是直接突破利率的零下限,实施负利率政策。然而在大放水、低利率的背景下,欧美各国经济并未实现复苏,反而持续低迷,全球经济陷于低利率环境之中,辅之以长期的量化宽松致使各国出现"低增长""低通胀"以及"低利率"共存的三低问题。

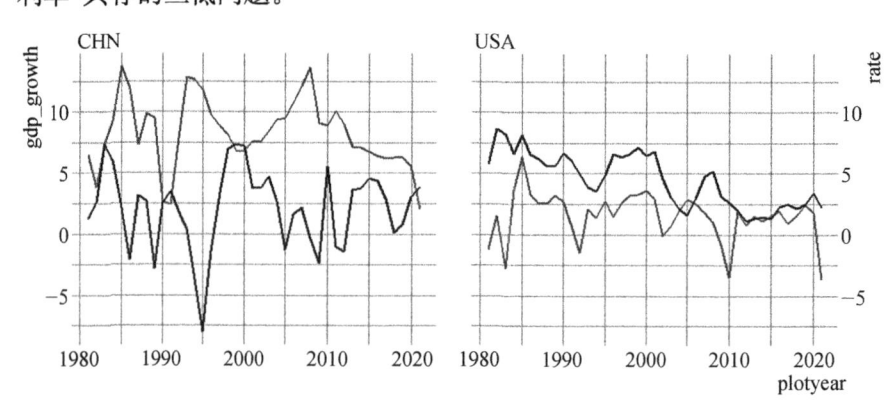

图4-1 中美两国实际利率、经济增长率走势图

推出低利率政策的原因在于刺激企业投资,拉动社会总需求,促进经济增长。为直观了解利率和经济增长间的关系,我们以美国和中国1980至2020年的数据为例。图4-1为中国、美国两大经济体1980年后实际利率与经济增长率的时间序列图。其中实际利率采用GDP平减指数衡量的通胀调整的贷款利率,经济增长率采用实际人均GDP增长率。数据来源为世界银行数据库。从图4-1中可以发现,美国经济增长与实际利率间的关系大致符合"黄金法则",利率与经济增长趋势区域一致且利率中枢水平也基本匹配。中国的经济增长与实际利率的关系出现背离,两者走势呈现出负相关关系,且实际利率长期低于经济增长率,可能有两点原因:第一,受我国传统文化影响,我国居民的储蓄意愿较强,储蓄率高于"黄金稳态率"所要求的储蓄率水平,从而带来更多的资本,根据边际规模报酬递减规则,资本的边际产出回报率也相应降低,从而导致实际利率的进一步下降。第二,我国利率市场化改革起步时间较晚,尚未形成完整的市场化利率形成机制,由此难以对经济的实际增长过程形成有效反映。

通过利率调节经济产出是各国推动经济发展的主要手段之一。利率政策的有效性可能受到利率存量水平的影响。当利率处于正常区间时,如果降低利率,则可以降低企业的借贷成本,刺激经济增长(陈浪南等,2018)。在既有文献讨论中,利率主要通过信贷渠道(刘宏海,2016)、资产价格渠道(张慧莲,2016)、汇率渠道(李双权,2017)、通胀渠道(孙国峰和何晓贝,2017)等方面发挥对经济的刺激作用。具体而言,降低利率增加了存款的持有成本,降低融资成本,促使金融机构将资金投入市场,对投资信贷以及消费产生积极影响。然而,现有部分研究表明,通过降低利率来刺激经济增长的作用不断减弱。特别是利率下降到一定程度时,经济增长对利率变动不再敏感(熊启跃和王书朦,2017),货币政策失效。首先,利率下降对银行信贷的激励作用也会减弱,低利率下乃至负利率背景下,私人部门偏好持有现金,银行的存款变少,由此对银行的经营活动产生影响(Borio and Gambacorta,2017)。其次,低利率环境下,汇率对利率变动的敏感性下降,持续降低利率难以达成汇率贬值的政策目标,从而难以通过净出口途径对经济增长形成影响(万光菜和叶龙生,2017)。再次,在经济全球化的背景之下,利率政策具有溢出效应,发达国家的利率政策容易对发展中国家产生负面影响(周莉萍,2017)。最后,负利率政策仅仅对货币市场的作用明显,其作用难以传导至实体经济,对经济增长的影响很小(郭东放,2017)。既有研究表明,在低利率的背景下,一味降低利率乃至采用负利率政策可能并不能刺激实体经济增长,乃至诱发金融系统性风险。其原因在于利率水平过低可能会对各部门运营形成扭曲。

低利率还可能通过银行部门以及房地产市场对实体经济形成冲击。低利率下,存款人的存款意愿降低,银行面临资金流出风险,银行面临流动性危机继而可能产生挤兑问题,造成潜在的金融系统性风险(Khayat,2017)。另一方面,低利率会导致银行的存贷利差收窄,对传统银行的盈利模式形成冲击,银行为保持一定增长,会倾向于超配风险资产,一定程度上可能加大银行系统性风险。综上,低利率可能会加强银行体系的脆弱性,从而导致利率降低对经济增长的刺激作用大打折扣(孙立坚和林木彬,2003)。低利率会激发居民的购房意愿,刺激房价升值,最终催生房地产价格泡沫,导致房价过度膨胀,一旦房产投资趋于理性,导致房地产市场崩盘,为经济发展埋下金融危机的隐患。

中国经济发展自2014年进入新常态阶段,经济增长速度显著放缓。同时,2020年到2022年3年新冠疫情的冲击又给实体经济带来冲击。在此背景下,我国央行持续降准降息,以期增加金融机构稳定资金来源,加大流动性投放力度,促进企业生产以及居民消费。然而降低利率能否有效刺激实体经济增长,利率下降对经济增长质量有何影响?进一步,利率下降对实体经济面临的风险有何影响。本章基于理论以及实证分析利率与经济增长间的关系,并分析在正常利率区域以及低利率区间两者间的差异。

4.1.1 理论模型

经典的微观经济学理论(IS-LM模型)认为,利率由货币市场均衡关系决定,利率的变化通过影响企业的投资成本,对企业的投资选择产生影响。利率越高,企业的生产成本越高,若项目的投资收益率恒定,则利率的下降会导致企业增加生产投入。但实际生产决策过程中,企业面临的是异质的项目,利率的下降会使得低质的投资项目能获得收益回报,则企业还可能面临更大的产出不确定性。为刻画项目异质性和企业投资偏好异质性对企业生产经营决策的影响,参照 Brunnermeier and Sannikov(2016)以及何山(2021)的研究设计,本章在企业的生产函数中引入产出不确定性,从产出不确定的角度讨论利率对经济增长以及金融系统性风险的影响机制。

假定经济中由家庭从事生产经营活动,家庭的生产经营函数为(4.1)式所示的柯布道格拉斯形生产函数:

$$y_t = \xi AK_t(r) \tag{4.1}$$

(4.1)式中,区别于经典的柯布道格拉斯生产函数。首先,企业为家庭所拥有,劳动由家庭投入,我们简化家庭的劳动投入为1;其次,(4.1)式考虑了生产项目的风险因素,r 越低意味着企业可投资的项目越多,$K_t(r)$ 越多,与此同时,由于市场上投资项目的边际产出是单调递减的,也即意味着产出不确定性增加。为刻画这种不确定过程,用 ξ 表示产出不确定性,其服从 $U(1-\delta k, 1)$ 上的均匀分布。基于此易得 $E(\xi)=(2-\delta k)/2$,投入的 k 越大,则企业面临的产出不确定性也越大。由此,企业在实际的生产决策过程中会优先选择回报率高的项目,并按照项目回报率高低的排序依次进入市场。则企业的预期产出可以表示为(4.2)式:

$$E(y_t) = AK_t - \frac{\delta A}{2} K_t^2 \tag{4.2}$$

也即代表性企业的预期产出与资本投入之间存在先增后减的倒 U 形关系。进一步考虑到 r 和 k 间的单调关系,则利率和产出之间同样存在先增后减的倒 U 形关系。

该种倒 U 形关系的存在有两个原因。一方面,利率的下降降低企业的投资成本,企业的投资项目增加,利率的下降刺激了企业的有效投资,促进经济短期增长的总量效应。另外,当利率进一步下降至低利率区间时,市场上存在大量产出不确定性高的可投项目,也即随着 k 的增加,$1-\delta k$ 变小,产出不确定性的下界增加,则提升了企业面临的风险,也即利率的下降不仅鼓励了企业投资,同时还鼓励了质量差以及风险偏好的企业进入市场,也即利率下降的结构效应。在正向的总量效应和负向结构效应的综合作用下,利率与经济增长间存在非线性关系。基于上述理论分析,提出本章的研究
假设 1:

假设 1:低利率与实体经济增长间存在倒 U 形关系。

在现实经济环境中,由于优质项目的稀缺性,通常不同质量项目的分布也是非连续的。也即低质量的投资项目数量最多,中等质量的投资项目数量次之,高质量的投资项目数量最少。当利率处于正常利率区间时,降低利率,会使得部分中等质量投资项目进入市场,降低利率的结构效应影响有限,总量效应占主导地位,此时降低利率能够促进经济增长。然而当利率位于低利率区间时,此时若利率继续降低,则大量的高风险低质量项目进入市场,增加经济的总体风险水平,降低经济的产出水平,此时总量效应无法继

续发挥作用,结构效应占主导地位,降低利率反而不利于经济增长。① 基于该分析提出本章的研究**假设 2**:

假设 2:利率政策与经济增长间的关系受到利率区间的影响。

4.1.2 实证设计

根据上文的分析,利率对产出的影响同时存在正向的重量效应以及负向的结构效应。两种效应之间相互权衡,最终导致利率与经济增长之间存在倒 U 形关系,即经济增长时利率的二次函数。为对该理论分析的结果进行实证检验,本节基于跨国数据,通过模型(4.3)对理论分析结果进行实证检验:

$$GDP\_growth_{i,t} = \alpha_1 + \beta_1 r_{i,t} + \beta_2 r_{i,t}^2 + \gamma X_{control} + \mu_i + \tau_t + \varepsilon_{i,t} \quad (4.3)$$

模型(4.3)中下标 i 代表第 i 个国家,下标 t 代表年份。其中被解释变量为人均 GDP 增长率(GDP_growth),我们采用以 2010 年不变价美元计,其中人均 GDP 是国内生产总值除以年中人口数,计算时未扣除资产折旧或自然资源损耗和退化。核心解释变量为实际利率 $r_{i,t}$,采用按 GDP 平减指数衡量的通胀调整贷款利率代理,该利率能够充分反映企业生产过程中的实际成本。同时,$X_{control}$ 为一系列对经济增长产生影响的控制变量,参照何山(2021)的研究设计我们分别选取消费占比(Con),以消费总需求与实际 GDP 之比衡量;投资占比(Inv),以固定资产投资形成总额与实际 GDP 之比衡量;政府购买支出(Gov),以一国政府购买总额和实际 GDP 之比衡量;对外投资占比(FDI),用一国直接对外投资与实际 GDP 之比衡量;货币供应量占比($M2$),用一国广义货币供应量与 GDP 之比衡量。具体变量定义以及数据来源见表 4-1:

表 4-1 变量定义

变 量	变 量 定 义	数据来源
实际利率(r)	按 GDP 平减指数衡量的通胀调整贷款利率	世界银行数据库
政策利率(R)	再贷款利率	CEIC 数据库

---

① 在世界各国的政策实践中,虽然众多国家央行选择将利率维持在较低水平,通过量化宽松向经济注入流动性,但全球主要国家至今无法走出经济衰退。例如,20 世纪 90 年代以来,日本的低利率政策并未刺激经济增长,日本甚至实行零利率政策,但经济发展仍然乏力。与日本类似,欧洲也实行了负利率政策,但并未刺激经济增长和通货膨胀。欧洲国家现在仍然面临高失业率以及经济增长放缓的问题。

续 表

变　　量	变 量 定 义	数据来源
人均GDP增长率（GDP_growth）	2010年不变价美元计人均GDP增长率	世界银行数据库
消费占比(Con)	消费总需求与GDP之比(%)	世界银行数据库
投资占比(Inv)	固定资产投资形成总额与GDP之比(%)	世界银行数据库
政府购买支出占比(Gov)	一国政府购买总额和实际GDP之比	世界银行数据库
对外投资占比(FDI)	一国直接对外投资与实际GDP之比	世界银行数据库
货币供应量(M2)	一国广义货币供应量与GDP之比	世界银行数据库

为缓解遗漏国家层面和时序层面的控制变量,模型(4.3)中控制了固定效应,其中 μ_i 为国家层面固定效应,τ_t 为时间层面固定效应,根据理论预期,实际利率与经济增长间存在倒U形关系,故在模型(4.3)中我们预期 $r_{i,t}$ 的回归系数 β_1 显著为正,$r_{i,t}^2$ 的回归系数 β_2 显著为负。各主要变量的描述统计如表4-2所示:

表4-2　描述性统计

变　　量	样本量	均　值	中位数	标准差	25分位数	75分位数
r(%)	4 294	5.540 9	5.603 6	15.694 7	1.801 0	9.833 8
R(%)	1 414	7.685 3	5.515 0	7.887 5	2.840 0	10.000 0
TFP	2 438	0.653 1	0.640 0	0.290 0	0.420 0	0.830 0
GDP_growth（%）	4 288	2.120 2	2.258 2	5.414 4	0.035 5	4.482 3
Con(%)	3 623	80.622 8	79.977 6	17.384 36	71.088 4	89.336 8
Inv(%)	3 465	23.206 5	22.172 2	8.328 0	18.085 7	27.000 3
Gov(%)	3 584	15.650 8	14.921 3	6.399 2	11.302 0	18.977 1
FDI(%)	3 836	1.375 0	0.136 2	8.596 6	0	0.839 4
M2(%)	4 006	54.384 0	44.141 0	41.317 8	28.242 7	67.540 3

表4-2为本章节主要解释变量的描述统计。本文样本区间为1961至2021年，包含世界各主要经济体共148个国家60年4294个国家-时间层面的非平衡面板数据。其中政策利率用世界各国央行的相同期限的回购利率或者再贴现利率衡量，数据来源为CEIC数据库，由于政策利率存在较多缺失值，其样本规模为1414个国家-时间层面的非平衡面板数据。在主回归部分我们采用实际利率代理，在稳健性以及异质性部分，我们按照政策利率进行分组比较分析。我们发现政策利率的均值要大于实际利率，这是由于世界银行数据库中的实际利率为经过通胀调整后的利率水平。同时，无论是来自CEIC数据库的政策利率还是来自世界银行数据库的实际利率，其值均大于实际人均GDP增长率，这反映了自工业革命之后，全球经济增长乏力，缺乏新的增长极，实际投资相较于经济增速仍然偏高。由此，在近几十年间以欧美等发达国家为代表，推行低利率乃至负利率政策，以使得实际投资水平与潜在经济增长率相适配。

4.1.3 实证结果分析

表4-3展示了模型(4.3)基准回归的结果。其中第一列为单变量回归结果，第二列为控制国家和年份层面固定效应的回归结果，第三列为包含控制变量的回归结果，最后一列为同时包含控制变量以及国家和年份层面固定效应的回归结果。从第(1)至第(4)列的回归结果可以看出，在不同回归模型设定下，实际利率一次项的回归系数始终在1%的统计水平下显著为正，实际利率二次项的回归系数始终在1%的统计水平下显著为负，也即跨国实际数据表明实际利率与经济增长之间存在显著的倒U形关系，随着实际利率的下降，经济增长速度呈现出先上升后下降的整体趋势，存在最优的利率水平。表4-3的基础回归结果表明，零利率或者负利率政策难以促进经济增长，当利率水平过低时，若进一步降低利率，可能会导致结构性效应占主导地位，从而不利于经济增长。该回归结果验证了本章**假设1**成立。

表4-3 利率与经济增长基准回归

变 量	gdp_growth (1)	gdp_growth (2)	gdp_growth (3)	gdp_growth (4)
r	0.0423*** (6.47)	0.0504*** (3.89)	0.0448*** (5.55)	0.0614*** (3.87)

续 表

变 量	gdp_growth (1)	gdp_growth (2)	gdp_growth (3)	gdp_growth (4)
r^2	−0.000 1*** (−6.85)	−0.000 1*** (−5.55)	−0.001 0*** (−6.42)	−0.001 1*** (−3.09)
$Consume$			−0.010 7 (−1.59)	−0.053 1 (−1.63)
$Invest$			0.076 7*** (6.13)	0.024 0 (0.54)
$Governmet$			−0.080 8*** (−5.34)	−0.214 9*** (−3.15)
FDI			0.038 4* (1.90)	0.050 8 (0.92)
$M2$			−0.006 4*** (−2.91)	−0.049 3*** (−3.60)
时间固定效应	否	是	否	是
个体固定效应	否	是	否	是
样本量	4 288	4 288	2 908	2 908
R^2	0.012 9	0.014 5	0.046 1	0.097 3

根据表 4-3 基础回归的结果,在当前世界主要经济体陷入增长停滞,自然利率已经处于较低水平的情况下,通过进一步降低利率的做法,迫使实际利率趋于自然利率的做法可能会导致相反结果。在当前经济发展条件下,通过降低利率以促进企业投资,实现经济增长目标的做法,会使得市场上充斥低质量、高风险项目,使得宏观经济处于低质量、不健康的稳态。若未出现新的技术革命的创新,则市场上存在的投资项目"性价比"不会发生变化,当利率下降时,企业只能选择高风险的项目进行低质量投资,利率越低,投资总量越大,投资风险也越高。若此时实际利率高于自然利率(与实际数据相对应),宏观经济中的总风险水平已经处于高位,继续降低利率也就无法有效促进总产出水平。由此,当利率突破零利率下限时,若进一步实行降息等宽松型货币政策,必然在实际利率逼近自然利率的过程中可以带

来一部分投资以及通胀水平,但是也同时为宏观经济发展积累了大量风险,导致更低的产出,从而不利于经济高质量增长,反而可能形成长期的系统性风险。为对此过程进行验证,我们通过模型(4.4)进行实证检验:

$$TFP_{i,t} = \alpha_1 + \beta_1 r_{i,t} + \beta_2 r_{i,t}^2 + \gamma X_{control} + \mu_i + \tau_t + \varepsilon_{i,t} \quad (4.4)$$

模型(4.4)中被解释变量 $TFP_{i,t}$ 为 i 国家第 t 期的全要素生产率,核心解释变量为实际利率 $r_{i,t}$。同时,控制变量 $X_{control}$ 与模型(4.3)保持一致。回归结果如表4-4所示:

表4-4 利率政策与经济高质量发展

变量	TFP	TFP	TFP	TFP
r	−0.001 4*** (−3.00)	−0.001 5*** (−2.41)	−0.001 1** (−2.10)	−0.001 2** (−2.07)
r^2	0.000 0* (1.70)	0.000 0** (2.21)	−0.000 0 (−0.03)	0.000 0 (1.00)
Consume			−0.006 7*** (−14.42)	−0.002 6** (−2.04)
Invest			−0.010 6*** (−13.14)	0.000 1 (0.06)
Governmet			0.009 0*** (8.36)	−0.000 8 (−0.22)
FDI			0.000 6 (0.44)	0.000 1 (0.13)
M2			0.001 3*** (9.61)	−0.001 0** (−2.00)
时间固定效应	否	是	否	是
个体固定效应	否	是	否	是
样本量	2 438	2 438	1 962	1 962
R^2	0.002 9	0.018 6	0.215 0	0.069 5

与表4-3一致,第(1)列为单变量回归结果,第(2)列在第(1)列的基础上控制了国家层面和时间层面的固定效应,第(3)列在第(1)列的基础上增加了控制变量,第(4)列则是同时包含控制变量以及固定效应的回归结果。第(1)至第(4)列的回归结果中 $r_{i,t}$ 的回归系数均显著为负数,$r_{i,t}^2$ 的回归系数在包含控制变量的回归中不再显著,且在不包含控制变量的回归结果中,仅仅保持在10%的统计水平下显著,也即相较于利率与经济增长间的关系,利率和经济高质量增长间的倒U形关系不再显著。考虑一系列控制变量后,利率水平和经济高质量增长之间呈现出显著的负相关关系,这是因为通过降低利率,促进经济增长的渠道在于企业投资更多的低质量项目,由此不利于经济的高质量增长,表4-4的结论进一步从经济增长质量角度验证了本小节的研究**假设1**。结合表4-3以及表4-4的结论,通过降低利率促进经济高质量发展的关键在于提升市场上的投资效率,使得总量效应与结构性效应同时发挥正向作用,由此通过大力发展新兴产业技术,比如数字经济技术,提高市场上高质量投资项目比例,能够使得货币政策更好地发挥效果。

4.1.4 稳健性检验

为了保证基础回归结果的稳健性,本部分进行了一系列稳健性检验。首先,当期经济增长率可能会对当期实际利率产生影响,为缓解这种反向因果导致的内生性问题,我们首先对解释变量进行滞后,也即用上一期的实际利率水平解释当期的经济增长,回归结果如表4-5所示。其中,第(1)列为无控制变量以及固定效应回归结果,第(2)列为无控制变量包含固定效应回归结果,第(3)列为包含控制变量无固定效应回归结果,最后一列为同时包含控制变量以及固定效应回归结果。表4-5中的 $r_{i,t-1}^2$ 前的回归系数均显著为负,表明在将解释变量之后一期以处理反向因果问题时,实际利率与经济增长间的倒U形关系仍然显著成立。

表4-5 解释变量滞后一期

变量	gdp_growth (1)	gdp_growth (2)	gdp_growth (3)	gdp_growth (4)
$L.r$	0.016 1** (2.49)	0.014 7* (1.91)	0.017 5** (2.13)	0.011 8 (0.82)

续表

变量	gdp_growth (1)	gdp_growth (2)	gdp_growth (3)	gdp_growth (4)
$L.r^2$	−0.000 05*** (−2.96)	−0.000 04* (−1.74)	−0.000 7*** (−4.71)	−0.000 8*** (−4.70)
$L.Consume$			0.009 8 (1.43)	0.037 8 (1.41)
$L.Invest$			0.061 7*** (4.82)	0.003 6 (0.12)
$L.Governmet$			−0.023 8 (−1.53)	0.047 5 (0.46)
$L.FDI$			−0.000 0 (−0.00)	−0.005 3 (−0.12)
$L.M2$			0.002 7 (1.20)	−0.013 5** (−2.11)
时间固定效应	否	是	否	是
个体固定效应	否	是	否	是
样本量	4 131	4 131	2 875	2 875
R^2	0.001 8	0.001 8	0.016 5	0.016 2

理论部分的分析表明,利率下降导致企业投资成本下降,从而增加生产是降低利率促进经济增长的主要途径。由此,理论分析部分严格对应的是产出水平。为保证基准回归的可信度,我们进一步将被解释变量经济增长直接更换为产出水平,也即国家的 GDP 水平量,同时为了保证回归系数的基准,我们对 GDP 水平进行对数化处理,对基准回归模型进行重新估计,回归结果如表4-6所示,表4-6的回归结果与基准回归保持一致,表明随着利率的下降产出水平先上升后下降,进一步验证了本章理论模型结果的稳健性。

表 4-6 替换被解释变量

变　量	Lnrjgdp (2)	Lnrjgdp (4)	变　量	Lnrjgdp (2)	Lnrjgdp (4)
$L.r$	0.002 1*** (2.54)	0.001 6** (2.39)	$L.FDI$		0.001 5 (0.85)
$L.r^2$	−0.000 0*** (−3.22)	−0.000 1*** (−3.49)	$L.M2$		0.008 3*** (4.83)
$L.Consume$		−0.007 9*** (−2.83)	时间固定效应	是	是
$L.Invest$		0.000 5 (0.15)	个体固定效应	是	是
$L.Governmet$		−0.000 6 (−0.13)	样本量	4 080	2 845
			R^2	0.007 1	0.412 1

4.1.5　机制分析

理论分析结果表明,利率下降的潜在原因是市场上投资回报率过低,且利率水平越接近于零下限,则表明实体经济的回报率越低,由此,利率与经济增长的影响应当受到利率水平量的影响,为对此进行验证,我们将样本进行分组。将政策利率接近零下限的国家记作低利率组,分组回归的结果如表 4-7 所示:

表 4-7 高低利率区间的分组检验

变　量	低 利 率 组			高 利 率 组		
	gdp_growth (1)	gdp_growth (2)	gdp_growth (3)	gdp_growth (4)	gdp_growth (5)	gdp_growth (6)
r	0.093 0*** (6.99)	0.101 6*** (3.36)	0.112 0*** (3.23)	−0.020 0*** (−3.26)	0.016 0 (1.08)	−0.040 9* (−1.67)
r^2		0.000 1 (0.31)	0.000 5 (0.94)		−0.000 1** (−2.52)	0.000 3 (0.97)
$Consume$						−0.063 4*** (−5.35)

续 表

变量	低利率组			高利率组		
	gdp_growth (1)	gdp_growth (2)	gdp_growth (3)	gdp_growth (4)	gdp_growth (5)	gdp_growth (6)
Invest						0.048 2*** (2.70)
FDI			0.007 1 (0.20)			0.065 4*** (2.38)
M2			0.002 5 (0.58)			−0.063 31*** (−12.25)
时间固定效应	否	是	是	否	是	是
个体固定效应	否	是	是	否	是	是
样本量	1 376	1 376	1 096	2 912	2 912	2 027
R^2	0.034 3	0.034 4	0.029 9	0.004 5	0.004 9	0.092 2

以各国实际利率水平划分低利率组和高利率组。若该国该年的实际利率水平低于3%，则将其定义为低利率组；高于3%，则将其定义为高利率组。分组后的回归结果如表4-7所示。表4-7的第(1)(2)(3)列为低利率组的回归结果，其中第(1)列为直接用GDP增长率和实际利率进行简单一元回归，结果表明，当利率位于较低水平时，利率和经济增长之间存在正相关关系，也即随着利率的降低，经济增长水平也进一步下降；第(2)列，将模型设定为式(3.3)，且不添加任何控制变量，我们发现，二次项不再显著，即利率和经济增长间的倒U形关系小时，在低利率水平下，利率和经济增长呈现出严格的正相关关系；第(3)列为在第(2)列回归的基础上添加控制变量，其结果仍然保持一致。第(1)(2)(3)列的回归结果均表明，当利率水平较低时，继续降低利率不仅不能促进经济增长，还可能对经济增长产生抑制作用。平均而言，1单位的利率水平下降，会造成0.093 0～0.112 0单位的经济增速下滑。

表4-7的第(4)(5)(6)列为高利率组的回归结果。其中，第(4)列为实际利率与经济增长的一元回归，其结果与低利率水平区间相反，当利率水平较高时，利率和经济增长间呈现出负相关关系，也即利率的下降可以刺激经济的进一步增长，当利率较高时，市场上还存在性价比高的投资项目，此时

通过适度的利率下降能够极大刺激企业的投资热情,从而对经济增长产生促进作用。第(5)列为采用基准回归设定,可以发现一次项不再显著,二次项在1%的统计水平下负向显著,也即表明利率和经济增长间实际存在的是负相关关系。最后,第(6)列为添加控制变量的回归结果,与第(5)列的回归结果存在不同,当控制一国消费、投资、政府购买以及货币投放量等因素后,利率的二次项不再显著,利率的一次项变为在10%的统计水平下负向显著。第(4)(5)(6)列的回归结果均表明,当利率水平较高时,通过降低利率可以有效刺激总产出水平,促进经济增长。

表4-3至表4-7的回归结果均表明,从加总层面,利率与经济增长间的关系非对称。当利率水平较高时,降低利率能够有效刺激产出,达到经济增长目标;当利率水平较低时,降低利率不仅不能刺激产出,还可能损害经济增长。下一节,我们将基于企业的视角分析利率下降如何对企业的投资选择以及风险承担产生影响。

4.2 负利率与企业投资

上一小节讨论了利率与实体经济增长的关系,研究结论表明利率与经济增长间存在倒U形关系,利率下降增加了企业投资广度,由此利率下降可以提高产出;另一方面利率下降也提高了企业面临的风险,给企业带来潜在损失,由此利率下降可能损害产出。上一节的分析基于总量效应,从GDP增长的角度进行了分析。本小节,我们基于企业层面的微观数据,探究利率下降对企业产出水平以及企业风险的影响机制。

投资作为经典的驱动经济增长的"三驾马车"之一,是刺激经济快速增长的有力方式。关于利率促进投资的效应主要存在四种理论。第一,是维克塞尔的累计过程理论,其主要区分了货币利率和自然利率,当货币利率低于自然利率时,企业的生产会产生超额利润,因此企业会不断扩大生产规模,也即若货币利率的下降快于自然利率的下降速度时,降低货币利率能够促进企业生产。第二,是凯恩斯的利率传导理论,当利率下降时,由于利率小于资本边际效率,企业扩大生产也就变得有利可图,也就会增加投资支出,从而最终提高有效需求。维克塞尔累计理论和凯恩斯的利率传导机制在本质上是一致的,都是从总产出的渠道进行分析,两者区别在于锚定的效率水平不同,维克塞尔对比的是货币利率和自然利率,而凯恩斯对比的是利率和资本的边际效率。第三,是流动性理论,降低利率还可以促进货币的流动性。当利率下降时，企业可以以更低的成本借款，因此可以更容易地获得资金。这将增加货币的流动性，并进一步刺激投资。第四，新古典学派构建的 IS-LM 模型中利率的作用为同时影响商品市场以及货币市场。

4.2.1 研究假设

现实经济活动中，投资项目间存在明显差异，在经济增长放缓的背景下，经济中的优质投资项目会快速出清，形成"优质项目资产荒"。如果不存在信息不对称，企业可以清楚地观测到市场上投资项目的风险分布，企业作为理性人，在投资决策时会权衡收益以及风险的关系，由此其会通过将实体经济中所有的项目按照收益-风险比进行排序，优先选择收益-风险比高的项目，直到达到其成本约束，在其预算约束内尽可能多地投资有利可图的项目，以达到利润最大化。这也意味着在市场利率下，有利可图的项目已经被企业所投资，投资市场处于出清状态。市场上优质投资机会稀缺，增量投资风险较高，由此，即使是采用量化宽松政策也无法对企业生产形成刺激。欧美国家自 2008 年以来长达 10 多年的利率以及量化宽松政策表明，在经济运行过程中，企业面临的难点不在于缺乏融资，而在于市场上缺乏优质的投资项目，这导致企业通过借贷获得资金并进行增量投资的收益远远低于成本。特别是在已经实行负利率的日本、瑞士等国家，名义利率无法再进一步下降，即使中央银行向市场投入更多的流动性，企业也不会进行实体投资，反而造成企业脱实向虚问题，引致金融资产价格上升。

上述分析表明，利率下降对企业投资的影响有两种效应。一是，通过降低企业的投资成本，从而提高企业的投资总量，最终提高了企业的经营绩效，也即存在总量效应。除此之外，利率下降引导企业进行更高的风险投资，从而导致企业绩效的下降，特别是在利率水平很低时，还会造成企业脱实向虚。由此得出本章的第一个研究假设：

假设 1：企业收益与实际利率间为倒 U 形非线性关系。当利率水平较高时，降低利率能够促进企业投资；当利率处于低利率区间时，降低利率抑制企业投资，造成企业脱实向虚。

进一步，企业投资决策对利率变化的敏感性受到企业性质的影响。我们从三个角度进行分析：第一，对于国企而言，其除了常规的生产经营活动之外，还承担了大量的政治以及社会任务，由于存在政府隐性担保，以及国有企业在优质生产项目获得性上具有优势，由此，利率下降对企业投资造成的不利影响主要体现在非国有企业中。第二，对于大企业而言，其风险承担能力更强。同时大企业存在业务多元化,不同业务之间能够有效对冲风险,由此大企业投资选择对于利率下降的敏感性要弱。相比较而言,小企业往往结构单一,利率下降对其经营活动的影响显著更强。从经营模式角度来看,大企业更加稳定、成熟,在进行投资选择时,大企业的选择更多,相比较而言,小企业经营模式不够稳定,业绩波动大,利率下降形成的风险对其经营活动冲击更强。总体而言,利率下降带来的不利影响更多地体现在小企业当中。第三,企业所在地的经济发展水平也可能对企业的经营活动形成差异化的影响。具体而言,经济发达地区具有更好的基础设施条件,且企业聚集化程度更高,这些外部环境进一步降低了经济发达地区的投资成本,在经济欠发达地区性价比较低的项目,在经济发达地区可能存在收益;另外投资项目的分布也可能存在区域差异,优质的投资项目也可能在发达地区提供。由此,当面对利率下跌时,虽然所有企业均会增加增量风险投资,但是由于发达地区的投资机会以及投资效率、项目质量均高于欠发达地区,由此利率下降造成的不利影响更多地体现在欠发达地区。据此提出本小节的第二个研究假设:

假设 2:企业投资绩效与利率变化间的关系受到企业性质影响,利率下降对企业投资造成的不利影响主要存在于小企业、非国企以及经济欠发达地区。

之前的分析表明,利率下降造成的不利影响,主要是通过影响企业对风险项目的投资决策形成的。即,利率下降的结构效应实质是对企业的风险承担产生影响。利率越低,高风险项目对一般企业的吸引力越大,也即利率下降增加了企业的风险承担水平。据此,提出本文的第三个研究假设:

假设 3:利率的下降会提高企业风险承担水平。

4.2.2 实证设计与数据

根据上文的分析,利率对投资的影响同时存在正向的总量效应以及负向的结构效应。两种效应之间相互权衡,最终导致利率与经济增长之间存在倒 U 形关系,即企业的投资绩效是利率的二次函数。为对该理论分析的结果进行实证检验,本小节通过模型(4.5)进行实证检验:

$$ROE_{i,t} = \alpha_1 + \beta_1 r_{i,t} + \beta_2 r_{i,t}^2 + \gamma X_{control} + \mu_i + \varepsilon_{i,t} \qquad (4.5)$$

模型(4.5)中下标 i 代表第 i 个上市公司,下标 t 代表年份。其中被解释变量为企业的净资产收益率(ROE)。核心解释变量为实际利率 $r_{i,t}$,受到我国利率市场化推进进程的影响,我国不存在统一的政策利率,参照何山(2021)的研究设计,我们采用一年期存款利率代理,同时我们采用消费者物价指数对利率进行调整,从而得到国内的实际利率。$X_{control}$为一系列对企业净资产收益率可能产生影响的控制变量。在具体的回归分析当中,我们选取了企业的存续时间($lnfirmage$)、企业的资产规模($lnasset$)、企业的固定资产投资(PPE)以及企业的经营现金流($OpenCash$)。本节采用变量的具体定义以及数据来源见表4-8:

表4-8 变量定义

变量名称	变量定义	数据来源
净资产收益率(ROE)	股东权益报酬率	CNRDS
企业存续时间($lnfirmage$)	当年减去企业成立日期并取对数	CNRDS
企业资产规模($lnasset$)	企业总资产规模取对数	CNRDS
企业固定资产(PPE)	固定资产值	CNRDS
企业经营现金流($OpenCash$)	经营现金流	CNRDS

为缓解遗漏企业层面的控制变量,模型(4.5)中控制了企业层面固定效应,其中μ_i为企业层面固定效应。值得注意的是,由于经过调整的实际利率与时间虚拟变量存在多重共线性,由此,在模型(4.5)中不包含时间固定效应。根据上文的分析,实际利率与企业经营绩效间存在倒U形关系,故在模型(4.5)中我们预期$r_{i,t}$的回归系数β_1显著为正,$r_{i,t}^2$的回归系数β_2显著为负。各主要变量的描述统计如表4-9所示:

表4-9 描述统计

变量	样本量	均值	中位数	标准差	25分位数	75分位数
ROE	50 290	0.036	0.072	4.089	0.020	0.116
$lnfirmage$	42 941	15.4	15	6.536	11	64
$Asset$(亿)	53 600	422	23.9	6 369	10.77	61.50
Ppe(亿)	53 596	28.939	4.091	184.265	1.579	11.715
$Opencash$(亿)	46 179	−36.23	−1.31	617.606	−7.71	1.17

表 4-9 为本小节主要解释变量的描述统计。本小节样本区间为 1991 至 2020 年,包含中国 4 501 家上市公司 30 年 53 600 个企业-时间层面的非平衡面板数据。样本区间内企业的平均净资产收益率为 0.036,中位数为 0.072,与既有研究中的数值大小保持一致。

4.2.3 实证分析

表 4-10 展示了模型(4.5)基准回归的结果。其中第(1)列为单变量的回归结果,第(2)列为控制企业层面固定效应的回归结果,第(3)列为包含控制变量的回归结果。从第(1)至第(3)列的回归结果可以看出,在不同回归模型设定下,实际利率一次项的回归系数始终在 1% 的统计水平下显著为正,实际利率二次项的回归系数始终在 1% 的统计水平下显著为负,也即上市公司经营业绩与实际利率之间存在显著的倒 U 形关系,随着实际利率的下降,企业业绩出现先上升后下降的整体趋势,存在最优的利率水平。以第(3)列带控制变量的回归结果为例,最优利率水平为 1.925%,当利率水平高于 1.925% 时降低利率能够降低企业的投资成本,从而增加企业的投资收益;然而,当利率低于 1.925%,企业面临优质资产荒,降低利率致使企业不得不投资于高风险的项目,由此利率和企业投资效率间呈现出正相关关系。表 4-10 的结果验证了**假设 1** 的前半部分成立,接着,我们继续检验利率下降与企业脱实向虚间的关系。

表 4-10 基准回归

变量	ROE (1)	ROE (2)	ROE (3)
r	0.129 1** (2.27)	0.232 4** (2.54)	0.662 0** (2.39)
r^2	−0.014 6* (−1.67)	−0.003 42** (−1.97)	−0.171 9** (−1.96)
$lnfirmage$			0.039 7 (1.28)
$lnasset$			−0.289 1 (−1.20)
ppe			0.000 0 (1.18)

续 表

变 量	ROE (1)	ROE (2)	ROE (3)
opencash			−0.000 0 (0.90)
个体固定效应	否	是	是
样本量	50 290	50 290	38 923
R^2	0.000 1	0.000 0	0.001 8

如果将金融部门的投资也看作企业投资项目时,利率的下降还有可能通过提高企业的金融化水平影响实体经济产出。具体而言,在实际经济运行中,当企业面临无优质项目可投资且借贷成本较低时,企业可能会将应投资于实体经济的借贷资金转向虚拟部门,例如银行理财、过桥借贷等,最终表现为实体部门配置的金融资产增多。张超和张心平(2022)认为,当实体行业受阻而金融市场的投资收益不断提高时,企业的趋利性促使企业更多地投资于金融市场。企业脱实向虚会导致企业的主营业务规模不断变小,所有者权益部分占比下降,最终导致的经济后果是企业杠杆率增加。

企业的脱实向虚行为还表现为企业参与影子银行业务。银行信贷和非银行信贷共同构建了我国的融资市场。一方面,中小企业由于信息环境差、抵押品不足、存在经营劣势等方面的原因,难以从正常渠道获得信贷。另一方面,大型企业由于信息环境优异、经营优势等方面的原因,在正常的融资渠道中具有先天优势,同常正常渠道和非正常渠道融资间存在明显的利率差异,由此,具有融资优势的大型企业、国有企业、上市企业会将从银行体系取得的超额募集资金,以委托贷款、理财产品等形式通过非常规渠道输送给中小企业,表现为企业的脱实向虚。由此,企业的脱实向虚不仅仅增加了自身的经营风险,还会通过影子银行渠道等业务层层嵌套,增加整个系统的杠杆率。而社会部门杠杆率的提升会通过债务和股权两个渠道使得风险聚集于金融部门,从而激发金融系统性风险(苟文均等,2016)。作为对企业投资收益的补充,我们进一步通过实际数据进行验证,利率下降是否会进一步加深企业的脱实向虚。

对于企业脱实向虚程度(Fin_Inv)的度量,我们参考彭俞超等(2018)的研究设计,用企业资产负债表中的类金融资产和期末总资产之比进行度量,其中企业的类金融资产包含交易性金融资产、衍生、买入返售金融资产、可供出售金融资产以及发放贷款及垫款和持有至到期投资。我们通过模型(4.6)进行检验,与上文分析一致,由于经过调整的实际利率与时间虚拟变量存在多重共线性,在模型(4.5)中不包含时间固定效应。最终回归结果如表 4-11 所示。

$$Fin\_Inv_{i,t} = \alpha_1 + \beta_1 r_{i,t} + \gamma X_{control} + \mu_i + \varepsilon_{i,t} \quad (4.6)$$

表 4-11 利率与企业金融化

变 量	Fin_Inv (1)	Fin_Inv (2)	Fin_Inv (3)
r	−0.002 1* (−1.728)	−0.003 8*** (−3.98)	−0.001 5** (−2.02)
控制变量	否	否	是
个体固定效应	否	是	是
样本量	11 405	11 405	10 349
R^2	0.000 2	0.003 8	0.001 1

表 4-11 中第(1)列为单变量回归结果,第(2)列为个体固定效应回归结果,第(3)列为包含控制变量回归结果。表 4-10 的结果显示,利率和企业脱实向虚(企业金融化)间存在显著的负相关关系,也即利率的下降,能够显著降低企业的贷款成本,提高企业的贷款可得性,但与此同时企业脱离实体经济生产,参与金融市场的程度也显著增加,由此可以验证**假设 1** 的后半部分,利率的下降会导致企业金融化。

4.2.4 稳健性检验

为了保证基础回归结果的稳健性,本部分进行了一系列稳健性检验。首先,利率政策的制订会参照实体经济的发展情况,如果企业的经营绩效普遍较低,则中央银行可能会通过降低利率来降低企业投资成本,由此,利率和企业经营绩效间可能存在一定程度的反向因果问题。为缓解这种反向因果导致的内生性问题,我们考虑对解释变量进行滞后处理,也即用上一期的实际利率水平解释当期的企业经营绩效,回归结果如表 4-12 所示。其中,第(1)列为无控制变量以及固定效应回归结果,第(2)列为无控制变量包含固定效应回归结果,最后一列为同时包含控制变量以及固定效应回归结果。表4-5中的$r_{i,t-1}^2$前的回归系数均显著为负,且$r_{i,t-1}$前的回归系数均显著为正,均表明在将解释变量之后一期以处理反向因果问题时,实际利率与企业经营绩效间的倒U形关系仍然显著成立。同时从显著性水平上可以发现,采用滞后解释变量进行回归的显著性水平更高,进一步验证了本章主要结论的稳健性。

表4-12 解释变量滞后一期

变量	ROE (1)	ROE (2)	ROE (3)
$L.r$	0.129 1** (2.265)	0.130 1** (2.57)	0.808 4*** (2.80)
$L.r^2$	−0.014 6* (−1.66)	−0.018 5** (−2.35)	−0.289 9*** (−2.65)
控制变量	否	是	是
个体固定效应	否	是	是
样本量	46 036	46 036	38 923
R^2	0.000 0	0.000 0	0.004 9

接着,在基准回归中我们采用企业的净资产收益率(ROE)来衡量企业的经营绩效。公司经营绩效不仅仅体现在股东投入资金上,即使是债权人资金也能为公司创造利润。而ROA反映的是股东和债权人共同资金所产生的利润率,相较于ROE更加全面地刻画了企业的生产经营绩效,由此在稳健性部分我们以总资产收益率(ROA)来测度企业的生产经营绩效,并采用(4.5)式的模型设定,回归结果见表4-13:

表4-13 替代被解释变量

变量	ROA (1)	ROA (2)	ROA (3)
r	0.264 7*** (3.15)	0.398 7*** (2.97)	0.255 18** (2.48)

续 表

变 量	ROA(1)	ROA(2)	ROA(3)
r^2	−0.048* (−1.71)	−0.006 8* (−1.67)	−0.004 3** (−2.03)
控制变量	否	否	是
个体固定效应	否	是	是
样本量	51 007	51 007	45 409
R^2	0.000 1	0.000 0	0.000 0

表 4-13 中,第(1)列为无控制变量以及固定效应回归结果,第(2)列为无控制变量包含固定效应回归结果,最后一列为同时包含控制变量以及固定效应回归结果。表 4-13 中 $r_{i,t}^2$ 前的回归系数均显著为负,且 $r_{i,t}$ 前的回归系数均显著为正,均表明在将被解释变量替换为总资产收益率(ROA)后,实际利率与企业经营绩效间的倒 U 形关系仍然显著成立,进一步验证了本文主要结论的稳健性。

4.2.5 异质性分析

参照理论分析的结果,我们根据不同的公司特征对全样本进行了分组比较,在不同组别下采用模型 4.4 的设定进行回归分析。我们首先根据公司的总资产情况将企业划分为大公司以及小公司。我们定义在当年,若企业资产规模大于当年中位数水平,则企业为大公司组;反之则为小公司组。区分大公司与小公司的原因在于,不同规模公司的风险承担能力存在显著差异,一般而言,大公司的风险承担能力更强,小公司的风险承担能力更弱。由此,利率下降产生的不利影响应当更多地体现在小公司。我们还考虑根据公司的所有权性质进行分组,我们定义国企包括实控人为地方国有企业、中央国有企业、国资委、大型国有企业、地方国资局、中央国家机关、集体企业以及地方政府,非国企包含实控人为外资、个人以及民营企业三类。考虑企业性质的原因是由于国企和非国企在优质项目投资机会上的差异,国有企业相较非国企,由于其特殊背景属性,在垄断行业准入、贷款可得性上具有更大的优势,由此利率下降带来的不利影响在非国有企业样本中更加显著。其次,我们还考虑了企业总部所在地区经济发展水平的差异。我们按照东部地区为发达地区,中西部地区为欠发达地区的划分标准进行分样本回归。考虑地区经济发展水平差异的原因在于不同发展阶段投资项目差异化很大,欠发达地区产业结构相比较而言较单一,受到利率政策冲击的可能性更大,由此,利率下降带来的不利影响在欠发达地区可能更加明显。分样本回归的实证结果如表4-14至表4-16所示。

表4-14 异质性分析——公司规模

变 量	ROE (1)	ROE (2)	ROE (3)	ROE (4)
	大公司	大公司	小公司	小公司
r	0.156 5*** (5.549 44)	0.198 7*** (5.11)	0.283 5*** (2.65)	0.152 9 (0.76)
r^2	−0.017 4*** (−4.47)	−0.002 3*** (−4.22)	−0.047 6* (−1.73)	−0.043 8** (−2.45)
$lnasset$		0.002 7** (2.09)		−0.706 9 (−0.920)
ppe		−0.000 0 (−1.01)		0.000 0 (0.847 7)
$opencash$		−0.000 0** (−2.18)		0.000 0** (2.12)
个体固定效应	是	是	是	是
样本量	25 358	23 982	24 932	21 427
R^2	0.000 5	0.000 6	0.000 1	0.008 9

表4-14为根据公司规模分组的结果。第(1)(2)列为大公司组的回归结果,其中第(1)列为单变量回归结果,第(2)列为包含控制变量的回归结果,我们可以发现大公司组r^2的回归系数均在1%的统计水平下高度负向显著,r的回归系数在1%的统计水平下高度正向显著,也即利率和企业经营绩效间的倒U形关系在大公司组中仍然成立。第(3)(4)列为小公司组的回归结果,其中第(3)列为单变量回归结果,第(4)列为包含控制变量回归

结果，我们可以发现小公司组利率与企业经营绩效间仍然保持倒 U 形关系。但从数值对比上，可以发现小公司组二次项回归系数小于大公司组，也即小公司受利率下降造成的不利影响程度更大。

表 4 - 15　异质性分析——企业性质

变　　量	国　　企		非　国　企	
	ROE (1)	ROE (2)	ROE (3)	ROE (4)
r	−0.057 4 (−0.35)	−0.164 0 (−0.50)	0.578 6*** (2.73)	0.851 9** (2.28)
r^2	0.024 6 (0.67)	0.060 0 (0.68)	−0.158 7** (−1.97)	−0.252 5* (−1.92)
lnasset		−0.002 2 (−0.47)		0.006 2 (0.93)
ppe		−0.000 0 (−1.51)		0.000 0 (0.48)
opencash		−0.000 0 (−0.38)		−0.000 0 (−0.51)
时间固定效应	是	是	是	是
个体固定效应	是	是	是	是
样本量	20 214	19 318	2 710	2 561
R^2	0.000 0	0.000 0	0.001 6	0.001 9

表 4-15 为根据企业所有权性质分组的回归结果。第(1)(2)列为国企样本的回归结果，其中第(1)列为单变量回归结果，第(2)列为包含控制变量回归结果，我们可以发现国企组 r^2 和 r 的回归系数均不显著，也即利率和企业经营绩效间无统计上的相关关系，国企样本对利率变化不敏感。由于国企在贷款成本以及经营业务上有先天优势，由此国企对利率变化不敏感。第(3)(4)列为非国企组的回归结果，其中第(3)列为单变量回归结果，第(4)列为包含控制变量回归结果，我们可以发现非国企组 r^2 的回归系数分别在 5% 和 10% 的统计水平上负向显著，r 的回归系数分别在

1%、5%的统计水平上显著,由此非国企组利率与企业经营绩效间仍然保持倒 U 形关系。从数值大小上看,小公司组的利率拐点为 1.69%～1.82%,也即当实际利率水平低于该范围时,继续降低利率,将会对非国有企业的经营绩效产生不利影响。反之,当实际利率水平高于该范围时,降低利率可以起到给非国有企业降低成本的作用。我国目前的实际利率远远高于该范围,由此,在当前背景下,通过降低利率仍然可以起到对中小企业的帮扶效果。

表 4-16 异质性分析——地区经济水平

变 量	发达地区		欠发达地区	
	ROE (1)	ROE (2)	ROE (3)	ROE (4)
r	0.210 2 (0.678 3)	−0.469 1 (−0.57)	0.175 3*** (3.539 1)	0.183 9** (2.25)
r^2	−0.016 9 (−0.13)	0.211 7 (0.68)	−0.016 9*** (−2.75)	−0.020 4** (−2.07)
$lnasset$		−0.193 5 (−1.20)		−0.012 3 (−0.24)
ppe		0.000 0 (1.31)		0.000 0 (0.10)
$opencash$		−0.000 0 (−1.37)		−0.000 0 (−1.30)
时间固定效应	是	是	是	是
个体固定效应	是	是	是	是
样本量	24 915	22 578	25 375	22 831
R^2	0.304 7	0.303 4	0.000 0	0.000 0

表 4-16 为根据企业总部所在地区经济发展水平进行分组的回归结果。第(1)(2)列为发达地区的回归结果,其中第(1)列为单变量回归结果,第(2)列为包含控制变量回归结果,我们可以发现总部位于发达地区样本中,r^2 和 r 的回归系数均不显著,利率和企业经营绩效间无统计上的相关关

系,发达地区的企业对利率变化不敏感。发达地区在投资项目上相较于欠发达地区存在优势,由此发达地区企业对利率变化不敏感。第(3)(4)列为欠发达地区样本的回归结果,其中第(3)列为单变量回归结果,第(4)列为包含控制变量回归结果,我们可以发现欠发达地区企业 r^2 与 r 的回归系数均分别在1‰和5%的统计水平上负向显著,由此欠发达地区企业受到利率的影响非线性。

4.2.6 机制分析

前述回归结果表明,降低利率并非一直有效。从宏观加总角度来看,在利率水平本身较高时,降低利率可以促进经济增长;而当利率水平较低时,降低利率反而可能抑制经济增长,也即利率和经济增长间存在非线性的倒U形关系。从企业微观生产的角度来看,在利率水平本身较高时,降低利率可以通过为企业降低生产成本的方式提高企业的经营绩效;而当利率水平较低时,降低利率可能会对企业的经营绩效产生不利影响。无论是宏观加总角度还是企业微观生产角度,降低利率产生不利影响的本质原因是投资项目存在异质性,不同的投资项目具有不同的风险水平,且企业具有完全信息,能够感知市场上投资项目的质量,随着利率水平的不断下降,企业的投资成本也不再下降,很多在高利率水平下看起来无利可图的项目在低利率水平下变得有利可图,由此企业会扩大生产规模,而此类项目往往具有更高的风险结构,投资于该类项目会导致企业承担更大的风险。由此,利率产生不利影响的关键在于,降低利率提高了企业的风险承担水平,为了对此渠道进行验证,我们采用模型(4.6)的回归设定进行检验。

$$Z\text{-}SCORE_{i,t} = \alpha_1 + \beta_1 r_{i,t} + \gamma X_{control} + \mu_i + \varepsilon_{i,t} \qquad (4.7)$$

(4.7)式中 $Z\text{-}SCORE_{i,t}$ 为企业的风险承担水平,我们参照李建军和韩珣(2019)的研究设计,采用 Altman 的 Z 指数衡量企业的风险承担,Z 得分越高,表示企业发生财务危机的概率越小,企业越安全,相应的企业风险承担水平越低。核心解释变量为实际利率 $r_{i,t}$,与上文的设计保持一致,我们采用经过物价调整后的一年期存款利率进行代理,$X_{control}$ 为控制变量与上文分析保持一致,同时由于实际利率水平与时间固定效应存在多种共线性,由此在模型(4.6)的设定中不包含时间固定效应。由于利率水平越低,低质量项目的可接受度越高,由此企业的风险承担能力越强,我们预期 $r_{i,t}$ 的回归系数 β_1 显著为正。回归结果如表4-17所示:

表 4-17　低利率与企业风险承担

变　量	Z-SCORE (1)	Z-SCORE (3)	Z-SCORE (4)
r	12.191 0*** (23.468)	6.948*** (11.686)	3.472 7*** (4.86)
$lnasset$			−3.216*** (−6.48)
ppe			−0.000 (−1.54)
$opencash$			0.000 0 (0.662)
个体固定效应	否	是	是
样本量	43 808	43 808	40 154
R^2	0.012 4	0.273 7	0.269 6

表 4-17 展示了模型(4.7)的回归结果。其中第(1)列为单变量回归结果,第(2)列为控制企业层面固定效应的回归结果,第(3)列为包含控制变量的回归结果。从第(1)列至(3)列的回归结果可以看出,在不同回归模型设定下,实际利率回归系数始终在1‰的统计水平下显著为正,也即若利率水平越低,Z-SCORE 越低,企业的财务危机可能越严重,企业风险承担情况越高。上述结果可以表明利率下降会鼓励企业的冒险行为,导致承担更大风险,由此**假设3**成立。

4.3　负利率、实体经济与金融系统性风险

前两节分别从实体经济发展与企业生产经营的角度分析了低利率环境下降低利率可能会带来的经济后果。利率降低的好处在于降低了生产成本,刺激企业投资;利率降低的坏处在于提高了企业的风险承担水平,鼓励企业参与高风险投资项目。企业的投资行为又会通过借贷关系以及股权交叉进一步传导至金融系统。在经济下行期间,企业经营绩效的下降导致经济增长水平的降低,利率的降低又鼓励企业的冒险行为造成经营绩效的进

一步下降,经济增长水平的进一步降低,最终造成负向螺旋,并影响到金融系统,引至金融系统性风险。由此,本章在前述章节讨论的负利率和实体经济发展水平的基础上延伸至金融市场,讨论负利率、实体经济以及金融系统性风险间的关系。

4.3.1 研究假设

降低利率的本意是给企业降低投资成本,通过拉动投资的方式促进经济增长。然而在低利率的背景下,市场上存在"资产荒",利率的下降可能会让风险较大的劣质项目进入市场,从而加大经济系统的风险。而企业的主要融资渠道有两个层面:一是依赖于银行体系的信贷;二是依赖于非正规金融体系,例如影子银行。上一章的分析表明,利率下降会激发企业的脱实向虚倾向,助长企业的金融化行为,而企业"脱实向虚"的行为,会使资金从实体经济回流到金融体系,造成虚拟经济的过度膨胀,加速了经济泡沫化进程,加大了金融体系的金融系统性风险(李思龙,2017)。另一方面,经济下行的背景下,实体企业的经营绩效下降,而金融系统通过股权和借贷、实体经济产生关联,实体经济的风险极易传导至金融市场形成金融系统性风险。与之相反,在利率水平较高时,平均而言,实体经济的回报率高于金融市场,降低利率会激励企业进行投资,扩大生产规模。虽然金融市场通过股权、借贷等方式与实体经济相连接,但是高速的经济增长并不会给金融体系带来风险。据此,提出本小节的研究**假设1**:

假设1:当利率水平较低时,降低利率会放大金融市场系统性风险;当利率水平较高时,降低利率不会增加银行系统性风险。

实体经济的风险通过股权关系以及借贷网络传导至金融市场。长期以来,以银行主导的间接融资在我国金融体系中占据主导地位。经济下行的背景下,降低利率会激发企业的风险投资行为,导致企业投资于高风险项目,从而提高银行的不良贷款率,最终提升金融系统性风险。随着我国经济增长速度的下降,银行面临的信贷风险不断加大,商业银行的不良贷款率也有出现回升。数据显示,自2014年起到2021年,商业银行的平均不良贷款率从1.25%上升到1.74%。与之伴随的是政策利率的不断走低。即降低利率可能导致企业的风险投资行为,提高银行的不良贷款率,最终增加银行承担的金融系统性风险。据此提出本小节的研究**假设2**:

假设2:降低利率通过提高银行不良贷款率的途径放大金融系统性风险。

4.3.2 实证设计及分析

我们首先从宏观层面检验利率与系统性风险间的关系。参照 4.1 节的研究设计,我们首先基于跨国比较的视角进行分析,采用模型(4.8)检验研究假设 1:

$$SYS\_RISK_{i,t} = \alpha_1 + \beta_1 R_{i,t} + \gamma X_{control} + \mu_i + \tau_t + \varepsilon_{i,t} \quad (4.8)$$

模型(4.8)中被解释变量 $SYS\_RISK_{i,t}$ 为世界各国的金融系统性风险代理变量。我们采用 DMES 度量该国所有金融机构的金融系统性风险,并进行加总形成 SYS_RISK 测度,SYS_RISK 越高,表明该国的金融系统性风险越大。SYS_RISK 的数据来自波动率实验室提供的 GMES 指标[①]。V-Lab 提供的各国动态系统性风险分析试图衡量各国主要金融公司存在的系统性风险。其通过计算一家公司在所在国的潜在金融危机中的预期资本缺口来度量系统性风险承担。该计算在概念上同金融公司普遍采用的压力测试类似。核心解释变量为各国的政策利率,参照主流文献的做法,我们采用再贴现率进行度量,数据来源于 CEIC 数据库。控制变量选取与第一节保持一致,我们控制了各国的消费占比、投资占比以及对外投资占比。由于 CEIC 数据库中再贴现率的缺失比例较高,由此,经过处理后共形成 688 个国家-年份的非平衡面板数据。

表 4-18 宏观角度

变量	低利率 Sysr (1)	低利率 Sysr (2)	低利率 Sysr (3)	高利率 Sysr (4)	高利率 Sysr (5)	高利率 Sysr (6)
R	−339.293 8*** (−3.26)	−170.889 7*** (−2.82)	−163.961** (−2.54)	−15.223 5* (−1.95)	−3.232 5 (−0.68)	−3.450 6 (−0.69)
Consume			9.610 9 (0.67)			0.402 1 (0.09)
Invest			−14.916 5 (−0.64)			−0.678 5 (−0.12)

---

① https://vlab.stern.nyu.edu/zh/docs/srisk/DMES.

续 表

变 量	低利率			高利率		
	Sysr (1)	Sysr (2)	Sysr (3)	Sysr (4)	Sysr (5)	Sysr (6)
FDI			0.941 3 (0.43)			4.829 5 (1.53)
时间固定效应	否	是	是	否	是	是
个体固定效应	否	是	是	否	是	是
样本量	297	297	282	391	391	366
R^2	0.031 6	0.034 9	0.030 1	0.007 2	0.009 8	0.008 6

表4-18对应了模型(4.8)的回归结果。根据第一节的理论分析以及上文的研究假设,在讨论利率变化对金融系统性风险影响时需要考虑利率水平。由此参照4.1.5的研究设计,基于政策利率是否大于3%,我们将样本划分为低利率组以及高利率组。第(1)(2)(3)列为低利率组的样本。其中第(1)列为单变量回归结果,第(2)列为固定效应回归结果,最后一列为同时包含固定效应以及控制变量的回归结果。我们发现,在不同模型设定下,利率与系统性风险间呈现出高度负相关关系。在利率水平较低的情况下,利率越低,系统性风险越高。第(4)(5)(6)列为高利率组的样本。其中第(4)列为单变量回归结果,第(5)列为固定效应回归结果,最后一列为同时包含固定效应以及控制变量的回归结果。我们发现,在固定效应以及控制变量设定下,利率与金融系统性风险间的负相关关系不再显著。也就是,当利率水平较高时,降低利率并不会增加系统性风险。由此验证本节**假设1**。

表4-18的分析基于跨国比较视角。接着,我们从微观视角——银行的风险承担角度进行分析。降低利率直接影响企业的借贷成本,在利率走低的过程中,银行贷款规模也在不断增加,而投资收益率的下降会增加银行不良贷款的可能性,由此利率下降,可能通过增加银行不良贷款的渠道影响金融系统性风险,我们采用模型(4.9)至(4.11)进行实证检验:

$$SYS\_RISK_{i,t} = \alpha_1 + \beta_1 R_{i,t} + \gamma X_{control} + \mu_i + \varepsilon_{i,t} \tag{4.9}$$

$$NPRL_{i,t} = \alpha_1 + \beta_1' R_{i,t} + \gamma X_{control} + \mu_i + \varepsilon_{i,t} \tag{4.10}$$

$$SYS\_RISK_{i,t} = \alpha_1 + \beta_1 NPRL_{i,t} + \gamma X_{control} + \mu_i + \varepsilon_{i,t} \quad (4.11)$$

模型(4.9)中 $SYS\_RISK_{i,t}$ 代表 i 银行在 t 年的系统性风险水平，采用 Co-Var 进行度量，r 为利率水平，参考 4.2.2 的研究设计，采用经过调整后的银行一年期存款利率进行代理。控制变量包括银行的营业收入(YYSR)、净利润(JLR)、总资产(ZZC)、非利息收入占比(FLXSRZB)、手续费以及佣金收入(SXF)。我们预期，利率越低，银行的系统性风险水平越高，也即 β_1 负向显著。模型(4.9)用于检验是否利率水平的下降会导致银行不良贷款率的提升(NPRL)，我们预期利率越低，不良贷款水平越高，即 β_1' 高度负向显著。模型(4.10)用于检验银行的不良贷款率与金融系统性风险间的关系，我们预期银行的不良贷款率越高，其金融系统性风险越大。

表 4-19 低利率、不良贷款与金融系统性风险

变量	Cor_Sysr (1)	NPLR (2)	Cor_Sysr (3)	Cor_Sysr (4)	NPLR (5)	Cor_Sysr (6)
R	-0.033 3*** (-18.25)	-0.872 4*** (-12.54)		0.794 3*** (-5.60)	-0.697 9*** (-2.83)	
NPLR			0.811 9*** (10.00)			0.407 5* (2.14)
YYSR				0.000 1 (0.68)	0.000 3 (1.52)	0.000 1 (0.51)
JLR				0.000 2 (0.42)	-0.002 9* (-1.82)	0.000 3 (0.48)
ZZC				0.000 0 (0.31)	0.000 0 (1.05)	0.000 0 (1.05)
FLXSRZB				0.022 3** (2.37)	0.003 8 (1.04)	0.026 0** (2.19)
SXF				-0.001 2** (-2.51)	0.001 0 (1.46)	-0.000 9 (-1.74)
个体固定效应	是	是	是	是	是	是
样本量	130	343	130	130	336	130
R^2	0.673 6	0.030 0	0.485 1	0.747 7	0.036 7	0.70

表 4-19 为中介效应模型的回归结果。其中第(1)(2)(3)列为单变量回归,第(4)(5)(6)列为控制变量回归。第(1)列结果显示,利率和金融系统性风险间呈现出负相关关系,即利率越低,银行所承担的系统性风险越高。回归之前的分析,当利率水平很低时,市场上缺乏优质的投资项目,企业被迫选择投资于风险较高的项目,由此造成企业的利润下降。而企业的融资来源是银行系统,由此企业对低质项目的投资造成的业绩下滑可能体现在银行系统的不良贷款率上,由此第(2)列的回归结果表明利率和银行不良贷款率间存在负相关关系,利率越低,银行的不良贷款率越高。最后我们检验银行不良贷款率与金融系统性风险间的关系,我们发现两者呈现出正相关关系,即不良贷款率越高,银行的金融系统性风险水平越高。通过第(1)(2)(3)列的回归结果,利率下降—企业 ROE 下降—银行不良贷款率提升—金融系统性风险提高是低利率背景下金融系统性风险形成的重要微观机制。第(4)(5)(6)列控制对系统性风险和不良贷款率有影响的银行层面特征后,该机制渠道仍然成立。

本章小结

本章从跨国比较、企业视角以及银行视角三方面,分析了负利率时代实体经济对金融系统性风险的影响及其渠道。考虑企业投资项目异质性后,本章发现降低利率既存在提升投资规模的总量效应,又存在提高企业风险投资的结构效应。两种效应相互权衡最终导致实际利率与经济增长间存在非线性的倒 U 形关系。当利率水平较高时,总量效应占主导地位,降低利率能够有效刺激经济增长;当利率水平较低时,结构效应占主导地位,降低利率不利于实现经济增长。实证分析部分,本章通过跨国面板数据对两种效应进行验证,结果表明,在低利率背景下,继续降低利率不利于经济高质量增长。相较于发达国家,我国当前利率水平存在比较优势,仍有政策空间,宽松型货币政策仍然能够有效发挥作用,促进经济增长。而欧美各主要经济体,长期处于低利率乃至负利率环境下,进一步降低利率极有可能加大企业冒险行为,影响经济稳定。

结合我国企业的经营数据,本章进一步从微观角度分析了利率与企业经营绩效间的关系。本章发现利率与企业经营绩效间也存在倒 U 形关系。当利率水平较高时,降低利率可以有效降低企业生产成本,刺激企业进行投资;然而当利率水平较低时,降低利率提高了企业的风险承担水平,从而对企业经营绩效产生不利影响。降低利率对企业生产造成不利影响的原因主要在于增加企业的风险偏好以及促进企业金融化（脱实向虚）。进一步，本章还发现降低利率的不利影响主要体现在非国有企业、中小微企业以及经济发展欠发达地区。

最后，通过对银行经营数据进行分析，本章发现利率的下降通过增加银行不良贷款率的方式传导至金融市场，从而增加金融系统性风险。跨国比较发现，利率下降增加金融系统性风险主要在利率水平较低的国家中显著。由此论证了低利率背景下，利率下降—风险承担/脱实向虚—不良贷款率—金融系统性风险的微观传导机制。

第5章

系统性风险的测度

5.1 系统性风险测度概述

系统性风险是指导致金融体系部分或全面瘫痪、金融服务大范围中断、给实体经济部门带来严重破坏的风险。从定义中不难发现,要精确衡量金融系统性风险,必须从整个系统内部机构间的关联程度、危机触发后的传染性和损失程度上着手衡量。

5.1.1 亚洲金融危机爆发前后的测度方法

早在 1997 年亚洲金融危机爆发前后,不少机构便通过历史数据构建综合指标,如:FR 概率模型(Frankel and Rose,1996)、KLR 信号(Kaminsky et al.,1998)、金融稳定指数(End and Tabbae,2005)和 IMF 的金融稳健指标,试图以此找出能提前预测金融系统性风险的预警指标。Sachs et al. (1996)收集了 20 个新兴市场国家横截面数据,运用 STV 模型建立了预警机制。Kaminsky et al.(1998)提出 KLR 信号模型,该方法通过历史数据确定危机触发阈值以达到预警功能。Kumar et al.(2002)综合了 KLR 信号模型和 FR 模型,运用 Simple Logit 模型提高了对货币危机的预警水平。Illing and Liu(2003)收集了加拿大股票、债券、外汇、银行等部门数据,筛选出 9 个具有代表性的变量构建出金融压力指数。相比于 IMF 的金融稳健指标,金融压力指数的优点在于能更为直观地反映一国或部分地区所面临的金融系统性风险的大小,然而该指标的缺陷在于构建指标所需数据较少且往往信息滞后,导致指标无法与危机同步,难以起到很好的预警作用。

5.1.2 次贷危机爆发后的测度方法

2008 年次贷危机爆发之后,系统性风险检测和度量方法呈现多元化趋势:

一是根据风险传染性和机构间关联程度衡量金融系统性风险的方法,包括网络分析法(Network Analysis Approach)、共同风险模型法(CoRisk)、困境依存矩阵(Distress Dependence Matrix,DDM)和违约强度模型法(Default Intensity Model,DIM)。Müller(2003)首次使用网络分析法识别不同银行不同网络结构,利用神经网络度量金融系统性风险。Upper(2007)使用最大熵方法研究单个银行与总行资产负债表上的双边关联关系。但是,此类方法的缺点在于双边敞口的金融数据一般较难获取,因此可操作性较低,实用性不高。

二是基于金融市场相关数据测算系统性风险的损失及损失概率的简式方法(Reduced-form Approach),包括灾难保费法(Distressed Insurance Premium,DIP)、风险价值(Value at Risk,VaR)和条件风险价值法(Conditional VaR,CoVaR)、边际期望损失法(Marginal Expected Shortfall,MES)和系统性期望损失(Systemic Expected Shortfall,SES)等。简式方法主要有两大类:第一大类是根据收益率相关变化衡量系统性风险。Huang et al.(2009)提出了灾难保费法(Distressed Insurance Premium,DIP),计算出在极端困境下系统遭受损失的条件期望,它需要计算四个参数:风险中性违约概率(risk-neutral PDs)、违约损失率(LGDs)、资产回报相关系数和权重,DIP法的假设前提较为严格,要求有效市场和风险中性概率测度,这在现实中很难得到满足。第二大类通过金融市场收益率在统计学上的"尾部行为"(Tail behavior)来度量金融系统性风险和单个机构对整个金融系统的风险外溢性(或称风险贡献程度)。这类方法又可以分为"自下而上"(Bottom-Up)和"自上而下"(Up-Bottom)分析法。"自下而上"法是以单个金融资产处于极端困境(如破产)为条件估计整个金融系统的风险,代表性研究有CoVaR:Adrian and Brunnermeier(2008)使用分位数回归构建了条件风险价值(CoVaR)用以度量系统性风险,该方法用以衡量整个金融系统(目标金融机构以外的其他金融机构)处于高风险困境时目标金融机构面临的风险和损失。"自上而下"法是先确定出整体系统性风险,之后在发生系统性风险的情况下计算并分配各个金融机构的风险贡献程度,代表性研究有MES和SES:Acharya et al.(2017)基于ES提出了系统性期望损失(SES),并验证了MES和杠杆率作为SES的线性指标可以对其有良好的预测能力。MES和SES具有可加性,解决了*CoVaR*的缺陷,同时也考虑了杠杆率对系统性风险的重要影响。

Gray and Jobst(2010)基于Merton模型提出了或有权益分析法

(Contingent Claims Analysis，CCA)，该方法通过股权价值、债务价值、波动率和无风险利率等信息推算出信用违约概率和债权人预期损失(EL)，具有较高的准确性和前瞻性等优势，同时数据来源为市场数据，因此也有一定的可操作性。Brownlees and Engle(2012)在 MES 基础上提出了系统性风险(SRISK)测量指标，并通过此种方法成功捕捉到 2008 年金融危机的早期症状。SRISK 指标所需数据均来自公开市场上的数据，因此具有较强的可操作性。但是与 MES 不同，SRISK 强调在一个更长的期间内，依据长期的预期资本短缺来识别系统重要性金融机构。Benoit et al.(2011)通过对比 MES 和 CoVaR 两种方法，并基于美国金融公司数据研究了 VaR、ES、MES 和 CoVaR 之间的关系。Girardi and Ergün(2013)在 ΔCoVaR 基础上提出了广义 ΔCoVaR，并以此解决 CoVaR 在极端情况下容易被低估的问题。

此外，还有全世界范围内广泛应用的压力测试法情景分析以及各国金融监管机构开发的预警工具，例如国际货币基金组织(IMF)系统性风险早期预警系统(Early Warning System，EWS)、英国系统性机构风险评估系统(Risk Assessment Model of Systemic Institutions，RAMSI)、欧洲央行采用的改进的综合指数法(Composite Indicator of Systemic Stress，CISS)、韩国央行的宏观审慎政策系统性风险评估模型(Systemic Risk Assessment Model for Macroprudential Policy，SAMP)等。

5.1.3 国内系统性风险测度的相关研究

国内不少研究者借鉴国外度量方法，运用中国经济金融数据建立中国金融市场监测预警系统。冯芸和吴冲锋(2002)基于综合指标法，结合波动率指数、股指、M2、经常性项目与 GDP 之比等经济指标提出了多指标预警流程，将流程划分为长、中、短期三个层次，并对 1997 年亚洲货币危机进行回测，研究表明该流程有较好的预警功能。张元萍(2003)使用 KLR 模型和 STV 模型对我国金融风险进行实证研究，研究表明我国应重点防范国际资本冲击和银行金融风险带来的系统性风险。范小云等(2011)综合运用 MES 和 CoVaR 等方法对我国金融机构系统性风险进行测算，研究发现边际风险和杠杆较高的金融机构在危机发生时贡献比较大。方意等(2012)利用 DCC-GARCH 模型和随机模拟法对我国金融市场系统性风险进行测算，研究表明，MES、杠杆率和机构规模是影响我国金融市场系统性风险的重要因素。梁琪等(2013)运用 DCC-GARCH 模型构建了 SRISK 指标，并采用 Scaillet(2005)的非参数估计综合度量了 34 家金融机构的系统性风险。苟文均等(2016)使用CCA模型研究债务杠杆与系统性风险传染机制问题,结果表明债务杠杆率攀升是导致我国经济各部门风险水平上升的重要原因,并且会通过股权和债权两个渠道影响系统性风险。

从上述跟踪系统性风险检测度量法中不难看出,在次贷危机爆发后综合简式方法作为一种用法灵活、可操作性强、可简可繁的方法受到多数国家机构和研究者的青睐。此类方法无须对市场做过多的前提假设,仅需要相当数量的历史数据便可对系统性风险做全面度量和检测,这对于起步较晚、某些体系尚不完善的中国金融市场有相当重要的借鉴意义。在这其中,条件风险价值(CoVaR)、增量条件风险价值(ΔCoVaR)、边际期望损失(MES)、系统期望损失(SES)和系统性风险指标(SRISK)是现如今较为主流的系统性风险度量方式。因此,本书将在接下来的章节中详细介绍各类系统性风险的测度方法。

5.2 系统性风险的度量方法

系统性风险的度量指标有条件风险价值、边际期望损失等,而风险价值(VaR)和期望损失(ES)这两个度量指标,是众多衡量系统性风险指标的基础,之后的CoVaR、ΔCoVaR、分位数CoVaR以及MES等方法都是基于VaR和ES的基础演化而来的。本节首先介绍VaR以及ES的构建方法,之后开始介绍CoVaR、ΔCoVaR、分位数CoVaR、MES、SES等主要系统性风险指标的度量方法。

5.2.1 风险价值(VaR)与期望损失(ES)

5.2.1.1 风险价值(VaR)概述

风险价值(Value at Risk,VaR)也称在险价值,是指给定置信水平(或发生概率)下,某一金融机构或投资组合资产在一定持有期内的潜在最大价值损失。

VaR最早是J. P. Morgan于1994年用来衡量金融风险,金融风险主要分为三类:信用风险、流动性风险和市场风险,而VaR主要用来衡量市场风险。当时,时任总裁Weatherstone要求下属每天下午交易结束后交给他一份能说明未来24小时内公司可能潜在损失的报告。为此,风控管理人员研发了一种可测量不同部门市场风险的方法,并将这些风险体现为一个数值VaR。因此,VaR本质是用来度量市场风险的。与传统风险度量的方法不同，VaR 是基于统计分析基础上的风险度量技术。在计算 VaR 时，它隐含两个假设：一是持有期内投资组合的资产结构保持不变；二是最大损失 VaR 的计算并不考虑极端情况（如股市崩盘或市场突发状况）。在此前提假设下，VAR 表达式如下：

$$Prob(\Delta V \leqslant -VaR) = \alpha$$
$$或 \ Prob(\Delta V > VaR) = 1 - \alpha \tag{5.1}$$

其中，$Prob(\cdot)$ 表示概率函数；ΔV 表示投资组合或证券在持有期内的价值变动；$1-\alpha$ 表示置信水平或概率分布的分位数；VaR 表示在持有期内 α 概率下投资组合所面临的最大损失值。举例来说，当投资者持有某一资产 1 天，假设在置信水平 95% 的情况下，计算得到的 VaR 为 5 万元，则表明该资产在 1 天中有 95% 的可能性损失不超过 5 万元，或称该资产在未来 1 天内有 5% 的可能性会发生超过 5 万元的损失。

5.2.1.2 风险价值的性质

$VaR_\alpha(X)$ 在一定持有期内，投资组合或证券资产在概率 α 下的风险价值，$Loss$ 为损失函数。风险价值满足三个性质：

(1) 单调性（Monotonicity），若损失 $X_1 \geqslant X_2$，则有 $VaR_\alpha(X_1) \geqslant VaR_\alpha(X_2)$；

(2) 正齐次性（Positive Homogeneity），风险价值满足 $k \times VaR_\alpha(X) \geqslant VaR_\alpha(k \cdot X)$，其中 k 为任意正数；

(3) 平移不变性（Translation Invariance），对于任意常数 c，都有 $VaR_\alpha(X) \leqslant VaR_\alpha(X) + c$。

但是风险价值（VaR）并不是一致性风险测度，因为 VaR 并不满足次可加性（Sub-additivity），只有当风险测度指标同时满足单调性、正齐次性、平移不变性和次可加性四个性质时，方可称为一致性风险测度（Artzner et al.，1999）。例如，后文会提到的期望损失（Expected Shortfall，ES）和条件风险价值（Conditional VaR，CoVaR）。

5.2.1.3 风险价值的计算

目前 VaR 的计算方法有方差-协方差法（Variance-Covariance）、历史模拟法、蒙特卡洛模拟法（Monte Carlo Simulation）和 GARCH 模型。

(1) 方差-协方差法

方差-协方差法或称参数法（Parametric Approach），有两个前提假定：

① 投资组合或证券资产的各风险因子服从联合正态分布；

② 持有期内投资组合或证券资产的风险暴露与风险因子之间线性相关。

在此前提下 VaR 的表达式如下：

$$VaR = V_p[z_{1-\alpha}\sigma_p - E(R_p)] \tag{5.2}$$

其中，V_p 为投资组合的价值；$z_{1-\alpha}$ 表示在 $1-\alpha$ 置信水平下所对应的分位数绝对值；σ_p 为投资组合的波动率（标准差）；$E(R_p)$ 为投资组合的期望收益率。在确定以上参数的实际数值后，便可算出 VaR 风险价值。

(2) 历史模拟法

在某些情况下，金融数据如投资组合或证券资产的日收益率不服从正态分布，因此运用方差-协方差法计算的投资组合 VaR 值可能会存在偏误，而运用历史模拟法可以避免这种偏差。

历史模拟法是指从当前回溯一段时间内投资组合的历史盈亏，并把盈亏收益率按由大到小或由小到大的顺序排列，从中找到一定置信水平下的盈亏值。如图 5-1，将上证综指自 2017 年以来的历史日收益率由小到大排列，VaR 为 1% 位置对应盈亏值的绝对值。

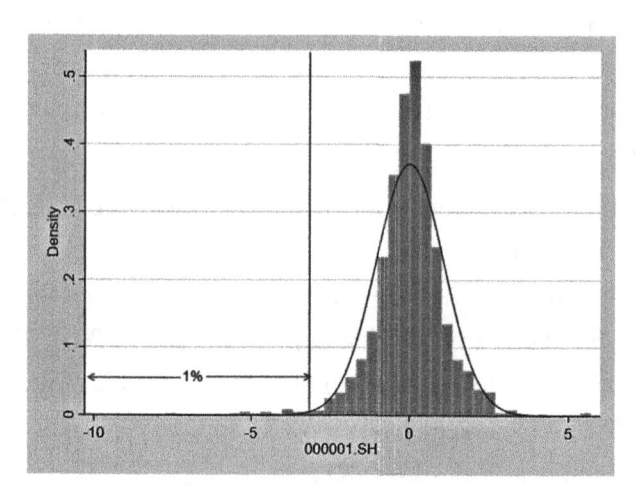

图 5-1 2017—2022 年上证综指收益率直方图

(3) 蒙特卡洛模拟法

蒙特卡洛模拟法又称随机抽样或统计试验方法，本质上是在给定的分布中，随机抽取数并进行计算，由于蒙特卡洛通过大量重复的随机试验进行模拟，因此该方法能较好地逼近真实分布情况，且减少不确定因素干扰。蒙特卡洛模拟可以根据不同资产的定价模式使用不同种类的随机模型进行模拟，比较基础且普遍使用的随机模型是几何布朗运动(Geometric Brownian Motion，GBM)随机模型，GBM是一个马尔科夫过程，因此资产价格遵循随机游走(random walk)，资产价格 P_t 变动的GBM公式如下：

$$\frac{dP_t}{P_t} = \mu dt + \sigma \varepsilon dB_t \tag{5.3}$$

其中，μdt 为漂移项(Drift)，$\sigma \varepsilon dB_t$ 为布朗运动代表随机冲击，且 B_t 期望为0，μ 和 σ 为均值和标准差。模型假设资产价格会"漂移"到预期收益率，但过程中会受到随机冲击，其大小和方向由 ε 决定。

在确定好投资组合中各资产的随机过程和价格分布后，蒙特卡洛模拟抽样步骤如下：

① 将 i 个资产的当前价格 $p_{i,t}$ 加总计算得出投资组合的当前价值 P_t；

② 在第 i 个资产价值的日百分比变化所服从的分布中(例如GBM)进行一次抽样得到 $dp_{i,t}/p_{i,t}$，并计算第 i 个资产下一个交易日的价格变动：$\Delta p_{i,t+1} = p_{i,t} \times (dp_{i,t}/p_{i,t})$；

③ 计算由抽样获取的下一交易日投资组合的总盈亏 $\Delta P_{t+1} = \sum \Delta p_{i,t+1}$，并重复第②③步骤若干次，将 ΔP_{t+1} 按高低顺序排列形成下一交易日的盈亏概率分布图；

④ 计算置信水平 α 下的一天的风险价值，再根据时间平方根法则(Square Root of Time Rule)计算 n 天 $VaR = \sqrt{n} \times 1$ 天 VaR。

(4) GARCH 模型

Bollerslev et al.(1986)基于ARCH模型提出了广义自回归条件异方差模型(Generalized AutoRegressive Conditional Heteroskedasticity，GARCH)。假定资产的日对数收益率 r_t 满足平稳时间序列条件，根据GARCH模型公式则有：

$$\begin{cases} r_t = \phi_0 + \sum_{m=1}^{M} \phi_m r_{t-m+1} - \sum_{n=1}^{N} \theta_n e_{t-n+1} \\ \sigma_t^2 = \varphi_0 + \sum_{p=1}^{P} \varphi_p e_{t-p+1}^2 - \sum_{q=1}^{Q} \vartheta_q \sigma_{t-q+1}^2 \end{cases} \tag{5.4}$$

其中，GARCH模型的第一行为 r_t 服从 ARMA(m，n)的条件均值过程，$e_t = \sigma_t \varepsilon_t$，$\varepsilon_t$ 服从标准正态分布；第二行为 r_t 服从 GARCH(p，q)的条件方差过程，σ_t^2 为方差；m 和 n 为ARMA的滞后阶数，p 和 q 为GARCH的滞后阶数，其最优滞后阶数可由PACF、ACF、EACF、AIC、BIC等方法判

定；ϕ、θ、φ、ϑ 为 GARCH 模型所要估计的参数。

在运用 GARCH 模型后可以估计出 r_t 的条件均值向前一步预测 $\widehat{r_t}(1)$，以及 r_t 的条件方差向前一步预测 $\widehat{\sigma_t^2}(1)$。在 t 期的信息集 Ω_t 条件下，r_t 服从条件正态分布：$r_t \mid \Omega_t \sim N(\widehat{r_t}(1), \widehat{\sigma_t^2}(1))$，从而可以算出持有资产一天的风险价值：

$$VaR = \widehat{r_t}(1) + z_{1-\alpha}\widehat{\sigma_t}(1) \tag{5.5}$$

其中，α 为上尾概率，$z_{1-\alpha}$ 为标准正态分布分位数。如果 ε 服从自由度为 k 的 t 分布，则持有资产一天的风险价值为：

$$VaR = \widehat{r_t}(1) + \frac{\widehat{\sigma_t}(1)}{\sqrt{k/(k-2)}} t_{1-\alpha}(k) \tag{5.6}$$

其中，为 $t_{1-\alpha}$ 为 t 分布的 $1-\alpha$ 分位数，$\sqrt{k/(k-2)}$ 是通过自由度 k 对分位数 $t_{1-\alpha}$ 值进行标准化。

5.2.1.4 风险价值 VaR 的优势与局限

(1) VaR 的优点

① 可以简单明了地表示金融风险的大小，没有任何技术色彩、没有任何专业背景的投资者和管理者都可以通过 VaR 值对金融风险进行评判；

② 提供了计量金融风险的统一标准，可以测量不同市场因子、不同金融工具、不同业务部门及不同金融机构投资组合的风险敞口；

③ 充分考虑了不同资产价格变化之间的分散化效应和对降低风险的贡献，考虑了金融机构中不同业务部门对总体投资组合风险的分散化程度；

④ 可以事前计算风险，区别于以往风险管理的方法都是在事后衡量风险大小。

(2) VaR 的局限性

① VaR 指标会受制于其一系列假设前提，从而使得模型在应用时受到一定限制。VaR 模型假定历史数据能代表样本总体，这意味着在估计损失时也是基于"历史在未来会重现"这一假设。而现实中，历史数据往往难以覆盖真实风险的全貌，某些估计量可能只是数据挖掘的结果，因此，VaR 指标的使用存在着一定的模型风险。

② 多数情况下 VaR 指标衡量的是在市场正常运行的情况下金融机构的损失，无法对一些外生冲击如市场上突然状况、意外的利率调整或税收政策等做出应对。由于 VaR 没有考虑极端困境的情况，从定义公式中不难发

现 VaR 代表着一定置信区间内可能的最大损失,但是它并未很好的度量尾部风险,不能排除高于这个潜在临界损失的其他可能。所以在风险管理中,需要依靠其他风险指标综合考虑风险。

③ 一般 VaR 指标只能度量可交易资产的风险,如股票、债券、基金等,而一些不可交易资产如存、贷款,不存在连续的价格(收益率)序列,难以通过 VaR 计量风险。

5.2.1.5 期望损失(ES)概述

由于风险价值(VaR)不满足次可加性,并非一致性风险。因此,风险价值只是损失函数的分位数,并没有将超出 VaR 那部分损失的可能性考虑在内,无法详尽地刻画损失的尾部风险。为此,Acerbi and Tasche(2002)提出将期望损失(ES)作为一致性风险测度。

在给定置信水平 $1-\alpha$ 下,期望损失(ES)的具体表达式为:

$$ES_{1-\alpha}(X) = E(X \mid X > VaR_{1-\alpha}(X))$$

$$= \frac{\int_{VaR_{1-\alpha}}^{\infty} xf(x)dx}{\alpha}$$

$$= \frac{\int_{-\infty}^{\infty} I(x > VaR_{1-\alpha}) xf(x)dx}{\alpha} \tag{5.7}$$

其中,X 达标机构或者某一资产遭受到损失、价值变化或者是收益率,α 为概率水平。$I(\cdot)$ 为示性函数,当满足括号内的条件时(即 $x > VaR_{1-\alpha}$)判定为真,函数值等于 1 否则取 0。上述公式表达的经济含义是期望损失为资产损失 X 超过 VaR 条件下的平均损失。

期望损失不仅满足风险价值的单调性、正齐次性和平移不变性,并且还满足次可加性(Sub-additivity):

对于任意随机变量 X_1、X_2,期望损失(ES)都满足

$$ES_{1-\alpha}(X_1) + ES_{1-\alpha}(X_2) \geqslant ES_{1-\alpha}(X_1 + X_2) \tag{5.8}$$

其中,X_1、X_2 表示任意两个金融资产头寸损失,α 为概率水平。次可加性公式所要表达的经济含义是在 $1-\alpha$ 置信水平下,任意两个金融资产头寸合并后所遭受的损失都不会大于合并前的损失之和。

5.2.1.6 期望损失的度量

根据定义(5.7)可知,期望损失(ES)的经济含义是当机构或者某一资产处于 α 概率的极端财务困境时,所有大于这个 α 概率临界值损失 ($VaR_{1-\alpha}$)

的平均值。因此,在实际构建 ES 指标时,可以根据定义收集数据进行计算。例如,计算某一银行股在最低 5% 情况下的期望损失(ES):

(1) 收集一段时间内的股价的日收益率;

(2) 找出这些收益率数据中最低 5% 的收益率;

(3) 统计这些低收益率的平均值,将其作为期望损失(ES)。

5.2.1.7 基于风险度量制计算 ES

基于风险度量制(Risk Metrics)的方法是根据 ES 的定义进行一定简化之后的方法,它需要假定 ES 所用到的收益率数据服从某一特定分布,比如正态分布,然后根据这一前提确定波动率再进行计算。

具体方法是:假设资产收益率服从条件正态分布时,持有证券资产或投资组合一天的风险价值表示为 $VaR = z_{1-\alpha} \sigma_p$,则持有一天资产的期望损失(ES)表示为:

$$ES_{1-\alpha} = \frac{f(z_{1-\alpha})}{\alpha} \sigma_p \tag{5.9}$$

其中,α 为上尾概率,$z_{1-\alpha}$ 为标准正态分布分位数,$f(\cdot)$ 为概率密度函数。例如在 $\alpha = 5\%$ 概率下,$z_{1-\alpha} = -1.645$,$f(z_{1-\alpha}) = 0.103$,所以,$ES_{0.95} = 2.063 \sigma_p$。同理,持有期为 n 天的期望损失(ES)为:

$$n \text{ 天 } ES_{1-\alpha} = \sqrt{n} \, \frac{f(z_{1-\alpha})}{\alpha} \sigma_p \tag{5.10}$$

例如,在 $\alpha = 5\%$ 概率下,持有 9 天资产的期望损失为:$ES_{0.95} = 3 \times 2.063 \sigma_p = 6.188 \sigma_p$。

5.2.1.8 基于 GARCH 模型计算 ES

如果 ε 服从标准正态分布,资产收益率服从条件正态分布,根据公式(5.4)可以计算出条件均值向前一步预测 $\hat{r}_t(1)$ 和条件方差向前一步预测 $\hat{\sigma}_t^2(1)$。持有资产一天期望损失 ES 为:

$$ES_{1-\alpha} = \hat{r}_t(1) + \frac{f(z_{1-\alpha}) \hat{\sigma}_t(1)}{\alpha} \tag{5.11}$$

其中,α 为上尾概率,$z_{1-\alpha}$ 为标准正态分布分位数,$f(\cdot)$ 为概率密度函数。

如果 ε 服从自由度为 k 的 t 分布,则持有资产一天的期望损失为:

$$ES_{1-\alpha} = \hat{r}_t(1) + \frac{\hat{\sigma}_t(1)}{\alpha} f\left(\frac{t_{1-\alpha}(k)}{\sqrt{\frac{k}{k-2}}}\right) \tag{5.12}$$

其中，$t_{1-\alpha}$ 为 t 分布的 $1-\alpha$ 分位数，$\sqrt{k/(k-2)}$ 是通过自由度 k 对分位数 $t_{1-\alpha}$ 值进行标准化。

5.2.1.9 期望损失(ES)优势与局限性

(1) ES 的优点

① 期望损失(ES)为金融市场提供了统一的度量风险的标准，并且无需很强的专业背景知识便可以简单地衡量金融风险大小。因此，有一定的普适性，可以度量不同的证券资产、金融工具、金融机构、业务部门的风险敞口。

② 由于期望损失(ES)度量了尾部风险，所以能够更加精确地衡量风险，使管理者能够更准确地了解所面临的风险。

③ 期望损失考虑到不同资产价格的分散化效应和对降低风险的贡献，可以衡量不同机构和业务部门对总体投资组合的风险的分散化程度。同时，区别于以往的事后度量的风险管理，ES 指标可以事先计算。因此，方便管理者提前预估风险。

(2) ES 的局限性

① ES 模型的前提假设与 VaR 相同，也是基于历史数据能代表样本总体，可以用历史推测未来的前提。因此，在使用 ES 指标时也同样存在一定的风险，历史数据并不能反映未来风险的全貌。

② ES 指标仅能度量在市场处于正常情况下的风险，对于一些外生冲击事件则无法预测并度量其风险。这一点也与 VAR 类似，当遇到政府突然降息或减税等政策，它们对市场的波动影响，ES 指标很难做到提前预测。

③ ES 只能度量可交易资产的风险，如股票、债券、基金等，因为这些资产有连续的历史交易记录。而对于不可交易资产，如存款、贷款等，这些资产没有明确连续的价格，ES 指标无法对其进行有效的风险计算。

尽管期望损失(ES)有一定的局限性，但是瑕不掩瑜，ES 在一定程度上也起到预测和量化风险的作用，便于监管当局进行合理的风险管理。随着我国金融市场与国际接轨，金融监管方法也逐步跟上国际，ES 在风险管控中的作用也会越来越突出，效果也会越来越精准。管理者应认识到 ES 在风险管理中的作用，在使用 VaR 指标的同时也应该适当参考 ES 指标，两相参考取长补短，弥补各自不足，从而实施全面的金融风险管理。

5.2.2　条件风险价值(CoVaR)与增量条件风险价值(ΔCoVaR)

对于条件风险价值(CoVaR)与增量条件风险价值(ΔCoVaR)的测度方法一般基于两类回归,一种是使用分位数回归,另一种是使用 GARCH 模型。分位数回归模型的优点在于当数据分布(尤其是金融数据)具有尖峰厚尾性时,它可以比普通最小二乘法(OLS)拥有更稳健的估计,避免出现异方差问题。GARCH 模型的优势在于其波动率方程中加入了自回归项后,可以更好地捕捉条件异方差,精准估计波动率,从而更精确地算出 CoVaR。本节首先介绍如何运用分位数回归的方法构建 CoVaR,随后介绍如何运用各种 GARCH 模型对 CoVaR 进行计算。

5.2.2.1　条件风险价值(CoVaR)

Adrian and Brunnermeier(2016)提出以一些机构处于财务困境状态为"条件",用条件风险价值(CoVaR)来测量系统性风险,具体定义表达式如下:

$$Prob[X^j \leqslant CoVaR_\alpha^{j|C(X^i)} \mid C(X^i)] = \alpha \tag{5.13}$$

其中,$Prob(\cdot)$ 表示概率函数,X^i 代表机构 i 所遭受的损失,X^j 代表机构 j 所遭受的损失,$C(X^i)$ 代表机构 i 遭受损失这一事件,α 为概率水平。因此,以上公式所表达的经济含义是,在机构 i 所遭受的损失处于财务困境的事件 $C(X^i)$ 下,机构 j 的风险价值(有 α 的概率遭受到不大于 $CoVaR_\alpha^{j|i}$ 的损失)。当 j 代表整个金融系统时,条件风险极值可以作为系统性风险的度量指标之一。

从对条件风险价值定义可以看出,CoVaR 通过金融机构与整个金融系统之间的尾部协方差来刻画一方对另一方的风险溢出效应。

5.2.2.2　条件风险价值(CoVaR)的度量

CoVaR 的度量一般运用分位数回归模型对参数进行估计,也可以用 GARCH 模型进行估计,本节主要运用分位数的回归方法。

在分位数回归中,将整个系统的风险价值对单个机构风险价值作回归,得出单个机构的截距项与系数的估计:

$$CoVaR_\alpha^{system|VaR^i} = VaR_\alpha^{system} \mid VaR^i = \widehat{\beta_{0_\alpha}^i} + \widehat{\beta_{1_\alpha}^i} VaR^i \tag{5.14}$$

其中,VaR^{system} 代表整个金融系统的风险价值,一般金融系统可以用银行板块的回报率或者金融板块的回报率作为代表;VaR^i 代表金融机构 i 的风险价值;α 为极端情况发生的概率水平,也是模型所要选取的分位数,一

般可取 1% 或 5% 等,视情况而定;$\hat{\beta}_0$ 和 $\hat{\beta}_1$ 为模型所估计系数。根据公式 (5.14)可拟合出整个金融系统的风险价值,它代表机构 i 对整个系统风险价值的贡献程度即为条件风险价值 $CoVaR_\alpha^{system|i}$ 或记为 $CoVaR^i$。

5.2.2.3 条件风险价值(CoVaR)的时变度量

由于对条件风险价值的度量基于 CoVaR 的时不变性,然而现实情况中条件风险价值往往随时间而改变,因此,Adrian and Brunnermeier(2016)在原有分位数模型中引入了滞后一阶的状态变量,并以此重新估计了条件风险价值。

$$X_t^i = \gamma_0^i + \gamma_1^i\ Control_{t-1}\ \varepsilon_t^i \tag{5.15}$$

$$X_t^{system} = \gamma_0 + \gamma_1\ Control_{t-1} + \gamma_2\ X_t^i + \varepsilon_t^{system|i} \tag{5.16}$$

其中,X_t^i 和 X_t^{system} 分别为 t 期的机构 i 和整个金融系统 $system$ 的价值变化,也可以是回报率;$Control_{t-1}$ 为一阶滞后状态变量。由此可以得到金融机构 i 的风险价值和条件风险价值:

$$VaR_{t,\alpha}^i = \widehat{\gamma}_{0\alpha}^i + \widehat{\gamma}_{1\alpha}^i\ Control_{t-1} \tag{5.17}$$

$$CoVaR_{t,\alpha}^i = \widehat{\gamma}_{0\alpha}^{system|i} + \widehat{\gamma}_{1\alpha}^{system|i}\ Control_{t-1} + \widehat{\gamma}_{2\alpha}^{system|i}\ VaR_{t,\alpha}^i \tag{5.18}$$

其中,$VaR_{t,\alpha}^i$ 为机构 i 的风险价值,它可以由一系列滞后一阶的状态变量 $Control_{t-1}$ 控制,如债券利率、债券利率价差、流动性价差、房地产回报、股市指数等;$CoVaR_{t,\alpha}^i$ 是机构 i 对整个金融系统的条件风险价值;因变量金融系统的回报率对自变量机构的回报率和状态变量 $Control_{t-1}$ 做分位数回归后所得的拟合值即为时变的条件风险价值($CoVaR_{t,\alpha}^i$)。

5.2.2.4 非对称 CoVaR

尽管条件风险价值(CoVaR)模型中的系数 $\widehat{\gamma}_{2\alpha}^{system|i}$ 能反映单个机构对整个金融系统风险的影响,但是这种影响可能是非对称的。例如,银行资产负债表对整个金融系统的负向冲击可能会被低估(Lopez-Espinosa et al.,2012)。因为 CoVaR 并未考虑机构对系统尾部的联动性影响。有鉴于此,Lopez-Espinosa et al.(2012)提出了非对称 CoVaR,用以衡量金融机构对整个金融系统造成冲击时产生的非对称效应。

$$X_t^{system} = \widehat{\gamma}_0 + \widehat{\gamma}_1\ Control_{t-1} + \tau_-^i\ I_{(X<0)}\ X_t^i + \tau_+^i\ I_{(X\geqslant 0)}\ X_t^i + \varepsilon_t^{system|i} \tag{5.19}$$

其中,$I(\cdot)$ 为示信函数,若括号中的条件为真时函数取 1,否则取 0;τ_-^i

和 τ_+^i 分别为系统遭受机构负向冲击和正常情况时所受到的影响。以上公式试图以信号的形式将正、负冲击加以区分，以便辨识出机构对整个系统风险溢出效应的非对称性。

5.2.2.5 基于 GARCH 模型的 CoVaR

之前对于条件风险价值的测度方法皆是基于分位数回归模型构建的，如同计算 VaR 方法一样，计算 CoVaR 时也可以基于其他模型进行构建。例如基于 GARCH 模型估计出回报率的均值方差，从而进一步计算出 CoVaR。因此，本节介绍如何通过 GARCH 模型计算条件风险价值。

(1) 标准 GARCH

Bollerslev(1986)在 ARCH 模型基础上进行改进，于条件方差过程中添加了方差的自回归项，以此来更好地捕捉条件异方差性，这一模型被称为广义 ARCH，也称 GARCH。相较于原来 ARCH 模型，GARCH 可以用一个简单的形式来代表高阶的 ARCH，大幅减少了待估参数的个数。

为了更好地估计 CoVaR 的均值和方差，许多研究开始运用 GARCH 模型对风险价值的均值和方差进行估计。基于 GARCH 模型的 CoVaR 方法与 VaR 类似，首先运用 GARCH 模型后估计出金融系统的回报率 r_t 的条件均值 $\widehat{r_t}$，以及条件方差 $\hat{\sigma}_t^2$ 预测值，标准 GARCH 的 CoVaR 公式如下所示：

$$\begin{cases} r_t = \phi_0 + \sum_{m=1}^{M} \phi_m r_{t-m+1} - \sum_{n=1}^{N} \theta_n e_{t-n+1} + \gamma_1 Control_{t-1} + \gamma_2 VaR_t^i \\ \sigma_t^2 = \varphi_0 + \sum_{p=1}^{P} \varphi_p e_{t-p+1}^2 - \sum_{q=1}^{Q} \vartheta_q \sigma_{t-q+1}^2 + s_1 Control_{t-1} \end{cases}$$
(5.20)

其中，模型的第一行为系统回报 r_t 服从 ARMA(m,n) 的条件均值过程，$e_t = \sigma_t \varepsilon_t$，$\varepsilon_t$ 服从标准正态分布；为了估计时变的条件风险价值，模型中可以纳入状态变量 Control 的滞后一阶；模型中还需要考虑单个金融机构对整个系统的影响，因此还需加入机构的风险价值变量 VaR_t^i。模型的第二行是对条件方差 σ_t^2 的估计。m 和 n 为 ARMA 的滞后阶数，p 和 q 为 GARCH 的滞后阶数，ϕ、θ、φ、ϑ、γ_1、γ_2、s_1 为标准 GARCH 模型所要估计的参数。由此可以算出系统的条件风险价值：

$$CoVaR = \widehat{r_t} + z_{1-\alpha} \hat{\sigma}_t$$
(5.21)

其中，$\widehat{r_t}$ 为使用 GARCH 模型算出的整个系统的回报率估计值，$\hat{\sigma}_t$ 为其条件方差，α 为概率水平，$z_{1-\alpha}$ 为在 $1-\alpha$ 显著水平下正态分布分位

数 $z_{1-\alpha}$。

(2) 指数 GARCH

Nelson(1991)提出的指数 GARCH(Exponential GARCH,EGARCH)模型允许资产的正、负收益率对其波动有非对称影响,并发现美国股市收益率波动具有非对称性。Braun et al.(1995)运用 EGARCH 模型发现利多与利空消息对美国股票市场波动具有非对称现象。因此,在使用 GARCH 模型估计 CoVaR 时,可以使用 EGARCH 模型对收益率的分布,尤其是波动率进行更精确地估计。基于 EGARCH 模型的 CoVaR 测度方法如下:

第一步,使用 EGARCH 模型,对系统的收益率与波动率进行估计:

$$\begin{cases} r_t = \phi_0 + \sum_{m=1}^{M} \phi_m r_{t-m+1} - \sum_{n=1}^{N} \theta_n e_{t-n+1} + \gamma_1 \, Control_{t-1} + \gamma_2 \, VaR_t^i \\ \ln(\sigma_t^2) = \varphi_0 + \sum_{p=1}^{P} g(\varepsilon_{t-p+1}) - \sum_{q=1}^{Q} \vartheta_q \ln(\sigma_{t-q+1}^2) + s_1 \, Control_{t-1} \\ g(\varepsilon_{t-p+1}) = \varphi_p \varepsilon_{t-p+1} + \varphi_p'(|\varepsilon_{t-p+1}| - E|\varepsilon_{t-p+1}|) \end{cases}$$
(5.22)

其中,EGARCH 模型的第一行同标准 GARCH 一样为系统回报 r_t 服从 ARMA(m,n)的条件均值过程;第二行为 EGARCH 条件方差的估计,$\varepsilon_t = e_t / \sigma_t$ 服从标准正态分布,其余变量与标准 GARCH 类似,纳入了状态变量 $Control$ 的滞后一阶变量和机构风险价值变量 VaR_t^i;第三行是对第二行中 $g(\cdot)$ 函数的补充解释,EGARCH 模型非对称性也体现在该函数上:

$$g(\varepsilon_t) = \begin{cases} (\varphi_p + \varphi_p') \varepsilon_t - \varphi_p' E|\varepsilon_t|, & \varepsilon_t \geqslant 0 \\ (\varphi_p - \varphi_p') \varepsilon_t - \varphi_p' E|\varepsilon_t|, & \varepsilon_t < 0 \end{cases} \quad (5.23)$$

其中,序列 $\{\varepsilon_t\}$ 和 $\{|\varepsilon_t| - E|\varepsilon_t|\}$ 均是均值为零、独立同分布的白噪声。当 ε_t 服从标准正态分布时,$E|\varepsilon_t| = \sqrt{2/\pi}$。

EGARCH 模型在条件方差模型中采用对数形式建模,因此相较于一般 GARCH 对于系数非负的限制而言,EGARCH 允许系数可正可负。其次,由于标准 GARCH 的条件方差过程中,波动率(或者说条件方差 σ_t^2)取决于 e_t^2,由于是平方项,也就是说干扰项的正向冲击和负向冲击对波动率的影响是对称的,相较而言,EGARCH 的条件方差过程使用 $g(\varepsilon_t) = g(e_t / \sigma_t)$ 函数,使得波动率取决于 e_t,因此,EGARCH 模型中正、负收益率对波动的影响是不同的,这种非对称性(也称"杠杆效应")体现在 ε_t 前的系数 φ_p。如果

$\varphi_p = 0$，说明正、负冲击对波动率的影响是相同的；如果$\varphi_p \neq 0$，说明正、负冲击对波动率的影响是非对称的。

第二步，在估计出系统收益率与波动率后，根据公式(5.21)算出整个系统的条件风险价值。

(3) 门限 GARCH

门限 GARCH 模型(Threshold GARCH，TGARCH)也能反映正、负冲击对波动率影响的非对称性。Glosten et al.(1993)和 Zakoian(1994)提出门限 GARCH(也称 GJR - GARCH)。Rabemananjara and Zakoian(1993)结合 TGARCH 模型研究发现法国市场存在波动不对称性。Engle and Ng(1993)综合运用 ARCH、EGARCH、GJR - GARCH 等模型研究日本股市，发现在捕捉非对称现象上 GJR - GARCH 模型具有一定优势。因此，除 EGARCH 外，TGARCH 也可以描述波动率的非对称性。基于 TGARCH 的 CoVaR 测度方法具体如下：

第一步，使用 TGARCH 模型，对系统的收益率与波动率进行估计，TGARCH 具体形式如下：

$$\begin{cases} r_t = \phi_0 + \sum_{m=1}^{M} \phi_m r_{t-m+1} - \sum_{n=1}^{N} \theta_n e_{t-n+1} + \gamma_1 Control_{t-1} + \gamma_2 VaR_t^i \\ \sigma_t^2 = \varphi_0 + \sum_{p=1}^{P} (\varphi_p + \varphi_p' D_{t-p+1}) e_{t-p+1}^2 - \sum_{q=1}^{Q} \vartheta_q \sigma_{t-q+1}^2 + s_1 Control_{t-1} \end{cases} \quad (5.24)$$

其中，TGARCH 模型的第一行为 r_t 服从 ARMA(m, n) 的条件均值过程，$e_t = \sigma_t \varepsilon_t$，$\varepsilon_t$ 服从标准正态分布；第二行为 r_t 服从 GARCH(p, q) 的条件方差过程，σ_t^2 为方差；m 和 n 为 ARMA 的滞后阶数，p 和 q 为 GARCH 的滞后阶数；D_t 代表示性函数，TGARCH 的非对称性也体现在该函数上，其函数形式如下：

$$D_t = \begin{cases} 1, & e_t < 0 \\ 0, & e_t \geq 0 \end{cases} \quad (5.25)$$

TGARCH 通过上述示性函数对正、负冲击的影响加以区分：当 e_t 为正时，正向冲击对波动率或者条件方差 σ_t^2 的影响为 φ_p；当 e_t 为负时，负向冲击对波动率或条件方差 σ_t^2 的影响为 $\varphi_p + \varphi_p'$。模型的其余变量与标准 GARCH 类似，纳入了状态变量 $Control$ 的滞后一阶变量和机构风险价值变量 VaR_t^i。

第二步，在估计出系统收益率与波动率后，根据公式(5.21)算出整个系统的条件风险价值。

(4) 非对称幂(ARCH)

Ding et al.(1993)为研究股市中的"杠杆效应",提出了非对称幂(ARCH)模型(Asymmetric Power ARCH,APARCH)。陈学华和杨辉耀(2003)运用APARCH模型计算上证综指的VaR值并与GARCH模型进行对比,研究发现运用APARCH模型所拟合出的VaR值显著优于GARCH模型。因此,除EGARCH模型和TGARCH模型外,APARCH模型也可以描述波动率的非对称性,并以此测算出条件风险价值(CoVaR)。基于APARCH的CoVaR测度方法具体如下:

第一步,使用APARCH模型,对系统的收益率与波动率进行估计,APARCH具体形式如下:

$$\begin{cases} r_t = \phi_0 + \sum_{m=1}^{M} \phi_m r_{t-m+1} - \sum_{n=1}^{N} \theta_n e_{t-n+1} + \gamma_1 Control_{t-1} + \gamma_2 VaR_t^i \\ \sigma_t^\delta = \varphi_0 + \sum_{p=1}^{P} \varphi_p (|e_{t-p+1}| - \varphi'_p e_{t-p+1})^\delta - \sum_{q=1}^{Q} \vartheta_q \sigma_{t-q+1}^\delta + s_1 Control_{t-1} \end{cases}$$
(5.26)

其中,模型的第一行为APARCH模型均值方程,r_t 服从ARMA(m,n)的条件均值过程,$e_t = \sigma_t \varepsilon_t$,$\varepsilon_t$ 服从标准正态分布;第二行为APARCH模型方差方程,指数 $\delta > 0$,参数 φ'_p 用于捕捉非对称性(市场中的"杠杆效应"),$-1 < \varphi'_p < 1$。APARCH模型与其他GARCH模型的区别在于其指数 δ:

当 $\delta = 2$,$\varphi'_p = 0$,$\vartheta_q = 0$ 时,模型为ARCH模型;

当 $\delta = 2$,$\varphi'_p = 0$,$\vartheta_q \neq 0$ 时,模型为GARCH模型;

当 $\delta = 2$,$\varphi'_p \neq 0$,$\vartheta_q \neq 0$ 时,模型为TGARCH模型;

当 $\delta = 1$ 时,模型条件方差方程变为波动率方程,且直接由新息 e_t 表示,而非 e_t 的平方项;

当 $\delta \to \infty$ 时,模型为Log-ARCH模型。

由此可见,ARCH与GARCH模型属于APARCH模型的特殊形式,通过对幂次 δ 的估计可以APARCH模型更精确地拟合波动率。模型的其余变量与标准GARCH类似,纳入了状态变量 $Control$ 的滞后一阶变量和机构风险价值变量(VaR_t^i)。

第二步,在使用APARCH模型估计出系统收益率与波动率后,根据公式(5.21)算出整个系统的条件风险价值。

5.2.2.6 增量条件风险价值(ΔCoVaR)

Adrian and Brunnermeier(2016)将 CoVaR 作为衡量金融市场系统性风险的标准测度,并将极端情况下的 VaR(一般取 1%或 5%的极端情况作为财务困境情况)与普通情况下的 VaR(一般取 50%的情况)按一定条件作差,得到增量条件风险价值(ΔCoVaR),作为单个金融机构对整个金融系统极端风险溢出的衡量指标。条件风险价值的一般形式如下:

$$\Delta CoVaR_\alpha^{j|i} = CoVaR_\alpha^{j|VaR_\alpha^i} - CoVaR_\alpha^{j|VaR_{0.5}^i} \tag{5.27}$$

从公式(5.27)中可以看出 $\Delta CoVaR_\alpha^{j|i}$ 可以衡量机构 i 对机构 j 的风险溢出效应,它表示机构在极端困境下,同期机构 j 所产生的风险价值与机构 i 在正常条件下机构 j 的风险价值之差。当 j 代表整个金融系统时,$\Delta CoVaR_\alpha^{j|i}$ 代表机构 i 对整个金融系统所产生的风险的贡献大小。例如,当 $\alpha = 1\%$ 时,j 代表整个金融系统 $system$,i 代表某家银行 $bank$,则 $\Delta CoVaR_{0.01}^{system|bank}$ 表示在某银行处于1%的极端困境下整个金融系统所面临的风险极值与在正常情况下金融系统所面临的风险极值间的差距,也被称为"风险溢出"效应。因此,增量条件风险极值 $\Delta CoVaR$ 可以作为度量系统性风险的指标之一。

Adrian and Brunnermeier(2016)提出使用 ΔCoVaR 来衡量市场系统性风险。Girardi and Ergün(2013)在 ΔCoVaR 基础上提出了广义 ΔCoVaR,并以此解决 CoVaR 在极端情况下容易被低估的问题。Warshaw(2019)运用 ΔCoVaR 方法研究北美股票市场在次贷危机爆发前后的风险溢出效应。国内学者谢福座(2010)引入 ΔCoVaR 研究中国股、债市场以及亚洲股指之间的风险溢出效应。王永巧和胡浩(2012)认为基于时变 Copula 模型的 ΔCoVaR 能更精确地衡量风险溢出效应,并以此衡量了中美股市之间的风险溢出效应。李丛文和闫世军(2015)运用时变 Copula 和 GARCH 模型对 ΔCoVaR 进行改进,并衡量了影子银行对商业银行的风险溢出效应。欧阳资生和莫廷程(2017)运用分位数回归构建了广义 ΔCoVaR,并考察了我国商业银行间的风险溢出效应。由此可以看出,国内外研究学者均认可 ΔCoVaR 作为衡量风险溢出效应的指标不仅可以帮助投资者进行合理的风险管理,还有利于监管部门对金融市场进行实时监测。

5.2.2.7 增量条件风险价值(ΔCoVaR)的度量

由于计算 CoVaR 的方法有很多,如分位数回归、GARCH 模型等,因此,相应计算 ΔCoVaR 的方法也有很多。以分位数回归的方法计算 ΔCoVaR 为例,根据公式(5.18)和定义公式(5.27)相结合,不难得出:

$$\Delta CoVaR_\alpha^{system|i} = CoVaR^{system|VaR_\alpha^i} - CoVaR^{system|VaR_{0.5}^i}$$
$$= \hat{\gamma}_2^{system|i} VaR_\alpha^i - \hat{\gamma}_2^{system|i} VaR_{0.5}^i$$
$$= \hat{\gamma}_2^{system|i} (VaR_\alpha^i - VaR_{0.5}^i) \tag{5.28}$$

风险价值 VaR_α^i 代表金融机构 i 在 α 概率下遭受到的最大损失,系数 $\hat{\gamma}_2^{system|i}$ 可以看成是反映平均单个金融机构对整个金融系统的风险贡献程度。但由于正、负冲击可能会对整个金融系统产生不对称的影响,因此, $\hat{\gamma}_2^{system|i}$ 可能会低估负向冲击的影响。针对这一情况,可以参考 Lopez-Espinosa et al.(2012)的方法使用非对称 CoVaR 对 ΔCoVaR 进行构建,根据公式(5.19)和定义公式(5.27)结合可以得出:

$$\Delta CoVaR_-^i = \tau_-^i VaR_\alpha^i - \tau_+^i VaR_{0.5}^i \tag{5.29}$$

5.2.2.8 CoVaR 的优点与局限

CoVaR 的优势在于能识别两个个体(金融机构或者资产)的尾部风险之间的关系,并能量化两个金融机构间的关联性。但条件风险价值(CoVaR)法仅考虑了损失分布的 α 分位数,即只考虑了临界值,所以在度量单个金融机构的边际风险损失贡献时,并不能捕捉到极端困境下临界值(门限)以下的尾部风险。其次,由于 CoVaR 不具有可加性,因此,无法通过个体金融机构的风险加总值估计整个金融系统所承受的系统性风险(Adrian and Brunnermeier, 2016)。

5.2.3 边际期望损失(MES)和系统期望损失(SES)

次贷危机爆发后,Acharya et al.(2017)将衡量单个金融机构风险的期望损失 ES 推广到整个金融体系中,提出了边际期望损失(Marginal Expected Shortfall, MES)和系统性期望损失(Systemic Expected Shortfall, SES),利用金融机构数据衡量当市场未发生金融风险时和系统性风险发生时,金融机构对整个金融系统风险(或损失)的边际影响程度。

5.2.3.1 边际期望损失(MES)和系统期望损失(SES)概述

金融机构 i 的边际期望损失(MES)衡量的是在未发生危机时市场表现最差的 α 状况下(通常在整个历史窗口里取最差的5%的收益率),单个金融机构对整个金融系统风险(或期望损失)的边际贡献,比如5%MES表示未发生金融危机时的一段时间内市场日收益处于最坏的5%时,单个金融机构的边际风险贡献。

金融机构 i 的系统性期望损失 SES 衡量的是整个金融系统发生系统性

风险时(一般指十年才会发生一次的极端困境),单个金融机构对整个金融系统风险(或期望损失)的边际贡献。Acharya et al.(2017)基于期望损失提出了系统性期望损失(SES),并验证了 MES 和杠杆率作为 SES 的线性指标可以对其有良好的预测能力。Benoit et al.(2011)通过对比 MES 和 CoVaR 两种方法,并基于美国金融公司数据研究了 VaR、ES、MES 和 CoVaR 之间的关系。

5.2.3.2 边际期望损失(MES)的度量

根据 Acharya et al.(2017)对边际期望损失(MES)的定义,MES 是基于期望损失(ES)构建的。根据之前章节对 ES 的介绍可知,ES 进行一定变换后可以表述为:

$$ES = -\sum \omega_i E(x_i \mid X \leqslant VaR_{1-\alpha}) \qquad (5.30)$$

其中,ω_i 为金融机构 i 价值占整个金融系统的比重。x_i 和 X 分别为金融机构 i 和金融体系的价值变化(或者是收益率),两者间的关系为:

$$X = \sum \omega_i x_i \qquad (5.31)$$

即整个金融体系的价值变化由各个金融机构价值变化加权而成。边际期望损失为单个金融机构对整个金融体系损失的边际贡献:

$$MES \equiv \frac{\partial ES}{\partial \omega_i} = -E(x_i \mid X \leqslant VaR_{1-\alpha}) \qquad (5.32)$$

从上述公式可知,边际期望损失的经济含义为,当整个系统处于极端困境时(即系统的价值亏损超过某一概率 α 的极限 $VaR_{1-\alpha}$),单个金融机构平均会遭受的损失。

5.2.3.3 系统期望损失(SES)的度量

根据 Acharya et al.(2017)对系统期望损失(SES)的定义,令整个金融系统的总资产 A 是所有单个金融机构资产 a_i 之和,整个金融系统的安全资产 K 是所有单个金融机构资产 k_i 之和,即:

$$A = \sum a_i$$
$$K = \sum k_i$$

根据金融监管当局要求,当整个金融系统的安全资本低于其总资产的一定比例 z 时(如《巴塞尔协议》要求的资本充足率),即 $K \leqslant zA$,系统性风险便会发生。而系统性期望损失具体形式如下：

$$SES \equiv E(za_i - k_i \mid K \leqslant zA) \tag{5.33}$$

其中，za_i 代表金融监管当局要求机构 i 所需的安全资本标准；$za_i - k_i$ 代表机构 i 安全资本未能达到目标水平的那一部分缺口数量。

根据上述公式可知，系统性期望损失的经济含义是当系统性风险发生时，即 $K \leqslant zA$，某一金融机构未能达到安全资本目标水平的平均缺失程度。它代表单个金融机构对整个金融系统发生系统性风险的边际贡献程度。

5.2.3.4 基于DCC-GARCH的MES度量

根据 Brownlees and Engle(2012) 的波动模型，单个金融企业收益率 $r_{i,t}$ 与市场收益率 $r_{m,t}$ 服从如下公式：

$$\begin{cases} r_{i,t} = \sigma_{i,t} \rho_{i,t} \varepsilon_{m,t} + \sigma_{i,t} \sqrt{1-\rho_{i,t}^2} \xi_{i,t} \\ r_{m,t} = \sigma_{m,t} \varepsilon_{m,t} \\ (\varepsilon_{m,t}, \xi_{i,t}) \sim F \end{cases} \tag{5.34}$$

其中，$\sigma_{i,t}$ 表示金融股票收益率的条件波动率，$\rho_{i,t}$ 表示机构 i 与市场间的动态相关系数，以上三个参数可以通过DCC-GARCH模型估计得出。$(\varepsilon_{m,t}, \xi_{i,t})$ 是服从均值为0、方差为1、协方差为0的扰动项，F 为随机变量分布。将上述公式(5.34)结合条件期望公式(5.32)可推导出：

$$\begin{aligned} MES = -\sigma_{i,t} \Big[&\rho_{i,t} E_{t-1}\Big(\varepsilon_{m,t} \mid \varepsilon_{m,t} < \frac{C}{\sigma_{m,t}}\Big) \\ &+ \sqrt{1-\rho_{i,t}^2} E_{t-1}\Big(\xi_{i,t} \mid \varepsilon_{m,t} < \frac{C}{\sigma_{m,t}}\Big) \Big] \end{aligned} \tag{5.35}$$

其中，C 为极端情况下系统遭受的损失（未经标准化的收益率），$\varepsilon_{m,t}$ 和 $\xi_{i,t}$ 的尾部条件期望 E_{t-1} 可以直接从满足 $\varepsilon_{m,t} < C/\sigma_{m,t}$ 的条件下，对时间序列 $(\varepsilon_{m,t}, \xi_{i,t})$ 求均值得出，也可以采用非参核估计方式求出：

$$\begin{cases} \hat{E}_h(\varepsilon_{m,t} \mid \varepsilon_{m,t} < C/\sigma_{m,t}) = \dfrac{\sum_{i=1}^n \varepsilon_{m,t} K_h(\varepsilon_{m,t} - C/\sigma_{m,t})}{(n\hat{p}_h)} \\ \hat{E}_h(\xi_{i,t} \mid \varepsilon_{m,t} < C/\sigma_{m,t}) = \dfrac{\sum_{i=1}^n \xi_{i,t} K_h(\varepsilon_{m,t} - C/\sigma_{m,t})}{(n\hat{p}_h)} \\ K_h(t) = \int^{t/h} SymboleB@k(u) du \\ \hat{p}_h = \dfrac{1}{n} \sum_{i=1}^n K_h(\varepsilon_{m,t} - C/\sigma_{m,t}) \end{cases}$$

Brownlees and Engle(2012)认为当样本量较少时,估计量会不稳健,因此,对于尾部条件期望 E_{t-1} 可以采用非参核估计。其中,$k(u)$ 为核函数,h 为正带宽。

5.2.4 长期边际期望损失(LRMES)与金融系统性风险指标(SRISK)

2003 年诺贝尔经济学奖得主 Robert Engle 教授带领团队 Volatility Institute 构建出一种新的度量金融系统性风险的指标,之后于 2012 年、2016 年几经修改,提出了 SRISK 方法(Brownlees and Engle,2012;Acharya et al.,2012)。Acharya et al.(2017)认为在正常情况下单个金融机构面临资本短缺风险时,其他正常运行的金融机构会填补它的位置继续为客户服务,或者被其他机构收购重组后获得资金后继续正常运营。然而,当单个机构的资本短缺发生在整个金融系统遭受资本危机时,那么金融机构的资本短缺会加剧恶化,金融部门的中介服务功能将遭到削弱,负面影响甚至会扩散到实体经济部门。因此,当整个金融系统遭受风险时,面临资本短缺最严重的机构也必然是整个金融系统中系统性风险最大的机构,此时可以用单个机构的资本短缺情况来衡量机构的系统性风险。SRISK 方法可用于计算当类似 2008 年的全球次贷危机再次发生时,金融机构需多少资金量才能覆盖掉亏损,维持金融系统正常运行。除 Brownlees and Engle(2012)外,国内学者梁琪等(2013)运用 DCC-GARCH 模型构建了 SRISK 指标,并采用 Scaillet(2005)的非参数估计综合度量了 34 家金融机构的系统性风险。

5.2.4.1 长期边际期望损失(LRMES)

Brownlees and Engle(2012)认为提前一期的 MES 可以视为短期 MES,而衡量长期 MES 则需要将时间窗口拉长,因此,提出了 LRMES。张晓玫和毛亚琪(2014)在国内首次构建 LRMES 指标衡量中国商业银行的系统性风险。LRMES 定义与 MES 类似,具体形式如下:

$$LRMES_{i,t} = -E(x_{i,t+1:t+h} \mid X_{t+1:t+h} < VaR) \qquad (5.36)$$

其中,x_i 和 X 分别为金融机构 i 和金融体系的价值变化(或者是收益率);$t+1:t+h$ 为从 $t+1$ 期到 $t+h$ 期所需观测的时间窗口,h 一般取 6 个月到 12 个月,具体取值可根据实际需要自行决定。

5.2.4.2 基于 DCC-GARCH 的 LRMES 度量

在使用 DCC-GARCH 模型估计 LRMES 时,第一步应将上市机构股票的收益率转换成对数形式并进行中心化处理,假设 $R_i = \ln r_i$ 和 $R_m = \ln r_m$

分别为机构 i 与市场的对数收益率，$\mathcal{F}_{t-1}$ 为 $t-1$ 时刻的所有信息集，则对数收益率应服从零均值和时变方差的 $\mathcal{D}$ 分布：

$$\begin{bmatrix} R_{i,t} \\ R_{m,t} \end{bmatrix} \bigg| \mathcal{F}_{t-1} \sim \mathcal{D}\left(0, \begin{bmatrix} \sigma_{i,t}^2 & \rho_{i,t}\sigma_{i,t}\sigma_{m,t} \\ \rho_{i,t}\sigma_{i,t}\sigma_{m,t} & \sigma_{m,t}^2 \end{bmatrix}\right)$$

其中，$\rho_{i,t}$ 为机构 i 收益率与市场收益率的条件相关系数，$\sigma_{i,t}$ 为机构 i 的波动率或标准差，$\sigma_{m,t}$ 为市场的波动率，$\rho_{i,t}\sigma_{i,t}\sigma_{m,t}$ 表示机构 i 与市场收益率的条件协方差。

第二步使用 GJR-GARCH 模型来刻画条件动态波动率。由于股市中的金融数据往往具有尖峰厚尾性，正、负冲击所造成的影响并不对称，因此，使用 GJR-GARCH 可以较好地刻画这一波动率状态。其具体表达式如下：

$$\begin{cases} \sigma_{i,t}^2 = \omega_{vi} + \alpha_{vi} R_{i,t-1}^2 + \gamma_{vi} R_{i,t-1}^2 I_{i,t-1}^- + \beta_{vi} \sigma_{i,t-1}^2 \\ \sigma_{m,t}^2 = \omega_{vm} + \alpha_{vm} R_{m,t-1}^2 + \gamma_{vm} R_{m,t-1}^2 I_{m,t-1}^- + \beta_{vm} \sigma_{m,t-1}^2 \end{cases} \quad (5.37)$$

其中，$I_{i,t-1}^-$ 和 $I_{m,t-1}^-$ 为示性函数，当其对应的收益率 $\{R_{i,t} < 0\}$、$\{R_{m,t} < 0\}$ 时，函数值取 1，否则取 0。

第三步使用 DCC-GARCH 模型来刻画动态相关系数。通过波动率调整后的 $\varepsilon_{i,t} = R_{i,t}/\sigma_{i,t}$，$\varepsilon_{m,t} = R_{m,t}/\sigma_{m,t}$：

$$Cor\begin{pmatrix} \varepsilon_{i,t} \\ \varepsilon_{m,t} \end{pmatrix} = \begin{bmatrix} 1 & \rho_{i,t} \\ \rho_{i,t} & 1 \end{bmatrix} = diag(Q_{i,t})^{-1/2} Q_{i,t} \, diag(Q_{i,t})^{-1/2}$$

其中，$Q_{i,t}$ 为伪相关矩阵（Pseudo correlation matrix）。DCC 模型通过伪相关矩阵 $Q_{i,t}$ 建立动态回归方程：

$$Q_{i,t} = (1 - \alpha_{ci} - \beta_{ci}) S_i + \alpha_{ci} \begin{bmatrix} \varepsilon_{i,t-1} \\ \varepsilon_{m,t-1} \end{bmatrix} \begin{bmatrix} \varepsilon_{i,t-1} \\ \varepsilon_{m,t-1} \end{bmatrix}' + \beta_{ci} Q_{i,t-1} \quad (5.38)$$

其中，S_i 为机构或市场的调整后收益率的无条件协方差矩阵，其表达式为 $S_i = E(\varepsilon_{i,t}\varepsilon_{i,t}')$。此外，$\alpha_{ci}$ 和 β_{ci} 参数还需满足：$\alpha_{ci} > 0$、$\beta_{ci} > 0$ 和 $\alpha_{ci} + \beta_{ci} < 1$，以保证伪相关矩阵 $Q_{i,t}$ 为正定矩阵。

第四步使用 GARCH 模型所得参数进行数值模拟。先模拟随机变量 $\{\varepsilon_{i,t}\}$ 和 $\{\varepsilon_{m,t}\}$ 的时间序列，并代入到 DCC-GARCH 模型中拟合出机构和市场的对数收益率 R_i 和 R_m，即：

$$\begin{bmatrix} R_{i,T+t}^S \\ R_{m,T+t}^S \end{bmatrix} \bigg| \mathcal{F}_T \quad \begin{array}{l} s = 1, 2, \cdots, S（共有 S 个季度）\\ t = 1, 2, \cdots, h（一个季度 h 天）\end{array} \quad (5.39)$$

则机构和市场在该季度 h 天内的累计收益率为：

$$\begin{cases} r_{i, t+1:t+h}^s = exp\left\{\sum_{t=1}^h R_{i, T+t}\right\} - 1 \\ r_{m, t+1:t+h}^s = exp\left\{\sum_{t=1}^h R_{m, T+t}\right\} - 1 \end{cases}$$

第五步估计 LRMES。LRMES 的预测值为所有路径下模拟数值的蒙特卡洛平均值：

$$LRMES_{i, T} = -\frac{\sum_{s=1}^S r_{i, t+1:t+h}^s I\{r_{m, t+1:t+h}^s < VaR\}}{\sum_{s=1}^S I\{r_{m, t+1:t+h}^s < VaR\}} \quad (5.40)$$

LRMES 方法不但弥补了 CoVaR 指标在次可加性上的不足，同时还可以衡量长期风险暴露的程度，有利于监管当局实施长期稳定的宏观审慎监管。此外，LRMES 还是另一风险指标 SRISK 的重要组成部分。在测度单个金融机构对整个金融风险贡献程度时，应多方面考虑，将 LRMES 指标纳入风险考核体系之中，结合其他系统性风险指标，综合考虑系统性风险的大小程度。

5.2.4.3 SRISK 的度量

SRISK 的本质是度量资本缺口（Capital Shortfall）的大小，资本缺口越大的金融机构风险也越大，往往也被认为是对整个系统性风险贡献最大的人。其具体度量方法如下：

$$\begin{aligned} SRISK_{i, t} &= E_t(za_{i, t+h} - k_{i, t+h} \mid X_{t+1:t+h} < VaR) \\ &= E_t(z(d_{i, t+h} + k_{i, t+h}) - k_{i, t+h} \mid X_{t+1:t+h} < VaR) \\ &= zE_t(d_{i, t+h} \mid X_{t+1:t+h} < VaR) \\ &\quad - (1-z) E_t(k_{i, t+h} \mid X_{t+1:t+h} < VaR) \\ &= zd_{i, t} - (1-z) k_{i, t}(1 - LRMES_{i, t}) \\ &= k_{i, t}[z\, Leverage_{i, t} + (1-z) LRMES_{i, t} - 1] \quad (5.41) \end{aligned}$$

其中，z 为资本充足率；a 为机构的总资产，它是由机构的债务 d 和权益市值 k 相加而成的；$X_{t+1:t+h}$ 为整个金融系统从 $t+1$ 到 $t+h$ 这段时期的价值变化，一般 X 可以是股市或者银行板块收益率；VaR 为整个金融系统在某一极端情况下（α 概率下）的风险价值。

根据上述公式经过一定变化后可知，金融机构 i 的系统性风险 SRISK 指标的构建主要依赖于 4 个参数：金融机构 i 当前市值 $k_{i, t}$，该数据可以通过 Wind 数据库收集到权益的市值；金融机构 i 当前的近似杠杆率

$Leverage_{i,t}$,它是由债务 $d_{i,t}$ 除以权益 $k_{i,t}$ 所得;资本充足了 z,根据《巴塞尔协议》,一般可取 8%;金融机构 i 的长期边际期望损失 $LRMES_{i,t}$,可以通过 DCC-GARCH 和蒙特卡洛模拟等方法进行计算。如果不进行模拟计算,也可以近似计算,例如,未来 6 个月长期边际期望损失可近似为:

$$LRMES \approx 1 - e^{-18 \times MES} \tag{5.42}$$

其中,MES 表示为一天市场收益率低于 $VaR_{1-\alpha}$ 情况下,机构自身遭受的损失(Acharya et al.,2012)。

由于 SRISK 指标具有可加性,因此,整个市场系统性总风险可以视为各个金融机构风险的加总:

$$SRISK_t = \sum_{i=1}^{N} (SRISK_{i,t})_+ \tag{5.43}$$

其中,$(\cdot)_+$ 表示 $MAX(\cdot, 0)$ 取大于 0 的数值。需要注意的是整个市场的系统性总风险是所有正的 $SRISK_{i,t}$ 值相加,并不包含负的 $SRISK_{i,t}$ 值,也就是说整个市场的系统总风险是所有金融机构的资本缺口的加总,但是并不包含那些有资本盈余(Capital Surpluses)的金融机构。

此外,在许多报告中,机构系统性风险的贡献程度往往以百分比的形式出现。其具体表达形式为:

$$SRISK\%_{i,t} = \begin{cases} \dfrac{SRISK_{i,t}}{SRISK_t} & if \quad SRISK_{i,t} > 0 \\ 0 & otherwise \end{cases} \tag{5.44}$$

上述公式表示,若机构 i 的资本缺口为正,则机构 i 对整个金融系统的风险贡献为自身 $SRISK_{i,t}$ 在总系统性风险 $SRISK_t$ 的占比;若机构 i 的资本缺口为负(即机构有资本盈余),则机构 i 对整个金融系统的风险贡献为 0。

5.2.4.4 SRISK 的优势

构建 SRISK 指标所需数据均来自公开市场上的数据,因此具有较强的可操作性。与 MES 不同,SRISK 强调在一个更长的期间内,依据长期的预期资本短缺来识别系统重要性金融机构。由于 SRISK 在计算过程中同时考虑了市值规模、杠杆率、资本充足率以及关联性等重要因素,其结果大小能够反映单个金融机构抵御风险的能力。同时,SRISK 具有可加性,可以量化且区分出总风险与单个风险。因此,理论上 SRISK 对系统重要性金融机构的识别结果要优于以往的方法。不仅如此，SRISK指标的内在逻辑与国内监管部门的思路也一致，其估计结果和国际上相关的研究结论基本保持一致，有较强的说服力。

5.3 系统性风险的实证分析

5.3.1 变量选取和说明

本节选取中国股票市场沪深两市金融板块上市企业作为研究对象，具体有平安银行、中国太保、海通证券、交通银行、太平洋、长江证券、中国人寿、国金证券、西南证券、陕国投A、工商银行、兴业银行、北京银行、建设银行、宁波银行、中国银行、中信银行、招商证券、东北证券、南京银行、光大证券、浦发银行、华夏银行、民生银行、国元证券、中信证券、招商银行、中国平安，共28家金融机构。样本收盘价收益率的时间窗口选取2010年1月4日至2021年12月31日，一共2916个交易日收益率，数据来源为Wind数据库。

上市公司股价是企业潜在价值最主要的体现方式之一，而股票收益率是投资者对企业资产价值判断最直观的反映。金融机构一边作为股市资金流动性的提供方，一边作为股市的重要参与者，其作用会对整个金融体系产生深远影响。我们首先对上市金融公司日收盘收益率进行描述性统计，统计结果如表5-1所示。

表5-1　上市金融机构股票收益率描述性统计　　　单位：%

金融机构	均值	P25	P50	P75	最小	最大	方差	偏度	峰度
平安银行	0.048	−1.042	0	0.938	−10.02	10.04	4.552	0.373	6.752
中国太保	0.036	−1.158	0	1.140	−10.01	10.01	4.842	0.236	5.338
海通证券	0.020	−1.121	−0.068	0.949	−10.02	10.05	5.662	0.389	7.293
交通银行	0.010	−0.625	0	0.555	−10.05	10.09	2.316	0.333	15.07
太平洋	0.011	−1.220	0	1.120	−10.03	10.13	6.785	0.245	6.652
长江证券	0.033	−1.170	0	1.095	−10.07	10.08	6.538	0.279	6.689

续　表

金融机构	均值	P25	P50	P75	最小	最大	方差	偏度	峰度
中国人寿	0.030	−1.123	−0.064	1.020	−10.01	10.04	4.982	0.605	7.130
国金证券	0.040	−1.304	0	1.249	−10.04	10.06	8.121	0.185	5.750
西南证券	0.017	−1.052	0	0.974	−10.05	10.11	6.071	0.284	7.209
陕国投A	0.044	−1.247	0	1.26	−10.08	10.17	7.900	0.153	6.146
工商银行	0.024	−0.585	0	0.544	−10.06	10.01	1.721	0.253	13.62
兴业银行	0.043	−0.879	−0.049	0.869	−10.02	10.05	3.668	0.408	7.773
北京银行	0.008	−0.678	0	0.641	−9.979	10.05	2.684	0.507	11.27
建设银行	0.031	−0.655	0	0.630	−10.04	10.03	2.236	0.343	11.62
宁波银行	0.076	−1.121	0	1.150	−10.01	10.04	4.717	0.283	6.363
中国银行	0.019	−0.531	0	0.507	−10.04	10.15	1.709	0.696	16.96
中信银行	0.014	−0.826	0	0.745	−10.03	10.09	3.595	0.665	9.996
招商证券	0.036	−1.161	−0.061	0.981	−10.01	10.04	5.953	0.564	7.142
东北证券	0.014	−1.241	0	1.142	−10.03	10.05	7.103	0.222	6.219
南京银行	0.050	−0.896	0	0.895	−10.02	10.04	3.757	0.161	8.208
光大证券	0.023	−1.206	−0.069	1.070	−10.01	10.06	7.163	0.304	6.696
浦发银行	0.027	−0.745	0	0.682	−10.02	10.07	2.833	0.418	9.171
华夏银行	0.022	−0.753	0	0.712	−10.03	10.06	2.972	0.245	8.882
民生银行	0.022	−0.645	0	0.588	−9.997	10.05	2.592	0.582	11.50
国元证券	0.024	−1.234	0	1.113	−10.01	10.05	6.816	0.136	6.499
中信证券	0.046	−1.061	0	1.027	−10.02	10.04	5.880	0.374	7.316
招商银行	0.067	−0.899	0	0.935	−9.912	10.03	3.318	0.497	6.637
中国平安	0.048	−0.973	0	0.971	−10.00	10.01	3.846	0.258	6.343

在各类金融股票12年的时序收益率数据中平均日收益率均大于零,其中宁波银行、招商银行的平均日收益率最高;对比中位数可以发现,各金融机构均值都大于中位数,说明金融机构的日收益率分布均是右偏的,这与偏度数据(偏度均大于零)保持一致;各类金融机构股票的最大值和最小值均在±10%左右,这与我国股票市场涨跌幅限制相关;方差最大的金融机构为国金证券和光大证券,说明过去12年这两家金融机构波动最大。

进一步通过Q-Q图(见图5-2)分析比较上市金融企业收益率时序分布,金融机构股票收益率分布的中段与正态分布近似(在图中显示为正态分布直线与较粗的数据圆点连线重合部分),但是其首尾两端与正态分布有明显差异。这说明大多数金融收益率时间序列数据都呈现"尖峰后尾"和非对称的特性。因此,在评估尾部风险时,不能简单地假定变量服从正态分布,而是需要用分位数回归和GARCH模型对指标进行精确构造。

5.3.2 系统性风险评估

5.3.2.1 CoVaR

本节首先使用CoVaR和ΔCoVaR指标对金融机构进行系统性风险评估。先根据式(5.17)使用分位数回归得到不同机构在5%极端困境下的风险价值(VaR)。其中,因变量为机构i的日收益率,自变量为滞后一阶状态变量,我们参考已有文献并结合中国实际情况使用沪深300指数、房地产指数、一年期国债与十年期国债的期限利差、AAA产业债与国债间的信贷利差和一年期国债利率指标。根据式(5.17)得到的拟合值便是机构i的风险价值。然后,根据式(5.18),将因变量金融系统日收益(本文选取银行板块的日度收益率)对滞后一阶状态变量和机构i的风险价值作分位数回归,所得拟合值便是机构i在系统处于5%概率水平下的条件风险价值(CoVaR)。之后,将分位数从5%调整至50%重新估算机构i在50%概率水平下的条件风险价值。最后根据式(5.27)将两个条件风险价值相减,得出机构i的增量条件风险价值(ΔCoVaR)。

图5-3展示了各家上市金融企业从2010年至2021年的CoVaR和ΔCoVaR指标。横轴为年份,纵轴为风险指标的大小,左轴为条件风险价值(CoVaR),右轴为增量条件风险价值(ΔCoVaR),图中深色折线代表风险价值(CoVaR),浅色折线代表增量条件风险价值(ΔCoVaR)。值得注意的是,ΔCoVaR指标走势普遍低于CoVaR指标,这是因为两类指标经济含义有所不同,CoVaR是存量指标,ΔCoVaR是由极端困境下的CoVaR减去正常情

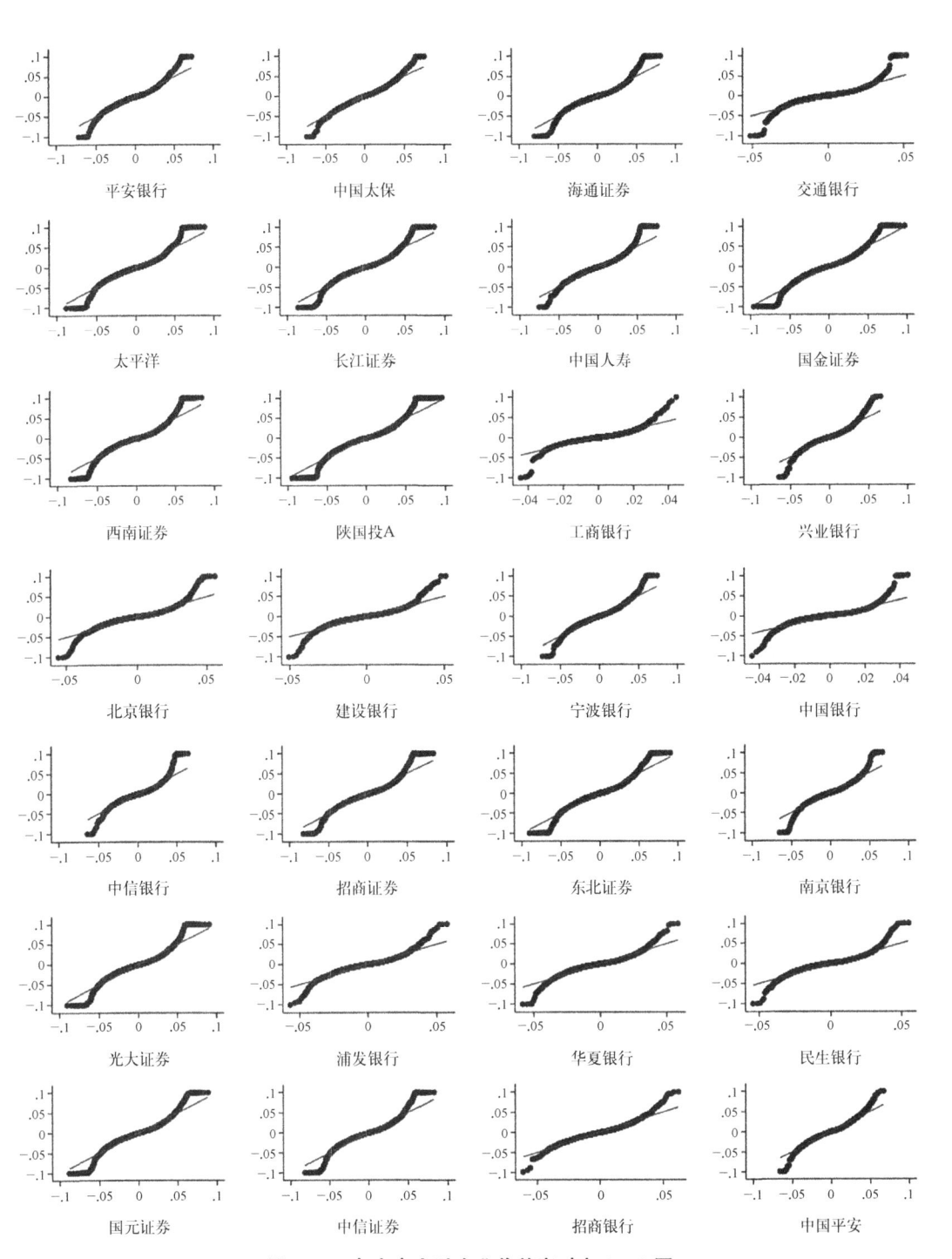

图 5-2　各上市金融企业收益率时序 Q-Q 图

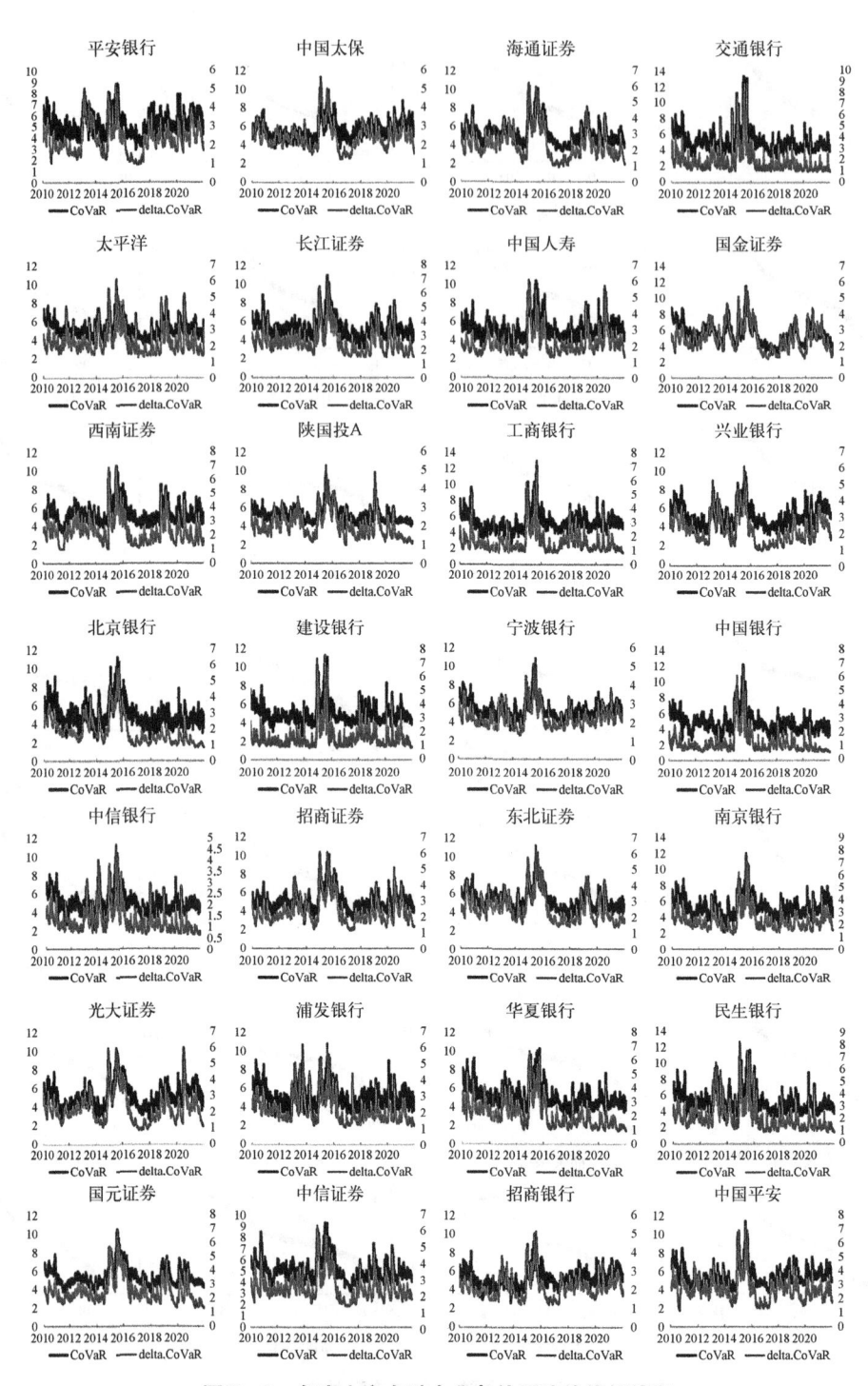

图 5-3　各家上市金融企业条件风险价值折线图

况下的 CoVaR 所得的差分指标,在极端困境下机构损失普遍大于正常情况,所以极端困境下的 CoVaR 普遍大于正常情况下的 CoVaR,故而两者相减的差值 ΔCoVaR 会小于极端困境下的 CoVaR。

由图 5-3 可知,各家上市金融企业的 CoVaR 走势与 ΔCoVaR 走势基本相同,说明两类指标暗含的风险也趋同。CoVaR 与 ΔCoVaR 在 2015 年间数值达到顶峰,说明在 2015 年间金融系统性风险达到最大值,这可能是源于 2015 年股灾影响了当年股市的收益率。

5.3.2.2 MES

接下来,我们使用 MES 指标对金融机构进行系统性风险评估。由于市场收益率与机构收益率具有尖峰后尾性和非对称性,且两者之间会有相关性,故而需要用到 DCC-GARCH 对波动率进行估计,并运用非参核估计对尾部条件期望进行估计,最后根据式(5.35)最终测算出 MES 指标。

图 5-4 展示了各家上市金融企业从 2010 年至 2021 年的 MES 指数,横轴为年份,纵轴为 MES 指数大小。从图 5-4 中可知,各家金融企业的 MES 指标在 2015 年间迎来一波高峰,这与 2015 年 6 月的股灾密切相关。同时,不少金融企业的 MES 指标在 2013 年 6 月达到了一个阶段性的小高点,这与当时银行资金面紧张、利率走高息息相关,不少资管、信托机构遭受到钱荒的冲击。

5.3.2.3 SRISK

最后,我们使用 SRISK 指标对金融机构进行系统性风险评估。为计算 SRISK 指标,首先收集资本充足率、杠杆率、企业市值和 LRMES,前三项指标可以直接从 Wind 数据库中收集,LRMES 指标需要根据式(5.40)运用 DCC-GARCH 模型进行构造,最后通过式(5.41)计算出 SRISK 风险指标。

图 5-5 展示了各家上市金融企业从 2010 年至 2021 年的 SRISK 指标,横轴为年份,纵轴为 SRISK 指数大小。因为 SRISK 具有可加性,各家金融机构的 SRISK 指标叠加代表了金融系统的总风险,所以图 5-5 以各家金融机构 SRISK 指标的叠加图进行呈现,并通过深浅不一的颜色对各家上市金融企业进行标识加以区分。

从图 5-5 中可以发现,与之前 CoVaR 和 MES 指标有所不同,SRISK 指数大小趋势随年份增长而递增,这意味着市场风险在不断扩大。究其原因,在于构建 SRISK 指标时我们把企业市值囊括进指标中,而多数金融机构的规模(主要是信贷规模的扩张导致的)是不断扩大的,市值水涨船高,风险也在不断扩大。同时,我们注意到杠杆率上升也是 SRISK 值攀升的另一

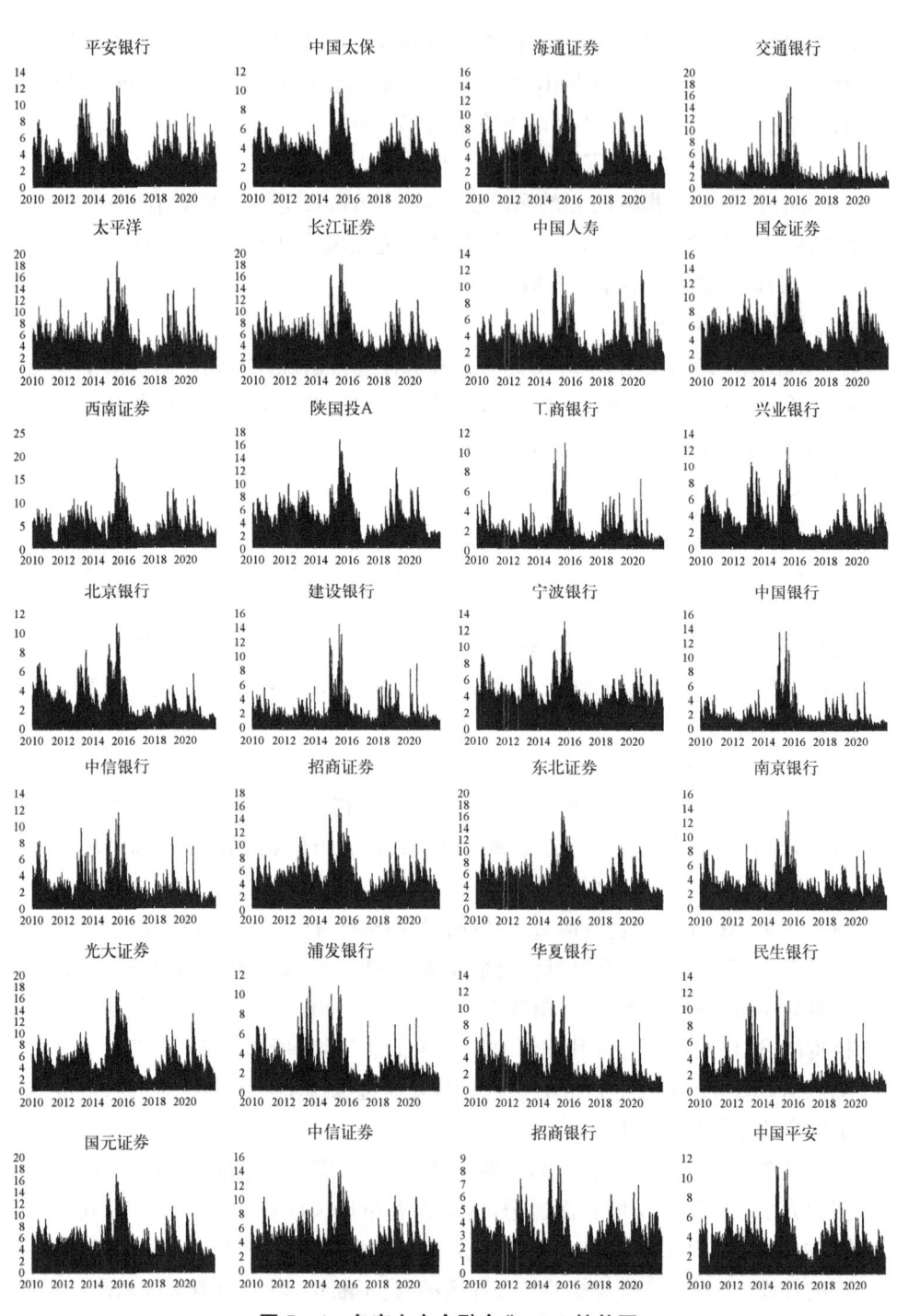

图 5-4　各家上市金融企业 MES 柱状图

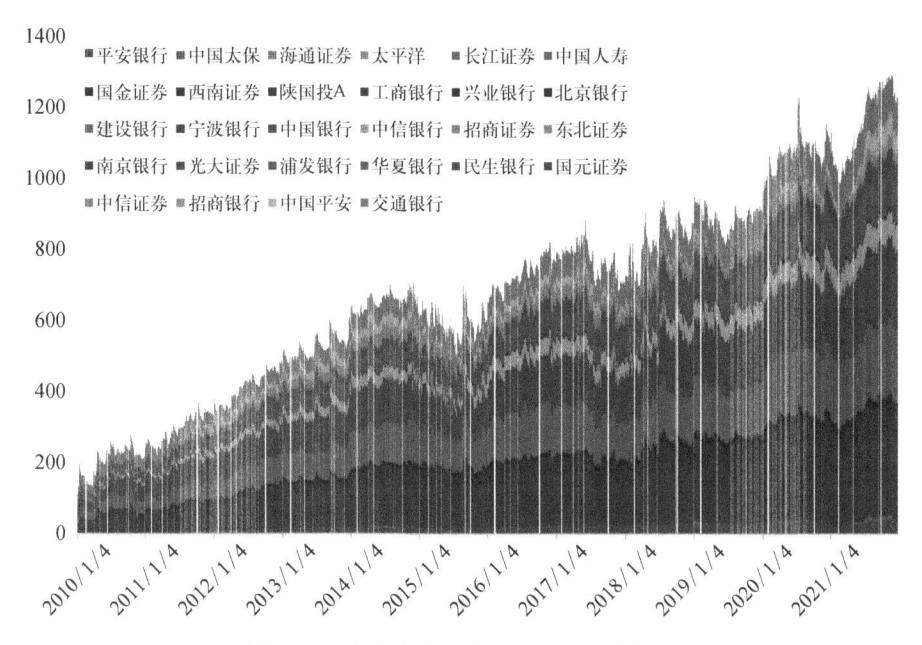

图 5-5　各家上市金融企业 SRISK 叠加图

重要因素,随着债务的增加、资金面紧张,加之股市疲软、需求下降等多方面因素,导致金融机构的风险越来越大。随着"去杠杆"政策和"资管新规"等政策落地,金融机构的杠杆率有所下降,整体系统性风险于 2016 年和 2018 年有所回落,但从整体来看,整个市场的系统性风险仍处于上升趋势,风险较大,须谨慎对待。

进一步观察各金融机构的 SRISK 可以发现,工商银行、建设银行和中国银行的 SRISK 指数对系统性风险贡献最大,这也与这三家银行的规模和市值息息相关,因为规模扩张过快暗含着资金链紧张、信贷风险加剧等潜在风险。浦发、招商、兴业、中信、民生银行的风险贡献程度仅次于前三家银行,属于风险贡献的第二梯队,这是由于这些机构的杠杆率在相应年份有所上升所致。最后,各类券商机构由于业务规模、账面市值等原因,系统性风险相对不大。

本章小结

本文对中国市场上市金融企业的系统性风险指标进行简要分析发现,各家金融企业的 MES 指标、CoVaR 指标和 ΔCoVaR 指标数值在 2015 年达到顶峰。这可能是由于当时中国经历了资金面紧张的时期,央行采取紧缩货币政策导致短期利率上涨,银行间资金市场利率达到历史高位。这种紧张的资金情况可能导致一些金融机构出现流动性风险,进而增加整个金融系统的系统性风险。然而,随着"去杠杆、去库存"政策和"资管新规"等政策的落地,金融机构的杠杆率开始下降,整体系统性风险于 2016 年和 2018 年有所回落。然而,在 2018 年下半年随着央行结构性货币政策给企业带来充足资金,部分银行在小微企业贷款上没有考虑到违约风险问题,使得系统性风险在 2019 年开始又出现上升趋势。因此,从整体来看,金融市场的系统性风险仍处于上升趋势,这主要是由于银行业普遍存在的不良贷款和信用风险所致,不少金融机构还试图通过展期来延缓可能爆发的风险,需要谨慎对待。

  金融机构的杠杆率是导致系统性风险增加的重要因素之一。在金融机构的经营活动中,借入更多的资金可以放大收益,但同时也增加了风险,特别是在市场波动较大的情况下。当市场出现剧烈波动时,高杠杆率会使得金融机构更容易出现资金链断裂的情况,进而引发系统性风险。除了杠杆率外,还有一些其他因素也会对金融系统的系统性风险产生影响。比如,市场流动性风险的增加、大规模的资产价格下跌、信用质量的恶化等,都可能引发系统性风险的出现。此外,金融机构之间的相互关联和依赖也是导致系统性风险的原因之一。一旦某个系统重要性金融机构出现问题,就有可能引发整个金融系统的连锁反应。

第6章
金融系统性风险的传染性特征

传染性是金融系统性风险的明显特征之一,由于金融系统各部门之间存在高度相依性,单个或几个部门遭受极端事件冲击后可能引发股价崩盘或破产清算,风险将通过部门间的紧密关联迅速传染至金融系统中的其他部门,导致金融系统整体或大部分崩溃,金融市场功能失灵,甚至扩散至实体经济并造成严重损害。在金融系统性风险的传染阶段,风险通过各部门之间直接或间接的渠道传导扩散,原本发生在某一部门或单一市场的极端风险事件通过在多个主体之间传导产生的连锁反应被不断放大,在部门之间正向反馈机制的影响下呈现出螺旋式上升态势,此时将会导致市场流动性枯竭,经济陷入严重萧条。由此可见,对于金融系统性风险的防范重心除及时对金融市场主体进行风险监控和预警外,也应当注重对风险传染的抑制,防止局部风险扩散至全面风险,其中关键的环节在于对风险放大机制和传播渠道的识别,只有准确识别风险传染渠道,监管当局才能够在极端风险发生时控制风险传播的连锁反应,降低各部门之间风险反馈机制的负面影响。从世界市场来看,在某一市场中发生的极端风险也可能通过持有金融资产或国际贸易传导至其他国家市场,而在单一市场中,金融系统性风险的传导可能发生在不同部门之间。基于此,本章分别从股市联动和行业联动视角分析了金融系统性风险的传染渠道、机制和特性。

6.1 基于国际视角的金融系统性风险传染特性

股市联动是指不同市场股票价格的同方向变动。随着经济全球化、金融市场一体化的推进,市场联动性自20世纪90年代以来不断增强,在2008年前基本呈上升趋势(游家兴和郑挺国,2009;梁琪等,2015;郑挺国和刘堂勇,2018)。中国股票市场与外部市场联动性也从2000年前的负相关、弱相关变为长期正相关(游家兴和郑挺国,2009)。同时,由于市场联动性存在较为明显的时变特征,国内外学者对联动性的影响因素也进行了大量研究,结果表明以贸易联系程度(费兆奇,2014;龚金国和史代敏,2015)、金融一体化程度(Walti,2011;李广众等,2014)、CPI波动(Cai et al.,2009)为代表的基本面因素和以市场情绪(刘澄等,2017)、汇率波动(Walti,2011;李广众等,2014)、经济政策不确定性(郑挺国和刘堂勇,2018;王奇珍和王玉东,2018)为代表的市场类因素均对市场间联动性变化有一定解释力。其中,基本面因素能够较好地解释2008年前国际市场联动性从弱到强的变化。2008年金融危机后,全球贸易增速放缓,部分地区已经出现"逆全球化"浪潮。然而国际金融市场之间依然存在密切联系,不同地区之间股市的联动性出现大幅波动,上证综指与恒生指数的相关系数在0.3~0.8间震荡,以往研究中的基本面等直接关联因素对此难以解释,上海与中国香港市场的联动性与全球股市的联动性似乎存在共同走势。Cai et al.(2009)和Amira et al.(2011)的研究发现市场波动在股市联动中起重要作用,叶五一等(2018)的研究显示VIX指数对部分市场间联动性有显著影响。可见,除了两市场直接关联因素外,外生因素尤其是第三方市场特有波动可能会对市场联动性产生影响,而在以往研究中,关于外生金融变量对市场间相关性影响的研究相对较少(叶五一等,2018)。

现有关于联动网络与风险传递的研究,多采用Diebold and Yilmaz(DY)(2009,2012,2014)提出的溢出指数的方法或Engle(2002)提出的DCC-GARCH方法衡量风险的传递,这些方法得到的部分结论与直观不符。李岸等(2016)使用最小生成树的方法结合DCC-GARCH构建联动网络,结果显示欧洲股市处于网络的中心。郑挺国和刘堂勇(2018)使用TVP-VAR结合DY溢出指数的方法对联动性进行研究,结果显示欧洲市场对外影响力仅次于美国市场,部分时段甚至大于美国。Zhou et al.(2012)、梁琪等(2015)、崔金鑫和邹辉文(2020)等学者均使用同类的方法得到了相似的结论。而在早期研究中,Hamao et al.(1990)的研究结果显示美国市场对英国市场有明显的影响,而反向关系却不存在。从市场市值角度看,欧洲市场对外影响力也不可能超过美国。究竟是金融经济一体化改变了国际股市联动性还是其他原因导致风险中心偏离,同时,又是什么因素引起了近年来国际市场联动性的大幅波动,回答这些问题对理解国际市场风险传递有重要意义。当下的国际金融市场中,可能存在多个市场高度依赖于一个中心市场的情况,市场间的联动性变化可能与中心市场有关。

本节提出一种解释近年来市场联动性变化的新机制"涟漪效应"。当两个市场同时依赖于一个中心市场时,市场间的联动性也会随着中心市场特有波动的升高(降低)而升高(降低),表现为中心市场波动产生的涟漪。参考 Forbes and Rigobon(2003)的研究,本节通过建立市场联动模型分析了涟漪效应产生的机制。模型显示当两个市场共同依赖于一个中心市场时,即使两个市场不存在直接相依关系,也会发生联动。当中心市场与其他市场的相依系数均为正时,其他市场之间的收益相关系数与中心市场的特有波动正相关,与其他市场各自的特有波动负相关。基于模型,本节使用 1998—2018 年 9 个国际股票市场指数的数据对涟漪效应进行实证检验。结果表明 2007 年后存在以美国市场为中心的涟漪效应,其他市场间联动性变化可以被美国市场特有波动所解释,而美国市场与其他市场间联动性变化则无法被第三方市场特有波动所解释。中国市场的国际影响力与 2007 年前相比有较大提高,但同时也更易受外部市场尤其是美国市场的影响。此外,由于欧洲市场与美国市场存在同期交易,市场收益存在较高的相关性,部分计量方法可能难以识别同期风险传递方向,这也是部分研究对欧洲市场影响力产生高估的原因。

在现有文献的基础上,本节可能的贡献如下:第一,基于联动模型,本节实证研究了市场特有波动对联动性的影响,提出涟漪效应来解释国际股票市场中联动性的大幅波动,以往研究中的直接关联因素很难解释联动性的大幅波动;第二,使用相关系数对特有波动回归来判断市场间的相依关系,并以此评估市场影响力的大小,这种方法可以在一定程度上避免对部分

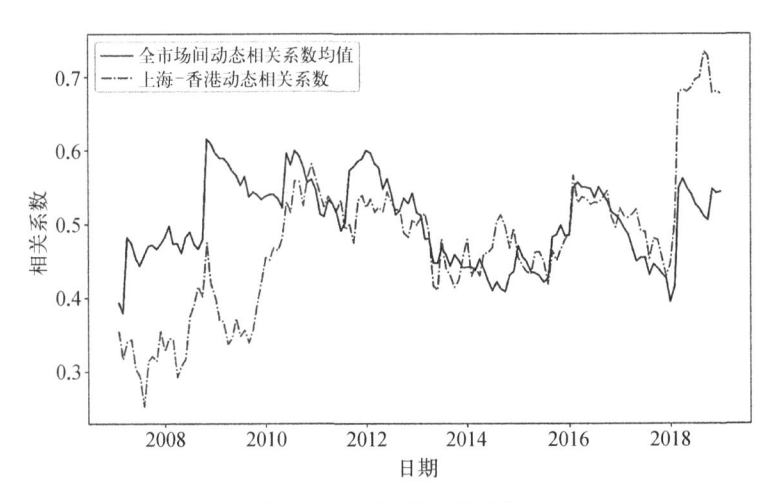

图 6-1 国际股市联动性

市场影响力的高估,为评估市场影响力和识别风险传递方向提供了新思路;第三,与以往研究中使用的波动率指标相比,本节计算的市场特有波动能更好地反映市场的特质风险。

6.1.1 股市联动与涟漪效应模型方法

6.1.1.1 联动模型

Forbes and Rigobon(2003)通过构造二元时间序列分析两市场相关系数与波动率之间的关系,原文区分了高波动和低波动的情况,并推导了高波动时相关系数和低波动时相关系数的调整方程,指出高波动时的序列相关性要高于低波动时的序列相关性,当参数在一定范围内时,波动率与相关系数成正相关关系。为了更清楚地展示波动与相关系数的关系,本节将原文模型适当整理简化,在引入第三个市场后发现国际股市中可能存在"涟漪效应",即中心市场特有波动会对其他市场之间的联动性造成影响。同时,即使市场间存在相互影响,当中心市场的影响占主导时,一样会出现涟漪效应。

首先,假设有收益序列 x_t,

$$x_t = a_{x,t} + \delta_x \varepsilon_{x,t} \tag{6.1}$$

其中,$E(\varepsilon_{x,t})=0$,$E(\varepsilon_{x,t}^2)=1$,δ_x 衡量 x_t 的特有波动。同时假设存在收益序列 y_t,

$$y_t = a_{y,t} + \beta_y x_t + \delta_y \varepsilon_{y,t} \tag{6.2}$$

其中,$E(\varepsilon_{y,t})=0$,$E(\varepsilon_{y,t}^2)=1$,$cov(\varepsilon_{x,t},\varepsilon_{y,t})=0$,$\delta_y$ 衡量 y_t 的特有波动。考虑到近年来全球一体化程度加深,不妨设 $\beta_v \geqslant 0$ 计算两个收益序列的相关系数,可得

$$\rho_{x,y} = \beta_y \sqrt{\frac{var(x_t)}{var(y_t)}} \tag{6.3}$$

将式(6.1)与式(6.2)代入式(6.3),化简得式(6.4),

$$\rho_{x,y} = \left(1 + \frac{\delta_y^2}{\beta_y^2 \delta_x^2}\right)^{-\frac{1}{2}} \tag{6.4}$$

通过式(6.4)可以看到相关系数与 δ_x 正相关,与 δ_y 负相关。将以上分析推广到股市联动,如果 A 市场收益序列对 B 市场收益序列有影响,

在 $\beta \geqslant 0$ 时,市场间相关系数与 B 特有波动 δ_B 负相关,与 A 市场特有波动 δ_A 正相关,这与 Forbes and Rigobon(2003)的结论一致。以往有关联动影响因素的研究,多只研究市场两两之间的直接因素,且较少控制第三方市场的因素。近年来市场联动性的起伏说明,现实中存在多个市场同时受一个市场的影响的情况,即使相依系数 β 和市场自身特有波动 δ 没有改变 δ,中心市场特有波动的变化也会对周边市场间的联动性产生影响。本节接下来通过模型对这种关系进行说明。下面引入第三个序列 z_t,

$$z_t = \alpha_{z,t} + \beta_z x_t + \delta_z \varepsilon_{z,t} \tag{6.5}$$

z_t 受到 x_t 的影响,但不受 y_t 直接影响,假设 $E(\varepsilon_{z,t})=0$,$E(\varepsilon_{z,t}^2)=1$,$cov(\varepsilon_{z,t}, \varepsilon_{x,t})=0$、$\beta_z \geqslant 0$、$cov(\varepsilon_{z,t}, \varepsilon_{y,t})=0$,$\delta_z$ 衡量 z_t 的特有波动,通过计算可得到序列 y_t 与序列 z_t 的相关系数如下:

$$\rho_{y,z} = \frac{\beta_y \beta_z var(x_t)}{var(y_t)^{\frac{1}{2}} var(z_t)^{\frac{1}{2}}} \tag{6.6}$$

将式(6.1)、式(6.2)与式(6.5)代入式(6.6),变形可得,

$$\rho_{y,z} = \left[\left(1+\frac{\delta_y^2}{\beta_y^2 \delta_x^2}\right)\left(1+\frac{\delta_z^2}{\beta_z^2 \delta_x^2}\right)\right]^{-\frac{1}{2}} \tag{6.7}$$

可以看到 $\rho_{v,z}$ 与 δ_x 正相关,与 δ_v、δ_z 负相关,即使 y_t 与 z_t 本身并不存在相互影响也会显示出一定的相关性,表现为 $\rho_{v,z}>0$ 且相关系数 $\rho_{v,z}$ 与 δ_x 成正相关,而这就是本节提出的涟漪效应。

为了更直观地理解涟漪效应,图 6-2 展示了涟漪效应的示意图,其中 A、B、C 三个市场分别对应 x_t、y_t 与 z_t 三个序列。可以看到涟漪效应基于不同市场相依于同一中心市场这一假设。国际经济金融市场的一体化提高使国际股票市场之间的相依程度达到较高水平,各个市场均受到来自美国市场的影响,这也满足了涟漪效应存在的假设。以往研究中的基本面等直接关联因素可以解释联动性从低到高的变化,但无法解释近年来由涟漪效应引起的联动性的变化。此外,由于国际股票市场中交易存在非同步性,部分市场中包含中心市场的信息,以往研究在计算市场溢出指数和相关系数时基本不会对同期(前期)市场影响进行剥离,这会导致对这部分市场的影响力产生高估,低估中心市场的影响。

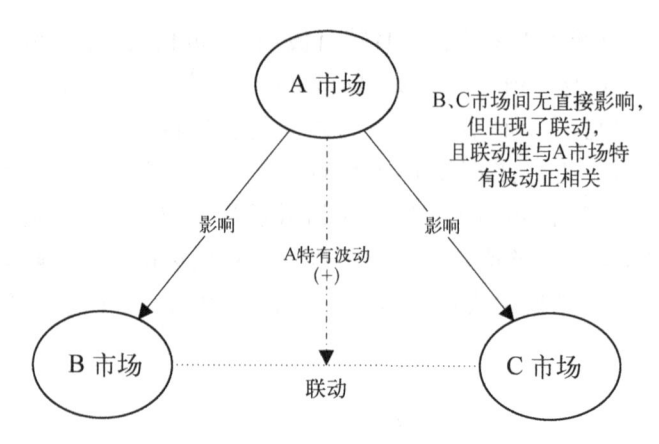

图 6-2 涟漪效应示意图

基于上述分析，本节将涟漪效应定义如下：当 A 市场同时对 B 市场与 C 市场有影响时，A 市场特有波动升高（降低）会导致 B 市场与 C 市场间联动性升高（降低），我们将这种现象叫做市场 A 对市场 B、C 的涟漪效应。存在 A 市场对 B、C 市场的涟漪效应需同时满足如下三个条件：

条件 1：A、B(C)市场间相关系数大于 0 且与 A 市场特有波动正相关，与 B(C)的特有波动负相关或不存在明显相关性。

条件 2：B、C 市场间相关系数大于 0 且与 A 市场特有波动正相关，与 B、C 市场的特有波动负相关或不存在明显相关性。

条件 3：A 与 B(C)市场相关系数大于 0 且与 C(B)市场特有波动无关。

6.1.1.2 指标计算

为了验证股市存在涟漪效应，首先需要确定中心市场并对相关变量进行计算。国际股市中不同市场交易时间各不相同，同一交易日的不同市场交易时间有先后（见图 6-3 和表 6-2），可以利用这种时间上的领先滞后关系计算相关系数，以此寻找最具影响力的国际市场。本节参考 Amira et al.(2011)与张兵等(2010)的研究，通过计算收-开相关系数与收-收相关系数来确定市场间的影响关系，其中指数开盘收益与收盘收益计算公式如下：

$$r_{\text{open},t} = \ln\left(\frac{Index_{\text{open},t}}{Index_{\text{close},t-1}}\right), \quad r_{\text{close},t} = \ln\left(\frac{Index_{\text{close},t}}{Index_{\text{close},t-1}}\right) \quad (6.8)$$

每月末使用最近 1 个月的日度数据计算月频率的相关系数，计算公式见式(6.9)，其中 t 为对应月的最后一天，m 是当月的交易天数，

$$\rho_{AB,t} = \frac{\sum_{\tau=t-m+1}^{t}(r_{A,\tau}-\overline{r_{A,t}})(r_{B,\tau}-\overline{r_{B,t}})}{\sqrt{\left(\sum_{\tau=t-m+1}^{t}(r_{A,\tau}-\overline{r_{A,t}})^2\right)\left(\sum_{\tau=t-m+1}^{t}(r_{B,\tau}-\overline{r_{B,t}})^2\right)}} \tag{6.9}$$

$$\overline{r_{i,t}} = \frac{1}{m}\sum_{\tau=t-m+1}^{t} r_{i,t},\ i=A,B \tag{6.10}$$

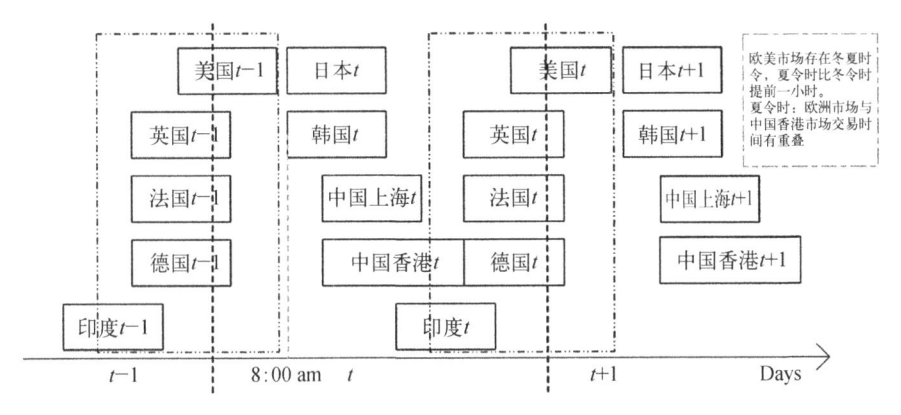

图 6-3 股市交易时间图(北京时间,冬令时)

由于交易时间存在非同步性,仅使用日度收益计算相关系数可能无法准确衡量指数之间的相关性,本节参考 Engle(2002)提出的 DCC 方法,使用周数据计算两两指数间动态相关系数作为主要被解释变量。这种方法无需考虑交易的非同步性,因此也无法体现指数间的相依关系。9 个市场间的动态相关系数序列总计 36 个,计算时假设收益过程服从 AR(1)-Garch(1,1),计算完成后取每月最后一周相关系数值作为当月值,检验使用的相关系数均为月频数据。

除相关系数外,另一个关键变量是市场特有的波动。考虑到不同市场间收益序列存在相依关系,直接计算收益序列的波动不符合模型中特有波动的设定。例如存在市场 D 也受市场 A 的影响,此时 D 的市场波动也可能与 BC 市场间的联动性正相关,但这并不能说明 D 对 BC 有影响。因此,本节借鉴股票市场研究中特质波动率的计算方法,使用调整后的收益序列滚动计算市场特有波动。具体计算方法为,每个月末使用之前 12 个月的日度市场收益数据按公式(6.11)的回归,将回归残差 $v_{i,t}$ 作为调整后的收益序列,使用最近一个月的 $v_{i,t}$ 的标准差作为当月市场的特有波动。

$$r_{i,t} = \beta_0 + \beta_1 r_{i,t-1} + \beta_2 r_{f,t} + \beta_3 r_{f,t-1} + v_{i,t} \tag{6.11}$$

如果交易时间存在重叠,则参考赵进文等(2013)的做法,将同期收益加入控制变量。以中国上海市场为例,由于中国上海与中国香港市场存在交易时间重叠,这里就将中国香港市场的同期收益加入控制变量中,一同作为控制变量的还有日本、韩国、印度市场的同期收益与所有市场前一期的收益,这种方法的好处在于可以剔除本国市场中来自其他市场波动的部分。此外,本节还比较了几种使用其他方法计算波动的结果,具体计算方法与结果见稳健性部分。

6.1.1.3 研究方法

本节使用相关系数对特有波动进行回归,通过回归所得系数正负与显著性来判断是否存在涟漪效应。

第一步需要对信息传递的方向性进行确认,存在涟漪中心市场对其他市场的风险传递,即条件1。使用中心市场与其他市场相关系数对中心市场特有波动与其他市场特有波动回归,如果中心市场前系数显著为正且其他市场前系数显著为负或不显著,则认为中心市场对其他市场有影响。

第二步需要证明其他市场间联动是中心市场的涟漪,其他市场之间的联动性会受中心市场波动影响,即条件2。本节使用其他市场之间的相关系数对其他市场特有波动与中心市场特有波动回归,如果中心市场前系数显著为正则表示存在中心市场对其他市场的涟漪效应。

第三步是证明其他市场并不是涟漪的中心,即条件3。本节依次将各个市场作为代表性市场,用代表性市场的特有波动对中心市场与其他市场间相关系数进行解释,在控制其他市场与代表性市场特有波动后,如果中心市场特有波动前系数显著为正且代表性市场特有波动前系数不显著,则可以说明不存在代表性市场对中心市场与其他市场的涟漪效应。

6.1.2 国际市场联动性与涟漪效应分析

6.1.2.1 国际主要市场风险相关性分析

本节用到的指数收益数据来自Csmar数据库,数据区间是1998年1月到2018年11月的日度数据。综合考虑市场影响力与规模后,本节选取9个主要市场与对应市场指数作为样本,具体市场与对应指数的收益描述性统计见表6-1。其中,英国市场指数开盘收益波动过小,绝大多数交易日的开盘收益均为0,所以下文分析开盘收益相关系数时剔除英国市场。从主

表6-1 指数日收益描述性统计

市场	对应指数	观测数	开盘收益 0值个数	开盘收益 均值	开盘收益 标准差	开盘收益 Max	开盘收益 Min	收盘收益 0值个数	收盘收益 均值	收盘收益 标准差	收盘收益 Max	收盘收益 Min
日本	日经225	5 173	22	0.04	0.71	3.31	−2.91	20	0.01	1.51	13.23	−12.11
韩国	韩国KOSPI指数	5 186	3	0.07	0.99	6.77	−9.79	14	0.03	1.69	11.28	−12.80
中国上海	上证综指	5 087	4	−0.05	0.65	8.70	−7.22	1	0.01	1.58	9.40	−9.26
中国香港	恒生指数	5 228	88	0.05	1.00	7.51	−8.30	49	0.02	1.57	13.41	−13.58
印度	印度孟买30指数	5 168	19	0.15	0.79	10.19	−7.51	4	0.04	1.50	15.99	−11.81
英国	英国富时100指数	5 304	4 694	0.00	0.14	2.38	−5.89	10	0.01	1.18	9.38	−9.26
法国	法国CAC40指数	5 363	4	0.04	0.82	6.57	−8.41	6	0.01	1.43	10.59	−9.47
德国	德国DAX指数	5 341	27	0.03	0.59	4.52	−10.47	14	0.02	1.49	10.80	−7.89
美国	道琼斯工业指数	5 285	315	0.00	0.11	1.41	−1.61	6	0.02	1.14	10.51	−8.20

要国家指数描述性统计中可以发现,由于各国开盘和收盘时间以及节假日安排不同,日度收益率的观测数也不一致,主要在5 000到5 300个之间,其中法国CAC40指数的观测数达到5 363个,这也进一步说明了本节利用国际股市不同交易时间上的领先滞后关系计算相关系数的必要性。从收益率均值来看,印度股指的平均收益率最高,其开盘平均收益率达到0.15%,收盘平均收益率达到0.04%,而平均收益率最低的股指为上证综指,其收盘平均收益率为0.01%,而开盘平均收益率甚至为负值。从标准差来看,收盘标准差普遍高于开盘标准差,说明相对于开盘而言,收盘时市场面临更高的波动。其中韩国KOSPI指数的收盘标准差最大达到1.69,而美国道琼斯工业指数收盘标准差最小,仅为1.14,说明在9个主要市场中,韩国股市在收盘时多空博弈更为剧烈,而美国市场则更加成熟。从收益率最大值和最小值可以发现,相对于开盘时期,收盘时收益率最大值(最小值)的绝对量更大,且最大值和最小值之间的差距更大,说明相对于开盘价,收盘价更能够反映出买卖交易双方的态度。

图6-1中使用的相关系数是36组动态相关系数的均值,可以看到2007年后市场联动性波动剧烈,同时数据显示国际市场联动性与美国市场波动存在明显正相关(2007年前相关系数均值与美国市场特有波动的相关系数为-0.4,2007年后是0.5),当世界股市一体化程度较高时,联动性的波动更多是由于涟漪效应。因此本节主要用2007年以后的数据来验证涟漪效应的存在。相关性较低时,无法保证所有相依系数均为正[①],不符合涟漪效应存在的条件。

表6-2统计了2007年1月到2018年11月各市场收盘收益与其他市场开盘(收盘)收益相关系数的均值与标准差(括号内)。格子内表示的是行市场收盘收益与列市场开盘(收盘)收益相关系数,如果当日行市场收盘晚于列市场,则使用滞后一期行市场的收盘收益计算相关系数,表中加粗且有下划线的数据表示计算时使用滞后一期行收盘收益。行列市场相同时则表示滞后一期收盘与当期(开盘/收盘)收益的相关系数。

在不存在交易时间重叠的市场间,开盘收益相关系数高于收盘收益相关系数,说明开盘时市场会受外部市场交易的影响,随着交易的进行,本地市场信息逐步反应到价格中,使用收盘收益计算的相关系数也低于使用开盘收益计算的相关系数。例如,美国前收盘与中国上海开盘的相关系数均

---

① 张兵等(2010)研究显示2005年之前中美股市部分时间段相关系数为负。

表 6－2　2007—2018 年市场收益相关系数表(日度数据计算)

		日本		韩国		中国上海		中国香港		印度		英国		德国		法国		美国	
		开盘	收盘	开盘	收盘	开盘	收盘	开盘	收盘	开盘	收盘	开盘	收盘	开盘	收盘	开盘	收盘	开盘	收盘
亚洲	日本 (08:00—14:00)	−0.06	−0.06	**−0.02**	0.59	**0.05**	0.29	**−0.02**	0.54	**−0.01**	0.34		0.26	0.53	0.25	0.52	0.26	0.14	0.13
		(0.22)	(0.21)	(0.21)	(0.25)	(0.22)	(0.24)	(0.22)	(0.21)	(0.22)	(0.22)		(0.23)	(0.2)	(0.22)	(0.2)	(0.23)	(0.27)	(0.24)
	韩国 (08:00—14:00)	**0.02**	0.59	−0.05	−0.06	**0.11**	0.32	**0.02**	0.61	**0.01**	0.41		0.30	0.50	0.28	0.50	0.27	0.18	0.16
		(0.23)	(0.25)	(0.21)	(0.2)	(0.22)	(0.24)	(0.23)	(0.19)	(0.23)	(0.21)		(0.22)	(0.2)	(0.24)	(0.2)	(0.24)	(0.27)	(0.22)
	中国上海 (09:00—15:00)	**0.01**	**−0.03**	**0.00**	**−0.05**	0.15	−0.06	**−0.04**	0.54	**−0.01**	0.23		0.17	0.31	0.14	0.31	0.15	0.11	0.07
		(0.24)	(0.23)	(0.23)	(0.23)	(0.27)	(0.2)	(0.22)	(0.18)	(0.24)	(0.23)		(0.25)	(0.25)	(0.25)	(0.25)	(0.24)	(0.24)	(0.23)
	中国香港 (09:00—16:00)	**0.08**	**0.03**	**0.06**	**0.02**	**0.18**	**0.00**	0.00	−0.03	**0.03**	0.50		0.37	**−0.11**	0.34	**−0.12**	0.34	0.22	0.18
		(0.22)	(0.23)	(0.24)	(0.25)	(0.24)	(0.23)	(0.21)	(0.18)	(0.22)	(0.2)		(0.22)	(0.19)	(0.23)	(0.2)	(0.24)	(0.26)	(0.23)
	印度 (11:30—18:00)	**0.19**	**0.14**	**0.14**	**0.10**	**0.20**	**0.04**	**0.13**	**0.09**	0.10	0.01		0.39	**−0.05**	0.40	**−0.06**	0.39	0.20	0.24
		(0.24)	(0.23)	(0.22)	(0.24)	(0.23)	(0.23)	(0.2)	(0.21)	(0.21)	(0.19)		(0.22)	(0.21)	(0.21)	(0.2)	(0.22)	(0.24)	(0.23)
欧洲	英国(冬) (15:00—23:30)	**0.49**	**0.37**	**0.47**	**0.29**	**0.36**	**0.12**	**0.46**	**0.28**	**0.34**	**0.12**		−0.05	**−0.04**	0.81	**−0.05**	0.84	**−0.04**	0.56
		(0.21)	(0.22)	(0.24)	(0.22)	(0.29)	(0.22)	(0.19)	(0.23)	(0.25)	(0.21)		(0.21)	(0.22)	(0.15)	(0.21)	(0.13)	(0.24)	(0.19)
	德国(冬) (15:00—23:30)	**0.52**	**0.40**	**0.49**	**0.30**	**0.39**	**0.12**	**0.46**	**0.27**	**0.37**	**0.12**		0.81	**−0.05**	−0.04	**−0.07**	0.92	**−0.02**	0.60
		(0.21)	(0.22)	(0.22)	(0.22)	(0.27)	(0.22)	(0.18)	(0.21)	(0.23)	(0.22)		(0.15)	(0.22)	(0.19)	(0.21)	(0.06)	(0.23)	(0.18)
	法国(冬) (15:00—23:30)	**0.54**	**0.41**	**0.49**	**0.31**	**0.39**	**0.12**	**0.48**	**0.28**	**0.37**	**0.12**		0.84	**−0.04**	0.92	**−0.06**	−0.06	**−0.02**	0.61
		(0.21)	(0.23)	(0.23)	(0.23)	(0.26)	(0.22)	(0.18)	(0.22)	(0.24)	(0.21)		(0.13)	(0.22)	(0.06)	(0.21)	(0.21)	(0.24)	(0.16)
美洲	美国(冬) (21:30—04:00)	**0.71**	**0.50**	**0.73**	**0.38**	**0.52**	**0.16**	**0.66**	**0.38**	**0.54**	**0.26**		0.16	**0.30**	0.13	**0.31**	0.12	**−0.06**	**−0.09**
		(0.17)	(0.2)	(0.19)	(0.21)	(0.29)	(0.25)	(0.18)	(0.23)	(0.25)	(0.25)		(0.24)	(0.24)	(0.23)	(0.24)	(0.23)	(0.23)	(0.21)

值为0.53,与中国上海收盘相关系数只有0.17,这也表明美国股票市场对中国上海股票市场开盘影响大于收盘,美国市场与日本市场的相关性也是从开盘的0.71降低到0.50,类似的结果存在于美国与其他市场的开盘与收盘相关系数中。在不存在交易重叠的市场之间,收益中信息传递方向是单向的,符合前文模型相依的假设。

交易时间存在重叠的市场间,收益中信息与风险存在同期传递。美国市场昨收盘与德国市场开盘的相关系数均值为0.28,与德国收盘的相关系数是0.12,而同期美国与德国的相关系数均值为0.60,远高于美国昨收盘与德国当期收盘收益的相关系数。即使按照时间顺序也难以区分风险是经由美国传到德国还是由德国传到美国。同样,只根据相关系数也无法判断美国市场与欧洲市场的信息传递方向。同时,亚洲市场内部联动性整体上也低于欧洲市场。

表6-2的结果说明,如果仅从相关系数角度看,欧洲市场收盘对中国股市开盘也有影响,德国前收盘与中国上海收盘的相关系数均值为0.40,虽然不如美国0.53,但是影响依然不容忽视。同时,中国市场与同期欧洲市场也有较高的相关性。但是如果美国市场对欧洲与亚洲市场均有较大影响,结合模型分析,此时无论是欧洲对中国上海的隔夜影响还是中国上海对欧洲的日内影响均源于隔夜美国市场。Hamao et al.(1990)使用分时段收益数据对美欧市场的相互影响进行研究,结果表明不存在欧洲市场对美国市场的影响,同时美国市场市值也远高于欧洲与其他市场。基于以上分析,本节选取美国市场作为中心市场,接下来首先对美国市场的涟漪效应进行检验,之后再对其他主要市场进行检验。

6.1.2.2 美国市场的涟漪效应及对其他市场联动性的解释力

为了证实存在美国市场的涟漪效应,首先需要证实存在美国市场对其他市场的影响,且方向性上以美国市场为主,即条件1。考虑到同一日内美国市场交易时间最晚,且和亚洲市场不存在交易时间重叠,日收益计算的相关系数可以较好地衡量市场相依关系与信息传递,回归中使用滞后一期美国市场收益计算的相关系数与动态相关系数作为被解释变量,控制变量中加入本地(非美国)市场波动,数据区间选取2007年1月到2018年11月。如果美国市场对其他市场有显著影响,那么相关系数应与美国市场波动正相关,与其他市场波动负相关。考虑到模型中 $\beta \geqslant 0$ 的假设,回归中仅使用相关系数大于0.1的样本进行回归(2007年相关系数基本为正,阈值为0或0.1并不影响结论)。表6-3至表6-5分别使用开盘、收盘与动态相关系数对市场特有波动回归的结果,面板回归中所有变量均拒绝了存在单位根的假设,回归中均加入了市场与年度控制变量。

表6-3 美国与其他市场(7个市场开盘收益相关系数)

	(1)	(2)	(3)	(4)	(5)
市场波动	−0.017 (0.016)		−0.037** (0.018)	−0.030 (0.018)	−0.030* (0.018)
美国波动		0.056*** (0.017)	0.071*** (0.019)	0.060*** (0.020)	0.059*** (0.020)
市场收益					−0.001 (0.001)
美国收益					−0.004** (0.002)
常数项	0.375*** (0.018)	0.331*** (0.020)	0.336*** (0.020)	0.326*** (0.021)	0.330*** (0.022)
观测数	926	926	926	926	926
调整 R^2	0.403	0.408	0.410	0.411	0.419
市场与年度	Yes	Yes	Yes	Yes	Yes
滞后项				Yes	Yes

注:括号内是稳健标准误,*** $p<0.01$,** $p<0.05$,* $p<0.1$。

表6-3中是使用美国与其他7个市场开盘收益相关系数进行回归的结果,可以看到美国市场特有波动前系数均为正且显著,同时本地市场特有波动前系数均为负。说明存在美国市场对其他市场开盘的直接影响,由于存在时间上的领先滞后关系,所以相关系数中不存在信息的反向传递。美国市场收盘对其他市场开盘的影响与各市场本身特有波动负相关,与美国市场波动正相关,结果在加入相关系数的滞后项后依然显著。最后一列汇报了加入市场当月收益后作为解释变量进行回归的结果,波动前系数依然显著,市场收益无法完全吸收特有波动的影响,表明市场联动性变化部分是由波动变化引起。

表 6-4 美国与亚洲市场(5 个市场收盘收益相关系数)

	(1)	(2)	(3)	(4)	(5)
市场波动	0.000 (0.020)		−0.015 (0.022)	−0.013 (0.022)	−0.016 (0.022)
美国波动		0.048** (0.024)	0.055** (0.026)	0.051* (0.027)	0.041 (0.026)
市场收益					0.002 (0.002)
美国收益					−0.006*** (0.002)
常数项	0.439*** (0.023)	0.407*** (0.023)	0.415*** (0.025)	0.406*** (0.028)	0.413*** (0.027)
观测数	593	593	593	593	593
调整 R^2	0.164	0.169	0.169	0.168	0.176
市场与年度	Yes	Yes	Yes	Yes	Yes
滞后项				Yes	Yes

注：括号内是稳健标准误，*** $p<0.01$，** $p<0.05$，* $p<0.1$。

表 6-5 美国与其他市场检验(8 个市场动态相关系数)

	(1)	(2)	(3)	(4)	(5)
市场波动	−0.004 (0.007)		−0.025*** (0.007)	−0.004 (0.004)	−0.003 (0.004)
美国波动		0.057*** (0.008)	0.068*** (0.008)	0.014*** (0.004)	0.013*** (0.004)
市场收益					−0.001*** (0.000)
美国收益					−0.001** (0.000)

续 表

	(1)	(2)	(3)	(4)	(5)
常数项	0.734*** (0.006)	0.695*** (0.007)	0.698*** (0.007)	0.143*** (0.019)	0.138*** (0.019)
观测数	1 119	1 119	1 119	1 119	1 119
调整 R^2	0.858	0.866	0.867	0.952	0.955
市场与年度	Yes	Yes	Yes	Yes	Yes
滞后项				Yes	Yes

注：括号内是稳健标准误，*** $p<0.01$，** $p<0.05$，* $p<0.1$。

表6-4中是使用美国市场与5个亚洲市场（没有时间重叠）收盘收益相关系数进行回归的结果，美国市场特有波动前系数均为正且显著，同时本地市场特有波动前系数均为负。同样由于存在时间上的领先滞后关系，所以不存在反向传递。美国市场收盘对其他市场开盘的影响与各市场本身特有波动负相关，与美国市场波动正相关，在加入市场当月收益后[第(5)列]，虽然市场波动的影响被市场收益吸收，但波动前系数依然为正。

表6-5使用美国市场与其他8个市场间动态相关系数进行回归。美国市场特有波动前系数均为正且显著，同时本地市场特有波动前系数均为负，其他结果也与表6-3、表6-4的结果一致。

表6-3至表6-5的结果显示，美国市场波动前系数均显著为正表明存在美国市场对其他市场的影响，满足涟漪效应存在的第一个条件。同时美国市场收益前系数均显著为负，说明美国市场的负面信息更容易传递给其他市场。同时本地市场收益前系数也为负说明当市场走弱时，本地市场对外部市场信息也变得更加敏感。

条件2要求美国市场特有波动可以解释其他市场间联动性的变化。这里主要分两组进行检验，一组是交易时间部分重叠的市场，这些市场的交易时间存在先后，且主要集中在亚洲市场，所以选取亚洲市场的9组相关系数作为被解释变量（日本/韩国—中国上海/中国香港/印度；中国上海/中国香港—印度；中国上海—中国香港），不妨假设信息传递按照交易时间进行传递，按收盘时间早晚加入两个市场特有波动作为控制变量，收盘收益相关系数回归结果见表6-6,动态相关系数回归见表6-7。另一组则选取交易时间完全重叠的4组相关系数进行研究(日本—韩国;英国—德国;英国—法国;法国—德国)。回归中,除美国市场特有波动外,不再控制其他市场波动,回归结果见表6-8。

表6-6 部分交易时间重叠市场检验(日收益相关系数)

	(1)	(2)	(3)	(4)	(5)
市场波动（早）	0.012 (0.016)		0.014 (0.016)	−0.015 (0.017)	−0.009 (0.017)
市场波动（晚）		−0.007 (0.013)	−0.008 (0.013)	−0.030** (0.013)	−0.025* (0.013)
美国波动				0.098*** (0.019)	0.085*** (0.020)
常数项	0.551*** (0.019)	0.567*** (0.018)	0.558*** (0.021)	0.534*** (0.021)	0.506*** (0.025)
观测数	1 146	1 146	1 146	1 146	1 146
调整 R^2	0.274	0.273	0.273	0.290	0.292
市场与年度	Yes	Yes	Yes	Yes	Yes
滞后项					Yes

注：括号内是稳健标准误,*** $p<0.01$, ** $p<0.05$, * $p<0.1$。

表6-6是用收盘收益计算相关系数,(1)至(3)列的回归中没有加入美国市场波动,收盘早的市场前系数为正,而收盘较晚的市场波动前系数为负,说明在这之间可能存在一定的信息传递,但结果均不显著。加入美国市场波动后,早(晚)市场特有波动前系数变为负,同时美国市场波动前系数为正,这表明美国市场波动对这些市场间联动性具有较为明显的解释力,其他市场内部特有信息的增加会降低其他市场之间的联动性,同时美国市场波动的增加会提高其他市场之间的联动性。表6-7展示了使用动态相关系数进行回归的结果,结论并未发生改变。

表 6-7 部分交易时间重叠市场检验(动态相关系数)

	(1)	(2)	(3)	(4)	(5)
市场波动（早）	0.019*** (0.005)		0.019*** (0.005)	0.006 (0.005)	−0.003 (0.002)
市场波动（晚）		0.009* (0.005)	0.007 (0.005)	−0.005 (0.005)	−0.005** (0.002)
美国波动				0.055*** (0.008)	0.015*** (0.003)
常数项	0.562*** (0.007)	0.569*** (0.008)	0.556*** (0.009)	0.541*** (0.009)	0.080*** (0.011)
观测数	1 294	1 294	1 294	1 294	1 294
调整 R^2	0.876	0.875	0.876	0.882	0.970
市场与年度	Yes	Yes	Yes	Yes	Yes
滞后项					Yes

注：括号内是稳健标准误，*** $p<0.01$，** $p<0.05$，* $p<0.1$。

表 6-8 汇报了使用交易时间完全重叠的市场间相关系数对美国市场特有波动进行回归的结果，与表 6-6、表 6-7 结果一致，说明美国市场特有波动可以解释其他市场前联动性。以上回归中均加入市场与年度控制变量，加入被解释变量滞后项也不会不改变结果。

表 6-8 交易时间完全重叠市场检验

	收盘收益相关系数		动态相关系数	
	(1)	(2)	(3)	(4)
美国波动	0.054*** (0.020)	0.036* (0.019)	0.081*** (0.010)	0.016** (0.006)
常数项	0.776*** (0.017)	0.672*** (0.045)	0.727*** (0.010)	0.214*** (0.033)

续　表

	收盘收益相关系数		动态相关系数	
	(1)	(2)	(3)	(4)
观测数	424	424	432	432
调整 R^2	0.498	0.509	0.728	0.868
市场与年度	Yes	Yes	Yes	Yes
滞后项		Yes		Yes

注：括号内是稳健标准误，*** $p<0.01$，** $p<0.05$，* $p<0.1$。

表6-6至表6-8的结果说明美国市场特有波动与其他市场之间联动性正相关，且其他市场特有波动与联动性负相关，实证结果完全符合涟漪效应存在的第二个条件，说明部分亚太市场与欧洲市场间的相互影响很大一部分源于美国市场，美国作为涟漪的中心市场会对周边市场的联动性产生影响，同时其他市场产生的联动也部分是由于共同受美国市场的影响。

在满足条件1与条件2后，还需对条件3进行检验才能说明股市联动性变化是美国市场波动产生的涟漪。条件3要求，如果存在涟漪效应且以A(美国市场)为中心，那么C市场的特有波动 (σ_c) 对AB之间的相关系数 (ρ_{AB}) 不会产生影响，市场C是除AB外的其他市场。对此，本节进行如下回归，

$$\rho_{AB,t} = \gamma_0 + \gamma_A \sigma_{A,t} + \gamma_B \sigma_{B,t} + \gamma_C \sigma_{C,t} + \varsigma_{AB,t} \quad (6.12)$$

表6-9统计了84个回归的结果统计，回归中均控制了相关系数滞后项。以表中第一行日本市场(C)为例，使用美国市场(A)与其他市场(B)的相关系数(除日本与美国外，其他市场总计7组数据)按式(6.12)回归，统计日本市场特有波动前显著且为正的个数(0个)，美国市场前波动显著为正的系数个数(3个)与另外一个市场显著为负的个数(1个)。可以看到其他市场波动对美国市场和其他市场的相关系数基本没有解释力，其他市场 γ_C 显著为正的个数基本是2。同时，美国市场特有波动与其他市场之间联动性显著正相关，表6-9的最后一行显示，在使用其他市场相关系数对美国市场波动回归中，γ_C(美国市场)显著为正的个数为13，无论个数还是比例

均远高于其他市场。其他市场与美国市场间的联动性变化无法被第三市场所解释,满足涟漪效应存在的第 3 个条件。

表 6-9　AB 动态相关系数对 C 特有波动回归结果

被解释变量	A 与 B 间动态相关系数						
C 市场波动	B 市场	A 市场	回归总数	γ_C（＋）	γ_B（－）	γ_A（＋）	滞后项
日本波动	其他	美国	7	0	1	**3**	Yes
韩国波动	其他	美国	7	1	3	**4**	Yes
中国上海波动	其他	美国	7	0	3	**4**	Yes
中国香港波动	其他	美国	7	0	2	**4**	Yes
印度波动	其他	美国	7	0	2	**4**	Yes
德国波动	其他	美国	7	0	0	**4**	Yes
英国波动	其他	美国	7	0	1	**3**	Yes
法国波动	其他	美国	7	1	3	**3**	Yes
美国波动	其他	其他	28	**13**			Yes

注：$p<0.1$ 被认为显著。

至此,本节完成了对美国市场涟漪效应 3 个条件的检验,结果表明国际市场在 2007 年后存在明显的涟漪效应,美国市场处于涟漪的中心,美国市场特有波动对其他市场之间联动性有较大的影响,同时美国市场的负面信息更容易向周边市场传递,美国市场和其他市场的联动性波动也难以被第三市场解释。

6.1.2.3　其他市场的涟漪效应检验

相关系数描述性统计(表 6-2)的结果显示,除美国市场外,其他市场对周边市场可能存在一定的影响力,在综合考虑市值与影响力后,本节接下来对 6 个市值较大市场的涟漪效应进行检验。为了避免非同步交易对结果产生影响,检验中的相关系数均使用周数据计算的动态相关系数,对涟漪效应三个条件的检验结果见表 6-10。为了便于比较分析,表 6-10 还一同汇报了美国市场的检验结果。

表 6-10　主要市场涟漪效应检验

	条件一：风险传递方向性	条件二：解释联动性	条件三：联动被外部市场解释
	特有波动系数	显著个数（回归总数）	显著个数（回归总数）
日　　本	0.002	0(28)	23(56)
中国香港	0.011**	4(28)	9(56)
英　　国	0.002	5(28)	16(56)
法　　国	0.025**	1(28)	12(56)
德　　国	0.020**	1(28)	11(56)
美　　国	0.013***	13(28)	2(56)

注：*** $p<0.01$，** $p<0.05$，* $p<0.1$；个数统计中 $p<0.1$ 被认为是显著。

第一列展示了相关系数对市场波动回归中本地市场波动前的回归系数，结果显示其他市场均具有一定的对外影响力，但显著性均不如美国市场。第二列汇报了特有波动对外部市场联动性的影响，可以看到美国市场特有波动对自身以外近 50% 的市场联动性有影响，其他市场特有波动对外部市场联动有影响个数不超过 20%，美国市场特有波动对外部市场联动性的解释能力远大于其他 5 个市场。第三列汇报了第三市场特有波动对市场联动性的影响，除美国外其他市场间的联动性均会受第三市场波动的影响，只有美国市场与其他市场的联动性基本不受第三市场特有波动的影响。欧洲市场和中国香港市场的对外影响力与美国相比还十分有限，因此，世界股市中的风险主要还是来源于美国市场。

通过前文的分析可以发现，近期全球市场联动性受美国市场特有波动的影响，当美国市场波动升高时，其他市场的联动性也会随之增加。这种变化产生的原因是随着国际金融市场的一体化，各国资本市场受美国市场的影响在不断增强，美国市场稍有动荡就会导致国际股市的共振。A 股开始受美股影响是中国股市与其他各市场联动性增加与波动的主要原因。考虑到部分市场与美国市场存在交易时间重叠，这些市场能够以最快的速度反映美国市场的信息，在衡量这些市场影响力时，如果不剔除其中的美国市场的信息，就可能得到这些市场的影响力仅次于甚至高于美国的结果。

6.1.3 稳健性检验

6.1.3.1 分时段检验

前文模型显示,在国际市场之间,只有在相依系数大于 0 且有一市场对多方存在明显的影响时才能观察到涟漪效应。2007 年前全球股市联动水平相对较低,这也是过去股市较少发生共振的原因,股票市场联动结构中潜藏的涟漪效应也没有引起我们关注。2007 年后,次贷危机波及全球,国际市场联动性达到新高的同时出现剧烈波动,相关系数出现共同起伏。可见涟漪效应并非一直存在,因此本节首先进行如下稳健性检验,将 1998 年 1 月到 2018 年 12 月数据分为 2007 年前与 2007 年后两段,可以预期的是 2007 年前,国际市场并不存在明显的涟漪效应,2007 年后则较为明显,即存在一国市场特有波动对其他市场间相关系数有显著的解释力。使用不同区间的数据按式(6.12)对所有市场进行研究,统计各市场特有波动对其他市场间相关系数的解释力,分 3 种显著性水平统计显著的个数,具体结果见表 6-11。

表 6-11 动态相关系数对市场特有波动回归
(剔除交易时间重叠市场影响)

	1998—2006 年			2007—2018 年		
	1%显著	5%显著	10%显著	1%显著	5%显著	10%显著
日　　本						
韩　　国				2	5	7
中国上海				3	7	9
中国香港				3	4	4
印　　度					1	3
英　　国					3	5
法　　国		2	4			1
德　　国						1
美　　国	1	3	4	9	13	

可以看到2007年前,即使是美国市场,其市场特有波动也只能解释个别市场间的联动性变化,而在2007年后,美国市场特有波动可以解释绝大多数市场间联动性变化,与此同时,中国上证指数的影响力也与之前相比出现了从无到有的提升,这说明本节提出的涟漪效应这一机制是合理的。

6.1.3.2 替换不同波动率

前文在计算市场特有波动时剔除了同期交易的市场影响,本节接下来将特有波动替换为另外两种波动率,并比较这三种不同测算方法对结果产生的影响。

第一种是在计算特有波动时,只加入已经结束交易的市场收益作为控制变量进行调整。例如,在对美国市场计算时,同期收益只控制部分亚洲市场(日本、韩国与中国上海)而不控制欧洲市场收益,这样的调整方法可能会高估欧洲市场的影响力,因为调整后的欧洲市场收益中除自身信息外,还部分反映同期亚洲市场(中国香港与印度)信息与部分同期美国市场的信息。按式(6.12)对所有市场进行研究,统计各市场特有波动对其他市场联动性解释能力,分3种显著性水平统计显著的个数,具体结果见表6-12。结果显示,与2007年前相比,国际股市的涟漪效应明显增强。与预想一致的是,这种波动衡量方法会对欧洲市场影响力产生一定的高估,在这种波动率衡量下法国市场与世界市场的联动性解释能力大于美国市场,这也是由于欧洲市场的波动包含了世界股市的所有信息所致,并不能反映风险真正的传递方向。

表6-12 动态相关系数对市场特有波动回归
(不剔除交易时间重叠市场影响)

	1998—2006年			2007—2018年		
	1%显著	5%显著	10%显著	1%显著	5%显著	10%显著
日　　本			1			
韩　　国			1	1	2	3
中国上海					4	7
中国香港				3	4	6
印　　度			1			

续 表

	1998—2006 年			2007—2018 年		
	1%显著	5%显著	10%显著	1%显著	5%显著	10%显著
英　国		1	1	3	7	10
法　国			1	7	11	14
德　国		2	2	1	2	2
美　国			1	4	7	10

第二种则是使用最为原始的当月收盘收益计算月度市场标准差作为市场波动的代理变量,这种方法由于未对收益进行调整,所以不同市场收益波动具有较高相关性,同时信息含量高的市场,其市场波动对联动性解释能力较强。例如欧洲市场同时反映了隔夜美股,当日亚洲市场和部分当日美国市场的信息,日本市场中也有隔夜欧美市场和同期亚洲市场的信息。市场波动对其他市场联动性解释能力结果见表 6-13,可以看到在整体联动性不高于 2007 年前使用原始波动检验时,明显高估了部分市场的影响力。

综上所述,不同市场原始收益波动之间存在较高的相关性,由于世界股市均受美股影响,如不剔除美股影响直接研究其他市场间关系,会造成对其他市场影响力的错误估计,以往研究对此讨论较少。

表 6-13　动态相关系数对市场波动回归(原始波动)

	1998—2006 年			2007—2018 年		
	1%显著	5%显著	10%显著	1%显著	5%显著	10%显著
日　本	1	4	6	3	7	9
韩　国			4	2	2	3
中国上海		4	4		1	3
中国香港				2	3	4
印　度	1	3	5			

续　表

	1998—2006 年			2007—2018 年		
	1%显著	5%显著	10%显著	1%显著	5%显著	10%显著
英　国		5	9	3	5	8
法　国	3	7	8	2	6	8
德　国	1	3	5	1	5	10
美　国				8	15	18

6.1.4　小结

本节基于 Forbes and Rigobon(2002)模型推导了股市之间相关系数与市场波动的关系,即股市联动中的涟漪效应。根据模型,本节提出涟漪效应存在需满足的 3 个条件,并使用 9 个主要市场指数数据对此进行实证检验。结果表明,2007 年后的股票市场存在明显的涟漪效应,美国股市处在涟漪的中心。美国市场特有波动与世界股市联动性呈显著正相关关系,美国市场特有波动的升高(降低)导致亚洲(欧洲)各市场间联动性提高(降低),而其他市场特有波动则没有类似影响力。随着中国资本市场走向世界,中国股票市场受外部市场影响的同时对外影响力与之前相比也有所提高。由于部分市场交易时间存在重叠,仅使用相关系数与溢出指数来识别风险传递方向可能会出现与实际不符的情况,在以往研究对欧洲与其他部分市场影响力可能存在高估。

本节的结果对于市场联动的研究有重要意义。在对市场影响力或地区市场联动性进行研究时,应尽量研究剔除中心市场的干扰,避免将美国市场的涟漪效应划分到其他市场。剔除中心市场的干扰能够大大降低联动网络的复杂度,使结果变得直观合理。同时,在联动影响因素的研究中,也应尽量控制部分市场特有波动尤其是美国市场特有波动,避免涟漪效应对结果产生干扰。

本节的研究无论对监管部门还是投资者均有重要参考价值。对监管者而言,中国已经成为世界第二大经济体,A 股作为世界最大的新兴资本市场,识别市场风险来源并分析联动变化背后的原因变得尤为重要,近年来美国市场是中国乃至世界其他股市最大的境外风险来源。同时,随着中国市场影响力的逐步扩大,合理评估中国市场影响力也是一个重要课题,能否观察到以中国市场为中心的涟漪效应可以作为一个度量中国市场影响力的手段。对投资者而言,由涟漪效应引起的市场联动性共振在未来可能会是常态,联动性的变化也并非完全由基本面与情绪因素所致,充分认识联动性波动的来源有助于投资组合的构建。

6.2 基于区域视角的金融系统性风险传染特性

自 2020 年新冠疫情全球大流行以来,世界主要经济体普遍实施大规模的经济刺激措施。如何化解持续攀升的债务风险,已经成为各国面临的共同挑战。作为基础设施投资的重要资金来源,我国的城投债发行规模也处于较高水平。2021 年我国城投债发行规模已突破 5.41 万亿元,达到历史高位。然而,宏观经济下行压力显著放大了债券市场的风险问题。Wind 数据显示,2021 年全国共有 196 只债券发生违约,涉及债券(违约日)余额超过 1 800 亿元,全年债券违约规模创下近五年来的新高。受违约消息的冲击影响,投资者避险情绪升温,城投债信用利差水平在 2021 年出现上升,债券市场的融资成本与信用风险随之上升。

债券市场中的风险异动引起了监管当局的高度重视。2020 年 12 月,中央经济工作会议提出要"抓实化解地方政府隐性债务风险工作"。2021 年 4 月,建立现代财税金融体制专题研讨座谈会提出要"坚决遏制地方政府隐性债务增量,稳妥化解债务存量,防范化解地方政府债务风险"。2022 年 10 月,党的二十大报告提出要"加强和完善现代金融监管,强化金融稳定保障体系,依法将各类金融活动全部纳入监管,守住不发生系统性风险底线"。因此,采用前沿的弹性网络收缩技术,考察债务风险的跨区域传染,将有助于防范发源于个别地区的风险事件对市场整体的融资成本造成冲击,进而完善区域债务风险的预警机制;为保证债券市场的持续稳定,提供有益的政策启示。

6.2.1 地理区位与信用风险传染

自欧洲债务危机以来,债务风险的传染问题受到了学术界的广泛关注。目前,大部分文献主要从主权债务风险的跨境传导视角展开研究,选用主权债务信用违约互换利差(Credit Default Swaps Spreads,CDS 利差)与收益率等指标,反映债券的风险水平,对债务风险网络中不同经济体的角色进行有效识别。与此同时,随着信用风险传导的理论研究日臻完善,学者们重点对地理区位与信用风险传染的关系展开实证分析。Benmelech et al.(2019)基于 2005—2010 年美国零售业企业数据分析显示,企业的财务困境与债务违约可能在相近的地理区域间迅速扩散,信用风险的传导与地理区位存在高度相关性。类似地,Addoum et al.(2020)使用 1990—2013 年美国 4 711 家企业的贷款数据开展实证研究,发现企业破产的异质性风险事件,能够对同一区域内其他企业的贷款利差与融资成本产生影响,且信用风险的溢出强度与地理距离成反比关系。值得注意的是,针对信用风险跨区域传染的现有研究,主要采用传统的面板回归分析,通过比较相关系数的显著性和大小来识别风险溢出关系。与基于向量自回归(VAR)模型的网络拓扑分析框架相比,这一研究方法存在较大的局限性,难以在衡量系统整体关联程度的同时,准确反映两两交互个体间的风险传染关系。然而,将网络分析框架引入相关领域所面临的重要挑战在于区域风险网络的维度问题。VAR 模型的"维度诅咒"限制了内生变量的个数,制约模型的现实解释力。目前,随着 LASSO(Least Absolute Shrinkage and Selection Operator)分析方法与弹性网络收缩(Elastic Net Shrinkage)技术的逐步成熟,通过引入惩罚函数选取变量并压缩回归系数,已使得高维 VAR 模型的精确估计成为可能。在此背景下,Demirer et al.(2018),Gross and Siklos(2020)等国际前沿研究均对以上方法进行了有益的拓展与应用。

现有文献存在以下局限性:第一,现有文献主要涉及突发公共卫生事件对股票市场与财政政策的冲击(杨子晖和王姝黛,2021)、金融市场异常波动与风险传染(梁琪和郝毅,2019;李志生等,2019;李政等,2019)等研究内容,结合疫情背景,考察城投债信用风险传导关系的研究仍然比较有限。城投债作为地方融资平台发行的债务,是区域性市政投资的重要资金来源,对经济恢复与金融市场稳定有重要影响。因此,考察城投债的风险扩散路径,防范突发性事件对债券市场的整体稳定与融资成本造成负面冲击十分必要。第二,基于高维风险网络,在动态框架内分析信用风险跨区域传染的研究仍然相对较少。与多数现有研究采用的面板数据模型、低维网络分析框架相比,高维网络能够避免样本筛选偏误带来的重要风险节点缺失(Demirer et al., 2018)。值得注意的是,2020 年以来新冠疫情对宏观经济造成了明显冲击,各区域的风险溢出角色可能发生动态转变。因此,在静态全样本分析的基础上,采用滚动窗口估计方法构建动态信用风险网络、识别网络结构的路径演变,对于有效化解地方债务风险问题具有一定的现实意义。

6.2.2 理论基础与模型设定

6.2.2.1 理论基础

目前,区域间的债务风险共振已成为金融风险领域崭新的研究视角,债务风险传导与地理因素、区域经济状况密切相关。究其原因,主要是由于存在以下两种风险扩散的驱动机制:

第一,受宏观环境影响,相同或相近区域企业的经营效益和流动性水平往往存在趋同倾向,因此其融资成本与借款利率也更易出现同向变化,进而将导致债务风险联动。具体而言,同一区域的企业面临共同的宏观经济周期,其生产供应与消费市场的趋势性变化基本一致(Collet and Ielpo,2018)。此外,区域内的大型企业还可能通过税收途径,影响地区的财政收入与公共产品供给,主导与其他企业的业绩联动(Jannati, 2020)。由于企业的现金流状况与盈利能力等因素将对银行的贷款决策与信贷成本产生直接影响,因此地理分布较为接近的主体间更容易出现信用风险共振。

第二,偶发的风险事件将通过信贷供给渠道,引发区域间的债务风险传染。异质性风险事件可能损害当地投资者、银行的资产负债表状况,加剧投资不确定性。同时,风险事件还可能沿产业网络扩大影响,对区域经济稳定造成威胁。以上因素将显著影响信贷资金供给(Giannetti and Saidi,2019),进而引发负面冲击并在同一区域内迅速扩散。在信贷规模收缩后,金融机构可能执行更严格的贷款条款或上调贷款利率,使得其他并未发生信贷危机的企业也面临资金短缺。整个区域内的信贷供给与利率水平的变化,可能加重各机构的信用风险与债务负担,成为信用风险传染的重要渠道(Longstaff,2010)。

6.2.2.2 城投债信用风险高维网络及其拓扑分析

为检验以上机制,本文将基于高维 VAR 模型,构建省际城投债信用风险网络:

$$D_t = \sum_{k=1}^{d} (\beta_k D_{t-k}) + \varepsilon_t \tag{6.13}$$

其中,$D_t = (D_{1t}, D_{2t}, \cdots, D_{nt})$ 为 VAR 模型的 n 维内生变量,包括 22 个省份的城投债信用利差水平。β_k 为系数矩阵。ε_t 为残差项。为了有效解决"维度诅咒"问题,本章借鉴 Gross and Siklos(2020)的研究方法,采用弹性网络收缩技术压缩模型的系数估计,求解如下最优化问题:

$$\hat{\beta} = \mathrm{argmin}\left\{\sum_{t=1}^{T}\left[D_{it} - \sum_{k=1}^{d}(\beta_{ki} D_{it-k})\right]^2 \right.$$
$$\left. + \gamma \sum_{k=1}^{d}\left[(1-\delta)\mid \beta_{ki} \mid + \delta \mid \beta_{ki} \mid^2\right]\right\} \qquad (6.14)$$

其中,$\hat{\beta}$为弹性网络估计系数矩阵,$0 \leqslant \delta \leqslant 1$。$D_{it}$为省份$i$在$t$日的城投债平均信用利差。$(1-\delta)\mid \beta_{ki} \mid + \delta \mid \beta_{ki} \mid^2$为惩罚函数。该方法有效地结合了LASSO技术与岭回归,当$\delta=0$时,弹性估计为LASSO形式;当$\delta=1$时,模型为岭回归形式。参数γ越大,模型收缩力度越大。本文采用10折交叉验证确定参数γ和δ的取值。

在高维VAR模型估计的基础上,本章参考了Billio et al.(2012),Diebold and Yilmaz(2014),Wang et al.(2017)的指标构建方法,使用方差分解结果计算债务风险溢出指标。首先,通过$D_{i \to j}$指标衡量省份间的债务风险溢出效应。$D_{i \to j}$测度了省份i风险溢出引发省份j的城投债信用风险在预测期H的误差方差贡献。

所有省份在H预测期的债务风险传染总效应,可以通过$Spillover_H$指标反映:

$$\mathrm{Spillover}_H = \left(\sum D_{i \to j}^{H}\right)/n, \ i \neq j \qquad (6.15)$$

其次,本章对各省份计算$FROM_i$和TO_i指标,分别反映省份i城投债市场在预测期H受到的外部总风险冲击,以及省份i对其他地区的总风险冲击:

$$\mathrm{FROM}_i = \sum_{j=1}^{n} D_{j \to i}^{H}, TO_t = \sum_{j=1}^{n} D_{i \to j}^{H}, \ i \neq j \qquad (6.16)$$

$$TO_t = NET + FROM \qquad (6.17)$$

其中,NET_i指标反映了省份i的风险传染角色,当$NET_i > 0$时,省份i为风险净输出市场;$NET_i < 0$时,省份i为风险净输入市场。

此外,为了甄别不同类型省份间的风险传染关系,本章基于地理区域、经济发达程度对各省份进行分组,计算衡量组际影响的IFO_i(In-from-Other)和OTO_i(Out-to-Other)指标:

$$IFO_i = \frac{\sum_{j=1}^{n-N_x} D_{j \to i}^{H}}{n - N_x}, OTO_i = \frac{\sum_{j=1}^{n-N_x} D_{i \to j}^{H}}{n - N_x}, \ i \in x, j \notin x \qquad (6.18)$$

其中,IFO_i反映组x中省份i受到的来源于其他组别省份的平均风险输入水平，OTO_i反映组x中省份i对其他组别所有省份的平均风险输出水平，N_x为组x中的省份数。本章通过比较各组地区相关指标的均值（Mean），判断区域风险传染角色。

最后，本章根据$GI_{x\to y}$（Group Influence）指标，测度组别x对组别y的风险溢出强度：

$$GI_{x\to y}=\frac{1}{N_x N_y}\sum_{i=1}^{N_x}\sum_{j=1}^{N_y}D_{i\to j}^H, i\in x, j\in y \tag{6.19}$$

其中，市场i属于组x，市场j属于组y。N_x和N_y分别为组x和组y的省份数。①

6.2.2.3 城投债信用风险的地理集聚与传染机制

基于全样本静态网络的分析结果，本章将对债务风险传染的驱动因素进行分析：

$$\begin{aligned}D_{i\to j}=&\alpha+\beta_1 Geo_{ij}+\beta_2 GDP_i+\beta_3 GDP_j+\beta_4 Vol_i+\beta_5 Vol_j\\&+\beta_6 Rev_i+\beta_7 Rev_j+\beta_8 S_{trud_{ij}}+u\end{aligned} \tag{6.20}$$

其中，因变量$D_{i\to j}$为省份i对省份j的债务风险溢出强度。自变量Geo_{ij}为省份i和省份j的地理区位指标，包括Dis_{ij}和Reg_{ij}。Dis_{ij}表示省份i和省份j的省会城市距离，本章采用Addoum et al.(2020)的方法，根据各省会城市的经纬度坐标，计算两两省份间的省会城市距离。Reg_{ij}为名义变量，当省份i和省份j位于同一地理区域（七大地理区域分组）时取值为1，否则为0。②此外，本章还选取了一系列反映各省份宏观经济状况的控制变量。其中，GDP_i为省份i样本期内的年均人均地区生产总值（GDP）对数值，反映各省份的经济发达水平。Vol_i为省份i的季度GDP标准差，测度了各省份的经济波动性。Rev_i为省份i样本期内的年均地方财政收入对数值，衡量各省份的财政实力水平。$Strud_{ij}$为省份i与省份j的经济结构差异，根据样本期间内省份i与省份j的平均城镇化率差值的平方计算。$Strud_{ij}$越高，省份i与省份j间的经济结构差距越大。为了控制截面数据的异方差问题，本章在最小二乘估计中采用稳健聚类标准误

---

① 组内溢出指标的计算方法为$GI_{x\to y}=\frac{1}{N_x(N_x-1)}\sum_{i=1}^{N_x}\sum_{j=1}^{N_y}D_{i\to j}^H, i\in x, j\in y, i\neq j$。

② 华北地区（北京、天津、河北）、东北地区（吉林）、华东地区（上海、江苏、浙江、安徽、福建、山东、江西）、华中地区（河南、湖北、湖南）、华南地区（广东、广西）、西南地区（重庆、四川、贵州、云南）、西北地区（陕西、新疆）。

进行方差调整。

6.2.3 数据说明与网络构建

6.2.3.1 数据说明

本章选取全国22个省份（自治区、直辖市）城投债信用利差指标，构建债务风险网络。① 其中，省际城投债信用利差根据当期该省所有城投债个债信用利差余额平均计算（个债信用利差 ＝ 个债收益率 − 同期限国开债收益率），数据频率为日度数据，来源于Wind数据库。此外，本章还使用基于算术平均计算的信用利差构建风险网络，以提供稳健性检验。与Collin-Dufresne et al.(2001)研究相一致，本章使用信用利差作为各地区城投债市场信用风险的代表变量，其原因在于，信用利差水平能够反映债券的融资成本，利差指标越高，该地区的利息负担与融资成本越沉重，信用风险越高（Cao and Wei, 2001）。根据数据可得性原则，信用风险传染网络全样本的时间窗口为2017年1月3日至2022年12月30日。在债务风险的传染机制研究部分，自变量的相关数据来源于国家地理信息公共服务平台（https://www.tianditu.gov.cn）与Wind数据库。基于数据可得性，年度宏观经济指标的时间窗口为2017年至2021年。

6.2.3.2 城投债信用风险高维网络的构建

表6-14报告了2017年1月3日至2022年12月30日全样本期间各省份（自治区、直辖市）的风险净溢出强度（NET_i指标）。排序结果前3位的省份来自东部地区，具有较高的风险输出能力（TO_i指标），是债务风险传染网络中的主要风险异动源头，相关地区的风险事件能够迅速传导至其他地区。其中，浙江是净溢出强度最高的省份。与此同时，排序结果位居末尾3位的地区中有2个来自西部地区。② 具体而言，广西、云南、河北是最主要的风险接收省份，其NET_i指标为负，较易受到其他地区债务风险异动的冲击。在本文研究样本期间内，上述省份的信用利差波动性也相对较高。这可能是因为，相关地区的经济基础较为薄弱，债券市场中投资者信心不足，市场空间较为有限，因此城投债融资成本极易受到外部冲击的影响。

---

① 本文删除了样本期间内信用利差数据不完整的省份，最后的研究样本由22个省份（自治区、直辖市）组成。

② 东部地区包括北京、天津、河北、上海、江苏、浙江、福建、山东、广东；中部地区包括安徽、湖北、河南、江西、吉林、湖南；西部地区包括新疆、贵州、陕西、重庆、四川、广西、云南。

表 6-14 信用风险净溢出的排序分析

省份（自治区、直辖市）	TO_i	$FROM_i$	NET_i	省份（自治区、直辖市）	TO_i	$FROM_i$	NET_i
浙江	141.415	88.226	53.189	河南	84.356	86.192	−1.836
福建	126.524	86.674	39.850	广东	80.041	84.349	−4.309
江苏	123.084	86.609	36.475	江西	67.374	82.868	−15.494
上海	121.025	86.431	34.594	山东	58.904	80.264	−21.360
安徽	119.594	86.452	33.143	贵州	10.871	40.180	−29.308
湖北	118.723	87.172	31.551	天津	48.098	80.262	−32.164
新疆	103.772	85.594	18.178	陕西	44.548	76.988	−32.440
北京	102.101	86.446	15.656	吉林	47.916	80.767	−32.851
湖南	101.110	87.672	13.439	广西	45.196	78.349	−33.154
重庆	91.522	87.498	4.024	云南	33.376	72.180	−38.803
四川	83.223	80.319	2.904	河北	25.248	66.531	−41.282

注：方差分解预测期为2天，基于省际城投债信用利差（余额平均）指标构建信用风险网络。

6.2.4 实证分析

6.2.4.1 城投债信用风险的网络拓扑分析

首先，本章按照东、中、西部三大地理区域分组方法，采用网络拓扑分析框架，考察不同地区间的债务风险传染关系。基于余额平均与算术平均的省际信用利差分析结果保持一致，分别列示于表 6-15 的 Panel A 和 Panel B 中，下文将主要针对省际信用利差（余额平均）的研究结果展开讨论。表 6-15 的 Panel A 的 $GI_{i\leftrightarrow j}$ 指标显示，东部与中部区域内呈现出明显的风险共振效应，相关省份信用风险传染的地理集聚效应较为显著，其 $GI_{i\leftrightarrow j}$ 指标分别高达 4.556 和 4.529。这可能是因为，以上省份间的经济贸易关联较为紧密，宏观经济基本面趋同，因而城投债市场的风险联动趋势也更为明显。与此同时，东部债券市场对其他地区存在广泛的风险溢出影响，其对中部和西部的冲击强度分别为4.719和3.867。总的来看,东部城投债市场具有较高的韧性,且能够显著影响全国市场的信用风险变化。东部地区是信用风险网络中重要的风险溢出力量,其OTO指标均值为4.260,显著高于其他地区;其受到来自外部的风险冲击相对有限,IFO指标均值在三大区域中相对较低,仅为3.571。而西部地区的OTO指标均值则低于IFO指标,这意味着西部地区属于风险净输入市场。一旦债券市场中发生突发性风险事件,西部地区将面临明显的融资成本上升压力,债券市场的脆弱性较高。本章研究结果与同期债券市场动态一致,2017年以来投资者对弱资质债券的市场预期日益走低,西部城投债市场随之受到明显影响。相关地区的城投债融资成本大幅上升,出现大量高收益城投债,城投债信用利差也呈现出显著的个债差异。例如,云南在全样本期间的城投债信用利差最小值为92.500 bp,而最大值高达512.950 bp,市场分化日趋明显。

表6-15 城投债信用风险的网络拓扑分析(三大地理区域分组)

Panel A	$GI_{i \to j}$ (Group Influence)			IFO_i	OTO_i
	东部	中部	西部	Mean	Mean
东部	4.556	4.473	2.797	3.571	4.260
中部	4.719	4.529	2.868	3.909	4.200
西部	3.867	3.849	2.758	3.860	2.826

Panel B	$GI_{i \to j}$ (Group Influence)			IFO_i	OTO_i
	东部	中部	西部	Mean	Mean
东部	4.888	4.357	2.493	3.353	4.320
中部	4.828	4.267	2.620	3.862	4.035
西部	3.885	3.622	2.302	3.780	2.544

注:方差分解预测期为2天,样本期间为2017年1月3日至2022年12月30日,Panel A基于省际城投债信用利差(余额平均)指标构建城投债风险传染网络,Panel B基于省际城投债信用利差(算术平均)指标构建城投债风险传染网络。下同。

其次,为了进一步考察地理区位因素对于债务风险传染的影响,本章按照七大地理区域分组方法,将22个省份划分为华北、东北、华东、华中、华南、西南、西北7组。这一地理区域划分方法,综合考虑了各省份的地理位置、自然资源、经济结构等因素,能够更为细致地刻画各地理区域差异化的经济特质。表6-16报告了基于七大地理区域分组的网络拓扑分析结果。其中,华东与华中列的$GI_{i \to j}$指标显著高于其他元素,表明以上地区的城投债风险变化会对其他区域产生明显冲击。同时,西北与华东地区内部存在明显的债务风险传染关系,Panel A 中相应的$GI_{i \to j}$指标分别为6.494和5.405。此外,通过对比七大地理区域的IFO指标和OTO指标均值,能够分析各地区在债务风险网络中的角色,相关结果显示:华东和华中地区的OTO指标均值显著高于IFO指标。华北、东北、华南、西南和西北地区则是风险净输入区域,较易受到外部风险事件的冲击。

表6-16 城投债信用风险的网络拓扑分析(七大地理区域分组)

| Panel A | $GI_{i \to j}$ (Group Influence) ||||||| IFO_i | OTO_i |
	华北	东北	华东	华中	华南	西南	西北	Mean	Mean
华北	1.748	1.454	4.922	5.262	3.332	2.065	3.815	3.908	2.894
东北	2.265	—	5.286	4.396	4.144	2.802	2.142	3.846	2.282
华东	3.026	2.553	5.405	5.188	3.165	3.038	3.630	3.529	5.056
华中	3.458	2.316	5.600	5.208	3.322	2.554	3.921	4.031	4.789
华南	3.343	3.513	5.159	4.930	3.399	2.160	2.435	3.898	2.961
西南	2.020	2.364	4.693	3.609	2.234	2.485	3.010	3.477	2.628
西北	3.202	1.127	4.950	5.095	2.011	2.526	6.494	3.740	3.383
Panel B	$GI_{i \to j}$ (Group Influence)							IFO_i	OTO_i
	华北	东北	华东	华中	华南	西南	西北	Mean	Mean
华北	2.101	0.761	5.083	5.694	3.615	1.533	3.870	3.922	3.084
东北	2.111	—	4.628	4.196	4.616	2.105	2.159	3.490	1.406
华东	3.348	1.550	5.316	5.463	3.492	2.457	3.830	3.497	4.981
华中	3.715	1.390	5.603	5.766	3.663	1.797	4.190	3.929	4.968

续 表

Panel A	$GI_{i \to j}$ (Group Influence)							IFO_i	OTO_i
	华北	东北	华东	华中	华南	西南	西北	Mean	Mean
华南	3.606	2.515	5.293	5.374	3.510	1.584	2.668	3.909	3.192
西南	2.039	1.418	4.261	3.354	2.115	1.868	2.762	3.176	2.036
西北	3.269	0.760	5.198	5.353	2.238	2.094	5.990	3.793	3.477

注：样本期间内，Wind 数据库中信用利差数据完整的东北省份仅包括吉林，因此东北地区的组内溢出指标（$GI_{i \to j}$）为空。

最后，本章将根据样本期内年均人均 GDP 的排序结果，将所有省份划分为 4 组，分析债务风险在不同经济发达程度地区间的扩散路径。表 6-17 的 Panel A 中，经济发达地区（前 25%）一列的 $GI_{i \to j}$ 指标均超过 4.100，表明相关省份能够对其他所有地区形成明显的风险冲击；其组内风险冲击强度高达 5.770，意味着发达地区的城投债市场存在显著的信用风险共振。这一发现与表 6-15 和表 6-16 的研究结论保持一致，即经济实力较为雄厚的华东地区，在债务风险网络中处于中心位置。事实上，经济发达地区往往集中了大量的人口和资本要素，在国民经济和区域贸易体系中占据较为重要的地位，也是主要的消费市场所在地，因而可以对全国的经济基本面，乃至金融债券市场的稳定性产生影响。IFO 与 OTO 指标均值的分析结果则表明，经济欠发达地区（75%～100%）是网络内主要的信用风险接收方。

表 6-17 城投债信用风险的网络拓扑分析（经济发达程度分组）

Panel A	$GI_{i \to j}$ (Group Influence)				IFO_i	OTO
	前 25%	25%～50%	50%～75%	75%～100%	Mean	Mean
前 25%	5.770	4.295	4.543	2.123	3.558	5.095
25%～50%	5.751	3.381	4.646	1.999	4.102	3.837
50%～75%	5.543	4.214	4.164	2.286	4.003	4.381
75%～100%	4.176	3.065	3.998	2.047	3.773	2.135

续 表

Panel B	$GI_{i \to j}$ (Group Influence)				IFO_i	OTO
	前25%	25%~50%	50%~75%	75%~100%	Mean	Mean
前25%	6.284	4.236	4.073	2.087	3.379	5.179
25%~50%	6.036	3.169	4.266	1.986	4.086	3.730
50%~75%	5.509	4.070	3.719	2.246	3.934	3.955
75%~100%	4.190	2.941	3.577	1.928	3.608	2.105

注：经济发达程度分组根据样本期间内年均人均GDP水平降序排列进行划分，研究样本包括前25%的省份(自治区、直辖市)(北京、上海、江苏、天津、浙江、福建)，25%~50%省份(广东、山东、重庆、湖北、陕西)，50%~75%省份(湖南、安徽、四川、河南、江西)，75%~100%省份(新疆、吉林、河北、云南、贵州、广西)。

6.2.4.2 城投债信用风险的地理集聚与传染机制检验

下面将对债务风险传染的影响因素进行回归分析，以甄别风险扩散的驱动机制。表6-18的Panel A报告了使用省会城市距离指标的回归结果。其中，Dis_{ij}项系数在列(1)至列(4)回归中均显著为负。这表明随着地理距离的增大，省际风险传染强度逐渐减弱，信用风险的共振更可能发生在距离接近的省份间。基于余额平均和基于算术平均的利差网络分析结果在各预测期内均基本保持一致，表明本章研究结论是稳健可靠的。表6-18的Panel B使用是否位于同一区域的名义变量作为解释变量。其中，Reg_{ij}项系数在所有回归中均显著为正，表明同一区域省份间的风险溢出强度更高，债务风险传染具有明显的地理集聚效应。综合Panel A和Panel B的结果，可以发现，GDP_i和Vol_i项系数在大部分回归中显著为正，意味着经济波动性较高的发达省份更可能对外输出风险。这可能是因为，城投债市场的稳定与经济基本面因素密不可分。作为重要的消费市场和现代产业聚集地，发达地区能够对国民经济的整体稳定产生显著影响，一旦相关地区面临产出波动，负向冲击将迅速扩散。

6.2.4.3 城投债信用风险的动态网络拓扑分析

2020年上半年，受制于劳动力短缺、生产要素供应中断、消费市场萎缩等因素，我国实体经济遭受了严重影响，大量企业面临较为严峻的流动性危机。此后，随着疫情防控步入常态化阶段，我国城投债发行量较历史同期水平出现了大幅增长，部分城投平台面临较大偿债压力。鉴于此，本章将重点

表 6-18 地理集聚、宏观经济对信用风险传染的影响分析

Panel A：基于省会城市距离

	省际城投债风险网络（余额平均）$D_{i \to j}$				省际城投债风险网络（算术平均）$D_{i \to j}$			
	(1) $H=2$		(2) $H=10$		(3) $H=2$		(4) $H=10$	
Dis_{ij}	−1.882***	(−6.015)	−1.348***	(−5.202)	−2.142***	(−6.077)	−1.544***	(−4.646)
GDP_i	1.713***	(3.138)	2.023***	(4.452)	1.809***	(3.075)	2.342***	(4.552)
GDP_j	0.303	(0.540)	0.384	(0.832)	0.292	(0.483)	0.351	(0.668)
Vol_i	2.674	(0.610)	7.384*	(1.830)	2.190	(0.478)	6.416*	(1.670)
Vol_j	−6.108	(−1.496)	−4.833	(−1.362)	−6.807	(−1.493)	−5.293	(−1.336)
Rev_i	−0.059	(−0.205)	0.144	(0.585)	0.053	(0.166)	0.209	(0.733)
Rev_j	−0.498*	(−1.653)	−0.396	(−1.572)	−0.554*	(−1.705)	−0.433	(−1.527)
$Strud_{ij}$	−0.001	(−1.311)	−0.001**	(−2.406)	−0.000	(−1.073)	−0.001*	(−1.802)
N	484		484		484		484	
adj.R²	0.460		0.415		0.478		0.400	

Panel B：是否位于同一地理区域（基于七大地理区域分类）

	省际城投债风险网络（余额平均）$D_{i \to j}$				省际城投债风险网络（算术平均）$D_{i \to j}$			
	(1) $H=2$		(2) $H=10$		(3) $H=2$		(4) $H=10$	
Reg_{ij}	4.002***	(4.127)	2.942***	(3.903)	4.430***	(4.025)	3.235	(3.517)
GDP_i	1.850***	(2.803)	2.113***	(4.059)	1.979***	(2.780)	2.460***	(4.280)
GDP_j	0.439**	(0.652)	0.473***	(0.894)	0.461	(0.638)	0.469	(0.804)
Vol_i	8.743	(2.078)	11.777	(2.958)	9.022**	(2.195)	11.366***	(3.220)
Vol_j	−0.038	(−0.009)	−0.440	(−0.119)	0.026	(0.006)	−0.343	(−0.088)
Rev_i	0.085	(0.244)	0.245	(0.902)	0.222	(0.560)	0.329	(1.055)
Rev_j	−0.353	(−0.983)	−0.296	(−1.068)	−0.385	(−0.969)	−0.313	(−1.014)
$Strud_{ij}$	−0.002***	(−4.436)	−0.002***	(−5.310)	−0.002***	(−4.579)	−0.002***	(−5.092)
N	484		484		484		484	
adj.R²	0.168		0.194		0.166		0.177	

注：*、**、*** 分别表示系数在 10%、5%、1% 的置信水平上显著，括号内为 t 值，省略常数项回归结果。H 为方差分解预测期。

对 2020 年 1 月—2022 年 12 月的研究样本构建信用风险网络,分析突发公共卫生事件背景下的债务风险传导关系。在静态分析的基础上,本章基于滚动窗口估计,构建了信用风险的动态网络。

本章考察了信用风险总溢出($Spillover_H$ 指标)的动态趋势。图 6-4 显示,自 2020 年以来,城投债市场中的风险共振强度持续走高,并在 2020 年年中达到峰值。具体而言,2020 年第一季度,受新冠疫情冲击与货币宽松政策的影响,债券市场收益率进入下行通道,债券市场行情在不同信用等级的债券间出现分化。同期利率债和高等级信用债收益率出现宽幅震荡,低等级信用债的收益率则保持在较高水平,偿债压力较大。在此背景下,城投债的风险溢出总强度在 2020 年上半年显著上升,风险的跨区域共振趋势明显。此后,随着宏观经济的企稳回升,$Spillover_H$ 指标逐渐下降,并保持在 90% 以下区间。

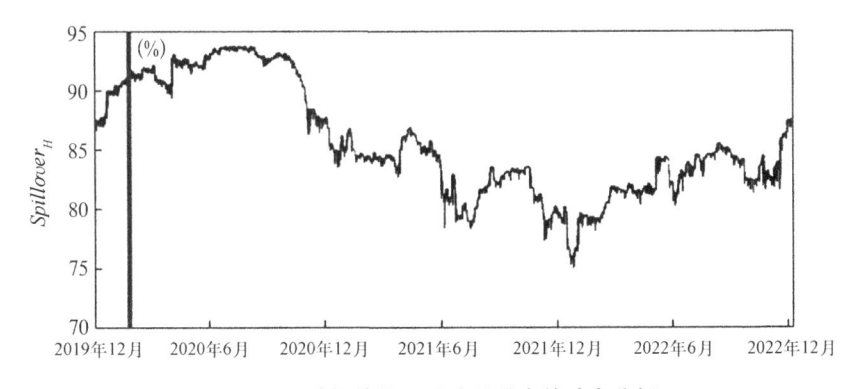

图 6-4 城投债信用风险总溢出的动态分析

注:滚动窗宽 100 天,方差分解预测期为 2 天,基于省际城投债信用利差(余额平均)指标构建信用风险网络,图中竖线为 2020 年 1 月 20 日,国家卫健委发布 2020 年 1 号公告,将新型冠状病毒感染的肺炎纳入《中华人民共和国传染病防治法》规定的乙类传染病,并采取甲类传染病的预防、控制措施。下同。

图 6-4 显示了截至 2022 年 12 月 30 日本章研究样本中新冠疫情累计确诊病例数前 3 位广东、湖北、上海的风险净溢出趋势。可以发现,大部分时期内以上地区是债务风险净输出市场(NET 指标为正)。以湖北省为例,2020 年第一季度,生产停摆对疫情风险较高的湖北省造成明显冲击,当季累计 GDP 同比下降 37%。宏观经济的剧烈波动引发城投债市场的风险联动,湖北省的债务风险净溢出强度一度突破 20%。2021 年后,随着经济增长的逐步恢复,湖北省的信用风险净溢出水平回落至 −30% ∼ 0%。2022

年,上海、广东等地区先后出现疫情反复,宏观经济表现与城投债市场受其影响出现风险异动,以上地区成为信用风险网络中重要的市场动荡源。

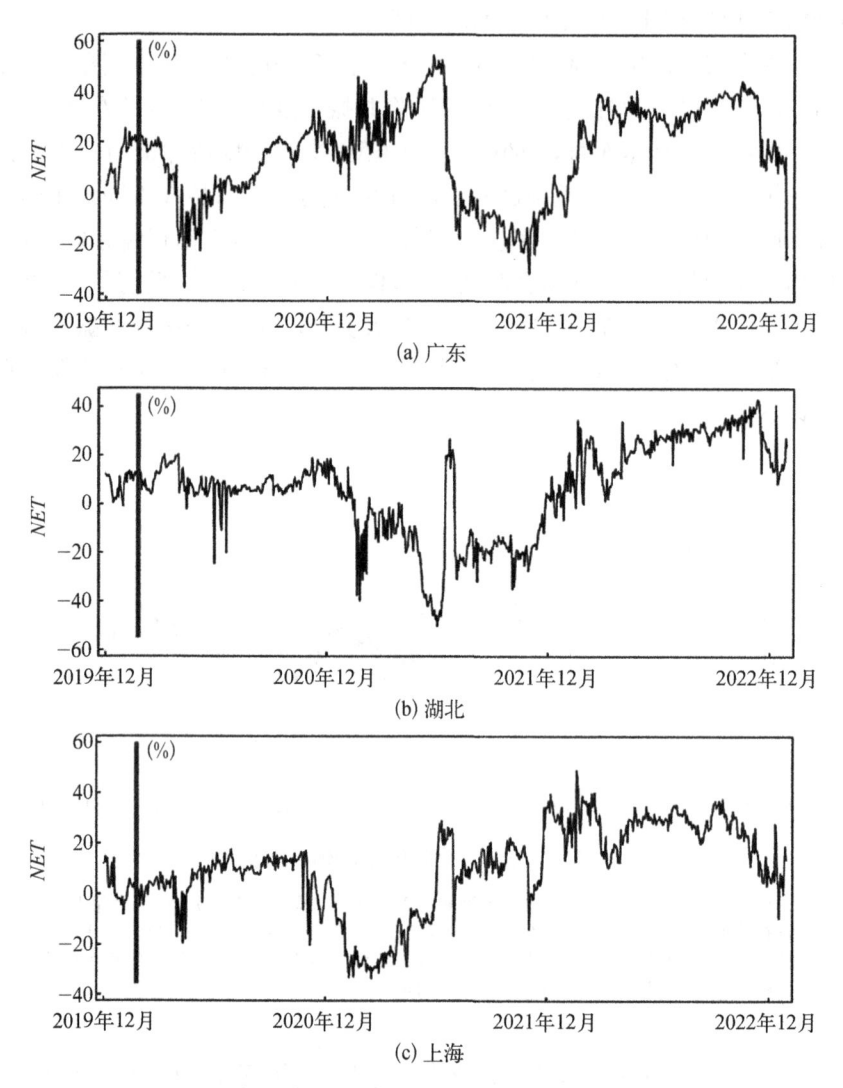

图 6-5 部分省份(直辖市)信用风险净溢出的动态分析

6.2.5 小结

本章结合弹性网络收缩技术与网络拓扑分析方法,对我国城投债信用风险跨区域传染的中心源头、路径演变与驱动机制展开深入研究。全样本静态网络的分析结果表明,经济较为发达的东部地区位于城投债信用风险网络的中心。而西部债券市场的韧性较低,极易受到外部风险异动的影响,属于风险传染链条中的净接收方。其次,债务风险溢出强度会随地理距离的增大而衰减,信用风险共振更可能发生在距离较为接近的省份间。经济增长波动性较高的省份,更可能对外输出信用风险。最后,本章发现,突发公共卫生事件对地方财政与区域经济稳定造成了显著冲击,能够影响城投债市场的风险网络结构。本章得到以下三点启示:

第一,防范城投债信用风险的跨区域传导,对于维护债券市场的稳定发展,拉动公共投资进而推动经济复苏,具有一定的现实意义。当前,金融监管部门和地方政府应严厉处罚各种"逃废债"行为,强化市场约束机制,监督发债主体维持流动性合理充裕。在发生个债违约的背景下,应依据市场规则与相关法规,妥善处置债券违约的后续清偿事项,积极维护投资者信心与市场预期,防止偶发性的违约风险向市场流动性风险演化。

第二,在债务风险的区域预警机制设计方面,为了保证债券融资成本的稳定与区域债务的可持续性,地方金融监管当局应优先关注处于同一地理区域或相邻省份的信用风险状况。此外,还应对区域贸易联系较为紧密、经济增长波动率较高的省份,实施重点监测,积极防范区域间债务风险共振。尤其是对于西部欠发达省份,城投债利差波动性较高,且在信用风险网络中属于风险净输入节点,因此应高度重视外部风险的跨区域传导问题。

第三,城投债市场的信用风险网络可能随宏观经济的动态变化而发生路径演变,因此有必要结合各区域的增长形势,识别风险网络中的重要节点。本章分析结果表明,区域性的增长停滞可能对债券市场的整体稳定造成负面影响,而宏观经济的持续发展有利于约束信用风险的扩张。因此,监管当局应该密切关注区域内宏观经济的基本面状况,在其他地区发生突发事件、经济增长下滑时,应综合利用信贷政策、财政政策等手段,提振宏观经济,防范发源于个别地区的风险事件传导扩散至其他区域,守住不发生系统性风险的底线。

6.3 基于行业视角的金融系统性风险传染特性

资本市场作为金融市场的重要组成部分,具有资源分配和资产定价功能,在金融体系中发挥关键作用,同时其作为重要融资渠道与金融市场其他部门紧密联动,因此一旦发生风险可能会迅速传导扩散从而引发金融市场系统性风险,因此防范资本市场风险是防范化解金融风险的重要环节。然而近年来,国际金融市场不稳定因素频现,从美国的房地产泡沫开始,2008年的金融危机席卷了全球金融市场,造成了国际金融恐慌并给经济造成了重大损失。同时在经济全球化的影响下,金融市场中各个部门之间的相互联系逐渐增强,这导致了金融体系中风险扩散的加剧,金融风险事件一旦爆发往往迅速波及全球股市。当前,我国股票市场虽然已跻身全球第二,但实际上仍属于新兴市场,缺乏成熟的风险防范机制,例如 2015 年股灾造成沪深两市暴跌,给投资者带来了巨大损失。同时,我国股市也容易受到风险事件的影响,例如,2018 年中美贸易争端爆发,当日 A 股应声而下,跌幅达到 -3.39%;2020 年初新冠疫情暴发,导致春节后第一个交易日沪深 300 指数跌幅达到 7.8%;2022 年 2 月 24 日,俄乌冲突打响,当日上证指数大跌 1.7%,以上风险事件对我国股票市场均产生了不同程度的影响,因此加强风险防范对于我国资本市场平稳运行具有重要意义,准确识别和度量我国股票市场中的系统性风险十分必要。

近年来,国内资本市场越来越活跃,市场参与者的视线从个股开始转移至具有潜力的行业板块。由于不同行业之间通常存在明显的联动效应,根据系统性风险扩散的逻辑,单个行业带来的局部风险可以迅速传递给其他相关行业,从而驱使它们以相同或相反的方向波动,并最终引发系统性风险。行业板块间的联动效应和复杂的关联网络,使得风险传染现象愈加显著和频繁,金融危机爆发的可能性明显增加。因此,对股票市场系统性风险进行精准识别和度量,研究行业板块间系统性风险传染的原因和路径,识别系统重要性行业,可有效预警和控制系统性风险传染。同时,在建设现代化产业体系的背景下,党的二十大报告提出坚持把发展经济的着力点放在实体经济上,推进新型工业化,加快建设制造强国、质量强国、航天强国、交通强国、网络强国、数字中国,诸多行业已承担起推进中国式现代化,实现高质量发展的重任,因此防范实体经济风险对于防范系统性风险具有重要作用。另一方面,金融行业对于助推经济高质量发展也充当着重要角色,在金融行业与实体经济的关系上,要求金融回归服务实体经济发展的本源,把为实体经济服务作为出发点和落脚点。因此,金融行业与实体经济各行业之间都存在着紧密而复杂的联系,这些联系成为金融行业与实体经济行业之间风险传染的重要渠道,一旦金融行业爆发危机,风险可能迅速传导至实体经济行业,诱发金融行业和实体经济行业的全面系统性风险,为经济高质量发展埋下风险隐患。因此,在研究实体经济行业板块之间的系统性风险传导路径和系统性重要行业的同时,也应当重视金融与实体经济行业之间的风险传染关系,着力防范经济金融领域重大风险。

本节主要研究了系统性风险在中国股票市场各行业之间的传染效应,根据中信行业分类,本节将股票市场划分为29个行业,研究了2015至2020年间不同行业部门之间的风险传染和风险分散关系,并分析了风险事件下各部门之间的风险关系及其变动趋势,同时为防范行业部门之间的系统性风险、维护股票市场整体平稳运行提供了相应政策建议。本节首先研究了股票市场各行业部门在样本区间内的风险相似程度,为判断不同行业部门在风险事件发生时是扮演风险传染还是分散的角色提供实证依据。接下来,参考 Chen et al.(2019)提出的非对称断点方法,对行业之间的风险传染和分散关系进行进一步分类,以确定在风险事件冲击下,对行业间风险传染和风险分散起到较大影响的重点行业部门,并构建行业之间的风险传染和风险分散网络。在行业网络中,市值较大的行业可能占有重要地位,其风险行为会对整个网络产生较大影响,因此,本节在前述各行业之间风险关系分析的基础上,引入了行业市值作为权重,研究对整个行业网络具有关键影响的系统性重要行业。最后,通过将网络风险传染和网络风险分散因子引入分位数回归,进一步分析极端情况下产业链上、中、下游之间的风险联动状况,并为防范产业链间风险联动提出相应政策建议。

本节的边际贡献主要体现在以下三个方面:首先,本节将中国股票市场的行业部门作为研究对象,通过构建尾部事件驱动网络,研究了在风险事件冲击下各行业部门之间的风险传染和风险分散效应。在分析过程中,本节特别分析了食品饮料等消费行业与其他行业之间的风险联动关系,从实体经济行业风险关联的视角为分析股票市场各行业间风险传染效应提供了新的依据。其次,本节通过计算条件期望损失(CoES)将风险事件冲击下不同行业之间的风险反应状态相联系,通过考察不同行业之间的风险状态相似性构建风险状态相似网络和风险状态邻接矩阵,从而确定风险冲击下行业网络之间的风险联动关系并确定风险联动关键行业,此外,本节还通过引入行业市值作为风险权重计算不同行业的系统性风险评分排名来确定在风险联动网络中起到关键作用的系统重要性行业。最后,本节通过将网络风险传染因子和网络风险分散因子引入面板分位数回归中,分析了上、中、下游等处于不同产业链位置的行业对风险传染的影响,并从产业结构的角度对风险联动进行了解释,为阐明风险事件冲击下实体经济行业之间的风险传染机制提供了理论依据。

6.3.1 系统性风险、网络模型和行业间风险传染

6.3.1.1 系统性风险

在研究股票市场各行业之间系统性风险传染路径之前，首先要明确股票市场系统性风险的定义。2008年国际金融危机后，人们对系统性风险的重视上升到了前所未有的高度，然而现有的研究对于系统性风险的讨论大多集中于整个金融市场，很少聚焦于单个市场，因此目前对于股票市场的系统性风险尚未形成统一的定义。本节尝试通过分析学者关系金融市场系统性风险的定义，对股票市场系统性风险的特征进行概括。关于系统性风险，学界最早的研究可以追溯到 De Bandt and Hartmann 在 2000 年发表的欧洲央行工作论文通过对系统性事件进行分析来定义金融系统中的系统性风险。他们从"狭义"和"广义"的角度对系统性事件进行定义，认为狭义的系统性风险事件是导致金融机构破产或倒闭的坏消息，而广义的系统性风险事件则强调更加严重的、会同时对较大范围的金融机构产生不利影响的广泛性冲击。基于对系统性事件的定义，系统性风险可以被定义为从影响部分市场主体继而扩散到整个金融市场的强风险，并且他们认为冲击事件和风险传导机制是定义系统性风险的两个关键要素。

Kaufman and Scott(2003)将系统性风险定义为由于多个部门之间存在风险联动导致整个系统全面崩溃的风险或概率，同时，他们从宏观角度、微观角度和风险溢出三个角度进一步对系统性风险进行了定义。从宏观角度来看，系统性风险是指对大部分经济金融部门产生几乎同时的、巨大的负面影响；从微观层面来看，系统性风险则侧重于强调风险从一个部门到另一个部门的传染和溢出，反映出风险事件冲击下部门间的互相关联和多米诺骨牌效应；从风险溢出角度来看，系统性风险不涉及直接因果关系，而是取决于部门之间的联系，同时这一角度下强调了相关部门之间风险敞口的相似性，当某一部门受到冲击时，具有相似风险敞口的其他部门也可能遭受损失，即具有"共同冲击"效应。Benoit et al.(2017)认为股票市场系统性风险是由客观外部条件引起，使得证券市场中大量投资者产生损失的可能性，该风险易迅速扩散到系统中，主要表现为股价大幅波动。现有文献对于系统性风险的研究主要分为两类，第一类着眼于系统性风险的特定来源，例如风险传染、银行挤兑或者流动性危机等；第二类则侧重于分析系统性风险的全球衡量标准。尽管对于系统性风险的定义不能得到一致的结论，但上述总结具有一些共同点，综合上述定义的共同点，本节认为股票市场中的系统性

风险具有以下特征：首先，相对于单个部门而言具有广泛影响；其次，风险事件对股票市场中的某部门产生冲击后会扩散到整个市场，即风险传染具有连锁反应；最后，股票市场中的所有部门将共同承担市场崩盘的负面影响。

6.3.1.2 风险传染网络

准确识别和度量系统性风险是研究行业间风险传染效应的首要问题。在系统性风险的度量方面，现有研究主要从两个角度进行，一种是通过压力测试或构建资产收益相关指标来度量系统性风险（Avesani and Pascual et al.，2006；Patro et al.，2013），另一种则是通过计算不同部门在风险事件冲击下的尾部风险依赖性来度量金融机构之间的风险溢出，及该部门对系统性风险的贡献。在险价值（Value-at-Risk，VaR）作为一种常用的尾部风险度量技术被广泛应用，但是该方法只能衡量单个机构的系统性风险，因而忽略了机构间的风险传递作用。为弥补这一缺陷，Adrian and Brunnermeier（2016）提出了条件风险价值法（Conditional Value-at-Risk，CoVaR），将金融系统视为一个整体，表示在某个金融机构处于某种特定状态时，其他关联机构的风险价值，而 ΔCoVaR 被定义为正常情况下和极端情况下 CoVaR 之间的差异，被用于衡量系统性风险。该方法被广泛应用于系统性风险的度量，Lopez et al.(2012)使用 CoVaR 法来衡量一系列大型国际银行的系统性风险并确定主要影响因素。陈守东和王妍（2014）将 CoVaR 模型与极端分位数回归相结合，测算出中国 33 家上市金融机构对整个金融系统的风险贡献率。此外，期望损失（Expected Shortfall，ES）模型是对 VaR 模型的有效补充，它满足了风险度量的一致性，通过计算损失的预期值来更全面地捕获尾部风险，可以更准确地进行风险测量。此外，Acharya et al.(2016)基于极值理论，提出系统性期望损失（Systemic Expected Shortfall，SES）和边际期望损失（Marginal Expected Shortfall，MES），对金融机构的资产收益所具有的尾部风险进行分析，最终量化系统性风险贡献。Brownlees and Engle(2016)引入了 SRISK 来衡量金融公司的系统风险贡献。SRISK 衡量的是一家公司在市场长期下跌情况下的资本短缺，是其规模、杠杆率和风险的函数，并用这一指标来研究最近金融危机中的顶级金融机构。在上述方法的基础上，我们将有条件的预期缺口（Conditional Expected Shortfall，CoES）作为系统风险的度量，与 CoVaR 相比此方法着重于尾部损失的平均值，因此可提供有关极端损失的更多信息。

风险通过传染机制扩散到整个系统，部门之间的关联效应是风险传染的主要原因。在度量风险关联效应方面Copula函数被广泛使用,叶五一和缪柏其(2009)采用阿基米德Copula函数的变点检测,研究美国次贷危机对亚洲金融市场的传染效应,结果表明金融风险在国家之间存在传染性。Luo et al.(2015)通过构建动态的马尔可夫区制转换算子(MRS-Copula)检验中国股市与国际股市之间的金融风险传染性。然而Copula模型在单独使用时对尾部相依结构的描述精确度不高,近年来能够描述金融市场中各部门之间相互联系的金融网络模型被频繁用于刻画金融系统间的相互影响和机构间的相互关系。大量文献已将波动率模型引入网络框架来研究金融市场中的波动率溢出(Billio et al.,2012；Diebold and Yilmaz,2014)。Liu et al.(2017)使用GARCH-BEKK模型和复杂的网络来揭示G20国家股票市场之间波动溢出的关联网络关系。但是,波动率模型的主要缺点是它只能捕获平均相关性,而不能捕获尾部风险溢出的信息。为了解决这个问题,基于分位数回归方法的网络模型被广泛使用。Hautsch et al.(2015)建立了一个金融网络模型,该模型可以确定尾部风险溢出渠道以识别企业的系统重要性。Hardle et al.(2016)提出了一种基于半参数分位数回归框架的尾部事件驱动的网络(TENET)技术,以分析尾部事件之间的相互依赖性及其与金融机构的非线性关系。Wang et al.(2017)使用Engle et al.(2004)提出的CAViaR方法和Granger因果风险测试来衡量极端风险外溢,并构建极端风险外溢网络以调查金融机构之间的相互依赖性。Zhu et al.(2019)提出了网络分位数自回归模型(NQAR),并对中国股市的动态尾部风险传播进行网络分析。然后Chen et al.(2019)将NQAR模型扩展到尾部事件驱动的网络分位数回归(TENQR)模型,并通过量化系统重要性金融机构(SIFI)的风险贡献来评估此技术。

6.3.1.3 行业间风险传染

现有关于系统性风险在金融机构间的传导机制和路径的研究已经较为成熟,部门文献关注国际金融市场间的风险溢出效应。Chang et al.(2013)基于原油收益和股指收益,研究了原油和金融市场之间的条件相关性和波动溢出效应；Liow(2015)基于Diebold and Yilmaz(2012)的广义溢出框架,研究了1997年1月至2013年12月G7国家国内外五大资产类别(公共房地产、股票、债券、货币和货币)之间的条件波动溢出效应；杨子晖等(2020)研究了全球45个主要国家(地区)股票市场与外汇市场的尾部风险,并基于条件自回归风险价值模型量化了各经济体尾部风险传染的强度并进行跨国、跨市场的比较分析。随着系统重要性金融机构(SIFI)概念的引入,大量研究将研究重心转向金融机构的系统性风险度量和系统重要性金融机构的识别,以及金融机构间的风险传染路径和机制分析。Wang et al.(2018)基于 2008 年至 2016 年 24 家上市金融机构的每周收益,构建了风险水平为 1% 的动态尾部事件驱动网络(TENET),研究了中国金融机构的关联性和系统性风险;宫晓莉等(2020)利用方差分解网络方法构建我国上市金融机构间的信息溢出网络,对系统重要性金融机构进行甄别并采用机器学习方法考察风险外溢因子驱动因素对系统性风险的预警程度。

然而,目前学界关于行业间风险传染效应的研究较为有限。部分研究关注从信息溢出的角度研究行业风险溢出的传染途径,其中 Garch 族模型被广泛用于股票市场波动溢出效应研究。Hassen et al.(2007)采用多元 Garch 模型,利用 1992 年 1 月至 2005 年 6 月期间美国不同行业指数的每日收益,同时估计平均值和条件方差,发现冲击和波动在不同部门之间有显著的传递性;Feng et al.(2018)通过构建不同时间尺度上的风险溢出网络,研究了中国股市行业间的风险溢出效应。其他研究使用 Diebold and Yilmaz(2014)提出的方差分解网络拓扑来探索行业间的风险溢出,Wu et al.(2019)利用图论和时间序列方法研究中国股市各部门间的风险溢出效应,并识别了市场中具有系统重要性的部门;Yin et al.(2020)利用溢出指数方法研究了 2009 年至 2018 年上海证券交易所的行业间波动溢出。近年来,随着极端事件的频繁发生,尾部风险在行业间的传播越来越受到关注。然而,GARCH 模型所表征的条件方差旨在测量对称风险,因此不适合测量偏斜分布的尾部风险。此外,Diebold and Yilmaz(2014)的研究侧重于不同行业部门对预测误差方差的贡献,因此很少提及尾部风险。杨子晖和王姝黛(2020)创新性地利用非线性平滑转换向量自回归(STVAR)模型来衡量跨行业下行风险,并解释了中国行业间风险传染的宏观驱动机制。同时,通过拓扑网络建模尾部依赖性也被广泛用于衡量行业之间的连通性和系统风险溢出,李政等(2019)基于经济金融关联网络的视角,构建了 2002—2017 年我国行业间系统性风险,对各实体经济行业与金融行业间的风险溢出效应和传导机制进行了相关分析;Zhang et al.(2020)基于条件风险值(CoVaR)和单指数模型(SIM)分位数回归技术,研究了中国股市部门尾部风险网络中的系统性风险溢出和连通性,并通过区块模型探讨了系统性风险外溢的传导机制。此外,越来越多的研究表明,行业在经济中的地位会影响行业间的风险传染,Nguyen et al.(2020)研究了跨行业的波动性传递及其对行业间业务联系的依赖性,揭示了显著的跨行业波动溢出。

6.3.2 行业间尾部风险网络构建与风险传染分析方法

6.3.2.1 尾部风险网络

在测度单个行业的条件风险时,本节参考 Chen et al.(2019)的研究,选择 Adrian and Brunnermeier(2016)提出的条件期望损失(Conditional Expected Shortfall,CoES)来衡量特定条件下单个行业指数的期望损失。具体而言,该指标定义为行业 j 处于困境时,即行业 j 收益率小于 α 分位的在险价值 $VaR_{j,t}(\alpha)$,行业 i 的条件期望:

$$CoES_{ij,t}(\alpha) = E[Y_{i,t} \mid Y_{j,t} < VaR_{j,t}(\alpha)] \tag{6.21}$$

其中,$Y_{i,t}$ 是行业 i 在 t 时刻的收益率,$VaR_{j,t}(\alpha)$ 是行业 j 在 t 时刻的 α 分位下的在险价值,对于每一个行业 i 在 t 时刻都有一个 $N=29$ 维风险向量 $X_{i,t} = \{CoES_{ij,t}\}_{j=1,\cdots,N}$,其中 $X_{i,t}$ 包含 $N-1$ 个以其他行业处于压力状况下 i 行业的期望损失,当 $i=j$ 时,$X_{i,t}$ 则包含 $N-1$ 个自身期望损失。95% 水平下的 $CoES_{ij,t}$ 和 $VaR_{j,t}(\alpha)$ 分别由序列 $Y_{j,t-h},\cdots,Y_{j,t}$ 的条件均值和样本分位数进行估计。如果某对行业指数之间的风险状况具有一定程度的相似性,则它们是相似的。风险相似性可以理解为当风险事件发生时不同行业部门产生反应的相似程度,例如,当风险事件发生时,对于某些行业及相关产业是利空消息,则该行业和相关行业的股票指数将同时面临下跌风险,而对于其他行业和相关产业则是利好消息,此时其他行业和相关行业的股票将可能会同时上涨。对于这两类产业群体而言,其群体内部可能存在较高的风险相似性,而群体之间的风险相似性较低,因此投资者在进行资产配置时可以通过配置两种产业群体的资产而实现风险分散。为了准确测度行业之间的风险相似性,本节取由 CoES 风险协变量组成的风险状态向量,计算每个时间点 t 的余弦相似度:

$$\rho_{ij,t} = \frac{X_{i,t}^\top X_{j,t}}{\parallel X_{i,t} \parallel \parallel X_{j,t} \parallel}, j \neq i, i=1,\cdots,N, t=1,\cdots,T \tag{6.22}$$

上式中的风险状态相似度类似于 Pearson 相关系数,是归一化后风险状态向量的点积。对于任何一对 (i,j),只要归一化的风险向量向同一个方向移动,它们之间夹角的余弦就会很小,因此,$\rho_{ij,t}$ 会趋近于 1。同样,如果归一化后的风险向量之间的夹角大于 $\pi/2$,向相反方向移动将导致更大的角度和更小甚至负的 $\rho_{ij,t}$,因此该方法能够涵盖广泛的尾部风险。

然而,余弦相似度的构造不能明确区分行业之间的风险相似程度,有些行业之间的风险相似程度较高,而其他行业之间虽然具有风险相似性,但可能是微弱的,不会对整个系统产生明显影响。系统性风险是由积极的相互依存关系引起的,而消极的相互依存关系则受益于风险分散,因此需要区别对待行业间风险向量的正相似和负相似。为了更加明确地区分行业之间的强风险相似,本节进一步采用 Chen et al.(2019)提出的正相关和负相关之间的非对称断点方法,以满足创建更多具有可区分的正负风险关联的产业群体的需要。

区分有正负风险关联的产业群体的关键问题是如何根据包含正或负风险状态相关性的相似性指标来确定行业之间的邻接关系。为此,本节将相似性分为三组:正相似、负相似和零相似,并不对称地对待大的负相关和大的正相关,其中"大"是指估计相关性的明显幅度,即它们的值必须超过估计的阈值。将相似性分配给三组之一是基于断点技术,令 $\rho = (\rho_1, \rho_2, \cdots, \rho_n)^\top$,其中 $n_1 + n_2 = n$。使用标准正态分布累积分布函数 Φ 对正负两个余弦相似向量做如下形式的变换:

$$\phi^+ = (\phi_1^+, \phi_2^+, \cdots, \phi_{n_1}^+)^\top = (\Phi(\sqrt{N}\rho_1^+), \cdots, \Phi(\sqrt{N}\rho_{n_1}^+))^\top \tag{6.23}$$

$$\phi^- = (\phi_1^-, \phi_2^-, \cdots, \phi_{n_2}^-)^\top = (\Phi(\sqrt{N}\rho_1^-), \cdots, \Phi(\sqrt{N}\rho_{n_2}^-))^\top \tag{6.24}$$

风险网络中两个行业之间相连的边是基于两个相似性之间的大间距构建的,来反映原始相似性中较大的均值偏移或转换值中的斜率偏移。本节以 $\Delta_k^+ = \phi_k^+ - \phi_{k-1}^+$ 和 $\Delta_k^- = \phi_k^- - \phi_{k-1}^-$ 分别表示正相似空间和负相似空间。非对称断点方法的基本思想是使用聚类方法将间距序列分成三个子集。令 θ^- 为对应于高度负相关的间距分数;θ^+ 是分隔高度正相关的间距的分数。以 θ_t^+ 为界,将正间距组分为强正相关组(L^+)和弱正相关组(S^+)两部分。进一步可以通过求解以下最小化问题估计出 θ_t^+:

$$\hat{\theta}_t^+ = \underset{\theta_t^+ \in [\underline{\theta}, \bar{\theta}]}{\operatorname{argmin}} \sum_{k=1}^{[\theta_t^+ n_1]} (\Delta_{kt}^+ - \mu_S^+)^2 + \sum_{k=[\theta_t^+ n_1]+1}^{n_1} (\Delta_{kt}^+ - \mu_L^+)^2$$

其中,$\mu_S^+ = \dfrac{1}{[\theta^+ n_1]} \sum_{k=1}^{[\theta^+ n_1]} \Delta_k^+$ 和 $\mu_L^- = \dfrac{1}{n_2 - [\theta^- n_2]} \sum_{k=[\theta^- n_2]+1}^{n_2} \Delta_k^-$ 分别为强、弱正相关间距组的均值。类似地,以 θ_t^- 为界,将正间距组分为强负相关

组(L^-)和弱负相关组(S^-)两部分。进一步可以通过求解以下最小化问题估计出 $\hat{\theta}_t^-$：

$$\hat{\theta}_t^- = \underset{\theta_t^+ \in [\underline{\theta}, \overline{\theta}]}{\operatorname{argmin}} \sum_{k=1}^{[\theta_t^- n_2]} (\Delta_{kt}^- - \mu_{\overline{S}}^-)^2 + \sum_{k=[\theta_t^- n_2]+1}^{n_2} (\Delta_{kt}^- - \mu_{\overline{L}t}^-)^2$$

其中，$\mu_{\overline{S}}^- = \dfrac{1}{[\theta^- n_2]} \sum_{k=1}^{[\theta^- n_2]} \Delta_k^-$ 和 $\mu_{\overline{L}}^- = \dfrac{1}{n_2 - [\theta^- n_2]} \sum_{k=[\theta^- n_2]+1}^{n_2} \Delta_k^-$ 分别为强、弱负相关间距组的均值。在估计了每个时间点的断点 θ^+、θ^- 之后，本节定义了邻接矩阵 A，其元素为：

$$a_{ij,t} = \begin{cases} 1 & if \quad \rho_{v_t^+(i,j)}^+ > \rho_{\hat{\theta}_t^+}^+ \\ -1 & if \quad \rho_{v_t^-(i,j)}^- < \rho_{\hat{\theta}_t^-}^- \\ 0 & otherwise \end{cases}$$

其中，$v^+(i,j)$ 和 $v^-(i,j)$ 分别指代每一组行业部门 (i,j) 间余弦相似度在正相似向量 ρ_t^+ 和负相似向量 ρ_t^- 中的索引。$\rho_{\hat{\theta}^+}^+$ 和 $\rho_{\hat{\theta}^-}^-$ 是对应于断点 θ^+、θ^- 的相似性。

6.3.2.2 市场总风险指标

在研究某一行业受到风险事件冲击而对整个市场造成影响的程度大小时，行业的市值因素是影响该行业在风险网络中所处地位的重要考量。为了量化整个市场的总风险并确定系统重要性行业部门，本节按照如下方法计算整个市场的系统性风险评分值 S_t 来度量每个时点下市场面临的总风险：

$$S_t(C_t, A_t) = C_t^\top A_t C_t \tag{6.25}$$

其中，$C = (C_1, \cdots, C_N)^\top \in R^N$ 代表各行业在 t 时刻的市值向量。市场总风险 $S_t(C_t, A_t)$ 可进一步分解为单个行业对系统性风险的贡献值 $S_{i,t}$：

$$S = \sum_{i=1}^N S_i = \frac{\partial S}{\partial C_1} C_1 + \frac{\partial S}{\partial C_2} C_2 + \cdots + \frac{\partial S}{\partial C_N} C_N \tag{6.26}$$

其中，$\dfrac{\partial S}{\partial c_i} = 2 \sum_{j=1}^N a_{ij} C_j$。通过对单个行业系统性风险贡献值 $S_{i,t}$ 进行排名，可以进一步确定在行业间风险联动中起到重要作用的系统重要性行业。

近年来尾部风险事件频发，为了研究尾部风险事件对行业收益的影响，本节采用分位数回归的方法研究不同分位数下市场共同因素对行业指数收益的影响。为了深入分析行业在风险网络中的风险传染和分散效应对其收益的影响,本节在面板分位数自回归模型中引入了正负网络因子,该因子的构造如下,首先,将邻接矩阵 A 进一步划分为正向邻接矩阵 A_t^+ 和负向邻接矩阵 A_t^-,具体形式为:

$$a_{ij,t}^+ = \begin{cases} 1 & if \quad \rho_{v_t^+(i,j)}^+ > \rho_{\hat{\theta}_t^+}^+ \\ 0 & otherwise \end{cases} \text{ 和 } a_{ij,t}^- = \begin{cases} 1 & if \quad \rho_{v_t^-(i,j)}^- < \rho_{\hat{\theta}_t^-}^- \\ 0 & otherwise \end{cases}$$

其中矩阵 A^+ 的每一行 i 选择与第 i 个行业呈现强正相关的行业,而矩阵 A^- 的相应行选择具有强负相关性的行业。这种方法不仅允许每次识别重要相关的行业,而且还可以将正邻接与负邻接分开。在此基础上,定义风险关联正负网络因子:

$$f_{i,t-1}^+ = \frac{\sum_{j=1}^N a_{ij,t-1}^+ R_{j,t-1}}{\sum_{j=1}^N a_{ij,t-1}^+} \text{ 和 } f_{i,t-1}^- = \frac{\sum_{j=1}^N a_{ij,t-1}^- R_{j,t-1}}{\sum_{j=1}^N a_{ij,t-1}^-}$$

风险关联正负网络因子分别测度了其他所有行业对该行业平均正向和负向关联影响。从金融网络角度来看,正网络因子衡量触发风险传染的可能性,而负网络因子反映了风险分散的目标。因此,$Y_{i,t}$ 的条件分位数函数在 τ 分位数下的变化特征被如下模型所描述:

$$\begin{aligned} Q_{r,R_{it}}(\tau) = & \gamma_{ri} + \beta_{r0}(\tau) + \beta_{r1}(\tau) R_{i,t-1} + \beta_{r2}(\tau) Y_{i,t-2} + \sum_{l=1}^L \beta_{rl}^{(w)}(\tau) W_{l,t-1} \\ & + \beta_r^+(\tau) f_{i,t-1}^+ + \beta_r^-(\tau) f_{i,t-1}^-, \quad \text{for} \quad i \in Y_r \end{aligned} \quad (6.27)$$

其中,$r=1,2,3,4$ 分别表示各行业在产业链中所处的位置,$r=1$ 表示该行业属于上游行业,$r=2$ 表示该行业属于中游行业,$r=3$ 表示该行业属于下游行业,$r=4$ 代表整个系统整体,$W_{l,t}$ 表示市场层面的协变量,网络因子的回归系数 $\beta_r^+(\tau)$ 和 $\beta_r^-(\tau)$ 分别用于测度风险传染和风险分散效应。

6.3.2.3 样本和数据说明

在行业指数选择方面,本节根据中信一级行业分类,选择中国股票市场29种不同行业指数作为研究对象。根据行业在产业链中所处位置,所有行业可以进一步分为上、中、下游行业,具体包括 4 个上游行业,分别是石油石化、煤炭、有色金属和农林牧渔;8 个中游行业,分别是电力及公用事业、钢铁、基础化工、建材、轻工制造、机械、电力设备及新能源和交通运输;17 个下游行业,分别是电子、建筑、汽车、商贸零售、消费者服务、家电、纺织服装、医药、食品饮料、通信、计算机、传媒、国防军工、银行、非银行金融、房地产和综合。为了避免新冠疫情的影响，我们收集的数据范围为 2015 年 1 月 1 日至 2020 年 12 月 31 日，共产生 1 461 项日度观测值，涵盖了 2015 年重大股灾、2016 年中国股市熔断机制实施、2018 年中美之间的贸易冲突和 2020 年新冠疫情。

表 6-19 列出了不同行业指数每日对数回报的描述性统计数据。在所有行业中，国防军工行业的平均收益率最高达到 0.161%，而商贸零售行业的平均收益率仅为 -0.033%。在标准差方面，纺织服装和电力及公用事业的波动性较高，说明这两类行业整体受到经济政策和市场环境的影响较大。从偏度和峰度来看，行业指数的峰度均大于 3，表明收益率的分布偏离正态分布，表现出尖峰厚尾的特征。

表 6-19　行业指数描述性统计

	行业	最大值(%)	最小值(%)	均值(%)	中位数(%)	标准差	偏度	峰度
上游	石油石化	7.030 4	-10.448	-0.007 41	0.096 993	1.668 7	-1.173 5	10.043
	煤炭	9.518 9	-10.524	-0.008 43	0.006 745	2.132 3	-0.676 51	7.649
	有色金属	9.538 1	-10.216	0.006 217	0.055 7	2.213 6	-0.737 11	7.174 2
	农林牧渔	9.495 7	-10.429	-0.021 98	0.066 821	1.807 6	-1.1	12.179
中游	电力及公用事业	9.507 8	-10.326	-0.017 99	0.076 245	2.088	-0.949 98	8.297 4
	钢铁	9.237 7	-10.225	0.031 202	0.161 17	2.047 4	-0.999 92	8.643 6
	基础化工	9.554 7	-10.474	-0.023 27	-0.011 17	2.003 4	-0.737 67	9.284 7
	建材	9.412 6	-10.102	0.046 112	0.146 26	2.114 8	-0.812 52	7.700 8
	轻工制造	8.538 9	-10	0.027 514	0.145 87	2.036 8	-1.065 7	8.32
	机械	9.474 3	-10.357	0.018 516	0.113 16	2.073 2	-0.970 29	8.770 5
	电力设备及新能源	9.538 1	-10.526	0.046 203	0.146 59	2.172 7	-0.856 54	8.246 7
	交通运输	9.533 1	-10.528	0.020 831	0.129 2	2.511 9	-0.568 84	7.15

续　表

	行业	最大值(%)	最小值(%)	均值(%)	中位数(%)	标准差	偏度	峰度
下游	电子	9.318 8	−10.375	0.033 342	0.109	1.933	−0.988 71	8.598 3
	建筑	9.430 1	−10.441	−0.015 27	0.100 65	2.055 4	−1.051 7	9.656 3
	汽车	9.537 1	−10.401	0.080 597	0.122 41	2.165 8	−0.599 05	7.430 7
	商贸零售	9.528 1	−10.48	0.075 22	0.115 62	1.974 1	−0.602 02	7.159
	消费者服务	9.527	−10.412	−0.005 16	0.079 436	1.973 2	−0.985 58	10.056
	家电	9.499 2	−10.334	0.054 978	0.097 111	1.942 6	−0.720 65	8.048 5
	纺织服装	9.238 9	−10.053	0.112 32	0.120 74	1.844 8	−0.554 52	6.554 9
	医药	9.449 4	−10.475	0.039 682	0.104 02	2.169 3	−0.750 56	7.745 6
	食品饮料	8.636 6	−10.504	0.020 702	−0.032 99	1.465 4	−0.192 22	10.744
	通信	9.198 6	−10.43	0.000 695	−0.033 23	2.047 4	−0.301 41	7.993
	计算机	9.403 5	−9.975 1	0.001 648	0.018 524	1.967 7	−0.752 01	8.066 8
	传媒	9.528 2	−10.273	−0.006 9	0.014 437	1.879 9	−0.986 31	10.425
	国防军工	9.251	−10.597	0.061 015	0.130 44	2.335 4	−0.731 97	6.457 4
	银行	9.557 4	−10.308	0.023 238	0.071 92	2.343 9	−0.650 25	6.378 5
	非银行金融	9.531 7	−10.533	0.029 509	−0.000 09	2.671 5	−0.534 85	5.768 4
	房地产	9.463 8	−10.44	−0.032 71	0.021 033	2.282 5	−0.672 02	6.996 2
	综合	9.403 6	−10.533	−0.015 1	0.085 539	2.246 2	−0.931 98	7.887

6.3.3　股票市场行业间风险传染分析

6.3.3.1　行业间风险相似度分析

为了分析行业之间的风险相似性，以便更好地了解极端事件冲击下不同行业之间的风险联动关系，我们在本节估计了以各行业 CoES 为代表的风险状态向量，并测度了随着时间变化下各行业之间的风险状态相似性。在图 6-6 中，本节截取了 2015 年至 2020 年每年的风险相似性矩阵，图中的深色到浅色表示风险状态从负相似到正相似的变化。整体来看，随着时间的推移，各行业之间的风险状况相似性呈现出明显的趋势性变化，且在 2016 年和 2018 年前后呈现出明显的不同。在 2015 年，我国股票市场各行业中与其他行业之间呈现出正风险相似关系和负风险相似关系的行业数量几乎相当，其中上游行业中石油石化和煤炭行业与其他行业之间呈现出较为明显的负向关联，而有色金属和农林牧渔行业则具有正向关联作用。对于中游行业而言，除基础化工以外，绝大多数行业与中下游行业间均呈现出较为强烈的风险正向关联关系，在下游行业中，食品饮料行业与其他行业之间的风险负向关联关系最为明显，而通信行业次之，仅与部分下游行业呈现出风险状态负相关关系。此外，银行、非银行金融和房地产等行业在风险状态方面与大多数实体经济行业呈现出相似情况。这种情况在 2016 年发生了明显的转变，各行业之间风险状态以正相似为主，说明绝大多数行业之间具有较强的风险联动关系。当冲击事件发生时，风险极易在行业之间扩散传染，各行业之间可能呈现出同涨同跌的现象，当行业指数整体下行时，更容易发生市场崩盘。这种现象在 2018 年之后发生了明显的改变，行业之间的风险传染关系明显降低，取而代之的是风险分散关系逐渐增加，同时部分行业之间还呈现出了较弱的风险联动关系。从产业链结构来看，2018 年之前，尤其是 2016 年期间行业所处的产业链环节对于该行业对其他行业风险联动关系的影响并不明显，整个产业结构都呈现出较为明显的风险联动状态，而在 2018 年之后，上游和中游行业之间的风险传染程度更高，而下游行业之间则呈现出更为明显的风险分散关系。值得注意的是，与 2016 年相反，2020 年行业之间风险状态正相似关系明显减弱，大部分行业之间呈现出较弱的风险状态正相似或负相似，且无论是正相似还是负相似，风险之间的联动关系较弱，但值得注意的是，银行、非银行金融和房地产等行业内部则呈现出较为一致的风险正相似关系，但整体与实体经济行业之间则呈现出微弱的风险状态负相似关系。

从细分行业来看，在 2015 年和 2016 年，上游行业中石油石化和煤炭行业与其他行业之间呈现出较为明显的风险负向关联关系，这一关系在 2016 年有所减弱。但食品饮料行业与通信、计算机、传媒、国防军工、金融等行业之间的风险状态相似性在大多数时间接近-1,说明在风险事件冲击下,对于食品饮料行业与上述其他行业之间的尾部风险呈现负的相似性,从而在上述行业之间面临较为严重的风险传染扩散时发挥风险对冲作用。食品饮料与通信行业的风险分散现象在2017年更为明显,几乎与所有行业之间都呈现出较为强烈的风险负相似关系,有趣的是,在这两个行业内部则呈现出正的风险传染关系,说明当年食品饮料和通信行业在与其他行业的风险联动中具有相似的特征。然而,这种现象在2018年之后则发生较大转变,大部分行业的风险传染作用明显减弱,商贸零售、纺织服装和食品饮料等行业虽然具有风险分散作用,但程度较弱,尤其是食品饮料行业风险分散主要贡献者的作用明显减弱,而在2019年之后,大部分下游行业与其他行业之间的风险状态又逐渐呈现出负相似关系,即大部分下游行业之间具有互相的风险对冲功能。在2020年中,金融行业与实体经济行业呈现出负向的风险状态关联,因此通过对细分行业的风险状态变化进行分析可以发现我国股市行业间的风险联动关系呈现出由总体风险传染到传染性逐渐减弱,再到下游行业主要发挥风险分散作用的特征。

上述风险相似矩阵从整体上对各行业之间的风险联动关系进行了刻画,为了进一步确定在行业风险联动中发挥主要作用的行业部门,还需要进一步区分行业之间的风险强相似和弱相似关系。我们采用 Chen et al.(2019)的非对称断点方法,构建了反映行业之间风险强相似关系的风险邻接矩阵,并在图6-6中进行展示,其中白色表示风险关系的强正相似,黑色表示风险关系的强负相似,灰色代表风险不相关。图6-6对行业之间强烈的风险联动关系进行了更加直观的展现,可以看出在样本区间内大多数行业与其他行业之间存在着强烈的风险联动关系,而与其他行业存在风险分散关系的行业较少。此外,我们可以确定每年在行业网络的风险联动之间具有重要影响的行业,其中食品饮料行业在大多数年份中都起到风险分散的角色,原因可能在于该行业作为日常消费必需品行业在供求关系层面具有较稳定的表现,对于其他行业的风险联动敏感性较低。在2018年中,商贸零售、纺织服装和食品饮料行业与大多数行业间都存在较为明显的风险分散关系,进一步反映了与居民日常消费相关的行业对于市场风险的分散作用。

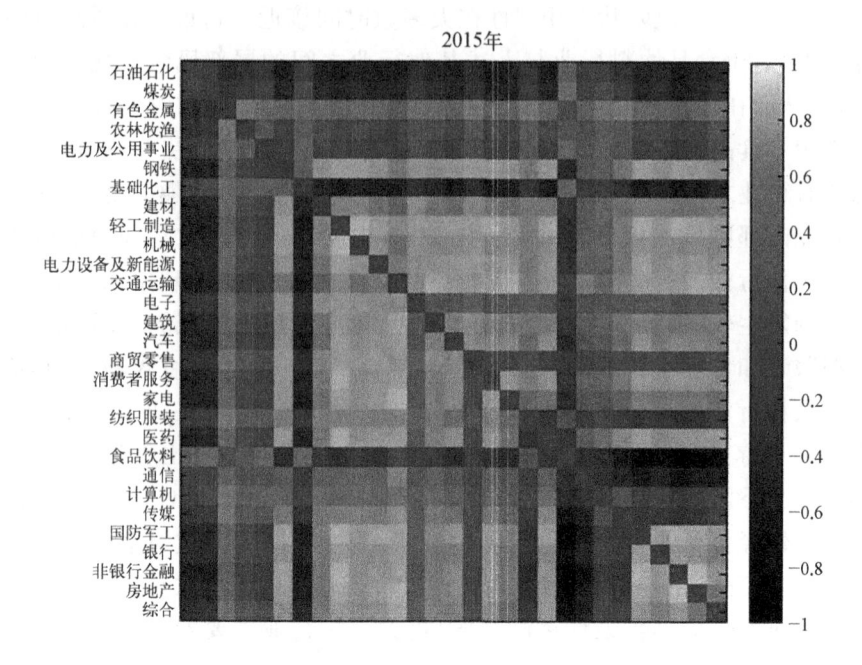

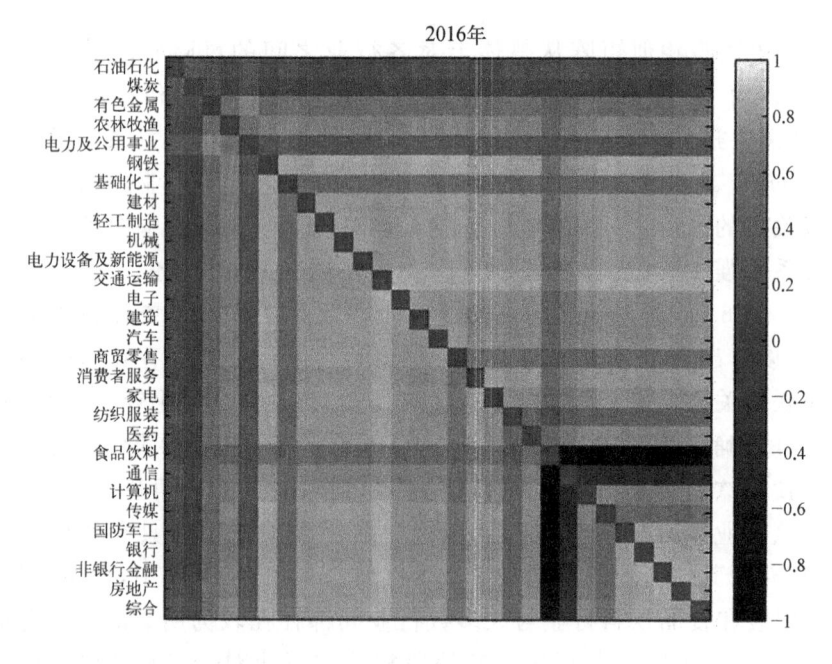

2015年

2016年

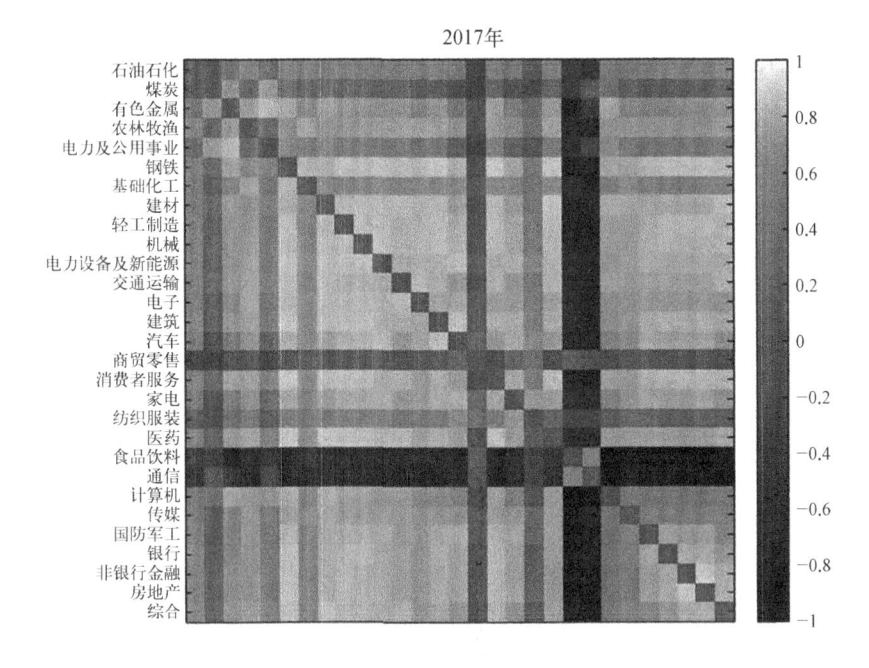

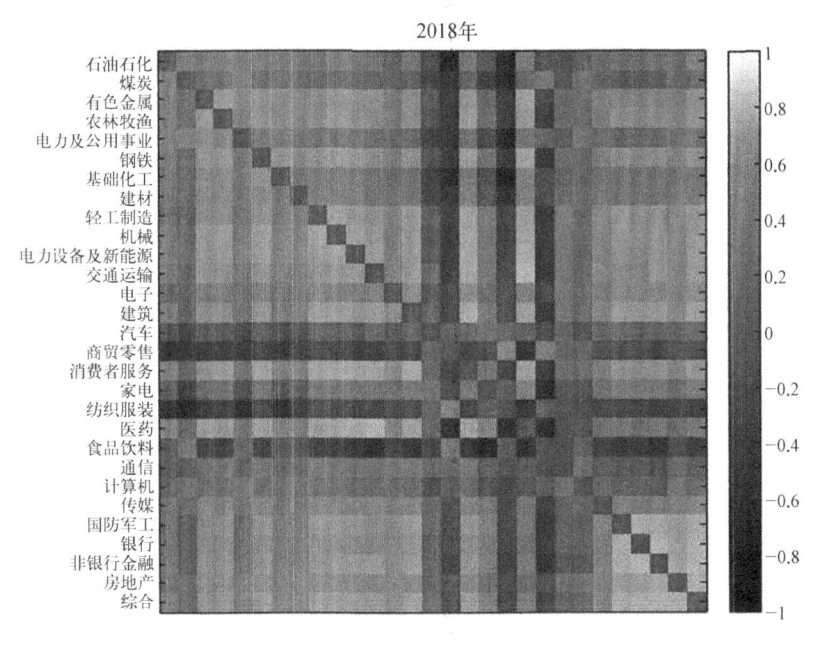

第 6 章 金融系统性风险的传染性特征 227

2017年

2018年

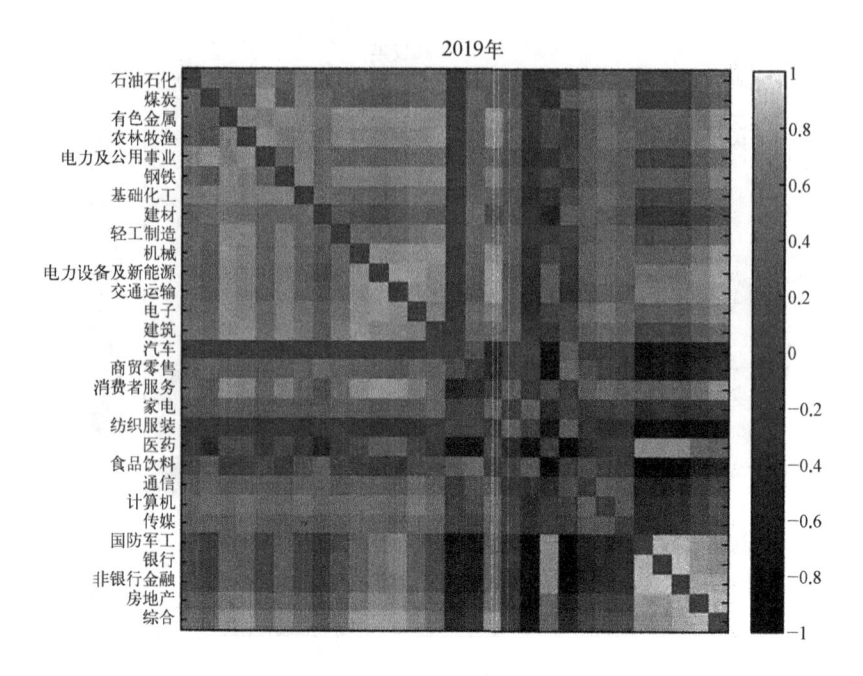

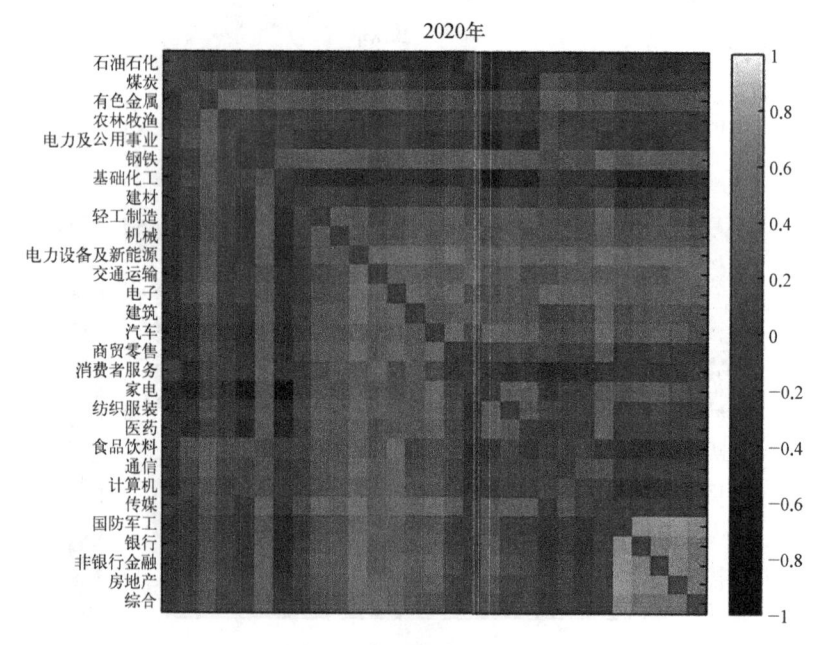

图 6-6 行业指数相似矩阵

通过对影响行业之间风险联动关系的因素进行分析,我们发现导致行业间风险联动关系变化的原因来自两个方面:一方面是国际国内风险事件的冲击,另一方面还受到投资者行为的影响。在宏观经济和市场环境方面,我们的分析与 2015 年股灾、2016 年中国股市的熔断事件、2018 年中美贸易争端和 2020 年新冠疫情相印证。2015 年我国主要股指在经历近半年的飙升之后在两个月内急剧下挫,导致 A 股市场全面跌停,2016 年熔断机制实施当日两市 2 500 多只可交易个股中近 1 500 只股票跌停,风险的大面积传染可以解释行业之间存在大量风险正相似关系的原因。在 2017 年,随着重大股灾对市场负面影响的逐渐消退,行业之间的风险传染关系也随之减弱。此后,受到 2018 年中美贸易争端的影响,商贸零售、纺织服装、食品饮料逐渐起到主要的风险分散作用,原因在于科技型企业在中美贸易争端中受到了较大影响,与此相关的产业链行业都面临潜在的风险,而在 2018 年国内消费升级的背景下,与居民日常消费相关的行业都积极开发多样化的销售渠道,以实现产业升级,并获得了投资者的认可,因此这些行业在分散市场风险方面发挥了更大的作用。2020 年,新冠疫情暴发对我国居民消费和实体经济发展都带来了巨大的冲击,但是在我国高质量增长的基本面支撑下,行业网络整体并没有发生大面积的风险传染,反映出了中国经济的极强韧性。

此外,投资者的行为对行业之间的风险相似性也有很大影响。2016 年,除石油、煤炭、食品饮料和通信行业外,所有行业均呈现高度正相关关系。主要原因可能在于 2016 年初实施的熔断机制导致了这一现象。在熔断机制下,股票市场会产生一种磁吸效应,在股票价格将要触发阈值时,投资者因害怕流动性丧失而提前抛售,导致股价加速下跌达到熔断阈值。在 2016 年 1 月 4 日和 7 日两天,A 股共熔断 4 次,加大了市场的恐慌程度和波动幅度。由于本节主要关注行业指数尾部风险之间的风险状态相似性,而熔断机制的实施是诱发市场整体崩盘的共同尾部风险事件,因此这一政策引发的集体非理性行为加剧了行业间的正相关关系,使得股市风险激增。

接下来,我们将所有时点下不同行业之间的邻接矩阵合并到图 6-8 中。矩阵 A^+ 表示样本区间内所有行业之间的正邻接关系,矩阵 A^- 表示负邻接关系。可以明显地看出,具有风险分散特征的行业主要集中于下游,其中零售服务、纺织服装、食品饮料和通信等行业具有更强的风险分散效应,食品饮料行业是风险分散的主要贡献者。整个样本区间来看,几乎所有的上中游行业都与其他行业呈现出风险正向相似的关系,说明大部分上中游行业在风险网络中起到风险传导作用,而发挥风险分散作用的行业主要集中于下游行业,尤其是汽车、商贸零售、家电、纺织服装、食品饮料和通信等居民消费相关的行业，说明由于消费行业主要提供居民生活必需品，企业业绩相对稳定，供需关系较为平衡，因此消费行业基本不受周期影响，在市场面临极端风险事件冲击时所受影响较小，从而相对于其他行业能够发挥风险对冲作用。

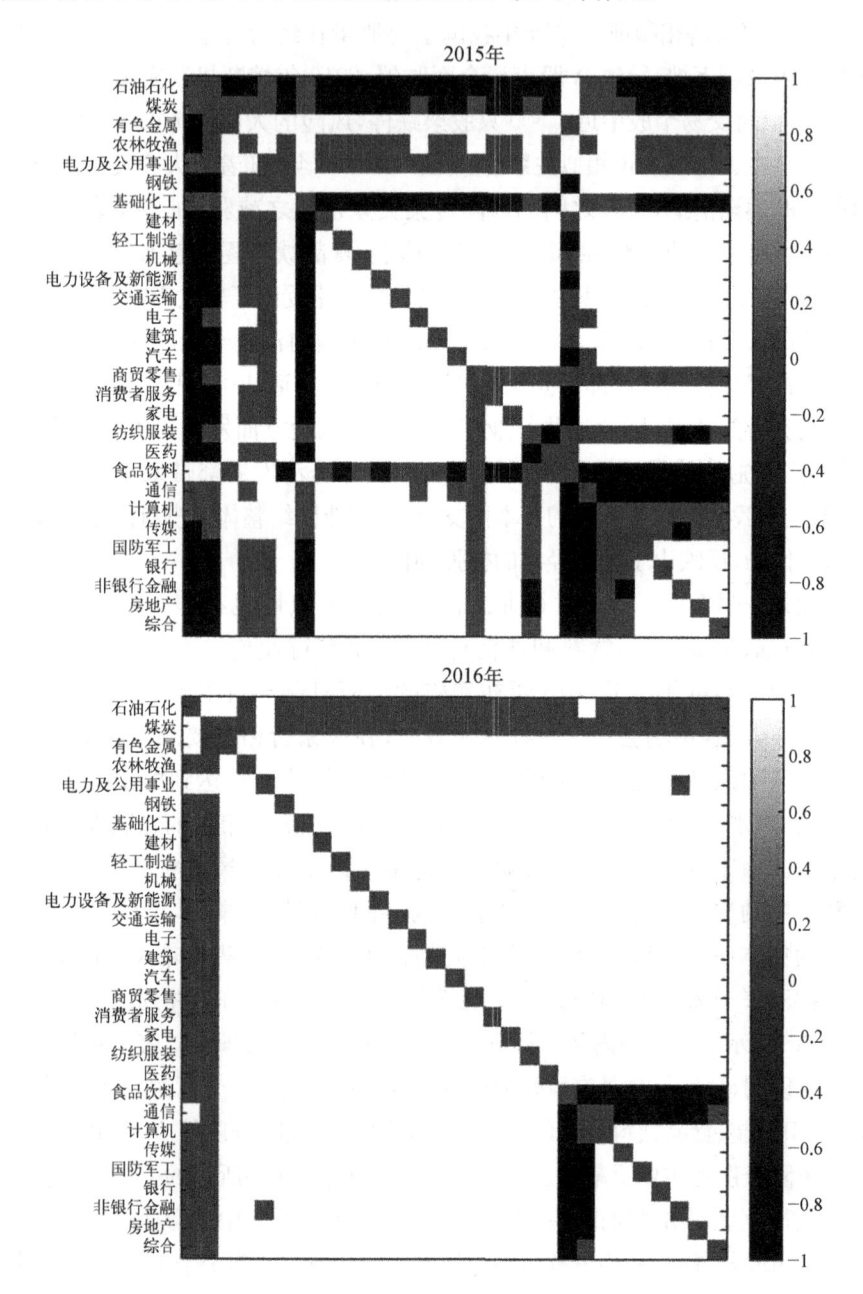

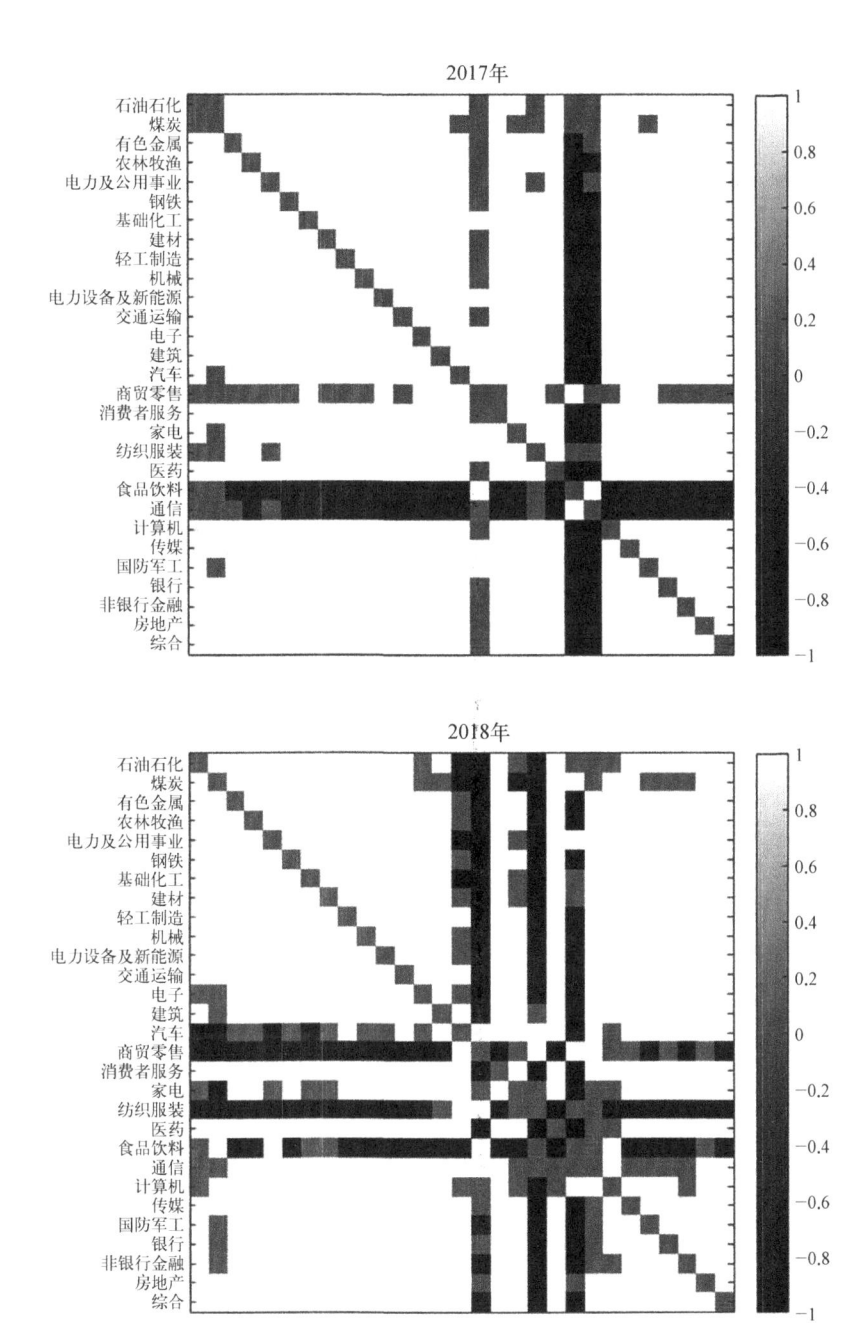

第 6 章 金融系统性风险的传染性特征 231

2017年

2018年

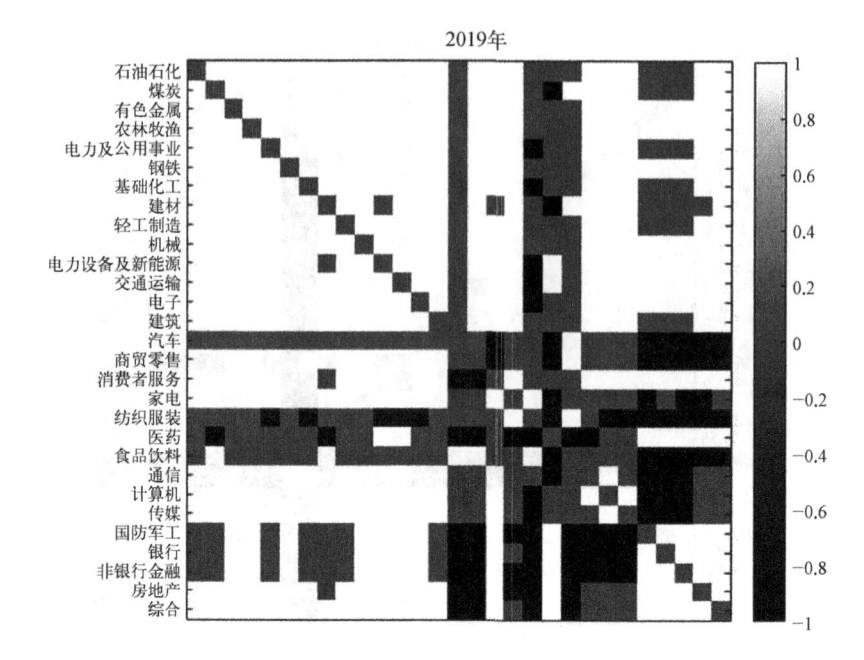

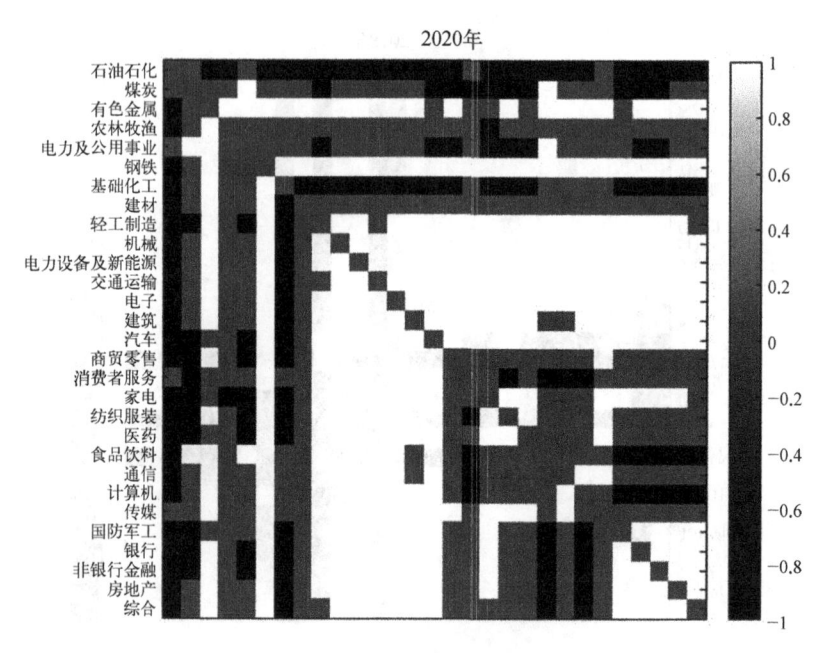

图 6-7 行业指数邻接矩阵

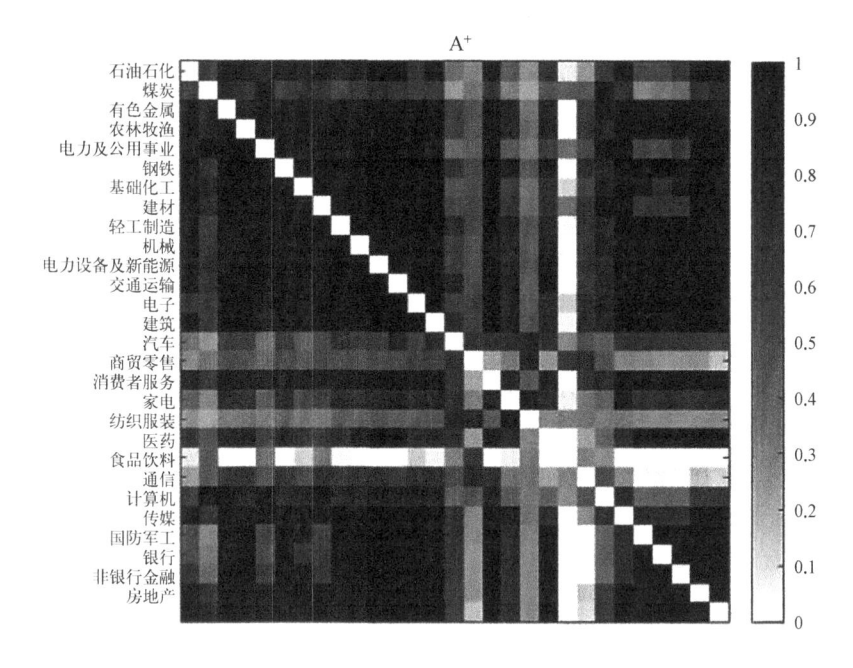

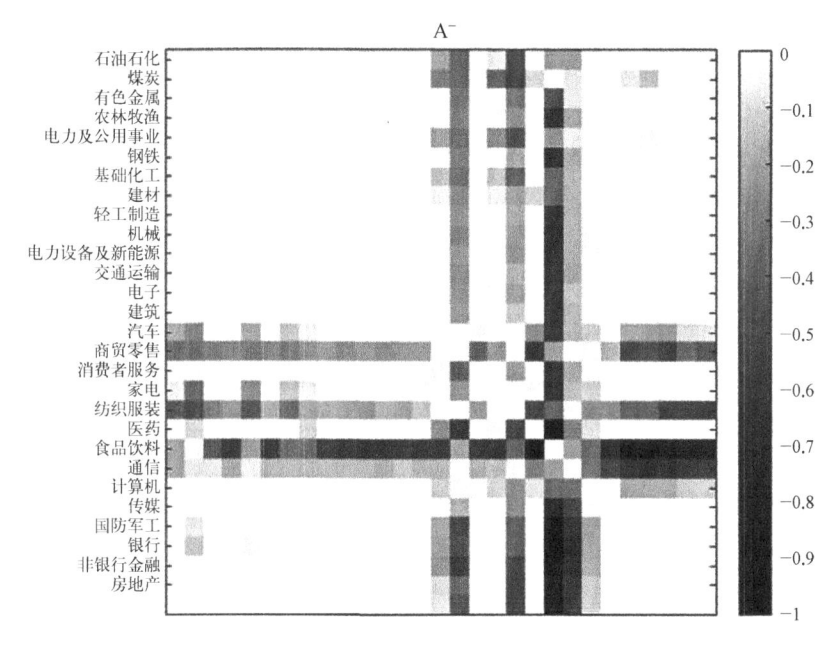

第 6 章 金融系统性风险的传染性特征 233

图 6-8 行业指数平均邻接矩阵

在图 6-9 中,我们选取了 2016 年和 2018 年的行业邻接矩阵并将其进行网络可视化,其中左图展示的是由正邻接矩阵 A^+ 对应的风险传染网络,而右图中展示了描述风险分散的负邻接矩阵 A^-。图中 29 个节点代表 29 个主要行业,用于表示产业链的节点的颜色从上游(深灰色)、中游(中灰色)到下游(浅灰色)各不相同。我们应用联通性来表征相邻矩阵中每个行业与所有其他行业之间的正相似或负相似的总数。可以发现,正向邻接网络和负向邻接网络中同一节点的连通性是不同的,这也揭示了不同行业对风险联动的不对称反应。在图 6-9 2016 年的网络图中可以看到,正连接网络中的所有节点都紧密连接,而负连接网络中行业之间的关联性较弱。这个例子传达了一个明显的信息,即大部分行业都是风险传递者,而通信和食品饮料行业是主要的风险分散者。进一步分析原因我们发现,正是 2016 年初实施的熔断机制导致在四天内两次市场指数跌至二级熔断 7%,并导致交易终止,这给几乎所有行业都带来了极端的尾部风险影响。文献中已经指出,熔断机制会造成如磁吸效应的负面影响,并加速市场崩溃(Ackert et al., 2001; Bernardo and Welch, 2004)。此外,在实施熔断期间,面对股票流动性挤兑的威胁和群体恐慌的驱动,投资者会非理性地抛售股票,将市场指数的下跌速度推至熔断阈值(Liu, 2020)。在盲目恐慌主导市场情绪的情况下,各个行业的股票大幅下跌,表现出高度的同步性,并导致行业之间的负相关性消失。

这种现象在 2018 年之后有了较为明显的转变,从风险传染网络来看,各个节点的平均连通度从 2016 年的 23 个变为 2018 年的 20 个,单个行业的最高连通度从 2016 年的 27 个转变为 2018 年的 25 个。此外,在 2016 年中,除有色金属和电力及公用事业行业具有最高为 27 个的连通度以外,包括上游行业中的农林牧渔,以及钢铁、基础化工、建材等绝大多数中游行业,共 16 个行业与其他行业之间的连通度均达到 26 个,反映出 2016 年强烈的行业间风险联动关系,而这种现象在 2018 年得到一定的改善。从风险分散网络来看,由于绝大多数行业在 2016 年中呈现出强烈的风险传染关系,仅有食品饮料、通信、计算机、传媒、国防军工和金融行业发挥了风险分散作用,其中食品饮料行业与 8 个行业呈现出风险分散关系,但相对于行业总体,这一分散关系仍显得较弱。然而,在 2018 年,除通信行业以外,几乎所有的行业均存在与其他行业之间的风险分散关系,平均而言,每个节点约与 5 个其他行业之间存在风险状态负相似关系,其中与纺织服装行业存在风险状态负相似行业的个数最多,达到 22 个,其次是商贸零售和食品饮料,分别为 19 和 18 个,由此可见,上述行业在当年为主要的风险对冲者。

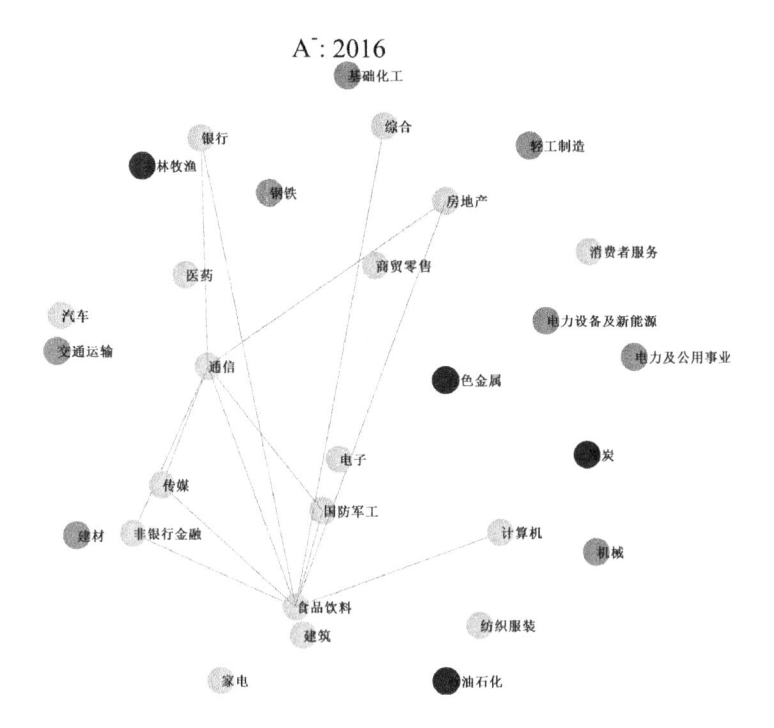

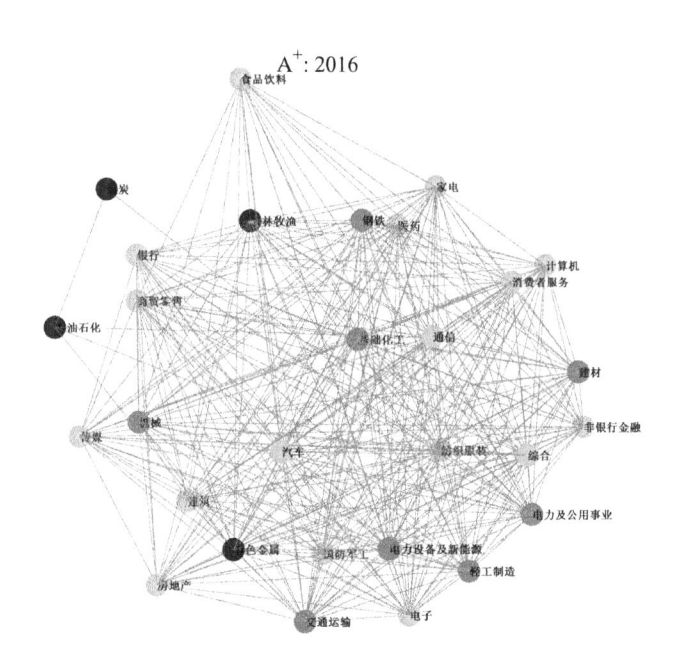

第 6 章 金融系统性风险的传染性特征 235

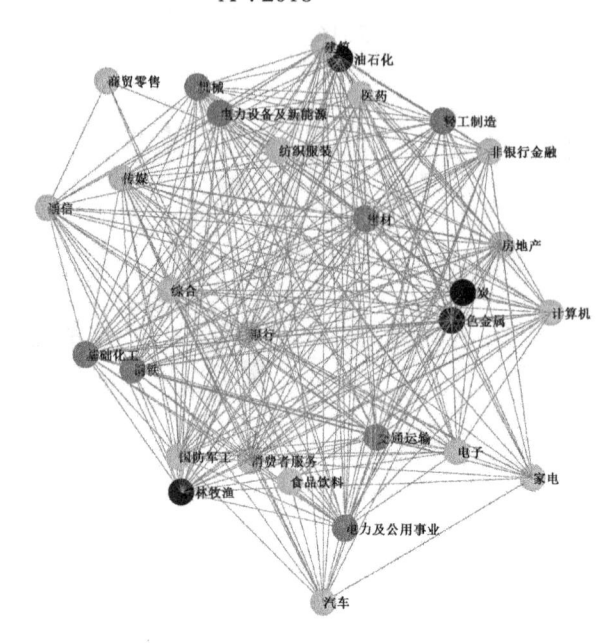

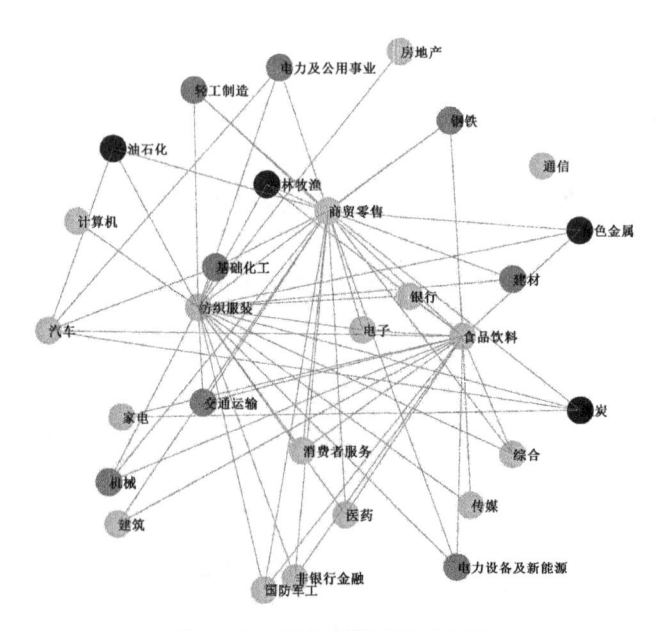

图 6-9 行业指数风险网络图

6.3.3.2 系统性风险评分和风险分解

在本部分中,我们首先通过计算系统性风险评分来量化系统总体风险,在考虑行业市值的基础上通过风险分解确定对总体风险贡献最大的行业节点。在市场竞争中,市值可以充分反映公司的综合实力,包括盈利能力、行业地位和增长潜力。市值较大的行业更容易获得持续稳定的投资,而小市值的行业则波动较大。此外,市值较大的龙头行业具有一定的优势地位,因此可以吸引更多的投资者关注,从而影响该行业在行业风险网络中的作用和地位。因此,我们在测度市场整体系统性风险水平时,考虑了行业市值的影响,并将其作为影响行业间风险传染网络的另外一个重要因素。

在图 6-10 的上半部分中,我们展示了市场总体的系统性风险水平及其随时间变化的趋势。总体来看,我国股票市场的系统性风险水平具有明显的周期性特征。2015 年上半年,我国股票市场在多重利好下呈现出牛市行情,因此在 2015 年初系统性风险评分总体较低,然而在股价飙升的背后隐含着巨大的泡沫和风险,在 2015 年中,受到降低宏观杠杆率的影响,A 股在短期内大幅下挫,造成千股跌停局面,引发股票市场崩盘,在此背景下系统性风险评分急剧上升。我国股票市场从 2016 年初开始,受熔断机制实施的影响,系统性风险处于较高水平,随着政府政策支持和实体经济环境逐渐向好,系统性风险水平缓慢回落,并在 2017 年末达到了较低的水平。随后,2018 年在中美贸易争端的影响下,股票市场的风险再一次飙升,这种风险一直持续累积到 2018 年末,随着中美就第一阶段经贸协议文本达成一致,贸易争端对股市风险的影响逐渐减弱,并在 2019 年年中逐渐恢复到正常水平。2019 年 5 月,受到包商银行信用风险事件的影响,系统性风险水平再度上升并一直持续。在 2020 年初新冠疫情暴发成为又一"黑天鹅"事件,突发公共卫生事件为我国资本市场发展带来严峻挑战,股市波动性加大,系统性风险指数再次上升到峰值。图 6-10 的下半部分展示了与其他行业间具有风险负相似性的行业占行业总数的比例,可以发现该比例与系统性风险评分之间存在着明显的负相关关系,进一步证明了负相似性行业在危机期间的风险分散作用。

在考虑行业市值的情况下,为了进一步确定对行业网络风险传染有重要影响的系统性重要行业,我们继续对系统性风险评分进行分解,表 6-20 展示了样本期内各行业系统性风险分解的结果,可以发现在 2015 年主要的风险传染者是机械行业,此后在 2016 年和 2017 年主要的风险传染者是家电行业,而在此之后则转为通信行业,最后在 2020 年又回到机械行业,说明

图 6-10 系统性风险评分

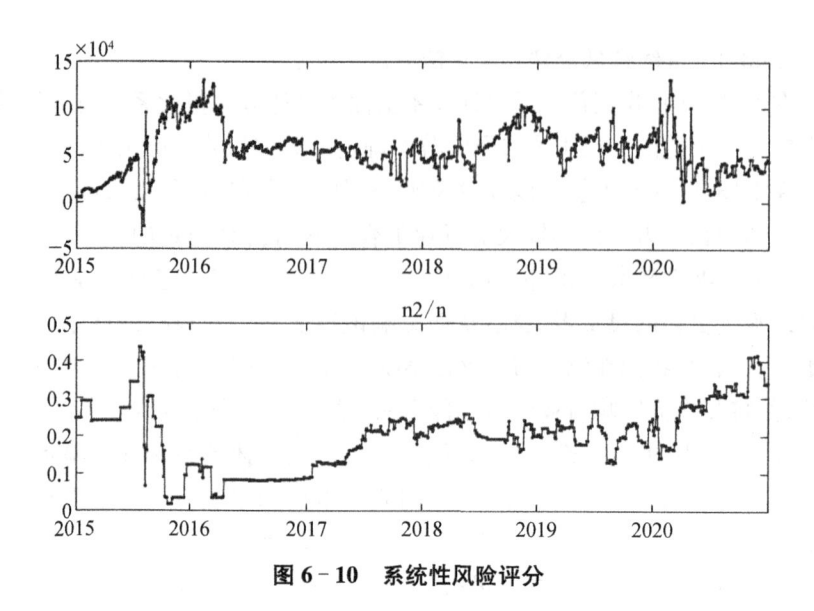

机械、家电、通信行业是在进行资产配置时需要重点关注的行业对象。这种转型是实现经济结构优化的结果。2018 年暴发的中美贸易争端对国际贸易产生了严重影响。由于对出口的高度敏感,电子和轻制造业受到了巨大的影响,这也是它们成为风险贡献者的原因之一。相比之下,食品饮料、纺织服装和商贸零售等行业的风险得分为负值,表明这些行业有能力分散尾部风险,这与之前的分析一致。此外,在表 6-20 中我们还列示了处于产业链不同位置的行业对系统性风险的贡献程度。总的来说,在 2016 至 2019 年上游行业是系统性风险的主要贡献者,而下游行业对风险的贡献最低,原因可能在于下游行业受到上游行业的制约,在面临风险传染时处于被动地位。然而在 2015 年和 2020 年,上游行业的风险传染水平明显减弱,说明上游行业起到了稳定市场的作用。此外,受国内外经济环境的影响,上中游产业将长期处于产业链的重要位置,成为尾部风险发生时风险贡献的关键节点。

表 6-20 系统性风险分解

行　业	2015 年	2016 年	2017 年	2018 年	2019 年	2020 年
石油石化	−12 194	8 426.9	9 339.9	9 432	9 075	−9 518.3
煤炭	−2 396.6	2 446.6	3 031.8	2 874.6	3 585.4	−305.48
有色金属	7 475	6 566.4	5 691.1	6 884.8	5 883	8 403.7

续 表

行　业	2015年	2016年	2017年	2018年	2019年	2020年
农林牧渔	5 685.6	8 668.6	7 236.4	8 875.7	8 386.9	3 908.5
电力及公用事业	3 219.1	3 931.6	3 437.2	4 660.7	3 663.8	1 082.1
钢铁	8 502.5	8 127.5	7 204.8	8 380.1	7 869.5	10 497
基础化工	−2 053.8	7 611.2	7 135.4	8 727.2	7 074.5	−2 352.1
建材	3 496.6	3 256.4	3 062.7	4 565.2	3 630.9	1 720.1
轻工制造	2 571.8	2 524.4	2 215.2	2 498.1	2 429.7	3 233.9
机械	12 515	10 096	7 896.2	8 946.3	8 247.4	11 071
电力设备及新能源	7 423.3	6 259.7	5 147.7	5 689.7	5 021.6	7 906.9
交通运输	5 661.2	4 880.7	3 601.2	3 495.6	3 528.5	5 255.4
电子	6 645.2	8 482.8	7 335	9 111.3	8 634	10 737
建筑	5 834.7	4 760.5	3 825.3	4 209	3 828.7	3 185.7
汽车	1 359.7	1 526.3	1 070	610.98	184.11	1 965.3
商贸零售	1 507.9	3 683.2	465.27	−2 146.8	2 837.2	1 994.9
消费者服务	3 029.5	3 073.2	2 172.1	2 217.1	2 002	−728.74
家电	10 639	12 510	9 924.3	6 243.5	4 821.6	−727.65
纺织服装	1 636.7	6 511.2	3 223.6	−8 548.7	−1 107.2	5 905.5
医药	3 849.8	3 737.9	3 022.6	2 308.3	−148.37	1 440.1
食品饮料	−2 777.2	−17 044	−27 039	−17 531	367.84	4 076
通信	−2 515.8	3 244.1	−8 297.4	10 546	9 949.8	9 420.8
计算机	3 293.8	8 205.5	5 758.3	8 744.9	7 190.1	2 924.9
传媒	2 420.3	6 221.4	5 981.4	7 435	5 937.8	4 338.3

续　表

行　业	2015年	2016年	2017年	2018年	2019年	2020年
国防军工	2 349.4	5 909.1	6 018	5 969	1 623.2	791.87
银行	1 631.3	3 533.4	3 611.7	3 053.9	713.22	218.88
非银行金融	1 955.5	5 202.6	4 505.5	3 643	1 145.9	925.44
房地产	1 760	4 169.4	4 044.7	4 825.6	2 725.2	1 416.3
综合	3 462.9	8 433	8 140.4	9 683.2	6 688.1	1 450
系统性风险评分	85 988.4	144 955.6	98 761.37	125 404.3	125 789.4	90 237.32
上游行业	−357.5	6 527.125	6 324.8	7 016.775	6 732.575	622.105
中游行业	5 166.963	5 835.938	4 962.55	5 870.363	5 183.238	4 801.788
下游行业	2 710.747	4 244.682	1 985.986	2 963.193	3 376.071	2 902.035

6.3.3.3　网络因子对产业链位置的影响

行业所处的产业链位置对其在风险事件冲击下的风险状态具有重要的影响，本部分将所有行业进一步分为上游行业、中游行业、下游行业三类，通过面板分位数回归方法进一步检验了处于不同产业链位置的行业风险状态的影响因素。在分位数回归中，我们将代表风险传染和风险分散的正负网络因子，以反映行业风险传染功能和风险分散功能对行业收益的影响。同时，考虑到国际国内金融市场风险的冲击，我们选择沪深300指数收益率和波动指数VIX作为市场情绪的代理指标。参考Zhang et al.(2020)，我们还控制了信用利差和流动性利差，其中信用利差定义为10年期国债和AAA公司债之间的收益率之差，流动性利差定义为3个月Shibor和国债收益率之差。图6-11展示了面板分位数回归的结果，其中两条虚线之间的区域表示95%置信区间。

上图显示了正网络因子对处于不同产业链结构的行业指数收益率的影响，整体来看，正网络因子对行业指数收益率分布的右尾具有更明显的影响，无论处于何种产业链结构，正网络因子对右尾极端收益的回归系数均为负数，说明在风险传染加剧的情况下，部分行业的收益可能被抑制，这与之前的分析一致，即在市场风险蔓延下，恐慌情绪传染扩散，投资者的信心不

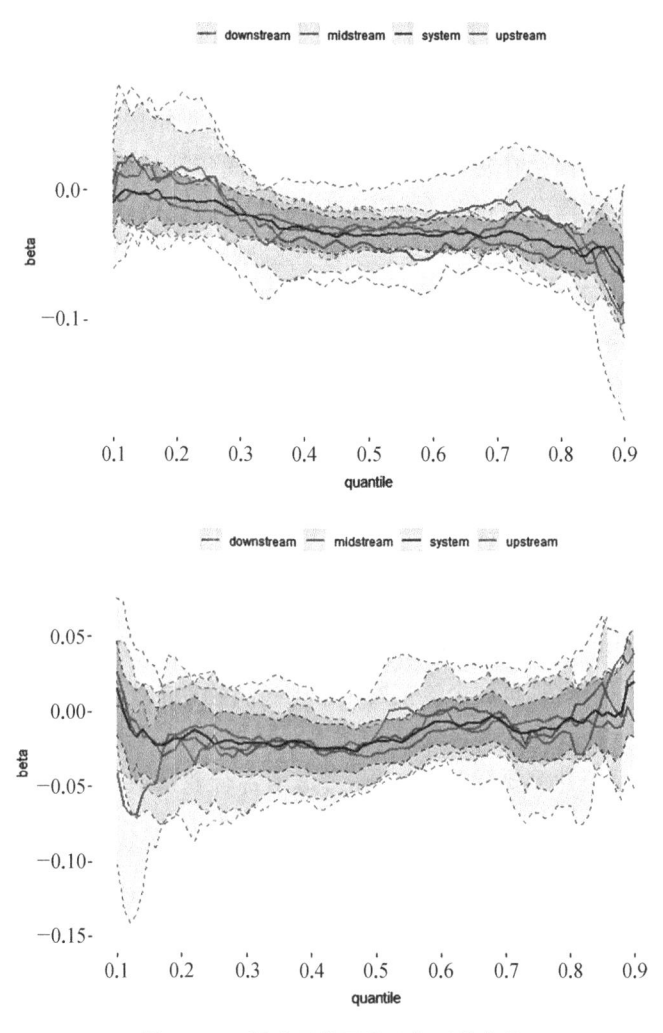

图 6-11　风险网络因子回归系数变化

足导致本来具有成长性和发展潜力的行业也受到负面影响。从产业链结构来看，相对于上游行业，中下游行业受正网络因子的影响更为明显，这与我们对于系统性风险评分的分析结果一致，即中下游行业在面临风险传染时处于被动地位。下图展示了负网络因子对于不同分位数下行业指数收益率的影响，其中负网络因子对上游行业的极端收益影响较为明显，其对左尾收益的回归系数为负，而对右尾收益的回归系数为正，说明行业的风险分散功能越强，面临暴跌风险的可能性越低，更有机会获得高收益。这一现象进一步验证了处于不同产业链位置的行业对市场风险联动发挥的不同作用。

上游产业成为行业间风险联动的主要贡献者，主要原因可能在于上游产业位于产业链的起点,拥有丰富的资源和核心技术,具有较高的进入壁垒。同时,随着供给侧改革的加快和过剩产能的降低,可能会对一些上游产业产生一定的负面影响。这一现象表明,上游产业的技术和资本等生产要素的不利变化可能会在密切相关的产业链之间传播风险。同时,考虑到食品饮料等主要风险分散行业在中下游行业中所占比例不高,且呈现出时变特征,中下游行业受到负网络因子影响不足是正常的。这也表明,由股票市场群体非理性行为驱动的同步股价波动的正向联动效应强于风险分散,呈现出风险传导和分散的不对称效应。

6.3.4 小结

在本节中,我们利用网络分析方法研究了中国股票市场各行业之间的风险关联性以及各自在风险传染中扮演的风险传染者和风险分散者的角色。我们首先采用条件期望损失方法估计了在其他行业面临风险冲击时各行业的风险状态向量,基于该向量,我们通过构建相似矩阵考察了行业之间的风险状态相似性,并进一步通过非对称断点方法将其划分为正、负两个邻接矩阵,进而构造正、负两个连接网络。通过所建立的无向关联网络来刻画股票市场行业板块之间的风险联动关系。其次,为了确定对风险传染起到主要作用的系统性重要行业,我们在考虑了各行业市值水平之后计算了市场总系统性风险评分,并将该评分进一步分解为不同行业的系统性风险水平。最后,我们通过引入尾部风险驱动的条件分位数回归方法进一步分析行业所处不同产业链位置对风险传染提供的额外信息,我们得到了以下三个方面的发现:第一,基于行业间风险状态构建的相似矩阵和邻接矩阵反映出最令人印象深刻的结果是食品饮料行业在大多数年份,尤其是尾部事件时期与绝大多数行业的风险状态呈负相关关系,风险分解的结果显示其风险贡献值为负数,同时,我们还发现纺织服装、商贸零售等行业呈现出类似的特征,这反映出消费相关行业具有股票市场稳定器的作用。第二,在对于风险状态相似性的分析中,我们发现风险状态正向相关存在于大多数具有密切供给与需求的关系的产业当中,这些行业无论在什么时期都通过互相关联的生产制造环节起到风险传播作用。第三,基于尾部风险事件驱动的产业链部门重要性分析显示处于不同产业链位置的行业在风险传染和分散中起到不同的作用,正网络因子对于右尾收益具有明显的影响,负网络因子无论对于左尾还是右尾都有明显的影响,这反映出网络因子对于极端收益影响的不对称性。

本节从产业链的角度研究了系统性风险在行业之间的传染渠道和机制,我们的发现具有一定的实践指导意义。基于我们对主要行业间风险传染和风险分散关系的发现,以及系统重要性行业的确定,监管者可以通过密切关注以上系统重要性行业之间的联动性变化,对不同行业进行政策干预,充分发挥重要行业的风险分散的作用。在尾部风险事件爆发时,为稳定市场预期加大对重点行业及其上下游行业的信贷支持。对于投资者而言,通过分析以上行业板块在风险网络中扮演的不同角色,结合国内国外宏观经济和市场环境的不同状态,判断可能对尾部风险冲击做出反应的重要节点,可以有效预判市场的未来走势,做好风险防范、进行资产配置和投资决策。

本章小结

风险传染是一般风险演化为系统性风险的重要因素,本章聚焦于证券市场风险传染问题,分别从跨国传染、跨地区传染、跨行业传染三个视角进行分析。首先本章从股票市场的"涟漪效应"出发讨论风险的跨国传染。研究发现2007年后的股票市场存在明显的涟漪效应,美国股市处在涟漪的中心。美国市场特有波动与世界股市联动性显著正相关,美国市场特有波动的升高(降低)导致亚洲(欧洲)各市场间联动性提高(降低),而其他市场特有波动则没有类似影响力。随着中国资本市场走向世界,中国股票市场受外部市场影响的同时对外影响力与之前相比也有所提高。

其次,本章以城投债的信用风险为例,讨论了风险的跨地区传染问题。通过弹性网络收缩技术与网络拓扑分析方法,研究发现经济较为发达的东部地区位于城投债信用风险网络的中心。西部债券市场的韧性较低,极易受到外部风险异动的影响,属于风险传染链条中的净接收方。然后,债务风险溢出强度会随地理距离的增大而衰减,信用风险共振更可能发生在距离较为接近的省份间。经济增长波动性较高的省份,更可能对外输出信用风险。同时,突发公共卫生事件对地方财政与区域经济稳定造成了显著冲击,能够影响城投债市场的风险网络结构。

最后,本章利用网络分析方法研究了中国股票市场各行业间的风险关联性以及各自在风险传染中扮演的风险传染者和风险分散者的角色。第一,基于行业间风险状态构建的相似矩阵和邻接矩阵表明食品饮料行业、纺织服装、商贸零售行业在大多数年份与其余行业风险状态呈现出负相关,表明消费相关行业具有股票市场稳定器的作用。第二,风险状态相似性分析表明风险状态正向相关存在于大多数具有密切供给与需求的关系的产业当中，这些行业无论在什么时期都通过互相关联的生产制造环节起到风险传播作用。第三，尾部风险事件驱动的产业链部门重要性分析显示处于不同产业链位置的行业在风险传染和分散中起到不同的作用，正网络因子对于右尾收益具有明显的影响，负网络因子无论对于左尾还是右尾都有明显的影响，这反映出网络因子对于极端收益影响的不对称性。

第7章
信息技术与金融系统性风险

金融作为经济社会发展的核心,不仅是推动经济增长、促进科技创新、提升民生福祉的重要力量,还是支撑世界经济发展的关键动力。当前,世界各国进入经济新旧动能转换期,以信息技术为主导的新经济成为多国发展的重点。面对全球不确定性挑战增多和世界经济下行压力加大,推动经济增长和防范金融系统风险面临更加严峻的挑战。科技是第一生产力,从金融发展脉络看,进入21世纪,信息技术的进步和金融变革推动了金融科技发展,特别是近十年大数据、云计算、区块链、人工智能等不断涌现,催生出一系列新技术、新模式和新业态,渗透到银行、证券、保险等金融各个细分领域。同时,互联网技术的飞速发展增强了投资者通过网络搜索获取信息的能力,帮助投资者获得可比的会计信息,识别不同的会计信息差异和相似性,从而影响其行为决策和金融市场的运行方式。另外,随着信息技术的进步,金融机构的会计信息的可获得性提高,减少了金融机构内部和外部之间的信息不对称,通过改善信息环境影响其风险水平。但是,随着新一代信息技术不断演进,在金融和信息技术相互融合过程中也会增加新的风险,在有力创新金融服务功能的同时,也面临着新的风险防范难点,从而影响金融系统性风险。基于此,本章分别从金融科技、互联网信息搜索和会计信息可比性三个信息技术的视角分析其对金融系统性风险的影响机理。

7.1 金融科技与金融系统性风险

金融科技是技术驱动的金融创新,在传统金融与现代化科技的融合中应运而生并且快速成长,推动商业银行的金融服务和经营管理发生了颠覆性变革。从2004年开始支付宝账户体系上线(黄益平,2018),短短十几年时间,金融科技通过人工智能、大数据、云计算、区块链、5G等前沿技术向传统金融领域逐步渗透,催生金融业态变革。商业银行从被动应对向积极主动求变,推动金融科技与传统业务深度融合,银行业发展金融科技逐步成为防范化解金融风险的一个重要突破点。2021年12月至2022年1月,中国人民银行和银保监会先后印发《金融科技发展规划(2022—2025年)》和《关于银行业保险业数字化转型的指导意见》并明确指出,以数字化转型推动银行业高质量发展,构建适应现代经济发展的数字金融新格局,不断提高金融服务实体经济的能力和水平,有效防范化解金融风险。在这一背景下,银行金融科技如何影响银行资产质量层面的系统性风险水平?其作用机制是什么?是否存在异质性特征?在金融科技下,探究上述问题不仅有助于丰富银行系统性风险防范的理论研究,还能够为银行更好地利用金融科技有效防范化解金融风险提供经验参考。

金融科技发展对商业银行系统存在两方面的影响。一方面,金融科技发展推动存款利率变相市场化,降低了银行的盈利能力(邱晗等,2018)。面对这种情况,银行通过增加高收益率贷款类资产的配置,调整收入结构来提升生息资产的总体收益水平,导致风险承担上升(郭品和沈悦,2019),而高风险信贷规模的增长也会致使银行贷款质量下降,积累信用风险压力(Gambacorta,2009),加剧金融系统性风险。另一方面,随着金融科技快速崛起,商业银行开始主动融入金融科技发展之中,传统银行业务与金融科技的融合模式和程度进一步深入。金融科技发展推动商业银行数字化转型,提升商业银行生产效率(李琴和裴平,2021),并且通过大数据、信息技术等科技创新手段强化银行的信息收集能力,提高信用风险控制的效能,降低银行经营风险等非系统性风险。例如,Li et al.(2022)认为,银行可以通过运用新兴技术获得技术溢出效应,减轻信贷市场上银行与借款者间信息不对称问题,提升风险控制能力和管理效率,增加银行的多元化经营以降低自身风险。

综上所述,现有研究大部分是通过间接证据观察金融科技与银行风险承担行为以及银行经营风险的关系。随着银行运用金融科技的广度和深度不断延伸和融合,数字化转型应用场景逐步拓展,银行利用金融科技是否能够在数字化转型背景下有效提升信用资产的管控效果,降低系统性风险却缺少更为深入的研究。因此,本节以2011—2020年中国492家商业银行为研究对象,利用文本挖掘法构建的银行金融科技指标,通过渐进双重差分模型和固定效应模型,探究银行金融科技与银行系统性风险的直接关系,分析金融数字化发展变化对银行资产质量系统性风险预警指标的影响,进一步剖析银行金融科技通过何种机制影响系统性风险。

本节主要从以下几方面开展研究。从风险承担机制和信息不对称机制，分析银行金融科技发展对系统性风险的自信效应和信息改善效应。在风险承担机制方面，当商业银行运用金融科技改善经营效率时，经营管理者会更加乐观自信，产生自信效应，投资高风险项目从而增加风险承担，加剧了系统性风险。在信息不对称机制方面，银行使用金融科技改善银企信息不对称程度，因而提升银行风险管控能力，降低了系统性风险。本节通过不同的模型设定和不同的估计方法证明了结果的稳健性。首先，在基准回归部分使用双向固定效应模型时，考虑了反向因果的内生性问题，并控制个体效应和时间效应以减少遗漏变量的影响。其次，为了进一步对机制进行检验，在固定效应模型的基础上，采用缓解内生性效果更好的双重差分模型。最后，本节在稳健性检验部分采用工具变量法等多种方法证明了实证结果的有效性。

　　本节主要贡献有三点：一是随着金融数字化转型内涵与外延的不断拓展，首次发现银行金融科技发展与银行系统性风险之间存在倒U形非单调关系，进一步验证了金融科技通过自信效应和信息改善效应影响银行资产质量的变化过程，并且发现在数字化转型过程中金融科技将有利于降低银行系统性风险，有助于监管部门在引导金融数字化转型的过程中针对性地规划监管资源；二是聚焦于银行资产质量系统性风险预警指标，分析得出金融科技发展与银行在信贷投放后所产生的信用风险之间的关联性，为进一步研究金融科技赋能实体经济和防范金融风险提供了直接证据，通过异质性分析发现中小型银行的系统性风险受到金融科技影响更加敏感，这对于中小型银行布局金融科技，增强自身竞争力，缓解中小企业融资难、融资贵等问题提供支撑；三是研究收集了492家商业银行在2011—2020年的面板数据，该数据涵盖全国199个地级市，包含了全国大中小型商业银行。考虑到金融科技（Financial Technology, FinTech）概念在2011年被正式提出后近十年发展演变，研究中尽可能将更全面的样本数据聚焦于市级层面银行个体特征，使得本节能够将研究范围覆盖银行运用金融科技推动数字化转型的十年变化情况，为探讨银行金融科技与系统性风险的非线性关系提供了大样本证据。

　　本节接下来的安排如下：首先进行理论分析并提出研究假设，然后对样本、变量以及实证模型设计进行描述，并且报告实证研究结果并进行分析，其次为稳健性检验部分以及不同类型银行的异质性讨论，最后为小结部分。

7.1.1 理论分析与研究假设

无论是国际还是国内,金融科技都经历了一个逐步深化的过程。2011年,"Fintech"一词在美国硅谷和英国伦敦被正式提出,根据金融稳定理事会(Financial Stability Board, FSB)的定义,金融科技是通过技术手段推动金融创新,形成对金融市场、机构及金融服务产生重大影响的业务模式、技术应用以及流程和产品。该概念与互联网金融或数字金融既有相似的地方,也有不同的方面(谢平和邹传伟,2012;Gomber et al., 2017;黄益平和黄卓,2018),中国人民银行在发布《金融科技发展规划(2019—2021年)》中对金融科技涵盖范围进行了拓展,强调"金融科技是技术驱动的金融创新,旨在运用现代科技成果改造或创新金融产品、经营模式、业务流程等,推动金融发展提质增效"。

近年来,金融科技作为数字经济的重要分支呈现迅猛发展的态势,颠覆了传统银行系统,有关金融科技发展影响银行系统的研究广受学界和业界的关注。根据发展主体不同,可以将现有的金融科技研究分为外部金融科技和银行金融科技。外部金融科技主体是以互联网科技企业为主,它们凭借自身的技术优势涉及信贷业务,推动金融科技发展。银行金融科技则是商业银行通过数字化转型,对传统核心业务进行现代化改造,主动发展金融科技。对于外部金融科技,现有文献主要基于业务竞争(王静,2015;孟娜娜等,2020)、价格传递(郭品和沈悦,2015)以及资产负债结构(战明华等,2018;邱晗等,2018;沈悦和郭品,2019)的视角进行研究。对于银行金融科技,现有研究主要涉及经营绩效(李建军和姜世超,2021;徐晓萍等,2021;李琴和裴平,2021)、风险承担行为(金洪飞等,2020)、全要素生产率(李运达等,2020)等方面,而关于系统性风险方面的研究涉及较少。现有研究多是通过间接证据观察金融科技与银行风险承担行为及其和银行经营风险的关系,并且国内外较少有文献直接研究银行金融科技对银行系统性风险的影响机制,同时基于长时间跨度市级层面银行数据的实证研究更为缺乏。因此,本节在借鉴相关研究的基础上,探究银行金融科技与银行系统性风险的直接关系,进一步对银行金融科技影响系统性风险的微观机制进行理论分析并提出研究假说。

7.1.1.1 金融科技与银行系统性风险

在金融科技发展初期,商业银行借鉴互联网思维进行技术革新,基于金融科技手段逐步整合业务资源,提升自身竞争力,创新服务模式,改善经营效率(刘忠璐,2016)。随着银行逐步将大量资源投入数字化转型当中,金融科技与传统业务融合逐渐深化,使得银行开始推动普惠金融市场发展(谢绚丽等,2018)。在这一背景下,银行为了创新服务模式,开始涉及高风险业务,拓展长尾市场客户。但是,高风险信贷规模的增长也会积累信用风险压力,致使银行贷款质量下降,导致净息差下滑(邱晗等,2018)。王道平等(2022)认为银行发展金融科技可以增加对小微企业的信贷供给,有助于提高金融机构的经营效率,但是由于金融科技相关业务具有高科技性和专业性特征,使得监管部门更加难以发现潜在的金融风险,为银行风险监管工作带来了新的挑战。

随着金融科技纵深发展,技术驱动的金融创新对银行的绩效优化效果逐渐凸显,银行通过大数据等技术手段收集更多维度的实时信息,通过区块链智能合约等将数字化贯穿金融服务全流程,如基于金融科技的信贷审核系统对客户进行信用风险评估,减轻传统信贷市场上自身经营的风险,以寻求新的利润增长点(郭丽虹和朱柯达,2021)。借助科技进步对支付结算业务的革新,提升信用风险控制的效能,降低不良贷款风险,提升银行业贷款质量(Li et al., 2022)。伴随金融数字化转型国家战略逐步落地实施,越来越多的银行将加快布局金融科技,传统银行业务与金融科技的融合模式和程度进一步深入(谢治春等,2018)。银行借助金融科技进行渠道网点电子化转型,提升商业银行效率(Lee et al., 2021),并利用科技手段推进金融数字化转型,提高信贷投放前的风险识别能力,强化贷后管理信息跟踪的及时性与真实性,缓解信息不对称所引发的信用风险(吴晓求,2020)。

综上所述,金融科技对商业银行系统性风险同时存在两方面的影响。一方面,随着金融科技的快速发展,银行开始运用金融科技进行信息化改造提升经营效率,主动拓展长尾信贷市场,增加信用风险使得系统性风险上升。长尾客户群体主要包括个人居民、农户、小微企业。商业银行通过手机银行或其他互联网终端等金融科技渠道,使得金融服务延伸到不发达的偏远地区,突破物理网点的约束,扩大了传统金融服务范围。因此,银行运用金融科技以相对较低的成本实现了对长尾信贷群体的业务拓展。但是,长尾信贷群体客观上存在一定程度的高违约风险可能,从企业层面来看,大部分小微企业存在信用信息数据不完整的情况,从个人层面来看,金融科技渠道服务的借贷群体大多是位于偏远地区的尾部人群(陈红和郭亮,2020)。因此,这类长尾信贷业务使得商业银行积累信用风险压力,导致系统性风险上升。

另一方面,传统银行业务与金融科技的融合模式和程度不断加深,银行风险控制能力逐渐提升，开始降低信用风险，改善系统性风险。伴随着银行金融科技的深入发展，更有效的风险管理工具被开发出来，有助于缓解银企信息不对称，提高银行风险控制能力，对银行的绩效优化效果逐渐凸显，降低系统性风险。从信息获取的角度，银行金融科技通过大数据等技术手段获取贷款人在互联网上沉淀的消费和交易行为等实时数据，获取传统方式无法获得的软信息。从信息处理角度，银行将收集到的数据整合处理成可供使用的贷款信息集，并构建相关的信用评估模型，从而更有效地挖掘用户信贷需求，不仅提高信贷投放前的风险识别能力，还强化了信贷发放后的风险管理能力，缓解信息不对称所引发的信用风险，降低系统性风险。以上对系统性风险的改善效应，会随着银行金融科技的发展程度以及数字技术进步逐渐增强，该效应会强于银行因经营效率提高对系统性风险的不利影响，当银行金融科技发展到一定水平后，会降低商业银行的系统性风险。所以金融科技与商业银行资产质量层面的系统性风险之间的关系本质上是非单调的。通过综上分析，本节提出**假设1**。

假设1：银行金融科技发展与资产质量层面的系统性风险存在非单调关系。

7.1.1.2 银行金融科技对风险承担的自信效应

理论上信息技术与传统金融业务融合可以改善经营绩效。但是，在银行投入大量资源发展金融科技初期，由于银行对金融科技风险估计不足，也未做好监控准备，增加了自身风险承担水平，加剧了银行的系统性风险。具体而言，首先，银行通过手机银行、网络银行等金融科技渠道接触到县域层面的客户群体，包括"三农"（傅秋子和黄益平，2018）和小微企业（盛天翔和范从来，2020）等群体，扩大了自身的信贷业务范围。银行通过优化经营效益，并将自身的服务覆盖到以前不能覆盖到的客户群体中（张德茂和蒋亮，2018）。比如，在银行普惠金融业务方面，普惠金融服务对象为小微、民营企业和个人经营者等这类长尾群体，他们大多处于偏远地区或信用信息数据缺乏，并且信贷需求存在零散、高频、规模偏小等特征，用传统方式向长尾群体开展信贷业务需要付出较高的人力和物力成本，削弱了银行的放贷意愿，但是银行金融科技渠道可以克服向普惠金融服务对象展业的阻碍，从而使得银行的信贷投放向小微、民营和个人倾斜。其次，金融科技提高了银行的生产效率。金融科技存在知识密集型并不断变化发展的特征，银行基于金融科技进行数字化转型，有助于推动银行内部的知识传播及外部应用，促进银行对传统业务进行创新与发展，使得生产效率提升（杨望等，2020；李运达等,2020)。基于金融科技开发的手机银行等软件可以及时与用户进行互动,提供满足个细化需求的金融服务,这使商业银行的定制化生产能力得到进一步提升,增加了银行总体的生产效率。例如,李琴和裴平(2021)研究发现银行发展金融科技可以同时提高商业银行的收入效率和成本效率,进而从整体上提高银行的经营效率。根据"冒险假说",随着商业银行生产与服务效率的提高,银行的管理者会产生乐观自信情绪,认为可以在拓展高风险业务规模的同时控制相应风险,从而采取激进的冒险行为,投资高风险项目,由此主动增加了自身的风险承担水平(江曙霞和陈玉婵,2012;刘忠璐,2016;Liao,2018)。然而,银行运用金融科技拓展传统金融业务并没有改变金融风险的特征,并且金融科技自身存在开放和即时传播的两大特征使得金融风险进一步放大,加快风险扩散速度(陈红和郭亮,2020),增强风险溢出效应,扩大了银行风险敞口,使得银行面临更高的信用风险(李建军和姜世超,2021),增加银行系统性风险。通过综上分析,本节提出**假设2**。

假设2:银行发展金融科技会产生自信效应,增加自身的风险承担水平,从而扩大银行系统性风险。

7.1.1.3 银行金融科技对信息不对称的信息改善效应

信息不对称问题一直以来是制约银行提供信贷服务的重要因素之一,尤其对不需要抵押品和担保的信用贷款影响更为明显,然而,金融数字化转型扩宽了银行数据获取维度,缓解信息不对称问题。一方面,传统银行必须依赖开设物理网点以拓展金融服务范围,而金融科技可以通过互联网技术帮助银行实现跨区域服务(Stulz,2018),并且利用信息技术、大数据技术等创新技术提升银行的信息收集能力,获得多维度的可替换信息(Zhu,2019),通过这类数据分析用户的特征信息(Goldstein et al.,2019),帮助银行挖掘潜在客户以及提高存量客户产品服务覆盖度,从而将更多长尾客户纳入服务范围,扩大信贷规模,提升信用贷款业务占比(徐晓萍等,2021)。另一方面,银行借助金融科技可以提高银行风险管控的多维性、及时性和可靠性,缓解银行信息不对称问题,增强风险管理水平(Butaru et al.,2016;李华民和吴非,2019)。从银行的新产品、新模式、新业态看,金融科技发展减少银行对物理网点的依赖,利用大数据清晰识别服务对象的违约风险水平。在金融科技模式下,银行通过人工智能自动记录客户的交易历史数据,生成可供审计和评估的标准数据,优化银行事前信用风险识别能力(Berg et al.,2020),强化信贷管理水平,确保营收稳定性增长,增强了银行信贷发放的意愿。使得事前风险识别更加准确,也强化了事后贷款信息获取的及时性与真实性,从而提高银行的风险控制能力,降低不良贷款。银行使用基于大数据的统计模型可以更有效地筛选借款候选人,并因此得以从根源上克服银行业的信息不对称,使信息具备成为抵押品替代物的可能(刘少波等,2021)。通过综上分析,本节提出**假设3**。

假设3:银行发展金融科技,通过信息改善效应缓解信息不对称问题,以降低自身的系统性风险水平。

7.1.2 研究设计与变量模型

7.1.2.1 研究样本与数据来源

本研究使用的数据包括以下几个部分:

① 商业银行财务数据,用于衡量银行个体维度的特征情况,该数据主要来源于国泰安数据库、万得数据库以及各家银行年报;② 在各类统计年鉴以及各城市"国民经济和社会发展统计公报"中提取的宏观层面数据,该数据被用于构造城市层面的控制变量,比如GDP增速、CPI、通货膨胀水平、传统金融发展程度等;③ 北京大学数字普惠金融指数,该数据从用户数据层面衡量中国地区各维度的外部金融科技发展环境和变化趋势,主要用于稳健性检验部分替换核心解释变量;关于样本区间的选取,主要是2011年既是国际上FinTech概念被正式提出的时间,也是我国开启互联网金融发展的初始阶段,人民银行发布《非金融机构支付服务管理办法》后,2011—2015年移动互联网快速发展,这一阶段具体表现为互联网公司的金融化应运而生,传统金融机构搭建在线业务平台,移动支付成为可能;2016年金融稳定理事会(FSB)提出"金融科技是技术驱动的金融创新"并成为全球共识,2016—2020年人工智能、区块链等关键技术日益成熟,在这个阶段,金融业通过新的科技手段改变传统金融信息采集来源、风险定价模型、投资决策过程和信用中介的角色。

因此,本节以我国两个五年规划为时间跨度,选取2011—2020年数据为样本区间进行实证研究,可以反映金融科技飞速发展的十年变化。将上述数据合并清理后,得到一套聚焦到492家商业银行的面板数据,包括大型商业银行、股份制商业银行、城市商业银行、农村商业银行、村镇银行、农村信用社、民营银行及其他小型商业银行,覆盖全国199个地级市。

7.1.2.2 变量设计

(1) 被解释变量

本节采用不良贷款率作为主要被解释变量,用来衡量银行系统性风险在资产质量方面的预警指标。不良贷款率是指金融机构不良贷款占总贷款余额的比例。早在2003年,国际货币基金组织(IMF)就基于银行的资产负债表构建了一套金融健全指标集(Financial Soundness Indicators,FSIs)作为金融系统性风险的预警指标。由于信用风险是银行面临的主要风险,因此在资产质量方面,国际货币基金组织选择不良贷款率作为预警指标,用于检测银行在资产质量层面的系统性风险状况。其中,不良贷款率是指在评估银行贷款质量时,把贷款按风险基础分为正常、关注、次级、可疑和损失五类,后三类合称为不良贷款。

(2) 核心解释变量

银行金融科技发展程度指标。已有文献衡量金融科技发展程度的指标主要有两种:一是郭品和沈悦(2015)基于新闻词频统计和文本挖掘算法构建的全国层面互联网金融指数。二是北京大学数字金融研究中心基于蚂蚁集团的交易账户底层数据所编制的"中国数字普惠金融指数"(郭峰等,2020)。由于本研究聚焦于各个银行的金融科技发展情况,所以参考郭品和沈悦(2015)以及金洪飞等(2020)的思路,采用文本挖掘法和网络爬虫方法构建银行应用金融科技的发展程度指标。该指标的原始数据来自百度搜索指数。具体构建步骤如下:首先,选择银行金融科技关键词。本节基于银行金融科技在商业银行传统信贷业务领域应用最广泛的领域,结合商业银行年度报告的内容,最终选择人工智能、云计算、物联网、大数据和区块链作为关键词构成基本维度。其次,计算各银行的关键词年度词频。本节将金融科技关键词与银行名称组合,利用网络爬虫法获得各家银行在2011—2020年的年度新闻搜索结果并作统计。最后,运用主成分分析法对关键词进行降维,得到关键词的公共因子,进而计算并合成出各个银行金融科技发展程度指标。该方法构建出来的指标可以衡量各个银行的金融科技发展程度,也可对银行金融科技影响渠道进行进一步剖析。

同时,为了刻画银行所在地区的外部金融科技发展情况的影响效果,在稳健性检验部分选择"中国数字普惠金融指数"替换核心解释变量进行检验。该指标基于蚂蚁集团股份有限公司的大量支付宝交易账户底层数据,从金融科技服务的覆盖广度、使用深度和数字化支持程度三个维度刻画中国的金融科技发展水平。由于蚂蚁集团是全球领先的金融科技开放平台,公司旗下的支付宝也是中国影响力最大的金融科技产品之一,所以蚂蚁集团的数据可以较为全面地反映金融科技向传统金融行业影响并渗透的情况。如果一个地区的数字普惠金融指数越高,则该地区的科技与传统金融结合越紧密,金融科技基础设施更完善,金融科技服务供给更丰富且便利,金融科技业务的使用也更为活跃,综合体现为该地区的金融科技发展程度较高。

(3) 中介变量

关于中介变量的指标:一是选择银行风险承担的指标,本节选择风险加权资产占总资产的比例,即风险资产比,该指标被用于度量银行选择资产时信用风险暴露程度。这些暴露在信用风险之下的贷款在未来可能带来信贷损失,转化成不良贷款,所以该指标衡量的是银行信贷投放前的风险承担水平(金鹏辉等,2014;邱晗等,2018;顾海峰和杨立翔,2018;苏帆等,2019)。如果风险资产比越高,则说明银行选择了较多的高风险资产,银行所承担的风险越高;为确保研究结论可靠,同时选择贷款拨备率作为辅助代理指标(张宗益等,2012;Liao,2018;郭丽虹和朱柯达,2021)。贷款拨备率是指贷款损失准备与贷款余额之比,如果银行多计提贷款损失准备,则是为了应对未来可能发生的信贷损失,形成更充足的风险吸收能力,所以该指标可以作为银行信贷投放前的风险承担水平的测度。

二是选择信息不对称的指标,本节选择信用贷款总额与贷款总额的比值,即信用贷款占比。由于银企之间存在信息不对称问题,银行需要依赖担保抵押去弥补信息不对称问题带来的风险,而信用贷款主要通过对充分搜集的信息进行风险评估和风险识别从而发放贷款,这类贷款相比抵押贷款,信息不对称程度较低。此外,信息技术、大数据等创新技术能够帮助银行获得多维度的用户的特征信息,缓解银行与用户之间的信息不对称程度,表现为近年来信用贷款规模上升,故选择信用贷款占比作为信息不对称指标(徐晓萍等,2021)。为确保研究结论可靠,同时选择经营成本作为辅助代理指标(李建军和姜世超,2021)。经营成本包括人员成本、营销成本、研发成本等。银行发放信贷需要付出较多的人力物力成本以缓解信息不对称的负面影响,致使成本增加(谢绚丽等,2018)。此外,银行发展金融科技以提升信息获取能力,这需要加大对信息技术的资源投入,也会导致经营成本的增加。所以经营成本可以反映银行的信息不对称程度,经营成本越高,信息不对称程度越低。

(4) 控制变量

参考已有研究,本节加入了影响银行资产质量系统性风险的其他控制变量(邱晗等,2018;郭品和沈悦,2019;李建军和姜世超,2021)。选择 GDP 增速($ggdp$)、广义货币供应量增速($M2r$)、银行业集中度($cr5$)、消费者物价指数(cpi)、当地金融机构贷款与 GDP 的比值($lgdp$)来控制宏观经济情况、货币政策环境、行业竞争程度、通货膨胀水平和当地金融发展程度的影响。银行个体层面控制了资产收益率(roa)来控制银行的盈利能力,以及取对数后的银行总资产($size$)来控制银行的资产规模,本节还通过控制个体效应来进一步控制银行个体特征的影响,同时控制了时间效应以排除时间层面的影响因素。具体变量定义见表 7-1。

表 7-1 变量定义

变量类型	变量名称	变量符号	变量设计
被解释变量	不良贷款率	npl	不良贷款总额/贷款总额
核心解释变量	银行金融科技程度	$fintech$	银行运用金融科技的程度
中介变量	风险资产比	$riskt$	风险加权资产/总资产
	贷款拨备率	dbb	贷款损失准备金余额/各项贷款余额
	信用贷款占比	$cloan$	信用贷款总额/贷款总额
	经营成本	$cost$	管理费用的自然对数
控制变量	资产收益率	roa	净利润/总资产
	资产规模	$size$	总资产规模的自然对数
	经济发展程度	$ggdp$	GDP 增长率
	货币政策	$M2r$	M2 增长率
	银行业集中度	$cr5$	五大行的贷款占比
	通货膨胀水平	cpi	消费者物价指数
	贷款市场发展程度	$lgdp$	金融机构贷款余额/GDP

7.1.2.3 模型设计

(1) 银行金融科技与银行资产质量层面系统性风险模型

为了验证**假设 1**,银行金融科技发展与资产质量层面的系统性风险存在非单调关系,本节选择固定效应模型作为基准,检验它们之间的单调关

系,然后再检验非单调关系,模型设计如下:

$$y_{it} = \beta_0 + \beta_1 fintech_{it} + \beta_2 X_{it} + u_i + \delta_t + \varepsilon_{it} \quad (7.1)$$

$$y_{it} = \beta_0 + \beta_1 fintech_{it} + \beta_2 fintech_{it}^2 + \beta_3 X_{it} + u_i + \delta_t + \varepsilon_{it} \quad (7.2)$$

方程中下角标 i 表示第 i 家银行,t 表示第 t 年,被解释变量 y 为不良贷款率,衡量银行资产质量系统性风险的指标;主要解释变量 $fintech$ 选择银行金融科技发展程度指标;X 为系列控制变量,其中商业银行个体层面的控制变量包括资产收益率和银行规模,地级市层面控制变量包括 GDP 增长率,M2 增长率,银行业集中度,CPI,贷款/GDP;u 为商业银行个体固定效应;δ 为时间固定效应。如果**假设1**成立,回归模型(7.1)的 β_1 应当不显著。模型(7.2)的 β_1 与 β_2 的系数应当相反,若 β_1 系数为正,β_2 系数为负,同时它们都显著,则说明银行金融科技发展与银行资产质量系统性风险存在倒 U 形非单调关系。

(2) 银行金融科技对风险承担的自信效应

为了验证**假设2**,检验金融科技发展通过风险承担机制增加银行资产质量系统性风险,本节采用风险资产比和贷款拨备率度量商业银行事前风险承担,加入金融科技指数与银行事前风险承担指标的交乘项,构建如下模型:

$$\begin{aligned}y_{it} =& \beta_0 + \beta_1 fintech_{it} + \beta_2 risk_{it} + \beta_3 (risk \times fintech)_{it} \\ & + \beta_4 X_{it} + u_i + \delta_t + \varepsilon_{it}\end{aligned} \quad (7.3)$$

该模型依然是固定效应模型,所以选择不良贷款率作为被解释变量;$risk$ 为银行事前风险承担的中介变量,包括风险资产比与贷款拨备率;X 为系列控制变量;u 为个体固定效应;δ 为时间固定效应。如果**假设2**成立,在引入交乘项后,β_3 系数的符号应当显著为正。

为了进一步证明自信效应的影响,本节将银行初步向金融科技投入资源阶段的影响作为一个外生冲击,使用双重差分模型(Differences-in-Differences)检验**假设2**。双重差分法的基本思想是通过对政策实施前后对照组和处理组之间差异的比较构造出反映政策效果的双重差分统计量。使用标准的双重差分模型需要确定两个维度上系统性风险的变化:一个是个体维度,即银行是否开始投入资源发展金融科技,但是一家银行开展金融科技渠道业务初期可能对该银行的影响较小,而当大规模开展金融科技渠道业务才会对银行产生较大冲击。因此,本节采用渐进双重差分模型,不明确设置个体维度的对照组,使用金融科技指数的连续变量刻画金融科技影响的个体维度变化;另一个是时间维度,即互联网金融通过示范效应推动银行开始进行数字化转型的时间前后。互联网金融的示范效应与互联网金融产品开始爆发式增长关系紧密,2013年余额宝的出现使得互联网金融进入加速发展期(李苍舒和沈艳,2019),于是将2013年确定为互联网金融产品爆发的时间点。由此,建立渐进双重差分模型(7.4):

$$y_{it} = \beta_0 + \beta_1 fintech_{it} + \beta_2 (t \times fintech)_{it} + \beta_3 risk_{it} + \beta_4 (t \times fintech \times risk)_{it} + \beta_5 X_{it} + u_i + \delta_t + \varepsilon_{it} \quad (7.4)$$

在模型(7.4)中,选择不良贷款率作为被解释变量。$fintech$ 选择银行金融科技发展程度指标。同时,设置时间虚拟变量 t,代表互联网金融快速发展的时间点,在设置 t 时,包括2012年以前,设置 $t=0$,从2013年开始以后,设置 $t=1$。为了验证金融科技通过风险承担机制对系统性风险施加影响,在此加入银行事前风险承担的中介变量、银行金融科技发展程度指标以及互联网金融产品爆发的时间虚拟变量的交乘项,从而可验证金融科技发展通过自信效应对其系统性风险施加的影响。$risk$ 为中介变量,包括风险资产比与贷款拨备率;X 为系列控制变量;u 为个体固定效应;δ 为时间固定效应,此时重点关注交乘项系数 β_4,如果 β_4 显著为正,则说明银行金融科技会产生自信效应,增加风险承担水平,从而扩大系统性风险。

考虑到在使用模型进行检验前需要先检验平行趋势假定,因此,在模型(7.4)中分别加入时间虚拟变量 $before1$、$before2$、$after1$ 和 $after2$。以 $before1$ 为例,代表互联网金融产品开始爆发式增长的前1年,2013年以后设置为1,否则为0;依此类推,$before2$、$after1$ 和 $after2$ 代表互联网金融产品开始爆发式增长的前2年、后1年、后2年,建立如下模型:

$$\begin{aligned}y_{it} =& \beta_0 + \beta_1 fintech_{it} + \beta_2 (t \times fintech)_{it} + \beta_3 risk_{it} \\ &+ \beta_4 (t \times fintech \times risk)_{it} + \beta_5 (before1 \times fintech)_{it} \\ &+ \beta_6 (before1 \times fintech \times risk)_{it} + \beta_7 (before2 \times fintech)_{it} \\ &+ \beta_8 (before2 \times fintech \times risk)_{it} + \beta_9 (before1 \times fintech)_{it} \\ &+ \beta_{10} (after1 \times fintech \times risk)_{it} + \beta_{11} (after2 \times fintech)_{it} \\ &+ \beta_{12} (after2 \times fintech \times risk)_{it} + \beta_{13} X_{it} + u_i \\ &+ \delta_t + \varepsilon_{it} \end{aligned} \quad (7.5)$$

如果 $(before1 \times fintech \times risk)_{it}$ 和 $(before2 \times fintech \times risk)_{it}$ 的系数 β_6、β_8 不显著,说明模型(7.4)满足平行趋势假定,可以用于检验本节的假设。

(3) 银行金融科技对信息不对称的信息改善效应

为了检验**假设2**,银行通过数字化转型和金融科技应用缓解信息不对称,降低系统性风险,在模型(7.2)的基础上,选择信用贷款占比和财务成本度量商业银行信息不对称程度,加入金融科技指数与银行信息不对称指标的交乘项,构建如下模型:

$$y_{it} = \beta_0 + \beta_1 fintech_{it} + \beta_2 info_{it} + \beta_3 (info \times fintech)_{it} \\ + \beta_4 X_{it} + u_i + \delta_t + \varepsilon_{it} \tag{7.6}$$

其中,$info$ 为银行信息不对称的中介变量,包括信用贷款占比和财务成本;X 为系列控制变量;u 为个体固定效应;δ 为时间固定效应。如果**假设2**成立,在引入交乘项后,β_3 系数的符号应当显著为负。同时,利用渐进双重差分模型证明信息不对称机制的影响,即金融科技促使银行利用数字技术与传统业务融合降低信息不对称从而降低系统性风险。首先,在个体维度上,金融科技打破了金融管理的地域限制,需要确定该银行是否使用金融科技手段来降低信息不对称程度,表现为银行与金融科技公司合作,建立基于数字化转型中金融科技金融服务系统,获取不可篡改的交易记录等更全面的客户信息。然而银行与金融科技公司的合作存在时滞性等问题,银行是否提高金融配置效率、降低信息不对称程度等,这些都难以准确度量金融科技与银行深度融合程度。基于此,本节使用银行金融科技发展指数连续变量来刻画商业银行与金融科技融合程度量化个体维度变化,如果银行金融科技发展程度指标越高,银行与金融科技的融合程度越深。其次,在时间维度上,需要确定大量银行加快布局金融科技的时间点。随着金融数字化转型所发挥的作用日益凸显,金融信息化上升至国家战略,相关政策在2016年开始逐步出台,如2016年7月中国银监会就《中国银行业信息科技"十三五"发展规划监管指导意见(征求意见稿)》向社会公开征求意见,银行也借助金融科技挖掘更全面的用户信息有效减少信贷双方的信息不对称程度,从宏观和微观层面上推动商业银行与金融科技的深度融合。所以本节将2016年定为银行大规模加快布局金融科技的时间点,在模型(7.4)的基础上加入银行信息不对称指标、银行金融科技发展指数以及银行布局金融科技时间虚拟变量的交乘项,建立渐进双重差分模型(7.7):

$$y_{it} = \beta_0 + \beta_1 fintech_{it} + \beta_2 (t \times fintech)_{it} + \beta_3 info_{it} \\ + \beta_4 (t \times fintech \times info)_{it} + \beta_5 X_{it} + u_i + \delta_t + \varepsilon_{it} \tag{7.7}$$

其中,$fintech$ 选择银行金融科技发展程度指标,用来刻画数字化转型中银行与金融科技的融合程度；$info$ 为银行信息不对称的中介变量，包括信用贷款占比和财务成本；设置时间虚拟变量 t，代表银行加快布局金融科技的时间，在设置 t 时，包括 2015 年以前，设置 $t=0$，从 2016 年开始以后，设置 $t=1$。此时重点关注交乘项系数 β_4，如果 β_4 显著为负，则说明金融科技通过信息改善效应缓解信息不对称程度，降低银行系统性风险。

7.1.3 回归结果与数据分析

7.1.3.1 描述性统计

表 7-2 列出了模型中相关变量的描述性统计结果。考虑到银行的资产质量受到其业务所在地区的影响，因此将商业银行主营业务所在地与当地城市级层面的宏观控制变量和城市金融科技发展程度进行匹配，从表 7-2 的结果可以看出不良贷款率的均值为 1.839%，方差为 1.471%，说明样本变化范围较大。另外，不良贷款率的最小值为 0.007%，最大值为 28.445%，可以看出最小值各变量的最大值与最小值存在较大差异，说明样本中存在异质性。

表 7-2 描述性统计

变量符号	变量内容	观测值	均值	标准差	最小值	最大值
npl	不良贷款率	3 267	1.842	1.473	0.007	28.445
$fintech$	银行金融科技程度	3 267	−0.003	1.619	−0.384	21.336
$riskt$	风险资产比	2 772	65.224	10.004	24.759	104.254
dbb	贷款拨备率	2 643	4.001	1.622	1.000	15.560
$cloan$	信用贷款占比	1 954	11.597	11.911	0.000	100.000
$cost$	经营成本	3 070	20.152	1.573	16.241	26.017
roa	资产收益率	3 267	1.000	0.512	−1.804	4.945
$size$	资产规模	3 267	24.574	1.807	19.639	31.138
$ggdp$	经济发展程度	3 267	7.921	3.097	−20.630	17.910
$M2r$	货币政策	3 267	10.983	2.833	6.990	17.320

续 表

变量符号	变 量 内 容	观测值	均值	标准差	最小值	最大值
$cr5$	银行业集中度	3 267	19.603	5.846	5.665	46.475
cpi	通货膨胀水平	3 267	102.245	0.993	95.000	106.600
$lgdp$	贷款市场发展程度	3 267	1.343	0.676	0.165	7.450

7.1.3.2 银行金融科技与系统性风险

首先用模型(7.1)检验银行金融科技与系统性风险的单调关系,本节基准模型为面板数据的固定效应模型,先对模型(7.1)进行了 Hausman 检验,P 值小于 0.05 的结果显示固定效应模型符合预期假设。表 7-3 报告了基准回归结果,列(1)结果显示,银行金融科技程度的系数不显著,说明银行金融科技与系统性风险不存在单调关系。于是进一步检验**假设 1**,用模型(7.2)进行回归,列(2)结果显示银行金融科技程度的系数和其平方项的系数分别显著为正和负,说明银行金融科技发展与系统性风险之间存在倒 U 形非单调关系。为了剔除离群值,对被解释变量进行 1% 的双边截尾处理,再用模型(7.2)进行回归,列(3)结果显示银行金融科技程度的系数和其平方项的系数依然分别显著为正和负。根据列(2)回归结果,金融科技与资产质量系统性风险之间倒 U 形关系的拐点,在金融科技发展程度指标的位置为 9.244,银行金融科技指标的样本最大值为 21.336,最小值为 -0.384,拐点位置在样本区间内。列(3)结果的拐点位置在 9.894,在样本区间内。总体上,表 7-3 的结果符合本节**假设 1**,银行金融科技发展和资产质量系统性风险的关系存在倒 U 形非单调关系,即金融科技发展初期加剧了银行系统性风险;随着金融科技的不断发展,银行资产质量得到改善,系统性风险得到降低。具体而言,银行发展金融科技,打造智能网点,推进信贷业务全流程数字化转型,克服了传统物理网点的约束,并且利用大数据挖掘和人工智能记录等前沿技术得到传统方式难以获取的用户信息,精准识别用户的金融需求,提升经营效率,提升自身的金融服务覆盖能力,主动提高自身的风险偏好,使信贷结构向地区偏远或信息不足的长尾群体倾斜,积累信用风险压力,导致资产质量下降。随着银行持续加大金融科技投入,研发符合自身特征的智能风控系统,实现全流程信用风险监控,提高银行风险管控的多维性、及时性和可靠性,缓解银企信息不对称的负面影响,强化了不良贷款的防控和处置能力,从而降低信用风险,改善系统性风险。以上对系统性风险的改善效应,会随着银行不断提高金融科技的应用力度和探索深度而逐渐增强,该效应会超过银行主动涉及高风险项目对系统性风险产生的不利影响,当金融科技水平达到一定程度后,开始降低银行的系统性风险。

表7-3 银行金融科技发展与系统性风险的基准回归

变量	(1) npl	(2) npl	(3) npl
$fintech$	0.023 2 (0.015 3)	0.089 3** (0.036 7)	0.065 9*** (0.020 1)
$fintech^2$		−0.004 8** (0.002 4)	−0.003 3** (0.001 3)
roa	−1.320 3*** (0.066 8)	−1.323 6*** (0.066 8)	−0.971 4*** (0.037 6)
$size$	−0.611 8*** (0.127 5)	−0.616 3*** (0.127 5)	−0.503 0*** (0.071 7)
$ggdp$	−0.042 6*** (0.010 8)	−0.043 5*** (0.010 8)	−0.019 0*** (0.006 0)
$M2r$	−0.013 3 (0.037 2)	−0.008 1 (0.037 3)	−0.038 5* (0.020 8)
$cr5$	0.018 4** (0.007 6)	0.017 3** (0.007 6)	0.018 8*** (0.004 2)
cpi	0.004 5 (0.044 0)	0.006 1 (0.044 0)	−0.000 7 (0.024 3)
$lgdp$	0.215 9** (0.092 5)	0.207 0** (0.092 6)	0.154 3*** (0.052 1)
$Constant$	17.316 5*** (5.532 7)	17.239 1*** (5.529 9)	15.036 2*** (3.073 7)
个体固定效应	控制	控制	控制
时间固定效应	控制	控制	控制

续 表

变量	(1) npl	(2) npl	(3) npl
观测值	3 267	3 267	3 202
R^2	0.214 5	0.215 6	0.355 3
银行个数	492	492	490

注：括号内为标准差；*、**、*** 分别表示在 10%、5%、1%的水平下显著。

控制变量的回归系数显示，银行的盈利能力（roa）与系统性风险关系显著负相关，说明盈利水平越高的银行，系统性风险水平越低，风险防控能力越强。银行的资产规模（size）对系统性风险存在显著负向影响，说明规模越大的银行，风险管理效率越高，对不良贷款可以进行高效地防控和处置，从而降低系统性风险水平。GDP 增长率（ggdp）对系统性风险的影响显著负相关，说明经济增长会降低信贷违约风险，改善银行的系统性风险水平。银行业集中度（cr5）与系统性风险正相关，银行业集中度越低，当地的银行业竞争越激烈，说明激烈的竞争环境有助于降低银行的系统性风险。贷款市场发展程度（lgdp）对系统性风险的影响显著正相关，说明贷款市场发达的地区，银行拓展了更多高风险信贷业务，导致系统性风险水平上升。

7.1.3.3 银行金融科技对风险承担的自信效应

为了验证**假设 2**，本节先在模型（7.3）的基础上进行检验，回归结果如表 7-4 所示。其中表 7-4 的列（1）估计结果显示金融科技与风险资产比的交乘项 fintech×riskt 系数显著为正。为了进一步检验**假设 2**，本节采用双重差分模型进行检验，表 7-4 中列（2）是基于模型（7.4）渐进双重差分模型的检验结果，并显示交乘项 t×fintech×riskt 的系数显著为正。为保证结果的稳健，用贷款拨备率作为辅助代理指标进行检验，回归结果列（3）显示金融科技与贷款拨备率的交乘项 fintech×dbb 的系数显著为正。并且用双重差分模型进行检验，回归结果列（4）显示交乘项 t×fintech×dbb 的系数依然显著为正，并且显著性大幅提升。表 7-4 的结果说明银行发展金融科技突破物理网点的约束，提升信息获取的效率，改善自身生产与服务效率，扩大自身的金融服务覆盖能力，使得管理者采取激进的冒险行动向长尾群体拓展信贷业务，投资高风险项目。银行为了应对将来会产生的大量信贷损失，主动多计提贷款损失准备，形成更充足的风险吸收能力。但是，银行运用金融科技拓展传统金融业务并没有改变金融风险的特征,银行依然面临较高的系统性风险。总体上,表7-4的回归结果与**假设2**相符,银行金融科技发展会产生自信效应,增加了自身的风险承担水平,从而扩大银行系统性风险。

表7-4 银行金融科技发展与系统性风险的自信效应

变 量	(1) npl 固定效应	(2) npl DID	(3) npl 固定效应	(4) npl DID
$fintech$	−0.207 3* (0.124 6)	−3.479 0 (4.556 6)	−0.472 2*** (0.044 2)	−5.454 8 (4.115 1)
$t \times fintech$		3.265 2 (4.565 0)		4.973 3 (4.114 2)
$riskt$	0.011 3*** (0.003 2)	0.011 0*** (0.003 2)		
$fintech \times riskt$	0.003 3* (0.001 8)			
$t \times fintech \times riskt$		0.003 4* (0.001 9)		
dbb			0.442 2*** (0.023 3)	0.430 6*** (0.023 4)
$fintech \times dbb$			0.152 4*** (0.013 4)	
$t \times fintech \times dbb$				0.154 4*** (0.013 5)
roa	−1.215 8*** (0.070 3)	−1.218 5*** (0.070 3)	−1.287 7*** (0.070 8)	−1.291 2*** (0.070 8)
$size$	−0.499 9*** (0.137 1)	−0.493 7*** (0.137 4)	−0.563 0*** (0.118 2)	−0.557 9*** (0.118 6)
$ggdp$	−0.030 3*** (0.011 2)	−0.030 7*** (0.011 2)	−0.040 1*** (0.010 3)	−0.041 3*** (0.010 3)
$M2r$	−0.001 6 (0.039 7)	−0.185 1 (0.244 2)	0.006 4 (0.034 5)	−0.283 0 (0.219 1)

续　表

变　量	(1) npl 固定效应	(2) npl DID	(3) npl 固定效应	(4) npl DID
cr5	0.019 4** (0.007 8)	0.019 5** (0.007 8)	0.009 9 (0.007 0)	0.010 1 (0.007 0)
cpi	−0.003 7 (0.048 5)	−0.001 1 (0.048 6)	−0.012 5 (0.041 8)	−0.011 2 (0.041 8)
lgdp	0.268 6*** (0.092 9)	0.268 5*** (0.092 9)	0.129 8 (0.084 8)	0.125 5 (0.084 7)
Constant	14.277 0** (6.111 4)	15.729 4** (6.396 2)	16.194 2*** (5.267 8)	18.914 5*** (5.574 4)
个体固定效应	控制	控制	控制	控制
时间固定效应	控制	控制	控制	控制
观测值	2 772	2 772	2 643	2 643
R^2	0.219 0	0.219 3	0.369 1	0.370 2
银行个数	456	456	359	359

注：括号内为标准差；*、**、***分别表示在10%、5%、1%的水平下显著。

为了进一步检验双重差分模型的稳健性，本节检验了平行趋势假定，表7-5为基于模型(7.5)的检验结果，其中列(1)的 $fintech \times before1 \times riskt$ 和 $fintech \times before2 \times riskt$ 系数均不显著，列(2)的 $fintech \times before1 \times dbb$ 和 $fintech \times before2 \times dbb$ 系数均不显著，说明双重差分模型回归结果满足平行趋势假定。

表7-5　自信效应的平行趋势检验

变　量	(1) npl	(2) npl
$fintech \times before1 \times riskt$	−0.025 2 (0.029 6)	
$fintech \times before2 \times riskt$	−0.007 7 (0.023 7)	

续　表

变　量	(1) npl	(2) npl
$fintech \times before1 \times dbb$		0.123 7 (0.180 7)
$fintech \times before2 \times dbb$		−0.160 7 (0.150 2)
控制变量	控制	控制
个体固定效应	控制	控制
时间固定效应	控制	控制
观测值	2 772	2 643
R^2	0.220 9	0.375 6
银行个数	456	359

注：括号内为标准差；*、**、*** 分别表示在 10%、5%、1%的水平下显著。

7.1.3.4　银行金融科技对信息不对称的改善效应

为了检验**假设3**，本节先用模型(7.6)进行检验，估计结果为表7-6的列(1)所示，金融科技与信用贷款占比交乘项 $fintech \times cloan$ 的系数显著为负，说明金融科技发展通过改善信息效应缓解信息不对称，降低商业银行系统性风险。为了进一步验证该结果。同样采用连续性双重差分模型进行检验，用模型(7.7)进行检验后，表7-6列(2)的结果显示交乘项 $t \times fintech \times cloan$ 的系数显著为负，与列(1)的结果一致。

为保证结果的稳健，用经营成本的自然对数作为辅助代理指标进行检验后，回归结果列(3)显示金融科技与经营成本的交乘项 $fintech \times cost$ 的系数显著为负。双重差分模型的回归结果列(4)显示交乘项 $t \times fintech \times cost$ 的系数依然显著为负，并且显著性有所提升。这一结果与**假设3**相符，说明银行加大对信息技术的资源投入，大力发展银行金融科技，研发更加高效的风险管理工具，强化用户信息获取的及时性与真实性，缓解了银企之间的信息不对称，增强了银行信贷发放的意愿。由于金融科技的信息改善效应，风险识别更加准确，提高了银行的风险控制能力，减少不良贷款，从而降低了银行系统性风险。

表 7-6　银行金融科技发展与系统性风险的信息改善效应

变　量	(1) npl 固定效应	(2) npl DID	(3) npl 固定效应	(4) npl DID
$fintech$	0.117 0** (0.051 1)	0.159 2 (0.289 1)	0.634 2** (0.296 3)	0.091 4 (0.308 0)
$t \times fintech$		−0.050 4 (0.288 2)		0.588 7 (0.412 1)
$cloan$	−0.009 6** (0.004 1)	−0.009 2** (0.004 1)		
$fintech \times cloan$	−0.002 9* (0.001 5)			
$t \times fintech \times cloan$		−0.002 6* (0.001 6)		
$cost$			0.475 9*** (0.162 2)	0.475 5*** (0.162 0)
$fintech \times cost$			−0.025 0** (0.012 0)	
$t \times fintech \times cost$				−0.026 9** (0.011 9)
roa	−1.387 6*** (0.099 0)	−1.389 8*** (0.099 1)	−1.362 4*** (0.072 8)	−1.363 9*** (0.072 8)
$size$	−0.614 2*** (0.164 4)	−0.612 2*** (0.164 4)	−1.014 5*** (0.172 5)	−1.010 6*** (0.172 4)
$ggdp$	−0.033 3** (0.014 2)	−0.033 7** (0.014 2)	−0.042 3*** (0.011 1)	−0.042 7*** (0.011 1)
$M2r$	0.018 7 (0.046 7)	0.023 1 (0.049 8)	−0.010 4 (0.038 4)	−0.011 5 (0.042 4)
$cr5$	0.020 6** (0.008 9)	0.020 8** (0.009 0)	0.018 2** (0.007 8)	0.018 1** (0.007 8)
cpi	−0.049 3 (0.052 5)	−0.048 3 (0.052 5)	0.005 7 (0.045 4)	0.004 9 (0.045 4)

续 表

变量	(1) npl 固定效应	(2) npl DID	(3) npl 固定效应	(4) npl DID
$lgdp$	0.264 5*** (0.102 4)	0.262 5** (0.102 4)	0.192 4** (0.095 9)	0.187 8* (0.096 0)
$Constant$	22.602 2*** (6.774 2)	22.406 5*** (6.775 1)	17.639 6*** (5.803 6)	17.646 8*** (5.800 4)
个体固定效应	控制	控制	控制	控制
时间固定效应	控制	控制	控制	控制
观测值	1 954	1 954	3 070	3 070
R^2	0.196 6	0.196 4	0.210 7	0.211 0
银行个数	327	327	468	468

注：括号内为标准差；*、**、***分别表示在10%、5%、1%的水平下显著。

为了进一步检验双重差分模型的稳健性，本节检验了平行趋势假定，表7-7为基于模型(7.5)的检验结果，其中列(1)的 $fintech\times before1\times cloan$ 和 $fintech\times before2\times cloan$ 系数均不显著，列(2)的 $fintech\times before1\times cost$ 和 $fintech\times before2\times cost$ 系数均不显著，说明信息不对称的双重差分模型回归结果满足平行趋势假定。

表7-7 信息改善效应的平行趋势检验

变量	(1) npl	(2) npl
$fintech\times before1\times cloan$	−0.038 6 (0.026 5)	
$fintech\times before2\times cloan$	−0.001 4 (0.023 3)	
$fintech\times before1\times cost$		0.057 0 (0.162 3)

续表

变量	(1) npl	(2) npl
$fintech \times before2 \times cost$		-0.0718 (0.1303)
控制变量	控制	控制
个体固定效应	控制	控制
时间固定效应	控制	控制
观测值	1 954	3 070
R^2	0.201 5	0.211 9
银行个数	327	468

注：括号内为标准差；*、**、*** 分别表示在 10%、5%、1% 的水平下显著。

7.1.3.5 相关性分析

通过上述回归结果发现，金融科技通过自信效应和信息改善效应对银行系统性风险产生了截然不同的两种影响，为了更直观地考察这两种效应的叠加效果，本节从样本的趋势中考察银行金融科技发展程度与系统性风险之间的关系，按照分位数的方法把金融科技发展程度分为 10 个阶级，再求出每个阶级对应的不良贷款率平均值。从图 7-1 中可以看出，不良贷款率会随着金融科技发展程度的提高而上升，而在发展程度达到 6 阶级以后开始下降，说明银行金融科技发展与系统性风险存在倒 U 形非单调关系。

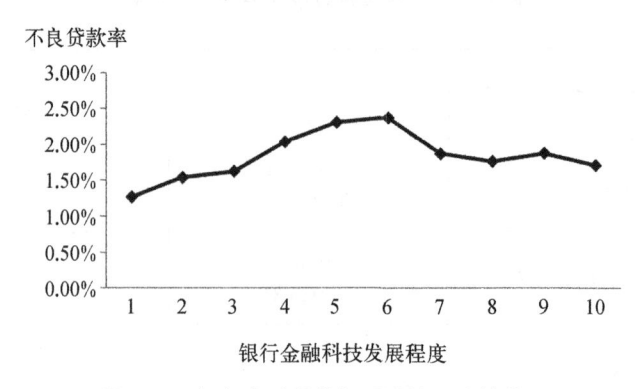

图 7-1 银行金融科技与系统性风险的关系

综合风险承担机制、信息不对称机制和我国金融科技发展现状分析,本节认为金融科技发展与系统性风险之间存在倒 U 形非单调关系的原因如下：银行金融科技发展初期通过自信效应增加风险承担,加剧了银行的系统性风险;另一方面,随着金融科技的持续发展,商业银行与金融科技深入融合,使得信息改善效应逐渐凸显,通过缓解信息不对称降低了银行的系统性风险,因此,从长期看,银行持续发展金融科技将有利于降低自身资产质量层面的系统性风险。

7.1.4 稳健性检验

7.1.4.1 替换核心变量

为确保研究结果的稳健,本节首先选择其他衡量资产质量指标作为被解释变量进行基准回归,这些资产质量指标包括不良贷款总额的对数、信用风险加权资产的对数、信用风险加权资产占比。表 7-8 的检验结果显示,其他的资产质量指标与银行金融科技发展仍然存在倒 U 形关系。列(1)被解释变量不良贷款总额的拐点位置为 8.791。列(2)信用风险加权资产的拐点位置为 11.629。列(3)信用风险加权资产占比的拐点位置为 11.787。它们的拐点位置与不良贷款率位置相近,且均在样本区间内。该结果与基准回归结果一致,说明银行金融科技发展与系统性风险存在显著的倒 U 形关系。同时,选择"中国数字普惠金融指数"($digfin$)作为解释变量衡量银行金融科技发展程度。当一个地区的数字普惠金融指数持续上升,则该地区的金融科技发展环境越活跃,科技信贷的数字化程度越高,并且对当地银行产生技术溢出效应。技术溢出效应是指先进的技术所有者会主动或者被动地传播先进技术,推动其他主体基于该先进技术进行创新和发展。因此,根据技术溢出理论,外部金融科技环境可以对商业银行产生示范效应,将互联网思维扩散给银行,推动银行基于金融科技手段进行技术革新和数字化转型,所以中国数字普惠金融指数可以一定程度上反映银行利用金融科技数字化转型的水平。基准回归结果如列(4)所示,$digfin$ 系数显著为正,$digfin^2$ 系数显著为负,拐点位置为 3.936,在样本区间内。这一回归结果显示,外部金融科技环境通过技术溢出效应推动商业银行进行数字化转型,与银行系统性风险存在显著的倒 U 形关系。可能的解释是,在金融科技发展初期,外部金融科技的竞争效应(熊健等,2021)加剧了银行的经营风险(李学峰和杨盼盼,2021)。吴诗伟等(2015)就指出互联网金融发展通过分流商业银行存款、削弱其支付结算功能等途径与商业银行直接竞争,提高商业银行系统性风险,还通过倒逼商业银行利率市场化进一步推高其总体风险水平。随着外部金融科技持续发展,当地数字普惠金融指数持续上升,对当地银行产生技术溢出效应逐渐增强并且超过了竞争效应的影响,开始降低银行的系统性风险。

表7-8 银行金融科技发展与系统性风险的稳健性检验(替换核心变量)

变量	(1) 不良 贷款总额	(2) 信用风险加权 资产	(3) 信用风险加权 资产占比	(4) npl
$fintech$	0.095 3*** (0.016 6)	0.017 7*** (0.004 3)	1.075 3*** (0.260 3)	
$fintech^2$	−0.005 4*** (0.001 1)	−0.000 8*** (0.000 3)	−0.045 6*** (0.015 3)	
$digfin$				4.818 1*** (1.542 0)
$digfin^2$				−0.612 0*** (0.203 5)
roa	−0.422 6*** (0.030 1)	−0.007 3 (0.011 7)	−0.709 1 (0.711 3)	−1.311 1*** (0.066 7)
$size$	0.546 4*** (0.057 5)	0.819 2*** (0.024 0)	−10.609 6*** (1.462 0)	−0.663 9*** (0.131 6)
$ggdp$	−0.011 8** (0.004 9)	0.003 4** (0.001 5)	0.193 3** (0.093 4)	−0.039 3*** (0.011 0)
$M2r$	−0.087 1*** (0.016 8)	−0.008 4 (0.021 1)	−0.179 7 (1.287 5)	−0.269 6** (0.130 5)
$cr5$	0.015 1*** (0.003 4)	0.002 5*** (0.000 9)	0.153 2*** (0.056 9)	0.014 9* (0.007 6)
cpi	−0.035 8* (0.019 9)	−0.008 9 (0.006 6)	−0.519 5 (0.401 4)	−0.013 7 (0.043 8)
$lgdp$	0.183 3*** (0.041 8)	0.036 0** (0.017 4)	2.141 6** (1.058 7)	0.196 0** (0.092 7)
$Constant$	10.946 3*** (2.495 7)	4.932 0*** (0.991 7)	376.756 5*** (60.398 7)	15.475 1*** (5.867 2)

续 表

变 量	（1） 不良 贷款总额	（2） 信用风险加权 资产	（3） 信用风险加权 资产占比	（4） npl
个体固定效应	控制	控制	控制	控制
时间固定效应	控制	控制	控制	控制
观测值	3 267	1 219	1 219	3 267
R^2	0.674 5	0.926 6	0.133 1	0.216 6
银行个数	492	293	293	492

注：括号内为标准差；*、**、*** 分别表示在 10％、5％、1％ 的水平下显著。

控制变量的回归系数显示，银行的资产规模对不良贷款额和信用风险资产存在显著正向影响，说明规模越大的银行传统业务规模越大，会相应增加不良贷款总额和信用风险资产规模。但是资产规模对信用风险资产占比存在显著负向影响，说明资产规模大的银行偏向于拓展抵押贷款这类风险更小的信贷业务，缩减了信用风险信贷业务的占比。GDP 增长率和广义货币供应量增速($M2r$)对不良贷款额的影响显著负相关，说明经济繁荣会提高贷款质量，降低银行不良贷款总额，这与上文的基准回归一致。但是 GDP 增长率对信用风险资产和信用风险资产占比的影响显著正相关，说明经济繁荣有助于银行拓展诸如普惠金融这类高风险的信用业务。银行业集中度和贷款市场发展程度的回归结果与上述一致，激烈的竞争环境会改善银行的系统性风险，贷款市场发达的当地银行会涉及高风险信贷业务，导致系统性风险水平上升。

7.1.4.2 解释变量滞后一期

识别银行金融科技发展对银行系统性风险的影响可能存在两类问题影响基准回归的有效性。第一是反向因果问题，即银行本身的行为可能会推动银行金融科技的发展水平。第二是遗漏变量问题，即使控制了每个地区的经济发展情况、银行规模和盈利水平的个体特征，依然会存在其他因素既影响银行金融科技发展水平，又影响银行系统性风险水平。对于遗漏变量问题，考虑到可能存在不随时间变化的银行个体特征以及不随银行个体改变的时间因素，两者同时影响当地金融科技发展和系统性风险水平，本节已经采用控制个体和时间的双向固定效应模型，遗漏变量的问题已大大降低。

对于反向因果的内生性问题,本节选择下一期的不良贷款率作为被解释变量进行检验,评估上一期金融科技发展对当期银行系统性风险的影响。表 7-9 的检验结果显示,银行金融科技程度的系数和其平方项的系数依然分别显著为正和负。拐点位置为 6.115,在样本区间内。这一结果与上述基准回归结果一致,银行金融科技与系统性风险存在显著的倒 U 形关系。

表 7-9 银行金融科技发展与系统性风险的稳健性检验
(解释变量滞后一期)

变　量	(1) npl	变　量	(1) npl
$fintech$	0.108 3* (0.056 2)	cpi	−0.014 8 (0.048 5)
$fintech^2$	−0.008 8* (0.005 1)	$lgdp$	0.359 7*** (0.102 8)
roa	−0.645 8*** (0.077 3)	Constant	−3.271 8 (6.200 6)
$size$	0.261 8* (0.146 0)	个体固定效应	控制
$ggdp$	−0.002 6 (0.012 6)	时间固定效应	控制
$M2r$	0.020 2 (0.032 3)	观测值	2 766
		R^2	0.116 5
$cr5$	0.001 9 (0.011 1)	银行个数	468

注:括号内为标准差;*、**、*** 分别表示在 10%、5%、1% 的水平下显著。

7.1.4.3　工具变量

为进一步处理反向因果的内生性问题,本节选择下一期银行金融科技指标作为当期金融科技指标的工具变量。对基准模型进行重新估计,表 7-10 的检验结果显示,银行金融科技程度的系数和其平方项系数依然分别显著为正和负。拐点位置为 5.878,在样本区间内。该结果与上述基准回归结果一致,本节结论仍保持稳健。

表 7-10 银行金融科技发展与系统性风险的稳健性检验(工具变量法)

变 量	(1) npl	变 量	(1) npl
$fintech$	0.173 8*** (0.051 3)	$cr5$	0.007 6 (0.009 0)
$fintech^2$	−0.014 8*** (0.004 7)	cpi	−0.029 9 (0.040 6)
roa	−1.213 5*** (0.064 3)	$lgdp$	0.257 5*** (0.089 4)
$size$	−0.669 6*** (0.121 3)	Constant	23.867 8*** (5.376 1)
$ggdp$	−0.026 1** (0.010 5)	个体固定效应	控制
		时间固定效应	控制
$M2r$	−0.064 1** (0.026 7)	观测值	2 758
		R^2	0.555 3

注：括号内为标准差；*、**、*** 分别表示在 10%、5%、1% 的水平下显著。

7.1.5 异质性讨论

已有文献发现金融科技对银行全要素生产率、风险承担、信贷供给等方面的影响存在异质性,而我国大小商业银行在服务客群、风险管理水平、信息甄别能力等方面大相径庭(张一林等,2019),银行间的差异决定了大小型银行具有不同的比较优势,也会面对不同的系统性风险(Lorenc and Zhang 2020;Yao and Song 2021)。所以本节认为不同类型商业银行的系统性风险面对金融科技发展的反应程度可能是不一样的。相较于中小型银行,大型银行本身业务规模庞大、经营模式成熟、风险管理能力较高,已经将大量的人力及物力用于资产质量管理。所以大型银行将传统银行业务与金融科技融合的过程中,金融科技对资产质量层面的系统性风险的边际影响较小。其次,大型银行规模庞大、管理层级繁多,对风险判断更为审慎,在面临风险与收益的权衡时,会尽量少做激进的冒险行为,这可能降低金融科技对风险承担自信效应的边际影响。因此,本节在已有研究的基础上,对基准模型进行分样本分析。

首先本节分别考察大型商业银行和其他中小型银行的回归结果,将大型国有商业银行和全国股份制商业银行划分为大型银行,将城市商业银行、农村商业银行、村镇银行、农村信用社、民营银行及其他小型商业银行划分为中小型银行。根据研究结果表7-11显示,列(1)的大型商业银行结果不显著,列(2)的中小型银行金融科技程度的系数和其平方项系数依然分别显著为正和负,拐点位置为9.035,在样本区间内,说明中小型银行金融科技发展与系统性风险依然存在显著的倒U形非单调关系。从金融市场属性的角度,非上市商业银行大多属于中小型银行,两者在风险管理能力、经营模式、规模体量等特征上存在重叠,上市银行与大型银行存在相似的特征。为了进一步分析金融科技对银行的异质性影响,本节将银行类型分为上市与非上市,进行分样本回归。结果如列(4)所示,非上市银行金融科技与系统性风险存在显著的倒U形非单调关系,拐点位置为8.173,在样本区间内。上市银行的非单调关系则不显著。最后,从企业性质的角度看,城市商业银行、农村商业银行、村镇银行这类中小型银行大多属于地方性国有企业,于是本节将银行分为地方性国有企业与非地方性国有企业进行分样本回归,结果如列(6)所示,地方性国有银行金融科技与系统性风险存在显著的倒U形非单调关系,拐点位置为8.167,在样本区间内。非地方性国有银行的非单调关系则不显著。上述结果可能的解释是:第一,由于地方性银行这类中小型银行主要服务当地抵御风险能力较弱的中小企业,积累的信用风险较大,风险管理水平较弱,所以相对大型商业银行,中小型银行受到金融科技影响更大,而中小型银行应用金融科技改善资产质量的边际效应也会更明显。第二,运用金融科技进行数字化转型,不仅需要投入物力,更需要投入人力。目前,整体上中小型银行在数字人才、财力支持等资源配置上相对大型商业银行有所不足,所以金融科技对中小型银行发展的促进作用更明显。

表7-11 银行金融科技发展与系统性风险的分组回归

变量	(1) npl 大型商业银行	(2) npl 中小型银行	(3) npl 上市	(4) npl 非上市	(5) npl 非地方性国企	(6) npl 地方性国企
$fintech$	-0.0413 (0.0329)	0.0992*** (0.0321)	0.0226 (0.0280)	0.3584*** (0.0913)	-0.0368 (0.0575)	0.2451*** (0.0618)

续 表

变量	(1) npl 大型商业银行	(2) npl 中小型银行	(3) npl 上市	(4) npl 非上市	(5) npl 非地方性国企	(6) npl 地方性国企
$fintech^2$	−0.000 5 (0.001 4)	−0.005 5* (0.002 9)	−0.000 8 (0.001 6)	−0.021 9*** (0.007 4)	0.001 2 (0.003 3)	−0.015 0*** (0.005 1)
roa	−0.650 0*** (0.216 9)	−0.976 9*** (0.038 6)	−0.596 7*** (0.120 5)	−1.380 9*** (0.075 8)	−0.883 3*** (0.107 2)	−1.472 9*** (0.085 2)
$size$	0.080 5 (0.188 6)	−0.518 9*** (0.075 9)	−0.230 9 (0.142 8)	−0.766 0*** (0.157 4)	−0.667 6*** (0.227 6)	−0.696 5*** (0.162 5)
$ggdp$	−0.007 9 (0.023 4)	−0.020 9*** (0.006 3)	−0.010 5 (0.014 7)	−0.047 8*** (0.012 7)	−0.045 4*** (0.016 9)	−0.043 2*** (0.014 1)
$M2r$	−0.194 2*** (0.060 3)	−0.029 4 (0.022 0)	0.046 7 (0.044 7)	−0.018 1 (0.046 1)	−0.009 4 (0.061 3)	−0.008 1 (0.048 0)
$cr5$	−0.004 9 (0.013 9)	0.020 0*** (0.004 4)	0.024 1** (0.010 4)	0.016 2* (0.008 9)	0.045 3*** (0.013 9)	0.013 0 (0.009 6)
cpi	0.069 0 (0.050 2)	−0.003 3 (0.025 7)	−0.037 6 (0.058 1)	0.014 2 (0.051 8)	−0.055 4 (0.063 6)	0.041 3 (0.061 0)
$lgdp$	0.108 5 (0.154 1)	0.146 0*** (0.054 2)	0.860 0*** (0.130 7)	0.093 9 (0.107 7)	0.658 9*** (0.200 6)	0.085 4 (0.110 3)
Constant	−4.863 9 (6.552 6)	15.485 7*** (3.246 9)	9.324 2 (6.968 0)	20.242 8*** (6.607 8)	23.427 6*** (8.816 1)	15.802 2** (7.531 9)
个体固定效应	控制	控制	控制	控制	控制	控制
时间固定效应	控制	控制	控制	控制	控制	控制
观测值	173	3 029	574	2 673	764	2 342
R^2	0.756 3	0.349 4	0.370 1	0.218 3	0.301 5	0.211 7
银行个数	18	472	62	428	120	354

注：括号内为标准差；*、**、*** 分别表示在10%、5%、1%的水平下显著。

7.1.6 小结

金融科技作为金融数字化转型的关键创新技术，为整个银行业带来了革命性变化，是防范金融风险的一股重要力量。控制风险是银行业生存之本，金融科技是银行的创新之源。一方面，风险控制能力作为商业银行生存和发展的核心竞争力之一，面临着金融科技带来的各种冲击和挑战；另一方面，运用金融科技提升银行风险控制能力有助于金融业稳定创新发展，为防范金融系统性风险起着至关重要的支撑作用。面对"十四五"时期新一轮科技革命和产业变革，金融科技对银行赋能效应进一步显现，特别是从全球疫情暴发以来，线下业务加速向线上迁移，主流银行同业都在加快金融科技创新、探索数字化转型。因此，科学研究和客观评估金融科技发展与银行系统性风险的关系具有非常重要的理论价值和现实意义。本节选择了中国商业银行为研究样本，样本涵盖了大型国有商业银行、全国股份制商业银行、城市商业银行、农村商业银行等各个类型的银行，通过固定效应模型分析银行发展金融科技与金融系统性风险的直接关系，研究发现银行金融科技发展与资产质量层面的银行系统性风险之间存在倒 U 形非单调关系，在金融科技发展的初期会提高银行系统性风险，随着银行金融科技进一步发展，系统性风险水平会逐步降低。同时，本节运用渐进双重差分模型进一步研究金融科技通过何种渠道提高系统性风险，研究发现银行发展金融科技会增加自身的风险承担水平进而提高系统性风险，并且银行发展金融科技会产生信息改善效应，缓解信息不对称程度，从而降低系统性风险。最后将样本按资产规模、金融市场属性、企业性质分类进行异质性分析，研究发现中小型银行、非上市银行以及地方性国有银行受金融科技影响更为敏感。

7.2 互联网信息搜索与金融系统性风险

在资本市场中，通过互联网获取信息的能力将会影响投资者的行为决策和金融市场的运行方式（Barber and Odean，2001）。对于市场参与者而言，利用互联网进行信息搜索增强了信息的可预测性。Choi and Varian (2012)阐释了如何使用搜索引擎数据对经济指标进行预测，并发现使用搜索引擎数据在预测性能方面具有更为显著的经济意义。除了预测外，利用互联网进行信息搜索的行为也是投资者在信息不对称环境下通过满足信息需求来解决信息匮乏的外化表现。分析师和媒体作为主要的信息中介具有信息提供和降低信息偏差的作用(Engelberg and Parsons，2011；谭松涛等，2016；肖土盛等，2017)，而当投资者无法使用传统信息中介时，互联网搜索能够充当信息媒介的角色。在中国股市，分析师有强烈动机提供乐观的研究报告(Gu et al.，2019)，面对这种情况，Xu et al.(2021)的研究发现在线信息搜索能够减轻分析师乐观预期中的额外偏见。同时，他们发现在缺乏媒体报道时，在线搜索有利于解决信息受限的问题，从而改善投资者的信息处理，这意味着互联网信息搜索通过提供信息渠道增强用户的信息获取能力的同时，解决了传统信息媒介缺失情况下的信息获取问题。同时，投资者通过互联网信息搜索行为获取所需信息，在使用搜索引擎的过程中非刻意留下的浏览数据已经成为投资者心理状态和行为活动的直接反映(张学勇和吴雨玲，2018)，因此投资者利用互联网进行信息获取的搜索行为也能够反映其对市场的情绪和关注程度(张谊浩等，2014)。对于股票等资产的信息搜索强度能够反映个人投资者的购买压力，进而可以作为投资者情绪的有效代表(Joseph et al.，2011)。而 Da et al.(2011)提出利用互联网搜索量度量投资者关注的方法，并发现基于互联网搜索构造的投资者关注度指标与短期收益呈正相关关系，但股价存在长期反转效应。

然而在为投资者提供丰富信息的同时，互联网信息体量庞大而复杂，同样可能存在噪声干扰问题。徐巍和陈冬华(2016)对上市公司在新浪微博的信息披露进行研究，发现通过网页搜索和文本分析方法获取的信息中存在大量无用噪声，导致信息披露效果被削弱。由此可见，网络搜索也可能导致投资者对市场信息产生误判进而做出非理性决策，从而引发股价崩盘风险。

作为资本市场中常见的风险，股价崩盘风险，即个股遭受极端损失的风险，在近年来得到广泛关注。然而现有对股价崩盘风险的研究大多仅从影响股价崩盘的个股自身因素出发，忽略了股票之间以及股票与市场整体的联动效应。我国股票市场存在着股价暴涨暴跌现象，且同涨同跌事件频发(陈梦根和毛小元，2007；陈国进和张贻军，2009)，2015 年上证指数经历了在近半年内从年初的 3 172.6 点骤升 60% 至 5 178.19 点，之后在两个月内急速下挫至 2 860.71 点，深证成指从年初开始暴涨 122%，后跌幅更是接近一半。2016 年年初熔断机制实施当天沪深 300 指数便连续触发两档熔断，仅 4 天之内上证综指跌幅达到 11.7%。2018 年中美贸易争端的爆发导致沪指开盘大跌 2.78%。市场暴跌情况下，大量个股也难以幸免，2015 年股市暴跌导致 A 股市场遭遇千股跌停，2016 年熔断机制实施当日两市 2 500 多只可交易个股中仅有 41 只上涨，近 1 500 只股票跌停，2018 年受中美贸易关系影响,相关行业概念股也遭遇跌停。极端事件冲击造成大盘暴跌的同时也加剧了个股崩盘风险,增加了引发金融系统性风险的可能性,因此市场崩盘对个股股价崩盘的影响不可忽视。由于该类风险反映了市场因素对个股股价崩盘的影响,因此被学界视为一种系统性风险,刘圣尧等(2016)验证了崩盘风险的不可分散性,并将崩盘系统性风险定义为市场崩盘时发生个股股价崩盘的条件概率。然而目前对于股价崩盘系统性风险的研究多侧重于其对资产定价的影响(Kelly and Jiang,2014;Chabi-Yo et al.,2018),对于其影响因素的研究较少,仅有陈海强等(2019)和 Pan et al.(2021)进行了相关研究。陈海强等(2019)从融资融券制度的角度研究了其对 A 股市场股价崩盘系统性风险的影响,发现融资融券制度在总体上降低了股价崩盘系统性风险,且融资交易和融券交易对于极值相关性具有非对称影响,融券交易向市场传递了悲观投资者的信息,因此对于个股暴涨具有抑制作用。Pan et al.(2021)研究了投资者结构对于股价崩盘系统性风险的影响,发现专业机构投资者具有抑制股价崩盘系统性风险的能力,而个人投资者和非专业机构投资者持股均会使得市场崩盘情况下个股面临的崩盘系统性风险加剧。

有鉴于此,本节主要探究了互联网信息搜索与股价崩盘系统性风险之间的影响关系。首先,互联网信息搜索是否会对股价崩盘系统性风险产生影响?现有的研究发现互联网信息搜索能够减轻投资者的信息偏差(Choi and Varian,2012),避免公司管理者对坏消息的隐瞒(Wen et al.,2019),由此可见互联网信息搜索具有缓解公司与投资者双方存在的信息不对称问题的作用,而信息不对称往往是造成股价崩盘的一个重要原因,因此网络搜索能否通过降低信息不对称来影响股价崩盘系统性风险是本节所关注的第一个重要问题。同时,互联网信息搜索强度又能反映出投资者对信息的关注度,当投资者集体对同一股票的相关信息进行搜索时,是否会造成投资者"羊群行为"的发生从而加剧崩盘风险,是本节所关注的第二个重要问题。其次,在确定上述影响关系之后,本节将探究这一关系在不同样本之间是否具有一致性。企业产权性质和外部审计质量可能会对个股发生股价崩盘产生影响(江轩宇和伊志宏,2013;艾永芳等,2017;Wen et al.,2019),企业所具有的这些不同性质是否会导致互联网信息搜索对股价崩盘系统性风险的影响关系发生改变,为什么会发生这样的改变是本节所关注的第三个重要问题。最后,在完成上述检验后,本节力图对投资者的网络搜索行为对股价崩盘系统性风险产生影响的传导机制进行研究。结合主要回归研究的问题,从解决信息不对称问题的两种手段,即提高信息披露质量和缓解代理冲突问题入手,检验网络信息搜索能否通过这两种路径降低股价崩盘系统性风险,并对监管部门、公司管理者和市场投资者提出相应的决策建议和投资参考。

本节的创新与贡献体现在以下三个方面:首先,从风险管理的角度首次基于互联网信息搜索的视角探究了其对我国市场个股股价崩盘系统性风险的影响,补充了关于股价崩盘系统性风险的研究,为监管部门防范化解金融系统性风险、上市公司稳定股价、投资者进行投资活动提供决策参考。其次,在指标构造方面,不同于传统的股价崩盘系统性风险指标构建,本节的研究在考虑个股和市场股票收益关系的基础上,采用动态 Copula 方法刻画个股和市场收益分布的尾部相关性并在指标估计时采用了参数估计方法,该方法无须对收益率的分布函数形式做出假设,因此构建的股价崩盘系统性风险指标能够对现实世界中个股和市场极端收益之间的相关性进行刻画。最后,相对于已有文献对网络信息搜索的研究多集中于其对股票收益和股价波动的预测,本节从信息不对称入手研究互联网信息搜索对个股崩盘系统性风险的影响,同时考虑了其在不同产权制度和审计质量样本下的效果差异,并从信息披露质量和代理成本的角度分析该影响的传导机制,为研究互联网信息搜索对资本市场的影响提供了新的思考。

7.2.1 理论分析与研究假设

7.2.1.1 理论分析

完美资本市场假设是大多数公司财务问题的经典假设,该假设中至关重要的一条是资本市场处于信息有效状态,即不存在信息获取成本,每个市场参与者都能够获得同样的信息。这一假设对于研究公司财务问题起到了一定的模型简化作用,从而在一定程度上促使公司财务理论得到发展。然而实际的市场环境并不是信息有效的,因此该理论假设下的公司财务理论难以彻底解决现实生活中的企业治理问题。在此背景下,学界在公司财务问题的研究中引入信息不对称理论。信息不对称是指市场经济活动的参与者掌握相关信息的情况存在差异,信息丰富的一方能够利用这些信息在经济活动中获利,而拥有信息较少的一方需要努力向信息拥有者获取信息,同时可能由于信息缺乏致使利益受损。

信息不对称问题可能出现在市场经济活动的各个主体之间,在金融市场方面,信息不对称普遍存在于投资者和公司管理者之间。上市公司管理层对公司自身的生产经营状况、投融资情况和项目现金流所掌握的信息相较外部投资者更加充分，因此具有先天的信息优势，这就导致管理层可能出于自身利益对负面信息进行隐藏的问题的出现。Jin and Myers(2006)认为管理层出于巩固自身地位或获取更高职位和薪酬等目的，对公司项目现金流不及预期等坏消息进行隐藏或推迟坏消息披露，随着坏消息的积累，公司股价被严重高估从而导致股价虚高，当坏消息积累到一定极限而不得不被一次性释放后，大量的坏消息被反映在股票价格上，造成股价泡沫破裂，从而引发股价崩盘。

由于市场崩盘是一种不可分散的系统性风险，因此可能对公司经营和资产价格造成不同程度的负面影响，这种负面影响对于经营状况较差的公司所带来的冲击远远大于经营状况良好且信息披露及时的公司，因此市场崩盘很有可能成为导致坏消息无法继续隐瞒的触发事件，根据信息隐藏理论，此时可能造成个股的股价崩盘，因此信息不对称理论是探究市场发生崩盘情况下造成个股崩盘原因的重要考量。

在现代公司治理结构中，公司管理者和股东之间可能存在委托代理问题。公司所有者由于自身能力等各方面限制不得不聘请职业经理人，然而，公司股东追求自身的财富最大化，而管理者在完成经营目标的同时还追求更高的薪酬、奖金、经营规模和权力地位等，因此两者之间存在目标不一致问题。同时，股东把公司经营权委托给管理者，但公司的经营风险实际上仍由股东承担，造成管理层面临的风险和收益具有不对称性。由于以上两点原因，公司股东作为委托人和作为代理人的公司管理者之间存在利益不一致，管理者可能利用委托人的资源为自己谋利，进而导致委托人利益受损。

另一方面，所有权与经营权分离也会导致管理者掌握公司的大部分控制权，拥有更多信息并据此做出经营决策，由于管理者和股东之间的信息不对称，股东无法直接观察到管理者的选择，因此可能导致道德风险问题产生，即管理者利用对公司的实际控制权力和自己拥有的信息优势来最大化自身利益，这解释了管理者利用其对信息的掌控权隐藏或推迟披露坏消息的原因，同时也意味着管理层可能利用其所掌握的信息满足自身利益诉求而过度投资或选择高风险的项目，一旦发生严重损失则可能诱发股价崩盘。

由于委托代理问题和公司内部信息不对称问题的存在，管理者可能采取不合规的手段操控企业资源，从而导致企业经营业绩产生较大波动，当市场崩盘对企业经营产生冲击时，经营业绩的异常波动将会反映到公司股价上，从而造成股价崩盘，因此委托代理理论是研究市场崩盘下发生个股崩盘的又一理论基础。

根据行为金融学理论,"羊群行为"通常是指投资者在进行投资活动时放弃私人所拥有的信息转而跟从市场共识进行投资的行为,"羊群行为"普遍存在于我国股票和基金市场中。Devenow and Welch(1996)从理性和非理性的角度对股票市场上的"羊群行为"进行分类,理性"羊群行为"是指投资者基于公司盈利公告或股利政策等信号同时交易股票的行为,在这种情况下,股票价格能够充分反映市场参与者所拥有的共同信息。而非理性"羊群行为"是指投资者忽略自身所拥有的私人信息,反而盲目跟从其他投资者的行为进行投资活动,此时投资者所掌握的私人信息无法在股票价格中反映出来,导致信息透明度降低,进而提高了股价崩盘风险。

因此,"羊群行为"背后的动机可能来自投资者的理性判断,即投资者所能观察到的共同信息驱使下的集体判断,或个体出于相信其他多数人拥有更多私人信息而选择追随他人行为的行动。也有可能来自非理性情绪,即个人投资者盲目跟从大多数投资者的行为,而缺乏对私有信息的理性判断。

由于互联网信息存在噪声干扰等缺点,情绪化信息的广泛传播可能导致多数投资者受到无效信息的影响产生盲从行为,同时,投资者也会过分关注新闻媒体和分析师等信息中介提供的信息,从而导致资产泡沫发生积聚。因此,互联网在加速信息传播的同时也放大了其噪声干扰的缺陷,尤其是在市场崩盘情况下,投资者恐慌情绪快速扩散更有可能导致其失去判断能力,从而引发非理性的"羊群行为",进而加速股价崩盘,因此"羊群行为"理论是影响股价崩盘系统性风险的行为金融学理论基础。

投资者的过度自信理论是 20 世纪末期被提出的行为金融学理论,研究发现人们往往过于高估自己所拥有信息的准确性,Odean(1998)将投资者的过度自信定义为投资者认为自己掌握比实际情况中更为精确的信息,因此在做出投资决策时会更多考量自己所掌握的私有信息的一种心理信念。研究发现当投资者对个人能力或私有信息过度自信时,会对资产价格产生盲目乐观的预期,从而无法做出对事实的客观判断,然而大多数投资者认为自身能力高于市场平均水平,而事实上却拥有较少的有效信息,因此导致整个市场出现了系统偏差。在强烈的过度自信心理驱动下,投资者的股票交易量会显著增加,更加倾向于采用主动管理策略,同时,投资者过分关注个人信息可能导致其忽略其他相关信息,导致出现信息反应过度或反应不足的情况从而引发市场波动。

互联网信息搜索的发展提高了投资者的信息获取能力,使投资者有机会获得较媒体等信息中介披露的更多的信息,尤其是当投资者通过互联网搜索发现相较新闻媒体或官方网站更不易获得的信息时,可能对自己所拥有的信息产生过分自信心理。Baber and Odean(2008)的研究发现相对于仅需根据股票历史价格做出判断的股票卖出行为,互联网信息搜索更能反映投资者在考虑股票买入时的信息需求。因此互联网信息搜索能够反映投资者出于过度自信心理进行非理性资产购买时的信息需求,这蕴含着可能造成的股价崩盘系统性风险的相关信息,因此投资者的过度自信理论也能够为研究股价崩盘系统性提供理论支持。

7.2.1.2 研究假设

股价崩盘系统性风险通常是指市场崩盘情况下个股崩盘的条件概率,能够用于衡量市场发生极端损失时的个股系统性风险,尤其是近年来极端事件频发导致市场暴跌风险明显上升,作为不可分散的系统性风险,股价崩盘系统性风险成为投资者进行市场交易时需要重点关注的因素之一。现有对于股价崩盘系统性风险影响因素的研究主要来自制度层面(陈海强等,2019)和机构投资者(Pan et al.,2021)等公司外部层面,鲜有研究从公司内部因素进行分析。由于股价崩盘系统性风险最终仍通过个股崩盘风险表现出来,因此本节将借鉴现有关于股价崩盘风险的研究,探讨互联网信息搜索对于股价崩盘系统性风险的影响。互联网信息搜索能够发挥对公司的外部监督作用,投资者能够通过互联网进行信息搜索高效处理信息,缓解信息偏差(Choi and Varian,2012;Xu et al.,2021)。同时,互联网信息搜索代表投资者关注程度,投资者关注度较高的公司不太可能隐瞒坏消息(Wen et al.,2019),因此互联网信息搜索能够通过加强公共监督来防范管理层出于自利目的隐藏坏消息的信息隐藏行为,从而在极端事件爆发时降低股价崩盘系统性风险发生的可能性。

另一方面,投资者通过互联网信息搜索获得的丰富私有信息可能导致其在投资决策中出现过分自信心理,认为自身能力高于市场平均水平而做出非理性决策,这种决策行为可能会在整个市场传染扩散,从而诱发股价崩盘系统性风险。同时,互联网信息存在噪声干扰和市场失灵现象,无效信息通过网络搜索快速传播至整个市场可能诱发投资者的非理性"羊群行为",在市场崩盘情况下投资者的恐慌情绪会使"羊群行为"加剧,加速部分个股崩盘。

因此,本节提出第一个对立假设:

H1a:在其他情况不变时,互联网信息搜索强度增加,股价崩盘系统性风险降低；

H1b：在其他情况不变时，互联网信息搜索强度增加，股价崩盘系统性风险增加。

企业的所有权性质可能对股价崩盘系统性风险产生影响，一方面，国有企业相对于非国有企业面临更为严重的代理冲突问题，导致公司治理机制的有效性较低（Xu et al.，2014），这增加了管理层囤积坏消息的风险，在公司内部监管能力较弱的情况下，投资者通过互联网信息搜索进行外部监管对于降低国有企业信息不对称和委托代理问题造成的股价崩盘系统性风险具有更为明显的效果。

另一方面，部分研究发现当国有企业面临极端负面事件的冲击时，由于其与地方政府的关系更为密切，政府能够施以援手，因此不同于非国企，国有企业管理者对外隐瞒坏消息的可能性更低（艾永芳等，2017），当市场崩盘等极端事件爆发时，国有企业股票崩盘系统性风险可能较非国有企业更低。

因此，本节提出第二个对立假设：

H2a：相对于国企，互联网信息搜索强度增加对非国企的股价崩盘系统性风险的抑制作用更大；

H2b：相对于国企，互联网信息搜索强度增加对非国企的股价崩盘系统性风险的抑制作用更小。

已有研究表明，高质量的外部审计能够有效发挥外部监督作用，高效识别企业生产经营中存在的风险，从而协助企业进行风险管理。有效的外部审计可以降低管理者和投资者的信息不对称程度来缓解委托代理问题（江轩宇和伊志宏，2013；Gul et al.，2010），从而降低股价崩盘风险。互联网信息搜索虽然具有公共监督的功能，但投资者容易受到无效信息的干扰引发过度自信心理和"羊群行为"等非理性行为，因此在具有高质量外部监督的公司中，互联网信息搜索对于股价崩盘系统性风险的抑制效果会降低（Wen et al.，2019）。另一方面，由于互联网信息搜索不受时空限制，且相较于外部审计具有更高的信息传播速度和扩散能力，因此在极端事件触发下的股价崩盘风险监督具有更好的效果。

因此，本节提出第三个对立假设：

H3a：相比于外部审计质量较高的公司，互联网信息搜索强度增加对于外部审计质量较低的公司的股价崩盘系统性风险的抑制作用更大；

H3b：相比于外部审计质量较高的公司，互联网信息搜索强度增加对于外部审计质量较低的公司的股价崩盘系统性风险的抑制作用更小。

由于管理者和投资者之间存在信息不对称,管理者可能出于个人利益掩盖企业的不良信息从而降低企业信息披露质量,当负面信息囤积到一定程度时,管理者不得不一次性释放负面信息,从而引发股价崩盘风险。同时,对于信息披露质量较低的企业,其生产经营状况和股票价格存在较高的偏离,当企业受到市场崩盘等冲击时,容易导致股价泡沫破裂从而引发股价崩盘,因此,投资者在接受公司的公开披露信息时也会采用互联网搜索方式挖掘更多信息并核实公司披露信息的真实性,一旦发现公司披露虚假或低质量信息,投资者将会对该公司失去信心,这种悲观情绪可能在市场传染并通过公司股价反映出来,从而倒逼管理者提高信息披露质量,以降低极端事件下的股价崩盘系统性风险。

因此,本节提出第四个对立假设:

H4a: 互联网信息搜索能够通过提高公司信息披露质量来抑制股价崩盘系统性风险;

H4b: 互联网信息搜索不能通过提高公司信息披露质量来抑制股价崩盘系统性风险。

企业管理者的代理问题是导致股价崩盘风险的另一个重要因素(江轩宇和许年行,2015),在市场极端冲击下,企业代理问题会迅速暴露于公众视线从而导致股价崩盘。朱孟楠等(2020)的研究发现互联网信息对公司管理层行为具有舆论监督作用,当公司独立董事对管理者进行监督的有效性较低时,互联网信息能够发挥补充作用,因此对于管理者持股比例较高、独立董事比例较低的公司,互联网信息具有抑制股价崩盘风险的作用。Wen等(2019)的研究也发现以搜索指数代理的投资者关注会阻碍管理者隐瞒坏消息,从而降低股价崩盘风险。因此,本节认为互联网信息搜索能够通过外部监督降低代理成本,从而抑制代理冲突造成的股价崩盘系统性风险。

因此,本节提出第五个对立假设:

H5a: 互联网信息搜索能够通过降低代理成本来抑制股价崩盘系统性风险;

H5b: 互联网信息搜索不能通过降低代理成本来抑制股价崩盘系统性风险。

7.2.2 互联网信息搜索与金融系统性风险指标构建与模型设定

7.2.2.1 研究样本与数据说明

本节采用的数据来自中国研究数据服务平台(CNRDS)提供的网络搜

索指数数据库(WSVI),该数据库包括以我国上市公司股票代码、公司简称和公司全称为关键字的网络搜索指数的加总值,是目前唯一比较完善的网络搜索指数数据库。上市公司信息、股票数据和财务数据等均来自CSMAR数据库。

本节选择的研究样本来自2012—2020年我国A股的上市公司。2010年全球第一大搜索引擎公司谷歌公司退出中国,在2010年之前,谷歌一直是我国网民使用的主要搜索引擎,而谷歌退出中国之后投资者只能使用包括百度在内的其他搜索引擎,因此谷歌退出中国后可能对用户的搜索引擎使用习惯产生影响。此外,Xu et al.(2021)的研究发现由于百度搜索不够完善,相对于谷歌搜索可能存在大量广告和虚假信息等问题,导致谷歌退出中国降低了投资者利用互联网搜索引擎获取信息的能力。因此为了排除谷歌退出中国产生的负面影响,保证数据的可靠性,本节的样本区间从2012年开始至2020年结束。

在数据筛选过程中本节对样本做出了以下处理:(1)剔除金融和保险行业的公司样本,由于金融和保险行业公司的财务数据与其他公司有较大差异;(2)剔除ST公司样本,这些公司可能引起投资者异常关注从而导致异常网络搜索行为;(3)参考Chen et al.(2018),剔除每年的交易周数小于30周的公司样本,以保证用以分析本节个股崩盘系统性风险的样本的可靠性;(4)剔除控制变量数据缺失的数据样本。同时为了避免数据极端值对研究结果产生影响,本节对所有连续变量在1%和99%水平上进行缩尾(Winsorize)处理。

表7-12显示了主要变量的描述性统计结果,可以发现,参考Chabi-Yo et al.(2018)的方法采用沪深300指数作为市场指数,对个股的股价崩盘系统性风险(Crash)进行计算,结果显示该指标的概率分布与采用相同方法计算该指标的结果相一致(Weigert,2016;Pan et al.,2021)。同时可以发现该指标的均值为0.278,说明平均而言当市场指数发生崩盘时,A股市场中个股发生崩盘风险的概率约为0.278。同时,该指标的中位数为0.282,标准差为0.143,说明我国股市中个股具有一定的概率发生崩盘,且这一概率在个股之间存在一定差异,但差异不大,即我国市场中的个股可能会面临股价崩盘系统性风险;该指标的最小值为0而最大值为0.581,说明存在部分个股的股价不受市场暴跌影响,而部分具有较大股价崩盘系统性风险的个股在发生市场崩盘时有更大概率面临损失,投资者应当对此类股票进行充分关注。对于主要解释变量互联网信息搜索强度(IS)而言,投资者利用互联

网进行信息搜索的强度为负,但标准差为 0.422,说明投资者对于市场中个股的搜索行为差异较大,这也可能是导致不同股票发生崩盘系统性风险的概率差异的原因之一。本节计算的股票交易类变量、公司财务类变量和公司治理类变量的描述性统计结果也处于较为合理的范围,与现有研究较为接近。

表 7-12 主要变量描述性统计

变量	样本量	均值	标准差	中位数	最小值	75% 分位数	最大值
$Crash$	17 251	0.278	0.143	0.282	0.000	0.382	0.581
IS	17 251	−0.019	0.422	−0.051	−1.011	0.225	1.217
$Wret$	17 251	0.003	0.010	0.002	−0.017	0.008	0.036
$WSigma$	17 251	0.063	0.026	0.057	0.025	0.073	0.155
$Wturn$	17 251	−0.021	0.106	−0.006	−0.481	0.028	0.231
Top	17 251	0.347	0.149	0.328	0.087	0.448	0.746
$Conp$	17 251	0.256	0.436	0.000	0.000	1.000	1.000
$Lnsize$	17 251	22.291	1.295	22.110	19.977	23.042	26.240
Bm	17 251	0.623	0.248	0.623	0.124	0.815	1.147
Lev	17 251	0.429	0.206	0.423	0.053	0.584	0.887
Roa	17 251	0.035	0.057	0.034	−0.245	0.062	0.186
$Cash$	17 251	0.046	0.066	0.045	−0.146	0.085	0.235

7.2.2.2 指标构建

互联网信息搜索指数是由网络搜索引擎服务商提供的,以用户在互联网搜索引擎中对关键词的搜索量为基础对其进行过滤和加权得到的指数化的数值,这类指数能够反映出用户对关键词的搜索热度和趋势。国内现有文献关于网络信息搜索的衡量主要采用基于百度搜索引擎对关键词进行搜索得到的百度指数(赵龙凯等,2013;张继德等,2014;陈植元等,2016;陆慧玲等,2018),然而这种度量方法存在一定的缺陷。首先,随着互联网搜索技术不断发展完善,搜索引擎服务商逐渐涌现,仅以百度指数作为网络搜索指标代理对于投资者的信息搜索行为刻画不够全面;同时,部分研究仅以股票名称或股票代码作为关键词进行搜索,可能存在信息提取不充分的弊端。因此,本节选取 CNRDS 提供的网络搜索指数是以对投资者对上市公司的信息搜索和变化情况进行更加全面的刻画。

在互联网信息搜索的指标构建方面,传统的研究直接使用关键词的搜索量或搜索指数的对数作为代理指标,这种方法存在着一些不足。首先,由于公司自身性质等多方面原因,投资者对于不同上市公司的网络搜索强度存在本质区别,而这种差异与投资者的交易活动并无关系;同时,网络搜索的迅速普及使得这两种数据处理方法已不能满足数据平稳性的基本假设;此外,有研究表明网络搜索的变化更能反映投资者对市场的关注,从而传递出相对于绝对水平更有价值的信息。因此,本节参考张谊浩等(2014)和张同辉等(2020)的研究,通过互联网信息搜索指数(SV)的对数变化构造互联网信息搜索强度(IS)指标:

$$IS_{i,t} = \ln(SV_{i,t}) - \ln(SV_{i,t-1}) \tag{7.8}$$

该指标反映投资者对公司和股票关键字的搜索强度,该指标越大,意味着投资者对公司和股票关键字的搜索强度越大。

在股价崩盘系统性风险方面,本节参考 Chabi-Yo 等(2018)的研究,将股价崩盘系统性风险定义为:

$$Crash_i = \lim_{q \to 0^+} Pr[R_i < F_i^{-1}(q) \mid R_m < F_m^{-1}(q)] \tag{7.9}$$

其中,R_i 和 $F_i(\cdot)$ 分别表示个股 i 的日收益率及对应的累积概率分布,R_m 和 $F_m(\cdot)$ 分别表示市场日收益率及对应的累积概率分布,$F_i^{-1}(q)$ 和 $F_m^{-1}(q)$ 分别表示 q 阶分位数,其中 $q \in (0,1)$。该指标衡量的是当市场处于极端负收益率的情况下,个股随之出现极端负收益率的概率,本节计算的 $Crash_i$ 是这一条件概率的极限,因此该值的范围为 $[0,1]$,在这一范围内,该值越大,说明个股 i 在市场崩盘情况下其面临的个股崩盘风险越高,即股价崩盘系统性风险越大。

本节利用 Copula 函数对该指标进行估计,参考 Chabi-Yo et al.(2018)具体估计方法如下:

第一步,利用收益率的经验分布函数估计个股 i 的边缘分布 $F_i(R_i)$ 和市场指数边缘分布 $F_m(R_m)$。

第二步,基于混合 Copula 构造两者之间的联合概率分布函数

$C(F_i(R_i), F_m(R_m))$ 并采用极大似然法进行参数估计并计算股价崩盘系统性风险。

为了更为准确地刻画联合分布函数,本节在混合 Copula 函数构造中考虑了允许收益分布左尾渐近相关、渐近独立和允许右尾渐近相关的 Copula 函数,具体的混合 Copula 函数形式如下:

$$C(v_1, v_2; \Theta) = w_1 \times C_{LTD}(v_1, v_2; \theta_1) + w_2 \times C_{NTD}(v_1, v_2; \theta_2) \\ + (1 - w_1 - w_2) \times C_{UTD}(v_1, v_2; \theta_3) \quad (7.10)$$

其中,C_{LTD} 表示允许个股和市场收益率分布的左尾存在渐近相关的 Copula 函数,包括 Clayton Copula, Rotated Galambos Copula, Rotated Joe Copula 和 Rotated Gumbel Copula;C_{NTD} 表示允许个股和市场收益率分布渐近独立的 Copula 函数,包括 Gauss Copula, Plackett Copula, FGM Copula 和 Frank Copula;C_{UTD} 表示允许个股和市场收益率分布的右尾存在渐近相关性质的 Copula 函数,包括 Rotated Clayton Copula, Gumbel Copula, Galambos Copula, Joe Copula。Θ 代表参数 θ_i,其中,$i=1, 2, 3$ 的集合,$w_j, j=1, 2$,分别代表对 Copula 函数赋予的权重。

考虑以上三大类 Copula 函数及每一类包括的具体函数类型,个股 i 在单期需估计 64 种 Copula 函数。因此在本步骤中,基于个股 i 在估计区间的日收益率数据,利用极大似然估计方法估算出混合 Copula 的参数,在此基础上参考 Deheuvels(1980) 的经验 Copula 比较方法选择最优函数形式。将 $\varphi_{i,h}, h=0, 1, \cdots, n$,其中 n 为估计区间收益率的观测值的个数,表示为对个股 i 在估计区间的收益率序列的排序,其中最小的收益对应的 $\varphi_{i,h}$ 值为 1,最大的收益对应的 $\varphi_{i,h}$ 值为 n,同理将市场指数在样本区间的收益率序列排序得到序列 $\varphi_{m,h}$。Deheuvels(1980) 将网格 L 定义为:

$$L = \left[\left(\frac{\xi_i}{n}, \frac{\xi_m}{n} \right), \xi_i = 0, 1, \cdots, n, \xi_m = 0, 1, \cdots, n \right] \quad (7.11)$$

基于网格 L 估计经验 Copula 函数 $C_{(n)}^*$:

$$C_{(n)}^* \left(\frac{\xi_i}{n}, \frac{\xi_m}{n} \right) = \frac{1}{n} \sum_{t=1}^{n} I_{\varphi_{i,h} \leqslant \xi_i} \times I_{\varphi_{m,h} \leqslant \xi_m} \quad (7.12)$$

其中,I_A 表示示性函数,$\varphi_{i,h} \leqslant \xi_i$ 时该函数取 1,否则取 0。基于网格 L 估计得到的经验 Copula 函数 $C_{(n)}^*$ 与极大似然估计得到的混合 Copula 函数 $C_j(\cdot, \cdot; \widehat{\Theta}_j)$ 之间的距离构造整合 Anderson-Darling 距离 ζ_j:

$$\zeta_j = \sum_{\xi_i=1}^{n} \sum_{\xi_m=1}^{n} \frac{\left(C_{(n)}^*\left(\frac{\xi_i}{n}, \frac{\xi_m}{n}\right) - C_j\left(\frac{\xi_i}{n}, \frac{\xi_m}{n}; \widehat{\Theta}_j\right)\right)^2}{C_j\left(\frac{\xi_i}{n}, \frac{\xi_m}{n}; \widehat{\Theta}_j\right) \times \left(1 - C_j\left(\frac{\xi_i}{n}, \frac{\xi_m}{n}; \widehat{\Theta}_j\right)\right)} \quad (7.13)$$

该距离衡量 $C_j(\cdot, \cdot; \widehat{\Theta}_j)$ 对个股和市场收益率的实际分布的拟合程度,距离越小效果越好。

第三步,选取使得距离 ζ_j 最小的混合 Copula 函数组合为最优形式,并根据对应参数结合式(7.14)估计股价崩盘系统性风险:

$$Crash^* = w_1^* \times LTD(\theta_1^*) \quad (7.14)$$

其中,w_1^* 是式(7.10)中权重 w_1 的估计量,θ_1^* 是式(7.10)中函数 C_{LTD} 中未知参数 θ_1 的估计量,$LTD(\theta_1^*)$ 是最优混合 Copula 得到的允许个股和市场收益率分布左尾渐近相关的 Copula 函数 C_{LTD} 和 θ_1^* 计算得到的市场收益趋于左极限情况下个股收益趋于左极限的条件概率。相比传统的静态 Copula 函数,本节考虑了动态的混合 Copula 函数形式,这使得本节对股价崩盘系统性风险的估计能够更加契合个股与市场收益关系的现实情况。

在其他控制变量选取方面,参考 Pan et al.(2021)、朱孟楠等(2020)和司登奎等(2021)的研究,选取股票交易类变量,包括周收益率的年度平均值(Wret)、周收益率的年度标准差(WSigma)、周超额换手率(Wturn);内部治理类变量,包括第一大股东持股比例(Top)、两职合一(Conp);公司财务类变量,包括账面市值比(Bm)、企业规模(Lnsize)、资产收益率(Roa)、资产负债率(Lev)、经营性现金流(Cash),作为控制变量。同时,本节也控制了年份固定效应(Year)和行业固定效应(Ind)。变量的具体描述如表 7-13 所示。

表 7-13 相关变量定义

变量类型	变量名称	变量符号	变量含义
被解释变量	股价崩盘系统性风险	Crash	计算方法见式(7.9)至式(7.14)
解释变量	互联网信息搜索强度	IS	计算方法见式(7.8)
控制变量	周超额换手率	Wturn	本年度周均换手率与上年度周均换手率之差
	周收益率标准差	WSigma	周收益率的年度标准差

续　表

变量类型	变量名称	变量符号	变量含义
控制变量	周收益率平均值	$Wret$	周收益率的年度平均值
	公司规模	$Ln\,size$	ln(期末总资产)
	账面市值比	Bm	总市值/股东权益账面价值
	资产负债率	Lev	总负债/总资产
	资产收益率	Roa	净利润/总资产
	经营性现金流	$Cash$	经营活动现金流量净额/总资产
	第一大股东持股比例	Top	第一大股东持股数/总股本
	两职合一	$Conp$	如果董事长和总经理两职合一,取值为1,否则为0

7.2.2.3　模型设定

为研究互联网信息搜索与股价崩盘系统性风险的关系,本节设定了以下模型检验本节的第一个假设:

$$\begin{aligned}Crash_{i,t} = &\alpha + \beta_1 IS_{i,t-1} + \beta_2 Wret_{i,t-1} + \beta_3 WSigma_{i,t-1} \\ &+ \beta_4 Wturn_{i,t-1} + \beta_5 Lnsize_{i,t-1} + \beta_6 Bm_{i,t-1} \\ &+ \beta_7 Lev_{i,t-1} + \beta_8 Roa_{i,t-1} + \beta_9 Cash_{i,t-1} + \beta_{10} Top_{i,t-1} \\ &+ \beta_{11} Conp_{i,t-1} + \sum Ind + \sum Year + u_{i,t}\end{aligned} \quad (7.15)$$

其中,$Crash_{i,t}$代表个股i在t年的股价崩盘系统性风险,$IS_{i,t-1}$代表个股i在$t-1$年的互联网信息搜索强度,Ind和$Year$分别代表行业和年度虚拟变量。同时,为了避免内生性问题的影响,本节参考Pan et al.(2021)的研究,将解释变量和控制变量都做滞后一期处理,$IS_{i,t-1}$的系数β_1反映了互联网信息搜索强度对股价崩盘系统性风险的影响程度,如果显著为负说明互联网信息搜索削弱了股价崩盘系统性风险;反之则说明互联网信息搜索提高了股价崩盘系统性风险。

为了验证本节的H2a至H3b,本节参考艾永芳等(2017)和Wen et al.(2019)的研究,依次按照代表企业产权性质的SOE和具有高质量或低质量外部审计水平的$Big4$两个虚拟变量对总样本进行分类,并使用模型(7.15)进行回归。其中 $SOE=1$ 代表国有企业,$SOE=0$ 代表非国有企业;$Big4=1$ 代表企业具有高质量的外部审计,$Big4=0$ 代表企业不具有高质量的外部审计。

为了检验互联网信息搜索是否通过影响信息披露质量来影响股价崩盘系统性风险,本节设定模型(7.16)、模型(7.17)检验 H4a 和 H4b:

$$\begin{aligned}Ferr_{i,t-1}=&\gamma_0+\gamma_1 IS_{i,t-1}+\gamma_2 Wret_{i,t-1}+\gamma_3 WSigma_{i,t-1}\\&+\gamma_4 Wturn_{i,t-1}+\gamma_5 Lnsize_{i,t-1}+\gamma_6 Bm_{i,t-1}\\&+\gamma_7 Lev_{,t-1}+\gamma_8 Roa_{i,t-1}+\gamma_9 Cash_{i,t-1}\\&+\gamma_{10}Top_{i,t-1}+\gamma_{11}Conp_{i,t-1}\\&+\sum Ind+\sum Year+u_{i,t-1}\end{aligned} \quad (7.16)$$

$$\begin{aligned}Crash_{i,t}=&\tau_0+\tau_1 IS_{i,t-1}+\tau_2 Wret_{i,t-1}+\tau_3 WSigma_{i,t-1}\\&+\tau_4 Wturn_{i,t-1}+\tau_5 Lnsize_{i,t-1}+\tau_6 Bm_{i,t-1}\\&+\tau_7 Lev_{i,t-1}+\tau_8 Roa_{i,t-1}+\tau_9 Cash_{i,t-1}\\&+\tau_{10}Top_{i,t-1}+\tau_{11}Conp_{i,t-1}\\&+\tau_{12}Ferr_{i,t-1}+\sum Ind+\sum Year+u_{i,t}\end{aligned} \quad (7.17)$$

参考司登奎等(2021)和周开国等(2014)的研究,本节选取分析师盈余预测偏差 $Ferr_{i,t-1}$ 作为中介因子,如果模型(7.15)中的系数 β_1 显著,模型(7.16)中的系数 γ_1 显著,模型(7.17)中的系数 τ_{12} 显著而 τ_1 不显著,说明具有完全中介效应;如果模型(7.15)中的系数 β_1、模型(7.16)中的系数 γ_1 和模型(7.17)中的系数 τ_1 和 τ_{12} 都显著,则说明该中介因子具有部分中介效应。

为了检验互联网信息搜索是否通过影响代理成本来影响股价崩盘系统性风险,本节设定模型(7.18)、模型(7.19)检验 H5a 和 H5b:

$$\begin{aligned}Mer_{i,t-1}=&\eta_0+\eta_1 IS_{i,t-1}+\eta_2 Wret_{i,t-1}+\eta_3 WSigma_{i,t-1}\\&+\eta_4 Wturn_{i,t-1}+\eta_5 Lnsize_{i,t-1}+\eta_6 Bm_{i,t-1}\\&+\eta_7 Lev_{i,t-1}+\eta_8 Roa_{i,t-1}+\eta_9 Cash_{i,t-1}\\&+\eta_{10}Top_{i,t-1}+\eta_{11}Conp_{i,t-1}+\sum Ind\\&+\sum Year+u_{i,t-1}\end{aligned} \quad (7.18)$$

$$\begin{aligned}Crash_{i,t}=&\rho_0+\rho_1 IS_{i,t-1}+\rho_2 Wret_{i,t-1}+\rho_3 WSigma_{i,t-1}\\&+\rho_4 Wturn_{i,t-1}+\rho_5 Lnsize_{i,t-1}+\rho_6 Bm_{i,t-1}\\&+\rho_7 Lev_{i,t-1}+\rho_8 Roa_{i,t-1}+\rho_9 Cash_{i,t-1}\\&+\rho_{10}Top_{i,t-1}+\rho_{11}Conp_{i,t-1}+\rho_{12}Mer_{i,t-1}\end{aligned}$$

$$+ \sum Ind + \sum Year + u_{i,t} \tag{7.19}$$

参考吴晓晖等(2019)的研究,本节选取管理费用率 $Mer_{i,t-1}$ 作为中介因子,如果模型(7.15)中的系数 β_1、模型(7.18)中的系数 η_1 显著,且模型(7.19)中的系数 ρ_{12} 显著但 ρ_1 不显著,则说明中介因子管理费用率 $Mer_{i,t-1}$ 具有完全中介效应;如果模型(7.15)中的系数 β_1、模型(7.18)中的系数 η_1 和模型(7.19)中的系数 ρ_1 和 ρ_{12} 都显著,则说明该中介因子具有部分中介效应。

7.2.3 互联网信息搜索对金融系统性风险的影响

7.2.3.1 互联网信息搜索与股价崩盘系统性

表7-14显示固定效应模型对式(7.15)所建立的模型进行估计的结果。表7-14中第(1)列为单变量估计结果,能够发现互联网信息搜索强度与股价崩盘系统性风险呈现负相关关系,并在10%水平下显著。加入全部控制变量并控制行业和年度固定效应后进行回归发现,这一关系的显著性有所上升,互联网信息搜索强度的系数为-0.012,并在1%水平下显著,说明互联网信息搜索强度增加1个单位,平均而言个股在市场暴跌情况下发生崩盘的概率减少1.2%,因此得到了第一个假设的结论,即互联网信息搜索对于股价崩盘系统性风险具有抑制作用。从中也可以发现,在市场崩盘情况下,互联网信息搜索能够通过提高投资者的信息获取能力,发挥公共监督作用来缓解信息不对称,而不是传播非理性情绪来影响股价崩盘系统性风险。

其他变量的回归结果显示,周收益率的平均值($Wret$)、周收益率的标准差($WSigma$)和周超额换手率($Wturn$)都对股价崩盘系统性风险具有显著影响,这反映了股价崩盘系统性风险还会受到个股股价和股票交易相关情况等与个股本身市场情况相关的变量的影响。同时,公司规模($Ln\,size$)在1%的显著性水平下对于股价崩盘系统性风险有正向影响,意味着公司规模越大面临的股价崩盘系统性风险越大,这可能是因为更大规模的公司具有更加重要的市场地位,当极端事件爆发、大盘受到影响而暴跌时,必然会对这些公司产生影响,因此高市值公司更应加强对股价崩盘系统性风险的防范。此外,本节的结果还发现公司两职合一对于降低股价崩盘系统性风险具有一定效果,参考陈守明等(2012)的研究,认为这一结果主要反映了企业管理中的现代管家理论,即在不存在代理问题的情况下,董事长与总经理两职合一更有利于实现股东利益最大化,这也从侧面说明了解决代理冲突问题对于抑制股价崩盘系统性风险的重要性。

表 7-14 互联网信息搜索强度对股价崩盘系统性风险的影响

变量	(1) $Crash_t$	(2) $Crash_t$	变量	(1) $Crash_t$	(2) $Crash_t$
IS_{t-1}	−0.005* (−1.82)	−0.012*** (−3.84)	$Cash_{t-1}$		−0.023* (−1.72)
$Wret_{t-1}$		−0.608*** (−4.38)	Top_{t-1}		−0.005 (−0.89)
$WSigma_{t-1}$		0.255*** (4.43)	$Conp_{t-1}$		−0.005*** (−2.71)
$Wturn_{t-1}$		0.042*** (4.50)	_cons	0.277*** (337.61)	0.158*** (7.25)
$Lnsize_{t-1}$		0.005*** (4.53)	N	17 251	17 251
Bm_{t-1}		0.000 (0.05)	Adj_R^2	0.452	0.456
Lev_{t-1}		0.005 (0.94)	Ind	Yes	Yes
Roa_{t-1}		0.043** (2.49)	Year	Yes	Yes

注：***、**和*分别表示1%、5%和10%的显著性水平。本节以下各表同。

7.2.3.2 产权性质与审计质量的异质性分析

根据企业产权性质，本部分将样本分为国有企业和非国有企业两组分别进行回归，以检验互联网信息搜索对于具有不同产权性质的企业的股价崩盘系统性风险是否具有不同影响，结果如表7-15所示。

回归结果表明，无论对于国企还是非国企，互联网信息搜索强度均对股价崩盘系统性风险具有显著的负向影响，这表明投资者的网络搜索活动可以降低极端事件冲击下两类公司发生股价崩盘的风险。对比回归系数可以发现，投资者的网络搜索行为对于抑制国有企业的股价崩盘系统性风险影响更大，这与本节的H2a相一致。Wen et al.(2019)对投资者关注与个股股价崩盘关系的研究也发现了这一结论。参考李增福等(2013)、Xu et al.(2014)和Li et al.(2017)的研究，本节认为产生这一现象的原因在于国有企业的信息披露和公司治理效率较低,而投资者通过网络搜索行为进行外部监督能够在一定程度上促进国有企业公司治理效率提高,从而使得市场崩盘风险爆发时,国企的崩盘风险能够有所降低。因此总体而言,投资者通过网络搜索获取信息的程度能够在整体上有效降低公司的股价崩盘系统性风险,这种效果对于国有企业是更为明显的。

表 7-15 企业产权性质对互联网搜索与股价崩盘系统性风险关系的影响

变量	(1) 国企样本 $Crash_t$	(2) 非国企样本 $Crash_t$	变量	(1) 国企样本 $Crash_t$	(2) 非国企样本 $Crash_t$
IS_{t-1}	−0.010* (−1.92)	−0.008* (−1.85)	$Cash_{t-1}$	−0.040* (−1.95)	−0.006 (−0.32)
$Wret_{t-1}$	−0.337 (−1.44)	−0.952*** (−5.38)	Top_{t-1}	−0.011 (−1.21)	−0.004 (−0.52)
$WSigma_{t-1}$	0.332*** (3.67)	0.230*** (3.09)	$Conp_{t-1}$	−0.002 (−0.50)	−0.004 (−1.46)
$Wturn_{t-1}$	0.024 (1.21)	0.034*** (3.17)	_cons	0.192*** (6.27)	0.131*** (4.05)
$Lnsize_{t-1}$	0.004*** (2.62)	0.006*** (3.61)	N	7 746	9 505
Bm_{t-1}	−0.001 (−0.12)	0.008 (1.02)	Adj_R^2	0.437	0.473
Lev_{t-1}	−0.004 (−0.47)	−0.001 (−0.16)	Ind	Yes	Yes
Roa_{t-1}	−0.012 (−0.41)	0.081*** (3.69)	Year	Yes	Yes

研究表明,外部审计质量对于公司股价所反映的信息具有显著影响,审计质量越高的公司越能提供更加具体可靠的信息,降低公司外部投资者与内部管理者之间的信息不对称的能力越强(Gul et al.,2010)。四大会计师事务所作为世界知名事务所,具有更高的专业性和更严谨的流程体系,因此能够为公司提供更高质量的外部审计。参考 Gul et al.(2010)的研究,本节根据上市公司的审计师是否来自四大会计师事务所将样本数据分为两组,

以研究互联网信息搜索对于具有不同外部审计质量的企业的股价崩盘系统性风险的影响。

表 7-16 展示了本节的实证结果,可以发现,对于具有高质量外部审计的公司,投资者的网络搜索行为反而加剧了市场崩盘情况下公司股价发生崩盘的概率,而对于审计质量更低的公司,互联网信息搜索在 1% 的水平上显著削弱了公司的股价崩盘系统性风险。这表明聘请高水平的审计师进行审计能够起到有效的外部监督作用,在这一因素的影响下,投资者的公共监督由于缺乏专业性反而不能起到作用,根据前述的分析,此时投资者的网络搜索行为主要表现为过度自信心理或非理性"羊群效应"的负面影响。同时,由于具有高质量外部审计的公司信息披露质量较高,因此当市场极端事件发生时,投资者通过网络搜索获得信息的边际效用较低,因而更倾向于根据市场表现做出判断,也容易受负面情绪影响,这增加了个股发生崩盘的概率。而对于没有聘请高质量审计师的公司,其信息披露质量相对较低,因此投资者仍能通过互联网信息搜索获得更多有效信息,从而发挥网络搜索的公共监督作用。由于聘请来自四大会计师事务所的上市公司数量较少,因此投资者的网络搜索行为仍对降低大多数公司股价崩盘系统性风险起到有效作用。

表 7-16　外部审计质量对互联网信息搜索与股价崩盘系统性风险关系的影响

变　量	(1) 外部审计 质量高 $Crash_t$	(2) 外部审计 质量低 $Crash_t$	变　量	(1) 外部审计 质量高 $Crash_t$	(2) 外部审计 质量低 $Crash_t$
IS_{t-1}	0.016 (1.22)	−0.013*** (−3.90)	Bm_{t-1}	0.036* (1.65)	−0.001 (−0.24)
$Wret_{t-1}$	−0.441 (−0.65)	−0.666*** (−4.68)	Lev_{t-1}	0.031 (0.92)	0.005 (0.86)
$WSigma_{t-1}$	0.716** (2.58)	0.226*** (3.88)	Roa_{t-1}	−0.004 (−0.03)	0.046*** (2.61)
$Wturn_{t-1}$	0.065 (1.36)	0.042*** (4.39)	$Cash_{t-1}$	0.145* (1.83)	−0.031** (−2.26)
$Lnsize_{t-1}$	0.001 (0.23)	0.004*** (3.62)	Top_{t-1}	0.000 (0.02)	−0.005 (−0.81)

续 表

变量	(1) 外部审计 质量高 $Crash_t$	(2) 外部审计 质量低 $Crash_t$	变量	(1) 外部审计 质量高 $Crash_t$	(2) 外部审计 质量低 $Crash_t$
$Conp_{t-1}$	0.004 (0.38)	−0.006*** (−2.74)	Adj_R^2	0.372	0.463
_cons	0.181** (2.10)	0.173*** (7.09)	Ind	Yes	Yes
N	1 043	16 208	$Year$	Yes	Yes

7.2.3.3 信息披露质量与代理成本的机制检验

解决管理者和投资者之间存在的信息不对称问题是网络搜索的主要功能之一，Wen et al.(2019)的研究发现投资者的网络搜索行为能够阻碍管理者隐瞒坏消息，从而缓解信息不对称，提高市场效率。Xu et al.(2021)发现盈余管理水平较高的公司的管理层更容易隐瞒负面消息，从而导致股价崩盘，而互联网搜索可以提供管理者隐瞒的缺失信息来降低股价崩盘风险。

司登奎等(2021)的研究发现信息披露质量是影响股价崩盘的潜在机制之一。大量研究表明上市公司的信息披露质量与分析师预测准确度呈正相关(朱红军等，2007；方军雄，2007)，因此本节参考司登奎等(2021)和周开国等(2014)的研究，将分析师盈余预测偏差($Ferr$)作为刻画公司信息披露质量的中介变量，该指标基于公司实际每股盈余与分析师预测每股盈余之差的绝对值与公司实际每股盈余绝对值之比构造，反映了分析师对于盈余预测的绝对误差比率。该指标越小，分析师公司每股盈余预测的误差越小，说明公司的信息披露质量越高。

基于模型(7.16)和模型(7.17)进行回归。结果表明，互联网信息搜索强度与反向指标 Ferr 在 1% 的水平上呈现显著负相关，即互联网信息搜索强度增加能够显著增加公司信息披露质量，且第(2)列中互联网信息搜索强度(IS)和分析师盈余预测偏差($Ferr$)的系数分别在 1% 和 10% 水平上显著，且互联网信息搜索强度与股价崩盘系统性风险($Crash$)之间仍保持负向关系。因此可以认为信息披露质量具有部分中介效应，即网络信息搜索能够提高公司信息披露质量，从而降低股价崩盘系统性风险。

表 7-17 信息披露质量机制检验结果

变量	(1) $Ferr_{t-1}$	(2) $Crash_t$	变量	(1) $Ferr_{t-1}$	(2) $Crash_t$
IS_{t-1}	−0.726*** (−4.23)	−0.012*** (−3.72)	$Cash_{t-1}$	−5.759*** (−7.09)	−0.018 (−1.25)
$Wret_{t-1}$	−99.373*** (−11.87)	−0.579*** (−3.97)	Top_{t-1}	−0.108 (−0.30)	−0.001 (−0.22)
$WSigma_{t-1}$	30.470*** (8.76)	0.243*** (3.95)	$Conp_{t-1}$	0.034 (0.28)	−0.005** (−2.35)
$Wturn_{t-1}$	2.851*** (6.09)	0.040*** (4.11)	$Ferr_{t-1}$		0.003* (1.90)
$Lnsize_{t-1}$	−0.268*** (−4.35)	0.005*** (4.21)	_cons	8.025*** (6.02)	0.155*** (6.81)
Bm_{t-1}	0.540 (1.58)	0.006 (1.07)	N	15 461	15 461
Lev_{t-1}	−0.448 (−1.11)	0.005 (0.86)	Adj_R^2	0.088	0.459
			Ind	Yes	Yes
Roa_{t-1}	−17.335*** (−15.11)	0.052*** (2.65)	$Year$	Yes	Yes

代理冲突问题是导致股价崩盘发生的另外一个重要原因,管理者可能出于构建企业帝国和谋求私利的目的利用委托人赋予的公司资源使用权进行过度投资或投资不足(Jensen,1986;俞红海等,2010;Kim et al.,2011;江轩宇和许年行,2015),从而损害股东和公司利益。在市场极端情况下,公司的代理冲突问题所导致的负面影响会在遭受市场冲击时突然暴露,进而引发股价崩盘。朱孟楠等(2020)认为互联网信息使得上市公司处于投资者的关注之下,导致管理者难以隐藏坏消息,这有利于缓解股东和管理者之间的代理冲突问题,从而起到化解股价崩盘风险的作用。因此,本节参考吴晓晖等(2019)的研究,使用管理费用率(Mer)衡量公司的代理成本,该指标等于企业的管理费用与营业收入之比,是代理成本的反向指标,企业的管理费用率越大,其代理成本越高。

表 7-18 展示了以管理费用率作为中介因子的机制检验结果。从第

(1)列回归结果中可以发现,互联网信息搜索强度的系数为－0.006 2且在1%水平上显著,表明投资者利用互联网对公司信息进行搜索能够显著降低公司的代理成本,说明互联网搜索强度增加能够发挥公共监督作用,降低代理成本,从而减轻代理冲突问题并提高公司治理效率。在第(2)列中,本节将所有变量对股价崩盘系统性风险指标(Crash)进行回归,发现互联网搜索强度(IS)和管理费用率(Mer)的系数均在1%水平上显著,且互联网信息搜索强度的系数仍然为负,表明以管理费用率作为中介因子的中介效应显著,互联网信息搜索能够降低公司代理成本,从而抑制极端市场情况下的个股股价崩盘。

表7-18 代理成本机制检验结果

变量	(1) Mer_{t-1}	(2) $Crash_t$	变量	(1) Mer_{t-1}	(2) $Crash_t$
IS_{t-1}	−0.006 2*** (−3.01)	−0.012 4*** (−3.95)	$Cash_{t-1}$	−0.055 9*** (−3.87)	−0.026 2* (−1.94)
$Wret_{t-1}$	−0.323 4*** (−3.43)	−0.624 6*** (−4.50)	Top_{t-1}	−0.029 7*** (−3.78)	−0.006 9 (−1.16)
$WSigma_{t-1}$	0.246 4*** (4.70)	0.267 8*** (4.65)	$Conp_{t-1}$	0.003 0 (1.31)	−0.005 3*** (−2.63)
$Wturn_{t-1}$	−0.008 3 (−1.31)	0.041 7*** (4.46)	Mer_{t-1}		−0.052 6*** (−4.59)
$Lnsize_{t-1}$	−0.006 5*** (−5.34)	0.004 4*** (4.19)	_cons	0.326 9*** (12.98)	0.175 5*** (7.93)
Bm_{t-1}	−0.056 6*** (−8.51)	−0.002 7 (−0.50)	N	17 251	17 251
Lev_{t-1}	−0.090 1*** (−10.61)	0.000 5 (0.08)	Adj_R^2	0.330	0.456
			Ind	Yes	Yes
Roa_{t-1}	−0.270 2*** (−13.19)	0.028 9* (1.65)	Year	Yes	Yes

7.2.3.4 稳健性检验

在前面的分析中,本节已通过将解释变量和控制变量做滞后一期的设定在一定程度上缓解了内生性问题。为了进一步解决遗漏变量和双向因果导致的内生性问题，本节采用工具变量和两阶段最小二乘法处理内生性问题。参考彭俞超等(2018)的研究，本节采用投资者对同一行业其他企业的互联网信息搜索强度(IS)的平均值(MIS)作为工具变量，投资者对该企业的网络搜索强度与投资者对与该企业处于同一行业的其他企业的网络搜索强度有关，但不会直接影响到该企业的股价崩盘系统性风险，因此能够作为IS的工具变量。

工具变量检验的结果如表7-19所示，前两列分别展示了两阶段最小二乘方法的第一阶段和第二阶段的回归结果。从第(1)列可以看到同一行业其他企业的互联网信息搜索强度的行业均值(MIS)的系数为0.562，在1%的水平下显著为正，同时，第一阶段回归中F统计量远大于10，说明不存在弱工具变量问题。这表明该工具变量与解释变量互联网信息搜索强度之间高度相关，且投资者对于本行业其他公司的网络搜索强度增大会增加其对该公司的关注，说明MIS对解释变量互联网信息搜索强度具有较好的解释力，满足工具变量与内生变量相关的条件。对第(2)列的结果进行分析，发现互联网信息搜索强度对股价崩盘系统性风险($Crash$)的影响仍然在1%的水平线显著为负，说明在考虑内生性后，解释变量互联网信息搜索强度仍然能够显著影响被解释变量股价崩盘系统性风险，本节的结果是稳健的。

表7-19 工具变量检验结果

变量	(1) IS_{t-1}	(2) $Crash$	变量	(1) IS_{t-1}	(2) $Crash$
IS_{t-1}		−0.102*** (−4.92)	$Lnsize_{t-1}$	0.016*** (6.59)	0.007*** (5.85)
MIS_{t-1}	0.562*** (19.47)		Bm_{t-1}	0.051*** (4.05)	0.006 (1.10)
$Wret_{t-1}$	−0.547* (−1.66)	−0.689*** (−4.74)	Lev_{t-1}	−0.082*** (−6.44)	−0.004 (−0.66)
$WSigma_{t-1}$	7.062*** (55.88)	1.050*** (6.12)	Roa_{t-1}	0.556*** (13.64)	0.105*** (4.79)
$Wturn_{t-1}$	0.885*** (41.83)	0.142*** (6.34)	$Cash_{t-1}$	−0.018 (−0.56)	−0.024* (−1.71)

续表

变量	(1) IS_{t-1}	(2) Crash	变量	(1) IS_{t-1}	(2) Crash
Top_{t-1}	0.016 (1.20)	−0.003 (−0.57)	F	252.93	
			N	17 251	17 251
$Conp_{t-1}$	0.012*** (2.75)	−0.004** (−2.07)	Adj_R^2	0.654	0.418
_cons	−0.740*** (−14.71)	0.070** (2.45)	Ind	Yes	Yes
			Year	Yes	Yes

在本部分中，本节参考现有对股价崩盘风险影响因素的研究，控制了可能对股价崩盘系统性风险产生影响的其他变量，以解决遗漏变量可能导致的内生性问题。参考杨棉之和张园园（2016）以及张慧明和张茹（2021）的研究，控制 Cscore 指数法计算的会计稳健性水平（CS），该指标表示企业盈余对坏消息的敏感增量，该值越大表示公司会计稳健性程度越高。Pan et al.（2021）的研究发现机构投资者持股能够降低股价的崩盘敏感性，因此本节引入机构投资者持股比例（Inst）作为控制变量。Chang et al.（2017）发现拥有较高股票流动性的公司的管理者更容易隐藏负面消息，从而增加股价崩盘风险。基于此，本节参考 Amihud（2002）构建非流动性指标（Illiq），该指标越大，股票流动性越低。同时，本节参考司登奎等（2021）的研究，对分析师关注度（Ana）和研报关注度（Rep）进行控制，这两种指标分别以公司在一年内被分析师跟踪和研究报告跟踪的数量进行衡量。此外，大量研究表明网络社交媒体对股价崩盘风险有重要影响（罗进辉等，2014；丁慧等，2018），因此本节采用来自 CNRDS 的股吧评论数据，按照本节解释变量的构造方法构造了股吧发帖强度指标（Com），以控制网络社交媒体对于股价崩盘系统性风险的可能影响。

加入上述控制变量后的回归结果如表 7-20 所示，第（1）至第（6）列分别展示了控制原有变量的情况下，新增会计稳健性、机构投资者持股比例、非流动指标、分析师关注度、研报关注度和股吧评论强度等控制变量后的回归结果，第（7）列展示了将全部控制变量加入模型后的回归结果，为了更加直观的分析新增控制变量的影响，本部分不展示原有控制变量的回归系数，以 Controls 作为替代。可以发现，本节的主要结论在加入各控制变量后均显著成立，这说明本节的研究结果，即互联网信息搜索能显著抑制股价崩盘系统性风险是成立的。同时,本节还发现分析师关注和研报关注均对降低股价崩盘系统性风险具有一定抑制作用,这也在一定程度上反映了外部监督对降低市场崩盘时的个股崩盘系统性风险具有显著抑制作用。

表 7-20 加入其他控制变量回归结果

变量	(1) $Crash_t$	(2) $Crash_t$	(3) $Crash_t$	(4) $Crash_t$	(5) $Crash_t$	(6) $Crash_t$	(7) $Crash_t$
IS_{t-1}	−0.016 1*** (−4.63)	−0.012 2*** (−3.87)	−0.013 2*** (−4.17)	−0.010 3*** (−3.28)	−0.010 7*** (−3.41)	−0.011 4*** (−2.98)	−0.014 2*** (−3.36)
CS_{t-1}	0.001 7 (0.94)						0.001 4 (0.74)
$Inst_{t-1}$		−0.003 7 (−0.82)					−0.000 1 (−0.02)
$Illiq_{t-1}$			−0.069 7*** (−3.61)				−0.132 2*** (−4.70)
Ana_{t-1}				−0.000 9*** (−7.58)			−0.001 4*** (−4.64)
Rep_{t-1}					−0.000 3*** (−6.14)		0.000 2** (2.09)
Com_{t-1}						−0.000 5 (−0.33)	−0.000 5 (−0.29)
_cons	0.135 6*** (5.60)	0.152 6*** (6.59)	0.198 5*** (8.24)	0.064 5*** (2.61)	0.084 1*** (3.43)	0.157 8*** (7.22)	0.129 9*** (3.90)
Controls	Yes	Yes	Yes	Yes	Yes	Yes	Yes
N	14 928	17 251	17 251	17 251	17 251	17 251	14 928
Adj_R^2	0.420	0.456	0.456	0.458	0.457	0.456	0.423
Ind	Yes	Yes	Yes	Yes	Yes	Yes	Yes
Year	Yes	Yes	Yes	Yes	Yes	Yes	Yes

为了进一步控制可能遗漏的公司个体固定效应的影响,本节利用个体固定效应模型进行重新估计,结果如表 7-21 中第(1)列所示。可以看出,

在控制个体固定效应（Firm）和年度固定效应（Year）后，互联网信息搜索强度仍然与股价崩盘系统性风险在1%水平上呈显著负相关，且回归系数与控制行业固定效应和年度固定效应的回归结果相差不大，说明本节的主要结论，即互联网信息搜索强度增加对于极端市场情况下的股价崩盘风险具有一定的抑制作用，这一结果没有变化。

表7-21 个体固定效应模型和剔除特殊省份回归结果

变量	(1)个体固定效应 $Crash_t$	(2)剔除特殊省份 $Crash_t$	变量	(1)个体固定效应 $Crash_t$	(2)剔除特殊省份 $Crash_t$
IS_{t-1}	−0.009** (−2.47)	−0.010** (−2.46)	$Cash_{t-1}$	−0.033** (−1.99)	−0.019 (−1.13)
$Wret_{t-1}$	−0.654*** (−4.32)	−0.473*** (−2.67)	Top_{t-1}	−0.030* (−1.82)	−0.006 (−0.76)
$WSigma_{t-1}$	0.322*** (4.69)	0.175** (2.41)	$Conp_{t-1}$	−0.006* (−1.80)	−0.004 (−1.60)
$Wturn_{t-1}$	0.027** (2.39)	0.044*** (3.57)	_cons	−0.045 (−0.76)	0.142*** (4.91)
$Lnsize_{t-1}$	0.015*** (5.34)	0.006*** (4.26)	N	17 193	10 834
Bm_{t-1}	−0.026*** (−3.03)	−0.008 (−1.11)	Adj_R^2	0.459	0.452
Lev_{t-1}	−0.006 (−0.58)	0.008 (1.11)	$Firm$	Yes	
			Ind		Yes
Roa_{t-1}	0.055** (2.57)	0.055** (2.48)	$Year$	Yes	Yes

同时，杨晓兰等（2016）以公司注册地的本地投资者对公司的网络讨论构建了本地投资者关注度指标，发现本地投资者关注能够加剧股价的过度反映，从而加速市场趋势，引发股价暴涨暴跌，这一现象在北京、广东、江苏、上海和浙江五个省市尤为明显。考虑到互联网信息搜索具有刻画投资者关注的功能（Da et al., 2011; Ding and Hou, 2011; 张谊浩等, 2014），可能会对

股票价格产生过度反映,从而掩盖了投资者网络搜索行为对股价崩盘系统性风险的真正影响,因此参考杨晓兰等(2016),本节将公司所在地位于上述五个省市的样本剔除后对互联网信息搜索与股价崩盘系统性风险的关系进行检验,结果如表 7-21 中第(2)列所示。从中可以看出,排除了上述五个省市的公司可能存在的投资者关注对股价过度反映行为的影响之后,本节的解释变量系数为−0.01,仍在1%水平上显著,说明总体上来看,投资者通过互联网进行信息搜索行为能够在市场极端行情下对个股的股价崩盘风险产生抑制作用,进一步证明了本节结果是稳健的。

7.2.4 小结

股价崩盘系统性风险,即市场指数崩盘下个股发生崩盘的风险,作为我国市场中普遍存在的风险是影响股票定价及横截面收益预测的重要因素。近年来,极端事件冲击导致市场暴涨暴跌频发,这使得投资者对市场极端情况下个股的崩盘风险尤为关注。当大盘暴跌时,具有较高股价崩盘系统性风险的个股下跌程度往往更为剧烈,而股价崩盘系统性风险较低的个股受到的影响较小,甚至出现上涨情况。因此,研究个股的股价崩盘系统性风险对于投资者进行资产组合的风险管理具有重要的现实意义。现有对于股价崩盘系统性风险的影响因素研究多集中于外部因素,鲜有学者从信息不对称角度进行研究。随着网络搜索的发展,投资者通过互联网获取信息成为常态,本节结合文献综述和理论分析详细梳理了互联网信息搜索对股价崩盘系统性风险的影响及传导机制。在此基础上,本节以我国 A 股上市公司作为研究样本构建了股价崩盘系统性风险指标,并且以中国研究数据服务平台的网络搜索指数作为互联网信息搜索强度指标,利用固定效应模型进行实证分析,研究发现市场崩盘情况下,投资者利用互联网进行信息搜索可以显著降低个股股价崩盘风险。通过异质性分析发现,企业的外部审计质量高的公司,网络搜索行为会加剧股价崩盘系统性风险,外部审计质量低的公司,网络搜索更会降低股价崩盘系统性风险,这说明投资者的网络搜索行为可以发布外部监督作用,从而对股价崩盘系统性风险产生积极的影响。在机制方面,本节从信息披露质量和代理成本这两个角度分析了互联网信息搜索对股价崩盘系统性风险影响的传导路径,研究发现互联网信息搜索强度越高,信息披露质量越大,并且网络搜索行为可以降低公司代理成本,说明网络搜索可以有效提高公司管理层的信息公开,缓解公司代理冲突,从而降低股价崩盘系统性风险。

7.3 会计信息可比性与金融系统性风险

资本市场基础性制度建设是一个系统工程,其中高质量的会计准则是很重要的一个方面。可比性是高质量会计准则的重要特征,可比的会计信息能够帮助信息使用者识别不同银行会计信息的差异和相似性,从而甄别银行的优势和劣势,提高会计信息的使用价值(FASB,2010)。银行与实体经济企业有所不同,独特的会计准则和复杂的财务报表使银行在会计科目选择上有很强的自主性,会计信息具有可比性是非常必要的。会计信息的可获得性高,可比的会计信息能够降低获取信息的成本,减少银行内部和外部之间的信息不对称,改善银行的信息环境,从而影响银行风险水平。本节将从这一角度展开,研究会计信息可比性是否能够通过降低信息不对称来影响银行风险承担,从而防范银行系统性风险。

目前关于银行系统性风险的研究主要聚焦于政府监管和银行内部治理角度,从市场角度开展的研究还比较少。其中有两个方面的原因:一方面是我国对银行监管较多依靠行政手段,另一方面是我国资本市场基础性制度还在完善过程中,市场力量在银行风险管理中的作用还不突出。近几年,在金融市场竞争加剧和银行资本监管要求提高双重压力下,我国商业银行陆续上市补充资金。从2019年至2021年两年内就有13家商业银行上市,截至2021年年末上市银行资产规模达到238.2万亿元,占我国商业银行总资产的比例为82.5%。银行上市为发挥市场在银行风险管理中的作用提供了条件,而且我国正处于深化市场化改革过程中,资本市场基础性制度不断完善,因此需要从市场角度研究市场基础性制度对银行系统性风险的影响。

为填补这方面研究的空白,本节利用我国37家上市商业银行2001年第二季度至2021年第三季度的数据,从风险承担的角度分析了会计信息可比性对银行系统性风险的影响,并检验了其影响机制。研究发现,可比的会计信息能够减小银行管理者与外部投资者之间的信息不对称,通过降低银行风险承担水平从而减少系统性风险。具体而言,会计信息可比性能够通过三种途径减少银行风险承担从而降低银行系统性风险。第一是道德风险机制,可比的会计信息能够减少银行控股股东的道德风险问题,减少银行风险承担,从而降低银行系统性风险;第二是自由裁量权机制,可比的会计信息能够减小银行管理者的自由裁量权,限制管理者主动选择高风险项目的决策权,减少银行风险承担,从而降低银行系统性风险;第三是内部控制机制,可比的会计信息能够提高银行内部控制的有效性,减少不合规贷款发放规模,缩小银行风险承担,从而降低银行系统性风险。进一步分析发现,小型银行和非系统重要性银行由于受到监管的力度和强度较弱,会计信息可比性与银行系统性风险之间的负向关系更强;而存款保险制度实施和独立董事网络中心度提高,强化了行政监管和银行内部监管,使会计信息可比性与银行系统性风险之间的负向关系减弱;存款利率市场化之后,银行需要为自身的高风险投资行为承担资金成本上升的代价,会计信息可比性与银行系统性风险之间的负向关系有所增强。

  本节的贡献主要体现在以下几个方面:第一,本节从会计信息可比性角度探究了市场基础性制度建设在银行风险管理中的作用,发现银行风险管理不仅要依靠政府力量,而且可以发挥市场作用,这一发现有利于拓展对政府和市场关系的认识。第二,丰富了银行系统性风险方面的研究。目前关于银行系统性风险的研究主要从政府监管和银行内部治理角度展开,本节对会计信息可比性与银行系统性风险关系的分析拓展了这一方面研究。第三,有利于金融系统性风险防范。我国金融系统性风险主要集中在银行业,银行过度冒险可能引起金融系统性风险,本节关于可比的会计信息能够降低银行系统性风险的结论,对金融系统性风险治理有一定的指导意义。

7.3.1 理论基础与研究假设

7.3.1.1 银行风险承担研究

  风险承担是研究银行系统性风险的一个重要问题,已成为银行相关研究的焦点话题之一。根据银行风险承担的影响因素类型划分,现有文献可以总结为两大类:第一类为外部影响因素,第二类为内部影响因素。外部影响因素主要包括宏观政策、市场竞争、制度安排。Borio and Zhu (2012)认为宽松货币政策会使银行风险感知能力降低等原因,最终使银行风险承担增加。刘澜飚和李博韬(2021)认为市场竞争增加了银行间的套利空间,推动了银行同业业务发展,从而提高了银行风险水平。Angkinand and Wihlborg(2010)认为存款保险制度产生了道德风险,银行主动地提高了风险承担。内部影响因素主要有财务特征、金融科技、管理者背景、薪酬激励。Bhagat et al.(2015)分析了银行规模、缓冲资本和流动性三种财务特征对银行风险承担的影响。郭品和沈悦(2015)认为互联网金融与银行风险承担之间呈U形关系,互联网金融发展在初期能够降低银行风险承担,但随后互联网金融将推高资金成本转而加剧银行风险承担。Dbouk et al.

(2020)认为CEO社会关系越复杂的银行往往信息越不透明,银行承担的风险也更大。Chen et al.(2006)认为与股权挂钩的薪酬激励诱发了银行风险承担。本节通过分析银行的会计信息可比性对风险承担的影响来补充这一话题的研究文献。

7.3.1.2 会计信息可比性研究

会计信息可比性反映了两家或多家企业在会计选择方面的相似性程度。当同行业企业以类似的方式衡量和报告会计信息时,会计信息就变得具有可比性。不同于应计质量、平滑度、可预测性、稳健性等会计质量特征使用企业自身的数据即可计算得到,可比性是一个相对概念,不仅需要本企业会计数据,还需要找到"对比企业",并设计适当的统计方法来比较企业间信息的可比程度(袁知柱和吴粒,2012)。因此,会计信息的可比性一直难以衡量。随着De Franco et al.(2011)和Francis et al.(2014)相继提出度量方法之后,近几年才围绕会计信息可比性展开了实证研究。例如,Kim et al.(2016)认为会计可比性可以限制管理者隐瞒坏消息,从而降低未来股价崩盘的风险。Habib et al.(2017)认为更高的可比性增加了外部投资者可获得信息的数量和质量,有助于缓解企业外部融资约束。Chauhan and Kumar(2019)表明外国投资者更倾向于投资具有更高可比性的企业。Bordeman et al.(2021)研究发现会计信息可比性通过降低信息不对称有效缓解了股票折价增发现象。国内学者也采用这两种度量方法分析了会计信息可比性在公司治理中的作用(袁振超和饶品贵,2018;唐雪松 et al.,2019;李青原和王露萌,2020)。这些研究使用不同的方法来衡量可比性,都发现更具可比的会计信息有利于投资者以更低的成本获取信息,从而减少了内部与外部之间的信息不对称,但是在银行业缺乏关于会计信息可比性的好处的证据。由于银行业独特的会计准则和复杂的财务报表,银行业的信息不对称问题更加严重,会计信息具有可比性是非常必要的,有可能通过银行的风险承担渠道影响银行系统性风险。

7.3.1.3 研究假设

考虑到可比的会计信息降低了信息获取和处理成本,方便了对银行活动的监管,并降低了代理成本,本节认为会计信息更具可比性的银行的风险承担也会更低,从而减少银行系统性风险,其中有三个理由。

第一,更具可比性的会计信息可能降低银行的道德风险问题。根据道德风险理论,银行股东倾向鼓励管理者采取激进的贷款策略、投资高风险资产等行为来获取更高收益,因为高风险活动增加了存款保险的价值,而不会给银行股东带来额外成本(Saunders et al.,1990;Sun and Liu,2014)。虽然存款保险基金和存款人有动机采取措施管控银行的道德风险行为对自身产生的损害,但由于银行管理存在高度的信息不对称,导致存款保险基金和存款人难以限制银行承担更高风险(Pathan,2009)。通常情况下,信息不对称程度越高,道德风险问题越突出。可比的会计信息能使存款保险基金和存款人等外部人员通过与其他银行进行对比更好地了解银行的风险敞口和经营状况,降低外部人员与银行之间的信息不对称,进而减少银行的道德风险行为。从这个角度看,可比的会计信息可以视作一种惩戒手段,可以遏制与道德风险问题相关的银行过度冒险行为。归纳而言,会计信息可比性通过减少道德风险问题降低了银行风险承担,从而减少银行系统性风险。

第二,更具可比性的会计信息可能减小银行管理者的自由裁量权。尽管银行必须在监管机构施加的限制范围内经营,但由于信息不对称的存在,管理者在风险资产规模和结构选择上仍然拥有很大的自由裁量权。银行普遍采取股权薪酬激励方式,管理者的薪酬收入与经营业绩挂钩,这就使银行管理者采取追求更高风险的战略(Defusco et al.,1990;Chen et al.,2006)。可比的会计信息可以提高信息透明度,使股东和监管机构对管理活动的监测更加容易、成本更低,从而减小管理者的自由裁量权。那么,自由裁量权被削弱后,管理者选择过高风险项目时就会受到诸多限制,从而降低银行风险承担,减少银行系统性风险。总而言之,会计信息可比性通过减小管理者的自由裁量权降低银行系统性风险。

第三,更具可比性的会计信息可能提高银行内部控制的有效性。银行管理层常出现对经营业绩的追求"急功近利",导致内部控制和合规管理被不自觉地淡化,导致银行风险水平过高,有效的内部控制能够减少银行风险承担(Akhigbe and Martin,2008)。可比的会计信息能够减少董事会和管理层之间的信息不对称,董事会不但可以对投资决策进行监督和评估,通过下属的风险管理委员会提高内部控制和合规管理的有效性,而且能迫使管理层采取更为保守的行为,以减轻因承担更多风险而造成的法律责任和声誉损失。总而言之,会计信息可比性通过提高内部控制的有效性减少风险承担,从而降低银行系统性风险。

根据上述分析,本节提出如下研究**假设 1**:

假设 1:会计信息可比性通过对银行风险承担产生负向影响降低银行系统性风险,即更具可比的会计信息能够降低银行系统性风险。

会计信息可比性和银行风险承担之间的关系可能会因银行规模而有所

差异，从而对银行系统性风险产生异质性影响。其中一个原因在于大型银行的风险承担性质和水平往往与小型银行不同，大型银行风险比小型银行风险更低。大型银行通过吸收存款等方式保持流动性的能力更强，所以大型银行的风险水平较低；而且小型银行普遍存在股权集中化、高资金成本衍生的高利息收入现象，也使小型银行具有更高的风险水平（Beltratti and Stulz，2012；Khan et al.，2017）。另外，小型银行的信息不对称问题比大型银行更严重。原因在于，大型银行风险爆发往往产生更大的社会破坏力，导致监管机构对大型银行的监管更加严格；在投资过程中，投资者和分析师也更加偏好大型银行，对大型银行的关注度也更高。相比之下，小型银行受到监管机构、投资者和分析师的监管审查较少。那么，对小型银行来说，更具可比性的会计信息能够更加有效地减少信息不对称问题。因此，本节提出如下研究**假设2**：

假设2：会计信息可比性对小型商业银行的负向影响效果比大型银行更显著。

全球金融危机改变了金融机构监管规则，为减少大型跨国银行经营过程中的道德风险问题，金融稳定理事会（FSB）发布了《降低系统重要性金融机构道德风险的政策建议及时间表》等一系列政策文件，公布了全球系统重要性银行名单。新的监管政策不仅加大了对系统重要性银行监管的力度和强度，而且对存在问题的系统重要性银行建立了快速处置机制。因此，银行进入系统重要性银行名单之后会面临更严格的监管，信息不对称程度有所降低，银行经营过程中的道德风险问题和管理者的自由裁量权都会有所减小。据此，本节提出如下研究**假设3**：

假设3：相对于非系统重要性银行，会计信息可比性对系统重要性银行的负向影响较小。

我国自2015年5月1日开始施行《存款保险条例》，意味着存款保险制度在我国由隐性转为显性，银行获得担保的同时也受到存款保险基金的监管。早期纠正和风险处置作为存款保险制度有效运行的基础能够强化对投保银行的约束，存款保险基金不仅可以对投保银行报送的信息、资料的真实性进行核查，而且可以对问题银行提出风险警示（宋美霖等，2022）。由此可见，存款保险制度实施过程中的早期纠正和风险处置作用在一定程度上降低了银行内部管理者与外部投资者之间的信息不对称，由此导致的道德风险等问题都会有所减少。因此，本节提出如下研究**假设4**：

假设4：存款保险制度实施后，会计信息可比性对银行系统性风险的负向影响会有所减小。

独立董事制度是保证上市银行信息披露真实、准确、完整、公平、及时、有效的重要治理机制。通常公司董事会的董事个体以及董事之间通过至少在一个董事会同时任职而建立的联结关系,这种关系的集合被称为董事网络,在董事网络中独立董事与其他董事之间的直接联结程度被称为独立董事网络中心度,网络中心度越高意味着有越强的社会网络。独立董事的网络位置会影响上市银行的会计信息等信息披露的质量,独立董事网络中心度越高,银行信息披露质量越好(陈云森,2012)。首先,网络中心度越高的独立董事更加重视自身声誉而参与银行治理,保证银行信息透明。其次,网络中心度越高的独立董事在董事会中的影响力也更大,在决策过程中有更多的话语权,有能力保持独立性,受到管理层和控股股东干扰的可能性也更小(陈运森和谢德仁,2011)。最后,网络中心度越高的独立董事能够利用董事网络获取更多、更优的信息,使其有足够的专业能力对上市银行会计信息进行甄别。因此,银行独立董事的网络中心度越高,道德风险行为会有所减少,管理者的自由裁量权也会受到约束,内部控制也可能得到改善。根据上述分析,本节提出如下研究**假设 5**:

假设 5:会计信息可比性对独立董事网络中心度越低的商业银行,通过风险承担对银行系统性风险的负向影响越显著。

2015 年 10 月我国放开了金融机构存款利率浮动上限,存款利率在一定程度上实现了市场化。存款利率市场化之后,银行的存款利率不再是无差异的,在存款市场竞争过程中会形成与其风险水平匹配的存款利率。可比的会计信息能够使存款人更加了解银行风险水平,从而要求对应的存款利率。如果银行风险较高,那么吸收存款所需付出的资金成本就会越高,在此过程中银行需要为自身的高风险投资行为承担资金成本上升的代价,银行所有者的道德风险行为就会减少。因此,本节提出如下研究**假设 6**:

假设 6:存款利率市场化之后会计信息可比性与银行系统性风险之间的负向关系更显著。

7.3.2 研究设计与变量模型

7.3.2.1 模型设定

本节参考徐明东和陈学彬(2012)、Bhagat et al.(2015)、李双建和田国强(2020)的模型设定方式,建立基准模型如下:

$$Risk_{i,t} = \beta_0 + \beta_1 COM_{i,t} + \beta_2 BControl_{i,t} + \beta_3 MControl_t + \mu_i + \varepsilon_{i,t}$$
(7.20)

其中，$Risk_{i,t}$是被解释变量，表示银行i第t期的风险承担层面的银行系统性风险，$COM_{i,t}$是核心解释变量，表示银行的会计信息可比性，$BControl_{i,t}$表示银行财务特征的控制变量，本节参照徐明东和陈学彬、祁敬宇和刘莹从银行规模、资本水平、盈利能力和银行运行效率四个方面衡量银行财务特征(徐明东和陈学彬，2012；祁敬宇和刘莹，2021)，$MControl_t$表示宏观环境的控制变量，包括经济增速、通胀水平、利率水平和金融市场状况四个变量，μ_i表示不随时间变化的不可观察的个体异质性特征。与李双建和田国强的模型设定相同，本节因为在模型设定中包含了宏观环境控制变量，所以只控制了个体固定效应，没有控制时间固定效应，否则在估计过程中容易出现共线性问题(李双建和田国强，2020)。本节主要关注$COM_{i,t}$的系数β_1，β_1反映了会计信息可比性对银行风险承担层面的系统性风险的影响。若β_1为负，则表明会计信息可比性越高的银行风险承担层面的银行系统性风险越小。

7.3.2.2 变量定义

(1) 被解释变量

根据现有文献，常用的度量银行风险承担层面的银行系统性风险的指标主要有不良贷款率、Z值、风险资产比率、贷款损失准备金比率和预期违约率等。不良贷款率反映了银行的信贷风险，其公式表示为：不良贷款率=不良贷款/总贷款余额。Z值反映了银行因资本不足而无法弥补资本价值下降而倒闭的可能性，是对银行破产风险的衡量。预期违约率也被认为是衡量银行风险承担较好的指标，但是目前我国无法获取银行预期违约率的数据。就我国而言，因为银行贷款不仅是企业融资的最大来源，而且是银行的主要盈利资产，信贷风险是银行业面临的主要风险，因此本节参考项后军等(2018)、Jiang et al.(2020)的研究选择不良贷款率作为银行风险承担的衡量指标。但考虑到仅使用不良贷款率作为代理指标可能存在一定的局限性，本节还参考徐明东和陈学彬采用风险资产比率作为替换指标进行了稳健性检验，风险资产比率用贷款额与总资产之比表示(徐明东和陈学彬，2012)。该比率越大，表示银行的资产风险越高。

(2) 核心解释变量

目前研究主要根据会计盈余的相似程度来测度企业间会计信息可比性，主要有应计利润结构相似性和盈余变化同步性两种方法。Francis et al.

(2014)认为同行业中不同企业在同一时期内的盈利状况是相似的,那么一家企业与同行业中其他企业之间的应计利润越相似,该企业的会计信息可比性越高。具体计算方法可以用公式表示为:

$$Diff\_TA_{it} = -1 \times \sum_{j=1}^{N(j \neq i)} \frac{abs(TA_{it} - TA_{jt})}{n-1} \quad (7.21)$$

其中,n 为同行业内企业数,TA =(净利润-经营活动现金流量净额)/期初总资产,$Diff\_TA_{it}$ 表示企业 i 在第 t 期应计利润的相似程度,即会计信息可比性。该指标值越大,表示企业 i 应计利润的相似程度越高,会计信息可比性越高。

与 De Francis et al. 的观点有所不同,De Franco et al.(2011)则认为同行业的不同企业在同时期的经营状况可能因管理者能力、市场竞争力等因素有很大差别,财务报表只有在经济业务相同的情况下是相近的。那么对于相同的经济业务,两家企业的财务报表越相似,会计信息可比性就越高。两种方法都能够较好地反映企业的会计信息可比性,而且各有优劣。De Francis 等提出的"应计利润结构相似性"方法简单易操作,De Franco et al.提出的"盈余变化同步性"方法与实际更为一致。因为"盈余变化同步性"方法能够很好地反映企业间会计信息可比性,并且得到了近几年相关研究的广泛应用(Fang et al., 2016;Kim et al., 2016;Chen et al., 2018;Hasan et al., 2020),所以本节也借鉴 De Franco et al.的方法构建银行会计信息可比性指标,同时在稳健性检验中采用 De Francis et al. 的方法测度银行会计信息可比性作为替换指标。

接下来,本节根据 De Franco et al.提出的"盈余变化同步性"方法介绍会计信息可比性指标的构建过程。银行会计信息可比性反映了会计信息的质量,是指在经济业务相同情况下不同银行的财务报表的相近程度。如果相近程度越高,银行间会计信息可比性也越高。会计信息对经济业务的映射过程可以表示为:

$$Financial\ Statements_i = f_i(Economic\ Events_i) \quad (7.22)$$

其中,f_i 表示银行 i 对经济业务的会计转换函数,即银行 i 的会计系统。本节参考 De Franco et al.(2011)、Hasan et al.(2020)、李青原和王露萌(2019)的做法,会计信息用净利润率表示,即银行季度净利润除以期初股票市场价值,经济业务用银行季度股票收益率表示,使用银行 i 在第 t 期前连续 16 个季度的数据,以净利率率作为被解释变量,股票收益率作为解释变量进行回归,如式(7.23)所示估计银行 i 的会计转换函数。

$$Earnings_{it} = a_i + b_i Return_{it} + e_{it} \qquad (7.23)$$

估计出每家银行的会计转换函数之后,采用银行 i 和银行 j 的会计转换函数计算相同经济业务情况下两家银行的预期盈余,如式(7.24)和式(7.25)所示。

$$E(Earnings)_{iit} = \hat{a}_i + \hat{b}_i Return_{it} \qquad (7.24)$$

$$E(Earnings)_{ijt} = \hat{a}_j + \hat{b}_j Return_{it} \qquad (7.25)$$

其中,$E(Earnings)_{iit}$ 为银行 i 在 t 时期通过其会计转换函数对 $Return_{it}$ 的预期盈余,$E(Earnings)_{ijt}$ 为银行 j 在 t 时期通过其会计转换函数对 $Return_{it}$ 的预期盈余。银行 i 和银行 j 之间的会计信息可比性可以表示为两家银行预期盈余之间差异的平均值。为使指标与实际情况一致,本节对平均值取负号,如式(7.26)所示。该指标越大,表示会计信息可比性越高。

$$COM_{ijt} = -\frac{1}{16} \times \sum_{t-15}^{t} \left| E(Earnings)_{iit} - E(Earnings)_{ijt} \right| \qquad (7.26)$$

根据上述方法,计算银行 i 与所有其他银行的会计信息可比性指标,然后按从小到大排序。本节参照 De Franco et al.(2011)同时取平均值和中位数作为银行 i 的会计信息可比性指标,分别记为 COM_MEAN 和 COM_MEDIAN。

(3) 控制变量

① 对于银行控制变量,本节参考徐明东和陈学彬(2012)、李双建和田国强(2020)以及祁敬宇和刘莹(2021)的研究选取以下 4 个指标:

资产规模(Size):以银行总资产的自然对数作为衡量指标。资产规模可能影响银行系统性风险的原因是多方面的。首先,大型银行的"大而不能倒"效应使其面临更严格的监管,其风险承担层面的银行系统性风险可能更低;其次,资产规模越大的银行的风险管理能力越强,而且资产组合也更加多样化,其银行系统性风险也会更低;最后,大型银行的市场竞争力更大、特许经营价值更高,也使其银行系统性风险更低。上述原因都可能使资产规模成为改变银行风险承担意愿和能力的因素,从而影响银行系统性风险。

资本状况(CAP):现有研究通常采用资本充足率(资本/风险资产总额)表示银行资本状况(牛晓健和裘翔,2013)。因为风险资产的统计口径在2013 年前后不一致,因此本节借鉴 Dinger and Kaat(2020)采用银行资本与总资产的比值作为衡量指标,在稳健性检验中以 2013 年后的资本充足率作为替换指标。一方面,由于"利益共担"效应,资本水平越高的银行在经营过程中越小心谨慎,以防自有资金遭受损失,其银行系统性风险更低;另一方面,资本水平也可能是银行风险承担意愿和风险管理能力的反映,因为银行风险承担低,资本水平才高。

盈利能力(ROA):以资产收益率作为衡量指标。两个方面的原因都会使盈利能力可能是影响银行系统性风险的因素,但是盈利能力与银行系统性风险的关系并无确定性结论。一方面,按照风险越大收益越高的逻辑,盈利能力高可能反映了银行经营策略比较激进,银行系统性风险较高;另一方面,盈利能力强的银行,往往不太会为了获取更高收益而降低贷款标准接受高风险贷款。

运营效率(CIR):以银行成本收入比作为衡量指标,银行成本收入比越高,表示银行运营效率越低。运营效率能够在一定程度上反映银行管理者的治理能力和综合管理水平,运营效率低下也说明管理者能力不足,会使银行系统性风险变高。

② 对于宏观控制变量,本节参考徐明东和陈学彬(2012)、项后军等(2018)以及曹啸和卜俊飞(2021)的研究选取以下 4 个指标:

实际经济增速(GDPR):以实际国内生产总值同比增速作为衡量指标。经济形势好转通常会使企业未来盈利能力增强,银行也更倾向于选择更积极的贷款策略,也就是银行贷款具有"晴天打伞"的顺周期特征。因此,经济增速与银行系统性风险呈正相关关系。

通胀水平(CPI):以消费者物价指数同比增速作为衡量指标,该指标通过取平均值的方式将月度数据转换成季度数据。

利率水平(INTEREST):以 6 个月贷款利率作为衡量指标,在稳健性检验中以银行间 7 天同业拆借利率作为替换指标。

金融市场状况(FINANCE):以上证综合指数的对数值作为衡量指标。股票市场不仅反映了金融市场情绪,而且目前股权质押型贷款普遍存在,股票价格也影响着银行贷款决策。通常在股票市场繁荣期,由于股权抵押价值更大,银行提供贷款的意愿和规模都比较大,风险承担层面的银行系统性风险也更高。

7.3.2.3 数据来源及描述性统计

考虑到数据缺失和可得性,本节选取 2001 年第二季度至 2021 年第三季度 37 家上市银行数据作为研究样本,其中包括 6 家国有大型银行,9 家股份制银行,14家城商行以及8家农商行①。银行财务特征数据以及宏观数据来源于 Wind 数据库,银行管理层治理能力数据和内部控制数据来源于 CSMAR 数据库。为剔除极端值的影响,本节对样本数据在双边1%水平上进行 Winsor 缩尾处理。

本节首先对实证分析中采用的变量进行说明并进行描述性统计分析,结果如表7-22所示。在样本期内,银行的不良贷款率均值为1.446%,标准差为0.98,与许坤和殷孟波(2014)、项后军等(2018)的样本数据描述性统计结果接近。两种不同方法度量的会计信息可比性的均值分别为-2.39和-2.084,标准差分别为0.774和0.7。其他变量的统计结果也都基本符合预期,在合理范围内,并且数据有较大差异。因此,本节所采用的样本数据合理有效。

表7-22 变量说明及描述性统计变量定义

变量	变量说明	观察值总数	均值	标准差	最小值	最大值
NPLR	不良贷款率	1 220	1.446	0.980	0.420	8.300
COM_MEAN	会计信息可比性	1 257	-2.390	0.774	-5.438	-1.702
COM_MEDIAN		1 257	-2.084	0.700	-4.632	-1.254
SIZE	资产规模	1 257	28.28	1.545	25.24	31.01
CAP	资本状况	1 257	0.066 3	0.015 3	0.023 8	0.096 8
ROA	盈利能力	1 146	0.650	0.318	0.148	1.422
CIR	运营效率	1 208	29.01	6.089	17.59	46.26
GDPR	实际经济增速	1 257	7.649	3.780	-6.800	18.30
CPI	通胀水平	1 257	2.419	1.788	-1.533	8.033
INTEREST	利率水平	1 257	4.900	0.689	4.350	6.570
FINANCE	金融市场状况	1 257	7.955	0.239	7.144	8.588

---

① 6家国有大型银行:中国银行、中国农业银行、中国工商银行、中国建设银行、交通银行、邮政储蓄银行;9家股份制银行:平安银行、浦发银行、华夏银行、民生银行、招商银行、兴业银行、光大银行、浙商银行、中信银行;14家城商行:宁波银行、郑州银行、青岛银行、苏州银行、江苏银行、杭州银行、西安银行、南京银行、北京银行、厦门银行、上海银行、长沙银行、成都银行、贵阳银行;8家农商行:江阴银行、张家港银行、青农银行、无锡银行、渝农银行、常熟银行、紫金银行、苏农银行。

7.3.3 回归结果与数据分析

7.3.3.1 基准回归：会计信息可比性对银行系统性风险的影响

本节首先考虑会计信息可比性对风险承担层面的银行系统性风险的影响，检验结果如表 7-23 所示。回归中使用了 COM_MEAN 和 COM_MEDIAN 两个指标衡量会计信息可比性，并且分别考虑是否控制银行固定效应。可以看出，变量 COM_MEAN 和 COM_MEDIAN 的系数在 1% 置信水平下均显著为负，系数在 -0.14 左右，是否控制银行固定效应不会明显改变系数符号和大小。这说明银行会计信息可比性提高会使其降低，会计信息可比性指标每提高 1 单位，银行不良贷款率将减少 0.14% 左右。控制变量的系数也均符合预期，与徐明东和陈学彬（2012）、项后军等（2018）的实证分析结果保持一致。

表 7-23 会计信息可比性对银行系统性风险的影响检验

变量	(1) NPLR	(2) NPLR	(3) NPLR	(4) NPLR
COM_MEAN	-0.135*** (-4.51)	-0.139*** (-4.48)		
COM_MEDIAN			-0.142*** (-4.02)	-0.153*** (-4.10)
SIZE	-0.0547** (-2.15)	-0.426*** (-7.56)	-0.0506** (-1.97)	-0.430*** (-7.62)
CAP	-1.253 (-0.59)	-0.672 (-0.30)	-1.679 (-0.79)	-0.746 (-0.33)
ROA	-0.229*** (-3.39)	-0.123* (-1.81)	-0.226*** (-3.33)	-0.125* (-1.82)
CIR	-0.00290 (-0.55)	-0.0208*** (-3.18)	-0.00284 (-0.53)	-0.0202*** (-3.09)
GDPR	0.0364*** (4.54)	0.0184** (2.21)	0.0366*** (4.55)	0.0182** (2.18)
CPI	0.0528*** (3.59)	0.0510*** (3.55)	0.0475*** (3.27)	0.0457*** (3.21)

续　表

变　量	(1) NPLR	(2) NPLR	(3) NPLR	(4) NPLR
INTEREST	−0.247*** (−5.37)	−0.392*** (−7.97)	−0.239*** (−5.20)	−0.387*** (−7.87)
FINANCE	0.385*** (3.57)	0.435*** (4.14)	0.394*** (3.65)	0.444*** (4.21)
CONSTANT	0.621 (0.50)	12.06*** (6.07)	0.459 (0.37)	12.09*** (6.07)
Bank FE	NO	YES	NO	YES
N	1 070	1 070	1 070	1 070
R^2	0.115	0.151	0.110	0.148

注：***、**、*分别表示在1%、5%、10%置信水平上显著，括号里的数值为t值。本节以下各表同。

7.3.3.2　稳健性检验

(1) 替换关键变量衡量指标

考虑到变量选择可能对基准回归结果的影响，本节分别用关键变量的替换指标进行了稳健性检验，回归结果如表7-24所示。首先，考虑到用不良贷款率衡量风险承担层面的银行系统性风险可能存在局限性，本节用风险资产比率作为被解释变量进行稳健性检验，结果如列(1)和列(2)所示。可以看到，变量 COM_MEAN 和 COM_MEDIAN 的系数仍然显著为负，以风险资产比率作为风险承担层面的银行系统性风险代理变量不会改变研究结论。其次，本节为排除会计信息可比性的指标选择可能带来的影响，本节还利用借鉴 Francis et al.(2014)的方法构建的应计利润结构相似性指标 $Diff\_TA$ 进行了稳健性检验，结果如列(3)所示。结果中，变量 $Diff\_TA$ 的系数也显著为负，其他控制变量也与基准回归基本保持一致，说明替换会计信息可比性的衡量指标并不会改变研究结论。最后，为进一步排除部分控制变量选择对实证结果的影响，本节分别用2013年后的资本充足率数据表述银行资本状况、银行间7天同业拆借利率表示利率水平进行稳健性检验，结果如列(4)至列(7)所示。结果中，变量 COM_MEAN 和 COM_MEDIAN 的系数也显著为负，实证结果没有发生明显改变。综上所述，本节的研究结论不太会受到变量选择的影响，有比较好的稳健性。

表7-24 替换关键变量衡量指标

变量	(1) RiskAsset	(2) RiskAsset	(3) NPLR	(4) NPLR	(5) NPLR	(6) NPLR	(7) NPLR
COM_MEAN	−0.004 03* (−1.95)			−0.214*** (−4.28)		−0.124*** (−4.16)	−0.137*** (−3.60)
COM_MEDIAN		−0.004 16* (−1.68)			−0.262*** (−4.04)		
$Diff\_TA$			−0.083 3** (−2.13)				
SIZE	−0.061 6*** (−16.23)	−0.061 8*** (−16.25)	−0.457** (−2.05)	−0.832*** (−7.71)	−0.835*** (−7.73)	−0.016 1 (−0.64)	−0.163*** (−2.82)
CAP	1.245*** (8.31)	1.241*** (8.29)	−0.813 (−0.10)			2.910 (1.43)	3.000 (1.33)
CAR				−0.120** (−5.07)	−0.123*** (−5.19)		
ROA	−0.007 28 (−1.59)	−0.007 27 (−1.58)	−0.142** (−2.27)	0.129 (1.17)	0.138 (1.26)	−0.245*** (−3.64)	−0.194*** (−2.81)
CIR	0.000 492 (1.13)	0.000 514 (1.18)	−0.017 8 (−0.90)	−0.049 5*** (−4.30)	−0.049 5*** (−4.29)	−0.006 89 (−1.29)	−0.013 8** (−2.08)

续 表

变量	(1) RiskAsset	(2) RiskAsset	(3) NPLR	(4) NPLR	(5) NPLR	(6) NPLR	(7) NPLR
GDPR	−0.001 78*** (−3.18)	−0.001 79*** (−3.20)	0.014 9** (2.14)	0.025 3 (0.86)	0.023 7 (0.80)	0.029 3*** (3.86)	0.017 7* (1.95)
CPI	0.002 82*** (2.92)	0.002 66*** (2.78)	0.033 6 (1.61)	0.007 54 (0.30)	−0.000 548 (−0.02)	0.034 9*** (2.70)	0.012 9 (0.89)
INTEREST	−0.036 6*** (−11.14)	−0.036 5*** (−11.10)	−0.362*** (−3.48)	−0.079 3 (−1.01)	−0.070 1 (−0.89)		
Rate7						−0.153*** (−5.19)	−0.123*** (−3.83)
FINANCE	−0.007 00 (−1.00)	−0.006 74 (−0.96)	0.466*** (4.87)	0.354** (2.05)	0.392** (2.27)	0.422*** (3.99)	0.529*** (4.73)
CONSTANT	2.390*** (17.79)	2.391*** (17.78)	12.83* (1.72)	25.01*** (6.95)	24.81*** (6.87)	−1.512 (−1.38)	2.037 (1.22)
Bank FE	YES	YES	YES	YES	YES	YES	YES
N	1 053	1 053	1 070	496	496	1 070	1 070
R^2	0.303	0.303	0.136	0.336	0.334	0.105	0.109

(2) 工具变量分析

会计信息可比性和银行系统性风险是共同决定的。当银行的会计信息更具可比性时,银行更可能从事风险较小的活动;反之,风险较低的银行也更可能有动机发布可比性更高的会计信息。此外,在回归分析中还可能存在未观察变量和遗漏变量等问题。为解决上述问题可能引起的内生性,本节使用工具变量通过两阶段最小二乘估计进行稳健性分析,回归结果如表7-26所示。银行会计信息历史的可比性越高通常下一期也会越高,具有一定的连贯性,从风险承担的角度,而且银行当期的系统性风险水平不太可能会受历史的会计信息可比性影响,因此以历史会计信息可比性作为工具变量满足相关性和排他性原则,本节分别选取 COM_MEAN 和 COM_MEDIAN 的滞后一期作为工具变量进行回归分析,结果如表7-25所示,工具变量的系数分别为0.976和0.917,而且显著性水平较高,说明工具变量满足强相关性原则。列(2)和列(4)的第二阶段回归结果显示,在采用工具变量控制会计信息可比性和银行系统性风险之间的内生性之后,变量 COM_MEAN 和 COM_MEDIAN 的系数仍然显著为负,分别为-0.323和-0.605。因此,在考虑内生性之后,本节的研究结果仍然是稳健的。

表7-25 工具变量法回归结果

变 量	(1) COM_MEAN	(2) NPLR	(3) COM_MEDIAN	(4) NPLR
COM_MEAN_IV	0.976*** (31.29)			
COM_MEAN		-0.323*** (-7.18)		
COM_MEDIAN_IV			0.917*** (19.78)	
COM_MEDIAN				-0.605*** (-7.99)
SIZE	0.148*** (3.66)	-0.402*** (-7.02)	0.130*** (3.24)	-0.386*** (-6.40)
CAP	4.564*** (2.80)	-0.542 (-0.24)	3.301** (2.05)	-0.675 (-0.28)

续 表

变 量	(1) COM_MEAN	(2) NPLR	(3) COM_MEDIAN	(4) NPLR
ROA	−0.046 4 (−0.94)	−0.138** (−1.99)	−0.054 0 (−1.11)	−0.160** (−2.19)
CIR	0.000 254 (0.05)	−0.024 4*** (−3.67)	−0.000 982 (−0.21)	−0.026 6*** (−3.78)
GDPR	0.006 22 (1.04)	0.022 6*** (2.67)	0.005 92 (1.00)	0.027 0*** (3.02)
CPI	0.016 0 (1.52)	0.070 8*** (4.73)	0.020 6** (2.03)	0.073 9*** (4.72)
INTEREST	−0.049 1 (−1.39)	−0.414*** (−8.29)	−0.075 9** (−2.18)	−0.422*** (−8.03)
FINANCE	−0.077 4 (−1.02)	0.403*** (3.78)	−0.064 1 (−0.86)	0.398*** (3.54)
Bank FE	YES	YES	YES	YES
N	1 069	1 069	1 069	1 069
R^2	0.538	0.122	0.318	0.027

(3) 倾向得分匹配分析

为进一步排除可能存在的模型设定错误导致的内生性问题，本节使用倾向得分匹配方法(PSM)进行稳健性分析。首先，本节将样本分为处置组和对照组，如果银行会计信息可比性高于样本中位数，则为处置组，其发布可比会计信息的可能性为 1；反之，则为对照组，其发布可比会计信息的可能性为 0。然后，本节参考现有研究(Endrawes et al., 2020；Hasan et al., 2020)构建了如下 Logit 模型估计倾向得分。

$$P(COM_{i,t}=1) = \gamma_0 + \gamma_1 Size_{i,t} + \gamma_2 CAP_{i,t} + \gamma_3 ROA_{i,t} + \gamma_4 CIR_{i,t} + \varepsilon_{i,t} \quad (7.27)$$

其中，$Size$、CAP、ROA 和 CIR 的经济含义和衡量指标选择与上述一致。在匹配过程中，本节采用近邻 1∶1 匹配法，以确保处置组和对照组的银行足够相似。从表 7-26 Panel A 的平稳性分析结果中可以看出，除 CAP 外，处置组和对照组的解释变量差异不显著。Panel B 的结果显示，处置组的银行风险水平显著低于对照组。因为倾向得分匹配剔除了除会计信息可比性之外银行所有可观察的因素，结合 Panel A 和 Panel B 的结果可以看出，处置组和对照组之间银行风险之所以存在显著差异，是因为两组之间会计信息可比性不同。

同时，表 7-26 Panel C 列出了倾向得分匹配样本的回归结果。结果中 COM_MEAN 和 COM_MEDIAN 的系数仍然显著为负，与基准回归保持一致。这说明在考虑因模型设定错误可能出现的内生性问题之后，会计信息可比性与银行系统性风险之间的负相关关系不会发生改变，结果是稳健的。

表 7-26 倾向得分匹配法回归结果

	Panel A			
	Treated	Control	Difference(%)	t-stat
SIZE	28.677	28.713	−2.4	−0.43
CAP	0.066 6	0.064 5	15.0	2.62***
ROA	0.676	0.680	−1.4	−0.22
CIR	28.42	28.886	−7.9	−1.34
	Panel B			
	Treated	Control	Difference(%)	t-stat
NPLP	1.316	1.396	−11.6	−1.96**
	Panel C			
	(1) NPLR		(2) NPLR	
COM_MEAN	−0.129*** (−3.45)			
COM_MEDIAN			−0.173** (−2.51)	

续表

	Panel C	
	(1) NPLR	(2) NPLR
SIZE	0.062 4*** (4.11)	0.068 8*** (4.11)
CAP	−1.030 (−0.29)	0.108 (0.02)
ROA	−0.286*** (−3.86)	−0.243*** (−3.49)
CIR	0.010 0* (1.92)	0.008 52* (1.70)
GDPR	0.033 3*** (3.35)	0.034 7*** (2.62)
CPI	0.035 2*** (2.74)	0.038 1** (2.23)
INTEREST	−0.246*** (−5.39)	−0.163*** (−3.52)
FINANCE	0.475*** (2.64)	0.811*** (3.31)
CONSTANT	−3.674** (−2.35)	−7.061*** (−4.21)
Bank FE	YES	YES
N	804	811
R^2	0.160	0.187

7.3.3.3 机制检验

本节认为会计信息可比性对风险承担层面银行系统性风险的影响源自信息不对称和对银行活动的监管,本部分将从道德风险、自由裁量权和内部控制三个方面检验其影响机制。

(1) 道德风险机制检验

本节认为会计信息可比性通过信息披露使银行监管存在的道德风险问题更少,进而改变风险承担层面银行系统性风险水平。那么,银行道德风险越高,会计信息可比性与银行系统性风险之间的负相关关系也会更强。对道德风险的衡量,本节参照 Pathan(2009)、林志帆和刘诗源(2022)选择管理层持股比例,同时参照 Flammer and Luo(2014)、邱牧远和殷红(2019)选择富时罗素 ESG 评分作为衡量指标,分别进行实证分析,回归结果如表 7-27 所示。

在列(1)至列(4)中,本节根据管理层持股比例是否高于(低于)样本中位数将银行划分为高道德风险和低道德风险两个子样本。对于高道德风险银行,COM_MEAN 和 COM_MEDIAN 系数的绝对值明显大于低道德风险银行。在列(5)至列(8)中,本节进一步根据富时罗素 ESG 评分是否高于(低于)中位数同样将银行划分为高道德风险和低道德风险两个子样本。可以看到,在高道德风险银行样本中 COM_MEAN 和 COM_MEDIAN 系数的绝对值也明显大于低道德风险银行。根据上述分析可以发现,当银行面临更高的道德风险时,提高会计信息可比性能够更加降低风险承担层面银行系统性风险,道德风险机制成立。

(2) 自由裁量权机制检验

自由裁量权影响风险承担层面银行系统性风险的逻辑在于管理者权利的扩大放大了其个人角色行为倾向。根据代理理论,管理者在薪酬激励下为追求个人利益最大化会出现冒险的机会主义行为,增加银行系统性风险。如果这一观点成立,那么可以观察到对于管理者拥有更高自由裁量权的银行会计信息可比性与其风险承担层面银行系统性风险的负相关关系会更强。为验证这一观点,本节参照 Hasan et al.(2020)采用董事会规模作为银行管理者自由裁量权的衡量指标,董事会规模越大,管理者自由裁量权越小。根据董事会规模是否低于(高于)中位数将银行分为高自由裁量权和低自由裁量权两个子样本,进行对比分析,回归结果如表 7-28 所示。

从结果中可以看出,对于高自由裁量权的银行,COM_MEAN 和 COM_MEDIAN 系数分别为 -0.207 和 -0.194;而对于低自由裁量权的银行,COM_MEAN 和 COM_MEDIAN 系数则分别为 -0.0688 和 -0.098。在高自由裁量权样本中,会计信息可比性系数的绝对值明显更高,说明会计信息可比性与银行风险承担层面银行系统性风险的负相关关系更强。由此可以认为,当银行受到较少的监管时,提高会计信息可比性能够更为有效地降低银行系统性风险,自由裁量权机制成立。

表7-27 道德风险机制检验

变量	(1)	(2)	(3)	(4)	(5)	(6)	(7)	(8)
	管理层持股比例				富时罗素ESG评分			
	高道德风险		低道德风险		高道德风险		低道德风险	
COM_MEAN	−0.138*** (−2.91)		−0.132*** (−3.75)		−0.196*** (−4.19)		−0.057 8* (−1.87)	
COM_MEDIAN		−0.166*** (−2.85)		−0.134*** (−3.20)		−0.227*** (−3.91)		−0.058 5 (−1.62)
SIZE	−0.502*** (−6.44)	−0.505*** (−6.49)	−0.439*** (−4.65)	−0.444*** (−4.69)	−0.475*** (−5.26)	−0.474*** (−5.23)	−0.274*** (−5.05)	−0.278*** (−5.14)
CAP	−11.05*** (−3.22)	−11.16*** (−3.26)	16.87*** (5.32)	16.87*** (5.30)	−7.675** (−2.17)	−7.768** (−2.19)	10.76*** (4.80)	10.64*** (4.75)
ROA	0.005 24 (0.05)	0.000 363 (0.00)	−0.263*** (−3.35)	−0.261*** (−3.30)	−0.119 (−1.19)	−0.127 (−1.26)	−0.167** (−2.33)	−0.164** (−2.28)
CIR	−0.031 2*** (−3.09)	−0.030 9*** (−3.06)	−0.004 78 (−0.57)	−0.003 89 (−0.46)	−0.036 6*** (−3.51)	−0.035 2*** (−3.38)	0.005 13 (0.81)	0.005 09 (0.80)
GDPR	0.012 9 (0.95)	0.012 7 (0.94)	0.031 2*** (3.52)	0.031 4*** (3.52)	0.021 8* (1.65)	0.021 8 (1.64)	0.012 0 (1.57)	0.011 8 (1.53)

续 表

变 量	(1)	(2)	(3)	(4)	(5)	(6)	(7)	(8)
	管理层持股比例				富时罗素 ESG 评分			
	高道德风险		低道德风险		高道德风险		低道德风险	
CPI	0.052 2** (2.32)	0.046 6** (2.11)	0.048 6*** (2.96)	0.044 0*** (2.69)	0.069 8*** (3.15)	0.065 0*** (2.95)	0.024 3* (1.76)	0.021 0 (1.55)
INTEREST	−0.393*** (−4.83)	−0.384*** (−4.74)	−0.339*** (−6.05)	−0.339*** (−6.02)	−0.462*** (−6.28)	−0.456*** (−6.20)	−0.251*** (−5.05)	−0.248*** (−5.00)
FINANCE	0.459*** (2.65)	0.465*** (2.69)	0.284** (2.49)	0.290** (2.54)	0.444*** (2.78)	0.456*** (2.85)	0.378*** (3.65)	0.382*** (3.70)
CONSTANT	14.54*** (5.03)	14.54*** (5.03)	12.19*** (4.02)	12.30*** (4.04)	14.58*** (4.56)	14.40*** (4.49)	6.187*** (3.28)	6.285*** (3.33)
Bank FE	YES	YES	YES	YES	YES	YES	YES	YES
N	575	575	495	495	635	635	435	435
R^2	0.153	0.152	0.262	0.256	0.162	0.159	0.231	0.229

表 7-28 自由裁量权机制检验

变量	(1)	(2)	(3)	(4)
	高自由裁量权	高自由裁量权	低自由裁量权	低自由裁量权
COM_MEAN	−0.207*** (−3.62)		−0.068 8*** (−2.78)	
COM_MEDIAN		−0.194*** (−2.88)		−0.098 0*** (−3.20)
SIZE	−0.563*** (−5.15)	−0.560*** (−5.09)	−0.251*** (−5.45)	−0.257*** (−5.60)
CAP	−8.145* (−1.71)	−8.148* (−1.70)	0.512 (0.30)	0.466 (0.27)
ROA	−0.278** (−2.02)	−0.286** (−2.07)	−0.067 7 (−1.32)	−0.064 9 (−1.27)
CIR	−0.000 202 (−0.01)	0.002 42 (0.16)	−0.023 3*** (−4.90)	−0.023 9*** (−5.02)
GDPR	0.020 8 (1.09)	0.020 4 (1.06)	0.018 4*** (3.07)	0.018 6*** (3.11)
CPI	0.069 2** (2.45)	0.060 5** (2.15)	0.032 4*** (2.93)	0.030 7*** (2.83)
INTEREST	−0.281*** (−2.84)	−0.269*** (−2.71)	−0.367*** (−9.66)	−0.368*** (−9.71)
FINANCE	0.427* (1.95)	0.448** (2.03)	0.327*** (4.16)	0.330*** (4.20)
CONSTANT	15.27*** (3.81)	15.01*** (3.72)	7.948*** (5.09)	8.078*** (5.19)
Bank FE	YES	YES	YES	YES
N	444	444	622	622
R^2	0.200	0.191	0.270	0.273

(3) 内部控制机制检验

最后,本节认为更具可比性的会计信息可以改善监督和合规方面的内部控制,从而限制了银行管理者从事高风险活动的能力。那么,对于内部控制较弱的银行,会计信息可比性与风险承担层面银行系统性风险之间的关系会更强。为了验证这一假设,本节参照刘运国等选择是否披露内控评价报告Disclose作为银行内部控制水平的代理指标(刘运国等,2016),如果银行披露内部评价报告,Disclose 则为 1;反之,Disclose 则为 0。因为在分样本分析结果中 COM_MEAN 和 COM_MEDIAN 系数差别没有道德风险机制和自由裁量权机制检验中那么明显,因此本节选择交乘项方法进行分析,回归结果如表 7-29 列(1)至列(2)所示。同时,本节还选择风险稽核人员人数占比来衡量内部控制水平,根据风险稽核人员人数占比是否高于(低于)中位数,将银行分为强内部控制和弱内部控制两个子样本,回归结果如表 7-29 列(3)至列(6)所示。

可以看到,交乘项 $COM\_MEAN \times Disclose$ 和 $COM\_MEDIAN \times Disclose$ 的系数显著为正,与 COM_MEAN 和 COM_MEDIAN 的系数符号相反,说明对于没有披露内部评价报告的银行,会计信息可比性与其风险的负相关关系更强。而且,对比分析列(3)至列(6)的结果也能发现,强内部控制样本中 COM_MEAN 和 COM_MEDIAN 的系数也明显高于弱内部控制样本。综上分析,当银行内部控制较弱时,提高会计信息可比性能够更加有效地降低银行系统性风险,内部控制机制成立。

7.3.4 进一步分析

上述机制分析表明会计信息可比性是通过减少道德风险、弱化管理者自由裁量权和改善内部控制来影响银行系统性风险的。众所周知,对于不同类型的银行、不同的制度设计、不同的管理者背景以及不同的市场化,银行的道德风险、管理者自由裁量权和内部控制都有所差异,因此会计信息可比性对风险承担层面银行系统性风险的影响会存在异质性。本部分将就此进行分析。

7.3.4.1 银行规模的影响

本节认为会计信息可比性和风险承担层面银行系统性风险之间的关系可能因银行规模而异。目前大部分学者均认为大型银行的会计信息可比性与风险承担之间的关系更弱,小型银行的会计信息可比性与风险承担之间的关系则更强。现有研究表明规模越大的企业(非金融企业)信息披露越充

表7-29 内部控制机制检验

变量	(1)	(2)	(3)	(4)	(5)	(6)
	是否披露内部评价报告		风险稽核人员人数占比			
			强内部控制		弱内部控制	
COM_MEAN	−0.159*** (−5.92)		−0.128*** (−3.39)		−0.090 0** (−2.24)	
COM_MEDIAN		−0.213*** (−6.71)		−0.138*** (−3.02)		−0.114** (−2.41)
COM_MEAN×Disclose	0.194*** (9.33)					
COM_MEDIAN×Disclose		0.253*** (10.18)				
SIZE	0.016 5 (0.42)	0.025 5 (0.66)	−0.449*** (−6.91)	−0.453*** (−6.96)	−0.836*** (−6.38)	−0.839*** (−6.42)
CAP	5.882*** (4.15)	5.714*** (4.06)	−2.632 (−1.03)	−2.788 (−1.08)	25.56*** (4.88)	25.80*** (4.96)
ROA	0.044 2 (1.08)	0.042 9 (1.06)	−0.110 (−1.32)	−0.110 (−1.32)	−0.198** (−2.17)	−0.202** (−2.21)

续表

变量	(1)	(2)	(3)	(4)	(5)	(6)
	是否披露内部评价报告		风险稽核人员人数占比			
			强内部控制		弱内部控制	
CIR	−0.025 1*** (−6.29)	−0.025 7*** (−6.50)	−0.031 0*** (−3.88)	−0.030 7*** (−3.83)	0.008 09 (0.88)	0.008 57 (0.94)
GDPR	0.008 37* (1.68)	0.008 71* (1.76)	0.020 2** (2.01)	0.019 9** (1.98)	0.017 0 (1.47)	0.017 2 (1.50)
CPI	0.033 5*** (3.93)	0.033 8*** (4.09)	0.058 8*** (3.37)	0.053 3*** (3.09)	−0.005 58 (−0.29)	−0.006 89 (−0.36)
INTEREST	−0.170*** (−5.62)	−0.176*** (−5.87)	−0.424*** (−6.99)	−0.419*** (−6.90)	−0.250*** (−4.08)	−0.250*** (−4.09)
FINANCE	0.574*** (7.56)	0.554*** (7.35)	0.402*** (3.10)	0.412*** (3.17)	0.533*** (4.14)	0.532*** (4.14)
CONSTANT	−2.724** (−2.01)	−2.771** (−2.07)	13.35*** (5.68)	13.39*** (5.69)	21.17*** (5.33)	21.22*** (5.36)
Bank FE	YES	YES	YES	YES	YES	YES
N	1 014	1 014	847	847	223	223
R^2	0.343	0.353	0.137	0.134	0.401	0.403

分(Habib et al., 2017;Choi et al., 2019),类似地,利益相关者可以有更多的信息评估大型银行相对于其他银行是否承担了过多的风险,从而施加压力,道德风险问题会有所缓解。而且,大型银行会受到监督机构、投资者、分析师和其他利益相关者的严密审查,相比之下,小型银行受到的监管审查较少,投资者和分析师对它们的关注也较少,这也导致小型银行的道德风险和管理者的自由裁量权更高。最后,相对于小型银行,大型银行可能有更严格的内部控制和来自更广泛的利益相关者的审查,导致其风险承担活动明显减少(Jin et al., 2013)。为验证上述观点,本节根据银行总资产是否高于中位数将银行划分为大型银行和小型银行两种类型,通过对比两者的实证结果分析银行规模对会计信息可比性和银行风险承担层面银行系统性风险之间关系的影响,实证回归结果如表7-30所示。

表7-30 银行规模的影响

变量	(1)	(2)	(3)	(4)
	大型银行	大型银行	小型银行	小型银行
COM_MEAN	−0.106*** (−2.95)		−0.122*** (−2.66)	
COM_MEDIAN		−0.129*** (−3.00)		−0.138** (−2.49)
SIZE	−0.450*** (−5.32)	−0.451*** (−5.34)	−0.546*** (−6.93)	−0.550*** (−6.98)
CAP	18.97*** (6.53)	18.97*** (6.54)	−18.08*** (−5.13)	−18.32*** (−5.20)
ROA	−0.209*** (−2.96)	−0.210*** (−2.97)	−0.006 56 (−0.06)	−0.008 39 (−0.07)
CIR	0.004 30 (0.58)	0.004 52 (0.61)	−0.034 2*** (−3.19)	−0.033 4*** (−3.11)
GDPR	0.019 6** (2.34)	0.019 8** (2.37)	0.014 9 (1.08)	0.014 5 (1.05)
CPI	0.021 6 (1.46)	0.019 0 (1.30)	0.041 9* (1.76)	0.036 3 (1.55)

续 表

变量	(1)	(2)	(3)	(4)
	大型银行		小型银行	
INTEREST	−0.281*** (−5.59)	−0.280*** (−5.58)	−0.311*** (−3.63)	−0.304*** (−3.54)
FINANCE	0.401*** (3.74)	0.407*** (3.81)	0.373** (2.18)	0.380** (2.22)
CONSTANT	11.22*** (4.06)	11.18*** (4.05)	16.42*** (5.64)	16.42*** (5.64)
Bank FE	YES	YES	YES	YES
N	539	539	531	531
R^2	0.262	0.263	0.204	0.202

从结果中可以看出,大型银行中 COM_MEAN 和 COM_MEDIAN 的系数分别为 −0.106 和 −0.129,而小型银行中两个主要解释变量的系数则分别为 −0.122 和 −0.138,其绝对值明显大于大型银行。由此可以看出,会计信息可比性与银行系统性风险之间的关系在不同规模的银行之间存在差异,两者之间的负向关系对小型银行更强,验证了上述观点。

7.3.4.2 划为系统重要性银行的影响

次贷危机以后,全球银行业监管机构从 2011 年开始划定了系统重要性银行,对系统重要性银行提出更高的资本要求和更严的监管标准。此后,系统重要性银行监管不断完善,从原来的"大而不能倒"逐渐走向"大而不会倒"。中国银行、中国工商银行、中国农业银行和中国建设银行也陆续被全球金融业监管机构划入系统重要性银行名单①,这也意味着这四家银行成为系统重要性银行之后要面临更严的监管要求,信息不对称程度会有所降低,会计信息可比性与风险承担层面银行系统性风险之间的负向关系也更小。

---

① 中国银行于 2011 年最早被划为全球系统重要性银行,中国工商银行、中国农业银行和中国建设银行也分别在 2013 年、2014 年和 2015 年进入全球系统重要性银行名单。我国央行和原保监会也评估认定了 19 家国内系统重要性银行,包括 6 家国有商业银行、9 家股份制商业银行和 4 家城市商业银行。由于发布时间为 2021 年 10 月 15 日,本文研究样本截止到 2021 年第三季度,因此本书在此采用的是全球系统重要性银行名单。

接下来,本节开始探讨划为系统重要性银行是否影响会计信息可比性与银行系统性风险之间的关系。

本节构建了一个表示是否划为系统重要性银行的虚拟变量 SI,当银行进入系统重要性银行名单中,虚拟变量 SI 为 1,否则为 0。然后,虚拟变量 SI 与会计信息可比性指标构建交乘项进行回归,实证结果如表 7-31 所示。可以看到,交乘项的系数分别为 0.147 和 0.174,显著为正,与 COM_MEAN 和 COM_MEDIAN 的系数符号相反。这说明,对于对系统重要性银行来说,会计信息可比性与银行系统性风险之间的负向关系更弱,验证了**假设 3**。

表 7-31 系统重要性银行与非系统重要性银行

变量	(1)	(2)	变量	(1)	(2)
COM_MEAN	-0.149*** (-4.82)		$GDPR$	0.016 8** (2.03)	0.016 5** (1.99)
$COM\_MEAN \times SI$	0.147*** -0.149***		CPI	0.048 5*** (3.39)	0.043 2*** (3.06)
COM_MEDIAN		-0.166*** (-4.45)	$INTEREST$	-0.414*** (-8.42)	-0.408*** (-8.31)
$COM\_MEDIAN \times SI$		0.174*** (4.08)	$FINANCE$	0.460*** (4.40)	0.465*** (4.45)
$SIZE$	-0.441*** (-7.86)	-0.445*** (-7.92)	$CONSTANT$	12.43*** (6.30)	12.49*** (6.32)
CAP	0.209 (0.09)	0.120 (0.05)	Bank FE	YES	YES
ROA	-0.116* (-1.71)	-0.118* (-1.74)	N	1 070	1 070
CIR	-0.023 5*** (-3.60)	-0.023 0*** (-3.52)	R^2	0.164	0.162

7.3.4.3 存款保险制度实施的影响

本节分析存款保险制度的实施是否影响会计信息可比性与风险承担层面银行系统性风险之间的关系。由于商业银行破产会产生较大的经济影响,在经济稳定要求下我国商业银行实际上存在隐性存款保险制度,即以国家和政府的信用对存款类金融机构的商业行为进行担保。2015年开始施行《存款保险条例》之后,我国商业银行存款保险由"隐性"转为"显性"。存款保险制度的一个重要内容就是早期纠正,即存款保险基金能够对投保银行的潜在风险进行识别和早期介入,遏制风险行为,保持投资者和管理者理性。由此可以看出,存款保险制度实施加强了对银行管理者风险行为的监督和管理,能够减少道德风险等信息不对称问题。为验证上述观点,本节根据是否开始实施存款保险制度将样本分为实施前和实施后两个子样本,进行对比分析,实证回归结果如表7-32所示①。

表7-32 存款保险制度实施的影响

变量	(1)	(2)	(3)	(4)
	存款保险制度实施前		存款保险制度实施后	
COM_MEAN	−0.205*** (−4.33)		0.011 5 (0.96)	
COM_MEDIAN		−0.247*** (−4.03)		0.016 0 (1.23)
SIZE	−0.784*** (−7.82)	−0.792*** (−7.89)	−0.540*** (−7.78)	−0.543*** (−7.82)
CAP	−14.67*** (−3.81)	−15.06*** (−3.90)	3.504** (2.45)	3.500** (2.46)
ROA	0.143 (1.36)	0.144 (1.37)	−0.048 9 (−1.64)	−0.047 4 (−1.59)
CIR	−0.039 5*** (−3.51)	−0.039 5*** (−3.49)	0.004 77* (1.73)	0.004 72* (1.71)
GDPR	0.162*** (5.70)	0.160*** (5.61)	−0.001 57 (−0.52)	−0.001 78 (−0.59)
CPI	−0.085 2*** (−3.26)	−0.094 6*** (−3.69)	−0.006 81 (−0.79)	−0.007 00 (−0.81)

---

① 《存款保险条例》经国务院批准通过之后自2015年5月1日开始实施,为了排除2015年样本的影响,本部分存款保险制度实施前子样本为2015年以前的数据,实施后子样本为2015年以后的数据。

续　表

变　量	(1)	(2)	(3)	(4)
	存款保险制度实施前	存款保险制度实施前	存款保险制度实施后	存款保险制度实施后
INTEREST	0.589*** (5.79)	0.604*** (5.95)	0 (.)	0 (.)
FINANCE	−0.819*** (−4.25)	−0.787*** (−4.08)	0.158* (1.69)	0.155* (1.66)
CONSTANT	26.86*** (7.91)	26.82*** (7.88)	15.21*** (7.53)	15.31*** (7.57)
Bank FE	YES	YES	YES	YES
N	461	461	545	545
R^2	0.444	0.441	0.173	0.174

从结果中可以看出，存款保险制度实施前 COM_MEAN 和 COM_MEDIAN 的系数显著为负，分别为−0.205 和−0.247，而存款保险制度实施后 COM_MEAN 和 COM_MEDIAN 的系数不再显著为负。这说明，存款保险制度实施对会计信息可比性与银行系统性风险之间的关系有很大影响，减弱了两者之间的负向关系。存款保险制度实施以后，其早期纠正机制确实强化了银行风险管理，减小了信息不对称程度。

7.3.4.4　独立董事网络中心度的影响

接着，本节对独立董事的网络中心度是否能够影响会计信息可比性与风险承担层面银行系统性风险之间的关系进行检验。本节参考李志生等(2018)的做法，根据银行独立董事在其他银行兼任的情况来构建独立董事网络。表示银行 i 和银行 j 之间存在独立董事网络关系的概率，如果银行 i 的独立董事成员在银行 j 担任董事职务，则 $p_{ij}=1$；否则，$p_{ij}=0$。银行 i 的独立董事网络中心度的计算公式为：

$$DEGREE_i = \sum_{j=1}^{n} p_{ij}/n - 1 \tag{7.28}$$

其中，n 表示构成独立董事网络的银行数量。网络中心度越高表示银行在独立董事网络中的影响力越大。独立董事网络中心度的数据来源于 CSMAR 数据库。

本节根据银行独立董事的网络中心度是否高于中位数将银行分为高网络中心度和低网络中心度两个子样本进行对比分析,回归结果如表7-33所示。在高网络中心度回归中,COM_MEAN 和 COM_MEDIAN 的系数分别为-0.0749和-0.0933,不显著;而在低网络中心度回归中两个主要解释变量的系数则分别为-0.167和-0.128,显著为负。无论从系数绝对值的大小还是从显著性上都能够看到,会计信息可比性与银行系统性风险之间的负向关系会因独立董事的网络中心度而存在差异。对于独立董事网络中心度越低的银行,会计信息可比性与风险承担层面银行系统性风险之间的关系更强。

表7-33 独立董事网络中心度的影响

变量	(1)	(2)	(3)	(4)
	高网络中心度		低网络中心度	
COM_MEAN	-0.0749 (-1.52)		-0.167*** (-4.60)	
COM_MEDIAN		-0.0933 (-1.63)		-0.128*** (-2.93)
SIZE	-0.588*** (-6.12)	-0.585*** (-6.08)	-0.431*** (-5.72)	-0.478*** (-7.61)
CAP	-0.0981 (-0.03)	-0.190 (-0.05)	-3.153 (-1.13)	-5.838** (-2.32)
ROA	-0.0602 (-0.55)	-0.0623 (-0.57)	-0.0969 (-1.22)	-0.0738 (-0.90)
CIR	-0.0175 (-1.63)	-0.0172 (-1.61)	-0.0190** (-2.34)	-0.0435*** (-5.80)
GDPR	0.00546 (0.40)	0.00607 (0.45)	0.0225** (2.33)	0.0199** (2.03)
CPI	0.0444* (1.91)	0.0426* (1.86)	0.0586*** (3.49)	0.0575*** (3.30)
INTEREST	-0.350*** (-4.35)	-0.348*** (-4.34)	-0.360*** (-6.18)	-0.509*** (-8.31)

续　表

变　量	(1)	(2)	(3)	(4)
	高网络中心度		低网络中心度	
FINANCE	0.301* (1.79)	0.305* (1.81)	0.429*** (3.50)	0.301** (2.36)
CONSTANT	17.46*** (5.33)	17.32*** (5.28)	12.18*** (4.75)	15.84*** (7.01)
Bank FE	YES	YES	YES	YES
N	524	524	546	805
R^2	0.124	0.125	0.208	0.159

7.3.4.5　存款利率市场化的影响

本节分析存款利率市场化对会计信息可比性与风险承担层面银行系统性风险之间关系的影响。本节参照郜栋玺和项后军(2020)以 2015 年 10 月存款利率上限的放开作为存款利率市场化的时间节点构建了虚拟变量 DIRM,加入交乘项之后的实证分析结果如表 7-34 所示。可以看到,会计信息可比性与存款利率市场化的交乘项系数均显著为负,分别为 -0.543 和 -0.539,与 COM_MEAN 和 COM_MEDIAN 的系数符号一致,说明存款利率市场化之后会计信息可比性与银行系统性风险之间的负向关系增强了,验证了**假设 6**。

表 7-34　存款利率市场化的影响

变　量	(1)	(2)	变　量	(1)	(2)
COM_MEAN	-0.041 0 (-1.20)		SIZE	-0.543*** (-9.31)	-0.539*** (-9.26)
COM_MEAN× DIRM	-0.218*** (-6.35)		CAP	-4.511** (-1.97)	-4.221* (-1.84)
COM_MEDIAN		-0.021 8 (-0.51)	ROA	-0.067 0 (-0.99)	-0.073 8 (-1.09)
COM_MEDIAN× DIRM		-0.249*** (-6.15)	CIR	-0.021 0*** (-3.26)	-0.019 6*** (-3.05)

续　表

变　量	(1)	(2)	变　量	(1)	(2)
GDPR	0.007 46 (0.89)	0.008 87 (1.07)	CONSTANT	14.70*** (7.37)	14.54*** (7.29)
CPI	0.011 3 (0.73)	0.007 54 (0.49)	Bank FE	YES	YES
INTEREST	−0.139** (−2.21)	−0.139** (−2.20)	N	1 070	1 070
FINANCE	0.408*** (3.95)	0.415*** (4.01)	R^2	0.183	0.178

7.3.5　小结

银行风险是金融系统性风险的重要组成部分,银行能否稳健运行关系着金融系统性风险能否守住底线。目前银行系统性风险的研究大多聚焦于政府监管和银行内部治理角度,从市场角度开展的研究较少,为丰富这方面的研究,本节立足于我国商业银行通过上市融资、增资扩股等股票市场融资方式补充资金和资本市场基础性制度建设持续推进的典型事实,从风险承担的角度分析了会计信息可比性对银行系统性风险的影响,检验会计信息可比性能否通过降低信息不对称减少银行风险承担,从而防范银行系统性风险。利用2001—2021年我国37家在A股上市的商业银行财务数据,通过固定效应模型,实证发现提高银行的会计信息可比性能够显著降低银行系统性风险。通过机制检验发现,可比的会计信息能够显著降低银行控股股东的道德风险问题,抑制银行管理层主动选择高风险项目的决策权,提高内部风险管理效率这三种方式降低银行风险承担,从而减少银行系统性风险。最后通过异质性分析发现,小型银行和非系统重要性银行受会计信息可比性的负向影响更敏感,说明小型银行和非系统重要性银行受到监管的影响较弱;以存款保险制度实施前后作为对比,研究发现存款利率市场化之后,银行受会计信息可比性的负向影响有所减弱;将银行按独立董事网络中心度进行分类研究发现独立董事网络中心度低的银行受会计信息可比性的影响更明显,说明比独立董事网络中心度高的银行更强,说明存款保险制度实施和独立董事网络中心度提高会强化外部行政监管和银行内部监管。

本章小结

本章分别研究了银行业和证券业的系统性风险,讨论了金融科技对金融系统性风险的影响。本章首先深入研究了金融科技在银行业数字化转型中的作用,通过对中国商业银行的样本进行分析,研究发现银行金融科技发展与资产质量层面的银行系统性风险之间存在倒 U 形非单调关系,在金融科技发展的初期会提高银行系统性风险,随着银行金融科技进一步发展,系统性风险水平会逐步降低。适当金融科技水平能够产生信息改善效应,缓解信息不对称,从而降低金融系统性风险。然而,金融科技发展也提高了银行的风险承担水平,因此,过度的金融科技使用,反而可能提升银行冒险行为,从而增加金融系统性风险。此外,金融科技对银行系统性风险的影响在中小型银行、非上市银行以及地方性国有银行中更为明显。

除银行体系的系统性风险外,在金融市场互联互通的当下,证券市场风险也是金融系统性风险的重要来源,证券市场极端风险的一个重要指标是股票的崩盘风险。因此,分析了互联网搜索对股价崩盘风险的影响机制。以我国 A 股上市公司为样本,本章研究发现投资者利用互联网进行信息搜索可以显著降低个股股价崩盘风险。机制分析表明,互联网搜索可以有效提高公司管理层的信息公开,缓解公司代理冲突,从而降低股价崩盘系统性风险。

最后,本章进一步检验了会计信息可比性对银行系统性风险的影响。研究发现银行的会计信息可比性能够显著降低银行系统性风险。可比的会计信息能够显著降低银行控股股东的道德风险问题,抑制银行管理层主动选择高风险项目的决策权,提高内部风险管理效率,因此,提高银行会计信息可比性有利于降低银行风险承担,从而减少银行系统性风险。此外,会计信息可比性的这种作用在小型银行以及非系统重要性银行样本中表现更加突出。

第8章
负利率时代金融系统性风险的防范

  第7章基于信息技术视角探讨了金融科技、互联网信息搜索、会计信息可比性对金融系统性风险的影响,研究发现:银行发展金融科技既可能通过"自信效应"增加银行风险承担,也可能产生"信息改善效应"降低银行系统性风险;投资者利用互联网进行信息搜索可以降低市场崩盘情况下个股股价崩盘风险;会计信息可比性提高可以显著降低银行系统性风险。衔接第7章内容,本章从金融监管视角切入,探讨了负利率环境下金融系统性风险的防范对策。2008年全球金融危机暴露了金融体系的复杂性、脆弱性,以及金融监管体系存在的问题。危机前,金融行业在金融自由化浪潮中追逐利润、无序扩张,导致金融风险不断积累。系统重要性金融机构在危机中并未发挥"金融稳定器"作用,反而成为金融系统性风险和金融危机的制造者、传递者和受害者(何德旭和钟震,2013)。全球金融危机引发了自第二次世界大战以来的最为严重的全球经济衰退(IMF,2009),防范金融系统性风险意义重大。宏观审慎监管政策以维护金融稳定为目标,在防范化解金融系统性风险中发挥关键作用。系统重要性金融机构规模较大、结构和业务复杂度较高、与其他金融机构关联性较强,一旦其发生危机会对整个金融系统产生严重负面冲击,对其进行监管是防范金融系统性风险的重要组成部分。全球经济金融一体化增加了金融系统性风险借助金融关联网络跨国传染的可能性。我国在全球金融网络中处于风险被动溢入的不利地位(何德旭等,2021),防范境外系统性金融风险对国内金融体系造成负面影响、维护金融稳定,并为实体经济发展提供良好货币金融环境意义重大。因此,本章分宏观审慎政策的运用、系统重要性金融机构的监管以及风险传染的防范三个部分研究负利率时代金融系统性风险的防范。

8.1 宏观审慎政策的运用

国际金融危机前,金融监管政策更多基于微观审慎的视角(方意等,2019)。但是金融危机爆发后,人们发现,微观审慎性的总和并不能保证宏观上的审慎性,比如在房地产市场,即使每一笔住房贷款都符合监管要求,也可能出现房地产泡沫。因此,主要关注个体机构稳健的微观审慎监管,并不意味着整体稳健,存在"合成谬误"问题,于是在危机发生后宏观审慎政策被迅速纳入金融监管体系,并成为监管体系的重要组成部分。尽管已被广泛接受并在各国实施,但宏观审慎政策概念尚未有明确的界定。宏观审慎政策工具通常被认为是能够影响宏观审慎监管的政策工具,不仅包括对各类金融机构监管中具有宏观审慎意义的工具,比如银行资本充足率、资本留存缓冲、动态准备金率、信贷增长限制等工具,一些货币政策、房地产政策和外汇市场干预政策中具有潜在宏观审慎效果的工具如房地产借贷的损失准备金提取、外汇波动幅度限制、面向非居民收取额外的住宅购入税等也可以被认为是宏观审慎工具(施宇和许祥云,2020)。为防范金融系统性风险、减少外部因素对金融部门的不利冲击,一些宏观审慎工具早在金融危机爆发前就已被采用。总体而言,宏观审慎政策工具是一种集合多种工具的政策工具箱(中国金融稳定报告,2010;梁琪等,2015),通过事前的约束机制限制市场参与者过度承担风险的行为,进而达到防范金融系统性风险的目的。

关于宏观审慎政策的相关研究侧重于探讨宏观审慎政策目标以及宏观审慎政策工具是否有效两个方面。学者们从宏观审慎政策的必要性出发,认为宏观审慎政策的主要目标是维护金融稳定。Galati and Moessner(2013)、国际清算银行和20国集团报告[Bank for International Settlements(BIS)、Group20(G20),2011]都认为宏观审慎政策目标是维护金融稳定,避免由于金融动荡带来的宏观经济损失。Hanson et al.(2011)指出部分金融机构面临危机时集中抛售资产、大规模收缩信贷会对经济造成巨大损害,旨在防止个别金融机构陷入困境造成严重损失的微观审慎监管不能保证整个金融体系稳健运行,而宏观审慎监管认识到一般均衡效应的重要性,通过逆周期监管工具能够有效控制金融体系的顺周期性以及自身不稳定性导致的金融系统性风险积累,着力提升整个金融体系的稳定性,宏观审慎监管能够比较好地弥补微观审慎监管的不足。高田甜和陈晨(2013)指出,金融交易中由于信息不对称、认知偏差等问题的存在,使得投资者难以依靠自身的力量来维护合法权益,忽视对金融消费者的保护,会破坏金融机构赖以发展的公众基础,从而危及整个金融稳定,而宏观审慎监管专注于识别、监测和管理系统性风险,可以降低金融系统性风险对投资者造成的损失。

关于宏观审慎政策工具有效性的研究通常基于其预防化解金融系统性风险的效果展开。宏观审慎政策主要可划分为时间维度宏观审慎政策和空间维度宏观审慎政策。时间维度宏观审慎政策工具主要关注周期性金融风险用于逆周期调节,防范和降低金融部门与实体经济之间的"共振"效应,平滑金融体系的顺周期波动。既有关于时间维度宏观审慎政策的文献,主要通过宏观审慎政策工具盯住产出、信贷规模以及房地产价格等金融周期的代理指标来实现。时间维度宏观审慎政策工具大致可划分为资产类审慎政策工具、资本类审慎政策工具和流动类审慎政策工具三个类别(Claessens et al.,2013)。资产类审慎政策工具将宏观审慎政策楔入金融机构和借款者的关联中,主要用来限制实体经济驱动的共振效应。资本类和流动类审慎政策工具将宏观审慎政策楔入金融机构和储蓄者的关联中,主要用来限制金融部门驱动的共振效应。大部分文献以金融摩擦理论为基础,采用动态随机一般均衡(DSGE)模型研究时间维度宏观审慎政策的有效性。宏观审慎政策引入 DSGE 模型的方式,包括对核心方程的参数"时变化"并将其赋予宏观审慎政策含义以及在核心方程中纳入宏观审慎政策监管成本等(方意等,2019)。关于宏观审慎政策有效性的实证文献多数利用双重差分法或定性向量自回归等方法对政策效果进行评估。由于研究数据受限,与理论研究相比,该领域的实证研究存在相对不足的问题。

资产类审慎政策的主要目标是限制信贷规模。资产类审慎政策工具包括信贷价值比(Limits to Loan-to-Value Ratio,LTV)、信贷增长限制(Limits on Credit Growth,LCG)、债务收入比(Debt Service to Income Ratio,DSTI)等工具。Shin(2010)指出,信贷规模在金融周期上行时迅速膨胀,金融机构风险不断积累。理论上,在金融周期上行阶段适当降低LTV 可以控制金融部门的信贷规模,防止信贷规模过度膨胀、降低风险积累,而在金融周期下行阶段适当提高 LTV 可以缓解信贷萎缩对实体经济造成的不利影响。Gelain(2011)采用 DSGE 模型对宏观审慎政策进行评估,发现 LTV 政策在降低信贷市场和通货膨胀的波动性方面非常有效,并可以从根本上缓解房地产市场波动对实体经济的负面影响。Yu(2013)以金融摩擦理论为基础采用 DSGE 模型研究宏观审慎政策的有效性,研究发现LTV 比率监管可以显著抑制经济波动、维持金融稳定。Tillmann(2014)提出 Qual VAR 模型,将使用 LTV 频率较高的韩国作为案例对象研究发现,宏观审慎紧缩(降低 LTV 比率)可以有效抑制信贷增长和房价上涨。

资本类审慎政策包括逆周期资本缓冲(Countercyclical Capital Buffer,CCB)、资本充足率要求(Capital Requirements)、动态拨备等宏观审慎政策工具。监管机构可以借助上述工具对金融机构的安全性进行约束,提高金融机构应对外部冲击的能力以及陷入困境时的恢复能力。理论研究方面,多数学者基于 Meh and Moran(2008)构建的银行双重道德风险模型、Gerali et al.(2010)的外生杠杆模型或者对这些 DSGE 模型进行结合,引入盯住某些金融变量的逆周期或时变资本类工具,研究资本类审慎政策的有效性(方意等,2019)。Angeloni and Faia(2013)构建了纳入银行风险的宏观模型,研究发现逆周期资本充足率监管有助于提高金融系统的稳定性。经验研究方面,Jiménez et al.(2017)借助动态拨备政策调整情况研究发现,西班牙的动态拨备政策可以平滑信贷供给周期,在经济不景气时,为企业提供资金支持,对实体经济起到一定支撑作用。

流动类审慎政策主要包括流动性监管(Liquidity Requirements)、准备金要求(Reserve Requirements,RR)、存贷比要求(Limits on the Loan-to-Deposit Ratio,LTD)等工具。流动类审慎政策通过约束金融机构的流动性,从而提升金融机构稳定资金供给的能力、增加金融机构抵御流动性冲击的能力。Chadha and Corrado(2012)在宏观经济模型中允许商业银行选择资产组合,基于流动性冲击研究发现,商业银行在经济周期上行阶段增加流动性储备可以限制信贷扩张,同时可防止下行周期出现流动性枯竭。Banerjee and Hitoshi(2017)实证检验了流动性监管对银行资产负债表的影响。他们发现受流动性覆盖率监管要求的银行提高了高流动性资产在银行总资产中的比例,同时增加了源于非金融机构的稳定性存款,流动性覆盖率(LCR)监管可以改变银行的资产配置行为。Adrian and Boyarchenko(2018)采用 DSGE 模型研究发现,流动性监管工具效果优于资本性监管工具,收紧流动性可以降低系统性风险爆发的可能性,却不会影响消费增长。Dubois and Lambertini(2018)将银行与对冲基金同时纳入 DSGE 模型,考察批发融资行为和流动性监管的宏观经济后果。他们发现,传统的流动性监管可以提高经济处于稳态时的信贷供给与消费水平,却增加了宏观经济的波动性,危机时期银行境况将进一步恶化,总体福利效益不确定;逆周期流动性监管可以提高银行资产的安全性,降低其流动性错配风险与道德风险,提高金融系统稳定性,增进整体福利。

空间维度宏观审慎政策用于防范和化解横向关联性带来的负外部性风险，主要关注系统性风险的放大机制。事前空间维度宏观审慎政策用于在金融危机爆发前防范和化解金融风险，重点关注系统性风险的放大机制，主要包括"窗口指导"政策与"系统重要性机构监管"政策。方意和黄丽灵（2019）发现，宏观审慎当局可以通过"奖励"或"惩罚"的承诺来激励银行在遭受冲击后自行选择抛售流动性较强的资产以达到监管要求，"窗口指导"政策可以避免因抛售流动性较差的资产进一步触发放大机制引发系统性危机。但是，当市场预期过度悲观时，宏观审慎当局的"窗口指导"政策将不再有效。"系统重要性机构监管"政策，重点关注系统重要性机构与其他机构之间通过业务往来方式形成的关联、持有相似资产等引起的系统性风险，防范"太大而不能倒"以及"太关联而不能倒"的问题。系统重要性机构规模大、结构和业务复杂度较高、与其他金融机构关联性较强，一般在金融网络中占据中心节点位置。通常，金融机构陷入困境时对整个经济金融体系的冲击伴随其系统重要性增强。相关研究也指出，系统重要性金融机构遭受负面冲击后，更容易将系统性风险溢出至其他金融机构（李政等，2019）。因此，通过规模、网络联结度等因素识别系统重要性机构，并设定相关政策目标减弱系统重要性金融机构通过杠杆机制和关联机制放大系统性风险的潜在威胁，这是当前受到最广泛关注和实践的空间维度宏观审慎政策（方意等，2019）。

系统重要性机构监管用于防止金融机构过度关联，防范系统性风险。但其在金融部门遭受较大冲击后难以发挥维护金融体系稳定的作用（Cifuentes et al.，2005；Duarte and Eisenbach，2018）。在金融危机爆发后，宏观审慎政策主要通过向金融体系注入流动性，化解系统性风险、维护金融体系稳定。现阶段，宏观审慎政策主要通过购买金融资产或者发放信贷的方式向金融机构或市场注入流动性。宏观审慎当局在购买金融资产的同时向金融机构或市场注入了流动性，通过增持流动性较差的资产提高其流动性，从而降低金融部门的横向关联性，使金融机构抛售少量流动性资产即可满足监管要求。在金融部门遭受较大冲击后，宏观审慎当局可以通过接纳流动性较差的资产或高风险资产作为抵押品向金融机构发放贷款提供流动性，进而化解金融系统性风险。信贷政策一方面可以提升金融机构抵御冲击的能力，另一方面可以引导金融机构调整资产负债结构、降低金融部门的横向关联性。除"流动性注入"政策以外，宏观审慎当局也可以直接向金融机构注入资本金，降低金融机构的杠杆率，提高金融机构抵御外部冲击的能力,这种方式可以使金融机构减少或者停止抛售金融资产,从而降低金融体系的负外部性。此外,宏观审慎当局还可以通过推动银行合并(陷入困境的银行与较为稳健的银行合并),或者将遭受较大不利冲击的系统重要性金融机构拆分为若干个小机构化解金融系统性风险。如果金融危机期间遭受冲击的是规模较大、关联性较强的系统重要性金融机构,采用拆分政策或许比合并政策更能有效化解系统性风险。如果遭受冲击的是中小金融机构,那么合并或者接管政策在化解系统性风险方面可能更有效率。理论上,降低单个金融机构的杠杆率与风险敞口可以通过限制杠杆机制提高其抵御风险的能力,降低单个金融机构非流动资产或高风险资产占比可以降低金融机构间的横向关联性,同时也降低了杠杆机制与关联机制的相互作用,从而实现系统性风险的化解。但金融危机期间发生的事实,例如美国银行收购美林集团、英国巴克莱银行收购雷曼兄弟的核心业务以及比利时、荷兰、卢森堡三国政府联手接管富通集团等事件,表明合并或接管政策并未发挥抑制危机蔓延的作用。与上述典型事实一致,Greenwood et al.(2015)通过政策模拟发现,将遭受损失的银行与稳健经营的银行合并不能降低风险敞口,银行合并导致遭受损失的银行将风险传染给原本较为稳健的银行,系统性风险不降反升。

梳理上述文献不难发现,学者们通过理论或实证方法考察了各国实施宏观审慎政策在防范化解金融系统性风险方面的有效性。但是当前多个发达经济体实行负利率政策,其他国家也陷入低利率水平,负利率环境为金融系统性风险带来许多潜在的风险点,在这些金融风险的冲击下,现有宏观审慎政策的有效性值得进一步研究。

8.1.1 宏观审慎政策工具

8.1.1.1 概念及数据

近年来,学者们收集了过去几十年不同国家实施的宏观审慎政策措施并基于政策实施情况构建了宏观审慎数据库(Boar et al.,2017;Cerutti et al.,2017;Alam et al.,2019)。其中,Alam et al.(2019)构建的综合性宏观审慎政策数据库包含1990—2016年全球134个国家实施的宏观审慎政策的信息,是现阶段相对完整的宏观审慎政策数据库。国际货币基金组织(IMF)基于Alam et al.(2019)的研究成果,构建了综合性宏观审慎金融政策数据库(The IMF's integrated Macroprudential Policy Database,简称iMapp数据库),iMapp数据库记录了全球137个国家在不同时期对17种宏观审慎政策工具的调整情况。iMapp 数据库中的宏观审慎政策工具包括逆周期资本缓冲（CCB）、资本留存缓冲（Conservation）、杠杆率限制（Leverages Limits，LVR）、贷款损失准备金（Loan Loss Provisions，LLP）、信贷增长限制（Limits on Credit Growth，LCG）、信贷限制（Loan Restrictions，LoanR）、外币贷款限制（Limits on Foreign Currency，LFC）、信贷价值比（Limits to Loan-to-Value Ratio，LTV）、债务收入比（Debt Service to Income Ratio，DSTI）、资本充足率（Capital Requirements）、税费（Tax Measures）、流动性监管（Liquidity Requirements）、存贷比要求（Limits on the Loan-to-Deposit Ratio，LTD）、外汇头寸限制（Limits on Foreign Exchange Positions，LFX）、准备金要求（Reserve Requirements，RR）、系统重要性金融机构监管（SIFI）以及其他工具（Other，OT）。上述宏观审慎政策工具的具体含义如表 8-1 所示。

表 8-1 宏观审慎政策工具定义表

宏观审慎 政策工具	具 体 定 义
逆周期资本缓冲	针对银行机构提出的保持逆周期资本缓冲的要求。以最低资本充足率为基准，在经济繁荣时期增加超额资本充足率要求，应对资本充足率在经济萧条时期下滑的情况
资本留存缓冲	针对银行机构提出的保持资本留存缓冲的要求
杠杆率限制	针对银行杠杆率的限制。通过将资本除以银行的非风险加权风险敞口（例如，《巴塞尔协议Ⅲ》杠杆比率）来计算
贷款损失准备金	用于宏观审慎目的的贷款损失准备金要求，包括动态准备金等
信贷增长限制	针对银行总信贷、家庭部门信贷或企业部分信贷增长和数量的限制措施，以及对高信贷增长的处罚。其子类别包括家庭部分信贷增长限制目标（HH）、企业部门信贷增长限制目标（Corp）等
信贷限制	比 LCG 中的规定更具针对性。信贷限制包括贷款限额和限制，这些限制条款可能取决于贷款特征（例如，期限、规模、LTV 比率和利率类型）、银行特征和其他因素
外币贷款限制	包括对外币贷款的限制以及外币贷款的规则或建议
信贷价值比	对信贷价值比率的限制，主要针对住房抵押贷款，但也包括汽车贷款和商业房地产贷款

续 表

宏观审慎 政策工具	具 体 定 义
债务收入比	对债务(贷款)与收入比率的限制,这限制了债务(贷款)偿还支付相对于收入的规模(例如,家庭收入、公司净营业收入)
资本充足率	针对银行资本的要求,包括风险权重、系统风险缓冲和最低资本要求。此处不包含逆周期资本缓冲和资本留存缓冲
税费	适用于特定交易、资产或负债的税费,包含印花税和资本利得税
流动性监管	为缓解系统流动性风险和融资风险而采取的措施,包括对流动性覆盖率、流动资产比率、净稳定融资比率、核心融资比率以及不区分货币种类的外债限制的最低要求
存贷比要求	针对贷款与存款比率的限制以及高贷存比的处罚
外汇头寸限制	包括对未结外汇头寸净额或总额的限制,对外汇风险和外汇资金的限制以及货币错配规则
准备金要求	针对币种区分的准备金要求(RR_FCD),这一子类别通常用于宏观审慎监管
系统重要性金融机构监管	为缓解全球和国内系统重要性金融机构风险而采取的措施,主要涉及对金融机构资本和流动性的额外要求
其他工具	上述宏观审慎政策工具中未包含的其他措施,如压力测试、利润分配限制和结构性措施(如金融机构之间的风险敞口限制)

注:表中内容整理源自 Alam et al.(2019)。

  常用的时间维度的宏观审慎政策工具主要包括资本类审慎政策工具、资产类审慎政策工具以及流动类审慎政策工具三类。资本类审慎政策工具主要针对金融机构的安全性进行约束,其目的是提高金融机构应对冲击的缓冲和恢复能力。资产类审慎政策工具主要针对金融机构的借款方进行约束,其目的是限制贷款规模。流动类审慎政策工具主要对银行、保险等各类金融机构的流动性进行约束,旨在提高金融机构稳定资金供给的能力。按照宏观审慎政策工具的用途和方式,本书将 iMapp 数据库公布的宏观审慎政策工具划分为资本类审慎政策工具、资产类审慎政策工具以及流动类审慎政策工具,具体分类结果见表 8-2。

表 8-2　宏观审慎政策工具分类表

资 本 类	流 动 类	资 产 类
逆周期资本缓冲	准备金要求	信贷限制
资本充足率要求	流动性监管	债务收入比
资本留存缓冲	存贷比要求	信贷增长限制
系统重要性金融机构监管	外汇头寸限制	信贷价值比
贷款损失准备金		外币信贷限制
杠杆率限制		

注：系统重要性金融机构监管主要包括对资本和流动性的额外要求，本书将其纳入资本类审慎政策工具；由于无法准确区分税费以及其他工具所在类别，本书只区分了 15 种宏观审慎政策工具。

接下来，本书对 2000—2020 年全球 17 种宏观审慎政策工具的调整情况进行统计汇总，具体结果如表 8-3 所示。在样本区间内，17 种工具共调整 3 368 次，其中，紧缩型宏观审慎政策工具调整 2 436 次，宽松型宏观审慎政策工具调整 932 次，紧缩型宏观审慎政策调整次数远高于宽松型调整次数。总体上看，宏观审慎监管在样本期间呈"严监管"状态。从宏观审慎政策工具调整频率上看，使用次数较高的宏观审慎政策工具以及调整情况主要如下：准备金率调整 580 次，紧缩 286 次，宽松 294 次；流动性限制调整 494 次，紧缩 385 次，宽松 109 次；资本留存缓冲调整 307 次，紧缩 244 次，宽松 63 次；资本充足率要求调整 299 次，紧缩 220 次，宽松 79 次；信贷价值比调整 244 次，紧缩 169 次，宽松 75 次；系统重要性金融机构附加监管调整 204 次，紧缩 176 次，宽松 28 次。上述常用宏观审慎政策工具除准备金率外，其余宏观审慎工具紧缩调整次数均大于宽松调整次数。

表 8-3　全球不同种类宏观审慎政策调整情况（2000—2020 年）

宏观审慎政策工具	总调整次数	紧缩次数	宽松次数
CCB	68	46	22
Conservation	307	244	63
Capital Requirements	299	220	79

续 表

宏观审慎政策工具	总调整次数	紧缩次数	宽松次数
LVR	79	69	10
LLP	200	131	69
LCG	31	20	11
LoanR	200	163	37
LFC	45	37	8
LTV	244	169	75
DSTI	142	107	35
Tax Measures	69	54	15
Liquidity Requirements	494	385	109
LTD	36	21	15
LFX	158	124	34
RR	580	286	294
SIFI	204	176	28
OT	212	184	28
All	3 368	2 436	932

注：表中宏观审慎政策工具调整数据整理自 iMapp 数据库。本节下表同。

表 8-4 展示了全球宏观审慎政策在不同年份的调整情况，并对宏观审慎政策调整方向进行区分。自 2000 年以来，全球宏观审慎政策工具调整频次呈上升趋势。从政策调整方向上看，宏观审慎紧缩调整次数总体而言呈上升趋势，2010 年至新冠疫情暴发前，由于许多国家采用了新的监管框架以及金融周期的复苏，全球审慎工具紧缩调整次数显著增加，宏观审慎呈"严监管"状态。但统计区间内，宏观审慎宽松调整次数变动不大。次贷危机期间，宏观审慎政策工具宽松调整次数有所增加，反映了各国监管当局为应对事后系统性风险采取的措施。2020 年受新冠疫情影响，全球宏观审慎政策工具宽松调整 355 次，紧缩调整 130 次，宏观审慎监管较为宽松。

表8-4 全球宏观审慎政策年度调整情况

年 份	总调整次数	紧缩次数	宽松次数
2000	46	23	23
2001	45	23	22
2002	45	25	20
2003	54	35	19
2004	73	59	14
2005	76	56	20
2006	88	69	19
2007	100	77	23
2008	168	99	69
2009	116	57	59
2010	131	115	16
2011	152	132	20
2012	130	85	45
2013	129	120	9
2014	138	121	17
2015	190	168	22
2016	272	237	35
2017	262	222	40
2018	396	358	38
2019	272	225	47
2020	485	130	355
总 计	3 368	2 436	932

在分析了全球宏观审慎政策调整情况后,本节对中国宏观审慎政策工具的调整情况也进行了梳理和汇总。一种宏观审慎政策工具在特定季度取值为正表示紧缩,取值为负表示宽松,取值为 0 则表示在该季度内宏观审慎政策工具未发生调整。某种宏观审慎政策工具取值为正时,数值越大表示紧缩力度越强,而当其取值为负时,绝对值越大表明宏观审慎调整越宽松。表 8-5 显示,我国最早使用的宏观审慎政策工具是贷款价值比(LTV),首次调整时间是 2001 年二季度,并且为紧缩性调整。从时间维度上看,宏观审慎监管当局对审慎政策工具调整比较频繁的时期分别为:2007 年、2008 年四季度、2010 年、2011 年、2013 年一季度。在 2008 年四季度,下调法定存款准备金率 2 次,下调税费 1 次,下调贷款价值比 1 次,共使用 3 种审慎政策工具向下调整了 4 次。

表 8-5　中国宏观审慎政策工具季度调整情况(2000—2020 年)

Period	CCB	ConR	CapR	LVR	LLP	LCG	LoanR	LFC	LTV	DSTI	Tax	LiqR	LTD	LFX	RR	SIFI	OT
1	0	0	0	0	0	0	0	0	0	0	0	0	0	0	0	0	0
2	0	0	0	0	0	0	0	0	0	0	0	0	0	0	0	0	0
3	0	0	0	0	0	0	0	0	0	0	0	0	0	0	0	0	0
4	0	0	0	0	0	0	0	0	0	0	0	0	0	0	0	0	0
5	0	0	0	0	0	0	0	0	0	0	0	0	0	0	0	0	0
6	0	0	0	0	0	0	0	0	1	0	0	0	0	0	0	0	0
7	0	0	0	0	0	0	0	0	0	0	0	0	0	0	0	0	0
8	0	0	0	0	0	0	0	0	0	0	0	0	0	0	0	0	0
9	0	0	0	0	1	0	0	0	0	0	0	0	0	0	0	0	0
10	0	0	0	0	0	0	0	0	0	0	0	0	0	0	0	0	0
11	0	0	0	0	0	0	0	0	0	0	0	0	0	0	0	0	0
12	0	0	0	0	0	0	0	0	0	0	0	0	0	0	0	0	0
13	0	0	0	0	0	0	0	0	0	0	0	0	0	0	0	0	0
14	0	0	0	0	0	0	1	0	0	0	0	0	0	0	0	0	0

续 表

Period	CCB	ConR	CapR	LVR	LLP	LCG	LoanR	LFC	LTV	DSTI	Tax	LiqR	LTD	LFX	RR	SIFI	OT
15	0	0	0	0	0	0	0	0	0	0	0	0	0	0	1	0	0
16	0	0	0	0	0	0	0	0	0	0	0	0	0	0	0	0	0
17	0	0	0	0	0	0	0	0	0	0	0	0	0	0	0	0	0
18	0	0	0	0	0	0	0	0	0	0	0	0	0	0	1	0	0
19	0	0	0	0	0	0	0	0	1	1	0	0	0	0	0	0	0
20	0	0	0	0	0	0	0	0	0	0	0	0	0	0	0	0	0
21	0	0	0	0	0	0	0	0	1	0	0	0	0	1	0	0	0
22	0	0	0	0	0	0	0	0	0	0	0	0	0	0	0	0	0
23	0	0	0	0	0	0	0	0	0	0	0	0	0	0	0	0	0
24	0	0	0	0	0	0	0	0	0	0	0	0	0	0	0	0	0
25	0	0	0	0	0	0	0	0	0	0	0	0	0	0	0	0	0
26	0	0	0	0	0	0	0	1	0	0	0	0	0	0	0	0	0
27	0	0	0	0	0	0	0	0	0	0	0	0	0	0	2	0	0
28	0	0	0	0	0	0	0	0	0	0	0	0	0	0	1	0	0
29	0	0	0	0	0	0	0	0	0	0	1	0	0	0	2	0	0
30	0	0	0	0	0	0	0	0	0	0	0	0	0	0	3	0	0
31	0	0	0	0	0	0	1	0	1	0	0	0	0	0	2	0	0
32	0	0	0	0	0	0	0	0	0	0	0	0	0	0	3	0	0
33	0	0	0	0	0	0	0	0	0	0	0	0	0	0	2	0	0
34	0	0	0	0	0	0	0	0	0	0	2	0	0	0	3	0	0
35	0	0	0	0	0	0	1	0	0	0	0	0	0	0	−1	0	0
36	0	0	0	0	0	0	0	0	−1	0	−1	0	0	0	−2	0	0
37	0	0	0	0	0	0	0	0	0	0	0	0	0	0	0	0	0
38	0	0	−1	0	0	0	0	0	0	0	0	0	0	0	0	0	0

续 表

Period	CCB	ConR	CapR	LVR	LLP	LCG	LoanR	LFC	LTV	DSTI	Tax	LiqR	LTD	LFX	RR	SIFI	OT
39	0	0	0	0	0	0	0	0	0	0	0	0	0	0	0	0	0
40	0	0	0	0	0	0	1	0	1	0	0	0	0	0	0	0	0
41	0	0	0	0	0	1	0	0	1	0	0	0	0	0	2	0	0
42	0	0	0	0	0	0	1	0	1	0	0	0	0	0	1	0	0
43	1	0	1	0	0	0	1	0	1	0	0	0	0	0	0	0	0
44	0	0	0	0	0	0	0	0	0	−1	0	0	0	0	2	0	0
45	0	0	0	0	0	0	2	0	1	0	0	0	0	0	3	0	0
46	0	0	0	0	0	0	0	0	0	0	0	0	0	0	3	0	0
47	0	0	0	0	0	0	1	0	0	0	0	0	0	0	1	0	0
48	0	0	0	0	0	0	0	0	0	0	0	0	0	0	−1	0	0
49	0	0	0	1	0	0	0	0	0	0	0	0	0	0	−1	0	1
50	0	0	0	0	0	0	0	0	0	0	0	0	0	0	−1	0	0
51	0	0	0	0	0	0	0	0	0	0	0	0	0	0	0	0	0
52	0	0	0	0	0	0	0	0	0	0	0	0	0	0	0	0	0
53	0	0	0	0	0	0	1	0	1	0	1	0	0	0	0	1	0
54	0	0	0	0	0	0	0	0	0	0	0	0	0	0	0	0	0
55	0	0	0	0	0	0	0	0	0	0	0	0	0	0	0	0	0
56	0	1	0	0	1	0	0	0	0	0	0	0	0	0	0	0	0
57	0	0	0	0	0	0	0	0	0	0	0	0	0	0	0	0	0
58	0	0	0	0	0	0	0	0	0	0	0	0	0	0	0	0	1
59	0	0	0	0	0	0	0	0	−1	0	0	0	0	0	0	0	0
60	0	1	0	0	0	0	0	0	0	0	0	1	0	0	0	0	0
61	0	0	0	0	0	0	0	0	0	0	0	0	0	0	0	0	0
62	0	0	0	1	0	0	0	0	−1	0	0	0	0	0	0	0	0

续　表

Period	CCB	ConR	CapR	LVR	LLP	LCG	LoanR	LFC	LTV	DSTI	Tax	LiqR	LTD	LFX	RR	SIFI	OT
63	0	0	0	0	0	0	0	0	−1	0	0	0	0	0	0	0	0
64	0	1	0	0	0	0	0	0	0	0	0	1	−1	0	1	0	0
65	0	0	0	0	0	0	0	0	−1	0	−1	0	0	0	1	0	1
66	0	0	0	0	0	0	0	−1	0	0	0	0	0	−1	0	0	0
67	0	0	0	0	0	0	0	0	0	0	0	0	0	0	0	0	0
68	0	1	0	1	1	0	0	0	0	0	0	1	0	0	0	0	2
69	0	0	0	0	0	0	0	0	1	0	0	0	0	0	0	0	0
70	0	0	0	0	0	0	0	0	0	0	0	0	0	0	0	0	0
71	0	0	0	0	0	0	0	0	0	0	0	0	0	0	−1	0	0
72	0	1	0	0	0	0	0	0	0	0	0	1	0	0	0	0	0
73	0	0	0	0	0	0	0	0	0	0	0	0	0	0	0	0	0
74	0	0	0	0	0	0	0	0	0	0	0	0	0	0	−1	0	1
75	0	0	0	0	0	0	0	0	0	0	0	1	0	0	1	0	1
76	0	1	0	0	0	0	0	0	0	0	0	1	0	0	0	1	0
77	0	0	0	0	1	0	0	0	0	0	0	0	0	0	0	0	0
78	0	0	0	0	0	0	0	0	0	0	0	1	0	0	0	0	0
79	0	0	0	0	0	0	0	0	0	0	0	0	0	0	0	0	0
80	0	0	0	0	0	0	0	0	0	0	0	0	0	0	0	0	0
81	0	0	0	0	0	0	−1	0	0	0	1	0	−1	0	0	0	0
82	0	0	0	0	0	0	0	0	0	0	0	0	0	0	0	0	0
83	0	0	0	0	0	0	0	0	0	0	0	0	0	0	0	0	0
84	0	0	0	0	−1	0	0	0	0	0	0	0	0	0	0	0	0

注：表中 Period 列取值为 1 表示 2000 年一季度，取值为 2 表示 2000 年二季度，后续按照季度类推；Con、CapR、LiqR、Tax 分别为 Conservation、Capital Requirements、Liquidity Requirements 和 Tax Measures 的简写。

表 8-6 进一步分析了我国不同种类宏观审慎政策工具在 2000 年初至 2020 年末的调整情况。统计结果显示,我国使用最多的 5 种宏观审慎政策工具分别是法定存款准备金率、信贷价值比、信贷限制、流动性以及税费。从调整方向上看,法定存款准备金率的调整最频繁,上调准备金 35 次,下调准备金 8 次;信贷价值比共调整了 17 次,向上调整 12 次,向下调整 5 次;贷款限制向上调整了 10 次,向下调整 0 次,共调整了 10 次;流动性监管共调整了 8 次,向上调整 8 次,向下调整 0 次;税费共调整了 7 次,向上调整 4 次,向下调整 3 次。总体而言,2001 至 2020 年,紧缩型宏观审慎政策工具的使用频率高于宽松型宏观审慎政策工具,说明我国宏观审慎监管逐渐趋向严格。

表 8-6 中国宏观审慎政策工具总调整次数(2000—2020 年)

宏观审慎政策工具	紧缩次数	宽松次数	次数合计
CCB	1	0	1
Conservation	6	0	6
Capital Requirements	1	1	2
LVR	3	0	3
LLP	4	1	5
LCG	1	0	1
LoanR	10	0	10
LFC	0	2	2
LTV	12	5	17
DSTI	1	0	1
Tax Measures	4	3	7
Liquidity Requirements	8	0	8
LTD	0	1	1
LFX	1	2	3

续表

宏观审慎政策工具	紧缩次数	宽松次数	次数合计
RR	35	8	43
SIFI	2	0	2
OT	7	0	7

8.1.1.2 宏观审慎政策指标构建

Cerutti et al. (2017b)构建了衡量各国宏观审慎工具实施情况的2个综合性指标 $Pruc1$ 和 $Pruc2$。借鉴前人方法,根据国际货币基金组织公布的世界各国不同种类的宏观审慎政策工具调整数据,本节采用17种宏观审慎政策工具的季度变化构建国家层面的宏观审慎指数。$Pruc1$ 可以取三个不同的值：1,0,+1。具体而言,$Pruc1$ 的定义见式(8.1)。

$$Pruc1_{i,t} = \begin{cases} 1 & if \quad \sum_{a} \pi_{a,i,t} > 0 \\ 0 & if \quad \sum_{a} \pi_{a,i,t} = 0 \\ -1 & if \quad \sum_{a} \pi_{a,i,t} < 0 \end{cases} \quad (8.1)$$

式(8.1)中变量的下标 i 和 t 分别表示国家和时期,而下标 a 表示 iMapp 数据库中涵盖的17种宏观审慎政策工具中的一种。需要注意的是,各国采用的宏观审慎政策工具的种类可能存在一定差异。$\pi_{a,i,t}$ 反映了国家 i 在时期 t 对宏观审慎政策工具 a 的操作方向。具体而言,对于每一种政策工具,$\pi_{a,i,t}$ 等于宏观审慎政策工具 a 在时期 t 内紧缩调整次数与宽松调整次数之间的差值。$\pi_{a,i,t}$ 取值为正,表示宏观审慎政策工具 a 净紧缩,而负值则表示净宽松。因此,如果 $Pruc1_{i,t}$ 等于1,表示一个国家整体宏观审慎政策在 t 期已经收紧。但是,如果 $Pruc1$ 取值为-1,则表明国家 i 在 t 期实施了宽松的宏观审慎政策。$Pruc1_{i,t}$ 等于0可能对应两种情况：(1)任何审慎政策工具都没有发生变化；(2)季度 t 内紧缩与宽松审慎政策工具调整次数相同。

$Pruc2$ 的构建方法与 $Pruc1$ 类似,两种国家层面宏观审慎指数之间的唯一区别在于如何记录单个宏观审慎政策工具的调整方向。构建 $Pruc2$ 时,某种宏观审慎政策工具仅有三种可能的取值,分别为-1、0、1。对于给

定时期 t，如果某种宏观审慎政策工具 α 紧缩和宽松调整次数之间差值为正值，则取值 1，如果差值为负值，则为 -1，否则为 0。$Pruc2$ 的计算公式如式(8.2)所示。

$$Pruc2_{i,t} = \begin{cases} 1 & if \quad \sum_a \varphi_{a,i,t} > 0 \\ 0 & if \quad \sum_a \varphi_{a,i,t} = 0 \\ -1 & if \quad \sum_a \varphi_{a,i,t} < 0 \end{cases} \quad (8.2)$$

在式(8.2)中，$\varphi_{a,i,t} = \{-1, 0, 1\}$ 描述了国家 i 在时期 t 实施宏观审慎政策工具 α 的方向。与 $Pruc1$ 不同，无论一种宏观审慎工具在特定时期内紧缩与宽松调整数量之间差值的大小，$Pruc2$ 仅考虑每种宏观审慎工具在一定时期内的调整方向，并为各种宏观审慎工具赋予相同的权重。$Pruc2$ 关注紧缩审慎工具和宽松审慎工具在数量上的差异。如果某时期紧缩审慎工具的数量大于宽松审慎工具的数量，$Pruc2$ 取值为 1。如果紧缩和宽松审慎工具数量之间的差值为负值，$Pruc2$ 取值为 -1。其他情况下，$Pruc2$ 的取值为 0。

为了更详细地描述宏观审慎政策的操作方向，借鉴 Garcia et al.(2020)的思路构建宏观审慎政策指数 $Pruc3$，该指数考察了给定时期内所有宏观审慎政策工具紧缩次数总和与宽松次数总和之间的差值。$Pruc3$ 的定义见式(8.3)。

$$Pruc3_{i,t} = \sum_a \pi_{a,i,t} \quad (8.3)$$

如同前述式(8.1)，$\pi_{a,i,t}$ 表示国家 i 在时期 t 对宏观审慎政策工具 α 的调整情况，即紧缩和宽松操作次数之间的差值。该指标为正值时，指标越大表明宏观审慎政策工具 α 紧缩程度越高，而负值越大，则表明对审慎工具 α 的调控越宽松。与 Cerutti et al.(2017b)构建的宏观审慎指数 $Pruc1$ 和 $Pruc2$ 类似，$Pruc3$ 指数的一个显而易见的缺点是没有考虑到各国采用的宏观审慎政策工具的种类可能存在一定差异。为了缓解这一问题，Garcia et al.(2020)用给定时期内实际采用的宏观审慎工具种类对 $Pruc3$ 进行调整，进而获取宏观审慎政策指数 $Pruc4$。式(8.4)中，$e_{i,t}$ 为国家 i 在时期 t 实际采用的宏观审慎政策工具的种类。$Pruc4$ 的数值越大，宏观审慎政策越紧缩；反之则越宽松。

$$Pruc4_{i,t} = \frac{Pruc3_{i,t}}{e_{i,t}} \quad (8.4)$$

最后,为了区分紧缩和宽松的宏观审慎政策措施。借鉴前人研究,构建国家层面宏观审慎政策指数 $Pruc5$,计算公式如下:

$$Pruc5_{i,t} = \frac{\sum_T \pi_{T,i,t}}{Tight_{i,t}} + \frac{\sum_L \pi_{L,i,t}}{Loose_{i,t}} \quad (8.5)$$

在式(8.5)中,$\pi_{T,i,t}$ 度量了国家 i 在时期 t 对净紧缩宏观审慎工具 T 调整的次数,即国家 i 在时期 t 对宏观审慎工具 T 紧缩与宽松调整次数的差值。$\pi_{L,i,t}$ 度量了国家 i 在时期 t 净宽松宏观审慎工具 L 调整的次数,即国家 i 在时期 t 对宏观审慎工具 L 宽松调整次数减去紧缩调整次数。$Tight_{i,t}$ 和 $Losse_{i,t}$ 分别表示国家 i 在 t 时期采用的紧缩审慎工具以及宽松审慎工具的种类。$Pruc5$ 对上述 4 种宏观审慎政策指标进了补充,原因在于其既反映了宏观审慎的政策方向,同时或多或少地反映了宏观审慎政策方向形成的路径。$Pruc5$ 值越大,宏观审慎政策越紧缩;反之则越宽松。

8.1.1.3 宏观审慎政策指数

国际货币基金组织综合宏观审慎政策数据库(iMapp 数据库)记录了全球 134 个国家 17 种宏观审慎政策工具的月度调整数据。本节使用 iMapp 数据库公布的数据,采用前述方法构建了 5 种国家层面的宏观审慎政策指数,对国家层面宏观审慎指数取均值获得全球宏观审慎指数。图 8-1 为全球宏观审慎政策指数($Pruc1$、$Pruc2$、$Pruc3$、$Pruc4$、$Pruc5$)在 2000 年一季度至 2020 年四季度的走势图。在 2008 年金融危机爆发之前,全球宏观审慎政策指数处于较低水平,即全球宏观审慎政策监管相对宽松。危机期间宏观审慎指数进一步走低。金融危机过后,宏观审慎政策指数显著增大,宏

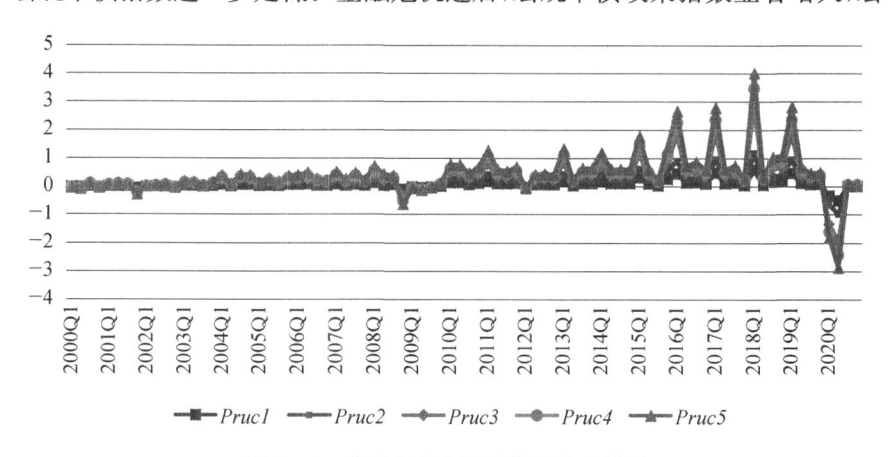

图 8-1　全球宏观审慎政策指数走势图

观审慎监管趋向严格。在新冠疫情暴发之后,各国宏观审慎政策迅速调整,由紧缩转向宽松。

进入21世纪后,为应对经济衰退和通货紧缩,日本、瑞士等国家相继实施负利率货币政策。图8-2展示了日本、瑞士、瑞典、丹麦以及欧元区12国宏观审慎政策在时间维度上的变化情况。[①] 鉴于各种宏观审慎政策指标走势基本一致,为方便查阅,图8-2仅绘制了负利率国家 $Pruc3$ 随时间变化的趋势。对比图8-1可以发现,负利率国家宏观审慎政策指数走势与全球宏观审慎政策指数走势基本一致,但最近十年来,负利率国家宏观审慎政策调整幅度相对较大。

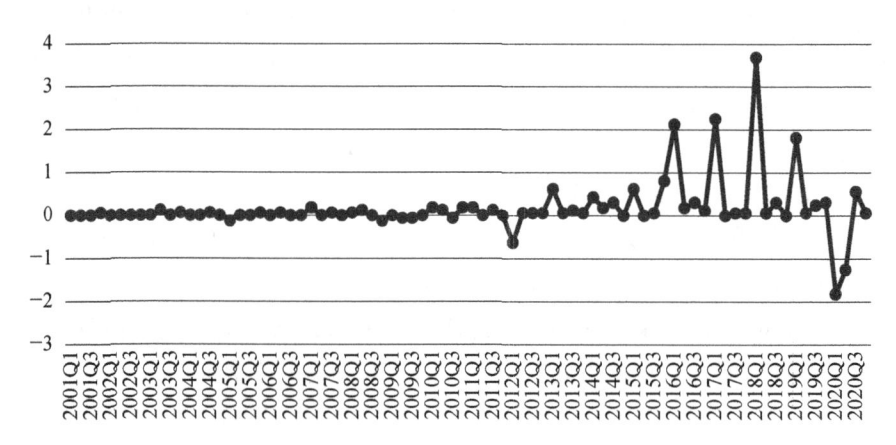

图8-2 负利率国家宏观审慎政策指数走势图

与负利率国家相比,非负利率国家宏观审慎政策指标随时间变动趋势基本一致,但非负利率国家宏观审慎政策调整幅度不及负利率国家,宏观审慎监管相对平稳。由图8-3可以看出,在2016年至2019年宏观审慎政策紧缩调整程度不及负利率国家,在2020年前2个季度宏观审慎政策宽松调整力度也不及负利率国家。

图8-4展示了我国宏观审慎政策指数随时间变化的走势图。整体而言,我国宏观审慎政策指数取值为正数,并且数值较大。这表明我国宏观审慎政策紧缩力度比较强。特别是与非负利率国家平均宏观审慎政策指数相比,我国宏观审慎政策工具紧缩调整频次更高,宏观审慎监管更加严格。

---

① 后述中负利率国家均指日本、瑞士、瑞典、丹麦、德国、法国、意大利、荷兰、比利时、卢森堡、爱尔兰、西班牙、葡萄牙、奥地利、芬兰以及希腊16个国家。

图 8-3 非负利率国家宏观审慎政策指数走势图

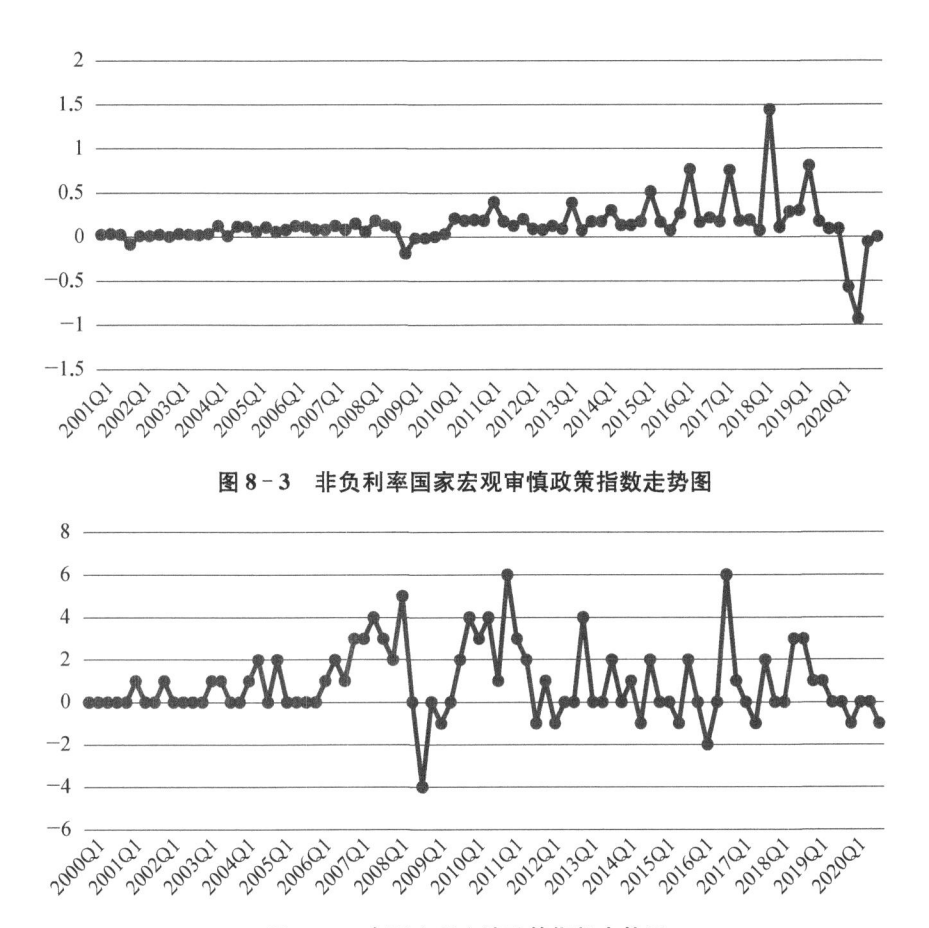

图 8-4 中国宏观审慎政策指数走势图

8.1.2 金融系统性风险

尽管关于金融系统性风险的研究由来已久,但是作为一个可以被感知却比较难定义的概念,对于金融系统性风险的准确界定并未达成一致意见(Girardi and Ergün,2013)。2009 年,国际货币基金组织(IMF)、金融稳定委员会(FSB)以及国际清算银行(BIS)共同制定并发布了《系统重要性金融机构、市场和工具的评估指引》(以下简称《评估指引》)。《评估指引》将金融系统性风险定义为,由于金融体系整体或局部受到破坏导致金融服务中断、对实体经济具有潜在负面影响的风险。金融危机后,大量学者基于不同视角对金融系统性风险进行了定义。Billio et al.(2012)将金融系统性风险界定为某个或一系列事件对金融体系的稳定性抑或公众对金融体系信心产生威胁的风险。Benoit et al.(2017)对金融系统性风险的定义侧重于风险在金融系统中的扩散,将系统性风险定义为部分市场参与者受到冲击后在整个金融体系中扩散的风险。杨子晖等(2022)通过梳理金融系统性风险领域相关文献指出,尽管金融系统性风险的准确范畴仍未达成一致,但它具有一个重要特征,单个金融机构、金融市场所面临的变动或冲击乃至遭受的损失,将向金融系统中的其他机构、其他市场迅速传递。

开展金融系统性风险领域实证研究的基础性问题是如何有效、准确测度金融系统性风险。既有研究已构建出一系列度量金融系统性风险的方法。具体测度方法参见本书第五章,此处不再赘述。国家层面的金融系统性风险可以理解为国家内部各金融机构系统性风险的总和。本节实证研究涉及的各国金融系统性风险数据来源于纽约大学斯特恩学院公布的数据。[①] 图 8-5 展示了全球(31 个主要经济体)金融系统性风险随时间的变化趋势。2002 年至 2008 年全球系统性风险呈现上升趋势,2008 年至 2018 年全球金融系统性风险维持在相对稳定的状态,2019 年后全球金融系统性风险又开始逐渐攀升。总体而言,随着时间推移,全球金融系统性风险呈上升态势。

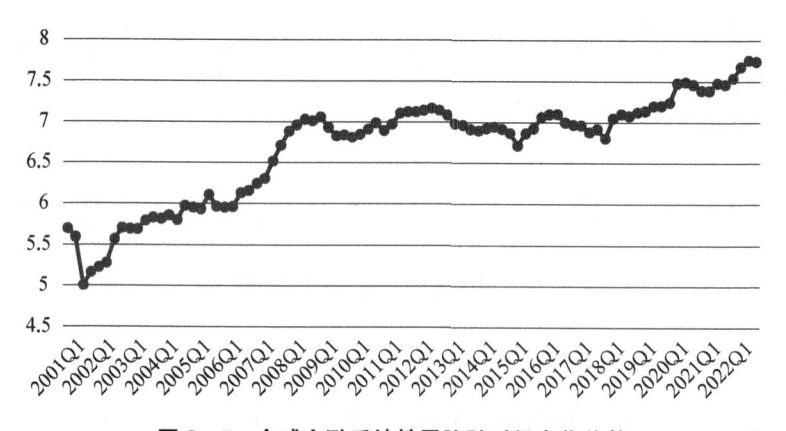

图 8-5 全球金融系统性风险随时间变化趋势

图 8-6 展示了负利率国家金融系统性风险在时间维度上的变化情况。2001 年至 2018 年,负利率国家金融系统性风险与全球金融系统性风险的走势保持一致。2019 年至 2022 年,负利率国家金融系统性风险均值呈现稳中略降趋势。从金融系统性风险数值上看,在 2018 年之前,负利率国家金融系统性风险水平比全球金融系统性风险水平略高。但在 2019 年之后,负利率国家金融系统性风险水平略低于全球金融系统性风险。

---

① 金融系统性风险数据来源:https://vlab.stern.nyu.edu/zh/srisk。

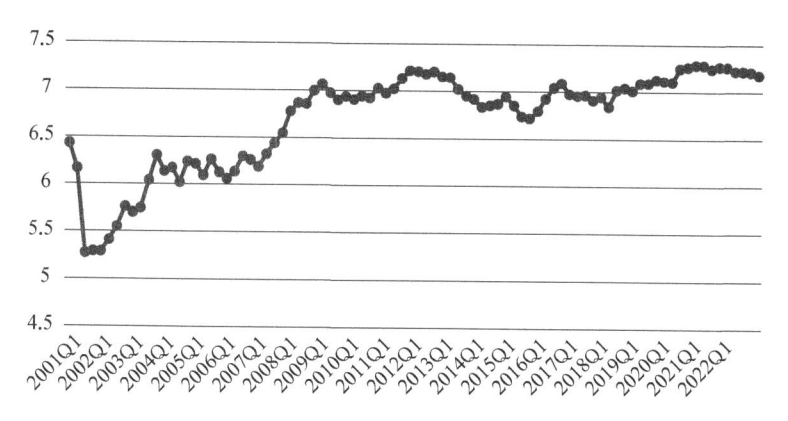

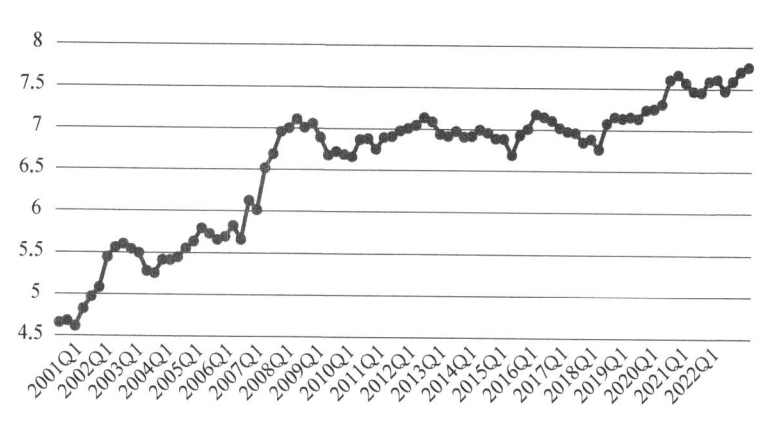

图 8-6 负利率国家金融系统性风险随时间变化趋势

图 8-7 展示了非负利率国家(主要包括中国、美国、英国、印度等 15 个国家)金融系统性风险的均值随时间的变化趋势。总体而言,非负利率国家金融系统性风险呈波动上升趋势。2001 年初,非负利率国家的金融系统性风险水平低于负利率国家。2020 年前,非负利率国家金融系统性风险走势与负利率国家基本一致。2020 年以后,非负利率国家金融系统性风险呈上升趋势并且上涨幅度比较大,这与负利率国家相反。

图 8-7 非负利率国家金融系统性风险随时间变化趋势

8.1.3 宏观审慎政策与金融系统性风险

8.1.3.1 实证模型设计

宏观审慎政策目标是维护金融体系稳定、防范金融系统性风险,但关于宏观审慎政策实施是否能降低金融系统性风险,即是否能够实现政策目标的实证证据相对匮乏。负利率时代下金融市场流动性过剩、银行净息差收窄、投资者行为变异等现象,为金融体系增加了不稳定因素,在使得原有的金融风险发生变化的同时,也催生了新型的金融风险。综上,负利率环境可能会影响金融系统性风险的形成路径、积累速度、爆发以及事后处理措施的选择。因此,负利率环境可能会削弱抑或强化宏观审慎政策对金融系统性风险的影响。然而,鲜有文献针对这一重要问题进行探讨。为回答上述问题,本节首先检验各国宏观审慎政策操作是否能降低金融系统性风险。然后进一步考察,负利率环境是否会对宏观审慎政策实施效果产生影响。借鉴前人研究,本节采用式(8.6)检验宏观审慎政策对金融系统性风险的影响。

$$Risk_{i,t} = Pruc_{i,t-1} + GDP_{i,t-1} + Year + Country + \varepsilon_{i,t} \tag{8.6}$$

在式(8.6)中,下标 i 和 t 分别代表国家和时期。$Risk$ 为各国金融系统性风险,$Pruc$ 为各国宏观审慎政策指数($Pruc1$、$Pruc2$、$Pruc3$、$Pruc4$、$Pruc5$),考虑到宏观审慎政策调控传导并发挥效果需要时间,故而将宏观审慎政策指数 $Pruc$ 滞后一期。国家金融系统性风险水平与一国经济发展紧密相关,因此,本节将各国 GDP 增长率作为控制变量纳入实证模型。此外,$Year$ 为年份固定效应,$Country$ 为国家固定效应,ε 为误差项。

日本、瑞士、瑞典、丹麦以及欧元区实行负利率政策。那么,负利率环境是否影响宏观审慎政策对金融系统性风险的作用效果。本节提出式(8.7)对上述问题进行检验。

$$\begin{aligned} Risk_{i,t} = & Pruc_{i,t-1} + Pruc_{i,t-1} \times Neg + GDP_{i,t-1} \\ & + Year + Country + \varepsilon_{i,t} \end{aligned} \tag{8.7}$$

在式(8.7)中,Neg 为虚拟变量,如果一国为负利率国家(地区)则 Neg 取值为1,否则取值为0。本节研究样本中包含的16个负利率国家分别为日本、瑞士、瑞典、丹麦、德国、法国、意大利、荷兰、比利时、卢森堡、爱尔兰、西班牙、葡萄牙、奥地利、芬兰以及希腊。宏观审慎政策指数与负利率环境的交乘项($Pruc \times Neg$),用以检验在负利率环境下宏观审慎政策对金融系统性风险的作用效果。

8.1.3.2 样本描述性统计

表8-7展示了本节变量的描述性统计结果。金融系统性风险($Risk$)均值为5.6663,最小值为0.3943,最大值为9.7589,表明不同国家面临的金融系统性风险差异较大。宏观审慎政策指数($Pruc1$)均值为0.1804,最小值为-0.75,最大值为1,样本期间总体上宏观审慎政策表现为紧缩。其他

宏观审慎政策指数的统计特征与 $Pruc1$ 类似，此处不再具体说明。GDP 增长率的均值为 1.897 2%，标准差为 3.334 6%，最小值为 −9.132 5%，最大值为 25.162 5%，表明各国经济增长情况存在较大差异。

表 8-7 变量描述性统计表

变量	样本	均值	标准差	最小值	Q1	中位数	Q3	最大值
$Risk$	418	5.666 3	1.937 6	0.394 3	4.543 3	5.641 3	7.039 4	9.758 9
$Pruc1$	375	0.180 4	0.313 6	−0.750 0	0.000 0	0.250 0	0.500 0	1.000 0
$Pruc2$	375	0.179 1	0.312 2	−0.750 0	0.000 0	0.250 0	0.500 0	1.000 0
$Pruc3$	375	0.330 4	0.605 6	−1.500 0	0.000 0	0.250 0	0.750 0	3.000 0
$Pruc4$	375	0.189 6	0.345 9	−1.000 0	0.000 0	0.250 0	0.500 0	2.000 0
$Pruc5$	375	0.188 7	0.344 7	−1.000 0	0.000 0	0.250 0	0.500 0	2.000 0
GDP	323	1.897 2	3.334 6	−9.132 5	0.659 2	1.842 1	2.922 8	25.162 5

注：$Risk$ 为国家金融系统性风险取自然对数后的值，GDP 增长率的单位为%。

8.1.3.3 回归结果分析

本节基于全球 31 个国家 2009 至 2020 年金融系统性风险与宏观审慎政策调控数据，采用 OLS 模型估计了宏观审慎政策对金融系统性风险的影响。回归结果见表 8-8。实证结果显示，5 种宏观审慎政策指数的回归系数均显著为负，并且在 1% 统计水平上显著。这表明，在控制了 GDP 增长率以及国家和年份固定效应后，一国宏观审慎政策收紧有助于降低该国的金融系统性风险。表 8-8 第(1)列显示，GDP 增长率的回归系数为 −0.057 2，并且在 1% 统计水平上显著。这说明，较高的经济增速有助于降低一个国家的金融系统性风险水平。

表 8-8 宏观审慎政策对金融系统性风险的影响

变量	$Risk$				
	(1)	(2)	(3)	(4)	(5)
$Pruc1$	−0.444 3*** (−2.851 0)				

续 表

变量	Risk				
	(1)	(2)	(3)	(4)	(5)
$Pruc2$		−0.421 4*** (−2.663 2)			
$Pruc3$			−0.325 1*** (−3.722 7)		
$Pruc4$				−0.468 8*** (−3.536 2)	
$Pruc5$					−0.466 8*** (−3.610 1)
GDP	−0.057 2*** (−3.817 4)	−0.057 2*** (−3.811 2)	−0.054 4*** (−3.662 0)	−0.058 7*** (−3.955 4)	−0.058 6*** (−3.955 2)
$Constant$	1.215 5*** (5.407 9)	1.209 6*** (5.373 7)	1.226 6*** (5.515 4)	1.293 5*** (5.740 4)	1.295 8*** (5.756 3)
$Year$	控制	控制	控制	控制	控制
$Country$	控制	控制	控制	控制	控制
N	311	311	311	311	311
R^2	0.931 8	0.931 5	0.933 1	0.932 8	0.933 0

注：(1) 括号内为 t 值；(2) ***、**和*分别表示在1%、5%和10%水平上显著。

在验证了宏观审慎政策能够降低金融系统性风险后，本节进一步检验了负利率环境是否会对紧缩性宏观审慎政策降低金融系统性的作用产生影响。式(8.7)的回归结果如表8-9所示。表8-9第(1)列至第(5)列显示，宏观审慎政策指数与负利率国家的交乘项 $Pruc1 \times Neg$、$Pruc2 \times Neg$、$Pruc3 \times Neg$、$Pruc4 \times Neg$、$Pruc5 \times Neg$ 的回归系数至少在5%置信水平上显著为负。上述结果表明，负利率环境会增强紧缩性宏观审慎政策降低国家金融系统性风险的效果。换言之，与非负利率国家相比，负利率国家采用紧缩性宏观审慎政策降低本国金融系统性风险的效果更好。

表 8-9 负利率环境的调节作用

变量	Risk (1)	(2)	(3)	(4)	(5)
Pruc1	−0.195 7 (−1.092 0)				
Pruc1×Neg	−0.752 8*** (−2.713 6)				
Pruc2		−0.157 7 (−0.866 2)			
Pruc2×Neg		−0.783 9*** (−2.818 2)			
Pruc3			−0.224 2** (−2.341 2)		
Pruc3×Neg			−0.370 3** (−2.459 3)		
Pruc4				−0.293 6** (−1.990 0)	
Pruc4×Neg				−0.678 5*** (−2.597 1)	
Pruc5					−0.303 3** (−2.107 8)
Pruc5×Neg					−0.651 6** (−2.493 9)
GDP	−0.016 4 (−1.188 3)	−0.016 6 (−1.199 9)	−0.014 9 (−1.077 6)	−0.016 1 (−1.173 2)	−0.016 1 (−1.172 2)
Constant	1.135 1*** (5.064 2)	1.127 3*** (5.028 2)	1.151 9*** (5.178 7)	1.199 6*** (5.310 5)	1.206 7*** (5.343 6)
Year	控制	控制	控制	控制	控制
Country	控制	控制	控制	控制	控制
N	311	311	311	311	311
R^2	0.933 6	0.933 5	0.934 6	0.934 5	0.934 5

8.2 系统重要性金融机构的监管

系统重要性金融机构是对金融体系的系统性风险贡献比较大,一旦其发生危机会对整个金融系统产生严重负面冲击的金融机构。识别并监管系统重要性金融机构(SIFIS)是构建宏观审慎监管体系的关键点。与金融系统性风险的监控类似,负利率时代下系统重要性金融机构的识别同样需要考虑流动性过剩、净息差缩小等环境特征。这样有助于更为全面高效地对系统重要性金融机构进行监管。鉴于银行体系在我国金融体系中占据核心地位,我国系统重要性金融机构更需关注系统重要性银行。

8.2.1 系统重要性金融机构的识别

系统重要性金融机构对金融系统性风险影响重大,也是宏观审慎监管体系监管的重点机构。王道平等(2022)指出防范金融风险、开展金融监管的首要任务和基本前提是准确测度微观金融机构对整体金融系统性风险的边际贡献。完善系统重要性金融机构的识别机制,可以提升识别精度、提高监管效率。美国次贷危机爆发后,机构和学者对如何识别系统重要性金融机构进行了大量研究,他们发现基于市场数据的系统性风险测度方法如CoVaR模型、MES模型以及SRISK方法等在识别即将发生的系统性风险上同样有效。基于市场数据建立测度系统性风险的市场模型法具有前瞻性和时效性两大重要优势。金融市场中资产价格变动反映了市场对金融机构未来表现的预期(Duffie et al.,2009),同时能够及时反映金融部门系统性风险在时间维度上的变动情况(Huang et al.,2009)。鉴于银行在我国金融体系中占据重要地位,国内学者比较关注对系统重要性银行的识别并为后续研究提供了宝贵经验。

进入21世纪以来,金融创新和金融自由化程度不断加深,非金融机构的资产管理规模迅速扩张。截至2018年底,证券、保险以及信托三类非银行金融机构总的资产管理规模高达49.45万亿元。非银行金融机构已然成为我国金融体系的重要组成部分。在自有规模持续扩大的同时,证券、信托和保险公司早已打破单一经营模式壁垒,拓展资产管理业务并加大与商业银行合作(马亚明和胡春阳,2021)。非银行金融机构能够为金融市场提供流动性,满足市场对多样化金融服务的需求。但由于非银行金融机构的风险控制体系不够完善,抵御外部冲击的能力较弱,其遭受负面冲击可能通过金融机构间业务合作、持有相似金融资产形成的金融网络在不同金融机构之间不断蔓延,最终导致整个金融体系面临系统性风险冲击。因此,识别系统重要性非银行金融机构也逐渐成为防范系统性风险的重要环节。已有关于识别系统重要性银行的文献为我们提供了重要借鉴,但在识别银行系统性风险方面存在测度方法选取差异较大的问题。

本节采用 CoVaR、DCoVaR、Beta、MES、LRMES、SES 以及 SRISK 七种市场模型(本书第 5 章已详细介绍了各种指标的具体构建方法),基于我国上市金融机构的市场数据和财务数据,测算了我国 2011 年前上市的银行、证券、保险等金融机构对金融系统性风险的贡献,并按照 SRISK 测度结果为各类金融机构对系统性风险贡献程度进行了季度排名,排名结果如表 8-10 所示。2021 年四季度,工商银行、农业银行、建设银行、中国银行、交通银行、中信银行、浦发银行、兴业银行、招商银行、民生银行是当期系统性风险边际贡献排名前十的银行。上述 10 家上市银行在样本期间排名顺序变动不大,表 8-10 列示的排名结果与年度《系统重要性银行评估办法》基本一致。另外,采用 SES 方法对上市银行的风险测度排名结果与 SRISK 一致,而采用 CoVaR、DCoVaR、Beta、MES、LRMES 等方法测度的排名结果与 SRISK 存在一定差异,为节省空间此处不再展示。这说明,现阶段 SRISK 方法更适用于识别我国金融机构系统性风险。

表 8-10 银行系统性风险季度动态排序(2011—2021 年)

年份季度	工商银行	农业银行	中国银行	建设银行	交通银行	招商银行	兴业银行	浦发银行	中信银行	民生银行	平安银行	华夏银行
11Q1	2	3	1	4	5	6	10	7	8	9	12	11
11Q2	2	3	1	4	5	6	10	7	9	8	12	11
11Q3	1	3	2	4	5	6	10	7	8	9	11	12
11Q4	2	3	1	4	5	6	9	8	7	10	12	11
12Q1	2	3	1	4	5	6	9	7	8	10	11	12
12Q2	1	3	2	4	5	6	9	7	8	10	11	12
12Q3	1	3	2	4	5	6	8	7	9	10	12	11

续表

年份季度	工商银行	农业银行	中国银行	建设银行	交通银行	招商银行	兴业银行	浦发银行	中信银行	民生银行	平安银行	华夏银行
12Q4	1	3	2	4	5	6	8	9	10	7	11	12
13Q1	1	4	2	3	5	6	8	7	9	10	11	12
13Q2	1	3	2	4	5	6	9	7	8	10	11	12
13Q3	1	3	2	4	5	6	9	7	8	10	11	12
13Q4	1	3	2	4	5	6	9	8	7	10	11	12
14Q1	1	3	2	4	5	6	9	8	7	10	11	12
14Q2	1	3	2	4	6	5	9	8	7	10	11	12
14Q3	1	4	2	3	6	5	9	8	7	10	11	12
14Q4	1	3	2	4	6	5	7	8	9	10	11	12
15Q1	2	4	3	1	5	6	9	8	7	10	11	12
15Q2	1	2	4	3	5	6	7	9	8	10	11	12
15Q3	2	3	4	1	5	6	7	9	8	10	11	12
15Q4	1	2	3	4	5	6	8	9	7	10	11	12
16Q1	1	2	3	4	5	6	7	9	8	10	11	12
16Q2	1	4	3	2	5	7	8	10	6	9	11	12
16Q3	1	4	3	2	5	9	7	10	6	8	11	12
16Q4	1	2	3	4	5	7	8	10	6	9	11	12
17Q1	1	2	3	4	5	7	6	10	9	8	11	12
17Q2	1	3	2	4	5	7	6	10	8	9	11	12
17Q3	1	3	2	4	5	9	6	10	7	8	11	12
17Q4	1	3	2	4	5	9	6	10	8	7	11	12
18Q1	1	3	2	4	5	10	6	8	9	7	11	12

续　表

年份季度	工商银行	农业银行	中国银行	建设银行	交通银行	招商银行	兴业银行	浦发银行	中信银行	民生银行	平安银行	华夏银行
18Q2	1	3	2	4	5	8	6	10	9	7	11	12
18Q3	1	3	2	16	4	6	5	8	9	7	10	11
18Q4	1	4	2	3	5	7	6	9	8	10	11	12
19Q1	1	3	2	4	5	7	10	8	6	9	11	12
19Q2	1	4	3	2	5	7	8	9	6	10	11	12
19Q3	1	2	3	4	5	10	7	8	6	9	11	12
19Q4	1	3	2	4	5	10	9	8	6	7	11	12
20Q1	1	3	2	4	5	7	9	8	6	10	11	12
20Q2	1	3	4	2	5	6	10	8	7	9	11	12
20Q3	1	2	3	4	5	8	9	6	7	10	11	12
20Q4	1	2	3	4	5	10	9	7	6	8	11	12
21Q1	1	2	3	4	5	8	10	7	6	9	11	12
21Q2	1	2	3	4	5	10	9	7	6	8	13	12
21Q3	1	2	4	3	5	9	7	8	6	10	11	12
21Q4	1	2	4	3	5	9	8	7	6	10	11	12

注：11Q1 代表 2011 年一季度，本节下表同。

与上市银行相比，非银行金融机构对金融系统性风险贡献程度较小。因此，本节对非银行金融机构单独排序。非银行金融机构排序结果如表 8－11 所示。与证券公司相比，上市保险企业如中国平安、中国人寿等对金融系统性风险的贡献更大，其中，中国平安在样本期间排名稳居首位。中信证券、海通证券以及招商证券 3 家券商对金融系统性风险贡献比较大。此外，非银行金融机构的 SRISK 值随时间呈现逐渐增大趋势。

表 8-11 非银行金融机构系统性风险季度动态排序(2011—2021年)

年份季度	中信证券	海通证券	招商证券	光大证券	长江证券	兴业证券	华泰证券	广发证券	西南证券	中国人寿	中国平安	中国太保
11Q1	4	3	5	6	7	8	10	10	9	2	1	10
11Q2	3	2	3	3	3	3	3	3	3	3	1	3
11Q3	5	4	6	7	8	10	10	10	9	2	1	3
11Q4	5	3	7	6	4	8	10	10	9	2	1	10
12Q1	6	4	5	7	8	9	11	11	10	2	1	3
12Q2	6	4	5	7	8	10	10	10	9	2	1	3
12Q3	5	4	6	7	8	10	10	10	9	2	1	3
12Q4	5	4	6	7	8	10	11	11	9	2	1	3
13Q1	4	5	6	7	9	8	11	11	10	2	1	3
13Q2	4	5	6	7	8	10	10	10	9	2	1	3
13Q3	4	5	6	7	9	11	12	8	10	2	1	3
13Q4	4	5	6	7	10	11	12	8	9	2	1	3
14Q1	4	5	6	8	9	10	12	7	11	2	1	3
14Q2	3	5	8	6	7	10	12	11	9	2	1	4
14Q3	4	5	7	9	10	12	8	6	11	2	1	3
14Q4	3	2	5	6	7	8	11	10	9	4	1	11
15Q1	3	4	6	7	8	9	10	5	11	2	1	12
15Q2	3	2	5	4	8	9	9	6	7	9	1	9
15Q3	3	2	8	9	10	11	7	6	12	4	1	5
15Q4	4	3	6	8	11	10	7	5	12	2	1	9
16Q1	3	2	6	4	5	7	8	8	8	8	1	8
16Q2	4	3	5	8	9	11	10	6	12	2	1	7

续 表

年份季度	中信证券	海通证券	招商证券	光大证券	长江证券	兴业证券	华泰证券	广发证券	西南证券	中国人寿	中国平安	中国太保
16Q3	4	3	6	7	12	9	10	5	11	2	1	8
16Q4	4	3	7	8	10	11	9	6	12	2	1	5
17Q1	3	4	7	8	10	11	9	6	12	2	1	5
17Q2	3	4	8	7	11	10	9	6	12	2	1	5
17Q3	3	4	7	5	9	8	11	6	10	2	1	11
17Q4	3	4	5	7	10	8	9	6	11	2	1	12
18Q1	3	4	7	8	11	9	10	6	12	2	1	5
18Q2	4	3	7	8	11	9	10	6	12	2	1	5
18Q3	4	3	7	8	10	9	11	6	12	2	1	5
18Q4	4	5	7	8	10	9	11	6	12	2	1	3
19Q1	5	4	7	8	10	9	12	6	11	2	1	3
19Q2	3	4	6	8	10	9	11	7	12	2	1	5
19Q3	4	3	6	8	10	9	12	7	11	2	1	5
19Q4	4	3	5	6	8	7	11	10	9	2	1	11
20Q1	4	5	6	9	11	10	8	7	12	2	1	3
20Q2	4	5	6	9	11	10	8	7	12	2	1	3
20Q3	4	5	6	9	11	10	7	8	12	2	1	3
20Q4	2	3	5	8	10	9	6	7	11	12	1	4
21Q1	3	5	6	9	11	10	7	8	12	2	1	4
21Q2	3	5	6	10	9	12	7	8	11	2	1	4
21Q3	4	5	6	9	11	10	7	8	12	2	1	3
21Q4	4	5	6	9	11	10	7	8	12	2	1	3

注：不同金融机构在相同时期 SRISK 取值相等时，赋予相同排名。

8.2.2 宏观审慎政策与银行系统性风险

8.2.2.1 实证模型设计

本节采用式(8.8)检验我国宏观审慎政策对微观商业银行系统性风险的影响。

$$SRisk_{i,t} = \alpha + \beta Pruc_{t-1} + \sum \gamma Controls_{i,t-1} + i + t + \varepsilon_{i,t} \quad (8.8)$$

在式(8.8)中，下标 i 代表银行，t 代表观测季度。被解释变量($SRisk$)为商业银行系统性风险，核心解释变量为中国宏观审慎政策指数，采用5种方法进行测度。参考王道平等(2022)的研究，本节控制变量($Controls$)包括上市银行总资产收益率(ROA)、资产规模($Asset$)、资本充足率(CAR)、存贷比(LDR)，用来控制其他因素对商业银行系统性风险的影响。此外，i 和 t 分别为个体固定效应和时间固定效应。$\varepsilon_{i,t}$ 为随机误差项。本节将核心解释变量以及控制变量滞后一期处理，以避免潜在内生性问题对本文研究结论的干扰。上述变量的具体定义见表8-12。

表8-12 变量说明表

变量类型	变量名称	变量定义
被解释变量	商业银行系统性风险	基于市场数据计算的各商业银行SRISK值取自然对数
解释变量	宏观审慎政策	中国宏观审慎政策指数($Pruc1$、$Pruc2$、$Pruc3$、$Pruc4$、$Pruc5$)
控制变量	总资产收益率	净利润除以总资产
	资产规模	总资产取自然对数
	资本充足率	资本净额除以风险加资产
	存贷比	贷款总额除以存款总额

8.2.2.2 样本描述性统计

表8-13汇报了商业银行系统性风险、中国宏观审慎政策指数以及相关控制变量的描述性统计结果。商业银行系统性风险均值26.5895，最大值28.7007，最小值22.0906，标准差1.2188。总体而言，我国商业银行系统

性风险分布处在合理区间内。我国宏观审慎政策指数($Pruc1$)最大值1.000 0,最小值-1.000 0,均值0.272 7,样本期间我国宏观审慎政策紧缩调整多于宽松,宏观审慎政策收紧。样本期间商业银行总资产回报率均值0.691 7,说明商业银行盈利能力较强。资本充足率均值12.723 0,说明我国商业银行抵御风险的能力比较强。

表8-13 变量描述性统计表

变量	样本	均值	标准差	最小值	Q1	中位数	Q3	最大值
$SRisk$	701	26.589 5	1.218 8	22.090 6	25.942 9	26.708 9	27.394 2	28.700 7
$Pruc1$	704	0.272 7	0.750 2	-1.000 0	0.000 0	0.000 0	1.000 0	1.000 0
$Pruc2$	704	0.250 0	0.742 9	-1.000 0	0.000 0	0.000 0	1.000 0	1.000 0
$Pruc3$	704	0.977 3	1.853 7	-2.000 0	0.000 0	0.000 0	2.000 0	6.000 0
$Pruc4$	704	0.330 3	0.855 3	-1.000 0	0.000 0	0.000 0	1.000 0	3.000 0
$Pruc5$	704	0.330 3	0.859 0	-1.000 0	0.000 0	0.000 0	1.000 0	3.000 0
ROA	702	0.691 7	0.318 5	0.150 4	0.397 3	0.675 8	0.936 4	1.474 8
CAR	665	12.723 0	1.637 3	8.310 0	11.510 0	12.440 0	13.770 0	17.520 0
$Asset$	694	29.065 5	1.155 6	25.880 7	28.364 0	29.100 6	29.946 0	31.141 7
LDR	689	74.782 2	12.327 9	42.680 0	67.669 3	72.738 0	81.200 9	115.985 2

注:$SRisk$为采用SRISK方法测度的银行系统性风险取对数后的值。

8.2.2.3 回归结果分析

本节使用2011—2021年我国商业银行系统性风险季度频率面板数据,采用固定效应模型实证检验了宏观审慎政策对商业银行系统性风险的影响。[①] 实证结果见表8-14。表8-14第(1)列至第(5)列显示,无论采用哪种指标衡量中国宏观审慎政策,宏观审慎政策指数的回归系数均在1%统计水平上显著为负。上述结果表明,实施紧缩性宏观审慎政策能够显著降低我国商业银行的系统性风险。在控制变量方面,商业银行的盈利能力

---

① 样本包含工商银行、农业银行、中国银行、建设银行、交通银行、光大银行、兴业银行、华夏银行、平安银行、招商银行、民生银行、浦发银行、北京银行、南京银行、宁波银行15家商业银行。

(ROA)与系统性风险呈负相关关系;资本充足率(CAR)越高的银行,其系统性风险越低;商业银行资产规模越大,其系统性风险越高;存贷比对商业银行系统性风险的影响不显著。表8-14中相关控制变量的回归结果与王道平等(2022)基本一致。

表8-14 宏观审慎政策对银行系统性风险的影响

变量	SRisk				
	(1)	(2)	(3)	(4)	(5)
Pruc1	−0.388 6*** (−3.191 1)				
Pruc2		−0.777 3*** (−3.191 1)			
Pruc3			−0.388 6*** (−3.191 1)		
Pruc4				−0.518 2*** (−3.191 1)	
Pruc5					−0.388 6*** (−3.191 1)
ROA	−0.424 0*** (−4.305 7)	−0.424 0*** (−4.305 7)	−0.424 0*** (−4.305 7)	−0.424 0*** (−4.305 7)	−0.424 0*** (−4.305 7)
CAR	−0.005 9 (−0.672 2)	−0.005 9 (−0.672 2)	−0.005 9 (−0.672 2)	−0.005 9 (−0.672 2)	−0.005 9 (−0.672 2)
Asset	0.754 2*** (13.515 8)	0.754 2*** (13.515 8)	0.754 2*** (13.515 8)	0.754 2*** (13.515 8)	0.754 2*** (13.515 8)
LDR	−0.003 8*** (−3.125 8)	−0.003 8*** (−3.125 8)	−0.003 8*** (−3.125 8)	−0.003 8*** (−3.125 8)	−0.003 8*** (−3.125 8)
Constant	5.287 0*** (3.117 7)	5.287 0*** (3.117 7)	5.520 8*** (3.194 5)	5.342 7*** (3.136 3)	5.342 7*** (3.136 3)
Quarter	控制	控制	控制	控制	控制
Bank	控制	控制	控制	控制	控制
N	651	651	651	651	651
R^2	0.894 7	0.894 7	0.894 7	0.894 7	0.894 7

8.2.3 系统重要性金融机构的监管

美国金融过度自由化,信贷高速增长、资产价格泡沫化严重,系统性风险不断累积,最终爆发了次贷危机,并对全球经济造成了严重的负面影响。1999 年,克林顿总统签署了美国《金融现代化服务法案》,为美国金融自由化拉开了序幕。2004 年美国证监会进一步取消了对投资银行业 15 倍杠杆比率的限制,受巨额利润驱使美国金融业野蛮发展。金融自由化引发金融监管缺位,使得美国金融业呈激进并无序发展态势。郭威(2022)对美国金融自由化浪潮下美国金融业态变化及潜在风险进行梳理,并归纳出如下 4 种特征:(1)存款类金融机构大幅减少。与银行金融机构赚取利差为主的传统盈利模式相比,非银行金融机构对承销费、手续费的重视程度较高。然而,非银行金融机构的盈利模式("发起-分销"模式)决定了其在风险控制、信息披露、激励方式等方面先天缺乏动力。(2)金融机构集中度与业务复杂程度明显增加。较高的行业集中度导致大型金融机构对全球经济的影响力增强,金融风险扩散的频率和风险的破坏性伴随金融机构集中度与业务复杂程度提高而上升。(3)商业银行为扩大利差,提高盈利水平,压缩对外融资的期限,资产负债期限错配现象严重,并且通过批发负债提高了与其他金融机构的关联性,使整个金融体系更易受到风险侵蚀。(4)全球金融一体化程度加深,虚拟化经营现象严重。银行业负债稳定性减弱,抗风险能力下滑,风险聚集,金融机构之间关联性增强,最终为全球金融危机爆发埋下了隐患。

全球金融危机爆发前,传统市场观点认为系统重要性金融机构的组织架构以及风险控制体系更加科学完善,具有良好的避险意愿和避险能力,在整个金融体系中起到"稳定器"的作用。但贝尔斯登公司、美国国际集团接受美联储的救助,"两房"(房利美和房地美)被美国政府接管,以及雷曼兄弟破产等事件颠覆了人们对系统重要性金融机构的认知。何德旭和钟震(2013)指出与以往历次金融危机有着实质性不同,系统重要性金融机构在此次金融危机中并非起到"金融稳定器"的作用,反而成为系统性风险和金融危机的制造者、传递者和受害者。金融危机爆发后,人们对系统重要性金融机构的监管问题进行了反思和审视。《关于完善系统重要性金融机构监管的指导意见》指出,因规模巨大、结构复杂和业务复杂度较高、与其他金融机构关联性较强,系统重要性金融机构在金融体系中提供难以替代的关键服务,一旦发生重大风险事件而无法持续经营,导致危机迅速蔓延,可能对金融体系和实体经济产生比较强烈的破坏性。系统重要性金融机构存在"大而不能倒"的道德风险。系统重要性金融机构陷入经营困难或破产时处置难度高,救助成本高,增加财政负担。因此,对系统重要性金融机构进行监管是金融系统性风险监管的重要组成部分。国际监管方面,全球金融危机爆发对系统重要性金融机构造成的负面影响进一步暴露在公众视野中,各国监管当局也开始重新审视对系统重要性金融机构的监管问题。欧美等西方国家率先构建了系统重要性金融机构监管体系。

8.2.3.1 国际系统重要性金融机构监管体系

2008年金融危机爆发推动了全球系统重要性金融机构监管体系的发展。2009年4月,在伦敦举行的20国集团(G20)金融峰会决定,将金融稳定论坛(Financial Stability Forum,FSF)成员扩展至包括中国在内的所有G20成员,并将其更名为金融稳定理事会(Financial Stability Board,FSB)。FSB的任务是制定和实施促进金融稳定的监管政策和其他政策,解决金融脆弱性问题。金融稳定理事会成立后便着手从宏观角度探索与构建系统重要性金融机构监管体系。FSB负责协调国家财政机构与国际标准制定机构,旨在制定出强有力的监管、监督金融行业的政策。FSB所制定的政策将由各行政辖区和国家当局实施,通过提倡在各个行业和辖区一致地实施这些政策,借此营造公平竞争的环境,致力于强化金融体系,提高国际金融市场的稳定性。金融稳定理事会于2010年6月发布了《降低系统重要性金融机构道德风险》,提出构建以风险平稳处置、审慎监管、有效监控、强有力的金融市场基础设施、国际合作为核心的监管框架。次年11月,金融稳定理事会相继发布了《针对系统重要性金融机构的政策措施》,指出要从多方面入手建立系统重要性金融机构监管体系,包括构建新的国际准则、附加资本要求以及更加严格有效的监控。尽管以上两份文件的内容有部分重合,但明确表现出监管机构对于系统重要性金融机构的重视,体现了构建合理有效系统重要性金融机构监管体系的决心。更重要的是,上述两份文件勾勒出了系统重要性金融机构的宏观监管框架,为之后具体规则的制定奠定了坚实基础。金融稳定理事会发布的政策措施以框架性文件为主,目的是解决系统重要性金融机构监管在宏观层面的问题,并未明确具体监管措施。因此,金融稳定理事会继而在2012年4月提出要将系统重要性金融机构的监管框架延伸至各国内部,这也与金融稳定理事会的监管定位相吻合。

微观层面的监管政策则由相应的监管机构负责。以银行业为例,巴塞尔银行监管委员会(Basel Committee on Banking Supervision,BCBS)于2011年11月发布了《全球系统重要性银行：评估方法与附加的损失吸收能力要求》(以下简称《要求》),并于2013年对《要求》进行了细节修订。《要求》适用对象是全球系统重要性银行(Global Systemically Important Banks,G-SIBs),主要内容包括构建以指标法为核心的评估体系和制定差异化的附加资本要求,目的是降低G-SIBs的破产概率,提高G-SIBs的损失吸收能力,优化风险化解框架,缓解G-SIBs破产带来的不利影响。《要求》的发布意味着G-SIBs监管的实质落地,标志着全球层面系统重要性银行监管已步入实施阶段,具有重大意义。但从政策层面来看,其评估体系仍然存在一定缺陷,采用平均法而非指标实际重要程度确定五大指标的权重,因此,很难真实准确地反映每个因素对银行的影响。在金融稳定理事会制定的系统重要性金融机构监管框架之下,BCBS为各国监管国内系统重要性银行(Domestic Systemically Important Banks,D-SIBs)提供了宏观框架。2012年12月,BCBS发布《处理国内系统重要性银行的框架》(以下简称《框架》),为一国管理D-SIBs提供了基础性制度安排。《框架》的内容体系与G-SIBs的设计理念一脉相承,同样由两部分构成,即D-SIBs的评估方法和管理方式,但对评估指标进行了微调,在取消跨国业务指标的同时提高了对金融机构损失吸收能力的要求。《框架》的发布对防范某一国家的金融系统性风险具有积极意义,为各国系统重要性金融机构监管提供了宏观监管框架,同时将具体政策制定权留给各国政府,意在推动各国因地制宜实施监管,有利于构建防范全球金融系统性风险的第一道防线,对于全球金融稳定意义重大。

"双峰"监管理念最早由英国经济学家泰勒在1995年提出。"双峰"监管体系通过审慎监管防范金融体系发生系统性风险,保持金融市场稳定,通过行为监管对金融机构的投机性经营活动进行规范,打击金融市场中的不正当竞争,保护金融消费者和投资者的合法权益。理论上,"双峰"监管体系可以达到维护宏观金融体系稳定运行、金融机构合规经营、最大限度保护金融消费者和投资者权益的监管目的。因此,双峰监管体系逐步走上历史舞台,为世界各国构建监管体系提供了有益思路。审慎监管包括宏观审慎监管和微观审慎监管,宏观审慎监管关注金融体系整体稳定性,防范金融系统性风险的发生及其对经济的冲击;微观审慎监管着眼于维护单个金融机构的稳健经营,保护消费者利益。金融机构行为监管则以保障金融消费者权益为主要目标,重点关注金融机构的过度投机行为,打击欺诈和显失公平的交易等。

基于巴塞尔银行监管委员会发布的《框架》,主要西方国家开始构建符合本国国情的系统重要性银行监管体系。例如,全球金融危机爆发后,英国对其金融监管体系进行了大刀阔斧的改革,构建了"准双峰"的监管框架。在此之前,英国采取的是由财政部负责金融监管规则的制定、英格兰银行负责货币政策的制定、金融服务局则负责监管九类金融机构的"三方共治"的监管模式,"三方共治"监管模式存在明显的多头监管问题,即由于监管边界不明确引发的监管真空、重复监管等问题,不利于风险防范和监管效率。为改变多头监管局面,英国于2012年出台了《2012年金融服务法案》(以下简称《法案》),对原有金融监管体系进行了彻底改革,并于次年4月份正式生效。《法案》改革的核心是强化英国央行(英格兰银行)在金融监管体系中的核心地位,将宏观审慎监管、系统性风险监测、金融机构审慎监管等职责赋予英格兰银行,加强其监管统筹与协调能力。《法案》主要包括如下三个方面的内容:一是在英格兰银行理事会内部设立金融政策委员会(Financial Policy Committee,FPC)。FPC主要负责宏观审慎监管,专注于识别、监测以及管理系统性风险,以维护和增强金融系统稳定性为目标。FPC是整个英国金融监管体系的基石。二是将FSA更名为金融行为监管局(Financial Conduct Authority,FCA),FCA对金融机构的行为进行监管,并直接对英国财政部和议会负责。FCA以保护金融消费者和市场公平竞争为目标。三是成立隶属于英国央行的审慎监管局(Prudential Regulation Authority,PRA)。PRA负责对银行、保险公司和大型投资机构进行审慎监管,确保监管对象稳健运营。至此,英国确立了"双峰"监管的核心思路以及宏观审慎监管、行为监管两大目标,为提高系统重要性金融机构监管效率打下了坚实的基础。在金融体系监管改革完成后,英国将系统重要性银行的监管理念融入整个监管框架之中。从监管职责看,审慎监管局和金融行为监管局共同监管系统重要性金融机构,前者在监管中占据主导地位,并负责相对宏观的审慎监管,后者重点关注系统重要性金融机构的微观行为。2013年12月,英国议会通过了《2013年金融服务(银行业改革)法》(以下简称《改革法案》),标志着英国银行业监管改革正式开始。《改革法案》主要包括建立隔离机制、增强损失吸收能力以及促进银行业竞争三个方面的内容。至此,英国系统重要性金融机构的监管体系基本完成。

8.2.3.2 国内系统重要性金融机构监管体系

与西方发达经济体相比,我国系统重要性金融机构的监管改革起步相对较晚。鉴于银行业在我国金融体系中占据重要地位,我国系统重要性金融机构监管体系首先从银行体系展开。2008年全球金融危机爆发后,我国系统重要性金融机构(SIFIs)监管体系的构建大体上可以分为监管体系构建、监管改革实施、监管深化改革三个阶段。

宏观审慎监管体系构建阶段。2011年3月,《中华人民共和国国民经济和社会发展第十二个五年规划纲要》中提出"构建逆周期的金融宏观审慎管理制度框架","十二五"规划纲要为我国宏观审慎监管体系建设拉开了序幕,而"加强金融监管协调,建立健全金融系统性风险防范预警体系和处置机制"则表明,系统重要性金融机构(SIFIs)的监管作为系统性风险监管的重要组成部分被提上议事日程。2011年4月,中国银监会发布《中国银监会关于中国银行业实施新监管标准的指导意见》,作为银行业落实"十二五"规划的重要文件,该文件设立了"增强系统重要性商业银行有效性"章节,明确了将从市场准入、审慎监管标准、持续监管和监管合作四个方面加强系统重要性银行监管,为我国系统重要性银行监管提供了重要思路。2014年1月,银监会按照巴塞尔银行监督管理委员会的要求,结合我国实际情况,制定了《商业银行全球系统重要性评估指标披露指引》,该指引要求上一年度被巴塞尔委员会认定为全球系统重要性银行的商业银行以及上一年度末调整后的表内外资产余额在1.6万亿元人民币以上的商业银行披露调整后的表内外资产余额、金融机构间资产、金融机构间负债、发行证券和其他融资工具、通过支付系统或代理行结算的支付额、托管资产、有价证券承销额、场外衍生产品名义本金、交易类和可供出售证券、第三层次资产、跨境债权和跨境负债12项指标。《商业银行全球系统重要性评估指标披露指引》有利于提高大型商业银行的信息透明度,促使系统重要性银行加强管理信息系统建设,对银行管理形成有效监督。2016年3月通过的《中华人民共和国国民经济和社会发展第十三个五年规划纲要》进一步提出,"加强金融宏观审慎管理制度建设,加强统筹协调,改革并完善适应现代金融市场发展的金融监管框架,明确监管职责和风险防范处置责任,健全符合我国国情和国际标准的监管规则,实现金融风险监管全覆盖"。总体来看,这一阶段为我国金融监管体系改革顺利推进做了充分准备。

宏观审慎监管改革实施阶段。中国人民银行宣布,自2016年起将现有的差别准备金动态调整和合意贷款管理机制升级为宏观审慎评估体系

(Macro Prudential Assessment，MPA)。MPA将重点考虑资本、杠杆、资产负债情况等七个方面,通过综合评估加强逆周期调节、防范金融系统性风险。为进一步加强对国内系统重要性保险机构(Domestic Systemically Important Insurer，DSII)的监管,防范保险业系统性风险,中国保险监督管理委员会在2016年3月发布了《国内系统重要性保险机构监管暂行办法(征求意见稿)》。同年5月,保监会公布了首批入选国内系统重要性保险机构的16家保险企业名单。此外,为全面推进系统重要性保险机构监管工作,保监会决定开展系统重要性保险机构评定数据收集工作。2017年7月,第五次全国金融工作会议提出金融工作要把握回归本源、优化结构、强化监管、市场导向四项原则。会议召开后,我国成立国务院金融稳定发展委员会,组建中国银行保险监督管理委员会,进一步扩充和强化人民银行相关职能,将过去地方政府的协调机构升级为实质性的监管机构,形成了"一委一行两会一局＋地方监管局"的新金融监管格局。2018年3月,第十三届全国人民代表大会第一次会议审议通过了国务院机构改革方案,设立中国银行保险监督管理委员会,作为国务院直属事业单位。同时,两委员会拟订银行业、保险业重要法律法规草案和审慎监管基本制度的职责划入央行,央行审慎监管的职责被进一步强化。至此,具有中国特色的"一委一行两会"的金融监管体系正式建立,金融监管体系改革基本完成。总体而言,"一委一行两会"的监管体系在构建思路方面沿袭了全球金融危机后比较流行的"双峰"监管体系,进行审慎监管和行为监管;在机构设置方面,我国在现有监管体系的基础上进行了升级完善;在人员设置方面,金稳委主任由国务院副总理兼任,规格高于"一行两会",其职责设定也高于"一行两会",可以避免柔性协商方式导致的低协调效率(郭威,2022)。这一阶段主要对原有分业监管体系进行改革,初步建立了以目标监管为核心的"类双峰"监管体系。

  深化改革阶段。在我国金融监管体系改革的同时,有关系统重要性金融机构的监管也在逐步展开。中国人民银行发布的《中国金融稳定报告(2018)》首次提出,我国完善系统重要性金融机构监管的思路主要包括三个方面:(1)明确系统重要性金融机构的评估方法和流程;(2)对系统重要性金融机构提出特别监管要求;(3)建立系统重要性金融机构特殊处置机制。2018年11月,中国人民银行会同中国银行保险监督管理委员会、中国证券监督管理委员会联合印发了《关于完善系统重要性金融机构监管的指导意见》(以下简称《指导意见》)。《指导意见》进一步细化了我国系统重要性金融机构的监管框架,标志着我国系统重要性金融机构监管进入深化改革阶段。《指导意见》阐明了系统重要性金融机构的范围、定义以及核心工作思路,明确了各监管部门的职责分工,确立了国务院金融稳定发展委员会的核心协调作用,中国人民银行负责宏观层面的审慎监管,银保监会、证监会则主要负责微观审慎监管,明确了我国系统重要性金融机构监管框架包括评估与识别、审慎监管制度、国际协调与合作等方面,并针对系统重要性金融机构提出附加资本要求和杠杆率要求,上报国务院金融稳定发展委员会审议通过后施行。2020年12月3日,人民银行和银保监会联合发布的《系统重要性银行评估办法》明确了我国系统重要性银行的评估方法、参评银行范围、评估流程和工作分工,从规模、关联度、可替代性和复杂性四个维度构建了我国系统重要性银行的评估指标体系。2021年10月29日,经国务院同意,人民银行会同银保监会、财政部联合发布《全球系统重要性银行总损失吸收能力管理办法》,旨在增强我国金融体系的稳健性,保障我国全球系统重要性银行具备充足的损失吸收能力和资本重组能力,防范化解金融系统性风险。在外部总损失吸收能力比率要求方面,全球系统重要性银行的外部总损失吸收能力风险加权比率自2025年1月1日起不得低于16%,自2028年1月1日起不得低于18%。全球系统重要性银行的外部总损失吸收能力杠杆比率自2025年1月1日起不得低于6%,自2028年1月1日起不得低于6.75%。我国的全球系统重要性银行须于2025年1月1日实施外部总损失吸收能力(TLAC)监管规则,TLAC要求我国在原有资本工具吸收损失的基础上,增加能够吸收损失的其他类型的工具,对于完善我国商业银行处置机制、提高大型银行的风险抵御能力具有重要意义。在信息披露方面,对全球系统重要性银行信息披露提出相关要求,外部总损失吸收能力比率应按季度披露;外部总损失吸收能力规模、构成、期限等信息应每半年披露一次;人民银行和银保监会规定的其他披露事项按照要求定期披露。2022年《政府工作报告》在防范化解重大风险部分提出,设立金融稳定保障基金,发挥存款保险制度和行业保障基金的作用,为应对重大金融风险的后备资金。2022年4月,《中华人民共和国金融稳定法(草案征求意见稿)》对金融风险事前防范、事中化解、事后处置做出了全流程全链条的制度安排,为我国金融安全稳定提供了基础性法律保障,有助于建立权威高效的金融风险防范机制,牢牢守住不发生金融系统性风险的底线。至此,我国系统重要性金融机构监管体系初步建立。本文将我国金融监管体系改革以及系统重要性金融机构监管框架的发展历程进行了精炼并将相关重要文件整理归纳至表8-15中,以方便读者阅读。

表 8-15　中国系统重要性金融机构监管政策梳理

发布/ 实施时间	文件名称	主　要　内　容
2011 年 3 月	《中华人民共和国国民经济和社会发展第十二个五年规划纲要》	构建逆周期的金融宏观审慎管理制度框架
2014 年 1 月	《商业银行全球系统重要性评估指标披露指引》	要求上一年度被巴塞尔委员会认定为全球系统重要性银行的商业银行以及上一年度年末调整后的表内外资产余额为 1.6 万亿元人民币以上的商业银行披露调整后的表内外资产余额、金融机构间资产、金融机构间负债等 12 个指标
2016 年 3 月	《中共中央关于制定国民经济和社会发展第十三个五年规划纲要》	加强金融宏观审慎管理制度建设,加强统筹协调,改革并完善适应现代金融市场发展的金融监管框架,明确监管职责和风险防范处置责任,健全符合我国国情和国际标准的监管规则,实现金融风险监管全覆盖
2016 年 1 月	《宏观审慎评估体系》	人民银行从 2016 年起将现有的差别准备金动态调整和合意贷款管理机制"升级"为"宏观审慎评估体系"(Macro Prudential Assessment,MPA)。MPA 体系更为全面、系统,重点考虑资本和杠杆情况、资产负债情况、流动性、定价行为、资产质量、外债风险、信贷政策执行七大方面,通过综合评估加强逆周期调节和金融系统性风险防范
2018 年 11 月	《关于完善系统重要性金融机构监管的指导意见》	阐明了系统重要性金融机构的范围、定义以及核心工作思路
2020 年 12 月	《系统重要性银行评估办法》	明确了我国系统重要性银行的评估方法、参评银行范围、评估流程和工作分工,从规模、关联度、可替代性和复杂性四个维度构建了我国系统重要性银行的评估指标体系
2021 年 10 月	《全球系统重要性银行总损失吸收能力管理办法》	在外部总损失吸收能力比率要求方面,全球系统重要性银行的外部总损失吸收能力风险加权比率自 2025 年 1 月 1 日起不得低于 16%,自 2028 年 1 月 1 日起不得低于 18%。全球系统重要性银行的外部总损失吸收能力杠杆比率自 2025 年 1 月 1 日起不得低于 6%,自 2028 年 1 月 1 日起不得低于 6.75%

在识别系统重要性金融机构的基础上,结合宏观审慎监管与微观审慎监管并重的监管理念,提高审慎控制强度、提升信息披露水平、适当动态调整,以确保系统重要性金融机构不发生影响整个金融系统的重大风险事件。提高对系统重要性金融机构的审慎控制强度是为了通过对系统重要性金融机构实行更为严格的监管,如在资本充足率、杠杆水平、流动性等方面的额外保证与缓冲等方式,确保系统重要性金融机构在更高水平上的稳定性和抗风险能力。提升信息披露水平的出发点与审慎控制相同,即要求系统重要性金融机构披露更多的交易数据、财务数据等信息,以便于监管机构更全面地掌握系统重要性金融机构的经营状况,约束金融机构的行为,抑制可能发生的风险。适当动态调整针对系统重要性金融机构的名单变动机制,主要包括系统重要性金融机构的调整范围、调整规模以及调整频率等方面。

8.3 风险传染的防范

伴随全球金融一体化程度逐渐加深,各类金融机构之间的跨境交易日趋频繁,金融机构通过参与同业拆借、外汇、证券等市场的交易相互持有资产负债或持有相似性比较高的金融资产,金融机构之间的相互关联也愈发紧密。不同金融机构以及金融市场间的相互联系有助于金融机构扩大自身规模与经营效率、提升国际竞争力、分散资产风险敞口,但也为金融风险的积累与迅速扩散提供了潜在渠道。单个金融机构(市场)受到冲击或发生变动后,个体冲击在金融关联紧密的环境中更容易传递给金融系统中的其他金融机构(市场),金融风险的传染与放大加剧了金融系统的脆弱性,最终可能引发系统性金融危机(Benoit et al., 2017)。类似"多米诺骨牌"的金融风险传染效应毫无疑问大幅提升了防控金融系统性风险的难度与紧迫性。

8.3.1 金融风险传染

关于金融系统性风险传染的学术研究起步比较早,学者们认为金融系统性风险的传染一般表现为少数国家或地区遭受大规模冲击后,增加了其他国家或地区发生危机的概率(Forbes and Rigobon, 2002; Alter and Beyer, 2014)。资产价格的联动主要可以归因于不同市场间客观存在的经济贸易联系、金融信贷联系以及产业链关联等真实联系渠道和信息渠道。Asgharian et al.(2013)指出,不同经济体的商业周期以及跨国投资行为等会受到国际贸易变动的影响,进而引发不同金融市场间的风险联动。单个金融市场遭受极端冲击时,其偿付能力、流动性可能会急剧下降,进而被迫实施紧缩性信贷政策,风险最终经由金融关联网络传播至其他金融系统(Adams-Kane et al.,2015;Hale et al.,2020)。Bostanci and Yilmaz(2020)发现风险传染效应通常在资本流动比较频繁的经济体间更加明显。此外,产业链中某个环节遭受不利冲击,可能通过产业间贸易活动、产业链上的纵向并购、商业信用等渠道传染给产业链的上游和下游部门,进而驱动金融风险经由产业链关联跨行业、跨市场、跨区域传染(Ahern and Harford,2014;Cai and Zhu,2020)。杨子晖等(2022)指出对外贸易政策、汇率等制度性因素将会影响各经济体金融系统性风险的易感染程度。他们发现:政府对经济与贸易的管控力度越弱,经济自由化程度越高,该国(地区)面临的金融系统性风险就越高,并且更容易受到外部风险的冲击;经济政策不确定性越高,汇率制度越倾向于浮动汇率,国家面临的金融系统性风险暴露程度也越强;实体经济关联将加剧两两交互市场间的风险溢出,资本流动与跨境信贷可能成为金融风险传导的重要渠道。另外,金融系统性风险的信息传导渠道,即信息不对称加剧了投资者恐慌情绪,造成"羊群行为"、投资者风险偏好变动以及交易策略趋同等非理性行为的传染(Pasquariello,2007;Bekaert et al.,2014)。

全球化趋势下各国经济联系以及不同金融市场间的联系日趋紧密,一国发生的危机往往会对其他国家造成不同程度的影响,金融系统性风险的来源也从单纯的国内冲击扩大至国际冲击。Devereux and Yu(2014)研究指出近年来金融风险跨国传染的强度与频率显著增强。杨子晖和周颖刚(2018)采用"有向无环图技术方法"以及网络拓扑分析方法,从网络关联视角考察了全球金融系统性风险的动态演变以及全球金融市场的风险走势研究发现,中国内地金融市场为风险溢出的净输入者。伴随全球金融一体化进程的不断加快,以及"沪伦通""沪港通"等交易渠道的逐步开放,中国面临着显著的跨境金融风险冲击(杨子晖等,2020)。陈梦根和赵雨涵(2019)测度和分析了中国银行业的跨境联系,研究发现中国与亚洲经济体及主要贸易伙伴经济体银行业之间的关联性更为显著,随着区域经济合作深化,各国或地区间经贸往来活动日益频繁,地缘关系在国际金融体系中得以体现,银行业跨境网络结构中呈现出地理区域化特征,且该趋势不断增强。随着银行跨境联系日趋紧密,单一经济体银行体系受境外风险传染的可能性也逐渐增加。何德旭等(2021)指出随着金融行业的全面开放和资本账户管制的弱化,我国受外部危机传染的可能性伴随着金融体系市场化和国际化程度的加深而提高,国际金融风险可能超越国内风险因素成为中国金融系统性风险的主要来源。同样地,杨子晖等(2022)认为国内外日益紧密的金融关联使我国面临的国际输入性风险挑战不断加剧。他们认为,外国直接投资等形式的资本流动,显著增强了我国与其他国家经济周期波动的趋同效应,提升了全球金融风险发生共振的可能性;国际游资的大规模流动在一定程度上放大了国内资本市场的波动性,进一步抬高顺周期性风险;国际信用风险比较容易经由银行间的跨境借贷网络冲击我国金融市场,从而大幅提升我国金融系统性风险的防控难度。因此,如何有效应对金融系统的异常波动、缓释来源国际市场的外部冲击将是我国防范金融系统性风险的重要任务之一。

国际金融危机引发了自第二次世界大战以来的最为严重的全球经济衰退(IMF,2009)。危机后各国央行为提振经济,相继出台了大规模购买国债等资产、大规模再融资、前瞻性指导等一系列非常规货币政策,然而量化宽松货币政策效果不及预期。部分奉行"单一目标、单一工具"原则的发达经济体以及为了维持汇率稳定的小型开放经济体自2012年以来相继实施了负利率货币政策。实施负利率货币政策的五个经济体(瑞典、瑞士、日本、欧元区和丹麦)的GDP之和占全球GDP的比重超过25%,负利率货币政策正逐步走向常态化(余晶晶等,2021)。已有研究对负利率货币政策实施效果的评价莫衷一是(陈雨露,2020;Sims and Wu,2021)。短期来看,负利率货币政策可以改善利率期限结构,降低利率水平,提高投资水平促进经济增长。长期来看,负利率货币政策会对经济造成严重的负面影响。Russell and Thaler(1985)认为低于经济增长率的利率会鼓励投机,引发"理性的资产价格泡沫",偏离自然均衡利率的负利率会扭曲资金价格、提高债务水平、助长资产泡沫等,加剧金融体系脆弱性。从传导机制方面看,负利率货币政策也需要通过利率传导渠道和汇率传导渠道发挥作用。既有研究对短期利率影响长期利率的能力存疑,经济体量以及经济地位等因素对汇率的利率敏感性起决定性作用,因此负利率货币政策的影响存在不确定性。Hameed and Rose(2016)发现实施负利率货币政策对稳定汇率几乎没有影响。从经验效果上看,负利率货币政策的现实效果不尽如人意。实施负利率货币政策后,日本的GDP增长率较低、通胀率与目标设定相距较远。负利率货币政策使欧元贬值、欧盟贸易竞争力增强,但通货膨胀率不及预期。负利率货币政策的外溢效应伴随全球经济一体化日渐增强,各国面临的经济环境更趋复杂。因此,在负利率时代经济不确定性加剧的背景下研究全球金融监管的合作,并讨论跨国金融系统性风险传染的抑制以及如何应对外部冲击意义重大。

8.3.2 风险传染的防范

合适的监管框架能够有效约束金融机构的风险承担、充分缓释金融系统性风险(杨子晖等,2022),对境外输入性金融风险起到一定程度隔离、抑制作用。刘晓宇和陈晓莉(2021)基于前人研究将居民消费纳入两部门均衡模型,利用中国数据模拟发现中国参与宏观审慎监管国际合作有助于控制国内投资过度,有利于国内金融稳定。随着金融市场日趋复杂化和全球化,金融体系变得更易动荡,金融危机频发且波及范围愈发广泛,金融监管安排成为反思金融危机的焦点(Masciandaro and Quintyn,2009),优化金融监管结构成为各国提高金融稳定的努力方向之一(Masciandaro et al.,2013)。

事实表明,金融监管的结构安排对金融监管效率有很大影响(Carmichael et al.,2004),典型的案例便是英国金融服务局(FAS)与英格兰银行协调失败导致了英国北岩银行(Northern Rock Bank)危机,后者因按揭风暴成为近百年来英国第一家被挤兑的银行。关于金融监管结构的理论研究主要集中在两个方面。

其一,金融监管机构的结构安排,即金融监管应该由一个超级监管机构完成,还是由多个平行的监管机构共同合作完成。文献首先对银行、证券、保险三个传统金融形态实行分别监管还是统一监管进行了讨论。正如Masciandaro(2007,2009)所说,不同的金融监管安排有不同的特点,仅仅通过利弊分析不足以判断孰优孰劣。统一监管的优势主要体现在有利于发挥不同监管职能和监管技术之间的协同效用,提高解决问题的及时性和准确性,实现监管的连续性等;多边监管的优势主要在于监管的专业化和不同金融业务之间的"防火墙"等方面。关于金融系统性风险的监管与防范,已有的文献主要讨论了监管机构的结构安排、宏观审慎监管工具的效果以及系统重要性金融机构的识别与监管。对监管机构结构安排的研究主要讨论了应当混合监管还是分业监管、中央银行应当专注货币政策还是兼顾金融监管。

其二,中央银行的监管角色。关于中央银行应当专注于执行货币政策还是需要兼顾金融监管的问题一直争论不休,许多学者对此进行了分析,但并没有达成一致性结论(Arnone et al.,2007;Pellegrina et al.,2013)。刘锡良和刘雷(2017)指出,中央银行是否涉足金融监管并非简单的监管结构安排的利弊问题,其更多涉及央行货币政策在追求物价稳定的同时能否控制资产价格和信贷的波动以稳定金融的问题。支持央行涉足金融监管的学者认为,央行参与金融监管可以获取金融机构的偿付能力、流动性等微观信息,这些信息不仅对央行实施准确的货币政策大有裨益,而且是央行发挥最后贷款人职能的需要。Repullo(2000)借鉴不完全契约理论认为,银行审慎监管应该由央行负责,且央行需负责应对银行的小型流动性冲击,因为小型冲击比大型冲击更加频繁。Ponce and Rennert(2015)进一步强调,不论在正常时期抑或危机期间中央银行均应该对遭受流动性冲击的非系统重要性银行给予流动性支持,危机期间则应加大支持力度。反对央行涉足金融监管的学者认为两者应当由不同的机构实施。首先,Blanchard et al.(2010)指出利率政策在调控杠杆率、风险承担水平、资产价格泡沫等方面表现欠佳,通过利率调控缓解上述问题会对产出水平带来不利影响。其次,如果独立的货币政策能够抑制通货膨胀保持物价稳定,那么金融市场参与者会降低对未来不确定性的担忧,进而促进金融稳定;相反,如果物价水平过度波动,那么金融体系也将受到严重影响(Borio and Drehmann,2009)。尽管大多数国家采纳了第二种观点,但仍有很多国家赋予中央银行维护本国金融稳定的职责(Oosterloo and Haan,2004)。反对央行涉足金融监管使其失去了主动实施"前瞻性"货币政策抑制资产价格泡沫的动力。

全球20多年的经济"大缓和"使得系统性金融危机在央行较少涉足金融监管的情况也鲜有发生(Blinder,2010;Eichengreen and Dincer,2011)。然而,次贷危机的爆发凸显了物价稳定并不能保证金融稳定(Blanchard et al.,2010;Goodhart,2011),个体金融机构的稳健也不能保证金融体系的稳定(Blanchard et al.,2010),对银行间批发市场融资的依赖加剧了商业银行对短期利率的敏感性(Farhi and Tirole,2009),商业银行在危机期间甚至会囤积流动性,不愿在银行间市场进行交易,最终可能导致银行间市场流动性枯竭(Allen et al.,2009)。上述事实表明应对金融系统性风险的职责需要中央银行承担。但在货币政策致力于维护物价稳定,微观审慎监管关注个体金融机构稳健的情境下,央行亟须寻求新的政策工具防范化解系统性风险、维护金融稳定。在这样的背景下,宏观审慎监管迅速兴起并被广泛接受。一些学术研究为央行参与金融监管提供了有利证据。Goodhart and Schoenmaker(1995)通过横向对比发现,将货币政策与金融监管结合在一起的国家其银行失败案例更少。Doumpos et al.(2015)调查了央行独立性、央行参与审慎监管和监管统一对银行稳健性的影响发现,中央银行的独立性对银行的稳健性产生了积极影响，监管统一和央行涉足监管能够缓解金融危机对银行体系的不利影响。但也有研究对央行参与金融监管持反对态度。Barth et al.(2002)发现央行参与银行监管会导致本国银行不良率上升大约4个百分点。此外，Barth et al.(2003)、Gaganis and Pasiouras(2013)从通货膨胀率、银行效率等角度对央行涉足监管职能持否定态度。

金融体系处于一个动态演变的过程中，根据不同金融体系的特点安排相应的监管结构可能具有更好的效果(Kremers et al., 2003; Carmichael et al., 2004)。关于金融监管结构的经典理论有机构型监管、功能型监管和目标型监管，三种监管模式从不同的视角对金融体系进行了剖析，从而提出如何设置金融监管结构。机构监管是针对分业经营的金融体系而言，该模式下各类金融机构分工与界限比较明确，具备依据金融机构类别设立监管机构的条件。随着金融集团的出现，金融机构之间的界限变得模糊，机构型监管不能有效识别混业经营集团的风险。因而，基于Merton and Bodie(1993)的金融功能观，出现了功能型金融监管的思想。另一方面，金融产品的创新使得业务间的界限变得模糊，导致无论机构型监管还是功能型监管都存在监管盲区的可能。因此，一些学者提出了目标型监管，譬如，微观审慎监管负责保持单个金融机构稳健经营、宏观审慎监管保持金融稳定、商业行为监管旨在保护消费者权益，并分别设立监管机构履行上述监管目标(Herring and Carmassi, 2008)。从实践来看，次贷危机发生前，发达国家央行参与微观监管的平均水平相对较低，但欧洲国家和欧盟成员国央行参与监管的程度较高。危机发生后，发达国家央行干预监管的程度有所增加(Masciandaro and Quintyn, 2015)。

全球金融危机爆发后，世界经济面临巨大的下行压力，以日本和欧元区为代表的多个国家为提振经济实施的宽松货币政策，使得本国的政策利率、市场利率乃至存贷利率均出现了负值，突破了传统货币理论所认为的零利率下限，全球开始进入负利率时代。然而，当负利率政策无法有效达到刺激经济、抑制通货紧缩的目标时，经济下行预期和流动性过剩导致的资产价格上涨将驱使企业部门和居民部门在修复资产负债表的同时增加对资本品的投入，当企业减少生产、居民降低消费和资产价格上涨开始交替作用，经济将陷入危险的负向螺旋，并不断累积风险，加之负利率环境下银行利差收窄、投资者行为变异等诸多因素叠加，金融体系的脆弱性大幅提升，发生金融系统性风险的可能性远超过往。跨境金融系统性风险可以借助跨市场金融网络交叉传染，缺乏有效监测跨境金融风险传染的手段是国际金融危机的一个重要教训,跨境金融联系已成为危机信息缺口的重要方面,加强银行跨境联系监测可以部分弥补相关信息缺口(陈梦根和赵雨涵,2019)。因此,加强国际金融监管协作与国际经济政策协调,提升跨国金融系统性风险防范能力,对全球金融市场的稳定至关重要。

各国金融机构相互关联构建了一个庞大复杂的金融网络。各类金融机构以及金融市场可视为金融网络的节点,金融网络中的节点通过金融交易、资金流动、资产负债等连接起来,任何节点上的金融风险均有可能借助金融网络迅速传播至其他金融市场(Allen and Gale, 2000; Acemoglu et al., 2015)。金融风险关联网络的整体特征决定了国家金融风险在网络中主要通过中心节点国家进行传导(张帅,2022)。在全球金融系统性风险的国际传递链中,美国是波动溢出的主要输出者且其市场波动也具有较为明显的外生性,中国内地金融市场是波动溢出(风险传染)的净接受者(杨子晖和周颖刚;2018)。同样地,何德旭等(2021)研究发现,美国、英国是全球金融系统性风险的主要输出国家,中国和欧元区国家是全球金融系统性风险的净输入国家。已有研究表明,我国处于被动溢入金融系统性风险的不利地位。中心节点是整个金融网络的关键节点,识别并动态监测金融网络中心节点有利于提高监测效率、降低监测成本。源自负利率国家(地区)的系统性风险也可能通过金融风险关联网络进行传导,进而对我国金融市场稳定运行产生影响。因此,在应对国际风险传染中需要重点监控系统性风险源头国家、负利率国家以及网络中心节点国家(地区)。此外,金融关联网络中各个节点的权重会依据市场状况发生动态调整,网络中心节点也会随之变化,风险监控的重点领域也需要适时调整。深化与相关国家在经济金融等领域的合作、加强与各国政策沟通,提升我国在金融关联网络中的地位,借助金融网络中心度降低风险的作用,为系统性风险的溢出提供更多渠道。

负利率环境下防范化解外部系统性风险对我国金融市场的冲击可以考虑从识别风险源和传播渠道两个方面着手。金融系统性风险主要通过实体经济传染渠道(国际贸易、跨国投资、产业链关联)以及金融贸易渠道(股票市场、外汇市场等)进行跨国传染(Asgharian et al., 2013; Ahern and Harford, 2014; Cai and Zhu, 2020; 杨子晖等,2022)。国家经济政策不确定性也可能通过国际金融网络跨国溢出,进而对我国经济发展与金融稳定产生一定冲击。

首先,加强对国际贸易、跨国投资等实体经济传染渠道的风险传染防范。"一带一路"倡议的实施以及《区域全面经济伙伴关系协定》(RECP)的签署进一步加强了我国与国际市场的经济贸易联系,密切的经贸往来可能引发我国与相关地区经济周期波动趋同,强化各国金融市场的联动性,提高金融市场的不稳定性。中国在推进对外开放、增进国际合作的同时,需慎防由贸易自由化与全球经济一体化带来的输入性金融风险。相比于"丝绸之路经济带"沿线国家,我国同"海上丝绸之路经济带"沿线国家金融风险的联动特性及传染效应更加明显(张帅,2022)。因此,防范系统性风险经实体经济渠道传染既需要密切监测韩国、日本、以色列、俄罗斯、印度、波兰、捷克等国家的金融风险状况,提高金融市场信息收集效率,完善金融风险预警机制,提升监管机构对境外冲击的预判能力,增强金融机构抵御风险的能力;也需要加强同上述国家在金融领域的深化合作以及沟通协调,共同探讨金融风险传染的防御机制以及事后处置化解方案,推动成员国积极主动落实具体方案,防范化解金融系统性风险、维护金融市场稳定。此外,我国在积极推动贸易全球化的同时,应主动扩大对外贸易市场范围,不断提升与非紧密贸易关系国家的贸易份额,降低我国对个别国家或地区的外贸依存度,降低贸易伙伴系统性风险可能对我国造成的不利冲击。

其次,加强对货币市场、股票市场、外汇市场等金融贸易渠道风险传染的防范。作为货币政策最重要的工具之一,利率同时连接实体经济与金融市场。利率异常变动通常反映一个国家政策导向的变化,经济发达国家利率的异常变动容易引起其他国家货币市场利率的敏感反应和金融市场波动。在全球金融风险传递中,美国是波动溢出的主要输出者,其市场波动也具有较为明显的外生性(杨子晖和周颖刚,2018)。同样地,朱小能和吴杰楠(2021)研究发现,2007年后国际股市联动性变化与美国市场的涟漪效应有关,美国市场特有波动升高(降低)会导致全球股市联动性升高(降低)。股票市场和外汇市场的传染具有双向非对称溢出效应,其中股票市场对外汇市场有更大的冲击影响,而且风险传染具有明显的时滞效应(杨子晖等,2020)。全球金融系统性风险通过各国货币市场、资本市场进行交叉传染,资本市场的风险传染效应大于货币市场,但货币市场通过对本国资本市场的影响进而对其他国家金融市场的风险传染效应不容忽视(何德旭等,2021)。欧美等国家资本市场、货币市场存在较强的风险溢出效应,欧美金融市场的风险波动会显著影响中国资本市场的风险状况。源自美国的国际股票市场发生极端风险事件时,要及时采取预防措施,防止其对我国股市产生破坏性冲击。应对利率和汇率风险传染时,要加强对经济金融关系密切的交易对手国家(地区)利率与汇率波动以及走势的监测,估算相关国家利率风险和汇率风险对本国利率政策和汇率政策的影响,保持汇率制度的稳定,分析相关风险传染对本国宏观经济的潜在影响。应对跨市场风险传染时,重点关注国内外股票市场的异常波动对我国外汇市场的冲击,及时调整政策的力度与方向,防范股票与外汇市场之间的联动共振而产生的金融系统性风险。完善货币政策与宏观审慎"双支柱"调控框架,提高监管效率以及金融机构对风险传染的应急处理能力,有效处置并化解金融系统性风险。

最后,防范境外经济政策不确定性风险可能造成的传染。杨子晖等(2020)指出美国经济政策不确定性是导致全球金融市场震荡的重要因素。负利率时代叠加经济政策不确定性容易引发短期套利资金跨境快速流动,我国金融市场同样会受到波及,市场异常波动的概率也会增大。构建有效测度各国经济政策不确定性水平的方法,并将境外经济政策不确定风险纳入监控体系,重点监控美国、日本、欧元区等境外重要国家或地区的经济政策不确定性水平可以提高防范金融系统性风险的效率。此外,监管部门需要密切监控异常资本流动,在积极推进金融市场对外开放的同时防控输入性金融风险。

本章小结

国际金融危机的爆发凸显了金融体系的脆弱性,引发了人们对金融监管的深刻反思。微观审慎监管关注个体金融机构稳健性,并不能保证整体稳健,存在"合成谬误"问题。危机后宏观审慎监管备受各界关注并迅速成为监管体系重要组成部分。系统重要性金融机构更是颠覆公众认知,在2008年金融危机中并未发挥"金融稳定器"作用,反而成为系统性风险和金融危机的制造者、传递者和受害者。因此,有效识别并监管系统重要性金融机构是防范金融系统性风险的关键环节。迈入21世纪后,全球一体化发展加深,各国经济金融联系日趋紧密,金融市场日趋复杂化和全球化,金融体系更易动荡,一国内部遭受外部金融风险冲击的可能性也相应提高。负利率环境叠加全球金融一体化增加了防范跨国金融风险传染的难度和紧迫性。负利率时代金融系统性风险的防范主要从宏观审慎政策的运用、系统重要性金融机构的监管以及风险传染的防范三个方面展开研究。本章第1节详细介绍了宏观审慎政策工具、全球系统性金融风险在时间维度上的演变趋势,并使用全球31个主要经济体的宏观经济数据实证检验了宏观审慎政策对金融系统性风险的影响以及负利率环境对两者关系的调节作用。实证结果显示,紧缩性宏观审慎政策可以显著降低一国金融系统性风险,负利率环境增强了紧缩性宏观审慎政策降低一国金融系统性风险的作用。本章为宏观审慎监管政策的有效性提供了实证证据。在本章第2节中,首先,本章基于反映公众预期的市场数据以及系统性风险测度模型对系统重要性金融机构进行动态识别,并发现伴随非银行金融机构规模扩大,其对我国金融系统性风险的贡献呈现上升趋势。其次,使用国内上市银行面板数据实证检验了宏观审慎监管在微观层面的有效性,研究发现紧缩性宏观审慎政策可以显著降低银行金融系统性风险。最后,本章梳理了国内外系统重要性金融机构监管体系的发展历程。本章第3节对风险传染相关文献进行梳理,并将金融风险传染的特征、风险传播渠道等与我国在全球金融网络中的位置相结合,探讨负利率环境下防范系统性风险跨国传染、维护金融稳定的对策措施。

在金融监管方面,紧缩性宏观审慎监管政策有助于降低一国金融系统性风险,并在抑制银行系统性风险方面也能发挥良好效果。但在政策实施过程中仍需关注以下几个方面。首先,宏观审慎政策的有效性可能受其他调控政策的干扰,关注宏观审慎政策与货币政策等调控政策的协调性。其次,合理评估宏观审慎监管政策发挥效果可能存在的时滞,准确把握宏观审慎监管政策实施的时间节点。最后,境外宏观审慎政策可能跨国溢出并对国内宏观审慎政策产生影响,积极参与宏观审慎监管的国际协调合作,维护全球金融稳定。负利率环境下净息差持续收窄,银行业金融机构经营承压利润下滑明显,风险偏好显著上升,资产配置行为可能会发生扭曲(Altunbas et al.,2014;Hesna and Rich.,2014;熊启跃和王书朦,2020)。防范金融系统性风险需将宏观审慎监管与微观审慎监管结合起来,降低金融体系内生性风险的积累。我国银行业高度依赖利息收入并在金融体系中占主导地位,监管机构需对系统重要性银行机构提高审慎控制强度、提高信息披露水平、适当动态调整以确保其不发生影响整个金融系统的重大风险事件。具体而言,在资本充足率、杠杆率水平、流动性等方面对系统重要性金融机构实行更为严格的监管,确保系统重要性金融机构在更高水平上的稳健性和抗风险能力。要求系统重要性金融机构披露更多交易数据、财务数据等信息,方便监管机构更全面地掌握金融机构的经营情况,约束金融机构的行为,防范潜在风险。结合市场实际情况对系统重要性金融机构的范围、规模和调整频率等进行动态调整。此外,监管机构需要关注业务规模逐渐攀升的保险、证券等非银行金融机构可能发生的风险。

在风险传染方面,我国在推进对外开放、增进国际合作的同时,需防范由贸易自由化与全球一体化带来的输入性金融风险。加强同贸易伙伴在金融领域深化合作、沟通协调,共同探讨风险传染防御机制的设计以及事后处置化解方案,强化金融风险监管协调处置机制,推动各国积极主动落实具体方案,防范系统性风险,维护金融市场稳定。此外,应积极扩大对外贸易市场的范围,降低我国对个别国家或地区的外贸依存度,降低贸易伙伴国家(地区)的系统性风险对我国金融稳定造成负面影响。金融系统性风险也可以经由货币市场、资本市场等渠道交叉传染,欧美金融市场的风险波动会显著影响我国资本市场的风险状况。因此,要密切监控源于欧美等发达市场的金融风险并及时采取预防措施,防止其对我国股市产生破坏性冲击。监测交易对手国家或地区利率与汇率的波动以及走势,评估利率风险和汇率风险对我国相关政策的影响,保持汇率制度的稳定。应对跨市场风险传染时,重点关注国内外股票市场的异常波动对我国外汇市场的冲击,及时调整政策的力度与方向,防范股票与外汇市场之间的联动共振而产生的金融系统性风险。应对境外政策不确定性溢出时,构建有效测度各国经济政策不确定性的指标,重点监控美国、日本、欧元区等境外重要国家或地区的经济政策不确定性水平,防范其对我国造成不利冲击。负利率环境下,监管部门需要密切监控跨境资本异常流动,在积极推进金融市场对外开放的同时防控输入性金融风险。

第9章

结论与建议

9.1 负利率时代金融市场中的系统性风险

第一,本书的研究发现,有别于传统银行个体风险,金融系统性风险不仅会在低利率环境中受到估值与收入效应的影响而迅速积累,还通过其他渠道受到来自宏观经济政策的调控以及国际环境的影响。同时,完善货币政策与宏观审慎"双支柱"调控框架有助于抑制降息政策带来金融系统性风险增加的影响,即收紧货币供给与宏观审慎政策不仅能削弱金融系统性风险随降息而增加的幅度,甚至还压低了风险激增的利率门限值,从而增加了政府降息的空间。尽管非银行部门的金融机构受货币政策风险承担渠道的影响与政策利率的高低无明显关系,但是在金融一体化进程不断加快的背景下,银行金融系统性风险的增加势必会对其他金融部门的风险承担能力产生影响。同时,本书从国别间差异进行金融系统性风险影响因素的分析,发现除货币政策的风险承担渠道外,银行的不良贷款率、本国的汇率水平与利率期限结构均为其重要影响因素。银行不良贷款率、利率期限结构斜率与金融系统性风险分别有显著正相关关系与负相关关系,这意味着微观银行风险偏好的转变与宏观流动性偏好的改变均会增加银行系统性风险。而本国有效汇率水平与银行金融系统性风险之间存在着显著的正相关关系,也说明了外汇市场对银行系统存在输出风险的渠道,外资流入带来的冲击会增加银行金融系统性风险。在此基础上,本书通过中介机制检验与稳健性检验验证了货币政策的风险承担渠道在低利率时效果增强的现象。

第二,从利率水平与存贷利差相结合的视角出发,本书对货币宽松政策影响商业银行风险承担的机制和效果进行了理论分析。在验证了货币宽松会提高银行风险承担水平的基础之上,本书进一步发现,当使得利率下行的货币宽松发生时,商业银行有较高的自有资本水平,并非一般认为的必然会降低银行的风险承担,而是有可能加剧其风险承担。虽然在不考虑货币政策冲击的情况下,自有资本水平的上升确实可以降低银行的风险承担,但当利率下调时,自有资本水平越高的银行受到存款利率降低的风险转移效应越弱,其贷款监督努力降低的程度越高,风险承担水平提高得越多。具体而言,当存贷利率对称式下降或者存贷利率非对称下降且利差收窄时,银行的风险承担水平提高,且自有资本水平越高的银行,其风险承担水平提高得越多;当存贷利率非对称下降且利差扩大时,银行风险承担的变化方向取决于利率调整值和自有资本水平之间的数量关系,且自有资本水平越高的银行,其风险承担水平提高得越多(或降低得越少)。

第三,本书基于家庭微观调查数据,针对低利率环境对家庭风险承担行为的影响效应和作用机制的研究发现了宽松货币政策家庭风险承担渠道的存在性,即低利率会使家庭的风险资产配置显著增加,提高家庭投资的风险承担水平。这是由于家庭在投资决策时会受到锚定效应、比例思维和羊群效应的影响,即历史收益率越高、风险资产与无风险资产的收益率比值越大、社区风险偏好越高,低利率时家庭风险承担行为越明显。具体而言,锚定效应意味着人们在投资过程中会形成自己习惯的投资回报率,当利率低于他们习惯的水平时,人们会因此感到不适从而更加偏好风险资产;基于凸显理论的比例思维意味着,低利率环境下风险资产回报率与无风险资产回报率比值会更大,使得风险资产会更具吸引力,人们更愿意投资风险资产;羊群效应意味着当社区内大多数投资者的风险承担水平较高时,投资者可能会受到周围投资者风险偏好的影响,更愿意投资风险资产。在货币政策制定过程中,央行需要考虑到货币政策环境对家庭风险承担行为的影响。家庭投资者在低利率时期的风险承担行为,可能会使高风险资产的价格被过度抬高,特别是当实体经济进入复苏阶段后,低利率导致的风险偏好提高隐含着引发系统性风险的可能。

根据上述结论,本书有以下政策建议:

第一,负利率时代下央行采取降息政策时应着重注意其对银行收益率的影响。在世界多国实施量化宽松的背景下,国内外银行面对降息政策时的可操作空间变小,当政策利率接近零下限时,银行的盈利空间将被进一步侵蚀。此时,主动风险承担促使银行倾向于改变风险偏好,从而增加了银行业系统性风险。尽管我国政策利率相较于欧美各国尚处于高位,但金融改革的脚步丝毫不能减缓。既要积极推动银行拓宽融资渠道,丰富资本补充手段,提升抗风险能力;还要强化成本管控等措施,优化资产负债表结构,避免银行系统性风险迅速累积。

第二，央行应在以资本充足率为核心、以风险披露为重点的银行业风险监管基础上，增加对汇率、利率期限结构等宏观因素的考量，谨防国外市场输出风险，完善金融安全防线。我国对金融系统性风险的防控要做到"多层次、宽领域"，即要从微观层面对银行收益等指标进行精准把控，提升国内金融机构经营水平和抗风险能力；又要在负利率时代下充分考虑国际汇率变动等宏观层面影响因素，全面深化利率与汇率市场化改革。从而提高金融服务实体经济能力，促进经济和金融的良性循环。

第三，在货币政策制定过程中，央行还应当考虑到货币政策环境对家庭风险承担行为的影响。家庭投资者在低利率时期的风险承担行为，可能会使高风险资产的价格被过度抬高，从而增加了崩溃的风险。特别是当实体经济进入复苏阶段后，低利率导致的风险偏好蕴含着系统性风险的可能。此外，应进一步开展对金融市场投资者的培训和教育，引导投资者理性投资。低利率时期家庭投资者风险偏好增加主要是由于受到锚定效应、比例思维和羊群效应等非理性因素的影响，适当的培训和教育能让投资者意识到此类问题，帮助他们做出更理性的投资决策。

9.2 负利率时代的实体经济与金融系统性风险

本书放松了经典的柯布道格拉斯函数中投资项目同质性的假设，在企业生产过程中映入不确定性，且该种不确定性的大小受到实际利率的影响。在实际环境中，经济中的优质项目是有限的，且投资者具有完全信息，可以识别不同项目的风险程度，由此利率下降的过程等于企业选择更高风险投资项目的过程。在该设定下，本书发现利率与企业经营绩效间存在倒 U 形关系，当利率水平较高时，降低利率可以有效降低企业生产成本，刺激企业进行投资；然而当利率水平较低时，降低利率提高了企业的风险承担水平，从而对企业经营绩效产生不利影响。降低利率对企业生产造成不利影响的原因主要在于增加企业的风险偏好以及促进企业金融化（脱实向虚）。进一步的，本书还发现降低利率的不利影响主要体现在非国企、中小企业以及经济发展欠发达地区。最后，通过对银行的经营数据进行分析，本书发现利率的下降通过增加银行不良贷款率的方式传导至金融市场，增加了银行的金融系统性风险。通过跨国比较发现，利率下降增加金融系统性风险主要在利率水平较低的国家中显著。由此论证了在低利率的背景下，利率下降—风险承担/脱实向虚—不良贷款率—金融系统性风险的微观传导机制。利率产生结构效应的根本原因在于投资项目的异质性,优质项目的稀缺性导致企业家会在低利率政策下过度风险承担,最终在银行体系形成不良贷款,增加金融系统性风险。为了削弱结构效应的不利影响,本书有如下的政策建议:

第一,合理控制企业风险承担水平。低自然利率下,市场上存在优质项目荒问题,降低政策利率会刺激企业过度风险承担,投资劣质项目,增加企业回报不确定性,抑制企业经营绩效,最终对宏观经济增长产生潜在不利影响。企业的过度冒险和过度风险承担是低利率政策不良效果的主要驱动因素,由此企业家在生产经营决策过程中应当尤其注重风险控制。具体而言,需要引导企业健全投资决策机制,避免投资决策的主观、盲目性,降低企业过度风险承担。同时,企业管理者应当增强风险意识,对投资项目尽职分析,避免重复、低效率投资。企业管理者还应当培养成本-收益相权衡的思维,在项目规划过程中注重技术可行性和经济可行性分析,准确测算、计量项目成本、收益,避免基于乐观预期做出武断决策。

第二,针对结构性问题精准施策。当前世界各主要经济体实行低利率政策的核心原因是自然利率水平低,只有逆转自然利率走低的趋势才能解决低利率政策下面临的多重矛盾。技术进步放缓、人口增长放缓、贫富差距扩大等是导致自然利率不断走低的主要原因,政策制定者需要针对上述问题精准施策。针对技术进步放缓问题,应当激发企业创新意识,鼓励企业在关键技术、核心理念上积极探索,以缓解长期技术进步增长缓慢问题;与此同时,政府还应当健全完善知识产权保护制度,为企业积极主动从事创新活动提供优质环境,同时保证对重点领域关键环节的金融支持,畅通高科技企业融资途径。在人才培养上,需要加强教育培训,为创新活动输送高质量人才。为应对人口增速放缓问题,应当提高社会福利,切实减少年轻人的抚养压力,提高年轻人生育意愿,以缓解人口持续下滑问题。具体而言,政府可以通过完善改革人口相关政策,推出减税等生育支持措施,通过财政政策切实降低生育成本。在育儿成本上,构建完善公共服务机构,强化社会抚养能力,切实降低家庭养育成本。针对贫富差距扩大问题,需要完善税收制度,通过再分配、转移支付等手段对高低收入人群的收入进行调节。

第三,积极拥抱数字经济,降低银行风险承担。首先,银行积极推进数字化转型,大力发展金融科技,借助大数据、人工智能等科技手段全面提升银行风控能力,借助模型化手段提高贷前评估准确性,贷后管理即时性,从而有效降低银行不良贷款率。接着,加强金融素养教育。通过提供金融素养教育,帮助个人和企业更好地理解贷款的风险和责任,促使借款人更有意识管理债务,并更好规划还款能力,从而减少不良贷款的发生。其次,鼓励创新金融产品和服务。推动金融科技创新,鼓励银行提供更灵活、个性化的金融产品和服务。这将有助于满足不同借款人的需求,并减少不良贷款的风险。最后,在采用新技术的同时,亦需要加强对金融科技的监管,建立合适的监管框架,包括监控和评估新技术的风险,并制定相应的政策和法规进行风险管理。

第四,强调财政、货币政策协调性,重视结构性政策。当前经济增长主要面临结构性问题,单一财政政策或单一货币政策难以有效应对复杂经济结构,由此需要强化财政、货币政策协同,重视结构性政策。例如,采用结构性货币政策进行流动性定向释放,通过行政引导等方式,鼓励企业投资特定领域以控制风险。

9.3 金融系统性风险的传染性特征

着眼于国际股市之间的风险传染和风险联动,本书提出了"涟漪效应",即中心市场特有波动对其他市场间联动性产生影响的现象,并以此解释国际股市风险联动性的大幅波动。在确定风险传递的方向,明确涟漪中心市场对其他市场的风险传递后,本书继续证明了其他市场间联动是中心市场的涟漪,即其他市场之间的联动性会受到中心市场波动的影响,最后还依次将各个市场作为代表性市场,利用代表性市场的特有波动对中心市场与其他市场间的相关系数进行解释,进一步证明了其他市场不是涟漪的中心。通过上述实证检验发现,在2007年之后,国际股市之间存在着明显的涟漪效应,其中美国股票市场处在涟漪的中心位置。美国市场的特有波动升高将会导致亚洲和欧洲各市场之间的联动性提高,而相比之下,其他市场则不能发挥类似作用。对于中国股票市场而言,A股开始受美股影响是中国股市与其他各市场联动性增加的主要原因,而在2007年之后中国上证指数的影响力有所提升也印证了涟漪效应这一机制的合理性。

进一步,本书还立足于中国市场,从行业关联角度研究股票市场内部的风险传染关系。在经济结构转型升级的背景下,转型对某一行业带来的冲击可能沿产业链在上下游部门之间进行传导扩散,导致"级联效应";另一方面,新冠疫情的冲击使供应链面临中断风险,该风险可能沿着产业链进行传递引发实体经济的全面风险并反映至金融市场中,导致金融系统性风险。本书分析了29个行业在2015年至2020年间的风险传染的渠道和机制,以及重大风险事件下各行业部门之间的风险关系和变动趋势。本书发现样本期内行业间风险传导路径呈现出动态变化趋势,且在2015年股灾、2018年中美贸易争端和2020年新冠疫情期间呈现出强烈的风险状态正相似性,其中食品饮料行业在大多数年份,尤其是尾部事件时期与绝大多数行业的风险状态呈现出负相关。基于尾部风险事件驱动的产业链部门重要性分析显示,处于不同产业链位置的行业在风险传染和分散中起到不同的作用,网络风险对于产业链极端收益的影响具有较强的非对称特征。

基于上述结论,本书提出政策建议如下:

第一,负利率时代下监管部门应当加强对国际国内市场风险源的识别。从外部来看,美国市场仍然是我国面临的最大境外风险来源,而从内部来看,产业链之间的风险联动也为风险扩散造成隐患。因此监管机构需要统筹兼顾国际国内金融市场总体运行情况,充分考虑外部经济金融环境对我国金融体系的影响,尤其是防范美国金融市场风险对我国金融部门的风险溢出和传导,即时采取相关措施规避外部市场极端事件冲击。对于我国金融市场内部,监管部门应当根据不同行业在金融风险网络中的地位,准确识别风险传染者和分散者,针对性地选择监管目标和工具,采取差异化风险监控措施。

第二,监管机构应当在掌握国际主要金融市场之间和我国金融市场内部各行业之间的系统性风险溢出网络结构特征的基础上,加强对风险传染方向和路径的控制,以便于在准确识别风险传染源的基础上,及时在风险传染初期切断风险传导路径,有效遏制系统性风险的传染扩散。同时,监管机构应当加强对各部门间系统性风险溢出的实时动态监测,完善逆周期和跨周期调节机制,提高监管政策前瞻性,在系统性风险积累阶段及时采取抑制措施,主动防范系统性风险传染扩散。

第三,监管机构应当加强预期管理。由于美国金融市场与我国市场风险有密切联系,导致美国市场风险可能会引发我国金融市场波动,因此监管机构应当有效利用预期管理降低我国市场风险。对于投资者,需要充分认识到国内外市场部门联动引起的风险共振可能对市场波动性产生的影响。结合国内外宏观经济和市场环境的不同状态,密切关注市场极端风险事件及其经济后果,准确判断风险来源和金融部门间的风险传导路径,根据市场预期动态调整投资组合,做好充分的风险防范。

9.4 信息技术与金融系统性风险

在金融科技与金融系统性风险的关系方面，本书发现银行金融科技发展与资产质量层面的系统性风险之间存在倒 U 形非单调关系，即银行金融科技发展初期，会增加银行系统性风险，随着银行金融科技进步与发展，系统性风险水平会逐步下降。银行运用金融科技会产生自信效应，增加自身的风险承担水平进而提高系统性风险；银行通过数字化转型和金融科技会产生信息改善效应，缓解信息不对称程度，从而降低系统性风险。此外，中小型银行、非上市银行以及地方性国有银行受金融科技的影响更为显著。

在网络搜索与金融系统性风险的关系方面，本书构造了股价崩盘系统性风险指标，发现投资者利用互联网进行信息搜索能够明显抑制市场崩盘情况下的个股股价崩盘风险，这一结果对于国有企业更为显著。对企业外部审计质量的异质性检验发现，针对具有较高审计质量的公司，投资者的网络搜索行为表现为非理性情绪的传染效应，反而加剧了股价崩盘系统性风险；而对于审计质量较低的公司，网络搜索更能够发挥外部监督的作用从而降低个股的股价崩盘系统性风险，表明外部监督对于降低股价崩盘系统性风险具有重要影响，而在公司缺少高质量的审计时，投资者的网络搜索行为能够弥补外部监督的不足，从而对股价崩盘系统性风险产生正面影响。同时，互联网信息搜索强度越大，公司的信息披露质量越高，投资者的网络搜索行为也能够降低公司代理成本。

在会计信息与金融系统性风险的关系方面，本书的研究发现会计信息可比性与银行系统性风险之间呈显著的负相关关系，意味着提高银行的会计信息可比性能够降低银行系统性风险程度。通过机制分析发现，会计信息可比性提高是通过减少道德风险问题、弱化管理者的自由裁量权以及增强内部风险控制进而降低风险承担层面银行系统性风险的。同时，会计信息可比性与银行系统性风险之间的关系会受到银行资产规模、银行重要性、存款保险制度、银行独立董事的网络中心度以及存款利率市场化的影响，两者之间的负向关系小型银行比大型银行更强，非系统重要性银行比系统重要性银行更强，存款保险制度实施前比实施后更强，独立董事网络中心度低的银行比独立董事网络中心度高的银行更强，存款利率市场化之后更强。

基于上述研究结论，本书提出以下建议：

第一，监管机构在完善监管制度的同时，应当将"互联网＋"与大数据技术融入新的监管模式当中,提高监管效率和水平。一方面,由于投资者依赖网络搜索获取的信息做出判断和决策,因此加强网络安全建设,提升网络舆论治理能力,对于提高投资者信息获取质量,正确发挥网络信息对于投资者行为的引导作用具有一定意义。另一方面,监管机构应当加强对网络搜索服务商的监管,从而避免市场失灵造成服务商提供虚假无效信息来牟取不正当利益的情况出现,以规范搜索引擎市场,维护互联网信息传播秩序,保障用户权益,避免市场出现崩盘的情况下的恐慌行为。此外,监管部门还可以利用互联网和大数据技术加强对上市公司的信息披露质量的监督,打击损害投资者利益的隐瞒信息、操纵股价以及内部交易行为,从强化外部监督的角度降低股市暴跌的概率。

第二,推动上市银行提高会计信息的可比性,加强对中小型银行、非系统重要性银行财务报表的审核。我国资本市场仍存在信息披露等制度的透明度建设不足问题,而且银行财务报表又有一定的特殊性,使银行会计信息相对于其他行业更加不可比,这就导致银行业的透明度问题尤为突出。提高会计信息的可比性可以降低银行管理者与外部投资者、监管机构之间的信息不对称,限制银行过度承担风险。其中,中小型银行和非系统重要性银行由于受到分析师、监管机构的关注较少,信息不对称程度更高,风险程度也更高。目前银行业务多样化,银行间的关联网络更加复杂密切,风险溢出也比以往更明显。提高中小型银行和非系统重要性银行的会计信息可比性能够更加有效地降低金融系统性风险。

第三,银行应充分把握金融数字化转型的机遇,持续发展金融科技,聚焦银行体系的信用识别方法和自动信用生成机制,将金融科技模式下资产质量管理方式有机嵌入银行业务流程各个环节。商业银行可以通过视频签约、线上信用审核、智能化风控等方式将信贷业务全流程线上化,不仅能为用户提供更便捷可靠的信贷支持,还可以应对疫情带来的物理位置约束。同时,不同类型大中小商业银行,可从多个角度分析不同资产质量情况,提升金融科技的精准性,推动银行业数字化转型和高质量发展,提高金融服务实体经济的能力和水平。

9.5　负利率时代金融系统性风险的防范

本书从宏观审慎政策、系统重要性金融机构、风险传染的防范三个方面探讨了金融系统性风险的防范对策。系统性风险主要经由国际贸易、跨国投资、股票市场、外汇市场等实体经济传染渠道以及金融贸易渠道进行跨国传染,并主要通过金融网络中心节点国家跨国溢出。在宏观层面,宏观审慎政策可以降低一国金融系统性风险,负利率国家(地区)实施宏观审慎监管政策降低国家系统性风险的效果更强。在微观层面,实施宏观审慎政策有利于降低我国商业银行的系统性风险。

宏观审慎监管政策有助于降低一国金融系统性风险,但需关注政策时滞以及其他因素的影响。首先,宏观审慎监管政策抑制系统性风险的效果可能受其他宏观调控政策的影响,关注宏观审慎政策与货币政策等调控政策的协调性。完善货币政策与宏观审慎"双支柱"调控框架,提高监管效率以及金融机构抵御风险的能力,有效处置并化解金融系统性风险。其次,评估宏观审慎监管发挥作用可能存在的时滞有利于把握宏观审慎监管政策实施的时间节点。最后,全球化背景下,境外宏观审慎政策可能跨国溢出并对国内审慎政策产生影响。

基于上述研究结论,本书提出以下政策建议:

第一,防范金融系统性风险仍需将宏观审慎监管与微观审慎监管结合起来,降低金融体系内部风险的积累。我国银行业在金融体系中占主导地位,监管机构需对系统重要性银行机构提高审慎控制强度、提高信息披露水平、适当动态调整,以确保系统重要性金融机构不发生影响整个金融系统的重大风险事件。具体而言,在资本充足率、杠杆水平、流动性等方面的额外保证与缓冲等方式对系统重要性金融机构实行更为严格的监管,确保系统重要性金融机构在更高水平上的稳定性和抗风险能力。要求系统重要性金融机构披露更多的交易数据、财务数据等信息,以便监管机构更全面地掌握系统重要性金融机构经营状况,约束金融机构行为,抑制可能发生的风险。结合市场实际情况动态调整系统重要性金融机构的范围、规模和调整频率等。此外,监管机构需要关注业务规模逐渐攀升的保险、证券等金融机构可能发生的风险。

第二,中国在推进对外开放、增进国际合作的同时,需谨防由贸易自由化与全球经济一体化带来的输入性金融风险。加强贸易对手国家在金融领域深化合作以及沟通协调,共同探讨金融风险传染的防御机制设计以及事后处置化解方案,强化金融风险监管协调处置机制,推动各国积极主动落实相关方案,防范系统性风险,维护金融市场稳定。实时监测重要贸易伙伴金融系统性风险动态,加强金融市场信息收集工作,完善金融风险预警机制,提升监管机构对金融风险的预判能力。在推动对外开放的同时,应积极扩大对外贸易市场范围,降低我国对个别国家或地区的外贸依存度,降低贸易伙伴系统性风险对我国金融稳定可能造成的不利冲击。

第三,要密切监控源于欧美等发达市场的金融风险并及时采取预防措施,防止其对我国资本市场产生破坏性冲击。应对利率和汇率风险传染时,要加强监测与我国经济金融关系密切的国家(地区)利率与汇率的波动以及走势,估算相关国家利率风险和汇率风险对本国利率政策和汇率政策的影响,保持汇率制度的稳定,分析相关风险的传染对本国宏观经济的潜在影响。应对跨市场风险传染时,重点关注国内外股票市场的异常波动对我国外汇市场的冲击,及时调整政策的力度与方向,防范股票与外汇市场之间的联动共振而产生的金融系统性风险。重点监控美国、日本、欧元区等境外重要国家或地区的经济政策不确定性水平可以提高防范金融系统性风险的效率。此外,监管部门需要密切监控跨境资本异常流动,在积极推进金融市场对外开放的同时防控金融风险的输入。

参 考 文 献

英文参考文献

[1] Acemoglu, D., A. Ozdaglar, and A. Tahbaz-Salehi. Systemic Risk and Stability in Financial Networks[J]. American Economic Review, 2015, 105(2): 564-608.

[2] Acerbi, C., and D. Tasche. On the Coherence of Expected Shortfall[J]. Journal of Banking and Finance, 2002, 26(7): 1487-1503.

[3] Acharya, V. V. Private Equity: Boom and Bust[J]. Applied Corporate Finance, 2007, 19(4): 44-53.

[4] Acharya, V. V., L. H. Pedersen, T. Philippon, and M. P. Richardson. Measuring Systemic Risk[J]. Review of Financial Studies, 2017, 30(1): 2-47.

[5] Acharya, V. V., R. Engle, and M. P. Richardson. Capital Shortfall! A New Approach to Ranking and Regulating Systemic Risks[J]. American Economic Review, 2012, 102(3): 59-64.

[6] Acharya, V., R. Engle, and M. Richardson. Capital Shortfall: A New Approach to Ranking and Regulating Systemic Risks[J]. 2012, 102(3): 59-64.

[7] Adams-Kane, J., Y. Jia, and J. J. Lim. Global Transmission Channels for International Bank Lending in the 2007-09 Financial Crisist[J]. Journal of International Money and Finance, 2015(56): 97-113.

[8] Addoum J. M., Kumar A., Le N, A. Niessen-Ruenzi. Local Bankruptcy and Geographic Contagion in the Bank Loan Market[J]. Review of Finance, 2020, 24(5): 997-1037.

[9] Adrian T, and M. K. Brummermeier. CoVaR[J]. American Economic Review, 2016, 106(7): 1705-1741.

[10] Adrian, T., and H. S. Shin, Money, Liquidity and Monetary Policy, American Economic Review[J]. 2009, 99(2): 600-605.

[11] Adrian, T., and H. S. Shin. Liquidity and Leverage[J]. Journal of Financial Intermediation, 2010(19): 418-437.

[12] Adrian, T., and M. K. Brunnermeier. CoVaR[J]. American Economic Review, 2016, 106(7): 1705-1741.

[13] Adrian, T., and M. K. Brunnermeier. CoVaR[R]. Staff Report 348, 2008.

[14] Adrian, T., and N. Boyarchenko. Liquidity Policies and Systemic Risk[J]. Journal

of Financial Intermediation, 2018(35): 45-60.
[15] Ahern, K. R., and J. Harford. The Importance of Industry Links in Merger Waves [J]. The Journal of Finance, 2014, 69(2): 527-576.
[16] Akhigbe, A., and A. D. Martin. Influence of Disclosure and Governance On Risk of Us Financial Services Firms Following Sarbanes-Oxley[J]. Journal of Banking & Finance, 2008, 32(10): 2124-2135.
[17] Akhter, S., and K. Daly. Contagion risk for Australian banks from global systemically important banks: Evidence from extreme events [J]. Economic Modelling, 2017(63): 191-205.
[18] Alam, Z., A. Alter, J. Eiseman, G. Gelos, H. Kang, M. Narita, E. Nier, and N. Wang, Digging Deeper-Evidence on the Effects of Macroprudential Policies from a New Database[R]. IMF Working Paper, 2019: 19-66.
[19] Alessandri, P., and B. D. Nelson. Simple Banking: Profitability and the Yield Curve[J]. Journal of Money, Credit and Banking, 2015, 47(1): 143-175.
[20] Allen, F., and D. Gale. Financial Contagion[J]. Journal of Political Economy, 2000, 108(1): 1-33.
[21] Allen, F., E. Carletti, and D. Gale. Interbank Market Liquidity and Central Bank Intervention[J]. Journal of Monetary Economics, 2009, 56(5): 639-652.
[22] Altavilla, C., L. Brugnolini, R. S. Gurkaynak, R. Motto, and G. Ragusa. Measuring Euro Area Monetary Policy[J]. Journal of Monetary Economics, 2019 (108): 162-179.
[23] Altavilla, C., L. Burlon, M. Giannetti, and S. Holton. Is there a zero lower bound? The effects of negative policy rates on banks and firms[J]. Journal of Financial Economics, 2022, 144(3): 885-907.
[24] Altavilla, C., M. Pagano, and S. Simonelli. Bank Exposures and Sovereign Stress Transmission[J]. Review of Finance, 2017, 21(6): 2103-2139.
[25] Alter, A., and A. Beyer. The Dynamics of Spillover Effects during the European Sovereign Debt Turmoil[J]. Journal of Banking and Finance, 2014(42): 134-153.
[26] Altunbas, Y., L. Gambacorta, and D. Marques-Ibanez. Does Monetary Policy Affect Bank Risk[J]. International Journal of Central Banking, 2014, 10(1): 95-136.
[27] Amihud, Y. Illiquidity and stock returns: cross-section and time-series effects[J]. Journal of Financial Markets, 2002, 5(1): 31-56.
[28] Amira, K., Taamouti, A., G. Tsafack. What drives international equity correlations? Volatility or market direction? [J]. Journal of International Money and Finance, 2011, 30(6): 1234-1263.
[29] Anderson, S. P., A. Palma, and J. F. Thisse. The CES and the logit: Two related models of heterogeneity[R]. Regional Science and Urban Economics, 1988, 18 (1): 155-164.
[30] Andonov, A, Bauer R M, Cremers K J. Pension fund asset allocation and liability

discount rates[J]. The Review of Financial Studies, 2017(8): 2555-2595.
[31] Andries, A. M., V. Cocris, and I. Plescau. Low interest rates and bank risk-taking: has the crisis changed anything? Evidence from the Eurozone[J]. Review of Economic and Business Studies, 2015, 8(1):125-148.
[32] Ang, A., Hodrick, R. J., Xing, Y. H., X. Zhang. The cross-section of volatility and expected returns[J]. The Journal of Finance, 2006, 61(1): 259-299.
[33] Angeloni, I., and E. Faia. Capital regulation and monetary policy with fragile banks[J]. Journal of Monetary Economics, 2013, 60(3): 311-324.
[34] Anginer, D., A. Demirguc-Kunt, and M. Zhu. How does competition affect bank systemic risk? [J]. Journal of Financial Intermediate, 2014, 23 (1): 1-26.
[35] Angkinand, A., and C. Wihlborg. Deposit Insurance Coverage, Ownership, and Banks' Risk-Taking in Emerging Markets[J]. Journal of International Money and Finance, 2010, 29(2): 252-274.
[36] Angrist, J., and A. B. Krueger. Empirical Strategies in labor Economics[M]. Handbook of Labor Economics, 1999.
[37] Anufriev, M., and V. Panchenko. Connecting the dots: Econometric methods for uncovering networks with an application to the Australian financial institutions[J]. Journal of Banking and Finance, 2015, 61(2): 241-255.
[38] Arnone, M., S. M. Darbar, and A. Gambini. Banking Supervision: Quality and Governance[J]. IMF Working Papers, 2007.
[39] Arseneau, D. M. How Would US Banks Fare in a Negative Interest Rate Environment?: Finance and Economics Discussion Series[R]. Board of Governors of the Federal Reserve System, Washington, 2017.
[40] Arteta, C., M. A. Kose, M. Stocker, and T. Taskin. Negative interest rate policies: sources and implications[J]. Policy Research Working Paper 7791, 2016.
[41] Artzner, P., F. Delbaen, J.-M. Eber, and D. Heath. Coherent Measures of Risk [J]. Journal of Mathematical Finance, 1999, 9(3): 203-228.
[42] Asgharian, H., W. Hess, and L. Liu. A Spatial Analysis of International Stock Market Linkages[J]. Journal of Banking and Finance, 2013, 37(11): 4738-4754.
[43] Avesani, R., and A. I. G. Pascual. A new risk indicator and stress testing tool: A multifactor Nth-to-default CDS basket[J]. IMF Working Paper, 2006.
[44] Baars, M., H. Cordes, and H. Mohrschladt. How Negative Interest Rates Affect the Risk-Taking of Individual Investors: Experimental Evidence [J]. Finance Research Letters, 2020(32): 101-179.
[45] Babecka, O., P. Claeys, and B. Vasicek. Spillover of the ECB's Monetary Policy outside the Euro Area: How Different is Conventional from Unconventional Policy [J]. Journal of Policy Modelling, 2016, 38(2): 199-255.
[46] Bailey, W., W. Huang, and Z. Yang. Bank loans with Chinese characteristics: Some evidence on inside debt in a state-controlled banking system[J]. Journal of Financial and Quantitative Analysis, 2011, 46(6): 1795-1830.

[47] Banerjee, R. N., and M. Hitoshi. The Impact of Liquidity Regulation on Banks[J]. Journal of Financial Intermediation, 2017(35): 30–44.

[48] Bansal, R., and A. Yaron. Risks for the Long Run: A potential Resolution of Asset Pricing Puzzles[J]. The Journal of Finance, 2004, 59(4): 1481–1509.

[49] Barber, B. M., and T. Odean. The internet and the investor[J]. Journal of Economic Perspectives, 2001, 15(1): 41–54.

[50] Barber, B. M., and T. Odean, T. All that Glitters: The Effect of Attention and News on the Buying Behavior of Individual and Institutional Investors[J]. Review of Financial Studies, 2008(21): 785–818.

[51] Barth, J. R., D. E. Nolle, T. Phumiwasana, and G. Yago. A Cross-Country Analysis of the Bank Supervisory Framework and Bank Performance[J]. Journal of Accounting Research, 2003, 41(4): 581–609.

[52] Barth, J. R., L. G. Dopico, D. E. Nolle, and J. A. Wilcox. Bank Safety and Soundness and the Structure of Bank Supervision: A Cross-Country Analysis[J]. International Review of Finance, 2002, 3(34): 163–188.

[53] Bassetto, M. Negative Nominal Interest Rates[J]. American Economic Review, 2004, 94(2): 104–108.

[54] Basten, C., and M. Mariathasan. How Banks Respond to Negative Interest Rates: Evidence from the Swiss Exemption Threshold[J]. SSRN Working Paper, 2018.

[55] Bats, J., M. Giuliodori, and A. Houben. Monetary Policy effects in times of Negative Interest Rates: What do Bank Stock Prices Tell Us[J]. Journal of Financial Intermediation, 2023, 53(3): 101003.

[56] Bech, M., and A. Malkhozov. How Have Central Banks Implemented Negative Policy Rates[J]. BIS Quarterly Review, 2016.

[57] Becker B, Ivashina V. Reaching for yield in the bond market[J]. The Journal of Finance, 2015, (5): 1863–1902.

[58] Bekaert, G., M. Ehrmann, M. Fratzscher, and A. Mehl. The Global Crisis and Equity Market Contagion[J]. Journal of Finance, 2014, 69(6): 2597–2649.

[59] Beltratti, A., and R. M. Stulz. The Credit Crisis around the Globe: Why Did some Banks Perform Better?[J]. Journal of Financial Economics, 2012, 105(1): 1–17.

[60] Beltratti, A., B. Bortolotti, and M. Caccavaio. Stock market efficiency in China: Evidence from the split-share reform[J]. Quarterly Review of Economics and Finance, 2016(60): 125–137.

[61] Benmelech, E., Bergman, N., Milanez, A., and V. Mukharlyamov. The Agglomeration of Bankruptcy[J]. Review of Financial Studies, 2019, 32(7): 2541–2586.

[62] Benoit, S., Colliard, J.-E., Hurlin, C., and C. Pérignon. Where the risks lie: A survey on systemic risk[J]. Review of Finance, 2008, 21(1): 109–152.

[63] Benoit, S., G. Colletaz, and C. Hurlin. A Theoretical and Empirical Comparison of Systemic Risk Measures: MES versus CoVaR[J]. Working Papers, 2011.

[64] Benoit, S., J. E. Colliard, C. Hurlin, and C. Pérignon. Where the Risks Lie: A Survey on Systemic Risk[J]. Review of Finance, 2017, 21(1): 109-152.

[65] Berg, T., V. Burg, A. Gomboviċ, and M. Piri. On the Rise of FinTechs: Credit Scoring Using Digital Footprints[J]. Review of Financial Studies, 2020, 33(7): 2845-2897.

[66] Bernal, O., J. Y. Gnabo, and G. Guilmin. Assessing the contribution of banks, insurance and other financial services to systemic risk[J]. Journal of Banking and Finance, 2014(47): 270-287.

[67] Bernanke, B. S., M. Gertler, and S. Gilchrist. The Financial Accelerator in a Quantitative Business Cycle Framework[M]. In Handbook of Macroeconomics, 1999.

[68] Bernhard, S., and T. Ebner. Cross-Border Spillover Effects of Unconventional Monetary Policies on Swiss Asset Prices[J]. Journal of International Money and Finance, 2017(75): 109-127.

[69] Bernoth, K., and A. Haas. Negative Interest Rates and the Signalling Channel[R]. In-depth Analysis, European Parliament's Committee on Economic and Monetary Affairs, 2018.

[70] Bhagat, S., B. Bolton, and J. Lu. Size, Leverage, and Risk-Taking of Financial Institutions[J]. Journal of Banking & Finance, 2015(59): 520-537.

[71] Bhattarai, S., A. Chatterjee, and W. Y. Park. Effects of US Quantitative Easing on Emerging Market Economics[R]. Center for Applied Macroeconomic Analysis, Crawford School of Public Policy, The Australian National University, 2015.

[72] Bierth, C., F. Irresberger, and G. Weib. Systemic risk of insurers around the globe [J]. Journal of Banking and Finance, 2015(55): 232-245.

[73] Billio, M., M. Getmansky, A. Lo, and L. Pelizzon. Econometric measures of connectedness and systemic risk in the finance and insurance sectors[J]. Journal of Financial Economics, 2012, 104(3): 535-559.

[74] Blanchard, O., G. Dell'Ariccia, and P. Mauro. Rethinking Macroeconomic Policy [J]. Journal of Money Credit and Banking, 2010, 42(s1): 199-215.

[75] Blinder, A. S. How Central Should the Central Bank Be? [J]. Journal of Economic Literature, 2010, 48(1): 123-133.

[76] Bluwstein, K., and F. Canova. Beggar thy Neighbor? The International Effects of ECB Unconventional Monetary Policy Measures [J]. International Journal of Central Banking, 2016, 12(3): 69-120.

[77] Boar, C., L. Gambacorta, G. Lombardo, and L. Pereira da Silva. What Are the Effects of Macroprudential Policies on Macroeconomic Performance? [R]. BIS Quarterly Review, 2017.

[78] Bollen, B. E., M. T. Skully, D. Tripe, and X. T. Wei. The global financial crisis and its impact on Australian bank risk[J]. International Review of Finance, 2015, 15(1): 89-111.

[79] Bollerslev, T. Generalized Autoregressive Conditional Heterskedastici[J]. Journal

of Econometrics, 1986, 31(3): 307-327.
[80] Bolton, P., and X. Freixas. Corporate Finance and the Monetary Transmission Mechanism[J]. Review of Financial Studies, 2006, 19(3): 829-870.
[81] Bordalo, P., N. Gennaioli, A. Shleifer. Memory, attention, and choice[J]. The Quarterly journal of economics, 2020(3): 1399-1442.
[82] Bordalo, P., N. Gennaioli, and A. Shleifer. Salience and consumer choice[J]. Journal of Political Economy, 2013(5): 803-843.
[83] Bordeman, A., P. B. Shane, D. B. Smith, and S. Zhang. The Role of Financial Statement Comparability in Mitigating Underpricing of Seasoned Equity Offerings [J]. SSRN Working Paper, 2021.
[84] Borio, C. Towards a macroprudential framework for financial supervision and regulation[J]. BIS Working Paper, 2003.
[85] Borio, C., and H. Zhu. Capital regulation, Risk-Taking and Monetary Policy: A Missing Link in the Transmission Mechanism? [J]. Journal of Financial Stability, 2012, 8(4): 236-251.
[86] Borio, C., and M. Drehmann. Assessing the Risk of Banking Crises — Revisited [J]. BIS Quarterly Review, 2009, 29(4): 257-261.
[87] Borio, C., and Zhu, H. Capital regulation, Risk-Taking and Monetary Policy: A Missing Link in the Transmission Mechanism[J]. Journal of Financial Stability, 2012, 8(4): 236-251.
[88] Borio, C., L. Gambacorta, and B. Hofmann. The effects of monetary policy on bank profitability[J]. International Finance, 2017, 20(1): 48-63.
[89] Borio, C., L. Gambacorta. Monetary policy and bank lending in a low interest rate environment: Diminishing effectiveness? [J]. Journal of Macroeconomics, 2017 (54): 217-231.
[90] Bostanci, G., and K. Yilmaz. How Connected Is the Global Sovereign Credit Risk Network? [J]. Journal of Banking & Finance, 2020, 113, 105761.
[91] Boungou, W., and P. Hubert. The channels of banks' response to negative interest rates[J]. Journal of Economic Dynamics and Control, 2021, 131(2): 104-228.
[92] Boungou, W. Negative Interest Rates Policy and Banks' Risk-Taking: Empirical Evidence[J]. Economics Letters, 2020, 186(2), 108760.
[93] Boungou, W. Negative Interest Rates, Bank Profitability and Risk-taking[J]. SSRN Working Paper, 2019.
[94] Boungou, W., Negative Interest Rates Policy and Banks' Risk-Taking: Empirical Evidence[J]. Economics Letters, 2020, 186, 2020, 186, 108760.
[95] Brandt, L., and X. D. Zhu. Redistribution in a Decentralized Economy: Growth and Inflation in China under Reform[J]. Journal of Political Economy, 2000, 108(2): 422-439.
[96] Braun, P. A., D. B. Nelson, and A. M. Sunier. Good News, Bad News, Volatility, and Betas[J]. Journal of finance, 1995, 50(5): 1575-1603.

[97] Brissimis, S., and M. Delis. Bank Heterogeneity and Monetary Policy Transmission[J]. SSRN Working Paper, 2010.
[98] Brown, J. R., C. Z. Ivkovi, and P. A. Smith. Neighbors matter: causal community effects and stock market participation[J]. Journal of Finance, 2008, (3): 1509-1531.
[99] Brownlees, C. T., and R. T. Engle. SRISK: A Conditional Capital Shortfall Measure of Systemic Risk[J]. Review of Financial Studies, 2017, 30(1): 48-79.
[100] Brownlees, C. T., and R. F. Engle. Volatility, Correlation, and Tails for Systemic Risk Measurement[J]. New York University Stern School of Business Working Paper, 2012.
[101] Brunetti, C., J. H. Harris, S. Mankad, and G. Michailidis, Interconnectedness in the Interbank Market[J]. Journal of Financial Economics, 2019, 133(2): 520-538.
[102] Brunnermeier, M. K., and Y. Sannikov. On the Optimal Inflation Rate[J]. American Economic Review, 2016, 106(5): 484-489.
[103] Brunnermeier, M. K., S. Merkel, and Y. Sannikov, The Fiscal Theory of the Price Level with a Bubble[J]. CEPR Discussion Papers, 2020.
[104] Brunnermeier, M. K., T. M. Eisenbach, and Y. Sannikov. Macroeconomics with Financial Frictions: A Survey[J]. NBER Working Paper, 2012.
[105] Brunnermeier, M., and Y. Koby. The Reversal Interest Rate[J]. NBER working paper 25406, 2018.
[106] Brunnermeier, M. K., L. Garicano, P. Lane, M. Pagano, and R. Reis et al. The Sovereign-Bank Diabolic Loop and ESBies[J]. American Economic Review, 2016, 106(5): 508-512.
[107] Busch, R., and C. Memmel. Banks' Net Interest Margin and the Level of Interest Rates[J]. SSRN Working Paper, 2017.
[108] Butaru, F., Q. Chen, B. Clark, S. Das, A. W. Lo, and A. Siddiquea. Risk and risk management in the credit card industry[J]. Journal of Banking & Finance, 2016(72): 218-239.
[109] Caballero, R. J., T. Hoshi, and A. K. Kashyap, Zombie Lending and Depressed Restructuring in Japan[J]. American Economic Review, 2008, 98 (5): 1943-1977.
[110] Caballero, R., and E. Farhi. The Safety Trap[J]. Review of Economic Studies, 2018(85): 223-274.
[111] Caccioli, F., J. D. Farmer, N. Foti, and D. Rockmore, Overlapping Portfolios, Contagion, and Financial Stability [J]. Journal of Economic Dynamics and Control, 2015, 51(2): 50-63.
[112] Caggese, A., and V. Cunat. Financing Constraints, Firm Dynamics, Export Decisions, and Aggregate Productivity[J]. Review of Economic Dynamics, 2013, 16(1): 177-193.
[113] Cai, K., and H. Zhu, H. Customer-Supplier Relationships and the Cost of Debt [J]. Journal of Banking & Finance, 2020, 110, 105686.
[114] Cai, Y., Chou, R. Y., D. Li. Explaining international stock correlations with CPI

fluctuations and market volatility[J]. Journal of Banking & Finance, 2009, 33 (11): 2026–2035.

[115] Cantoni, D., Y. Y. Chen, D. Y. Yang, N. Yuchtman, and Y. J. Zhang. Curriculum and Ideology[J]. Journal of Political Economy, 2017, 125(2): 338–392.

[116] Cao, M., and J. Wei. Vulnerable Options, Risky Corporate Bond, and Credit Spread[J]. The Journal of Futures Markets, 2001, 21(4): 301–327.

[117] Carlos, C., A. Ferrero, and F. Nechio. Demographics and Real Interest Rates: Inspecting the Mechanism[J]. European Economic Review, 2016(88): 208–226.

[118] Carmichael, J., A. Fleming, and D. Llewellyn. Aligning Financial Supervisory Structures with Country Needs[J]. World Bank Publications, 2004.

[119] Cerutti, E., S. Claessens, and L. Laeven. The Use and Effectiveness of Macroprudential Policies: New Evidence[J]. Journal of Finance Stability, 2017 (28): 203–224.

[120] Chabi-Yo, F., S. Ruenzi, F. Weigert. Crash sensitivity and the cross section of expected stock returns[J]. Journal of Financial and Quantitative Analysis, 2018, 53(3): 1059–1100.

[121] Chadha, J. S., and L. Corrado. Macro-Prudential Policy on Liquidity: What Does a DSGE Model Tell Us? [J]. Journal of Economics and Business, 2012, 64(1): 37–62.

[122] Chaney, T. Liquidity Constrained Exporters[J]. Working paper, Department of Economics, University of Chicago, 2005.

[123] Chang, Y., C. W. Tu, and M. C. Hsu. Does social responsibility help decreasing stock price crash risk? Evidence from listed companies on Shanghai Stock exchange (in Chinese)[J]. Cross-Strait Bnak Finance, 2017, 5(2): 23–66.

[124] Chauhan, Y., and S. B. Kumar. Does Accounting Comparability Alleviate the Informational Disadvantage of Foreign Investors? [J]. International Review of Economics & Finance, 2019(60): 114–129.

[125] Chay, K., and K. Munshi. Black networks after emancipation: Evidence from Reconstruction and the Great Migration[J]. working paper, 2015.

[126] Chen C. R., T. L. Steiner, and A. M. Whyte. Does Stock Option-Based Executive Compensation Induce Risk-Taking? An Analysis of the Banking Industry[J]. Journal of Banking & Finance, 2006, 30(3): 915–945.

[127] Chen, C. Y. -H., Härdle, W. K., and Y. Okhrin. Tail event driven networks of SIFIs[J]. Journal of Econometrics, 2019, 208(1): 282–298.

[128] Chen, C., D. W. Collins, T. D. Kravet, and R. D. Mergenthaler. Financial Statement Comparability and the Efficiency of Acquisition Decisions [J]. Contemporary Accounting Research, 2018, 35(1): 164–202.

[129] Chen, Y., Y. Xie, H. You, and et al. Does crackdown on corruption reduce stock price crash risk? Evidence from China[J]. Journal of Corporate Finance, 2018

(51): 125-141.
[130] Choi, H., and H. Varian. Predicting the present with Google Trends[J]. Economic Record, 2012(88): 2-9.
[131] Choi, J., and M. Kronlund. Reaching for yield in corporate bond mutual funds[J]. The Review of Financial Studies, 2018(5): 1930-1965.
[132] Choi, J. H., L. A. Myers, and D. Ziebart. Financial Statement Comparability and the Informativeness of Stock Prices About Future Earnings[J]. Contemporary Accounting Research, 2019, 36(1): 389-417.
[133] Chor, D., and K. Manova. Off the cliff and back? Credit conditions and international trade during the global financial crisis[J]. Journal of International Economics, 2012, 87(1): 117-133.
[134] Christensen, J., J. A. Lopez, and G. D. Rudebusch. Forecasting Yield Volatility with Arbitrage-Free Nelson-Siegel Models[J]. SSRN Working Paper, 2009.
[135] Cifuentes, R., G. Ferrucci, and H. S. Shin. Liquidity Risk and Contagion[J]. Journal of the European Economic Association, 2005, 3(2): 556-566.
[136] Claessens, S., J. Frost, G. Turner, and F. Zhu. Fintech credit markets around the world: size, drivers and policy issues[J]. BIS Quarterly Review, 2018.
[137] Claessens, S., N. Coleman, and M. Donnelly. "Low-For-Long" Interest Rates and Banks' Interest Margins and Profitability: Cross-country Evidence[J]. Journal of Financial Intermediation, 2018(35): 1-16.
[138] Claessens, S., S. R. Ghosh, and R. Mihet. Macroprudential Policies to Mitigate Financial System Vulnerabilities[J]. Journal of International Money and Finance, 2013(39): 153-185.
[139] Claudio, B., and G. Leonardo. Monetary policy and bank lending in a low interest rate environment: diminishing effectiveness[R]. BIS Working Paper, 2017.
[140] Cocco J F, Gomes F J, Maenhout P J. Consumption and portfolio choice over the life cycle[J]. The Review of Financial Studies, 2005(2): 491-533.
[141] Coeure, B. Assessing the Implication of Negative Interest[R]. Speech at the Yale Financial Crisis Forum in New Haven, 2016.
[142] Collet, J., and F. Ielpo. Sector Spillovers in Credit Markets[J]. Journal of Banking and Finance, 2018(94): 267-278.
[143] Collin-Dufresne, P., Goldstein, R. S., and J. S. Martin. The Determinants of Credit Spread Changes[J]. The Journal of Finance, 2001, 56(6): 2177-2207.
[144] Cong, L. W., H. Gao, J. Ponticelli, and X. Yang. Credit Allocation Under Economic Stimulus: Evidence from China[J]. The Review of Financial Studies, 2019, 32(9): 3413-3460.
[145] Constancio, V. The Challenge of Low Real Interest Rates for Monetary Policy[R]. Macroeconomics Symposium at Utrecht School of Economics, 2016.
[146] Cushman, D. Exchange Rate Uncertainty and Foreign Direct Investment in the United States[J]. Weltwirtschaftliches Archiv, 1988: 322-336.

[147] Cushman, D. Real Exchange Rate Risk, Expectations, and the Level of Direct Investment[J]. The Review of Economics and Statistics, 1985, 67(2): 297-308.

[148] Cushman, D., and T. Zha. Identifying monetary policy in a small open economy under flexible exchange rates[J]. Journal of Monetary Economics, 1997, 39(3): 433-448.

[149] Czudaj, R. L. Is the Negative Interest Rate Policy Effective[J]. Journal of Economic Behavior and Organization, 2020(174): 75-86.

[150] Da, Z., J. Engelberg, and P. Gao. In search of attention[J]. The Journal of Finance, 2011, 66(5): 1461-1499.

[151] David, L., K. Galil, and M. Rosenboim. To Decrease or Not to Decrease: The Impact of Zero and Negative Interest Rates on Investment Decisions[J]. Journal of Behavioral and Experimental Economics, 2020, 87, 101571.

[152] Davydov, D., S. Vahamaa, and S. Yasar. Bank Liquidity creation and systemic risk[J]. Journal of Banking and Finance, 2021, 123, 106031.

[153] Dbouk, W., Y. Fang, L. Liu, and H. Wang. Do Social Networks Encourage Risk-Taking? Evidence from Bank CEOs[J]. Journal of Financial Stability, 2020(46): 100708.

[154] De Bandt, O., & Hartmann, P. Systemic risk: a survey[J]. SSRN Working Paper, 2000.

[155] De Franco, G., S. P. Kothari, and R. S. Verdi. The Benefits of Financial Statement Comparability[J]. Journal of Accounting Research, 2011, 49(4): 895-931.

[156] Defusco, R. A., R. R. Johnson, and T. S. Zorn. The Effect of Executive Stock Option Plans on Stockholders and Bondholders[J]. The Journal of Finance, 1990, 45(2): 617-627.

[157] DeHaan, E. Using and interpreting fixed effects models[R]. SSRN Working Paper, 2021.

[158] Deheuvels, P. Non parametric tests of independence. In Nonparametric Asymptotic Statistics[M]. (Proceedings of the Conference held in Rouen in 1979), pp. 95-107. Lecture Notes in Mathematics No 821, Springer, New York.

[159] Delis, M. D., and G. P. Kouretas. Interest Rates and Bank Risk-Taking, Journal of Banking & Finance[J]. 2011, 35(4): 840-855.

[160] Dell, G., L. Laeven, and R. Marquez. Real interest rates, leverage, and bank risk-taking[J]. Journal of Economic Theory, 2014(149): 65-99.

[161] Dell'Ariccia, G., and R. Marquez. Lending Booms and Lending Standards[J]. The Journal of Finance, 2006, 61(5): 2511-2546.

[162] Dell'Ariccia, G., L. Laeven, and G. A. Suarez. Bank Leverage and Monetary Policy's Risk-Taking Channel: Evidence from the United States[J]. Journal of Finance, 2017, 72(2): 613-654.

[163] Dell'Ariccia, G., L. Laeven, and R. Marquez. Monetary Policy, Leverage and

Bank Risk-Taking[R]. IMF Working Paper, 2010.
[164] DellaVigna, S., A. Lindner, and B. A. Z. Reizer. Reference-dependent job search: evidence from hungary[J]. The Quarterly Journal of Economics, 2017 (4): 1969-2018.
[165] Demir, F. Financial liberalization, private investment and portfolio choice: Financialization of real sectors in emerging markets[J]. Journal of Development Economics, 2009, 88(2): 314-324.
[166] Demiralp, S., J. Eisenschmidt, and T. Vlassopoulos, Negative Interest Rates, Excess Liquidity and Retail Deposits: Banks' Reaction to Unconventional Monetary Policy in the Euro Area[J]. Working Paper, 2019.
[167] Demirer, M., Diebold, F. X., Liu, L., and K. Yilmaz. Estimating Global Bank Network Connectedness[J]. Journal of Applied Econometrics, 2018, 33(1): 1-15.
[168] Devenow, A., and I. Welch. Rational herding in financial economics[J]. European Economic Review, 1996, 40(3-5): 603-615.
[169] Devereux, M. B., and C. Yu. International Financial Integration and Crisis Contagion[J]. NBER Working Paper, 2014.
[170] Diebold, F. X., and K. Yilmaz. Better to give than to receive: Predictive directional measurement of volatility spillovers[J]. International Journal of Forecasting, 2012, 28(1): 57-66.
[171] Diebold, F. X., and K. Yilmaz. Measuring Financial Asset Return and Volatility Spillovers, with Application to Global Equity Markets[J]. Economic Journal, 2009, 119(534): 158-171.
[172] Diebold, F. X., and K. Yilmaz. On the network topology of variance decompositions: Measuring the connectedness of financial firms[J]. Journal of Econometrics, 2014, 182(1): 119-134.
[173] Di-Maggio, M., and M. Kacperczyk. The unintended consequences of the zero lower bound policy[J]. Journal of Financial Economics, 2017(1): 59-80.
[174] Ding, R., and W. Hou. Retail investors' active attention and stock liquidity[J]. EFA Working Paper, 2011.
[175] Ding, Z., C. W. J. Granger, and R. F. Engle. A Long Memory Property of Stock Returns and a New Model[J]. Journal of Empirical Finance, 1993, 1(1): 83-106.
[176] Dinger, V., and D. M. Te Kaat. Cross-Border Capital Flows and Bank Risk-Taking[J]. Journal of Banking & Finance, 2020, 117, 105842.
[177] Dixon, L., N. Clancy, and K. B. Kumar. Do Hedge Funds Pose a Systemic Risk to the Economy[R]. Santa Monica, CA: RAND Corporation, 2012.
[178] Domanski D, Scatigna M, Zabai A. Wealth inequality and monetary policy[J]. BIS Quarterly Review, March, 2016.
[179] Dong, F., J. J. Miao, P. F. Wang. Asset bubbles and monetary policy[J]. Review

of Economic Dynamic, 2020, 37(1): 68-98.
[180] Doumpos, M., C. Gaganis, and F. Pasiouras. Central Bank Independence, Financial Supervision Structure and Bank Soundness: An Empirical Analysis around the Crisis[J]. Journal of Banking and Finance, 2015(61): 69-83.
[181] Duarte, F., and T. M. Eisenbach. Fire-sale Spillovers and Systemic Risk[J]. Federal Reserve Bank of New York Staff Reports, 2018.
[182] Dubois, C., and L. Lambertini. A Macroeconomic Model of Liquidity, Wholesale Funding and Banking Regulation[J]. Ecole Polytechnique Federale de Lausanne Working Paper, 2018.
[183] Duffie, D., A. Eckner, G. Horel, and L. Saita. Frailty Correlated Default[J]. Journal of Finance, 2009, 64(5): 2089-2123.
[184] Eggertsson, G., R. Juelsrud, and E. Wold. Negative nominal interest rates and the bank lending channel[J]. Norges Bank Working Paper, 2019.
[185] Eggertsson, G. B., N. R. Mehrotra, and J. A. Robbins. A Model of Secular Stagnation: Theory and Quantitative Evaluation[J]. American Economic Journal: Macroeconomics, 2019, 11(1): 1-48.
[186] Eichengreen, B., and N. Dincer. Who Should Supervise? The Structure of Bank Supervision and the Performance of the Financial System[J]. NBER Working Papers, 2011.
[187] Eisenschmidt, J., and F. Smets, Negative Interest Rates: Lessons from the Euro Area[J]. Central Banking, Analysis & Economic Policies Book Series, 2019, 26.
[188] Elliott, M., B. Golub, and M. O. Jackson. Financial networks and contagion[J]. American Economy Review, 2014, 104(10): 3115-3153.
[189] End, J. W. V. D., and M. Tabbae. Measuring Financial Stability: Applying the Risk Model to the Netherlands [J]. De Nederlandsche Bank Working Papers, 2005.
[190] Endrawes, M., Z. Feng, M. Lu, and Y. Shan. Audit Committee Characteristics and Financial Statement Comparability[J]. Accounting and Finance, 2020, 60(3): 2361-2395.
[191] Engelberg, J. E., and C. A. Parsons. The causal impact of media in financial markets[J]. the Journal of Finance, 2011, 66(1): 67-97.
[192] Engle, R. F., and V. K. Ng. Multivariate Simultaneous Generalized ARCH[J]. Econometric Theory, 1993, 11(1): 122-150.
[193] Engle, R., Dynamic conditional correlation: A simple class of multivariate generalized autoregressive conditional heteroskedasticity models[J]. Journal of Business & Economic Statistics, 2002, 20(3): 339-350.
[194] Fang, X., Y. Li, B. Xin, and W. Zhang. Financial Statement Comparability and Debt Contracting: Evidence From the Syndicated Loan Market[J]. Accounting Horizons, 2016, 30(2): 277-303.
[195] Farhi, E., and J. Tirole, Collective Moral Hazard, Maturity Mismatch and

Systemic Bailouts[J]. American Economic Review, 2012, 102(1): 60-93.
[196] Farhi, E., and J. Tirole. Leverage and the Central Banker's Put[J]. American Economic Review, 2009, Papers and Proceedings, 99 (2): 589-593.
[197] FASB, Statement of Financial Accounting Concepts[R]. No. 8, 2010.
[198] Fausch, J., and M. Sigonius. Are speculative bubbles welfare improving? A note on Wang and Wen (2012)[J]. Economics Letters, 2020, 190, 109076.
[199] Feng, S., Huang, S., Qi, Y., Liu, X., Sun, Q., and S. Wen. Network features of sector indexes spillover effects in China: A multi-scale view[J]. Physica A: Statistical Mechanics and its Applications, 2018(496): 461-473.
[200] Ferrero, A. House Price Booms, Current Account Deficits, and Low Interest Rates[J]. Journal of Money, Credit and Banking, 2015(45): 261-293.
[201] Filardo, A., H. Genberg, and B. Hofmann. Monetary analysis and the global financial cycle: An Asian central bank perspective [J]. Journal of Asian Economics, 2016(46): 1-16.
[202] Fisher, I. The Theory of Interest, as Determined by Impatience to Spend Income and Opportunity to Invest it[M]. New York: Macmillan, 1930.
[203] Flammer, C., and J. Luo. Corporate Social Responsibility as a Remedy for Moral Hazard? [J]. Academy of Management Proceedings, 2014.
[204] Forbes, K. J., and R. Rigobon. No Contagion, Only Interdependence: Measuring Stock Market Comovements[J]. Journal of Finance, 2002, 57(5): 2223-2261.
[205] Francis, J. R., M. L. Pinnuck, and O. Watanabe. Auditor Style and Financial Statement Comparability[J]. The Accounting Review, 2014, 89(2): 605-633.
[206] Frankel, J. A., and A. K. Rose. Currency crashes in emerging markets: an empirical treatment [J]. Journal of International Economics, 1996, 41 (3): 351-366.
[207] Froot, K., and J. Stein. Exchange rate and foreign direct investment: An imperfect capital markets approach[J]. Quarterly Journal of Economics, 1991 (106): 1191-1217.
[208] Fukuda, S. Impacts of Japan's negative interest rate policy on Asian financial markets[J]. Pacific Economic Review, 2018(23): 67-79.
[209] Fukuda, S. Impacts of Japan's Negative Interest Rate Policy on Asian Financial Markets[J]. ADBI Working Papers, 2017.
[210] Furfine, C. H. Interbank exposures: Quantifying the risk of contagion[J]. Journal of Money, Credit and Banking, 2003, 35(1): 111-128.
[211] Gaganis, C., and F. Pasiouras. Financial Supervision Regimes and Bank Efficiency: International Evidence[J]. Journal of Banking & Finance, 2013, 37 (12): 5463-5475.
[212] Gaggl, P., and M. Valderrama. Does a Low Interest Rate Environment Affect Risk Taking in Austria[J]. Monetary Policy and the Economy, 2010(4): 32-48.
[213] Gai, P., and S. Kapadia. Contagion in financial networks[J]. Proceedings of the

royal society A, 2010(466): 2120.
[214] Galati, G., and R. Moessner. What Do We Know About the Effects of Macroprudential Policy[J]. Economic, 2018, 85(340): 735-770.
[215] Gambacorta, L. 2009. Monetary Policy and the Risk-taking Channel[J]. BIS Quarterly Review, 2009(400): 43-53.
[216] Gelain, P. Macro Prudential Policies in a DSGE Model with Financial Frictions [J]. 7th Dynare Conference, Atlanta, USA, 2011.
[217] Gerali, A., S. Neri, L. Sessa, and F. M. Signoretti. Credit and Banking in a DSGE Model of the Euro Area[J]. Journal of Money, Credit and Banking, 2010, 42(s1): 107-141.
[218] Giannetti M, and F. Saidi. Shock Propagation and Banking Structure[J]. The Review of Financial Studies, 2019, 32(7): 2499-2540.
[219] Girardi, G., and A. T. Ergün. Systemic risk measurement: Multivariate GARCH estimation of CoVaR[J]. Journal of Banking and Finance, 2013, 37(8): 3169-3180.
[220] Glick, R., and M. Hutchison. Financial Liberalization in the Pacific Basin: Implication for real interest rate linkages[J]. Journal of Japanese and International Economics, 1990, 4(1): 36-48.
[221] Glosten, L. R., R. Jagannathan, and D. E. Runkle. On the Relation Between the Expected Value and the Volatility of Nominal Excess Return on Stocks[J]. Journal of Finance, 1993, 48(5): 1779-1801.
[222] Goldstein, I., W. Jiang, and G. A. Karolyi. To FinTech and Beyond[J]. The Review of Financial Studies, 2019, 32(5): 1647-1661.
[223] Gomber, P., J. A. Koch, and M. Siering. Digital Finance and FinTech: Current Research and Future Research Directions [J]. Journal of Business Economics, 2017, 87(5): 537-580.
[224] Gomez M, Gouin-Bonenfant E. A q-theory of inequality[R]. Working Paper, Columbia University, 2020.
[225] Goodfriend, M. Overcoming the Zero Bound on Interest Rate Policy[J]. Journal of Money, Credit and Banking, 2000, 32(2): 1007-1035.
[226] Goodhart, C. A. E. The Macroprudential Authority: Powers, Scope and Accountability[J]. FMG Special Papers, 2011.
[227] Goodhart, C. A. E., and D. Schoenmaker. Should the Functions of Monetary Policy and Bank Supervision Be Separated? [J]. Oxford Economic Papers, 1995 (47): 539-560.
[228] Gordon, R. The Rise and Fall of American Growth: The U. S. Standard of Living since the Civil War[M]. Princeton University Press, 2017.
[229] Gorodnichenko, Y., J. Svejnar, and K. Terrell. Globalization and Innovation in Emerging Markets[J]. American Economic Journal: Macroeconomics, 2010, 2(2): 194-226.

[230] Gray, D., and A. Jobst. Systemic CCA - A Model Approach to Systemic Risk[J]. IMF Working Paper, 2010(14): 13-54.

[231] Greenwald D L, Leombroni M, Lustig H, et al. Financial and total wealth inequality with declining interest rates[R]. NBER Working Paper, 2021.

[232] Greenwood, R., A. Landier, and D. Thesmar. Vulnerable banks[J]. Journal of Financial Economics, 2015(115): 471-485.

[233] Grisse, C. The Zero Lower Bound and Movements in the Term Structure of Interest Rates[J]. Economics Letters, 2015(131): 66-69.

[234] Gross, C., and P. L. Siklos. Analyzing Credit Risk Transmission to the Non-Financial Sector in Europe: A Network Approach [J]. Journal of Applied Econometrics, 2020, 35(1): 61-81.

[235] Gu, Z., Z. Li, and Y. G. Yang. Friends in need are friends indeed: An analysis of social ties between financial analysts and mutual fund managers [J]. The Accounting Review, 2019, 94(1): 153-181.

[236] Gul, F. A., J. B. Kim, and A. A. Qiu. Ownership concentration, foreign shareholding, audit quality, and stock price synchronicity: Evidence from China [J]. Journal of Financial Economics, 2010, 95(3): 425-442.

[237] Habib, A., M. M. Hasan, and A. Al-Hadi. Financial Statement Comparability and Corporate Cash Holdings [J]. Journal of Contemporary Accounting & Economics, 2017, 13(3): 304-321.

[238] Hale, G., T. Kapan, and C. Minoiu. Shock Transmission through Cross-Border Bank Lending: Credit and Real Effects[J]. Review of Financial Studies, 2020, 37(10): 4839-4882.

[239] Hall, R. The Routes into and out of the Zero Lower Bound[C]. Federal Reserve Bank of Kansas City Proceedings, 2013.

[240] Hamao, Y., Masulis, R. W., and V. Ng. Correlations in price changes and volatility across international stock markets[J]. The Review of Financial Studies, 1990, 3(2): 281-307.

[241] Hameed, A., and A. K. Rose. Exchange Rate Behavior with Negative Interest Rates: Some Early Negative Observations[J]. ADBI Working Paper, 2016.

[242] Hannoun, H. Ultra-low or negative interest rates: what they mean for financial stability and growth [R]. Speech at the Eurofi High-Level Seminar, Riga, Latvia, 2015.

[243] Hansen, B. E. Threshold effects in non-dynamic panels: Estimation, testing, and inference[J]. Journal of Econometrics, 1999, 93(2): 345-368.

[244] Hanson S., and Stein J. Monetary policy and long-term real rates[J]. Journal of Financial Economics, 2015, (3): 429-448.

[245] Hanson, S. G., A. K. Kashyap, and J. C. Stein. A Macroprudential Approach to Financial Regulation[J]. Journal of Economic Perspectives, 2011, 25(1): 3-28.

[246] Harvey, C. R. The real term structure and consumption growth[J]. Journal of

Financial Economics, 1988, 22(2): 305 – 333.
[247] Hasan, M. M., A. W. K. Cheung, and G. Taylor. Financial Statement Comparability and Bank Risk-Taking[J]. Journal of Contemporary Accounting & Economics, 2020, 16(3), 100206.
[248] Hashimoto, K. I., R. Im, and T. Kunieda. Asset Bubbles, Unemployment, and a Financial Crisis[J]. Journal of Macroeconomics, 2020, 65, 103212.
[249] Hassan, S. A., and F. Malik. Multivariate GARCH modeling of sector volatility transmission[J]. The Quarterly Review of Economics and Finance, 2007, 47(3): 470 – 480.
[250] Hautsch, N., Schaumburg, J., and M. Schienle. Financial network systemic risk contributions[J]. Review of Finance, 2015, 19(2): 685 – 738.
[251] Heider, F., F. Saidi, and G. Schepens. Life Below Zero: Bank Lending Under Negative Policy Rates[J]. SSRN Working Paper, 2018.
[252] Heider, F., F. Saidi, and G. Schepens. Life Below Zero: Bank Lending Under Negative Policy Rates[J]. The Review of Financial Studies, 2019, 32(10): 3728 – 3761.
[253] Hesna, G., and P. Rich, P. What Is the Impact of a Low Interest Rate Environment on Bank Profitability? [J]. Chicago Fed Letter, Federal Reserve Bank of Chicago, 2014.
[254] Hesna, G., and R. Podjasek. What is the Impact of a Low Interest Rate Environment on Bank Profitability[J]. Chicago Fed Letter, 2014, 324.
[255] Hollo, D., M. Kremer, and M. Lo Duca. CISS – A Composite Indicator of Systemic Stress in the Financial System[J]. European Central Bank Working Paper, 2012(3): 347 – 351.
[256] Holston, K., T. Laubach, and J. C. Williams. Measuring the natural rate of interest: International trends and determinants[J]. Journal of International Economics, 2017(108): 59 – 75.
[257] Honda, Y., and H. Inoue. The effectiveness of the negative interest rate policy in Japan: An early assessment[J]. Journal of the Japanese and International Economies, 2019(52): 142 – 153.
[258] Hong, H., and J. C. Stein. Differences of Opinion, Short-Sales Constraints, and Market Crashes[J]. Review of Financial Studies, 2003(16): 487 – 525.
[259] Horvath, R., and K. Voslarova. International spillovers of ECB's unconventional monetary policy: the effect on central Europe[J]. Applied Economics, 2017, 49 (24): 2352 – 2364.
[260] Huang J, Sialm C, Zhang H. Risk shifting and mutual fund performance[J]. The Review of Financial Studies, 2011(8): 2575 – 2616.
[261] Huang, C., Y. Deng, X. Yang, Y. Cai, and X. Yang. Financial network structure and systemic risk[J]. European Journal of Finance, 2023.
[262] Huang, J., K. Lee, H. Liang, and W. Lin. Estimating value at risk of portfolio

by conditional copula GARCH method[J]. 2009, 45(3): 315-324.
[263] Huang, X., H. Zhou, and H. Zhu. A Framework for Assessing the Systemic Risk of Major Financial Institutions[J]. Journal of Banking and Finance, 2009, 33(11): 2036-2049.
[264] Illing, M., and L. Ying. An Index of Financial Stress for Canada[J]. Staff Working Papers, 2003, 29: 03-14.
[265] Ioannidou, V., S. Ongena, and J. Peydro. Monetary policy and subprime lending: a tell tale of low federal funds rates, hazardous loans and reduced loan spreads[J]. European Banking Centre Discussion Paper, 2009.
[266] Ioannidou, V., S. Ongena, and J. L. Peydro. Monetary Policy, Risk taking, and Pricing: Evidence from a Quasi-Natural Experiment[J]. Review of Finance, 2015, 19(1): 95-144.
[267] Jang, I., and D. Kim. The Dynamics of the Credit Spread and Monetary Policy: Empirical Evidence from the Korean Bond Market[J]. Journal of Emerging Market Finance, 2009, 8(2): 110-131.
[268] Jang, K., and M. Ogaki. The effects of monetary policy shocks on exchange rates: A structural vector error correction model approach[J]. Journal of the Japanese and International Economics, 2004, 18(1): 99-114.
[269] Jannati, S. Geographic Spillover of Dominant Firms' Shocks[J]. Journal of Banking & Finance, 2020(118): 1-17.
[270] Jarrow, R. A., and S. J. Lamichhane. Asset price bubbles, market liquidity, and systemic risk[J]. Mathematics and Financial Economics, 2021, 15(1): 5-40.
[271] Jiang, H., J. Zhang, and C. Sun. How Does Capital Buffer Affect Bank Risk-Taking? New Evidence From China Using Quantile Regression[J]. China Economic Review, 2020(60): 101300.
[272] Jiménez, G., J. Ongena, L. Peydró, and J. Saurina. Macroprudential Policy, Countercyclical Bank Capital Buffers, and Credit Supply: Evidence from the Spanish Dynamic Provisioning Experiments[J]. Journal of Political Economy, 2017, 125(6): 2126-2177.
[273] Jimenez, G., S. Ongena, J. L. Peydro, and J. Saurina. Hazardous Times for Monetary Policy: What Do Twenty-Three Million Bank Loans Say About the Effects of Monetary Policy on Credit Risk-Taking[J]. Econometric, 2014, 82(2): 463-505.
[274] Jiménez-Martín, J. á., M. McAleer, and T. Pérez-Amaral. The Ten Commandments for Managing Value at Risk Under the Basel II Accord[J]. Journal of Economic Surveys, 2009, 23(5): 850-855.
[275] Jin, J. Y., K. Kanagaretnam, G. J. Lobo, and R. Mathieu. Impact of Fdicia Internal Controls On Bank Risk Taking[J]. Journal of Banking & Finance, 2013, 37(2): 614-624.
[276] Jin, L., and S. C. Myers. R2 around the world: New theory and new tests[J].

Journal of Financial Economics, 2006, 79(2): 257-292.

[277] Joseph, K., M. B. Wintoki, and Z. Zhang. Forecasting abnormal stock returns and trading volume using investor sentiment: Evidence from online search[J]. International Journal of Forecasting, 2011, 27(4): 1116-1127.

[278] Joyeux, R., and Milunovich, G. Speculative bubbles, financial crises and convergence in global real estate investment trusts[J]. Applied Economics, 47 (27): 2878-2898.

[279] Kahneman, D., and A. Tversky. Prospect theory: an analysis of decision under risk[J]. Econometrica, 1979(2): 263-292.

[280] Kaminsky, G., S. Lizondo, and C. Reinhart. Leading indicators of currency crises [J]. IMF Staff Papers, 1998, 45(1): 1-1.

[281] Karimalis, E. N., and N. K. Nomikos. Measuring systemic risk in the European banking sector: a copula CoVaR approach[J]. The European Journal of Finance, 2018, 24(11): 944-975.

[282] Kasman, A., and O. Carvallo. Financial Stability, Competition and Efficiency in Latin American and Caribbean Banking[J]. Journal of Applied Economics, 2014, 17(2): 301-324.

[283] Kaufman, G. Banking and Currency Crises and Systemic Risk: A Taxonomy and Review[J]. Financial Markets, Institutions and Instruments, 1999, 9(2): 69-131.

[284] Kaufman, G. G., and K. E. Scott. What is systemic risk, and do bank regulators retard or contribute to it? [J]. The Independent Review, 2003, 7(3): 371-391.

[285] Kay, B. S. Implications of Central banks' negative policy rates on financial stability[J]. Journal of Financial Economic Policy, 2018, 10(2): 311-320.

[286] Kelly, B., and H. Jiang. Tail risk and asset prices[J]. The Review of Financial Studies, 2014, 27(10): 2841-2871.

[287] Khan, M. S., H. Scheule, and E. Wu. Funding Liquidity and Bank Risk Taking [J]. Journal of Banking & Finance, 2017(82): 203-216.

[288] Khayat, G. The impact of setting negative policy rates on banking flows and exchange rates[J]. Economic Modelling, 2017(68): 1-10.

[289] Kim, J. B., L. Li, L. Y. Lu, and Y. Yu. Financial Statement Comparability and Expected Crash Risk[J]. Journal of Accounting and Economics, 2016(61): 294-312.

[290] Kim, J. B., Y. Li, and L. Zhang. Corporate tax avoidance and stock price crash risk: firm-level analysis[J]. Journal of Financial Economics, 2011, 100(3): 639-662.

[291] Kiyotaki, N., and J. Moore. Credit Cycles[J]. Journal of Political Economy, 1997, 105(2): 211-248.

[292] Kliman, A. J., and S. D. Williams. Why financialisation hasn't depressed US productive investment[J]. Cambridge Journal of Economics, 2015, 39(1):

67-92.

[293] Kremers, J. J. M., D. Schoenmaker, and P. J. Wierts. Cross-sector Supervision: Which model? [J]. Brookings Whartion Papers on Financial Services, 2003(1): 225-243.

[294] Krugman, P. R. It's Baaack: Japan's Slump and the Return of the Liquidity Trap [J]. Brookings Papers on Economic Activity, 1998, 29(2): 137-206.

[295] Kumar, A., Gupta, A., and T. Roughgarden. A constant-factor approximation algo rithm for the multicommodity rent-or-buy problem[R]. In Proceedings of the 43rd Annual IEEE Symposium on Foundations of Computer Science (FOCS), 2002.

[296] Kwon, H., F. Narita, and M. Narita. Resource Reallocation and Zombie Lending in Japan in the 1990s[J]. Review of Economic Dynamics, 2015, 18(4): 709-732.

[297] Laeven, L., and R. Levine. Bank governance, regulation and risk taking[J]. Journal of Financial Economics, 2009, 93(2): 259-275.

[298] Laeven, L., L. Ratnovski, and H. Tong. Bank size, capital, and systemic risk: Some international evidence[J]. Journal of Banking and Finance, 2016, 69(1): 25-34.

[299] Lafuente, J. A., N. Petit, J. Ruiz, and P. Serrano. Dissecting interbank risk using basis swap spreads[J]. World Economics, 2020(43): 729-757.

[300] Lee, C. C., X. R. Li, C. H. Yu, and J. S. Zhao. Does fintech innovation improve bank efficiency? Evidence from China's banking industry[J]. International Review of Economics & Finance, 2021, 74(7): 468-483.

[301] Lehar, A. Measuring systemic risk: A risk management approach[J]. Journal of Banking and Finance, 2005, 29(10): 2577-2603.

[302] Lenza M, Slacalek J. How does monetary policy affect income and wealth inequality? Evidence from quantitative easing in the euro area[R]. Working Paper Series 2190, European Central Bank, 2018.

[303] Li, C. M., S. He, Y. Tian, S. Q. Sun, and L. Ning. Does the bank's FinTech innovation reduce its risk-taking? Evidence from China's banking industry[J]. Journal of Innovation and Knowledge, 2022, 7(3): 100219.

[304] Li, P., Y. Lu, and J. Wang. Does flattening government improve economic performance? Evidence from China[J]. Journal of Development Economics, 2016 (123): 18-37.

[305] Li, X., S. Wang, and X. Wang. Trust and stock price crash risk: Evidence from China[J]. Journal of Banking & Finance, 2017(76): 74-91.

[306] Lian, C., Y. Ma, C. Wang. Low interest rates and risk-taking: evidence from individual investment decisions[J]. The Review of Financial Studies, 2019(6): 2107-2148.

[307] Liao, W. L. Research on the Impact of Internet Finance on Risk Level of Commercial Banks[J]. American Journal of Industrial and Business Management,

2018, 8(4): 992-1006.

[308] Liow, K. H. Volatility spillover dynamics and relationship across G7 financial markets[J]. The North American Journal of Economics and Finance, 2015(33): 328-365.

[309] Longstaff, A. F. The Subprime Credit Crisis and Contagion in Financial Markets [J]. Journal of Financial Economics, 2010, 97(3): 436-450.

[310] Lopez, J. A., A. K. Rose, and M. M. Spiegel. Why have negative nominal interest rates had such a small effect on bank performance? Cross country evidence[J]. European Economic Review, 2020, 124, 103402.

[311] Lopez-Espinosa, G., A. Moreno, A. R. Serrano, and L. Valderrama. Short-Term Wholesale Funding and Systemic Risk: A Global CoVar Approach[J]. Journal of Banking and Finance, 2012, 36(12): 3150-3162.

[312] Lorenc, A. G., and J. Y. Zhang. How Bank Size Relates to the Impact of Bank Stress on the Real Economy[J]. Journal of Corporate Finance, 2020(62): 101592.

[313] Luo, C., Xie, C., Yu, C., and Y. Xu. Measuring financial market risk contagion using dynamic MRS-copula models: The case of Chinese and other international stock markets[J]. Economic Modelling, 2015(51): 657-671.

[314] Luo, Y., R. Jinjuan, and W. Yizhi. Misvaluation Comovement, Market Efficiency and the Cross-Section of Stock Returns: Evidence from China[J]. Economic Systems, 2015(39): 390-412.

[315] Ma, Y., and W. Zijlstra. A new take on low interest rates and risk taking vox column[R]. VOX Column, 2018.

[316] Madaschi, C., and P. N. Irene. The profitability of banks in a context of negative monetary policy rates: the cases of Sweden and Denmark[R]. ECB Occasional Paper, 2017.

[317] Maddaloni, A., and J. L. Peydro. Bank Risk-taking, Securitization, Supervision, and Low Interest Rates: Evidence from the Euro-area and the U. S. Lending Standards[J]. The Review of Financial Studies, 2011, 24(6): 2121-2165.

[318] Mainik, G., and E. Schaanning. On dependence consistency of CoVaR and some other systemic risk measures[J]. Statistics and Risk Modeling, 2014, 31(1): 49-77.

[319] Mäki-Fränti P, Silvo A, Gulan A, et al. Monetary policy and inequality: the finnish case[R]. SSRN Working Paper, 2022.

[320] Mann, C. L. Determinants of Japanese direct investment in US manufacturing industries[J]. Journal of International Money and Finance, 1993, 12(5): 523-541.

[321] Manova, K. Credit Constraints, Heterogeneous Firms, and International Trade [J]. The Review of Economic Studies, 2013, 80(2): 711-744.

[322] Markose, S., S. Giansante, N. A. Eterovic, and M. Gatkowski. Early warning of systemic risk in global banking: eigen-pair R number for financial contagion and

market price-based methods[J]. Annals of Operations Research, 2021(330): 691-729.

[323] Masciandaro, D. Divide et Impera: Financial Supervision Unification and Central Bank Fragmentation Effect[J]. European Journal of Political Economy, 2007, 23(2): 285-315.

[324] Masciandaro, D. Politicians and Financial Supervision Unification Outside the Central Bank: Why do They Do It? [J]. Journal of Financial Stability, 2009, 5(2): 124-146.

[325] Masciandaro, D., and M. Quintyn. The Governance of Financial Supervision: Recent Developments[J]. Journal of Economic Surveys, 2009, 30(5): 982-1005.

[326] Matsuyama, K. Credit Traps and Credit Cycles[J]. American Economic Review, 2007, 97(1): 503-516.

[327] Meh, C., and K. Moran. The Role of Bank Capital in the Propagation of Shocks [J]. Financial System Review, 2008, 34(3): 555-576.

[328] Meltzer, A. The Demand for Money: The Evidence from the Times Series[J]. Journal of Political Economy, 1963, 71(6): 219-246.

[329] Merton R C. Optimum consumption and portfolio rules in a continuous-time model[J]. Journal of Economic Theory, 1971(4): 373-413.

[330] Merton, R. C., and Z. Bodie. Deposit Insurance Reform: A Functional Approach [J]. Carnegie-Rochester Conference Series on Public Policy, 1993, 38(1): 1-34.

[331] Michalak, T. C. and A. Uhde, Credit Risk Securitization and Bank Soundness in Europe[J]. The Quarterly Review of Economics and Finance, 2012, 52(3): 272-285.

[332] Minetti, R., and S. C. Zhu. Credit Constraints and Firm Export: Microeconomic Evidence from Italy[J]. Journal of International Economics, 2011, 83(2): 109-125.

[333] Minsky, H. P. Can "It" Happen Again? Essays on Instability and Finance[M]. M. E Sharpe, 1982.

[334] Mishkin, F. What does the term structure tell us about future inflation[J]. Journal of Monetary Economics, 1990, 25(1): 77-95.

[335] Molyneux, P., A. Reghezza, and R. Xie, Bank Margins and Profits in A World of Negative Rates[J]. Journal of Banking and Finance, 2019, 107, 105613.

[336] Molyneux, P., A. Reghezza, J. Thornton, and R. Xie. Did Negative Interest Rates Improve Bank Lending[J]. Journal of Financial Services Research, 2020, 57(1): 51-68.

[337] Morten, L. B., C. T. Bergstrom, M. Rosvall, and R. Garratt. Mapping change in the overnight money market [J]. Physica A: Statistical Mechanics and its Applications, 2015(424): 44-51.

[338] Müller, J. Two Approached to Assess Contagion in the Interbank Market[J].

Swiss National Bank Working Paper, 2003.

[339] Munk C, S O Rensen C. Dynamic asset allocation with stochastic income and interest rates[J]. Journal of Financial Economics, 2010(3): 433-462.

[340] Narayan, P. K., S. S. Sharma, and D. H. B. Phan. Asset price bubbles and economic welfare[J]. International Review of Financial Analysis, 2016(44): 139-148.

[341] Nelson, D. B. Conditional Heteroskedasticity in Asset Returns: A New Approach [J]. Econometrica, 1991, 59(2): 347-370.

[342] Nguyen, L. X. D., Mateut, S., and T. Chevapatrakul. Business-linkage volatility spillovers between US industries[J]. Journal of Banking & Finance, 2020, 111, 105699.

[343] Odean, T. Volume, volatility, price, and profit when all traders are above average[J]. The Journal of Finance, 1998, 53(6): 1887-1934.

[344] Oosterloo, S., and J. Haan. Central Banks and Financial Stability: A Survey[J]. Journal of Financial Stability, 2004, 1(2): 257-273.

[345] Oppers, E. S. Macroeconomic cycles in China[J]. International Monetary Fund Working Paper, 1997.

[346] Pais, A., and P. A. Stork. Contagion risk in the Australian banking and property sectors[J]. Journal of Banking and Finance, 2011, 35(3): 681-697.

[347] Pais, A., and P. Stork. Bank Size and Systemic Risk[J]. European Financial Management, 2011, 19(3): 429-451.

[348] Pally, T. Why ZLB Economics and Negative Interest Rate Policy are Wrong[J]. IMK Working Paper, 2016.

[349] Pan, N., Q. Xu, and H. Zhu. The impact of investor structure on stock price crash sensitivity: Evidence from China's stock market[J]. Journal of Management Science and Engineering, 2021, 6(3): 312-323.

[350] Pasquariello, P. Imperfect Competition, Information Heterogeneity, and Financial Contagion[J]. The Review of Financial Studies, 2007, 20(2): 391-426.

[351] Pathan, S. Strong Boards, CEO Power and Bank Risk-Taking[J]. Journal of Banking & Finance, 2009, 33(7): 1340-1350.

[352] Patro, D. K., Qi, M., and X. Sun. A simple indicator of systemic risk[J]. Journal of Financial Stability, 2013. 9(1): 105-116.

[353] Paye, B. S. Deja vol: Predictive regressions for aggregate stock market volatility using macroeconomic variable[J]. Journal of Financial Economics, 2012, 106(3): 527-546.

[354] Pellegrina, D., D. Masciandaro, and R. V. Pansini. The Central Banker as Prudential Supervisor: Does Independence Matter? [J]. Journal of Financial Stability, 2013, 9(3): 415-427.

[355] Perraudin, W., M. S. Kumar, and U. Moorthy. Predicting emerging market currency crashes[J]. IMF Working Papers 2002, 2(7): 1-1.

[356] Peshev, P., and I. Beev. Negative Nominal Interest Rates on Loans: The Newly-Established Normal Practice[J]. Banking and Insurance Journal, 2016(14): 149–165.

[357] Phillps, P., S. Shi, and J. Yu. Testing for Muliple bubles: Historical Episodes of Exuberance and Collapse in the S & P 500[J]. International Economic Review, 2015, 56(4): 1043–1078.

[358] Piketty T, Zucman G, Back C I. Wealth-income ratios in rich countries 1700–2010[J]. Quarterly Journal of Economics, 2013(129): 1255.

[359] Poledna, S., S. Martínez-Jaramillo, F. Caccioli, and S. Thurner. Quantification of systemic risk from overlapping portfolios in the financial system[J]. Journal of Financial Stability, 2021, 52, 100808.

[360] Ponce, J., and M. Rennert. Systemic Banks and the Lender of Last Resort[J]. Journal of Banking and Finance, 2015, 50(1): 286–297.

[361] Pugh A, Bunn P, Yeates C. The distributional impact of monetary policy easing in the UK between 2008 and 2014[R]. Staff Working Paper 720, Bank of England, 2018.

[362] Rabemananjara, R., and J. M. Zakoian. Threshold ARCH Models and Asymmetries in Volatility[J]. Journal of Applied Econometrics, 1993, 8(1): 31–49.

[363] Rajan, R. A. step in the dark: unconventional monetary policy after the crisis[C]. Andrew Crockett Memorial Lecture, Bank for International Settlements, 2013.

[364] Rajan, R. G., Has Finance Made the World Riskier?[J]. European Financial Management, 2006, 12(4): 499–533.

[365] Rajan, R. G. Has Financial Development Made the World Riskier[J]. NBER Working paper 11728, 2005.

[366] Repullo, R. Capital requirements, market power, and risk-taking in banking[J]. Journal of Financial Intermediation, 2004, 13(2): 156–182.

[367] Repullo, R. Who Should Act as Lender of Last Resort? An Incomplete Contracts Model[J]. Journal of Money Credit and Banking, 2000, 32(3): 580–605.

[368] Rochet, J. C., and J. Tirole. Interbank Lending and Systemic Risk[J]. Journal of Money, Credit and Banking, 1996, 28(4): 733–762.

[369] Rognlie, M. Deciphering the fall and rise in the net capital share: Accumulation or scarcity[J]. Brookings Papers on Economic Activity, Brookings Papers on Economic Activity, 2015.

[370] Rosenbaum, P., and D. B. Rubin. The Central role of the propensity score in observational studies for causal effects[J]. Biometrica, 1983(70): 41–55.

[371] Rudebusch, G. D., and T. Wu. A Macro-finance Model of the term structure, monetary policy and the economy[J]. The Economic Journal, 2008(118): 906–926.

[372] Russell, T., and R. Thaler. The Relevance of Quasi-Rationality in Competitive Markets[J]. American Economic Review, 1985(75): 98–104.

[373] Sachs, G. Market Report[R]. Goldman Sachs Annual Report, 2011.
[374] Sachs, J., A. Tornell, and A. Velasco. Financial Crises in Emerging Markets: The Lessons from 1995[J]. Brookings Papers on Economic Activity, 1996, 27(1): 147-198.
[375] Saez E, Zucman G. Wealth inequality in the united states since 1913: evidence from capitalized income tax data[J]. The Quarterly Journal of Economics, 2016(2): 519-578.
[376] Sato, T. Macroprudential Policy and Initiatives by the Bank of Japan[R]. Speech at Japan Society in London, 2014.
[377] Saunders, A., E. Strock, and N. G. Travlos. Ownership Structure, Deregulation, and Bank Risk Taking[J]. The Journal of Finance, 1990, 45(2): 643-654.
[378] Scaillet, O. Nonparametric Estimation of Conditional Expected Shortfall[J]. Insurance and Risk Management Journal, 2005(74): 639-660.
[379] Scheiber, T., M. A. Silgoner, and C. Stern. The development of bank profitability in Denmark, Sweden and Switzerland during a period of ultra-low and negative interest rates[J]. Focus on European Economic Integration, 2016(3): 8-28.
[380] Shin, H. S. Macroprudential Policies beyond Basel Ⅲ[J]. BIS Working Paper, 2010.
[381] Shin, H. S., and K. Shin. Procyclicality and monetary aggregates[J]. NBER Working Paper, 2011.
[382] Sim, E., and J. Wu. Evaluating Central Banks' tool kit: Past, present, and future [J]. Journal of Monetary Economics, 2021(118): 135-160.
[383] Simonsohn, U., and G. Loewenstein. Mistake: the effect of previously encountered prices on current housing demand[J]. The Economic Journal, 2006(508): 175-199.
[384] Solomon, T. Financial Architecture and Economic Performance: International Evidence[J]. Journal of Financial Intermediation, 2002, 11(4): 429-454.
[385] Stein, J. C. Overheating in credit markets: origins, measurement, and policy responses[C]. Research Symposium, Federal Reserve Bank of St. Louis, 2013.
[386] Stulz, R. FinTech, BigTech, and the Future of Banks[J]. Journal of Applied Corporate Finance, 2018, 31(4): 86-97.
[387] Sun, J., and G. Liu. Audit Committees' Oversight of Bank Risk-Taking[J]. Journal of Banking & Finance, 2014(40): 376-387.
[388] Svensson, L. E. Monetary Policy and Macroprudential Policy: Different and Separate[J]. Canadian Journal of Economics Revue Canadienne Economique, 2018, 51(3): 802-827.
[389] Swanson, E. T., and J. C. Williams. Measuring the Effect of the Zero Lower Bound on Medium and Longer Term Interest Rates[J]. American Economic

Review, 2014, 104(10): 3154-3185.
[390] Tayler, W. J., and R. Zilberman. Macroprudential Regulation, Credit Spreads and the Role of Monetary Policy[J]. Journal of Financial Stability, 2016(26): 144-158.
[391] Tillmann, P. Estimating the Effects of Macroprudential Policy Shocks: A Qual VAR Approach[J]. Economics Letters, 2014, 135(C): 1-4.
[392] Trabelsi, N., and N. Naifar. Are Islamic stock indexes exposed to systemic risk? Multivariate GARCH estimation of CoVaR[J]. Research in International Business and Finance, 2017(42): 727-744.
[393] Tsay, R. S. Analysis of Financial Time Series[M]. John Wiley and Sons, Inc., New York U. S., 2010.
[394] Tversky, A., and D. Kahneman. The framing of decisions and the psychology of choice[J]. Science, 1981: 453-458.
[395] Ulate, M. Going Negative at the Zero Lower Bound: The Effects of Negative Nominal Interest Rates[J]. American Economic Review, 2021, 111(1): 1-40.
[396] Upper, C. Using Counterfactual Simulations to Assess the Danger of Contagion in Inter-bank Markets[J]. Bank for International Settlements Working Paper, 2007, 7(3): 111-125.
[397] Varotto, S., and L. Zhao. Systemic risk and bank size[J]. Journal of International Money and Finance, 2018(82): 45-70.
[398] Wälti, S. Stock market synchronization and monetary integration[J]. Journal of International Money and Finance, 2011, 30(1): 96-110.
[399] Wang, C., W. Chiu, J. I. Pena. Effect of rollover risk on default risk: Evidence from bank financing[J]. International Review of Financial Analysis, 2017(54): 130-143.
[400] Wang, G. -J., Jiang, Z.-Q., Lin, M., Xie, C., and H. E. Stanley. Interconnectedness and systemic risk of China's financial institutions [J]. Emerging Markets Review, 2018(35): 1-18.
[401] Wang, G.-J., Xie, C., He, K., and H. E. Stanley. Extreme risk spillover network: application to financial institutions[J]. Quantitative Finance, 2017, 17(9): 1417-1433.
[402] Wang, Q. Fixed-effect Panel Threshold Model using Stata[J]. The Stata Journal, 2015, 15(1): 121-134.
[403] Warshaw, E. Extreme Dependence and Risk Spillovers across North American Equity Markets[J]. North American Journal of Economics and Finance, 2019(47): 237-251.
[404] Weiβ, G., and J. Muhlnickel. Why do Some Insurers Become Systemically Relevant[J]. Journal of Financial Stability, 2014(13): 95-117.
[405] Weiβ, G., D. Bostandzic, and S. Neumann. What factors drive systemic risk during international financial crises[J]. Journal of Banking and Finance, 2014

(41): 78-96.
- [406] Weigert, F. Crash Aversion and the Cross-Section of Expected Stock Returns Worldwide[J]. The Review of Asset Pricing Studies, 2016, 6(1): 135-178.
- [407] Wen, F., L. Xu, and G. Ouyang. Retail investor attention and stock price crash risk: evidence from China[J]. International Review of Financial Analysis, 2019, 65, 101376.
- [408] Wolff E N. Inflation, interest, and the secular rise in wealth inequality in the us: is the fed responsible? [R]. NBER Working Paper, 2021.
- [409] Wolski, M., and M. VandeLear. Interbank loans, collateral and modern monetary policy[J]. Journal of Economic Dynamics and Control, 2016(73): 388-416.
- [410] Wu, F., Zhang, D., and Z. Zhang. Connectedness and risk spillovers in China's stock market: A sectoral analysis[J]. Economic Systems, 2019, 43, 100718.
- [411] Wu, J., and F. D. Xia. Measuring the Macroeconomic Impact of Monetary Policy at the zero lower bound[J]. Journal of Money, Credit, and Banking, 2016(48): 253-291.
- [412] Xin, B., and K. Jiang. Economic uncertainty, central bank digital currency, and negative interest rate policy[J]. Journal of Management Science and Engineering, 2023, 8(4): 430-452.
- [413] Xin, H., Z. Hao, and H. Zhu. A framework for assessing the systemic risk of major financial institutions[J]. Journal of Banking & Finance, 2009, 33(11): 2036-2049.
- [414] Xu, Y., Y. Xuan, and G. Zheng. Internet searching and stock price crash risk: Evidence from a quasi-natural experiment[J]. Journal of Financial Economics, 2021, 141(1): 255-275.
- [415] Yao, T., and L. Song. Examining the Differences in the Impact of Fintech on the Economic Capital of Commercial Banks' Market Risk: Evidence from a Panel System GMM Analysis[J]. Applied Economics, 2021, 53(23): 2647-2660.
- [416] Yin, K., Liu, Z., and X. Jin. Interindustry volatility spillover effects in China's stock market[J]. Physica A: Statistical Mechanics and its Applications, 2020, 539, 122936.
- [417] Yu, S. X. Evaluating Macroprudential Policy in a DSGE Framework with Financial Frictions[J]. Division of Social Science, New College of Florida Working Paper, 2013.
- [418] Zakoian, J. M. Threshold Heteroscedastic Models[J]. Journal of Economic Dynamics and Control, 1994, 18(5): 931-955.
- [419] Zedda, S., and G. Cannas. Analysis of banks' systemic risk contribution and contagion determinants through the leave-one-out approach[J]. Journal of Banking and Finance, 2020(112): 105160.
- [420] Zhang, W., Zhuang, X., Wang, J., and Y. Lu. Connectedness and systemic risk spillovers analysis of Chinese sectors based on tail risk network[J]. North

American Journal of Economics and Finance, 2020(54): 101248.
[421] Zhao, Q., G. Li, X. Gu, and C. Lei. Inequity hikes, saving surges, and housing bubbles[J]. International Review of Economics & Finance, 2021(72): 349-363.
[422] Zhou, X., Zhang, W., and J. Zhang. Volatility spillovers between the Chinese and world equity markets[J]. Pacific-Basin Finance Journal, 2012, 20(2): 247-270.
[423] Zhu, C. Big data as a governance mechanism[J]. The Review of Financial Studies, 2019, 32(5): 2021-2061.
[424] Zhu, X., Wang, W., Wang, H., and W. K. Härdle. Network quantile autoregression [J]. Journal of Econometrics, 2019, 212(1): 345-358.

中文参考文献

[1] 艾永芳,佟孟华,孙光林. CEO与CFO任期交错的公司治理效果研究——基于股价崩盘风险的实证分析[J]. 当代财经,2017(12):120-132.
[2] 巴曙松,曾智,王昌耀. 非传统货币政策的理论、效果及启示[J]. 国际经济评论, 2018(2):146-161.
[3] 曹啸,卜俊飞. 市场利率、零售存款和银行风险承担:理论和中国的证据[J]. 财贸经济,2021(8):81-96.
[4] 曾裕峰,温湖炜,陈学彬. 股市互联、尾部风险传染与系统重要性市场——基于多元分位数回归模型的分析[J]. 国际金融研究,2017(9):86-96.
[5] 昌忠泽. 当前我国系统性金融风险防控形势与对策[J]. 国家治理,2022(21): 21-27.
[6] 陈炳才. 低(负)利率政策的趋势与影响[J]. 武汉金融,2020(1):3-6.
[7] 陈国进,张贻军. 异质信念、卖空限制与我国股市的暴跌现象研究[J]. 金融研究, 2009(4):80-91.
[8] 陈海强,方颖,王方舟. 融资融券制度对尾部系统风险的非对称影响——基于A股市场极值相关性的研究[J]. 管理科学学报,2019,22(5):99-109.
[9] 陈红,郭亮. 金融科技风险产生缘由、负面效应及其防范体系构建[J]. 改革,2020 (3):63-73.
[10] 陈浪南,洪英群,陈捷思. 名义负利率背景下货币政策有效性的时变研究——基于欧元区的证据[J]. 保险研究,2018(8):111-127.
[11] 陈梦根,毛小元. 股价信息含量与市场交易活跃程度[J]. 金融研究,2007(3): 125-139.
[12] 陈梦根,赵雨涵. 中国银行业跨境联系的测度与分析——兼论国际银行业网络结构的动态特征[J]. 经济研究,2019,54(4):49-66.
[13] 陈守东,王妍. 我国金融机构的金融系统性风险评估——基于极端分位数回归技术的风险度量[J]. 中国管理科学,2014(7):10-17.
[14] 陈守明,冉毅,陶兴慧. RD强度与企业价值——股权性质和两职合一的调节作用 [J]. 科学学研究,2012,30(3):441-448.
[15] 陈学华,杨辉耀. VaR-APARCH模型与证券投资风险量化分析[J]. 中国管理科

学,2003(1):22-27.
- [16] 陈彦斌,陈伟泽,陈军等. 中国通货膨胀对财产不平等的影响[J]. 经济研究,2013(8):44-54.
- [17] 陈雨露. 当前全球中央银行研究的若干重点问题[J]. 金融研究,2020(2):1-14.
- [18] 陈云森. 独立董事网络中心度与公司信息披露质量[J]. 审计研究,2012(5):92-100.
- [19] 陈运森,谢德仁. 网络位置、独立董事治理与投资效率[J]. 管理世界,2011(7):113-127.
- [20] 陈植元,米雁翔,厉洋军等. 基于百度指数的投资者关注度与股票市场表现的实证分析[J]. 统计与决策,2016(23):155-157.
- [21] 崔金鑫,邹辉文. 时频视角下国际股市间高阶矩风险溢出效应研究[J]. 国际金融研究,2020(6):75-85.
- [22] 丁慧,吕长江,陈运佳. 投资者信息能力:意见分歧与股价崩盘风险——来自社交媒体"上证e互动"的证据[J]. 管理世界,2018,34(9):161-171.
- [23] 范小云,王道平,方意. 我国金融机构的系统性风险贡献测度与监管——基于边际风险贡献与杠杆率的研究[J]. 南开经济研究,2011(4):3-20.
- [24] 范志勇,冯俊新,刘铭哲. 负利率政策的传导渠道和有效性研究[J]. 经济理论与经济管理,2017(2):13-22.
- [25] 范子英,田彬彬. 税收竞争、税收执法与企业避税[J]. 经济研究,2013,48(9):99-111.
- [26] 方军雄. 我国上市公司信息披露透明度与证券分析师预测[J]. 金融研究,2007(6):136-148.
- [27] 方蕾,粟芳. 全球银行业系统性风险的成因:内忧还是外患?——基于74个国家的比较分析[J]. 国际金融研究,2017(8):65-74.
- [28] 方意,黄丽灵. 系统性风险、抛售博弈与宏观审慎政策[J]. 经济研究,2019(9):41-55.
- [29] 方意,王晏如,黄丽灵,和文佳. 宏观审慎与货币政策双支柱框架研究——基于系统性风险视角[J]. 金融研究,2019(12):106-124.
- [30] 方意,赵胜民,王道平. 我国金融机构系统性风险测度——基于DGC-GARCH模型的研究[J]. 金融监管研究,2012(11):26-42.
- [31] 方意,赵胜民,谢晓闻. 货币政策的银行风险承担分析——兼论货币政策与宏观审慎政策协调问题[J]. 管理世界,2012(11):9-19.
- [32] 费兆奇. 国际股市一体化与传染的时变研究[J]. 世界经济,2014,37(9):173-192.
- [33] 冯芸,吴冲锋. 货币危机早期预警系统[J]. 系统工程理论方法应用,2002(1):8-11.
- [34] 傅代国,杨昌安. 货币政策对异质性企业"脱实向虚"的影响[J]. 华南师范大学学报(社会科学版),2019(6):90-101.
- [35] 傅秋子,黄益平. 数字金融对农村金融需求的异质性影响:来自数字普惠金融指数与中国家庭金融调查的证据,金融研究,2018(10):68-84.
- [36] 甘犁,尹志超,贾男等. 中国家庭资产状况及住房需求分析[J]. 金融研究,2013

(4): 1-14.
- [37] 高田甜,陈晨. 基于金融消费者保护视角的英国金融监管改革研究[J]. 经济社会体制比较,2013(3): 47-56.
- [38] 郜栋玺,项后军. 多重市场竞争与银行风险承担——基于利率市场化及不同监管维度的视角[J]. 财贸经济,2020(7): 83-98.
- [39] 宫晓莉,熊熊,张维. 我国金融机构系统性风险度量与外溢效应研究[J]. 管理世界,2020,36(8): 65-83.
- [40] 宫晓琳. 未定权益分析方法与中国宏观金融风险的测度分析[J]. 经济研究,2012,47(3): 76-87.
- [41] 龚金国,史代敏. 金融自由化、贸易强度与股市联动——来自中美市场的证据[J]. 国际金融研究,2015(6): 85-96.
- [42] 苟文均,袁鹰,漆鑫. 债务杠杆与系统性风险传染机制——基于CCA模型的分析[J]. 金融研究,2016(3): 74-91.
- [43] 顾海峰,杨立翔. 互联网金融与银行风险承担:基于中国银行业的证据[J]. 世界经济,2018(10): 75-100.
- [44] 郭东放. 日欧负利率政策不可持续[N]. 中华工商时报,2017-05-05.
- [45] 郭峰,王靖一,王芳,孔涛,张勋,程志云. 测度中国数字普惠金融发展:指数编制与空间特征[J]. 经济学(季刊),2020(4): 1401-1418.
- [46] 郭丽虹,朱柯达. 金融科技、银行风险与经营业绩——基于普惠金融的视角[J]. 国际金融研究,2021(7): 56-65.
- [47] 郭品,沈悦. 互联网金融、存款竞争与银行风险承担[J]. 金融研究,2019(8): 58-76.
- [48] 郭品,沈悦. 互联网金融对商业银行风险承担的影响:理论解读与实证检验[J]. 财贸经济,2015(10): 102-116.
- [49] 郭品,沈悦. 互联网金融加重了商业银行的风险承担吗?——来自中国银行业的经验证据[J]. 南开经济研究,2015(4): 80-97.
- [50] 郭士祺,梁平汉. 社会互动、信息渠道与家庭股市参与——基于2011年中国家庭金融调查的实证研究[J]. 经济研究,2014(1): 116-131.
- [51] 郭威. 国际视阈下系统重要性金融机构监管改革:演进路径与完善措施[J]. 北京工商大学学报(社会科学版),2022(4): 11-21.
- [52] 郭杨. 名义负利率政策是否实现了通胀和汇率调控目标?——基于五个经济体的实证分析[J]. 南方金融,2016(10): 29-37.
- [53] 何德旭,苗文龙,闫娟娟,沈悦. 全球金融系统性风险跨市场传染效应分析[J]. 经济研究,2021(8): 4-21.
- [54] 何德旭,钟震. 系统重要性金融机构与宏观审慎监管:国际比较及政策选择[J]. 金融评论,2013(5): 1-11.
- [55] 何国华,彭意. 美、日货币政策对中国产出的溢出效应研究[J]. 国际金融研究,2014(2): 19-28.
- [56] 何山. 低利率的成因、经济影响与最优货币政策[D]. 中央财经大学,2021.
- [57] 胡奕明,王雪婷,张瑾. 金融资产配置动机:"蓄水池"或"替代"?——来自中国上市公司的证据[J]. 经济研究,2017(1):181-194.
- [58] 黄益平,黄卓. 中国的数字金融发展:现在与未来[J]. 经济学(季刊),2018(7):1489-1502.
- [59] 江曙霞,陈玉婵. 货币政策、银行资本与风险承担[J]. 金融研究,2012(4):1-16.
- [60] 江轩宇,许年行. 企业过度投资与股价崩盘风险[J]. 金融研究,2015(8):141-158.
- [61] 江轩宇,伊志宏. 审计行业专长与股价崩盘风险[J]. 中国会计评论,2013,11(2):133-150.
- [62] 蒋海,张小林,唐绅峰. 货币政策、流动性与银行风险承担[J]. 经济研究,2021(8):56-73.
- [63] 金洪飞,李弘基,刘音露. 金融科技、银行风险与市场挤出效应[J]. 财经研究,2020(5):52-65.
- [64] 金鹏辉,张翔,高峰. 货币政策对银行风险承担的影响——基于银行业整体的研究[J]. 金融研究,2014(2):16-29.
- [65] 金鹏辉,张翔,高峰. 银行过度风险承担及货币政策与逆周期资本调节的配合[J]. 经济研究,2014(6):73-85.
- [66] 靳庆鲁,孔祥,侯青川. 货币政策、民营企业投资效率与公司期权价值[J]. 经济研究,2012(5):96-106.
- [67] 黎蔺娴,边恕. 经济增长、收入分配与贫困:包容性增长的识别与分解[J]. 经济研究,2021,56(2):54-70.
- [68] 李岸,粟亚亚,乔海曙. 中国股票市场国际联动性研究——基于网络分析方法[J]. 数量经济技术经济研究,2016,33(8):113-127.
- [69] 李苍舒,沈艳. 数字经济时代下新金融业态风险的识别、测度及防控[J]. 管理世界,2019(12):53-69.
- [70] 李丛文,闫世军. 我国影子银行对商业银行的风险溢出效应——基于GARCH-时变Copula-CoVaR模型的分析[J]. 国际金融研究,2015(10):64-75.
- [71] 李广众,杨子晖,杨铠维. 汇率波动性与股市收益率联动性——来自国际样本的经验证据[J]. 金融研究,2014(7):16-31.
- [72] 李广子,刘力. 债务融资成本与民营信贷歧视[J]. 金融研究,2009(12):137-150.
- [73] 李华民,吴非. 银行规模、贷款技术与小企业融资[J]. 财贸经济,2019(9):84-101.
- [74] 李建军,姜世超. 银行金融科技与普惠金融的商业可持续性——财务增进效应的微观证据[J]. 经济学(季刊),2021(21):889-908.
- [75] 李建军,韩珣. 非金融企业影子银行化与经营风险[J]. 经济研究,2019,54(8):21-35.
- [76] 李琴,裴平. 银行系金融科技发展与商业银行经营效率——基于文本挖掘的实证检验[J]. 山西财经大学学报,2021(11):42-56.
- [77] 李青原,王露萌. 会计信息可比性与公司避税[J]. 会计研究,2019(9):35-42.
- [78] 李青原,王露萌. 会计信息可比性与上市公司业绩预告外溢效应[J]. 经济管理,2020(5):173-194.
- [79] 李守伟,解一苇,杨坤. 商业银行多层网络结构对系统性风险影响研究[J]. 东南大学学报(哲学社会科学版),2019(4):77-84.

[80] 李双建,田国强. 银行竞争与货币政策银行风险承担渠道:理论与实证[J]. 管理世界,2020(4):149-168.
[81] 李双权. 负利率下如何走出资金时间价值理解的误区[J]. 财会学习,2017(4):214.
[82] 李思龙. 企业"脱实向虚"的动机及金融系统性风险影响[J]. 广东财经大学学报,2017(4):45-57.
[83] 李学峰,杨盼盼. 金融科技、市场势力与银行风险[J]. 当代经济科学,2021(1):45-57.
[84] 李运达,陈伟,周华东. 金融科技、生产率悖论与银行盈利能力[J]. 财经科学,2020(11):1-16.
[85] 李增福,黎惠玲,连玉君. 公允价值变动列报的市场反应——来自中国上市公司的经验证据[J]. 会计研究,2013(10):13-19.
[86] 李政,梁琪,方意. 中国金融部门间系统性风险溢出的监测预警研究——基于上行和下行 $\Delta CoES$ 指标的实现与优化[J]. 金融研究,2019(2):40-58.
[87] 李政,刘淇,梁琪. 基于经济金融关联网络的中国系统性风险防范研究[J]. 统计研究,2019,36(2):23-37.
[88] 李志生,金凌,张知宸. 危机时期政府直接干预与尾部系统风险:来自2015年股灾期间"国家队"持股的证据[J]. 经济研究,2019,54(4):67-83.
[89] 李志生,苏诚,李好,孔东民. 企业过度负债的地区同群效应[J]. 金融研究,2018(9):74-90.
[90] 梁琪,郝毅. 地方政府债务置换与宏观经济风险缓释研究[J]. 经济研究,2019,54(4):18-32.
[91] 梁琪,李政,卜林. 中国宏观审慎政策工具有效性研究[J]. 经济科学,2015(2):5-17.
[92] 梁琪,李政,郝项超. 我国系统重要性金融机构的识别与监管——基于系统性风险指数SRISK方法的分析[J]. 金融研究,2013(9):56-70.
[93] 梁琪,李政,郝项超. 中国股票市场国际化研究:基于信息溢出的视角[J]. 经济研究,2015,50(4):150-164.
[94] 廖国民,黄飞飞. 欧元区非常规货币政策对中国产出的溢出效应分析[J]. 长春大学学报,2019(1):19-25.
[95] 林毅夫,李志赟. 政策性负担、道德风险与预算软约束[J]. 经济研究,2004(2):17-27.
[96] 林志帆,刘诗源. 税收激励如何影响企业创新——来自固定资产加速折旧政策的经验证据[J]. 统计研究,2022,39(1):91-105.
[97] 刘澄,张羽,鲍新中. 国际投资者情绪的传染性及其对中国股票市场收益的影响[J]. 财会月刊,2017(35):10-14.
[98] 刘宏海. 利率货币政策机理与实践[J]. 中国金融,2016(7):49-50.
[99] 刘珺,盛宏清,马岩. 企业部门参与影子银行业务机制及社会福利损失模型分析[J]. 金融研究,2014(5):96-109.
[100] 刘澜飚,李博韬. 市场竞争、同业业务与银行风险承担[J]. 经济学动态,2021(4):

38-53.
[101] 刘立新,李鹏涛. 金融供给侧结构性改革与金融系统性风险的防范[J]. 改革, 2019(6): 84-91.
[102] 刘莉亚,何彦林,王照飞. 融资约束会影响中国企业对外直接投资吗?——基于微观视角的理论和实证分析[J]. 金融研究,2015(8): 124-140.
[103] 刘瑞明,石磊. 国有企业的双重效率损失与经济增长[J]. 经济研究,2010(1): 127-137.
[104] 刘少波,张友泽,梁晋恒. 金融科技与金融创新研究进展[J]. 经济学动态,2021(3): 126-144.
[105] 刘生福,李成. 货币政策调控、银行风险承担与宏观审慎管理——基于动态面板系统GMM模型的实证分析[J]. 南开经济研究,2014(5): 24-39.
[106] 刘圣尧,李怡宗,杨云红. 中国股市的崩盘系统性风险与投资者行为偏好[J]. 金融研究,2016(2): 55-70.
[107] 刘锡良,刘雷. 金融监管组织结构研究评述[J]. 经济学动态,2017(1): 102-113.
[108] 刘晓宇,陈晓莉. 宏观审慎监管的国际合作能增加福利吗?——基于投资和消费两部门均衡模型的分析[J]. 世界经济与政治论坛,2021(2): 84-109.
[109] 刘运国,郑巧,蔡贵龙. 非国有股东提高了国有企业的内部控制质量吗?——来自国有上市公司的经验证据[J]. 会计研究,2016(11): 61-68.
[110] 刘泽琴,蔡宗武,方颖. 货币政策和宏观审慎政策双支柱调控框架效应研究[J]. 经济研究,2022(4): 138-153.
[111] 刘忠璐. 互联网金融对商业银行风险承担的影响研究[J]. 财贸经济,2016(4): 71-85.
[112] 罗进辉,杜兴强. 媒体报道、制度环境与股价崩盘风险[J]. 会计研究,2014(9): 53-59.
[113] 罗长远,陈琳. 融资约束会导致劳动收入份额下降吗?——基于世界银行提供的中国企业数据的实证研究[J]. 金融研究,2012(3): 29-42.
[114] 马光荣,杨恩艳. 社会网络、非正规金融与创业[J]. 经济研究,2011(3): 83-94.
[115] 马理,黎妮. 零利率与负利率的货币政策传导研究[J]. 世界经济研究,2017(11): 3-16.
[116] 马理,娄田田. 基于零利率下限约束的宏观政策传导研究[J]. 经济研究,2015(11): 94-105.
[117] 马理,余慧娟. 基于PVAR模型的美国宽松货币政策的溢出效应研究——以10个经济发达国家的数据为例[J]. 财贸研究,2016(1): 80-88.
[118] 马亚明,胡春阳. 金融强监管与非银行金融机构极端风险的演化[J]. 管理科学学报,2021(2): 75-98.
[119] 马勇,陈雨露. 宏观审慎政策的协调与搭配: 基于中国的模拟分析[J]. 金融研究,2013(8): 57-69.
[120] 马勇,姚驰. 监管压力、经济周期与宏观审慎政策效果[J]. 经济理论与经济管理,2017(10): 5-16.
[121] 马勇. 基于金融稳定的货币政策框架: 理论与实证分析[J]. 国际金融研究,2013

(11): 4-15.
[122] 毛泽盛,王元. 中国信贷波动对金融系统性风险影响的实证研究[J]. 国际金融研究,2015(12): 25-33.
[123] 孟娜娜,粟勤,雷海波. 金融科技如何影响银行业竞争[J]. 财贸经济,2020(3): 66-79.
[124] 宁光杰,雒蕾,齐伟. 中国转型期居民财产性收入不平等成因分析[J]. 经济研究, 2016,51(4): 116-128+187.
[125] 牛晓健,裘翔. 利率与银行风险承担——基于中国上市银行的实证研究[J]. 金融研究,2013(4): 15-28.
[126] 欧阳资生,莫廷程. 基于广义CoVaR模型的系统重要性银行的风险溢出效应研究[J]. 统计研究,2017,34(9): 36-43.
[127] 彭俞超,倪骁然,沈吉. 企业"脱实向虚"与金融市场稳定——基于股价崩盘风险的视角[J]. 经济研究,2018,53(10): 50-66.
[128] 祁敬宇,刘莹. "双支柱"调控对商业银行风险承担的影响[J]. 国际金融研究, 2021(9): 55-64.
[129] 邱晗,黄益平,纪洋. 金融科技对传统银行行为的影响——基于互联网理财的视角[J]. 金融研究,2018(11): 17-29.
[130] 邱牧远,殷红. 生态文明建设背景下企业ESG表现与融资成本[J]. 数量经济技术经济研究,2019(3): 108-123.
[131] 任羽菲. 经济"脱实向虚"的流动性风险——基于货币增速剪刀差与资产价格相互作用的分析[J]. 财经研究,2017(10): 31-42.
[132] 盛天翔,范从来. 金融科技、最优银行业市场结构与小微企业信贷供给[J]. 金融研究,2020(6): 114-132.
[133] 施宇,许祥云. 宏观审慎政策工具的分类、选择及效果评估[J]. 上海金融,2020 (9): 31-42.
[134] 司登奎,李小林,赵仲匡. 非金融企业影子银行化与股价崩盘风险[J]. 中国工业经济,2021(6): 174-192.
[135] 宋军,陆旸. 非货币金融资产和经营收益率的U形关系——来自我国上市非金融公司的金融化证据[J]. 金融研究,2015(6): 111-127.
[136] 宋美霖,张屹山,杨成荣. 存款保险制度早期纠正问题研究——基于中国商业银行风险承担行为的监管实践[J]. 国际金融研究,2022(4): 57-66.
[137] 苏帆,于寄语,熊劼. 更高资本充足率要求能够有效防范金融风险吗?——基于双重差分法的再检验[J]. 国际金融研究,2019(9): 76-86.
[138] 孙国峰,何晓贝. 存款利率零下限与负利率传导机制[J]. 经济研究,2017(12): 105-118.
[139] 孙国峰. 负利率的宏观成因、作用机制和政策考量[J]. 中国外汇,2020(1): 30-33.
[140] 孙立坚,林木彬. 从"零利率"政策到"负利率"结果——透析日本金融体系的微观传导机制[J]. 国际金融研究,2003(9): 36-43.
[141] 孙丽,王世龙. 泡沫经济崩溃后日本非常规利率政策效果实证研究——从"零利

率"走向"负利率"[J]. 现代日本经济,2017(3):24-41.
[142] 谭松涛,阚铄,崔小勇. 互联网沟通能够改善市场信息效率吗?——基于深交所"互动易"网络平台的研究[J]. 金融研究,2016(3):174-188.
[143] 谭小芬,李昆. 负利率的理论基础、实施效果与中国对策[J]. 国际金融,2017(5):37-42.
[144] 唐雪松,蒋心怡,雷啸. 会计信息可比性与高管薪酬契约有效性[J]. 会计研究,2019(1):37-44.
[145] 万光彩,叶龙生. 量化宽松后的日本利率政策效应分析:从零利率到负利率[J]. 现代经济探讨,2017(6):121-132.
[146] 汪莉. 隐性存保、"顺周期"杠杆与银行风险承担[J]. 经济研究,2017(10):67-81.
[147] 王爱俭,王璟怡. 宏观审慎政策效应及其与货币政策关系研究[J]. 经济研究,2014(4):17-31.
[148] 王道平,刘杨婧卓,徐宇轩,刘琳琳. 金融科技、宏观审慎监管与我国银行系统性风险[J]. 财贸经济,2022(4):71-84.
[149] 王国刚. "负利率"的实践逻辑和理论思考[J]. 中国金融,2019(20):23-26.
[150] 王红建,曹瑜强,杨庆. 实体企业金融化促进还是抑制了企业创新——基于中国制造业上市公司的经验研究[J]. 南开管理评论,2017(1):155-166.
[151] 王静. 基于金融功能视角的互联网金融形态及对商业银行的冲击[J]. 财经科学,2015(3):56-65.
[152] 王奇珍,王玉东. 国际油价、美国经济不确定性和中国股市的波动溢出效应研究[J]. 中国管理科学,2018,26(11):50-61.
[153] 王文,芦哲. 中央银行因何重拾负利率[J]. 中国金融,2020(6):86-88.
[154] 王艳,张鹏. 美国货币政策对中国信贷市场的溢出效应研究[J]. 投资研究,2012(2):155-160.
[155] 王永巧,胡浩. 基于时变参数 Copula 的 ΔCoVaR 度量技术[J]. 统计与信息论坛,2012,27(6):50-54.
[156] 王永钦,刘紫寒,李嫦,杜巨澜. 识别中国非金融企业的影子银行活动——来自合并资产负债表的证据[J]. 管理世界,2015(12):24-40.
[157] 吴诗伟,朱业,李拓. 利率市场化、互联网金融与商业银行风险——基于面板数据动态 GMM 方法的实证检验[J]. 金融经济学研究,2015(6):29-38.
[158] 吴卫星,邵旭方,陶利斌. 家庭财富不平等会自我放大吗?——基于家庭财务杠杆的分析[J]. 管理世界,2016(9):44-54.
[159] 吴卫星,易尽然,郑建明. 中国居民家庭投资结构:基于生命周期、财富和住房的实证分析[J]. 经济研究,2010(S1):72-82.
[160] 吴晓晖,郭晓冬,乔政. 机构投资者抱团与股价崩盘风险[J]. 中国工业经济,2019(2):117-135.
[161] 吴晓求,何青,方明浩. 中国资本市场:第三种模式[J]. 财贸经济,2022(5):19-35.
[162] 吴晓求. 深刻认识中国金融的结构性变革[J]. 清华金融评论,2020(8):31-32.
[163] 吴雨,李晓,李洁,等. 数字金融发展与家庭金融资产组合有效性[J]. 管理世界,

2021,37(7):92-104.
- [164] 项后军,郜栋玺,陈昕朋. 基于"渠道识别"的货币政策银行风险承担渠道问题研究[J]. 管理世界,2018,34(8):55-66.
- [165] 肖土盛,宋顺林,李路. 信息披露质量与股价崩盘风险:分析师预测的中介作用[J]. 财经研究,2017,43(2):110-121.
- [166] 谢福座. 基于CoVaR方法的金融风险溢出效应研究[J]. 金融发展研究,2010(6):59-63.
- [167] 谢平,邹传伟,刘海二. 互联网金融手册[M]. 北京:中国人民大学出版社,2014.
- [168] 谢平,邹传伟. 互联网金融模式研究[J]. 金融研究,2012(12):11-22.
- [169] 谢平. 新世纪中国货币政策的挑战[J]. 金融研究,2000(1):1-10.
- [170] 谢绚丽,沈艳,张皓星,郭峰. 数字金融能促进创业吗?——来自中国的证据[J]. 经济学(季刊),2018(4):1557-1580.
- [171] 谢治春,赵兴庐,刘媛. 金融科技发展与商业银行的数字化战略转型[J]. 中国软科学,2018(8):184-192.
- [172] 邢天才,唐国华. 美国货币政策对中国货币政策的溢出效应研究[J]. 财经问题研究,2011(11):50-55.
- [173] 熊健,张晔,董晓林. 金融科技对商业银行经营绩效的影响:挤出效应还是技术溢出效应[J]. 经济评论,2021(3):89-104.
- [174] 熊启跃,冯淼,赵乙欧. 日本银行业应对TLAC要求的策略及启示[J]. 中国银行业,2020(1):45-47.
- [175] 熊启跃,王书朦. "负利率"与大型银行的净息差管理策略[J]. 金融监管研究,2017(2):65-80.
- [176] 熊启跃,王书朦. 负利率对银行净息差影响机制研究——基于欧洲主要上市银行的经验证据[J]. 金融研究,2020(1):110-129.
- [177] 徐明东,陈学彬. 货币环境、资本充足率与商业银行风险承担[J]. 金融研究,2012(7):489-506.
- [178] 徐明东,陈学彬. 货币环境、资本充足率与商业银行风险承担[J]. 金融研究,2012(7):489-506.
- [179] 徐巍,陈冬华. 自媒体披露的信息作用——来自新浪微博的实证证据[J]. 金融研究,2016(3):157-173.
- [180] 徐晓萍,李弘基,戈盈凡. 金融科技应用能够促进银行信贷结构调整吗?——基于银行对外合作的准自然实验研究[J]. 财经研究,2021(6):92-107.
- [181] 许坤,殷孟波. 信用风险转移创新是否改变了银行风险承担行为?[J]. 国际金融研究,2014(7):54-61.
- [182] 许年行,于上尧,伊志宏. 机构投资者羊群行为与股价崩盘风险[J]. 管理世界,2013(7):31-42.
- [183] 闫海洲,陈百助. 产业上市公司的金融资产:市场效应与持有动机[J]. 经济研究,2018(7):152-166.
- [184] 杨棉之,张园园. 会计稳健性、机构投资者异质性与股价崩盘风险——来自中国A股上市公司的经验证据[J]. 审计与经济研究,2016,31(5):61-71.

[185] 杨汝岱,陈斌开,朱诗娥. 基于社会网络视角的农户民间借贷需求行为研究[J]. 经济研究,2011(11):116-129.

[186] 杨望,徐慧琳,谭小芬,薛翔宇. 金融科技与商业银行效率——基于 DEA - Malmquist 模型的实证研究[J]. 国际金融研究,2020(7):56-65.

[187] 杨晓兰,沈翰彬,祝宇. 本地偏好、投资者情绪与股票收益率:来自网络论坛的经验证据[J]. 金融研究,2016(12):143-158.

[188] 杨子晖,陈里璇,陈雨恬. 经济政策不确定性与金融系统性风险的跨市场传染——基于非线性网络关联的研究[J]. 经济研究,2022(1):65-81.

[189] 杨子晖,陈雨恬,林师涵. 金融系统性风险文献综述:现状、发展与展望[J]. 金融研究,2022(1):185-206.

[190] 杨子晖,陈雨恬,张平淼. 股票与外汇市场尾部风险的跨市场传染研究[J]. 管理科学学报,2020,23(8):54-77.

[191] 杨子晖,李东承,王姝黛. 合成网络新视角下的输入性金融风险研究[J]. 中国工业经济,2022(3):38-56.

[192] 杨子晖,王姝黛. 突发公共卫生事件下的全球股市系统性金融风险传染:来自新冠疫情的证据[J]. 经济研究,2021,56(8):22-38.

[193] 杨子晖,王姝黛. 行业间下行风险的非对称传染:来自区间转换模型的新证据[J]. 世界经济,2020,43(6):28-51.

[194] 杨子晖,周颖刚. 全球金融系统性风险溢出与外部冲击[J]. 中国社会科学,2018(12):69-90.

[195] 姚鸿,王超,何建敏等. 银行投资组合多元化与系统性风险的关系研究[J]. 中国管理科学,2019(2):9-18.

[196] 叶五一,曾海歌,缪柏其. VIX 指数对股票市场间联动性影响的实证研究[J]. 统计研究,2018,35(6):68-76.

[197] 叶五一,缪柏其. 基于 Copula 变点检测的美国次级债金融危机传染分析[J]. 中国管理科学,2009,17(3):1-7.

[198] 殷书炉. 负利率政策传导机制与影响[J]. 中国金融,2019(22):88-90.

[199] 尹志超,宋全云,吴雨. 金融知识、投资经验与家庭资产选择[J]. 经济研究,2014(4):62-75.

[200] 游家兴,郑挺国. 中国与世界金融市场从分割走向整合——基于 DCC - MGARCH 模型的检验[J]. 数量经济技术经济研究,2009,26(12):96-108.

[201] 余晶晶,何德旭,宋贺. 负利率货币政策:机制、效果及启示[J]. 金融论坛,2021(12):48-57.

[202] 俞红海,徐龙炳,陈百助. 终极控股股东控制权与自由现金流过度投资[J]. 经济研究,2010,45(8):103-114.

[203] 袁振超,饶品贵. 会计信息可比性与投资效率[J]. 会计研究,2018(6):39-46.

[204] 袁知柱,吴粒. 会计信息可比性研究评述及未来展望[J]. 会计研究,2012(9):9-15.

[205] 战明华,应诚炜. 利率市场化改革、企业产权异质与货币政策广义信贷渠道的效应[J]. 经济研究,2015,50(9):114-126.

[206] 战明华,张成瑞,沈娟. 互联网金融发展与货币政策的银行信贷渠道传导[J]. 经济研究,2018(4):63-76.
[207] 张兵,范致镇,李心丹. 中美股票市场的联动性研究[J]. 经济研究,2010,45(11):141-151.
[208] 张超,张心平. 制造业脱实向虚对金融系统性风险的冲击效应与政策治理——基于 A 股上市公司的经验证据[J]. 福建农林大学学报(哲学社会科学版),2022,25(5):45-57.
[209] 张成思,张步昙. 中国实业投资率下降之谜:经济金融化视角[J]. 经济研究,2016(12):32-46.
[210] 张德茂,蒋亮. 金融科技在传统商业银行转型中的赋能作用与路径[J]. 西南金融,2018(11):13-19.
[211] 张慧莲. 负利率能否帮助全球经济走出困境?[J]. 金融与经济,2016(4):35-39.
[212] 张慧明,张茹. 基于会计稳健性的机构持股与股价崩盘风险研究[J]. 会计之友,2021(20):63-70.
[213] 张继德,廖微,张荣武. 普通投资者关注对股市交易的量价影响——基于百度指数的实证研究[J]. 会计研究,2014(8):52-59.
[214] 张嘉明. 货币政策、银行风险承担异质性与影子银行[J]. 经济研究,2022,57(5):51-69.
[215] 张强,乔煜峰,张宝. 中国货币政策的银行风险承担渠道存在吗?[J]. 金融研究,2013(8):84-97.
[216] 张帅. 我国与"一带一路"沿线国家金融风险空间关联网络及传染效应分析[J]. 金融理论与实践,2022(11):14-25.
[217] 张同辉,苑莹,曾文. 投资者关注能提高市场波动率预测精度吗?——基于中国股票市场高频数据的实证研究[J]. 中国管理科学,2020,28(11):192-205.
[218] 张卫峰,方显仓,刘峻б. 非常规货币政策、银行贷款与人口老龄化——来自日本的经验证据[J]. 国际金融研究,2020(7):45-55.
[219] 张晓玫,毛亚琪. 我国上市商业银行系统性风险与非利息收入研究——基于LRMES 方法的创新探讨[J]. 国际金融研究,2014(11):23-35.
[220] 张学勇,吴雨玲. 基于网络大数据挖掘的实证资产定价研究进展[J]. 经济学动态,2018(6):129-140.
[221] 张雪兰,何德旭. 货币政策立场与银行风险承担——基于中国银行业的实证研究(2000—2010)[J]. 经济研究,2012,47(5):31-44.
[222] 张一林,林毅夫,龚强. 企业规模、银行规模与最优银行业结构——基于新结构经济学的视角[J]. 管理世界,2019(3):31-47.
[223] 张谊浩,李元,苏中锋,张泽林. 网络搜索能预测股票市场吗?[J]. 金融研究,2014(2):193-206.
[224] 张元萍,孙刚. 金融危机预警系统的理论透析与实证分析[J]. 国际金融研究,2003(10):32-38.
[225] 张宗益,吴恒宇,吴俊. 商业银行价格竞争与风险行为关系——基于贷款利率市场化的经验研究[J]. 金融研究,2012(7):1-14.

[226] 赵进文,苏明政,邢天才. 未预期收益率、传染性与金融危机——来自上海市场与世界市场的证据[J]. 经济研究,2013,48(4):55-68.

[227] 赵龙凯,陆子昱,王致远. 众里寻"股"千百度——股票收益率与百度搜索量关系的实证探究[J]. 金融研究,2013(4):183-195.

[228] 赵振全,薛丰慧. 股票市场交易量与收益率动态影响关系的计量检验:国内与国际股票市场比较分析[J]. 世界经济,2005(11):64-70.

[229] 郑宝银. 对外开放与中国的复兴[J]. 国际贸易问题,2008(2):4.

[230] 郑挺国,刘堂勇. 股市波动溢出效应及其影响因素分析[J]. 经济学(季刊),2018,17(2):669-692.

[231] 中国人民大学课题组,吴晓求. "十四五"时期中国金融改革发展监管研究[J]. 管理世界,2020(7):5-15.

[232] 中国人民银行西安分行课题组. 气候变化对系统性金融风险的影响研究——兼论应对气候变化的宏观审慎管理[J]. 金融发展研究,2023(1):9.

[233] 周开国,应千伟,陈晓娴. 媒体关注度、分析师关注度与盈余预测准确度[J]. 金融研究,2014(2):139-152.

[234] 周莉萍. 货币政策与宏观审慎政策研究:共识、分歧与展望[J]. 经济学动态,2018(10):100-115.

[235] 周莉萍. 全球负利率政策:操作逻辑与实际影响[J]. 经济学动态,2017(6):132-142.

[236] 朱红军,唐松,周云丽. 政府股东主导下的"以股抵债"与控制权收益——华北制药与电广传媒"以股抵债"方案及其实施效果的比较研究[J]. 财贸经济,2007(9):56-62.

[237] 朱孟楠,梁裕珩,吴增明. 互联网信息交互网络与股价崩盘风险:舆论监督还是非理性传染[J]. 中国工业经济,2020(10):81-99.

[238] 朱小能,吴杰楠. 股市联动中的"涟漪效应"[J]. 中国管理科学,2021(8):1-12.

[239] 庄佳. 美国货币政策对我国产出溢出效应的实证研究[J]. 世界经济情况,2009(5):64-68.

[240] 庄毓敏,景麟德. 非常规货币政策退出的溢出效应[J]. 中国金融,2017(21):28-29.